本書為吉林省社科基金項目《漢語言文化傳播推動吉林文化強省戰略研究》（項目號2016BS52）中期成果。
本書受北華大學項目《〈才物譜〉研究——以詞彙與文字為中心》資助。

语言学博士论文文库

中韩汉字词汇文化发展史对比研究

基于《才物谱》的汉字词数据库建设

肖潇 著

中国书籍出版社
China Book Press

摘　要

　　《才物譜》匯集了朝鮮王朝時期各個門類的詞彙，屬於詞彙彙編性質的辭書。是韓國第一部真正意義上的詞彙總集，在韓國語言文字學史上有承前啟後的作用。在《才物譜》之前出現的主要是一些字書，如《訓蒙字會》（1527）《新增類合》（1576）；之後誕生的李基慶《物譜》（1802），柳僖《物名考》（1884年）等，編排體例和內容都不同程度受到了《才物譜》的影響。《才物譜》的研究有助於我們對韓國早期出現的詞典體例與內容進行分析，對詞典的分類研究有重要考價值，爲韓國詞彙分類的基礎提供了佐證。

　　《才物譜》內容本身也極具研究價值。其收錄詞彙覆蓋面之廣、數量之龐大，解釋之詳盡在朝鮮半島詞彙史上是前所未有的，有百科全書的性質。通過對該書的研究，我們可以更瞭解韓國的歷史和文化。它不僅在韓國語言文學史上佔有重要地位，而且對其他學科也有重要的參考作用。此外其文化的相容性也對漢字文化圈不同文化之間的比較研究有重要的文獻價值，有利於對我們考察中國古籍及漢文化在其他國家傳播狀況。目前中國對該書的研究尚屬空白。

　　本書以詞彙與文字爲中心，共分五章，對《才物譜》進行整體研究。首先建立數字化語料庫，通過共時和歷時兩個層面，對比中國的漢語詞彙，形成以漢字詞研究爲主導，系聯漢字研究、中韓文化對比等內容在內的整個研究體系，具有理論價值和實踐意義。

　　第一章，介紹本書的研究目的和意義，總結前人的研究成果以及本文的研究方法和研究進程。

　　第二章，介紹《才物譜》的作者，敘述其人生經歷和政治追求。闡述本文的寫作背景和寫作目的。介紹《才物譜》的重要版本以及本文語料選取的根據，說明《才物譜》的價值。

　　第三章，介紹《才物譜》的編排體例，分析其結構安排，總結結構特徵。在分析釋義術語的基礎上，總結釋義體例。最後通過用例，分析引書使用情況，概括引書特徵。

第四章，對《才物譜》中的漢字詞進行研究，將漢字詞劃分爲韓國固有漢字詞、漢源漢字詞，總結《才物譜》中的同形同義、同義異形和同形異義詞，分析其特徵。

第五章，首先介紹漢字在朝鮮半島傳播、使用的狀況。然後從當前韓國學者和中國學者研究韓國漢字的現狀出發，指出兩國學者在韓國俗字研究方面的缺失和不足，進而分析《才物譜》中俗字的類型、特徵及字際關係，以期爲當前的韓國漢字研究和域外漢字研究提供有意義的借鑒。

關鍵字：《才物譜》 中國 韓國 語言 文字 詞彙 文化

目 录

1. 緒 論 ·· 1
   - 1.1 研究目的和意義 ··· 1
     - 1.1.1 選題緣由 ··· 1
     - 1.1.2 研究意義 ··· 2
   - 1.2 前人研究成果綜述 ··· 4
     - 1.2.1 韓國研究成果 ·· 4
     - 1.2.2 中國研究成果 ·· 8
   - 1.3 研究方法及進程 ·· 11
     - 1.3.1 語料選取 ·· 11
     - 1.3.2 研究方法 ·· 11
     - 1.3.3 研究進程 ·· 12

2. 《才物譜》概說 ··· 13
   - 2.1 《才物譜》編撰緣由 ··· 13
     - 2.1.1 《才物譜》作者 ·· 13
     - 2.1.2 《才物譜》編撰背景 ······································· 14
     - 2.1.3 《才物譜》編撰目的 ······································· 16
   - 2.2 《才物譜》版本和價值 ··· 17
     - 2.2.1 《才物譜》版本 ·· 17
     - 2.2.2 《才物譜》價值 ·· 19

3. 《才物譜》編撰體例 ·· 21
   - 3.1 結構特徵 ··· 21
     - 3.1.1 總體特徵 ·· 22
     - 3.1.2 分卷特徵 ·· 28

i

  3.2 釋義體例 ··· 41
    3.2.1 術語分析 ··· 41
    3.2.2 釋義方式 ··· 73
  3.3 引書考證 ··· 77
    3.3.1 引書分析 ··· 77
    3.3.2 引書特徵 ··· 85

4.《才物譜》詞彙研究 ··· 88
  4.1 《才物譜》詞彙分類 ··· 88
    4.1.1 固有漢字詞 ·· 88
    4.1.2 漢源漢字詞 ·· 92
  4.2 《才物譜》詞彙特徵 ··· 97
    4.2.1 語音結構類型 ·· 97
    4.2.2 語體色彩特徵 ·· 99
    4.2.3 語義特徵傾向 ·· 100
  4.3 中韓通用詞彙 ·· 104
    4.3.1 同形同義詞 ·· 104
    4.3.2 同形異義詞 ·· 105
    4.3.3 異形同義詞 ·· 108

5.《才物譜》文字研究 ··· 110
  5.1 漢字在古代韓國的傳播和演變 ································ 110
    5.1.1 漢字在古代韓國的傳播 ·· 110
    5.1.2 《才物譜》文字使用特徵 ···································· 115
  5.2 《才物譜》俗字研究 ·· 116
    5.2.1 韓國俗字的內涵 ··· 116
    5.2.2 韓國俗字研究的現狀和不足 ································ 117
    5.2.3 《才物譜》俗字類型 ··· 119
    5.2.4 《才物譜》俗字特徵 ··· 122
  5.3 字際關係研究 ·· 123
    5.3.1 釋字術語 ··· 123

  5.3.2　字際關係 …………………………………………… 128

6. 結　論 ……………………………………………………… 134
 一、《才物譜》概況 ………………………………………… 134
 二、《才物譜》編排體例 …………………………………… 135
 三、《才物譜》詞彙 ………………………………………… 135
 四、《才物譜》文字 ………………………………………… 137

한국어 초록 ……………………………………………………… 138
《才物譜·序》及翻譯 ………………………………………… 140
詞項數據庫 ……………………………………………………… 143
參考文獻 ………………………………………………………… 477

1. 緒　論

1.1　研究目的和意義

本書以韓國朝鮮王朝後期文獻《才物譜》爲研究對象，建立數字化語料庫，通過共時和歷時兩個層面，對比中國的漢語詞彙，形成以韓國漢字詞研究爲主導，系聯漢字研究、中韓文化對比等內容在內的整個研究體系。

1.1.1　選題緣由

（一）促進中韓語言文化的發展

朝鮮王朝作爲朝鮮半島最後一個王朝，曾有過光輝燦爛的文化，經歷了前期的發展、中期的輝煌，後期在內憂外患中衰落，直至消亡。朝鮮王朝後期，社會矛盾突出，民衆要求變革；此時中國實學和西學漸入，多種文化相互碰撞；這些都給朝鮮社會帶來巨大影響，也必將在語言文字上有所體現。《才物譜》誕生於朝鮮王朝後期（1798年），以漢字爲主要記錄工具，不僅匯集了當時各個門類的詞彙，留存了朝鮮半島歷代王朝的歷史遺跡，而且保存了中國古代和其他國家經由中國傳入朝鮮半島的各個時期的一些文化資料。《才物譜》本身蘊含豐富的史料，廣泛涉及語言學、歷史學、哲學、醫學、植物學、動物學等多個學科，有很大的研究價值，如何開發好這樣一塊璞玉已成爲亟待解決的問題。筆者以《才物譜》爲研究對象，對其語料進行整理，以詞彙與文字爲中心進行研究，爲促進中韓語言文化的發展做出自己微薄的貢獻。

（二）推動傳世漢字詞典的研究

學術在創新中求發展，這種創新包括材料創新、視角創新和方法創新。陳寅恪在《王靜安先生遺書序》中概括了王國維的研究方法"一曰取地下之實物與紙上之遺文互相釋證，二曰取異族之故書與吾國之舊籍互相補正，三曰取外來之觀念與固有之材料互相參證。"所以，材料（地下實物、異國古書）、視野（擴充、擴張、擴大）、方法（西方語言學理論、電腦技術），可以說是學術研究獲得全面深入發展之金科玉律。[①]近年來，中國漢學者開始將關註點投入到新的研究材料——存在於中國以外的漢字文化圈國家的傳世漢籍上。

朝鮮半島歷史上有大量的漢字類文獻傳世，其中以漢字爲主要記錄載體的詞彙類文獻資源也相當豐富，但是真正的詞彙研究史卻是從朝鮮王朝開始的。《才物譜》初步具備了詞典的基本特徵，屬於類書性質的漢字詞典。"東亞各國的傳世字典文獻，在今天尚處於比較尷尬的地位：它既不是本國研究者研究的範圍，又不是傳統漢學的研究物件。但基於這些資料的文字和文化背景，對它們進行整理和研究，應該是各國漢學者的責任，也是中國漢字研究者的責任。"[②]以漢字爲主要記錄工具的字典、詞典研究，主流在中國，漢字文化圈各國傳世的此類詞典研究，在今天也常處於研究的盲區。目前學術界在朝鮮半島古代漢字詞典研究方面，還沒有全面整理和研究的成果，因而本書以《才物譜》爲研究對象，以期通過新穎的研究材料取得研究上的創新，並以此爲切入點，推動漢字文化圈國家傳世漢字詞典的研究工作。

1.1.2 研究意義

（一）理論意義

1. 拓寬漢語詞彙學研究領域

漢語詞彙學是一個傳統學科，以往主要的研究對像是漢語中的詞彙，關註點主要在中國。《才物譜》中占主體的是漢字詞，實際上也屬於漢語詞彙學研究範疇。中國古代詞彙學著作頗豐，學者們的研究也達到了一定的高度，在引進西方語言學理論探索詞彙學研究新路的同時，學者也應更多關註漢字文化圈國家的漢字、漢語詞彙研究。中韓地域相鄰，政治、經濟、文化上的碰撞必將在詞彙上有所體現，本書給我們提供了這樣一個探索的機會，進一步拓寬了漢語詞彙學研究的領域。

---

① 張伯偉《域外漢籍研究》，復旦大學出版社，2012年版，17–18頁。
② 王平基於數據庫的中日韓傳世漢字字典的整理與研究，《中國文字研究》，2014年第1期，217–225頁。

1. 緒　論

2. 推動中韓比較語言學的發展

《才物譜》的文字背景是韓文和漢字，文化背景是韓文化和漢文化，本書研究主要方法也是將兩國的語言文化做比較，因此也屬於比較語言學研究範疇。文獻典籍是文化的載體，漢籍對朝鮮王朝產生了重大影響。《才物譜》涉及文獻覆蓋中國古代文獻經、史、子、集的各個門類，承載着漢文化的影響。我們不僅可以將《才物譜》中所反映的語言現象作爲漢語言文字研究的參照物，對中國歷史文獻匯集整理和語言文字研究產生積極作用；也可以補充韓國本土所存歷史文獻的缺漏、錯誤；其文化的相容性，對漢字文化圈不同文化之間的比較研究有重要的文獻價值，有利於對我們考察漢籍及漢文化傳播狀況。

（二）**實踐意義**

1. 實現《才物譜》數字化檢索

在這個資訊化、網絡化時代，我們需要更便捷的資訊、更準確的資料，傳統的漢語言文字學也必將適應這樣的訴求才能更好地發展。傳世漢籍數字化、檢索化已經成爲一種趨勢。韓國慶星大學漢字研究所與華東師範大學中國文字研究與應用中心合作建立了"基於全資訊檢索系統下的中韓古代小學類文獻系統"，將一部分韓國傳世的漢字字典數字化，通過該系統，中韓學者可以在一個共同的平臺上研究漢字，檢索資料也更爲方便。本書受其啟發，將韓國古代詞彙類文獻數字化，試圖建立《才物譜》文獻檢索系統，通過收集、觀察語料，描述、構建自己的體系。此舉可以使研究《才物譜》的後續學者們得到更爲便捷、準確的資料，這將大大減少前期準備的時間，也使其研究資料的科學性進一步提高。

2. 初步探索中韓漢語詞彙研究對接

中韓同屬漢字文化圈國家，漢語詞彙進入朝鮮半島後實現了本土化。韓語中的漢字詞與漢語詞彙關聯非常密切，如何釐清其發展脈絡，找出與漢語的共同點和差異是中韓學者們共同研究的課題。在漢字研究國際對接已經先行一步的情況下，詞彙研究對接也將隨之展開。本書以一個封閉的語料《才物譜》爲基礎，進行定性、定量的測查，這是構建中韓詞彙發展史的基礎。本書爲中韓詞彙研究全面對接，進行了初步探索。

1.2 前人研究成果綜述

1.2.1 韓國研究成果

韓國學者與本書相關的研究成果主要包括以下幾類：

（一）國語學研究

由《才物譜》起，韓國傳世的漢字詞典雖然屬於漢籍的範疇，但不是完全由漢字記錄，而是韓文、漢字混用，只不過漢字占主體。韓國學者常常從國語學的角度進行研究。如：

方學洙《才物譜對於國語學的研究》，檀國大學校，教育大學院，碩士論文，1985年。

양연희《物名類攷에 關한 考察：語彙，音韻과 文字表記를 中心으로》，首爾大學校大學院：國語教育，碩士論文，1977年2月。

白承昌《「物名考」類에 對한 國語學的 研究-語彙分類와 造語法을 中心으로-》，檀國大學校大學院，碩士論文，2008年。

孟益在《茶山의 物名考에 對한 國語學的研究》，檀國大學校大學院：國語教育，碩士論文，1988年。

오창명《物名의 借字表記 研究（1）-《園幸乙卯整理儀軌》를 中心으로-》，《瀛州語文》，2001年3月，53-86頁。

고정의《「才物譜」의 韓國語彙에 對한 一考察》，人文論叢，2000年12月。

（二）詞彙分類研究

《才物譜》屬於按義分類編排的詞典，因此本書也與詞彙的分類研究有關。學者們針對如建築類、儀軌類、魚譜類、醫藥類、色彩類等詞彙進行研究時常涉及本書。如：

김재웅《朝鮮時代營建儀軌의 木造建築用語에 關한 研究》，朝鮮大學校，碩士論文，2008年。

김중빈《魚譜類에 나타난 19C初의 水產物 語彙研究——「茲山魚譜」（1814），「蘭湖魚牧志」（1820），「物名考」（1824？）의 收錄 語彙를 中心으로》，《漢語文教育》，2004年12月。

황금연《「儀軌」類의 漢字 借名 表記 研究》, 全南大學校大學院: 國語國文學科, 碩士論文, 1997年2月。

나상철《安眠島 地方의 地名 研究》, 公州師範大學校教育大學院, 碩士論文, 1986年。

柳在泳《「詩經諺解」의 物名》,《語文研究》, 1990年2月。

柳在泳《「詩經諺解」物名에 對한 考察》,《白鹿語文》, 1987年, 第3-4集。

柳在泳《物名의 한 研究:「東醫寶鑑」湯液篇을 中心으로》,《國語國文學研究》, 1987年12月。

李男德《色彩 語彙의 語源:「검다」와「붉다」에 對하여》,《梨花語文論集》, 1983年6月。

金完鎭《高麗歌謠의 物名: 國語學的 考察》,《精神文化研究》, 1998年4月。

유경민《分類 語彙集의 '사람(人)' 關聯 標題項 研究》,《韓國語義學》, 2010年第32輯。

윤양노《朝鮮時代의 衣服構成 用語에 關한 研究:「才物譜」를 中心으로》,《韓服文化》, 2005年12月。

(三) 語彙資料集研究

《才物譜》屬於語彙資料集, 此類研究主要集中在以下幾方面: 一是對專書進行研究, 分析其創作背景、思想傾向、詞彙特點等; 二是對幾個詞彙集聯合研究, 平行比較其寫作背景、體裁、特徵等。

李德熙《近代國語物名詞彙集研究》, 釜慶大學, 博士論文, 2007年。

洪允杓《柳僖의「物名攷」》,《語文研究》, 2000年4月。

김형태《「農家月令歌」創作背景研究: 御時記 및 農書, 家學,《詩名多識》과의 聯關性을 中心으로》,《東洋古典研究》, 2006年第25輯。

李秉岐《朝鮮語文學名著題解》,《文章》, 1940年8月。

李康民《近世日本의 韓國語學習書: 言語史研究資料로서의 系譜와 性格》,《日本學報》, 2004年第58輯。

洪允杓《實學時代의 語彙資料集 刊行歷史》,《國語生活》, 1990年第22輯。

金家源《'物譜'와 實學思想》,《人文科學》, 1960年第5輯。

정은주《實學派 知識人의 物名에 對한 關心과「物名類解」》,《韓國實學研究》, 2009年第17輯。

최경봉《「物名考」의 온톨로지와 語彙論的 意義》,《韓國語義學》,2005年第17輯。

신중진《辭典學的 觀點에서 본《物名攷》와《才物譜》의 影響 關係》,《震檀學報》,2014年4月。

李昌炅《試論朝鮮類書的出版和編輯》(2004)以類書的編輯方法爲線索研究探索類書在韓國的利用情況,以及類書的變化、發展以及現代繼承方法等。

(四)漢字詞研究

漢字詞是漢字詞典的核心,從19世紀60年代末到70年代初開始受到韓國學者的關註,在19世紀末20世紀初逐漸成爲漢學研究的熱點。關於這方面主要圍繞著以下幾個問題進行:

1. 漢字詞的概念

關於漢字詞是借用關係還是語言接觸的問題。在這個問題上,有兩種不同的看法:一種認爲漢字詞是用漢字表示的,它不屬於固有詞,是借用漢語。另一種主張認爲,漢字詞不是"借用關係"而是"語言接觸"。南豐鉉(1972)認爲漢字詞與直接借用語的差別不大,因爲漢字詞不是按照韓國語的音韻結構改造而成的。

朴英燮《關於國語漢字詞起源的系譜研究》(1986)。김석영《現代漢語中域外漢字詞的地位和判斷標準》(2011)提出一個新的術語:域外漢字詞,域外漢字詞屬於借詞範疇,但不屬於外來詞。

2. 漢字詞的特徵和功能

關於漢字詞的特徵,學者們從詞彙機能、形態特徵、構詞方式等方面進行研究。李庸周《韓國漢字詞的詞彙功能研究》(首爾大學博士論文,1974),闡述了漢字詞詞彙的功能與韓國語語法體系之間的關係。此外,李庸周在《韓國語外來語的特徵與固有詞的相互作用(上)》(1964)、《關於韓國語詞彙體系的特徵》(1969)、《關於韓語漢字的研究》(1974)、《韓語漢字詞系動詞的語彙論的機能》(1983)等文章中也有這方面的論述。姜信沆《外來實態與其受容對策》(1981)。盧明姬《關於漢字詞彙形態論特點的研究》(1990)、《漢字詞的形態論》(1997)、《現代國語漢字詞的結構研究》(1988)。金圭哲《關於漢字詞的構詞研究與固有詞比較》(1980)。沈在箕《漢字詞的構造與構詞能力》(1980)。金貞恩《漢字語的構詞研究》(1998)。金相大《漢字語的結構特點》(1995)。朴英攝《對漢字詞的小考》(1997)。金圭哲《漢字詞詞彙形成研究》(首爾大學碩士論文，1980)，從韓語漢字詞形成、結構、種類等方面解析漢語對韓語的影響，總結韓語漢字詞特徵。Ka，Lina《現代韓國語中漢字詞"別"的意義和語法》(2011)。

3. 漢字詞與韓語和漢語的對應研究

金光海《固有語與漢字語的對應現象》(1989)、吳文義博士論文《現代漢語形容研究》(1995)對2138個韓國語漢字形容詞與對應漢語形容詞，就詞義、用法範圍、褒貶義等幾個方面進行了描述。李美香《通過韓、日、中詞彙對比考察韓國語漢字詞的特徵》(1999)、감서원，홍순효《漢字詞和中國漢語詞在意義與形式之間的對比研究》(2002)分析了中國漢字詞和韓國漢字詞，對類型之間的差異進行研究。蔡玉子《韓國漢字詞和中國現代漢語語彙的比較研究》(2004)、추애방《中韓漢字語接頭詞特性에對한考察》(2012)從語言類型論的角度對韓語中的漢字詞前綴和漢語的前綴（包括典型前綴和類前綴）的特性進行了分析，總結出韓漢兩種語言漢字詞前綴的共同點和不同點。焉德才《試論韓國語漢字詞》(2012)探討了韓國漢字詞的來源、途徑，以及與對應的漢語詞彙進行語義比較。LUOTING《韓·中漢字詞述語名詞的對照研究》(2014)將韓語述語名詞的定義、判斷標準和特徵、目錄與漢語述語名詞對比研究，找出他們之間的共同點和差異點。Kwang Soo Sung《漢語와 韓語의漢字語彙對比（二）-漢字史의固有名史標記法을中心으로》(2014)、李孝淑《中韓同形異義詞的比較研究》(韓國外國語大學碩士論文，1999)，比較中韓同形異義詞，思考韓漢漢字詞教學的個性特點。金泰漢《中韓日教育用的漢字詞比較研究》(忠南大學碩士論文，2002)，對三國教育用漢字詞的異同點進行了比較研究。金惠淑《中韓日漢字詞語比較研究》(嶺南大學博士論文，2005)，論述了韓國語輸入漢字詞的歷史過程，分析了漢字詞的語義、語音變遷及結構類型，比較三國漢字詞的基本特徵。李正淑《中韓同形漢字詞對比分析上的指導方針研究》(圓光大學碩士論文，2005)，對進一步開展韓國語的類型研究及語言教學方面提供了新思路。

與本書關係最爲密切的是李銀洙的《李晚永編〈才物譜〉解題》。韓國目前還沒有對《才物譜》體系進行整體研究的成果。

1.2.2　中國研究成果

目前中國幾乎沒有針對《才物譜》的研究，只在個別文章中對某個詞進行解說時有過引用，如郭鴻鴒《中國朝鮮族民族傳統教育的現狀及對策研究》在解釋"秋千"時註明該詞語出《才物譜》，目前沒有学者對《才物譜》進行系統、全面地整理和研究。從研究現狀來看，語言學界，尤其是中國學者對《才物譜》這樣一個文化寶庫挖掘得還遠遠不夠。

與《才物譜》研究相關的領域主要包括：

（一）域外漢籍整理與研究

所謂域外漢籍，根據目前中國學術界的共識，主要包括三方面的內容：一是歷史上域外文人用漢字書寫的典籍；二是中國典籍的域外刊本或抄本；三是流失域外的中國古本。[①]將存在於中國之外或中國以外人士用漢文（主要是古漢文）撰寫的各類典籍統稱爲"域外漢籍"。[②]這種觀點以文化爲背景，統一定義世界各地的漢字文獻。將漢籍視爲與漢字相關的諸民族的共同精神財富，這有利於在統一的文化語境下關註漢文文獻。嚴紹璗在《關於創立"國際漢籍文獻學"的思考》中倡議建立"國際漢籍文獻學"[③]，這又在更高的層面上理解世界範圍內的漢字文化遺存。近些年中國在域外漢籍方面來取得了一定的成果：

1. 書目著錄

掌握域外漢籍的書目是我們進行研究前首先要解決的問題。由中國國家古籍整理出版規劃小組主持編纂的《中國古籍總目》著錄了部分中國以外圖書館所藏的漢文古籍，關於韓國的書目成果有《朝鮮時代書目叢刊》（中華書局，2004），《朝鮮時代漢語教科書叢刊》（中華書局，2005）。

2. 善本影印出版

各國傳世漢籍頗多，版本各不相同，在有限的人力、物力、財力的情況下，選擇善本影印出版具有可操作性。這些善本包括綜合性叢書，即其中所選的文獻資料相容多門學科，如上海古籍出版社的"海外珍藏善本叢書"

[①] 張伯偉《域外漢籍與中國文學研究》，中國遺產，2003年第3期，131-139頁。
[②] 張伯偉《域外漢籍研究——一個嶄新的學術領域》，學習與探索，2006年第2期，159-160頁。
[③] 《北京大學中國古文獻研究中心集刊》(第七輯)，北京大學中國古文獻研究中心編，北京大學出版社，2008年版，1-4頁。

(1993—2000),廣西師範大學出版社和商務印書館的"中國古籍海外珍本叢書",其下又以藏書地爲標準分成數輯。西南師範大學出版社和人民出版社的"域外漢籍珍本文庫"則參考四庫分類法,將中國以外漢籍善本分爲經、史、子、集四部,收錄漢籍已達376種。單出的影印古籍,如中華書局的《龍龕手鏡(高麗本)》。此外還有對各國漢籍史料按一定的主題摘抄、擇錄、匯編而成的類書性著述,如由中國國家古籍整理出版專項經費資助的系列圖書《韓國文集中的蒙元史料》《韓國文集中的明代史料》《韓國文集中的清代史料》,輯錄了朝鮮大臣詩文中有關中國的資料。此類資料還有復旦大學文史研究院的《韓國漢文燕行文獻選編》、廣西師範大學出版社出版了《燕行錄全集》等。

3. 數字化檢索

中國國家圖書館聯合各國數家圖書館開發漢籍善本國際聯合書目系統,著錄了多個圖書館所藏的漢籍善本,並將書籍數字化,方便讀者檢索查詢,將日本東京大學東洋文化研究所、美國哈佛大學哈佛燕京圖書館的數字化漢籍免費提供給讀者使用。此外,還建立了某些古代詞彙學專著的相關檢索系統,如《爾雅》《釋名》都已經實現了數字化,但還沒有實現多路徑的功能化檢索,而且也沒有與漢字文化圈其他國家對接。

(二)物名類詞典考釋研究

與本書相關的研究領域主要涉及物名類詞典和文集的考釋研究,以郭璞《「爾雅」註》和張華《博物志》的研究爲例,主要包括以下幾個方面:

1. 文獻學研究

從版本角度研究,如:董恩林《「爾雅郭註」版本考》(2000),趙紅媛《「博物志」的成書、體例與流傳》(2006),蔣鵬翔《宋刻十行本「爾雅註」版本源流考》(2011),王媛《「博物志」文獻問題及其原因》(2013)。

從體例角度研究,如:周文德、楊曉蓮《「爾雅」郭璞註的兩個特點》(2000),楊薇《「爾雅」註本文獻系列對訓詁學形成產生的影響》(2005),葛紅杉、李玉濤《郭璞「爾雅註」訓詁術語釋義例芻議》(2007),嶽原《「爾雅」郭璞註引「詩」考》(2010)。龐波《郭璞「爾雅註」同義訓詁研究》(2013),界定概念、梳理體系、分類例說,對郭璞《爾雅註》同義訓詁進行整理和分析。王遠《王郭璞「爾雅註」釋詞理據研究》(2014)對《爾雅註》進行理據闡釋,對釋詞條目分析歸納,進而總結郭璞理據釋詞的術語、方法和價值。

2. 語言學研究

學者們着眼於語義、詞義、語法等要素進行語言學研究，如：蕭黎明《郭璞註的歷史方言學價值——兼與沈榕秋先生商兌》（1997），胡曉華《郭璞註語詞研究與〈漢語大詞典〉編纂》（2004），胡曉華《郭璞註釋語言詞彙研究》（2005），曾昭聰《郭璞「爾雅註」中的詞源研究述評》（2005），郭曉妮《「博物志」聯合式雙音詞探析》（2006），彭輝球《「爾雅」郭璞註的反切（上）》（1991）、《「爾雅」郭璞註的反切（下）》（1993）。此外還有一些文章對郭註和《博物志》進行整體評價，如趙振鐸《郭璞「爾雅註」簡論》（1985），劉友朋、劉清華、頓嵩元《郭璞及其「爾雅註」》（1999），趙紅媛《「博物志」研究》（2007）。李芳《「博物志」研究》（2009）從產生原因、文獻價值、文本分析、思想透視四個方面對《博物志》進行全面解析。孫曉劍《郭璞註訓詁研究》（2012）對郭註進行語音、詞彙、語法方面的分析。

（三）漢字詞研究

學者們立足於語言本體和語言教學，以韓語中的漢字詞及中韓同形漢字詞對比研究爲中心，從語義、語法、語音等不同角度對中韓漢字詞進行對比，此類研究成果主要有：

1. 中韓漢字詞對比

徐建宏《漢語詞彙和韓國語漢字詞的對比研究》（1994），崔萬基《現代漢語和韓國漢字語詞匯對比分析》（2000），趙賢貞《中韓漢字同形詞對比研究》（2007），鄭良淑《漢韓同形異義詞的對比分析》（2008），金敏呈博士學位論文《中韓漢字動詞比較研究》（2001），李鏡兒碩士學位論文《韓漢擬聲詞的比較》（2002），金多蓮碩士學位論文《漢語韓國語名量詞的比較研究》（2003），李得春《世紀之交韓國語新詞中的漢字詞》（2004），李紅梅《從造詞法看韓國語漢字新詞的經濟性》（2004），黃貞姬《韓國語漢字副詞在漢語中的對應關係》（2005），姜泰希碩士學位論文《韓漢兩種語言中漢字詞的比較》（2000），崔地希碩士學位論文《中韓漢字詞對比研究》（2010），李尚靜《中韓單音節漢字詞之詞性對比研究》（2014）。

2. 對韓漢字詞教學

朱英月《〈漢語水平詞彙等級大綱〉中的中韓同形詞比較研究》（1997），通過多角度的比較來發現中韓詞彙各自的特點。全香蘭《針對韓國人的漢語教學——'文字'代溝對對外漢語教學的啟示》（2002）、《韓漢同形詞偏誤分析》（2003）。金正淑碩士學位論文《韓漢同源詞異同論》（2006），該論文比較分析了兩國語言同源詞中的有關問題，討論語義的異同對對外漢語教學的影響。金茗竹碩士學位論文《韓國語漢字詞與對韓詞彙教學研究》（2013），申炤姬碩士學位論文《漢韓近義漢字詞對比與偏誤分析》（2013），劉曉麗碩士學位論文《韓語漢字詞與漢語詞語的對比研究及在教學中的應用》（2013），金蓮姬《對韓初期夾用漢字詞教學》（2014）。

1.3　研究方法及進程

1.3.1　語料選取

《才物譜》是以4卷4冊本或8卷8冊本的形式來流通的。有筆寫本和影印本兩種。影印本主要是根據8卷8冊本影印出版的。本書語料主要選取韓國國立中央圖書館所藏8卷8冊筆寫本，兼及其他版本。

1.3.2　研究方法

（一）基於文獻學的資料收集法

以文獻爲基礎，對《才物譜》進行資料收集、審讀、研究。收集《才物譜》文獻（包括筆寫本和影印本）和有關的研究論文著作。收集方法是結合電子文獻及圖書搜索。首先使用傳統收集方法，即查詢並採用數碼照相，複印，電子掃描技術收集圖像、書本等。對不同版本進行對比，尋找其中的不同，選擇善本，提供最完整的文本。其後對所收集到的資料進行審讀、分類、總結前人研究概況。

（二）基於語料庫的材料分析法

本書對《才物譜》作窮盡性調查，需要運用文字資訊化處理技術進行整理與分類，設計ID、卷別、頁碼、詞頭、詞項、釋義等欄位，建立數據庫。對定量的材料進行分析歸納。定性研究採取典型例句和統計資料相結合的方法，包括共時和歷時兩個方面，將《才物譜》中的文字詞彙與漢語做比較。

1.3.3 研究進程

（一）建立語料庫

總結前人研究成果，同時選取善本材料，對《才物譜》進行整理。本研究借助現代語料庫技術，將傳統紙質的文獻資料整體地轉換成了數字化形態的資料系統。加註標點，校對文獻，處理形體混同字，處理同音借用字，遴選字樣，選擇主形。在轉換過程中如何避免錯誤、疏漏，保有原始資料的真實性是本書需要克服的難題。

（二）文獻研究

首先介紹《才物譜》作者，敘述其經歷、寫作背景、寫作目的。比較不同的異本。總結《才物譜》的編撰體例，分析其結構安排，總結結構特徵。在分析釋義術語的基礎上，總結釋義體例。通過用例，分析引書使用情況，概括引書特徵。其次對《才物譜》中的漢字詞進行研究，將漢字詞劃分爲韓國固有漢字詞、漢源漢字詞，總結《才物譜》中的同義異形和同形異義詞，分析其特徵。文字方面，介紹漢字在朝鮮半島傳播、使用的狀況。再從當前韓國學者和中國學者研究韓國漢字的現狀出發，指出兩國學者在韓國俗字研究方面的缺失和不足，進而分析《才物譜》中俗字的類型、特徵，分析字際關係。

（三）對比研究

做多方位的比較，包括三個體系的比較研究：《才物譜》內在體系的自我比較，與中國語言文字的對比，與韓國其他辭書的對比。首先在體例上，將《才物譜》與中國辭書《爾雅》《博物志》做對比；與韓國類書做對比；再將《才物譜》中的漢字詞、特殊用字與漢語文字詞彙做對比研究。

2.《才物譜》概說

2.1 《才物譜》編撰緣由

2.1.1 《才物譜》作者

《才物譜》誕生於朝鮮王朝正祖22年（1798），爲朝鮮後期學者李晚永所作，金允秋作序。

李晚永（1748-?）字成之，祖籍韓山。其祖父是清州鎮管兵馬僉節制使李秉鼎（1678-?），父親是成均生員李興重（1713-?）。李晚永的祖父和父親都有儒學背景，祖父的官路還比較通暢，父親在取得生員資格後沒有做官。據《乙卯式年司馬榜目》記載，正祖19年（1795）李晚永48歲，以第十一名的成績通過了乙卯年考試，成爲二等生員。[①]據《承政院日記》[②]記載，純祖7年（1807）李晚永爲孝陵參奉，純祖9年（1809）爲禁府都事，純祖10年（1810）爲禧陵直長，純祖11年（1811）爲濟用主簿、司臬主簿，純祖12年（1812）爲社稷署令，同年71歲高齡的李晚永開始擔任玉果縣監，直至1816年，最終卸任玉果縣監。李晚永出仕太晚，無奈廉頗老矣，政治上並沒有太大的成就，史書中對其記載不多。

結合序言和其他史料我們可知，李晚永年輕時雖博學多才，卻一直鬱鬱不得志。生活上，家道中落，貧窮困頓無子嗣；仕途上，不被當世所用，年老方入太學，59歲才出任孝陵參奉。《才物譜》創作於其出仕之前，面對生活的重壓、官路的不順，李晚永不忘初衷，筆耕不輟，《才物譜》就是其一生的心血之作。在好友金庭堅看來，李晚永是真正的儒家學者、聖人之徒，值得大家學習。李晚永真正的人生理想不僅僅在著書立說上，因而他在出仕以後，再沒有什麼代表性的作品，將主要精力都放在從政上了。

---

① 《乙卯式年司馬榜目》，肅宗元年（1675），朝鮮芸閣活字本。
② 原本爲首爾大學奎章閣藏。影印本國史編撰委員會，1961-1977年刊行。

爲《才物譜》作序的金允秋，字庭堅，出身光山金氏，是朝鮮名儒金萬重（字重叔，號西浦）的兒子。金允秋於正祖21年任泰陵參奉，純祖4年爲孝陵參奉。李晩永是金允秋孝陵參奉的繼任者。作爲金允秋的同僚和好友，李晩永也有濃厚的儒學背景，其人生經歷、精神追求都淋漓盡致地體現在《才物譜》中。

2.1.2 《才物譜》編撰背景

（一）實學思潮高漲

任何一種思潮的形成都有其特定的歷史背景與現實需求。韓國實學正是在中國實學思潮的影響下，在朝鮮王朝特定的歷史背景下產生的，是時代精神的集中反映。實學源自中國，脫胎於儒家學派，明末清初的中國實學則是以經世致用的形式出現的，具體表現爲兩個方面：對理學的空談心性而言，主張經世致用；對理學的束書不觀而言，主張回歸儒家經典。①自古以來，韓國、日本等東方國家深受中國儒家思想和學風的影響，中國實學進入朝鮮王朝後，逐漸與本土文化相融合，形成韓國實學。17世紀，朝鮮王朝呈現衰退之勢，國內社會矛盾加劇，一度佔據統治地位的性理之學與社會現實之間的差距逐漸加大，慢慢成爲黨派鬥爭的工具。另一方面中國的實學和西方傳入的西學也在衝擊著朝鮮王朝的統治階層。在這樣雙重影響下，韓國實學誕生。學者們以實事求是爲研究方法，以實用物件爲研究內容，以經世致用爲研究目的，其中歷史學、地理學和金石學方面的比重較大。潘暢和認爲"在以儒學爲主流文化的韓國，實學既是以貫之於儒學發展歷史的一般概念，又是在反思與批判儒學文化的過程中產生和發展的特殊稱謂。"②自此開始約三百年間，經世致用的實學對韓國影響深遠，逐漸成爲主流社會思潮，其代表人物爲金堉、李瀷、樸趾源、丁若鏞等。朝鮮王朝後期，受實學思潮的影響，當時很多學者自發地著書立說，誕生了一批經世致用的類書。相較於以往的類書，這些類書不僅僅是爲詩文而作，其對韓國歷史、典故、語言等方面的關註，更豐富了類書的內容，其中一部分已具有現代詞典特徵，屬於百科詞典。《才物譜》正是在這樣的實學之風感召下誕生的。

---

① 王傑《論明清之際的經世實學思潮》，文史哲，2001年第4期。
② 潘暢和《韓國實學及其哲學思想意義》，實學研究第一輯，2011年7月，國際會議。

（二）辭書編撰盛行

韓國類書發端於權文海（1534-1591）《大東韻府群玉》（1589），按照韻目分類，記載了開國君主檀君以來的史實、人物、地理、藝術。此後誕生了李睟光（1563-1628）《芝峰類說》（1613）包含了天問、地理、君道、官職、儒道、經書、文章、人物、技藝、宮室、服用、食物、卉木、獸蟲等25類内容，共3435條，廣泛涉及各個領域的問題。金堉（1580-1685）《類苑叢寶》（1644）包含了天道、天時、地道、帝王、官職、吏部、戶部、禮部、兵部、刑部、人倫、人道、人事、文學、筆墨、奎印、珍寶、布帛、器具、飲食、冠服、米穀、草木、鳥獸、蟲魚、四夷、神鬼在内的27類，46卷内容，附別一卷。金搢（1585-?）《彙語》分乾道門、人倫門、儒道門、君道門、臣道門等17類，59卷20冊。

最早在朝鮮王朝誕生的自主編寫的辭書主要是一些字書，如《訓蒙字會》（1527）《新增類合》（1576）等，主要用於孩童識字。當時儒學和漢籍深刻地影響着朝鮮王朝，爲了進一步研習漢籍，對其中的字、詞等内容進行註釋，需要更高水準的辭書，學者們開始關註辭書編撰工作。因爲辭書編撰的一個重要目的就是教育國民，維護國家的正統思想，是國家文化力量的一種象徵，於是從16世紀開始到19世紀中葉，朝鮮王朝官方開始進行大規模的辭書整理和編撰。國家一方面大量進口和翻刻漢籍，另一方面令當時的名儒編寫各類辭書。《才物譜》就是在這樣的背景下誕生的。

《才物譜》也是致敬中國學者郭璞、張華之作。郭璞的《爾雅註》（以下簡稱郭註）是中國現存最早、保存完整、影響較大的一部《爾雅》古註，集爾雅學的大成。内容上，郭註不僅對《爾雅》釋例中的詞語進行註解、交代部分詞語的詞性、構詞特點、讀音，還將註釋的内容延伸至批評《爾雅》舊註、總結《爾雅》訓詁條例及校勘《爾雅》。在方法上，郭註用今語釋古語，以通語釋方言，徵引古籍、《爾雅》舊註、當時的律法、史料、掌故、諺語、習俗等爲《爾雅》作註。内容上的擴大、方法上的創新，這些使郭註具有很高的文獻價值。《博物志》是中國第一部博物學著作，由西晉優秀的文學家張華所著，現存10篇。"華學業優博，辭藻溫麗，朗贍多通，圖緯方伎之書莫不詳覽。""華強記默識，四海之内，若指諸掌。"[1]東晉·王嘉《拾遺記》稱，

---

[1]《晉書·張華傳》

此書原400卷，晉武帝令張華刪訂爲10卷。《隋書·經籍志》雜家類著錄《博物志》即爲10卷。因原書已佚，所以今本《博物志》由後人搜輯而成。現流行版本，一種是通行本，收在《廣漢魏叢書》《古今逸史》《稗海》等叢書中，於十卷中又分三十九目；另一種是黃丕烈刊《士禮居叢書》本，十卷，不分目，次第也和通行本協調，據黃氏說此本系汲古閣影抄宋連江氏刻本，收在《字海》《龍溪》《博舍叢書》中。李晚永與張華經歷有相似之處，都是博學多才，但政治上卻歷經坎坷，不盡如人意。

2.1.3 《才物譜》編撰目的

《才物譜》書名即是編撰目的的高度概括。《易傳·繫辭下》云"有天道焉，有人道焉，有地道焉，兼三才而兩之，故六。六者非它也，三才之道也。"先有天地，而後有萬物，人居其中，天、地、人即爲三才。《才物譜》意爲包羅世間萬事萬物的一部書，因而也被稱作《萬物集》。"上自穹然、隤然之大，下至夭喬、喘蝡之微；明而人倫、日用，幽而神佛、詭異；靡不蒐羅。其考據徵信則本之經史子集，輔以稗官俚語、象鞮所譯，而名之曰才物譜。"①《才物譜》內容也確如其名，所釋詞彙範圍涉及天、地、人、物，是一部有類書性質的詞彙總集。它匯集了朝鮮王朝時期各個門類的詞彙，以經、史、子、集爲本，輔以稗官俚語和各種翻譯，進行考據註釋。

"齋恨於孤陋者有之，其讀書窮理之際有寓輒記，門目既多，遂專意而益廣之。""於是林林棽棽，一其理殊其分者幾乎囊括無遺，雖謏聞謭識開卷瞭然，可以免少見多怪之譏。其有功於今與後，豈不厚哉？昔夏後氏鑄九鼎，圖其方物，使民入山林不逢，不若吾夫子勸學詩，稱其多識於鳥獸草木之名。是書之作也，其亦有慕乎斯義，而視郭景純之讚山海、張茂先之志博物。其不誇怪誕務虛遠而一切以需用爲本，有助乎格致之學者，尤不啻什伯矣噫。"②作者編寫此書目的有二：一是普及常識，教導民眾不必少見多怪，多識於鳥獸草木之名，雖謏聞謭識開卷瞭然；二是有助於儒家的格致之學，不誇怪誕、不務虛遠，一切以實用爲本。

---

① 《才物譜·序》
② 《才物譜·序》

2.2 《才物譜》版本和價值

2.2.1 《才物譜》版本

據韓國古典文獻網和Center for Overseas Resources on Korean S tudies研究，《才物譜》現存約20種版本。這些版本中有的是殘卷本，有的是全本，現將幾個有代表性的版本介紹如下：

（一）國立中央圖書館藏（한고조91-23）

筆寫本。[刊寫地未詳]，[刊寫者未詳]，[刊寫年未詳]。

8卷8冊：四周雙邊，半郭21.6cm×14.8cm。12行24字，註雙行，上黑魚尾，32.3cm×20.7cm。

（二）朝鮮總督府中樞院藏

筆寫本。[刊寫地未詳]，[朝鮮總督府中樞院]，[刊寫年未詳]。

1冊：插圖，四周雙邊，半郭22.0cm×14.5cm，有界，12行21字，註雙行，上下向黑魚尾；29.0cm×19.5cm。

國漢文混用本，上欄外小字註。洋裝製本。

（三）奎章閣館藏（奎7694）

筆寫本。[刊寫地未詳]，[刊寫者未詳]，[刊寫年未詳]。

4冊，有地圖，28.5cm×22cm。學部圖書，編輯局保管。

第1冊：太極，天譜，地譜，人譜1。第2冊：人譜2·3（人倫）。第3冊：人譜4（人品），物譜。第4冊：物譜。

（四）奎章閣館藏（奎4400）

筆寫本。[刊寫地未詳]，[刊寫者未詳]，[19世紀初]。

4冊，有地圖，31cm×20.4cm。

第1冊：太極，天譜，地譜，人譜1。第2冊：人譜2·3（人倫，歷史）。第3冊：人譜4（人品，制度），物譜（器具，什物）。第4冊：物譜（草木，禽獸）。

（五）嘉藍古藏（039.51 J178）

筆寫本。[刊寫地未詳]，[刊寫者未詳]，[19世紀末以後]。

1冊（89張），30.2cm×21.8cm。

內容包含天部，地部，人部，物部上，缺物部下。

（六）首爾大學附屬博物館藏（OL 031.1 ㅅ219ㅁ）

題名：萬物草。

筆寫本。首爾大學附屬博物館編，檀紀4289年［1956］。

1冊，25.8cm×19cm，不分卷。

（七）韓國精神文化研究院藏（M古1-1999-53）

首爾國立中央圖書館發行，1999。

數字膠捲1個，35mm。

（八）高麗大學藏

筆寫本。［刊寫地未詳］，［刊寫者未詳］，［肅宗–純宗間（1675–1834）］。

4卷4冊：有圖，四周單邊，半郭20.5cm×13.2cm，有界，10行24字，小字雙行；27.0cm×17.8cm。

第1冊：春集 天譜，地譜，人譜1。第2冊：夏集 人譜2·3。第3冊：秋集 人譜4，物譜。第4冊：冬集 物譜。

（九）高麗大學藏（031.1 18）

筆寫本。［刊寫地未詳］，［刊寫者未詳］，［刊寫年未詳］。

3冊（全4冊）：四周單邊，半郭21.3cm×14.8cm，烏絲欄，10行24字，註雙行，無魚尾，31.6cm×20.2cm。

（十）成均館大學藏（800 22）

數字膠捲1個，插圖35mm。

韓國精神文化研究院發行，2004年。

（十一）美國伯克利大學東亞圖書館藏（35.12）

筆寫本。［刊寫地未詳］，［刊寫者未詳］，［19世紀］

27.5cm×18.0cm，4冊。

無匡郭，無界，10行24字，註雙行，無魚尾。

禹昌圭章。

除上述筆寫本外，還有兩種影印版，都是以8卷8冊本爲底本進行影印出版的。一爲亞細亞文化社在1980年出版的，附錄了部分引書。另一爲2011年中國西南大學出版社和人民出版社聯合出版的《域外漢籍珍本文庫·子部·第2輯·16》。

对于编纂时期来说，國立中央圖書館所藏本＜한古朝91＞和首爾大學奎章閣收藏本＜奎4440＞的卷4「人譜我朝國忌」上有正祖忌日的記錄，在＜奎

7694>上有純祖忌日的記錄來看,个別地方筆寫於正祖死後的純祖时代和純祖死後的憲宗时代。另外,<嘉藍古039.51-J178>從書的形態與韓文的用法來看,產生的時代更晚了。不過在(M古1-1999-53)這4冊本的第3冊「我朝國忌」上只記錄到思悼世子的忌日,可猜測這是編寫於正祖時代的。

對比4冊本跟8卷8冊本,兩個版本的編次、細目的設定和內容上存在一些差別。對於編次來說,8卷8冊本是以每冊爲卷。具體來說,在卷1中有太極、天譜、地譜,在卷2中有人譜一,在卷3中人譜二,在卷4中有人譜三,在卷5中有人譜四,在卷6中有物譜一,在卷7中有物譜二,在卷8中有物譜三的順序來組成。與此相比,4冊本在分類時沒有設定卷次,就是第1冊包含太極、天譜、地譜、人譜,第2冊包含人譜二、人譜三,第3冊包含人譜四、物譜,第4冊包含物譜。還有8冊本和4冊本都把簡單目錄提示於書的前面,不過只有4冊本把部分考據引書提示於目錄的前面。4冊本省略了地圖和圖畫,在4冊本裏沒有的細目重新設定爲標題語,在8冊本裏有。標題語的韓文代譯語也有所不同。從這些差異來看,得出如下結論:

從時間上來說,4冊本產生的時間更早。

從傳播的影響來看,國圖8卷8冊本流傳更廣,後代使用率最高。

從內容上來說,國圖8卷8冊本是最好的異本。因爲第一,體例上更爲完善,有序言,明示了作者的名字,目錄。第二,結構編排更爲細化,版本更清晰。

2.2.2 《才物譜》價值

(一)韓國物名類詞典的發端

《才物譜》是韓國歷史上誕生的第一部真正意義上的百科詞典,在韓國語言文字學史上有承前啟後的作用。《才物譜》將漢字詞分類編排,按意義系聯,是韓國物名類詞典的發端。在《才物譜》之前,朝鮮族使用的語言類工具書主要是從中國傳入的漢籍,如《說文解字》《爾雅》等。本土自主編撰的一些字書、類書,如《訓蒙字會》《新增類和》《芝峰類說》等,主要用於識字、作詩、開闊眼界。在釋義體例上,《才物譜》採納了中國傳統訓詁學中義訓和聲訓的方式,術語豐富,引書詳實,薈萃舊說,初具現代詞典的體例。在《才物譜》之後,誕生了《物譜》《物名考》《廣才物譜》等,這些詞典的內容編排、釋義、釋音方式等都不同程度受到《才物譜》的影響,可以說《才物譜》開啟了韓國詞典編纂的歷史。

（二）保留古代文獻資料

《才物譜》所釋內容本身也極具研究價值。其收錄詞彙覆蓋面之廣、數量之龐大，解釋之詳盡，體例之完備在韓國語言文字學史上是前所未有的。

1. 具有斷代語言史料價值

《才物譜》提供給我們有助於考察當時韓國國語轉寫體系的寶貴材料。這本書的標題語後面有韓文的代譯語時把它用韓文轉寫，而且這些韓文轉寫的形態每個異本都不一樣，因此有助於考察韓國詞彙變遷的歷史。

《才物譜》具有當時韓國國語轉寫上的一些特徵，例如連綴和中綴、輔音同化、圓唇元音化、前舌元音化、ㅣ元音的逆向同化、ㄷㅁ蓋音化、ㄱㅁ蓋音化、ㄹ省略現象等。再加上《才物譜》里能發現在转寫終声时大體上遵守7終声法的同時ㄷ尾音的詞幹合并为ㅅ的現象，因此我們能考察拟態詞和色彩詞等近代韓國國語的多樣面貌。

《才物譜》對當時的方言詞的記錄也是今天進行詞彙研究的重要資料。

2. 具有文獻史料價值

《才物譜》保存了中韓兩國部分舊籍的資料訊息，涉及經、史、子、集的各個門類，從中我們可以考察當時的典籍使用情況。《才物譜》保存了古代社會生活、自然科學的部分史料。因而不僅在語言學，而且對其他學科也有重要的文獻價值。其對當時的天文、地理、人倫、醫藥、動物、植物等多有描述。通過對該書的研究，我們可以更瞭解韓國的語言、歷史和文化。

3.《才物譜》編撰體例

"用固定的語言或格式來表現纂集者的編纂意圖,體現編則,即形成纂例。"①古代辭書編撰體例的形成有兩種不同的情況:一種是自覺的撰例,一種是自然的撰例。自然的撰例缺乏理論的一貫性,是纂集者對材料的把握比較熟練而自然形成的較爲一致的語言格式,如《爾雅》的註釋格式——"曰""言""謂""之爲"等,這些用語並不是在每個地方的涵義都一致,也不是凡有這類現象的地方都用同樣的表述語言。自覺的撰例則更爲嚴格。不論是哪一種撰例,凡能成例者,都在不同程度上體現了語言文字的規律性。一部辭書撰例的自覺程度如何,以及體現編則的程式化用語與格式設計和運用得是否有條理是檢驗辭書編撰水準的重要標誌。

從《才物譜》序言中,我們可以瞭解作者的編撰目的,明確《才物譜》文獻所涉及的範圍包括經史子集、稗官俚語。在目錄中有簡單的內容安排介紹,但沒有明確凡例,作者沒有說明其結構安排、釋義體例、具體引文出處等。《才物譜》這樣一部大型辭書的編撰體例屬於自然的撰例,其體例隱含在文中,需要我們細心梳理,這本身就具有重要意義,同時也是我們進行其他語言學研究的基石。

3.1 結構特徵

在文獻傳播過程中,外在文化環境會滲透或制約每一個環節的發展,《才物譜》編排形式和內容都反應出其深受漢文化影響,同時又保留了本民族傳統文化的特徵。《才物譜》受郭註影響深遠,一方面模仿和承襲《爾雅》郭註的形式和內容,另一方面又不斷加以改造,融入本民族文化的內容,從而呈現出新特徵。

---

① 王寧《訓詁纂集綱論》,辭書研究,1996年第5期,1-10頁。

3.1.1 總體特徵

《才物譜》詞彙分爲詞頭和詞項，設四級詞頭，以提行顯示；詞項之間有的以"○"分隔；有的沒有標誌，沒有句讀。全書按照意義層級關係嚴格編排，形成大小不同的語義場。我們以不同的符號區分，展現《才物譜》的語義關係：一級詞頭之間以"·"分隔；{ }內爲二級詞頭，以"；"分隔；【 】內爲三級詞頭，以"，"分隔；( )內爲四級詞頭，以"、"分隔。

（一）原文目錄

才物譜卷之一目錄

太極

天譜

天·天地·日{夜}·月·星辰·風·雲·雨·露·霜·雪·雹·霧·雷·電·虹·天幹·地枝·六甲·古甲子·年·曆·四時·十二月·日·時·鬼神·福·禍·識。

地譜

地·輿地圖·朝鮮圖·圖·國都·國·四夷·邊塞·郡{郊·勝地}·道{橋}·土{塵}·山{丘；穀；窟}·水{海；江；河；川；泉；瀑布；池；澤；井；溝；浦；潛；淵；灘；津；堤；沙}·田·金·玉·石·火。

才物譜卷之二目錄

人譜一

人·百體·臟·腑·精{力；津液}·氣·神·息·汗·眠{夢}·容·拜{揖}·言·笑·哭·歎息·嘯·呼·疾·死·年·男·女·小兒·老人。

才物譜卷之三目錄

人譜二

人倫{六親；九族；姓；名【謚號】；君【天子，太子，諸侯，親王，皇后，公主，妃，駙馬，太上皇，戚裏，皇太后，璿系，歷代，我東歷代】；臣【官職】}

才物譜卷之四目錄

人譜三

人倫{師；朋友【賓客、客子】}·民{士【科舉，異端】；農；工；賈}·方技{醫；蔔；天文；地術；相者；談命；巫覡；太子；遁甲；幻術；仙；庶流{閹}；宮女；譯官；書師；律官；計司；吏；隸；傭；奴婢；俠客；

乞人；俳優；倡妓；淫女；屠兒；盜賊}‧人品‧人事。

才物譜卷之五目錄

人譜四

禮{冠；昏；喪；祭；享}‧樂‧兵‧刑。

才物譜卷之六目錄

物譜一

物‧物用‧用物‧聲‧色‧臭‧味‧數‧程{度量衡}‧宮室‧舟‧衣服‧冠‧帶‧杖‧屨‧食飲‧布帛‧財貨‧什物‧技戲。

才物譜卷之七目錄

物譜二

羽蟲‧毛蟲‧鱗蟲‧介蟲‧昆蟲。

才物譜卷之八目錄

物譜三

穀‧菜‧草‧木‧竹。

（二）結構特徵

《才物譜》以類目爲基礎，以義爲中軸，貫穿全書，涵蓋譜系、詞頭、詞項、釋義。釋義方式以義訓爲主，兼以聲訓。客觀地、按隨文訓釋的本來面貌纂集訓釋材料，同時加之自己的觀點。

1. 以物類分目

《才物譜》包羅萬象，按物分門別類，天、地、人、物蘊含其中，將所有詞彙分類編排，效法《爾雅註》《博物志》。

《博物志》分類記載，内容多取材於古籍，又雜以新的傳聞，有山川地理知識，有歷史人物傳說，有奇異草木蟲魚、飛禽走獸，也有神仙方術，可謂集神話、古史、博物、雜說於一爐。卷一，地理略，自魏氏目以前，夏禹治四方而制之，地、山、水、山水總論、五方人民、物產；卷二，外國、異人、異俗、異產；卷三，異獸、異鳥、異蟲、異魚、異草木；卷四，物性、物理、物類、藥物、藥論、食忌、藥術、戲術；卷五，方士、服食、辨方士；卷六，人名考、文籍考、地理考、典禮考、樂考、服飾考、器名考、物名考；卷七，異聞；卷八，史補；卷九，雜說上；卷十，雜說下。《博物志》歷來被道教所重視，其中神仙資料常常爲道教研究者所引用。《才物譜》有博物類著作的特點，天文地理、人文器物、草木蟲魚均搜羅其中。《才物譜》由於當時社會重

23

視儒學、實學，輕視道學的學術背景，以及作者儒家弟子的自身經歷，其内容已經基本抛棄了關於神仙方術、神話雜說方面的内容。解說内容以古籍爲根據，摒棄了傳說異文。寫作風格不再是志怪的小說，而是重視考據的詞典。

《爾雅》是中國第一部按照詞義系統和事物分類而編纂的詞典。《爾雅》本有二十篇，"敘篇"已亡，現存釋詁、釋言、釋訓、釋親、釋宫、釋器、釋樂、釋天、釋地、釋丘、釋山、釋水、釋草、釋木、釋蟲、釋魚、釋鳥、釋獸、釋畜十九篇。晉郭璞註、宋邢昺疏《十三經註疏》本最爲通行。關於《爾雅》的結構原則，王寧先生有過這樣的判斷："《爾雅》不按義類分篇，而按物類分篇。"① 《爾雅》在組織材料時，第一要務就是按物分類，把所釋詞分成十九個類别分佈在十九篇中，分門别類地去解釋。

《才物譜》延續了《爾雅》和《博物志》分類闡釋的原則，把所有詞分爲太極、天譜、地譜、人譜、物譜五個大類。《爾雅》天文類包含《釋天》，《才物譜·天譜》與之相對應，主要内容是關於天文和與之有關的氣象、曆法、禍福等方面的詞語解釋。《爾雅》地理類包含《釋地》《釋丘》《釋山》《釋水》《釋宫》，《釋地》是關於地理方面一些詞語的解釋；《釋丘》是關於各種自然形成的高地名稱的解釋；《釋山》是關於各種山名的解釋，不但有名山的地理位置，也有對描繪山狀貌詞語進行解釋的；《釋水》是關於水的各種名稱的解釋；《釋宫》是關於宫室建築以及與之有聯繫的道路、橋樑等名稱的解釋；此類内容與《才物譜·地譜》相似，但内容有出入，《才物譜·地譜》有濃鬱的本土特色，着重描述了朝鮮半岛八道的州府設置，除《爾雅》地理類的内容外，還包括玉、金、石等内容。《爾雅》人文類包括《釋親》，分宗族、母党、妻党、婚姻四類解釋親屬稱謂；《爾雅》器物類包括《釋器》《釋樂》，《釋器》是關於器用名稱的解釋；《釋樂》主要是解釋五聲音階的名稱和金、石、土、革、絲、木、匏、竹等八音中一些樂器的名稱；與之對應的《才物譜·人譜》内容更爲廣泛，人體、疾病、人倫、民、禮樂、兵刑等内容蘊含其中。《爾雅》植物、動物類包括《釋草》《釋木》《釋蟲》《釋魚》《釋鳥》《釋獸》《釋畜》共七篇，是關於各種動植物名稱、形狀特徵、習性的說明解釋；與之對應的《才物譜·物譜》内容最爲豐富，包含《爾雅·釋器》及動植物類，且外延還有所擴展。

---

① 王寧《訓詁學原理》，中國國際廣播出版社出版，1997年4月第2版，第165頁。

2. 以等級分目

《爾雅》有的篇章明確分章，將意義相近的詞條歸納爲一章，並在其後標出章名，說明全章與所釋詞語的共同義類，如：《釋天》分爲四時、祥、災、歲陽、歲名、月陰、月名、風雨、星名、祭祀、講武和旌旗等十二類，《釋地》包括九州、十藪、八陵、九府、五方、野、四極等七類，《釋丘》分爲丘和岸兩類，《釋水》分爲水泉、水中、河曲、九河四類，《釋親》分爲宗族、母党、妻党、婚姻四類，《釋獸》分爲寓屬、鼠屬、齸屬和須屬四類，《釋畜》分爲馬屬、牛屬、羊屬、狗屬、雞屬、六畜共六類。有的篇章或是因爲義類鮮明不必標出，或是因爲義類零散不便標出，雖然沒有明確標出分章，但卻是暗含在其中的，如《釋宮》，既沒有提行，也沒有標出章名，但讀者根據其意義類屬，可以自行分章。

《才物譜》也是以等級分目，與《爾雅》相類似。譜下設四級詞頭，以提行顯示，詞頭下轄詞項條目。相比《爾雅》，《才物譜》詞彙所屬關係更爲明確、細化。如：人譜→人倫→歷代→蜀漢→魏→明帝。人譜下"人倫"爲一級詞頭，"歷代"爲二級詞頭，"蜀漢"爲三級詞頭，"魏"爲四級詞頭，詞頭下轄詞項"明帝"等。當然並不是每一譜系都是四級詞頭設置，一級、二級、三級、四級不一而足，主要根據具體的義類設置。詞項是《才物譜》最基本的單位，每個詞頭下一般包含一個或幾個意義相關的詞項，如："魏"爲四級詞頭，下轄"文帝、明帝、帝王芳、高貴鄉公、常道鄉公"四個詞項。

3. 以意義系聯

《才物譜》另一特點是以意義系聯，連類而及。聚義系聯是中國傳統辭書常用的編排方式，從字書《說文解字》開始，《康熙字典》《爾雅》等辭書都採用這個方式編排。按所收詞的意義，將相關詞歸納在一起，然後分別解釋，根據人們的心理活動規律，由此及彼地將相關內容分別編排。《才物譜》每個譜系下所收的詞語意義各自獨立，很少混雜，譜系名與所收詞語意義一致，名符其實，雖偶有交叉現象，可視爲例外。如：

卷三在"族"之後爲"家世"。

族：同姓之親。(《才物譜·卷三》)

家世：家門世閥。(《才物譜·卷三》)

"族"的下轄詞爲"派、大族、洪支、宗、族譜、世系、家乘、睦"，是基於血緣關係的宗族。"家世"後爲"兩班、士大夫、中路、鄉族、中人、閑散、常賤、常人、良人",是基於社會關係的族群。"家世"與"族"屬於兩個層面的族群,但都是人的聚集體。

卷三一級詞頭"人倫"下按照君臣、父子、兄弟、夫婦、朋友五種人倫關係編排,血緣和倫理是其內在的紐帶。在二級詞頭"歷代"後按照時間的先後順序編排中國歷代帝王,對少數民族建立的政權以及篡位得來的政權等特殊情形降一行處理,成爲下級詞頭,時間和儒家的君臣觀是內在的紐帶。

還有一種特殊的意義系聯,兩個表示相對、相反意義的語義場或系聯在一起,如:"樂"詞頭後是"兵""刑",從大類上來說都是屬於人的行爲,從意義關聯上來說,"樂"與"兵"是相對的,按儒家禮制,其對立面是兵。再如:"日"的下級詞頭是"夜","雨"的下級詞頭是"晴""旱"。

4. 以附錄爲補充

除去正常以意義系聯編排的詞彙,還有一些詞與前文意義既有一定的內在聯繫卻又不是十分緊密,有一定的獨立性卻無法單獨成章,《才物譜》將這些詞以附錄的形式加之前面的正文後。具體來說有四種形式:

第一種是在譜系的最後出現附錄,附錄的內容與譜系整體語義場系聯,如:卷一天譜最後附錄了"鬼神",下設二級詞頭"神、福、禍、讖"。《才物譜·天譜》關於天象、曆法、四時、月份等詞語與"天"語義場聯繫緊密,放在天譜十分契合;但是"時"之後的"神、福、禍、讖"似乎前後沒有什麼必然關係,與天譜並不契合。實際上在古代社會,人們應對自然的能力還很弱小,天地陰陽之氣關係到農作物的生長、收穫,進而關係到人的吉凶禍福,正如《才物譜》所說"鬼神乃是陰陽屈伸之跡,而禍福亦鬼神之用,故並附錄於天譜。"①這樣看來,福禍納入天譜也就合情合理了,只不過這種意義關係屬於間接的,需要聯想。

第二種是在某一級詞頭後附錄,作爲下級詞頭存在,如:卷五"刑"詞頭後附錄"法"。

刑:威有罪也。(《才物譜·卷五》)

法:法,偪也。偪而使有所限之也。(《才物譜·卷五》)

"刑"下轄詞爲表示各種刑罰、訴訟的詞彙;"法"的下轄詞項爲"索、帛、制、式、度、辟、典、章、憲、律、三尺、挈令、禁令、檢",都是與法

---

① 《才物譜·天譜》

律有關的內容；法是刑罰、訴訟的依據，正是刑罰的下位概念，附錄於此十分恰當。

第三種是隨文附錄，屬於說明性文字，字號要比同級釋義文字小。如：在解釋與北朝有關的詞彙前，加附註（北朝）。

樟脂火、猬髓火：二者併入水則生火。(已上並陽火)(《才物譜·卷一》)

牙儈：市中計物直者，牙儈以白帖額題所儈者，(如馬儈，牛儈之屬)。及姓名，一足著白履，一足著黑履。牙字，互字之訛，下仝。(《才物譜·卷四》)

甑帶：古者上甑下鼎，連著用之則甑當（瓦器曰當）居中若帶也。【本】(《才物譜·卷六》)

鐎鬥：有柄蓋與流同（流器，口嘴便於出酒醬者。）也。(《才物譜·卷六》)

納音六甲：納音之法本取於律呂隔八相生之法㝎五行，故曰納音。如甲子爲黃鐘之商（金之仲）娶乙丑大呂之商，隔八下生壬申夷則之商（金之孟）。壬申娶癸酉南呂之商，隔八上生庚辰姑洗之商（金之季）。庚辰娶辛巳仲呂之商，隔八下生戊子黃仲之徵（火之仲）。如是周旋至於丁巳仲呂之宮，五音一終，複自甲午，終於癸亥，亦仿前法，此納音之本理。而後世陰陽家取其簡便，或以先天數計二幹二支之數以之減於大衍之數四十九內取其餘數五五除之，不滿五十數者，以一水二火三木四金五土命之，然後觀其所生之子以㝎焉，或以先天數計二幹二支之數，直以五五除之，不滿五數者以一火二土三木四金五水命之而㝎焉。古者納音但云甲子乙丑屬金而巳及至數景補韻始有所謂金某木之說。（補韻謂海中爐中等字也。）(《才物譜·卷一》)

括弧內的文字都屬於此類，位置十分靈活，或在詞彙之前，對下文內容提起註意；或在詞彙之後，對上文內容加以補充；或在釋義中，舉例補充說明；還可兼而有之，如最後一個例子，加強說明的準確性。

第四種是附錄圖表。爲了釋義精準，有時採取圖表與詞彙相結合的方式釋義，這點與《爾雅》不同。如在地譜中，在"地"詞頭下有輿地圖，"國都"詞頭下有都城圖。在人譜中"面"詞頭下有面部流年圖。在物譜中，"布帛尺"詞頭下有尺寸圖。

3.1.2　分卷特徵

（一）卷一文本内容目錄及特徵

太極：太極

天譜：天

天地·日｛晨；夜｝·月·星辰｛北辰｝·天河·風·雲·雨｛晴；旱｝·露·霜·雪·雹·霧·雷·電·虹·天幹·地枝·納音六甲·古甲子·年·曆·春·夏·秋·冬·月·正月·二月·三月·四月·五月·六月·七月·八月·九月·十月·十一月·十二月·閏月·日·時·鬼神｛神；福；禍；識｝。

地譜：地

京畿·忠清道·慶尚道·全羅道·黃海道·江原道·平安道·鹹鏡道·國·都·城·國·夷

蠻·羌·狄·邊塞｛烽｝·郡·郊·道｛橋｝·土｛塵｝·山｛丘；穀；窟｝·水｛冰｝·海·江·河；川；泉；瀑布；池；澤；井；溝；浦；潛；淵；灘；津；堤；沙｝·田｛籍田｝·金｛黃金；銀；赤銅；白銅；黃銅；鍮；鈆；錫；鐵｝·玉｛珊瑚；馬腦；琅玕；玻瓈；水晶；琉璃；雲母；礐石；琥珀；火珠｝·石｛丹砂；水銀；雄黃；石膏；滑石；不灰木；赤石脂；爐甘石；無名異；石鍾乳；石炭；石灰；浮石；石芝；陽起石；慈石；赭石；禹餘糧；空青；石膽；礜石；砒石；青礞石；金剛鑽；砭石；越砥；石卵；水中白石；石燕；玄精石；樸消；硇砂；蓬砂；石硫黃；白礬；黑礬；絳礬；恠石｝·火｛煙；爣爣；灰；煤；炭；炬；燈；燭；引光奴；香爐；竈；柴；山燒｝

卷一詞頭158個，分二級設置。

1. 內容上有總括性

卷一雖然只有一卷，內容涉及的範圍卻非常廣，包含全書五大分類中的太極、天譜、地譜三部分。作者有意將太極與天譜分開，與中國傳統詞書編排不同。太極部分，作者只設置了一級詞頭，且只有"太極"唯一一個詞頭，下轄詞也只有22個。雖然這部分詞彙量不大，但是具有總括的性質，正如作者對太極的解說——總天地萬物之理，太極成爲全書的發端，其他譜系都在太極之後。

2. 語義上相關或相對

二級詞頭與其所屬的一級詞頭的意義相關或相對。如：

3.《才物譜》編撰體例

邊塞｛烽｝，玉｛珊瑚、馬腦、琅玕、玻瓈、水晶、琉璃、雲母、硬石、琥珀、火珠｝

"烽火"是"邊塞"的象徵，二者意義相關，從屬於"邊塞"語義場。按照傳統觀念，"珊瑚、瑪瑙、琅玕、玻瓈、水晶、琉璃、雲母、硬石、琥珀、火珠"雖然材質不同，但同屬"玉"語義場，不像今天那樣做具體分類。上述這兩組例子二級詞頭與一級詞頭語義相關。

再如：日｛夜｝，雨｛晴；旱｝

"日""夜"是兩個平行的語義場，語義相對，《才物譜》將其設置爲從屬關係。"晴"與"雨"在"天氣狀態"這個特徵上語義相對；"旱"與"雨"在"氣候狀態"這個特徵上語義相對；《才物譜》將"晴、旱"兩個語義場放在"雨"下。

3. 概念外延比較寬泛

地譜中，作者將金、玉、石、火都併入地譜。尤其是在"石"詞頭下，詳述各個種類，這或許也與朝鮮半島多山嶼、丘陵的自然地理文化有關。在山、水詞頭下，較詳細地列出了二級詞頭，但是對田、金、玉、石、火則沒有：山｛丘；穀；窟｝·水｛海；江；河；川；泉；瀑布；池；澤；井；溝；浦；潭；淵；灘；津；堤；沙｝·田·金·玉·石·火。"冰"在實際編排中作爲二級詞頭出現，作者可能認爲"冰"是水的特殊形式，與"水"密切相關。本書依照正文文本內容在目錄中加以補充。

4. 有本土特色

作者首先詳述了朝鮮王朝八道的州府設置，並配以圖表；對於地名、山名一類的專有名稱，一般都指明其地理方位。

（二）卷二文本內容目錄及特徵

人譜一：人

身·頭·髮·鬢·眉·面·目·耳·鼻·口·唇·舌·齒·涎·咽喉·頰·頤·鬚髯·項·肩·腋·臂·手·胸·乳·腰·腹·脅·膘·臍·背·尻·前陰·陰囊·後陰·臀·股·膝·脛·足·皮·肉·骨·筋·血·脈·經絡·十二經穴·五臟｛心；肺；脾；肝；腎｝·六腑｛小腸；大腸；胃；膽；膀胱；三焦｝·精·氣·神·息·汗·眠·夢·容·拜·揖·言·笑·哭·嘆息·嘯·呼·疾·中風·中溼·中寒·感冒·瘟疫·痎瘧·內傷·煩躁·火症·痰飲·咳嗽·痢疾·癨亂·嘔吐·積聚·疸·疝症·關格·淋疾·痔漏·勞瘵·癲狂·中惡·厥症·眩暈·健

29

忘‧邪祟‧消渴‧痛風‧腳氣‧癱疽‧瘡‧龜胸‧體氣‧蚘蟲‧死‧年‧男‧女‧小兒‧老人。

卷二內容爲人譜中的一部分，共119個詞頭，分二級設置。

1. 醫學類詞彙占主體

卷二內容內容比較集中，主體是人譜中與人體器官、外在表現、疾病有關的詞彙。作者首先詳細列出人體從頭到腳各個部位的名稱及經絡，在面部後還配置了面部流年圖。之後是人體的一些外在表現詞彙，如精、氣、神、息、汗、眠、夢、容、疾病等詞彙。最後是對人的分類，男與女、小兒與老人對舉。與疾病有關的詞占50%以上。這樣的專有名詞多出現在醫藥類專業書籍中，如《本草綱目》《傷寒雜病論》等，在一般的詞書中是看不到的，《爾雅》也不包含這類專業詞彙。在這一點上，《才物譜》顯示出了其類書的特性。

2. 按語義相關程度編排

本卷核心爲人體。所有詞彙圍繞人體由內而外按照意義體系編排。比較特殊的有兩點：一是"心、肺、脾、肝、腎"即爲五臟，但作者在實際編排中將其作爲與"五臟"同一級別的詞頭；而六腑中的"小腸、大腸、胃、膽、膀胱、三焦"則成爲"六腑"下轄的二級詞頭。二是"拜、揖"的設置，作者可能考慮這些屬於人體的動作，因而將其列於表示人體器官的詞之後。與人體器官有關的動作很多，作者只是列了與手部動作有關的這麼兩類，顯得有些突兀，而且拜、揖不是一般的動作，還與禮制有關，因而將這類詞放在這裡並不合適。

（三）卷三文本內容目錄及特徵

人譜二

人倫{父；母；祖；曾祖；高祖；祖母；曾祖母；叔；姑母；子；女；孫；夫；妻；兄；弟；從；姪、姊；妹；舅；姑；子婦；兄公；大姑；嫂；姆；外祖；內舅；外孫；內兄弟；外舅；壻；舅子；婚；妾；庶母；君；宗；六親；族；家世；戚；姓；名；諡號；君；天子【朝會，行幸，詔，璽，符，袞衣，圭，笏，宮，諸侯，皇后，妃，太上皇，皇太后，太子，親王（宗親階），公主，駙馬（儀賓階）】；戚裏；璿系；歷代【有巢氏，夏後氏，殷王，周，秦，漢，東漢，蜀漢（魏、吳），晉，東晉（漢、後趙、燕、後燕、西燕、南燕、秦、後秦），宋，齊，梁，陳（北朝魏、齊、後周），隋，唐，後梁，後唐（南唐），後晉，後漢，後周，宋，南宋（遼、金），元、大明】；我

3. 《才物譜》編撰體例

東歷代【檀君，箕子，馬韓，辰韓，弁韓，衛滿，新羅，高句麗，百濟，高麗】；【三統，治，王室】；臣【官，我朝文武官階，土官雜職階，東班職（耆老所、宗親府、議政府、備邊司、宣惠廳、堤堰司、濬川司、忠勳府、儀賓府、敦寧府、義禁府、吏曹、戶曹、禮曹、兵曹、刑曹、工曹、漢城府、保民司、司憲府、司諫院、承政院、經筵廳、弘文館、藝文館、春秋館、成均館、尚書院、承文院、通禮院、奎章閣、司饔院、尚衣院、內醫院、廣興倉、掌樂院、司譯院、奉常寺、宗簿寺、司僕寺、觀象監、軍資監、典醫監、世子侍講院、繕工監、司䆃寺、司宰監、軍器寺、內需寺、校書館、濟用監、宗廟署、社稷署、平市署、冰庫、司圃署、掌苑署、典設司、內資寺、內贍寺、禮賓寺、長興庫、義盈庫、養賢庫、典牲署、造紙署、瓦署、典獄署、歸厚署、活人署、惠民署、圖畫署、四學、五部、陵、園、墓、殿、童蒙教官、內侍府、掖庭署），西班職（中樞府、五衛都捴府、五衛府、訓鍊院、宣傳官廳、世子翊衛司、守門將廳、龍虎營、訓鍊都監、禁衛營、禦營廳、捴戎廳、扈衛廳、捕盜廳、別軍職廳、內司僕寺、能麽兒廳、巡廳、四山），外職（觀察使都事、留守、府尹、牧使、大都護府使、郡守、縣令、判官、察訪、節度使、防禦使、鎭營將、虞候、中軍、僉節制使、椽曹、使臣、禦史、曝曬官），（紗帽、角帶、靴、佩玉、印、日傘、上疏、朝服、關子、申狀、差帖、立案、完文、牘、簿、公狀、先文、署、吏讀）】}

卷三有詞頭271個，分四級設置。

1. 結構最爲細化

本卷內容都屬於人譜下表示人倫關係的詞。結構最爲細化，設四級詞頭。卷三四級詞頭的數量是其他卷無法比擬的，在8卷中最多。卷三以"五倫"爲經，以"血統"爲緯，以忠、孝、悌、忍、善爲準則。人與人之間有一種道德關係"五倫"，我們稱其爲人倫關係。"五倫"即古人所謂君臣、父子、兄弟、夫婦、朋友五種人倫關係。以"血統"區分親族。以六親開始，包括內親和外親，以親族續。在"姓氏"詞頭下按照韻部排列姓氏，並依五行相生相剋之理，將所有的姓氏歸於宮、商、角、徵、羽五音，舌爲徵、齒爲商、牙爲角、喉爲宮、唇爲羽。在"族"之後附錄了"家世"，"家世"是根據社會地位形成的不同族群，如兩班、士大夫、中人等。

2. 重點是君臣關係

五倫中最重要的是君臣關係，卷三重點寫的是君臣之間的人倫關係。首先列舉了中國歷代帝王和韓國歷代王，中國帝王從遠古時期有巢氏始，到明代止；韓國歷代王從檀君始，到高麗止；兩者都沒有涉及作者當時所處的時代，歷代文人恐怕也只有司馬遷敢於針砭時弊，直面評價當代帝王吧！

在"臣"詞頭下以朝鮮王朝獨特的兩班制爲基礎，解釋朝鮮王朝的官階設置、人員配備，只在"殿"詞頭下沒有列舉具體的人員配置，不涉及中國古代各王朝的官階，沒有像"君"那樣涉及古代中韓兩國的情況。

3．語義關係上推崇正統

本卷顯示出作者推崇正統的思想，反映在以下幾種結構設置上：

一是推崇正統血統，反對任何形式的篡權，如：四級詞頭（魏、吳）在三級詞頭"蜀漢"下。

昭烈：備，景帝孫，中山靖王勝之後。章武。（《才物譜·卷三》）

三國時期有魏、蜀、吳三國，《才物譜》認爲劉備是漢室子孫，"蜀"政權屬於東漢政權的延續，處於正統地位；同時期的魏、吳政權則是漢臣子建立起來的，是非正統的，因而只能是蜀漢的下位詞頭，處於最末的四級詞頭。再如"南唐"作爲四級詞頭存在，這與其開國帝王的身世有關。南唐烈祖誥名李昇，關於其身世，歷史上眾說紛紜，莫衷一是，南唐舊臣徐鉉作《江南錄》記錄南唐歷史，其中就提出李昇是唐憲宗第八子，建王李恪的玄孫。《舊五代史》記載李昇僅僅是"自稱"唐朝皇室後裔[1]，《新五代史》同樣記載李昇"自稱"建王李恪的玄孫[2]，且稱其出身微賤[3]。無論其是否真正是唐王朝的後裔，都不能成爲與唐王朝並列的一級政權，因而作者把其列爲"後唐"的下位詞頭。

二是推崇中原政權，如：四級詞頭（漢、後趙、燕、後燕、西燕、南燕、秦、後秦）在三級詞頭"東晉"下，四級詞頭（北朝、齊、後周）在三級詞頭"陳"下。四級詞頭屬於當時中國少數民族建立起來的政權，與占正統地位的中原政權相比也是處於從屬地位的，因而只能是同期中原政權的下位概念。與之相同的例子還有"遼、金"，是"南宋"的下位詞頭。東晉十六國和

---

[1] 《舊五代史·卷一百三十四·僭偽列傳一》：昇自云唐明皇第六子永王璘之裔。

[2] 《新五代史·卷六十二·南唐世家第二》：自言唐憲宗子建王恪生超，超生志，爲徐州判司；志生榮。乃自以爲建王四世孫，改國號曰唐。

[3] 《新五代史·卷六十二·南唐世家第二》：李昇，字正倫，徐州人也。世本微賤，父榮，遇唐末之亂，不知其所終。昇少孤，流寓濠、泗間，楊行密攻濠州，得之，奇其狀貌，養以爲子。

南北朝，所有的少數民族政權作者全部降一行，作爲下位詞頭處理。五代十國只介紹了五代，沒有列舉十國。這些都顯示作者在結構安排上以正統爲尊的指導思想。

（四）卷四文本内容目録及特徵

人譜三

人倫｛師；弟子；朋友【交際，我，人，賓，客】}·民｛士【聖人，文章，文，詩，句，訓，讀，講，鈔，文字，篆，諺書，書法，書籍，卷，帙，經傳，周易（爻），書傳，詩傳，論語，孟子，孝經，小學，禮記，春秋，史記，三墳，小說，譜，兔園冊，文集，書劄，語助詞，語錄，紙，觚，筆，墨，硯，學校，科舉，異端，老道，佛道】；農【農夫（農器、鐵搭、板榜、鋤、刈鉤、枷、杷、簑衣）】；工【木手，冶匠，泥匠，陶人，刻手，規工，皮匠，觜】；商賈}·方技｛醫【藥餌，鍼，灸，效】；葡筮【龜，蓍，珓，世應，觀梅占】；日者；天文學；地術；相者；談命；巫覡【賽神、太子】；遁甲；幻術；仙·庶流｛閹；宮女；我東婦官階；譯官；畫師；律官；吏；隸；傋；奴婢；俠客；乞人；俳優；倡妓；淫女；屠兒；盜賊}·人品｛正大；英雄；義士；長者；倨傲；傻俏；伶俐；小人；魯鈍；俗；嬥毒；無賴}·人事｛事物｝

卷四有132個詞頭，分設四級。

1. 結構主體是表示民的詞彙

卷四内容涉及人譜中的人倫、民、方技、庶流、人品、人事。人倫部分涉及師生和朋友關係，因人倫的主體部分主要在卷三中，所以卷四這部分詞彙較少，"民"是卷四内容的主體。"民"作爲詞頭在實際傳抄中書寫方式有誤，跟詞頭"士""詩"處於同一水準線上了，但是按照意義體系來説的話，書中對"四民"的解釋是"士農工商"[1]，"民"應與"人倫"處於同一層面，"士"是"民"的下位概念，"文章"是"士"的下位概念。

2. 重儒學、輕商賈

卷四突顯了作者重儒學、輕商賈的特徵。從詞彙量來看，"士農工商"作者在"士"的部分着墨最多，遠勝於其他三部分，儒家經典中的"經傳、周易、書傳、詩傳、論語、孟子、孝經、小學、禮記、春秋"都作爲詞頭高規

---

[1] 《才物譜·卷四》

格處理；商賈部分最少，農、工部分較爲均衡。"士"後附佛道、異端的內容，"老道"詞頭下只有6個詞項；"佛道"詞頭下有209個詞項，數量上遠勝於"老道"，與道教文化相比，《才物譜》對佛教文化更有認同性。不過在作者看來，學儒從士是正道，其餘的都非正道，因而才有這樣的結構安排。

3. 重視漢文化

卷四結構安排上突顯了重視漢文化的特徵。涉及文字、書籍、婦女官階等，都先列出漢文化中的詞彙，再列朝鮮王朝特有的。文字部分以篆始，以行、草止，甲骨文是1899年在清光緒年間發現的，《才物譜》作者還沒有機會接觸甲骨文、金文，因而詞書中也沒有涉及。在漢字形體演變之後的是諺文，涉及ㄱㄴㄷㄹㅁㅂㅅㅇ109個基礎音，以及字母拼合。"士"詞頭下有關書籍的內容主要是經書，基本涵蓋了"十三經"的主要內容，但卻沒有一部韓國歷代文人的作品。在"宮女"詞頭下是漢文化中有關宮中侍女和后宮各等級嬪妃的詞彙，与之并行的是"我東婦官階"，为朝鮮王朝后宮品階的詞彙。

（五）卷五文本內容目錄及特徵

人譜四

禮╎冠禮；昏禮【媒妁，娶，嫁，納采，親迎，醮】；喪禮【初終，發喪，訃，賻，沐浴，襲，飯含，靈座，小歛，大歛，棺，梓宮，成服，斬衰，齊衰，大功，小功，緦麻，殤服，心喪，制服，孝巾，竹杖，方笠，箭筓，袧，喪主，奔喪，殯，發引，葬，墳，墓誌，牀石，陵寢，返魂，朝夕哭】；祭禮【時祭，進茶，茶禮，廟，墓祭，太廟，我朝國忌，祔，郊，封禪，稷，大禘，袷，祝冊，粢盛，牲，秬鬯，圭，籩，致祭，配享】；饗禮【鄉飲酒禮，鄉射禮】╎樂╎章；我東樂調，籥；琴；奚琴；瑟；琵琶；箏；鍾；鈸；鼓；腰鼓；磬；笙；簫；笛；管；籥；箎；壎；柷；敔；雅；牘；雲鑼；金鉦；缶；拍板；歌；舞╎兵╎將；兵；陣；軍法；兵書；講武；犒；出師；征；戰；拒；克；敗衂，降服；救援；伏兵；振旅；反間；俘；戰亡；掠；寇；兵難；兵器；旗；節；纛；戟；釰；弓；弩；矢；轟；決；的；帿；容；彈子；銳；礮；狼筅；斧；鐵蒺藜；甲；鞍韉；冑；幹；鼓；金；喇叭；笳；籥簧；海螺；鐸；枚；望樓；雲梯；飛緪；木驢；木樞；壕橋；飛梯；刀車；元戎；橄；露布；水戰；火攻╎刑╎拷；捽；髡；劓；黥；宮；刖；雅舂；殺；逮繫；首匿；囚；獄；鎖匠；謫；徇；罪；招辭；侉音；冤；訟；赦；贖；榎楚；枷；桎梏；徽纆；囊頭；椹質；法╎。

卷五有詞頭201個，分三級設置。

1. 語義上相對

卷五的內容爲禮、樂、兵、刑。禮分爲冠禮、昏禮、喪禮、祭禮、饗禮，其中喪禮、祭禮部分內容最多，喪禮部分對發喪、守喪的及喪葬用品都有詳細描述。"樂"下轄的是各種樂器，突出了"我東樂調"。"兵"主要涵蓋兵法、兵器的內容。"刑"主要涵蓋刑罰、訴訟的內容，最後附錄了"法"。

《才物譜》以義系聯。孔子以樂教化人民，音樂與禮制密切相關，因而"禮"之後是"樂"，二者語義相關。"樂"後是"兵""刑"，從大的語義場上來說，"禮、樂、兵、刑"都是屬於人的行爲；從意義關聯上來說，"樂"與"兵"是相對的，儒家禮制的對立面是兵。

2. 突出本土文化

卷五延續了前幾卷突出本土文化的特徵，只有"我朝國忌""我東樂調"，沒有中國的。"我朝國忌"，詳述了作者所處的朝鮮王朝歷代君王、王后的祭祀時間、陵寢，從太祖康獻大王李成桂開始，到正宗莊孝大王李祘止，對王后的介紹還包含其出身、籍貫，這是一般詞書所不具備的內容，有類書的性質。

3. 突顯帝王尊貴

卷五用提高一行的方式突顯帝王的地位，"棺""墳""墓祭"詞頭後，首先排列的是表示帝王專屬的"梓宮""陵寢""太廟"，在排列上也提高"棺""墳""墓祭"一個提行。

（六）卷六文本內容目錄及特徵

物譜一：物

物體⎰大；小；多；少；長；短；圓；直；曲；廣；廣；重；輕；高；卑；厚；凸；平；整；正；斜；本；末；縱；橫；前；全；缺；美；惡；精；麤；強；弱；堅；軟；實；真；貴；盛；通；垂；丫；孔；溼；燥；潔；汙；汁；滑；新⎱物用⎰有；無；得；失；長；消；分；合；建；懸；落；重；連；亂；雜；疏⎱用物⎰收；藏；捨；除；裂；擣；披；衝；冒；壓；轉；纏；繫；鼓；寫；置；備；擇；負；形容⎱聲⎰色⎰黃；青；赤；白；黑⎱臭⎰香；朽；腥；焦；羶；高麗臭；滓尿臭⎱味⎰甘；苦；酸；辛；鹹⎱數⎰一【一淨，壹，奇，半，強，縮，率，幾何，計】九九法；九九除法；乘法；歸法；商除法；分法；法；六觚數法；雙一算；週三徑一；方五斜七；正六面七；方内容圓；大方容小方；圓容六角；六角容圓⼘程⼁度【黃鐘尺，周尺，營造尺，造禮器尺，布帛尺，一指】；量【鼓】；衡【權衡、㪺敪】⼘宮⼁柱；梁；棟；楣；椽；梲；簷；榱桷；屋簀；屋；壁；門；戶；囪；外戶；榜；紅門；闌幹；閣道；寢；甍；瓦；苫蓋；基；堵；籬；階；庭；襟；楹；落成；嚱嚱⼘舟⼁棑；艫；棹；帆；纜；篷屋；簀籚；舳；劃；艄；㰮乃；沙工；艘；桴⼘車⼁輿人；輿；輪；軸；輈；軾；蓋弓；第；轄；服；禦；軒輊；輻；墨車；籃輿；轎子⼘衣⼁身子；領；袂；裾；袖；袷；裳；裔；襈；褶子；吊裏；衣帶；鈕；稱裁衣；幅；縫；褚；鍼；線；剪刀；布帛尺；澣；糊；擣衣；熨；楎椸；褚；褆褪；敝；褐；著衣；褪；摳衣；襄；深衣；氅；袍；衫；汗衫；襦；半臂；袴；袒；行纏；襪；腰帶；裘；油衣；裌；寢衣；褥；枕⼘冠⼁緇布冠；述；幘；巾；縱；帽子；唐巾；幑襪；蔽陽子；氈笠；耳掩⼘帶⼁鞶；細條帶；繐；纏帶⼘杖⼁筇⼘挑⼘屨⼁革轎；草鞋；屐⼘食飲⼁膳；飪；食；糧食；飯；粥；粉；餅；餌；粉䉽；湯餅；寒具；鹽；醬；油；醋；蜜；飴；砂糖；醢；菹；豆腐；羹；肉；炙；脯；膾；酒【釀，酋，釃，醉，樽，酤，大酋】；茶【南草】；酪；醍醐湯⼘布帛⼁錦；繡；褐；綿布；布；紵布；絲【織】；幅【丈，染】⼘財貨⼁珍；錢；楮貨；產【畜積，用，富，貧，廉，貪，賜，獻，受，辭，侵牟，求，賦，稱，質劑】府⼘什物⼁牀；幾；席；簟；氈；帷；幕；簾；屏；障子；扇；鏡；眼鏡；竹夫人；暖足瓶；塵；囊；袱；架；書机；鉤；杙；楔子；尖子；梯子；錐；鑽；釘；鐵鎖；環；鎖；繩；笒筌；箱；筐；開披；櫃；柩；帚；雨傘；甕；罌；桶⼘技戲⼁棋；象戲；雙陸；博；投箭；骨牌；栖；美丸；億；猜韻；藏鉤；卓親；投壺；蹴踘；擊毬；鞦韆；紙鳶；角觝；卞；木熙；傀儡；筋斗；山臺；拋堶；鳩車；留客環；闥；囊家⼘。

卷六有詞頭442個，分設三級。

1. 語義上系聯緊密

卷六内容涉及物譜中的物用、用物、物體的外在表現以及衣食住行等有關的内容，按意義系聯，如"味道"按照五行金木水火土排列，甘爲土味、苦爲火味、酸爲水味、辛爲金味、鹹爲水味。有一處結構設置讓人頗爲費解，作者將表示煙草的"南草"作爲下級詞頭放在"茶"下，二者意義相去甚遠，並無關聯。

3.《才物譜》編撰體例

2. 重視客觀性

卷六的一大特點是筆者客觀記錄。卷六是物譜的開端，詞彙因多爲客觀物體的描寫，屬於中韓兩國共通的。爲解釋精準，在解釋具體尺寸時還配以圖表解說。在對一些有感情色彩詞的處理上，作者也比較客觀，如：

高麗臭：고린니。俗云高麗人不浴，故北京人謂之高麗臭。然足趾間臭，雖非高麗人，必皆有之，且【禹錫嘉話】唐元載，死時以臭襪塞口，不言其臭，則只可稱穢臭、惡臭而已，不可偏以高麗目之也。(《才物譜·卷六》)

"高麗臭"是當時北京人對高麗人的一種蔑稱。作者身爲朝鮮人，並沒有因此摒棄這樣的詞彙，也將其收錄在詞書中，並且引經據典予以駁斥。

（七）卷七文本內容目錄及特徵

物譜二

羽蟲｛雄；羽翼；毛；尾；亢；卵；尾；飛；棲；鳴；啄；呼；菸蔟；鳳凰；鶩鷟；鶴；鸛；鵏鶀；鷲；紅鶴；鵠；雁；鴨；鳧；鸂鶒；鵝；鴇；鵝鶘；禿鶖；鶺鴒；鴛鴦；鵁澤虞；鳲鳩；鷗；鴆鵐；鸂鶒；睢鳩；魚狗；鴝；信天緣；漫畫；鵲領；蚊母鳥；鷄；雉；吐綬鷄；鷞雞；白鷴；鸂鴶；竹鷄；秧鷄；鶂鷄；鶉；鷃；鷯；造化鳥；鴿；鳩；雀；巧婦鳥；剖葦；燕；胡燕；鷽鳩；鳲鳩；鳶；戴勝；鶅鳩；鸚鴿；百舌；鷖；練鵲；啄木鳥；慈烏；烏鵲；鵲；山鵲；鵲嘲；杜鵑；鸚鵡；秦吉了；孔雀；翡翠；鷹；鵰；鶚；隼；鳩；鷲；鴉鵲；晨風；鶻；花鴇；鷗；鷗鷗；休留；鷃；鳩；鶯；精衛；鶲鶅｝·毛蟲｛牡；齔牙；風；踞；狇；虞；獵；麒麟；騶虞；馬【隋，犀，駿，鴛鴦，駢，鬣，瘖，馬祖，秋秋，嘶，駉，乘，廄，衛乘，驛馬，急遽鋪，坐馬，四牡，戰馬】；牛【牧特犅，水牛，犁，角，犇，吼，飯牛，犍，牢】；驢；騾；駝；羊；羖羯；狗；豕；獅；虎；豹；象；犀；犛牛；熊；羆；鹿；麋；麈；麂；麞；獅豸；殷首；貘；狸；狌；貉；猯；獾；豺；狼；兔、海牛、水獺；膃肭獸；鼠；蝙蝠；鼯鼠；鼴鼠；鼲鼠；鼩鼠；貂鼠；黃鼠；山鼠；鼬鼠；蠡鼠；蝟；獼猴｝·鱗蟲｛鱗；捷鼇；撥刺；鮑；漁；龍；蛟；弔；鮫人；鯪鯉；鼉龍；蛇；石龍；蛇醫；守官；鯉魚；鱏魚；鱅魚；重唇魚；鱒魚；鯇魚；青魚；鯔魚；白魚；鰻魚；鱧魚；石首魚；黃石首魚；鮸魚；鱈魚；勒魚；鰭魚；鯛魚；嘉魚；鯽魚；魴魚；鱸魚；鱖魚；鯊魚；杜父魚；石斑魚；黃鯝魚；銀口魚；鱍魚；膾殘魚；鱧魚；鰻鱺；鱯魚；鯔魚；鱣魚；鮪魚；鮎魚；黃顙魚；河豚；海豚；比目魚；鮫魚；烏賊魚；八梢魚；章魚；吳魚；廣魚；鱧魚；昂刺；鮇魚；

鱊魚；鯨；鱷魚；土肉；海蛇；鰕ǀ·介蟲{龜；鼈；蟹；鱟魚；蠣；蚌；車螯；馬刀蛤；蜆；鹹蟕；蛤蜊；蟶；江鰩；魁蛤；淡菜；鰒魚；海螺；鸚鵡螺；田螺；蝸蠃；車渠；貝子；珂；郎君子 ǀ·昆蟲{孑蟲；喞喞；蠶；蜂；蜜蜂；土蜂；大黃蜂；蠮螉；五倍子；螳螂；蛅蟖；蛶螂；蜉蝣；蟬；天牛；螻蛄；螢；蠱䗣；蟋蚱；促織；蟋蟀；竈馬；蝗；樗雞；螵蛸；鼠婦；廬蟲；蝴蝶；蜻蛉；蜘蛛；螻蟻；蠐螬；蛀；地龍子；蝸牛；馬陸；蚯蚓；蜈蚣；蚰蜒；蠼螋；蝦蟆；壁蝨；蚤；人蝨；牛蝨；蚊；䖟；蠍；蠅；蛆；衣魚；焦苗蟲；醯雞；蠛蠓；蟾蜍；蝦蟆；螫蟆；黽；蝌蚪；蛭；青蚨；蟘；斑貓；負版；䗪；守瓜；水馬；了了；水馬；蚊蟲；叩頭蟲；蜆；九節蟲；菊虎 ǀ。

卷七有詞頭363個，分三級設置。

1. 內容主體爲動物類詞彙

卷七的內容包含物譜中的動物類"羽蟲、毛蟲、鱗蟲、介蟲、昆蟲"，語義上系聯緊密。對於這些飛禽走獸作者分類十分細緻，多數情況下每一種動物作爲二級詞頭存在，只有馬和牛是特例。"馬"下轄三級詞頭"隴、騵、駿、駑駬、騂、驤、瘦、馬祖、秋秋、嘶、駒、乘、廄、銜乘、驛馬、急遞鋪、坐馬、四牡、戰馬"，"牛"下轄三級詞頭"牯特犅、水牛、犁、角、犇、吼、飯牛、犍、牢"，這樣的結構安排也突顯了馬和牛在人們日常生活中的重要地位。

2. 突顯帝王最貴

三級詞頭"銜乘"，因是天子所乘的馬，屬於御用，遵照前文慣例，高出同級詞頭一個提行。

（八）卷八文本內容目錄及特徵

物譜三

穀 ǀ 苗；秕；種；稷神；豐年；平；凶年；大饑；倉；轉；胡麻；亞麻；水蘇麻；小麥；大麥；鈴鐺麥；雀麥；蕎麥；稻；稷；黍；蜀黍；玉蜀黍；粱；粟；稗；穄子；狼尾草；東廧；菰米；茵；䕡草；薏苡；罌子粟；小豆；大豆；綠豆；豌豆；蠶豆；豇豆；刀豆；藊豆；黎豆；野綠豆；米 ǀ·菜 ǀ 山韭；蔥；茖蔥；䪥；大蒜；山蒜；薹薹；菘；芥；白芥；蕪菁；菜菔；薑；茼蒿；胡荽；胡蘿蔔；芹；堇；紫堇；菜；馬蘄；蘹香；蒔蘿；白花菜；羅勒；蔊菜；葵；菠薐；莙蓬；東風菜；薺；菥蓂；繁縷；雞腸草；苜蓿；莧；苦菜；白苣；萵苣；蒲公英；黃瓜菜；田菁；黃角菜；翻白草；生瓜菜；落葵；蕺；蕨；紫蕨；薇；翹搖；灰藋；藜；芋；土芋；甘藷；百合；山丹；

3.《才物譜》編撰體例

茄；壺盧；南瓜；胡瓜；越瓜；絲瓜；苦瓜；紫菜；石蓴；鹿角菜；青角菜；海帶；昆布；海菜；水藻；荅菜；蕈；秦椒；川椒；胡椒；倭椒；畢澄茄；吳茱萸；食茱萸；芝；木耳；香蕈；葛花菜；蘑菰蕈；土菌├果┤李；梅；杏；桃；栗；棗；梨；鹿梨；木瓜；山樝；海紅；菴羅果；柰；林檎；柹；安石榴；橘；金橘；柑；枸櫞；柚；橙；枇杷；楊梅；櫻桃；山櫻桃；銀杏；胡桃；橡實；梂實；海松子；荔枝；龍眼；橄欖；榧子；檳榔；椰子；桄榔子；菠蘿蜜；無花果；甜瓜；西瓜；葡萄；蘡薁；獼猴桃；甘蔗；刺蜜；山藥；蓮實；芰實；芡實；烏芋；慈姑├草┤菱；甘草；黃芪；人參；沙參；薺苨；桔梗；黃精；知母；肉蓯蓉；赤箭；朮；貫眾；巴戟天；遠志；滛羊藿；玄參；地榆；丹參；紫草；白頭翁；白及；黃連；胡黃連；黃芩；秦艽；紫胡；前胡；防風；獨活；升麻；苦參；玄胡索；貝母；山慈姑；水仙；白茅；香茅；黃茅；菅茅；芒；三稜草；勒草；龍膽；杜衡；白微；白前；當歸；蛇牀；芎藭；藁本；白芷；芍藥；牡丹；木香；甘松香；杜若；山薑；高良薑；白豆蔻；縮砂蜜；益智子；蓽茇；蒟醬；肉豆蔻；破故紙；薑黃；鬱金；蓬莪茂；荊三稜；莎草；瑞香；茉莉；鬱金香；茅香；艾納香；線香；藿香；迷迭香；薰香；蘭草；澤蘭；馬蘭；香薷；爵牀；荊芥；薄荷；蘇；薺薴；菊；紫；野菊；菴藺；箬；艾；千年艾；茵蔯蒿；青蒿；黃花蒿；白蒿；角蒿；茺蔚；夏枯草；劉寄奴草；旋覆花；青葙；紅藍；大薊；續斷；漏蘆；大麻；苧麻；苘麻；蕁麻；大青；蠡實；惡實；莫耳；天名精；豨薟；箬；蘆；芭蕉；蘘荷；麻黃；木賊；石龍芻；燈心草；地黃；牛膝；紫菀；女菀；麥門冬；萱草；淡竹葉；鴨蹠草；蜀葵；龍葵；酸漿；鹿蹄草；敗醬；迎春花；款冬花；鼠麴草；馬蹄決明；地膚；瞿麥；王不留行；剪春羅；金盞草；葶藶；車前；狗舌草；馬鞭草；蛇含；鼠尾草；狼把草；狗尾；八根草；鱧腸；連翹；陸英；藍；甘藍；蓼；葒草；虎杖；蕕；萹蓄；薑草；穀精草；蒺藜；綿馬；紫花地丁；鬼目；鬼針草；離南；地蜈蚣；大黃；商陸；狼毒；防葵；鉤吻；坐拏草；押不蘆；曼陀羅花；蒚茹；大戟；澤柒；甘遂；續隨子；莨若；雲實；紙藥；蓖麻；藜蘆；附子；烏頭；白附子；天南星；蒟蒻；半夏；射干；玉簪花；鳳仙花；芫花；醉魚草；石龍芮；毛茛；牛扁；水竹葉；海芋；菟絲子；五味子；蓬蘽；覆盆子；蛇莓；使君子；木鼈子；馬兜鈴；預知子；牽牛子；旋花；紫葳；栝樓；王瓜；葛；天門冬；百部；何首烏；萆薢；土茯苓；白斂；菝葜；威靈仙；茜草；防己；通草；蘿

摩；烏蘞苺；葎草；鼓箏草；羊桃；絡石；千歲虆、木蓮；通心藤；常春藤；釣鉤藤；忍冬；丁公藤；澤瀉；羊蹄；酸模；綏草；菖蒲；莞草；香蒲；菰；水萍；紫萍；蘋；萍蓬草；石斛；石韋；骨碎補；金星草；景天；佛甲草；酢漿草；地錦；回軍草；陟釐；石蕊；地衣草；昨葉何草；卷栢；玉栢⟩·木⟨雲陽；根；枝；葉；花；實；林；喬木；寄生；壞木；扶疏；種；伐木；株；材；榾柮；松；柏；檜柏；杉；桂；木蘭；辛夷；紫薇；沉香；蜜香；丁香；檀香；降真香；楠；樟；釣樟；烏藥；櫰香；必栗香；楓；乳香；汲藥；騏驎竭；安息香；蘇合香；詹糖香；龍腦香；樟腦；阿魏；盧會；胡桐；黃蘗；厚樸；杜仲；杶；樗；李；梓；楸；桐；梧桐；罌子桐；棟；槐；櫰槐；檀；莢蒾；㮈栗；常山；玉梅花；木藜蘆；楝；樿木；合歡；皂莢；無患子；無食子；訶子；欅；柳；蒲柳；杞柳；檉柳；白楊；榆；蕪荑；蘇方木；烏木；樺木；杻檍；欄木；欞欄；烏臼木；巴豆；桑；柘；楮；枳；枸橘；枳枸樹；卮子；酸棗；白桜；山茱萸；胡頹子；木半夏；金櫻子；郁李；鼠李；女貞；冬青；女木；狗骨；衛矛；山礬；南燭；五加；枸杞；牡荊；蔓荊；紫荊；木槿；木芙蓉；山茶；山丹花；杜鵑花；羊躑躅；墙蘼；月季花；蠟梅；蜜蒙花；木錦；柞木；黃楊木；靈壽木；樬木；雀梅；豬苓⟩·竹⟨筍；篁竹；雷丸；莨；箬⟩。

卷八有610個詞頭，分二級設置。

1. 內容主體爲植物類詞彙

卷八所釋內容爲物譜中的植物類"穀、菜、果、草、木、竹"。《才物譜》8卷，卷八的詞彙量最大，所釋詞彙與人們日常生活最爲密切。從"穀、菜、果"可見當時朝鮮半島上已有的主食、蔬菜、水果。"草"詞頭下分類最爲細化，二級詞頭達到275個，主要內容是各種草藥、花卉。"木"下既有表示樹木的詞彙，也包含一部分花卉類詞彙。

2. 突顯"竹、牡丹、菊花"

"竹"下的二級詞頭最少，只有5個。在中國傳統辭書中竹子一般都劃入草木類，不能成爲與"草木"平行的詞頭，《才物譜》獨具匠心將其單列爲一級詞頭，反映了朝鮮文人對竹子的偏愛。在這些植物類名稱中，只有"牡丹、菊花"下轄的詞項包含中韓兩國各自的物種名稱。

除上述特徵外，《才物譜》對釋義不明的詞語存疑。孔子云："君子于其所不知，蓋闕如也。"許慎在《說文》中解說漢字的本義，對某些漢字形義不明，以"闕"存疑。而郭璞在訓詁過程中對某些釋例或詞語義訓不明，則以"未詳""未聞"存疑。《才物譜》對釋義不詳的除採用術語外，還有直接空一格的方式，本書爲行文方便，闕如處以@替代。

映：音@。日食色。（《才物譜·卷一》）

"映"，《玉篇》古穴切，音決。日食色。《才物譜》原文闕音。

總體來說，《才物譜》編排獨具匠心，結構設置十分合理，於《爾雅》《博物志》取其精華、去其糟粕，雖偶有疏漏，但瑕不掩瑜，無關宏旨。

3.2 釋義體例

《才物譜》作爲一部詞典，釋義豐富，釋義方法也較爲完備。本書通過對《才物譜》中所運用的釋義用例分析，總結其運用的釋義術語，探求其釋義特徵。

3.2.1 術語分析

關於術語的概念，術語學家和語言學家的標準是不同的。根據國際標準，術語就是指專業領域中一般概念的專業指稱。[1]加拿大的G.隆多認爲："所謂'術語'在本質上就是索緒爾所定義的語言符號——由能指和所指組成的語言統一體。"[2]馮志偉在《現代術語學引論》[3]中概括了術語的幾個主要特徵——準確性、單義性、系統性、理據性、穩定性。傳統上對訓詁術語的判定標準不一。王寧認爲訓詁術語是指"註釋書的訓釋條例用語"。[4]

（一）釋義術語

1. 謂、謂之、通謂之、言、猶言、曰、故曰

這一組術語主要用於以常用詞解釋非常用詞，以今義釋古義，以具體解釋抽象，以分類解釋總名。也用於通過對比以辨析同義，多用來指明其事、標立義界。"謂""言""猶言"釋義在術語後，其餘的釋義在術語前。相當於現代漢語"說的是""指的是"。如：

---

[1] 全如瑊《什麼是術語》，術語標準化與信息技術，2004年第3期。
[2] 隆多《術語學概論》，科學出版社，1985年版，第19頁。
[3] 馮志偉《現代術語學引論》，語文出版社，1997年版，第1-2頁。
[4] 王寧《談訓詁學術語的定稱和定義》，遼寧教育學院學報，1983年第2期。

布：祭星曰布。謂散於地，取其象之布列也。(《才物譜·卷一》)

矇影：日未出而東白，日既入而黃昏，謂之矇影。故曆樂晝常多，夜常少者也。(《才物譜·卷一》)

膠：譎詐謂之膠。(《才物譜·卷二》)

鄉公：峒蠻俗爭訟不入官府，以其長論決之，謂之鄉公。(《才物譜·卷一》)

江：川之大者。南方之水通謂之江，北方之水通謂之河，朝鮮之水通謂之浿。(《才物譜·卷一》)

《爾雅·釋天》祭星曰布。《註》布，散祭於地。《才物譜》進一步以具體形象"取其象之布列也"說明緣由。日出前和日沒後的一段時間內天空呈現出微弱的光亮，這種現象和這段時間都叫作"蒙影"，不是常用詞，放在術語"謂之"後。"膠"的常用義爲"黏、固定"，"欺詐"不是常用義，不爲人們所熟知，而"譎詐"表示"欺詐"是常用義。《三國志·魏志·文帝紀》："初制封王之庶子爲鄉公，嗣王之庶子爲亭侯，公之庶子爲亭伯。""鄉公"在古代中國是爵號名，《才物譜》中的解釋是在特定的範圍中所使用的意義。"江""河""浿"也是如此。

"謂""謂之""通謂之"

卷別	頁碼	譜系	詞頭	詞頭釋義
1	13b	天譜	閏月	氣盈朔虛，積餘附月也。三年一閏，五年再閏，十九年七閏謂之一章。
1	32b	地譜	郊	邑外謂之郊。
1	37b	地譜	江	川之大者。南方之水通謂之江，北方之水通謂之河，朝鮮之水通謂之浿。
1	41b	地譜	金	生於土，五色金皆謂之金。
1	42b	地譜	鍮	鍮石似金，自然銅之精者。今所謂鍮赤銅和錫煉化者。矣。
2	24b	人譜	氣	人之所稟。又呼吸運動謂之氣。
3	3b	人譜	姪	兄弟之子女。子謂其兄弟之子曰姪，男子謂其兄弟之子曰從子，以從子爲姪，自宋以後之失也。
3	3b	人譜	姊	女兄兩女相謂曰姊妹，男子稱女兄弟亦曰姊妹。
3	4b	人譜	內兄弟	姑子稱舅子曰內兄弟，姑舅之子相謂亦曰內兄弟。

3.《才物譜》編撰體例

卷別	頁碼	譜系	詞頭	詞頭釋義
3	54a	人譜	椽曹	主選署功勞，我東郡牧之鄉任謂之椽，蓋據此爾。
4	9a	人譜	文字	行立謂之文，聲具謂之字。依類象形謂之文，形聲相益謂之字。글ᄌᆞ。倉頡始制文字。
5	26a	人譜	敗衄	兵敗者被血謂之敗衄。
6	13b	物譜	宮	居室通謂之宮。【禮】曰"士有一畝之宮。"
6	14b	物譜	簷	簷仝。音炎。屋前榮下謂之簷。
6	16a	物譜	外戶	今俗所謂大門。
6	21a	物譜	蓋弓	長六尺謂之庇軹，五尺謂之庇輪，四尺謂之庇軫。又五分其軫間，以其一爲軸圍。
6	51a	物譜	卓親	明皇與貴妃擲金錢賽勝，裏巷效之，謂之卓親。돈치다。
6	46b	物譜	架	閣物之謂架。今之閣板현반시렁通稱。
6	8a	物譜	高麗臭	고린닉。俗云高麗人不浴，故北京人謂之高麗臭。然足趾間臭，雖非高麗人，必皆有之，且【禹錫嘉話】：唐元載，死時以臭襪塞口，不言其臭，則只可稱穢臭、惡臭而已，不可偏以高麗目之也。
7	1a	物譜	羽蟲	凡飛鳥謂之羽蟲。
7	26b	物譜	鱗蟲	凡水陸之蟲身生瑣甲者通謂鱗蟲。
7	12a	物譜	毛蟲	凡走獸謂之毛蟲。
7	30a	物譜	鮸魚	【東醫寶鑑】鮰魚謂之民魚。然字畫本無鮰字。【本草】石首魚條有白膘，可作膠之說；鮑魚條又有雲海鮍，即石首，石魚大者有鱗，不腥，無細骨。以此推之，鮸魚即可知爲民魚，鰌水、春來即俗稱石魚，石首魚則乃其通稱。
7	17b	物譜	水牛	色青，蒼大，腹銳，頭狀若豬，角若擔茅。能與虎鬪，體大，故謂之水牛，非水中牛也。
7	42b	物譜	蠼螋	狀似小蜈蚣，色青黑，六足在腹前，尾有釵歧，能夾人物，喜伏甒甑之下。譯語云그림애，形色全不近似，恐是俗所謂직게버레，而又未知必然也。
8	7b	物譜	菜	凡草可食謂之菜。
8	15a	物譜	倭椒	莖葉似蔘花，實如茄子而小也，謂之南蠻椒，今家家種植。고초。
8	16b	物譜	果	凡草木實可食者皆謂之果。

43

卷別	頁碼	譜系	詞頭	詞頭釋義
8	23a	物譜	芰實	마름。音妓。葉面光如鏡，葉下之莖如蝦股，莖葉兩兩相差。夏開白花，背日而生，晝合夜炕，隨日轉移，其字四角、三角、或兩角、無角。野菱角硬，家菱角軟。老則角黑而硬，墜入泥中謂之烏菱。
8	32b	物譜	蘭草	生水旁下溼處。宿根生苗，紫莖，素枝，赤節，綠葉。葉對生，有細齒，面光有歧。八九月開花，成穗，如雞蘇花，紅白色，中有細子，形如薄荷。秦漢以上之所佩也。蘭花形如馬闌，宋人以後之所畫也。朱子亦以零陵香爲蕙，則山谷所謂一花爲蘭，數花爲蕙子，蓋無據矣。蘭草之屬有澤蘭、馬蘭、薄荷之類；蘭花之屬有建蘭、杭蘭、興蘭、風蘭、箬蘭、珍珠蘭、賽蘭、馬蘭、馬䕡之屬。興蘭一名九節蘭。風蘭即懸空而發秀者。珍珠蘭又名魚子蘭。賽蘭非蘭也，樹如茉莉，花如金粟，故亦名金粟蘭，佛家謂之伊蘭。又一種竹葉蘭，花似鋼鈴兒，草隨地而有之也。
8	35a	物譜	茺蔚	莖方葉似艾，花有紅白二色。夏至後即枯。按，我東所稱茺蔚六月開花，至秋結子，與本草所謂大不相類，豈風土有異而然耶？
8	55a	物譜	紫薇	樹皮甚薄，搔之枝葉搖動，故亦名怕癢樹。四月開細花，九月如歇，故又名百日紅。花紅者曰紅微，花白者曰銀微，紫帶藍色者曰翠微。【放翁詩】謂之"頹桐"。
8	56b	物譜	檀香	出真臘、回回等地。樹葉似荔枝，皮青色而滑澤。色黃者爲黃枬，白者爲白枬，紫者爲紫枬。我東所謂紫枬與此全不近似，而以爲真箇，紫枬至用藥餌固陋甚矣。
8	57b	物譜	安息香	出安南。樹如苦練，大而且直，葉似羊桃而長，木有脂作香，狀如桃膠。按，安息香乃是安南所出，而考事新書謂出我東。或以山樗，實爲安息香，誤矣。
8	58b	物譜	楸	楸有行列，莖幹直聳可愛，至秋垂條如練，謂之楸線。葉大而皮皺。（音鵲，皮粗）按，此非我東가닥也。
8	59a	物譜	梧桐	皮青不皺。花蕊墜下，如醭。莢長三寸許，五片合成，老則裂開如箕，謂之橐鄂。其子綴於橐鄂上，大如胡椒。벽오동。
8	60a	物譜	楝	音色。有赤楝、白楝二種。【埤雅】云"楝謂之綾，言木紋似綾也。"들믜。
8	60b	物譜	櫸	謂柳非柳，謂槐非槐。大者五六丈，取嫩皮，緣栲栳箕唇，木肌紅紫，作箱案甚佳，采其葉爲甜茶。按，疑是我東楡理木之類。

3.《才物譜》編撰體例

"言"在中國古註中多用於申講文義。《左傳·隱公元年》："公曰：'無庸，將自及'"杜預註："言無用除之，將自及禍。"

餌：粉餅也。先屑爲粉，溲之作餅。言堅潔若玉餌也。蓋麪餅爲餅，粉爲餌。(《才物譜·卷六》)

千章：猶言千株。(《才物譜·卷八》)

千章，千株大樹。《史記·貨殖列傳》："水居千石魚陂，山居千章之材。"所以"千株"說的就是"千章"。"餌"，《說文》粉餅也。許慎曰"餈稻餅，謂炊米爛乃擣之，不爲粉也。粉餈以豆爲粉糝餈上也，餌則先屑米爲粉，然後溲之。餈之言滋也，餌之言堅潔若玉餌也。"用"言""猶言"來標明以具體的形象釋義。

"言""猶言"

卷別	頁碼	譜系	詞頭	詞頭釋義
6	9a	物譜	一淨	言極細而至於無者也。
6	32a	物譜	餌	粉餅也。先屑爲粉，溲之作餅。言堅潔若玉餌也。蓋麪餅爲餅，粉爲餌。
8	60a	物譜	楝	音色。有赤楝、白楝二種。【埤雅】云"楝謂之綾，言木紋似綾也。"들믜

揖：推手曰揖，引手曰揖。(《才物譜·卷二》)
交趾：足趾相交，故曰交趾。趾一作阯。(《才物譜·卷一》)

"揖"，拱手行禮。《周禮·春官·大祝九曰肅拜註》"但俯下手，今時揖是也。"《釋文》"揖，於至反。即今之揖。"《正字通》"與揖同。按舉手下手即揖也。"《才物譜》借助術語，通過推手、引手對比以辨析同義詞揖、揖。"足趾相交爲交趾"是以具體解釋抽象。

"故曰"

卷別	頁碼	譜系	詞頭	詞頭釋義
1	7b	天譜	納音 六甲	納音之法本取於律呂隔八相生之法之五行，故曰納音。如甲子爲黃鐘之商（金之仲）娶乙丑大呂之商，隔八下生壬申夷則之商（金之孟）。壬申娶癸酉南呂之商，隔八上生庚辰姑洗之商（金之季）。庚辰娶辛巳仲呂之商，隔八下生戊子黃仲之徵（火之仲）。如是周旋至於丁巳仲呂之宮，五音一終，複自甲午，終於癸亥，亦仿前法，此納音之本理。

卷別	頁碼	譜系	詞頭	詞頭釋義
1	51a	地譜	燭	蠟炷。古者燭與炬一物而已，故曰大曰炬、小曰燭；又曰在手曰燭，在地曰炬；皆以草木束之而成也。後世始有蠟燭，意者始出於唐時，故【唐詩】有"子夜朦朧膩燭燃"之勾久云"分曹射覆蠟燈紅"也。今俗婚姻之家用羅照亦是，古婚時用燭之遺志也。然則燭當附於炬下。
4	17a	人譜	紙	平如砥，故曰紙。漢和帝時蔡倫始作紙，其後左子邑善作紙。
6	44b	物譜	什物	常用之器，計數非一，故曰什物。

2. 名、故名、故稱

這組術語主要解釋得名由來。被釋詞在術語的後面。相當於現代漢語的"命名爲""叫作"。如：

瘕疾：子宮不收名瘕疾。（《才物譜·卷二》）

"瘕疾"，中醫指婦女子宮下垂。明·李時珍《本草綱目·石二·慈石》："子宮不收名瘕疾，痛不可忍。"用"名"這個術語解釋。

漆齒：倭奴漆其齒，故稱曰泰齒。（《才物譜·卷一》）

"漆齒"，古人所說的邊遠國名。一說古族名。後亦以泛指邊遠之國。《逸周書·王會》："正西、昆侖、狗國、鬼親、枳巳、闟耳、貫胸、雕題、離丘、漆齒。"孔晁註："漆齒，亦因其事以名之也。""故稱"解釋得名緣由。

"故名""故稱"

卷別	頁碼	譜系	詞頭	詞頭釋義
1	5a	天譜	天河	天腰之微白一帶，乃眾星之聚光者，而其形迂曲有若河漢，故名。
6	32b	物譜	寒具	蜜和米麪煎作之，寒食禁火時用之，故名。今藥果之屬是。
7	29b	物譜	重唇魚	슌치。雖之所畫而，居胡澤，故名，蓋此即是繡也。
8	15b	物譜	食茱萸	與吳茱萸相類，吳茱萸入藥，食茱萸惟可食，故名。
8	34a	物譜	紫	개구화。花似菊而單瓣，色紫，故名曰산구화。
8	50b	物譜	蘋	葉浮水上，根連水底，莖細於藕，苔葉在於指頂，面青背紫，有細紋，頗似馬蹄決明之葉，四葉合成中坼十字。夏秋開小白花，故稱白蘋。

3. 一名、亦名、一曰、亦曰、亦稱、異名、別名

這組術語是用來解釋同義詞的。一般被釋詞爲通名，釋詞爲俗名、別

3.《才物譜》編撰體例

名、譯名、方言詞等,《才物譜》沒有再進一步區分。"別名""異名""亦稱"釋詞在前,其餘的被釋詞在前,釋詞在後。相當於現代漢語的"別名""也稱爲"如:

茭白:菰中生臺,如小兒臂,可生啖之。一名出隧。一名蘧蔬。此即草部之菰,同是一物也。(《才物譜·卷八》)

龜茲:一名丘茲,屈茨。(《才物譜·卷一》)

蜥蜴:一日十二色,故亦名十二時蟲。飼以朱砂,搗汁塗臂,以驗女子之貞淫,故亦名守宮。與蠍虎不同,故曰蒬苦。蒬苦、我是、蠍虎,《爾雅》三者混合,非也。(《才物譜·卷七》)

"茭白"即出隧、蘧蔬。(《爾雅·釋草》)"龜茲"屬於音譯,也稱爲"丘茲""屈茨"。"蜥蜴",《本草綱目》認爲蜥蜴即守宮,俗名叫十二時蟲。

"一名""亦名"

卷別	頁碼	譜系	詞頭	詞頭釋義
6	11b	物譜	雙一算	乘除之鈍法。亦名金蟬脫殼。
7	5a	物譜	鶻領	大如鷃,背上青灰色,長尾,尖喙,頷下黑如錢文。할미새一名아리새。
7	11b	物譜	鷄鷗	海鳥,嘗止魯東門。一名雜縣。
7	45b	物譜	菊虎	누리광나모버레。生菊草節中。黑色,夏至前後生者曰菊虎,一名菊牛賊。葉曰象斪,瘠枝曰黑蚰,癰頭曰虎菊。
8	9a	物譜	茼蒿	쑥갓。一名蒿菊。【本】
8	32a	物譜	艾納香	出西國,似細艾,又松樹皮上綠衣。亦名艾納。
8	32b	物譜	蘭草	生水旁下湮處。宿根生苗,紫莖,素枝,赤節,綠葉。葉對生,有細齒,面光有歧。八九月開花,成穗,如雞蘇花,紅白色,中有細子,形如薄荷。秦漢以上之所佩也。蘭花形如馬闢,宋人以後之所畫也。朱子亦以零陵香爲蕙,則山谷所謂一花爲蘭,數花爲蕙子,蓋無據矣。蘭草之屬有澤蘭、馬蘭、薄荷之類;蘭花之屬有建蘭、杭蘭、興蘭、風蘭、箬蘭、珍珠蘭、賽蘭、馬蘭、馬鼉之屬。興蘭一名九節蘭。風蘭即懸空而發秀者。珍珠蘭又名魚子蘭。賽蘭非蘭也,樹如茉莉,花如金粟,故亦名金粟蘭,佛家謂之伊蘭。又一種竹葉蘭,花似鋼鈴兒,草隨地而有之也。

47

卷別	頁碼	譜系	詞頭	詞頭釋義
8	42b	物譜	綿馬	一名羊齒。細葉羅生而毛,江東呼爲雁齒繅者,以取繭緒。가스랑귀。
8	42b	物譜	鬼目	一名苻。莖似葛,赤色叢而葉圓而毛,子似耳璫。
8	42b	物譜	離南	一名芫,亦曰倚商,生江南。大葉,高丈許,莖中有瓠,正白。
8	43a	物譜	鉤吻	一名野葛。有大毒,入口必死。苗葉一如黃精,或曰野葛,生與鉤吻不同。凡人食野葛後,飲冷水則死。又名斷腸草。
8	48b	物譜	鼓箏草	一名結縷,一名傳,一名橫目。蔓延生者。
8	49a	物譜	通心藤	抽節如珠,性柔韌皮滑,可以束物。亦名藤蘿。등。
8	49b	物譜	綬草	一名蕳。小草,疑是당풀。
8	55a	物譜	紫薇	樹皮甚薄,搔之枝葉搖動,故亦名怕癢樹。四月開細花,九月如歇,故又名百日紅。花紅者曰紅微,花白者曰銀微,紫帶藍色者曰翠微。【放翁詩】謂之"頳桐"。
8	63a	物譜	枳椇樹	高大似白楊,有子著板端,大如指,長如寸,八月熟,味甘,亦名木蜜。生南方,枝葉皆可噉。其子名曰機祖,又曰機枸子。皆拱手,癲漢指,兼句人。家有此樹則釀酒,不成,以其子解酒毒也。【曲禮】疏祖枳也,今之白石李,形如珊瑚,甜美,疑是枳椇之類。我東有회갓열믹者不食其實,食其孕莖,甚甜香,亦此類也。
8	63b	物譜	女木	一名髦,亦名顚棘、商棘。細葉有刺,蔓生,此疑天門冬天棘之屬。
8	66a	物譜	雀梅	一名時加梅,似梅而小。

六呂:一曰六同。合陰聲,同以銅,見下。(《才物譜·卷五》)

妳:妳字之省,音乳也。乳母亦曰妳。(《才物譜·卷二》)

"六呂",古樂有十二律,陽聲陰聲各六,陽爲律,陰爲呂。"六同"即六呂。陰律六,以銅爲管,故名。《周禮·春官·典同》:"掌六律、六同之和,以辨天地四方之聲,以爲樂器。"鄭玄註:"故書'同'作'銅'。鄭司農云:陽律以竹爲管,陰律以銅爲管。竹,陽也;銅,陰也,各順其性,凡十二律。"因而"六呂""六同"爲同義詞。

"嬭"《集韻》乳也,或作妳。《博雅》母也。楚人呼母曰嬭。乳母即是"妳"。"妳""乳母"爲同義詞。

3.《才物譜》編撰體例

"一曰""亦曰"

卷別	頁碼	譜系	詞頭	詞頭釋義
3	3b	人譜	姊	女兄兩女相謂曰姊妹,男子稱女兄弟亦曰姊妹。
3	4b	人譜	內兄弟	姑子稱舅子曰內兄弟,姑舅之子相謂亦曰內兄弟。
3	29a	人譜	箕子	姓子氏,名胥餘,一曰名湏臾。都平壤,國號朝鮮。
5	29b	人譜	矢	夷牟始作矢。一曰浮游作矢。살。
5	33b	人譜	檄	音@。木簡爲書,長尺二寸,以號召也。一曰陳彼之惡布此之德,曉諭遠近之書。
6	38a	物譜	茶	一曰茶,二曰檟,三曰蔎,四曰茗,五曰荈。차。
6	25a	物譜	摳衣	兩手挈衣前亦曰攝齊。【禮】
8	42b	物譜	離南	一名芜,亦曰倚商。生江南。大葉,高丈許,莖中有瓢,正白。
8	67b	物譜	箬	亦曰萌。生南方,似荻而柔韌,四時常青,取葉作笠及艹,底名曰篛葉。

蓬萊、方丈、瀛洲、岱輿、員嶠:海中五神山。(《才物譜·卷一》)

方壺:方丈別名。(《才物譜·卷一》)

日壇、月壇、四類:亦實柴之異名。(《才物譜·卷五》)

山:泰山有丈人峰,故稱妻父爲泰山,亦稱岳父。(《才物譜·卷三》)

"方壺"即方丈。《列子·湯問》:"渤海之東,不知幾億萬里,有大壑焉……其中有五山焉:一曰岱輿,二曰員嶠,三曰方壺,四曰瀛洲,五曰蓬萊。"殷敬順釋文:"一曰方丈。""實柴",古代一種祭禮,把犧牲放在柴上燒烤,以爲享祀。《周禮·春官·大宗伯》:"以實柴祀日月星辰。"按《周易》先天八卦原理設計和建造的,在古都北京內城之外的南北東西四個方位上,分別建有天壇、地壇、日壇、月壇四個古祭壇建築。"泰山",唐·段成式《酉陽雜俎·語資》:"明皇封禪泰山,張說爲封禪使。說女婿鄭鎰,本九品官,舊例封禪後,自三公以下皆遷轉一級,惟鄭鎰因說驟遷五品,兼賜緋服。因大脯次,玄宗見鎰官位騰躍,怪而問之,鎰無詞以對。黃幡綽曰:'此乃泰山之力也。'"由此"泰山"指代"岳父"。明·陳繼儒《群碎錄》:"又以泰山有丈人峰,故又呼丈人曰岳翁,亦曰泰山。"《才物譜》用"亦稱"表示"泰山""岳父"爲同義詞。

4. 俗謂、俗呼、俗稱、俗名

這組術語主要用來解釋俗語。俗語雖然不是規範的通用詞彙,但它是口語中常用的、爲廣大人民群衆所接受的。《才物譜》在盡量用通用詞彙解釋的同時也雅俗並重。釋詞的位置要視情況而定,通用語一定在術語之前,如果被釋詞是俗語,則術語後沒其他文字。相當於現代漢語的"俗稱""俗語"。如:

蛋:俗謂卵。(《才物譜·卷七》)

瓢:俗呼鴨。【類】(《才物譜·卷七》)

上述用例中"卵""鴨"爲俗語。現代中國的俗語中仍有稱"蛋"爲"卵"的。

突厥:匈奴別種。居金山,城如兜鍪,故名突厥。突厥,兜鍪俗稱也。(《才物譜·卷二》)

突厥5世紀中歸附於柔然,爲其煉鐵奴。徙於金山南麓(今阿爾泰山),因金山形似戰盔"兜鍪",突厥俗稱,因以名其部落。

孝巾:俗名頭巾。(《才物譜·卷一》)

"頭巾"在韓語中即是"孝巾"的意思,喪葬時所戴。

5. 今某、今通稱

這組術語主要展現詞彙古今變化,表明詞彙現在的指稱範圍或名稱。如:

高麗:都松岳,今開城府。(《才物譜·卷三》)

"開城"在統一新羅時代叫"松嶽郡"。景德王十六年(757年)改開城郡。高麗時期(920年),把首都定爲開城,名爲開州。成宗十四年改開城府。"今"這個術語系聯了實爲一地的兩個不同地名。

冬粮:秋丐米粟以爲冬月之粮,故曰謂之冬粮。今通稱丐米曰冬粮。(《才物譜·卷四》)

"冬粮"原指在秋天儲存的,用於冬天使用的糧食,朝鮮後期成爲一個泛稱。

"今""今通稱"

卷別	頁碼	譜系	詞頭	詞頭釋義
1	42b	地譜	鍮	鍮石似金,自然銅之精者。今所謂鍮赤銅和錫煉化者。夭。
1	46b	地譜	石灰	燒青石爲灰,今葬埋所用者。

3.《才物譜》編撰體例

卷別	頁碼	譜系	詞頭	詞頭釋義
1	51a	地譜	燭	蠟炷。古者燭與炬一物而已，故曰大曰炬、小曰燭；又曰在手曰燭，在地曰炬；皆以草木束之而成也。後世始有蠟燭，意者始出於唐時，故【唐詩】有"子夜朦朧膩燭燃"之勾久云"分曹射覆蠟燈紅"也。今俗婚姻之家用羅照亦是，古婚時用燭之遺志也。然則燭當附於炬下。
3	29a	人譜	檀君	都平壤，後都曰嶽（今文化九月山），國號朝鮮，世代不可攷。
3	29a	人譜	馬韓	箕準南遷金馬郡，今嶠稱韓王，新莽已巳爲高句麗王者溫祚所滅。
3	29a	人譜	弁韓	弁一作卞，不知始祖與年代，屬於秦韓，後降於新羅。箕氏朝鮮只有今平安道地方，後箕準南遷益山，盡有益山以北，忠清道漢南北、黃海道地方，號馬韓。益山以南全羅道地方多爲卞韓所有，而卞韓國治則在金海。而鹹陽、星州、陜川等地亦皆爲卞韓所有，東則爲辰韓。
3	29b	人譜	衛滿	燕人逐箕準，據王儉，城今平壤，國號朝鮮。
3	29b	人譜	新羅	初號徐羅，伐後或稱斯羅，或稱斯盧，都辰韓，地今慶州。
3	30b	人譜	高句麗	都卒本扶餘，今成川。
3	31a	人譜	百濟	溫祚王。高朱蒙之子，漢成帝鴻嘉三年癸卯即位。始都慰禮城，今稷山，徙都漢山，今廣川，滅馬韓。
3	31b	人譜	高麗	都松岳，今開城府。
4	32b	人譜	賽神	報祭曰賽，今俗跳神蓋此類也。
4	33a	人譜	太子	太子申生死而托巫作語，故今俗女巫作小兒鬼語者稱太子。틱즈。
5	23a	人譜	拍板	所以節樂。晉魏之代有宋纖善擊節，以拍板代之，此其始也。古用九板，今教坊連六板。
5	32b	人譜	海螺	今軍中螺笳吹作波囉之聲者。고동。
6	11a	物譜	乘法	假如問今有五人共分銀九兩，則其銀數幾何？即以五人爲法，九兩銀爲實，以五九四十五乘之，答銀爲四十五兩。他皆放此。
6	11b	物譜	歸法	假如問今有銀四十五兩，五人分之，各得銀幾兩？即以五人爲法，四十五兩爲實，先呼五故添一倍，以四十作八次呼，逢五進成十，以一合八便成九數，則答五人各分銀九兩。他皆放此。

51

卷別	頁碼	譜系	詞頭	詞頭釋義
6	16a	物譜	外戶	今俗所謂大門。
6	25b	物譜	氅衣	以黑緣邊之衣,與今朝士所著燕服名同制異。
6	27b	物譜	縰	音徙。韜髮也,繒爲之,今代以網巾。
6	32b	物譜	寒具	蜜和米麪煎作之,寒食禁火時用之,故名。今藥果之屬是。
6	44a	物譜	質劑	券書也。兩書一劄同而別之,長曰質,短曰劑,若今俗合同,各分其半也。【周】
6	46b	物譜	架	閣物之謂架。今之閣板、현반시령通稱。
6	51b	物譜	卞	手搏爲卞,角力爲武,若今之탁견。
7	29b	物譜	青魚	生江湖。似鯢而背青,頭中枕骨蒸令氣通。暴乾,狀如琥珀。非今海產青魚也。
7	29b	物譜	白魚	生江湖。色白,頭昂。大者六七尺,腹扁,鱗細,頭尾俱向上,肉中有細刺。今冬月所食白魚乃是鱠殘魚而非此也。
7	30b	物譜	鮦魚	出樂浪。皮有文。按,今旋善等地有珎斑魚者,疑即此也。
7	30b	物譜	魴魚	小頭,縮頸,穿脊,闊腹,扁身,細鱗,色青白。按,魴乃江湖之產而非今海魴也。
7	30b	物譜	鱸魚	出松江,四五月出。長數寸,狀似鱖而色白,有黑點,巨口,細鱗,有四腮。今稱농어非是。
8	15a	物譜	倭椒	莖葉似蓼花,實如茄子而小也,謂之南蠻椒,今家家種植。고초。
8	43a	物譜	狼毒	오독독이。葉似商陸,莖葉上有毛,根皮黃、肉白。今以蔄茹當之,非矣。
8	54a	物譜	檜柏	松檜相半者曰檜柏。今北道익가목,疑即此木也。而此疑是香木之類。
8	63a	物譜	枳枸樹	高大似白楊,有子著板端,大如指,長如寸,八月熟,味甘,亦名木蜜。生南方,枝葉皆可噉。其子名曰枳祖,又曰機枸子。皆拱手,癲漢指,兼句人。家有此樹則釀酒,不成,以其子解酒毒也。【曲禮】疏祖枳也,今之白石李,形如珊瑚,甜美,疑是枳枸之類。我東有회갓열미者不食其實,食其孕莖,甚甜香,亦此類也。
8	65a	物譜	羊躑躅	春生苗,似鹿葱。葉紅色,葉莖高三四尺。夏開花,似凌霄花而正黃色,亦有紅色。非今所稱躑躅也。

3.《才物譜》編撰體例

6. 仝、同

這組術語主要用於解釋同義詞。有兩種形式：一是同前一個詞項，另一是在釋詞過程中使用。"仝""同"爲異體字，用法上並無差異，但《才物譜》使用"仝"比較多。"仝"的所指比較複雜，包含義項相同的同時期的詞彙、古今語詞、方言詞、韓國固有詞以及特殊群體使用專有名詞。如：

遝遝：弛緩皃。【孟】（《才物譜·卷二》）

泄泄：仝。

弓櫜：弛則縛於弓裏，以備損傷。（《才物譜·卷二》）

䪐：本作䪐。同。

《詩·大雅·板》："天之方蹶，無然泄泄。"朱熹《集傳》"泄泄，猶遝遝也；蓋弛緩之意。""泄泄""遝遝"義同。今人楊伯峻認爲洩本作泄可能是避唐太宗李世民的諱。《儀禮》鄭玄註"䪐，弓櫜也。弛則縛之於弓裏，以備損傷也。以竹爲之。""䪐""弓櫜"義同。上述兩組例子都用了術語"仝""同"，表示同上一個詞條義。

黃妳：唐人呼晝寢。（《才物譜·卷二》）

黑甜：仝。

攤飯：仝。

南人以飲酒爲軟飽，北人以晝寢爲黑甜。見宋·魏慶之《詩人玉屑》卷六引《西清詩話》。後以指熟睡。宋·陸遊《春晚村居雜賦》詩之五"澆書滿挹浮蛆甕，攤飯橫眠夢蝶牀。"自註"東坡先生謂晨飲爲澆書，李黃門謂午睡爲攤飯。"當時表示午睡的常用詞是"晝寢"，"黑甜"屬於當時北地人特有的詞彙，"攤飯"是詩詞中的詞語，《才物譜》借用術語"仝"以通語釋方言詞和詩詞中的詞。

畿：圻仝。王國千里曰王畿，自是以往，每五百里一畿，通天下曰爲九畿。（《才物譜·卷一》）

狼戾：同狼籍。（《才物譜·卷六》）

上述兩例直接用同義詞解釋。"仝"，釋詞在前，"同"釋詞在後。"圻"，王畿千里爲圻。《左傳·昭二十一年》"天子之地一圻。"《孟子·滕文公上》"樂歲粒米狼戾。"趙岐註："樂歲，豐年；狼戾，猶狼藉也……饒多狼藉，棄捐於地。""狼戾""狼藉"是同義詞。

廁：뒤간。（《才物譜·卷二》）

溷、偃、清、圊、清淨房、茅房、糞窖、東司、西閣、丁廊：仝。【小】（《才物譜·卷二》）

《說文》云："廁，清也。"徐鍇曰"廁古謂之清者，言污穢常當清除也。"《博雅》圊，厠也。《釋名》云："溷，爲濁；圊，爲至穢之處，宜常修治使潔清也。"廁所又稱"偃"，《莊子·庚桑楚》："觀室者周於寢廟，又適其偃焉。"註云："偃謂屏廁。""東司"指禪林東序之僧所用之廁所，唐宋時期，寺院中的廁所一般建於東側，稱東司，假如是建於西面的則曰西司、西淨，早在唐代就有將廁所稱爲東司的，到了宋代的時候，廁所稱東司變得甚爲流行。廁所又稱東淨、後架、起止處、雪隱。負責清理廁所之職者，稱爲淨頭，爲叢林四十八單職事之一。此外，古來廁所又稱雪隱，系因雪竇重顯止於靈隱寺時曾任淨頭之職。"東司"如今是中國潮州、萍鄉、浙江金華地區等地方言對廁所的俗稱。日本深受唐文化的影響，至今還有將廁所稱"東司"的。"丁廊"是韓國慶尚道方言。

"仝"

卷別	頁碼	譜系	詞頭	詞頭釋義
4	8b	人譜	鈔	抄仝。謄錄、寫書、纂述皆曰鈔。
5	22b	人譜	塤	音熏，壎仝。燒土爲之，銳上平，底形似稱錘。
6	5a	物譜	合	仝也。聚也。모도이다。
6	14b	物譜	簷	簷仝。音炎。屋前榮下謂之簷。
6	24a	物譜	澣	浣仝。웃쌔다。【毛】
6	34a	物譜	酷	酢仝。쵸。
6	35a	物譜	胉	音泣。仝。
6	40b	物譜	紵布	紵，苧仝。모시。
7	44a	物譜	鼃	蛙仝。악미구리。
8	37a	物譜	箬	篛仝。生南方，根莖似小竹，節籜與葉似蘆荻而柔韌。新舊相代，四時常青。取葉作笠，亦襯靴底。

7. 見上、上見、見下

這組術語置於被釋詞後，單獨使用，用於說明情況。被釋詞在前文中已經解釋過，如果被釋詞與釋義條目緊鄰則直接使用"見上""上見"，如果不是緊鄰則在其後表明所在的詞條。如：

閏月：氣盈朔虛，積餘附月也。三年一閏，五年再閏，十九年七閏謂之一章。《才物譜·卷一》）

章：見上。

在對"閏月"的解釋中，也包括對"章"的解釋，因而在下一個詞條中"章"中用術語"見上"，表示上文已經解釋過。

白蠻：邛部六姓，一姓白蠻，五姓烏蠻。(《才物譜·卷一》)

烏蠻：上見。

"見下"與"見上"相對應，"見下"的內容爲釋義的全部或一部分。如：

六律：亦曰六分。合陽聲，律以竹，見下。(《才物譜·卷五》)

黃鍾、大蔟、姑洗、蕤賓、夷則、無射。

八音：見下。(《才物譜·卷五》)

金、石、絲、竹、匏、土、革、木。

"見下"

卷別	頁碼	譜系	詞頭	詞頭釋義
8	55b	物譜	沉香	木似櫸柳皮青，葉似橘，一云似柅，一云似冬青，經冬不凋。夏開白花，秋結實似檳榔，紫而味辛。取汁先斷其老根，經年皮肉朽爛，惟心與枝節不壞堅黑，是爲沉香，諸品見下
8	65a	物譜	山茶	生南方，樹高丈餘。葉似茶葉而厚硬有稜，中潤頭尖，面綠背淡。深冬開花，紅瓣黃蕊。有數種，見下。㐌譿。
8	65b	物譜	木錦	有草木二種。大如抱，枝似桐，葉似胡桃。入秋而開花紅，如山茶。實大如拳，中有白綿草。一種見下。

8. 云、故云、又云、一云

這組術語主要是保留古註。古籍在流傳過程中，作註者總是旁征博引，對於其他有參考價值的異說，往往用此術語在註釋中給予保留，以備後人參考。採用此類術語廣存異說。如：

平亭：稱停之停，義仝。【史】云"平亭疑法。"《才物譜·卷五》

幽菆：跂也。造紙幽暗處，故云。叫孟。《才物譜·卷六》

三老五更：知三德五事者。又云知五行更代之事。一云更當作叟，此說以是。《才物譜·卷四》

"稱停"，稱量平正。比喻公正，恰當。"平亭"謂研究斟酌，使得其平。亦泛指評議。《才物譜》引古書《史記》中的記載"平亭疑法。"進一步加以證明。《禮記·樂記》："食三老五更於大學。"鄭玄註："三老五更，互言之耳，皆老人更知三德五事者也。"《後漢書》解釋說："三老，老人知天、地、人事者；五更知五行更代之事者。"《禮記·文王世子》："遂設三老五更羣老之席位焉。"陸德明《釋文》"更，蔡作叟。"《漢書·禮樂志》"養三老五更於辟廱。"顏師古註"蔡邕以爲更當爲叟。"關於"三老五更"古書上有三種釋義，《才物譜》通過術語將集中說法都保留下來了。

"云"

卷別	頁碼	譜系	詞頭	詞頭釋義
1	1b	天譜	天地	天去地二億一萬六千七百八十一裏半。地之厚，與天高等。一云天地相去十七萬八千五百里。南北二億三萬三千零五十七裏二十五步，東西短四十步。
1	28b	地譜	城	國邑之都垣，皇帝始造城。淮南子云：鯀始造城。
1	51a	地譜	燭	蠟炷。古者燭與炬一物而已，故曰大曰炬、小曰燭；又曰在手曰燭，在地曰炬；皆以草木束之而成也。後世始有蠟燭，意者始出於唐時，故【唐詩】有"子夜朦朧膩燭燃"之句久云"分曹射覆蠟燈紅"也。今俗婚姻之家用羅照亦是，古婚時用燭之遺志也。然則燭當附於炬下。
4	17b	人譜	筆	束毛所以書也。俗云蒙恬作筆。
4	20a	人譜	異端	端正也。異端者異正道也。一云非正道而別爲一端，楊墨老佛是也。
5	19a	人譜	琴	伏羲作琴，或云神農所作。本五絃，文王加少宮、少商二絃。
5	20a	人譜	鍾	顓頊命飛龍氏鑄洪鍾。一云古者垂作鍾。
5	21b	人譜	磬	八音之石。無句氏作磬。一云伯夔作磬。
6	27b	物譜	唐巾	唐，一作宕。或云有居宕山者造此巾。탕건。
6	35b	物譜	酒	帝女僅狄作酒。又云少康作酒，即杜康也。
6	8a	物譜	高麗臭	고린늬。俗云高麗人不浴，故北京人謂之高麗臭。然足趾間臭，雖非高麗人，必皆有之，且【禹錫嘉話】：唐元載，死時以臭襪塞口，不言其臭，則只可稱穢臭、惡臭而已，不可偏以高麗目之也。
7	4b	物譜	雎鳩	鳧類。尾有一點黑，或云狀如鴛鴦。【詩傳】解云。李時珍曰雎鳩，鶚也。土黃色，深目，好峙。雌雄相得摯而有別，交則雙翔，別則異處。能翱翔水上，捕魚食江表，人呼爲食魚鷹。
7	6b	物譜	鷦鴣	小似斑鳩。【本草】云似母雞，臆有白圓點，象人字。

3.《才物譜》編撰體例

卷別	頁碼	譜系	詞頭	詞頭釋義
7	9a	物譜	啄木鳥	有大小。雄褐色，雌斑色。俗云雷公采藥吏所化也。져구리。
7	42b	物譜	蠷螋	狀似小蜈蚣，色青黑，六足在腹前，尾有釵歧，能夾人物，喜伏甑甗之下。譯語云그림애，譯語云그림애，形色全不近似，恐是俗所謂직게버레，而又未知必然也。
8	6a	物譜	刀豆	葉如豇豆而稍長，大蔓引一二丈。五、六、七月開紫花，如蛾形。莢長進尺，微似皂莢，扁而釧，脊三稜，宛然西陽。【雜俎】云"樂浪有挾釧豆"此是동뷔망정之類。
8	12a	物譜	葴	生山谷陰處，蔓生。葉似蕎麥而肥，莖紫赤色。一云葉似荇，一邊紅一邊青。
8	15a	物譜	秦椒	葉對生，尖而有刺。五月結實，生青熟紅，目光黑。或云此即是산초。
8	15b	物譜	芝	【神農經】云"山川雲雨、四時五行、陰陽晝夜之精以生五色神芝，爲聖王休祥。"李時珍曰"芝乃腐朽餘氣所生，正如人生瘤贅。"芝名多不能悉載，略見於下。
8	50b	物譜	水萍	即水上浮萍，或云楊花所。花葉下有細鬚，即其根也。머구리밥。
8	55b	物譜	沉香	木似欅柳皮青，葉似橘，一云似柹，一云似冬青，經冬不凋。夏開白花，秋結實似檳榔，紫而味辛。取汁先斷其老根，經年皮肉朽爛，惟心與枝節不壞堅黑，是爲沉香，諸品見下。
8	56a	物譜	蜜香	樹與沉香無異。又云皮青白色，葉似槐而長，花似橘而大，子黑色，大如山茱萸。
8	56b	物譜	丁香	木似栗。花似梅子，如棗核。一云花紫白色，一云花黃色。非我東所稱丁香。
8	57b	物譜	蘇合香	出蘇合國。樹生膏，赤色如堅木。一云多薄葉，子金色。按之即少，放之即起，良久不定，如蟲動氣。烈者乃佳。
8	58b	物譜	梓	【六書故】云梓似桐，葉小於桐，生子成佩。李時珍云有三種木理。白者爲梓，赤者爲楸，梓之美者爲椅，楸之小者爲榎。按，我東有葉似桐而小，生子成佩者，俗稱노나무，恐是梓也。
8	60a	物譜	楝	音色。有赤楝、白楝二種。【埤雅】云"楝謂之綾，言木紋似綾也。"들믜。
8	61b	物譜	榆	邢昺【爾雅疏】云榆有數十種，人不能盡辨。白者名枌，甚高大。未生葉時，枝間先生莢，狀似錢而色白成串，俗呼榆錢。葉似山茱萸葉而尖，鮪潤澤。

57

卷別	頁碼	譜系	詞頭	詞頭釋義
8	61b	物譜	蕪荑	出高麗。狀如榆莢，氣臭如狐。人作醬，食之。此山榆，葉圓而厚，有刺，實名蕪荑。又云蕪荑有大小二種。

9. 屬、類

這組術語是用來說明某詞所表示事物的類屬的，"屬""類"二者形不同但義同，在釋義時總是以共同的名稱來解釋個別的名稱。如：

阿芙蓉：罌屬。結青苞時，午後以大針刺外皮三五處，次早津出，以竹刀刮收入甕器，陰乾用。（《才物譜·卷八》）

"阿芙蓉"即鴉片，《本草綱目》"芙前代罕聞，近方有用者，云是罌粟花之津液也。又，以花色似芙蓉而得名。"

方鮮石：샹ᄌᆞ돌。膏之類，敲破塊碎。（《才物譜·卷一》）

"方鮮石"，《本草綱目》"方解石與硬石膏相似，皆光潔如白石英，但以敲之段段片碎者爲硬石膏，塊塊方棱者爲方解石，蓋一類二種，亦可通用。"

"屬""類"

卷別	頁碼	譜系	詞頭	詞頭釋義
1	42b	地譜	鈆	錫類。銀坑處有之。납。
1	45b	地譜	方鮮石	샹ᄌᆞ돌。膏之類，敲破塊碎。
4	9a	人譜	文字	行立謂之文，聲具謂之字。依類象形謂之文，形聲相益謂之字。글ᄌᆞ。倉頡始制文字
4	10b	人譜	書法	作字之法，如《黃庭經》《蘭亭帖》之類。
4	14a	人譜	譜	錄也，如琴譜、花譜之類。
4	14a	人譜	免園冊	俚儒教田夫所誦者，千字、類合之類。
4	32b	人譜	賽神	報祭曰賽，今俗跳神蓋此類也。
4	35a	人譜	吏	府史之屬。京司則有書吏，諸道營門則稱營吏，各邑則有貢生、律生。
5	31a	人譜	斧	鉞屬，神農作斧
6	6b	物譜	鼓	考擊也，鼓腹、鼓刀之類。
6	32b	物譜	寒具	蜜和米麪煎作之，寒食禁火時用之，故名。今藥果之屬是。
6	45b	物譜	幕	帷屬。쟝막。
6	47b	物譜	繩	絲麻之屬，作兩股交織者。노。

3.《才物譜》編撰體例

卷別	頁碼	譜系	詞頭	詞頭釋義
7	4b	物譜	鸚鵡	似鴨而大，長頸，赤目，紺色。詩家作屬土。
7	4b	物譜	雎鳩	鳧類。尾有一點黑，或云狀如鴛鴦。【詩傳】解云。李時珍曰雎鳩，鸉也。土黃色，深目，好峙。雌雄相得摯而有別，交則雙翔，別則異處。能翱翔水上，捕魚食江表，人呼爲食魚鷹。
7	5a	物譜	信天緣	鵜屬。終日凝立，族魚取之。
7	5a	物譜	漫畫	鵜屬。以觜畫水求魚，無一息之停。
7	23a	物譜	麂	보노로。音几。獐屬。
7	24a	物譜	狼	豺屬。大如犬，銳頭，尖喙，白頰，駢脅高，前廣後鳴，則後竅皆沸金雞鴨。일희。
7	6b	物譜	鷃	鶉類。黑色無斑，常晨鳴，田鼠所化。
7	10b	物譜	隼	鷂屬。새미。
7	10b	物譜	鴗	似鷹而小，能捕雀。凡鷹屬皆目黃而吐，鵮、鷂屬皆目黑而堆屎，故隼、鸇無，非鵙也。
7	11b	物譜	精衛	炎帝女溺死東海，化爲鳥，銜西山石以填東海。【類】
7	12a	物譜	齗牙	엄니。虎豹犬豕之屬皆有之。
7	28b	物譜	鮫人	龍屬。狀似人，能機織，滴淚成珠。
7	31a	物譜	黃鯝魚	江湖中小魚。狀似白魚而頭尾不昂，細鱗，白色。按，疑是我東銀口魚之類。
7	32a	物譜	鮪魚	出江淮，鱣屬。
8	6a	物譜	刀豆	葉如豇豆而稍長，大蔓引一二丈。五、六、七月開紫花，如蛾形。莢長進尺，微似皂莢，扁而釰，脊三稜，宛然西陽。【雜俎】云"樂浪有挾釰豆"此是동뷔망경之類。
8	7b	物譜	山韭	與家韭類而，但根葉白如燈心苗。
8	15a	物譜	畢澄茄	生南番，春開白花，夏結黑實，與胡椒一類。按，我東所用胡椒。
8	16a	物譜	葛花菜	葛之精華所生，其色赤，蓋蕈類。
8	18b	物譜	海紅	極似木瓜，蓋其類也。二月開花如胭脂，點落則若宿粧淡粉。實狀如梨，大如含桃。非我東海棠也。

59

卷別	頁碼	譜系	詞頭	詞頭釋義
8	32b	物譜	蘭草	生水旁下溼處。宿根生苗，紫莖，素枝，赤節，綠葉。葉對生，有細齒，面光有歧。八九月開花，成穗，如雞蘇花，紅白色，中有細子，形如薄荷。秦漢以上之所佩也。蘭花形如馬蘭，宋人以後之所畫也。朱子亦以零陵香爲蕙，則山谷所謂一花爲蘭，數花爲蕙子，蓋無據矣。蘭草之屬有澤蘭、馬蘭、薄荷之類；蘭花之屬有建蘭、杭蘭、興蘭、風蘭、箬蘭、珍珠蘭、賽蘭、馬蘭、馬龝之屬。興蘭一名九節蘭。風蘭即懸空而發秀者。珍珠蘭又名魚子蘭。賽蘭非蘭也，樹如茉莉，花如金粟，故亦名金粟蘭，佛家謂之伊蘭。又一種竹葉蘭，花似鋼鈴兒，草隨地而有之也。
8	37b	物譜	燈心草	龍鬚之類。莖圓而直。골。
8	44b	物譜	附子	莖類野艾而澤，葉類地麻而厚，花紫瓣黃，蕤長苞而圓。
8	44b	物譜	白附子	흔박웃괴망이。出高麗。獨莖似鼠尾草。細葉周匝生於穗間。根如草烏頭汁小者，折之有五六紫點。實非附子類也。
8	47b	物譜	土茯苓	生楚蜀山中。蔓生如蕁，莖有細點，葉類。大竹葉而質厚，長五六寸，根狀如菝葜而團可生啖。
8	54a	物譜	檜柏	松檜相半者曰檜柏。今北道익가목，疑即此木也。而此疑是香木之類。
8	59b	物譜	枏栗	葉如榆木理，堅韌而赤，可爲車轅。蓋山유즈之類。
8	60a	物譜	玉梅花	常山之類，花千瓣，有白紅二種。
8	60b	物譜	欅	謂柳非柳，謂槐非槐。大者五六丈，取嫩皮，緣栲栳箕脣，木肌紅紫，作箱案甚佳，采其葉爲甜茶。按，疑是我東榆理木之類。
8	62a	物譜	杻檍	似棣，細葉新生穀飼牛，林中車輞。葉似杏而尖，白色。皮正爲木，多曲少直。二月中花如練而細，蕊正白，疑믜쓰리之類，杻子曰土櫨。
8	63a	物譜	枳枸樹	高大似白楊，有子著板端，大如指，長如寸，八月熟，味甘，亦名木蜜。生南方，枝葉皆可噉。其子名曰枳祖，又曰機枸子。皆拱手，癲漢指，兼句人。家有此樹則釀酒，不成，以其子解酒毒也。【曲禮】疏祖枳也，今之白石李，形如珊瑚，甜美，疑是枳枸之類。我東有회갓열믜者不食其實，食其孕莖，甚甜香，亦此類也。

60

卷別	頁碼	譜系	詞頭	詞頭釋義
8	63b	物譜	女木	一名髦，亦名顛棘、商棘。細葉有刺，蔓生，此疑天門冬天棘之屬。

10. 方言

這個術語直接標明所釋詞彙爲方言詞。釋詞在術語後。如：

不是腳：方言，是非素習而漫爲之曰不是腳。古詩云：君生紈綺間，欲學非其腳。(《才物譜·卷四》)

"君生紈綺間，欲學非其腳。"爲蘇軾的詩詞。"不是腳"爲"非其腳"方言詞。

皋比：虎皮。楚方言。【左】(《才物譜·卷七》)

"皋比"，《左傳·莊公十年》"自雩門竊出，蒙皋比而先犯之。"杜預註"皋比，虎皮。"《才物譜》考證其爲楚地方言。

"方言"

卷別	頁碼	譜系	詞項	詞項釋義
1	33a	地譜	邐	我東方言壁路。벼로。
3	4a	人譜	築裏	方言妯娌。
4	25b	人譜	終葵	一作柊楑。方方言椎也。
4	40b	人譜	不是腳	方言。是非素習而漫爲之曰不是腳。【古詩】云"君生綺紈間，慾學非其腳。"
6	6b	物譜	於諸	【齊方言】"寘也。"【左傳】"先於諸其家。"
6	20b	物譜	籠	轀仝。齊方言轀謂之籠，田單鐵籠即此也。
7	21a	物譜	皋比	虎皮。楚方言。【左】

(二) 釋音術語

1. 音

用音同或音近的詞直接註音。對詞中的一個語素註音，形式爲"某音某"被釋語素在前，釋詞在術語後，註音之後再釋義。對詞彙註音，形式爲"音某"，釋詞在術語後，有時只有註音，沒有釋義。

娉䏥：娉音畧。仝。(《才物譜·卷二》)

"娉䏥"，不解悟的樣子，是一個雙音節單純詞，《才物譜》對其中的一個語素進行註音，用"某音某"的形式。

暆：音移。日斜皃。

貙膢：音樞樓。立秋嘗新，始殺食。【祭禮志】(《才物譜·卷六》)

吤：音惹。(《才物譜·卷二》)

"暆"，爲單音詞，表示太陽緩慢移動的樣子，還表示太陽西斜。《說文》"日行暆暆也。從日施聲"。《集韻》《韻會》"余支切，音移"。《才物譜》用"音某"的形式註音，採納了古註中"移"這個讀音，並釋義表示太陽西斜。"貙膢"即貙劉。膢，通"劉"。《後漢書·劉玄傳》："張卬、廖湛、胡殷、申屠建等與御史大夫隗囂合謀，欲以立秋日貙膢時共劫更始俱成前計。"李賢註引《前書音義》"貙，獸。以立秋日祭獸。王者亦此日出獵，用祭宗廟"。一說，食新曰貙膢。《後漢書·祭祀志》"立秋之日……使謁者以一特牲先祭先虞於壇，有事，天子入囿射牲，以祭宗廟，名曰貙劉。《才物譜》採納了其中的一個說法，並以常用字"樞樓"給其註音。"吤"，《集韻》"爾者切，音惹"。《說文》等古書無釋義，《才物譜》沿用前人說法，也只註音。

《才物譜》運用該術語，有一處特殊用例，在註音時，細化到註明聲調。如：

頍踶：音규예，平聲。(《才物譜·卷五》)

"音"

卷別	頁碼	譜系	詞頭	詞頭釋義
1	6b	天譜	雹	音樸。陰陽相搏之氣爲雹。
1	48b	地譜	硇砂	硇，音呶。狀如牙消。
2	9b	人譜	尻	音高。脊骨盡處。옥문이숯。
3	4a	人譜	嫂	音埽。兄之妻。
4	27a	人譜	觷	音學。治角工。
5	39a	人譜	嫽毒	音澇。藹土無行也。
5	14b	人譜	礿	音約。夏殷春祭名。
5	15b	人譜	大惢	音貳。祀名。秋至禾熟，天子祀大惢。
5	19a	人譜	韽	音@。樂之微聲。
5	22b	人譜	塤	音熏，壎仝。燒土爲之，銳上平，底形似稱錘。
5	22b	人譜	柷	音觸。狀似桼筩，方二尺四寸，深一尺八寸，中有椎，柄連底，撞之所以起樂者。

3.《才物譜》編撰體例

卷別	頁碼	譜系	詞頭	詞頭釋義
5	22b	人譜	敔	音語。狀似伏虎，背鏤二十七鉏鋙，所以止樂者。
5	31a	人譜	礟	音鉋。機石。范蠡爲機飛石，石重十二斤，行三百步，砲始於此。
5	32b	人譜	觱篥	音必栗。以竹爲管，以蘆爲首，胡人吹之以驚馬者。
5	33b	人譜	檄	音@。木簡爲書，長尺二寸，以號召也。一曰陳彼之惡布此之德，曉諭遠近之書。
5	34b	人譜	劓	音意。削鼻之刑。
5	37a	人譜	榎楚	榎，音賈。撲也。榎圓楚方。【禮】
6	2a	物譜	凸	音@。高起兒。
6	3b	物譜	丫	音鴉。凡物歧者。꼿갈나지다。
6	10a	物譜	率	音聿。總計之意。
6	14b	物譜	簷	簷仝。音炎。屋前榮下謂之簷。
6	17b	物譜	階	音皆。登堂之道。셤。
6	18b	物譜	柂	音敗。船後木。비쳐。
6	18b	物譜	棹	音罩。舟旁撥木行舟者。長曰棹，短曰檝。사앗디。
6	19a	物譜	劃	音@。撥進船也。
6	19b	物譜	䒀	音@。船著沙，不行。비걸다。
6	22b	物譜	袼	音各。袖與衣接腋下縫合處。진동。
6	23a	物譜	襈	音饌。衣緣。옷단。
6	23a	物譜	褶子	音拉。주롬。
6	23a	物譜	鈕	音紐。衣鉤。단츄。
6	24b	物譜	楎椸	音暉夷。衣架。直曰楎，橫曰椸。【禮】
6	24b	物譜	褆褆	音提。衣厚。
6	25a	物譜	裭	音@。卸衣。
6	26a	物譜	袴	音@。下體所著。
6	27b	物譜	縱	音徒。韜髮也，繒爲之，今代以網巾。
6	28b	物譜	繐	音歲。져수울。
6	28b	物譜	筇	音@。竹杖。
6	34b	物譜	醢	音海。肉醬。젓。
6	35a	物譜	脎	音泣。仝。

卷別	頁碼	譜系	詞頭	詞頭釋義
6	35b	物譜	炙	音柘。燔肉。
6	52b	物譜	罱	音求。겹이。
6	18a	物譜	諕諕	音喙。室深廣皃。
6	19b	物譜	欸乃	音@。搖櫓聲。
7	1b	物譜	亢	音岡。鳥嚨。
7	2b	物譜	䂞䂞	音哲促。投石擊鳥巢以去之也。【周】
7	2b	物譜	鷟鷟	音嶽泥。紫鳳。
7	4a	物譜	鴇	音保。似雁斑文，無後趾。
7	4b	物譜	鸐鷞	似鴉而小，色黑，長喙微曲。又名鷸，音於計切。
7	23a	物譜	麇	보노로。音几。獐屬。
7	23b	物譜	貉	담부。音壑。形如小狐而毛黃褐色，好睡。
7	24a	物譜	獾	音歡。形如家狗而腳短。너구리。
7	24a	物譜	豺	音柴。腳似狗，色黃，長尾，白頰。승냥이。
7	7a	物譜	鷸	音述。如鶉，色蒼，嘴長。在泥塗間作鷸聲，天將雨則啼。與蜚、翠同名而物異。
7	27a	物譜	鮑	稲室糗乾者，即薧也。稲，音辟，以火焙肉也。
7	8b	物譜	鸚鵒	音瞿欲。似鴝，有幘，身首皆黑，兩翼有白點，飛則見，如書八字。
7	11b	物譜	鷟	音激。色黃。一變爲青曰青鴉。屢變爲白曰白唐，唐者黑色。又一變爲白曰白鷳。【酉】
7	12b	物譜	狘	音越。獸驚走皃。【禮】
7	13a	物譜	馵	音註。馬一歲。
7	18a	物譜	吼	音後。牛鳴。
7	35a	物譜	鱟魚	音後。狀似熨斗，廣尺餘，甲青黑色，背有骨，高七八寸。每乘風過海，號鱟帆。
7	40a	物譜	蟲螽	音負終。有數種。蟲螽，總名也。방귀아지。
7	40a	物譜	蟿蚱	音溪斥。似蚣蜢而細長，飛翅作聲。방귀아지。
7	42b	物譜	蚇蠖	音尺廓。자즈이。
7	45a	物譜	了了	音厥。井中小赤蟲。
8	4b	物譜	稗	音敗。피。

3.《才物譜》編撰體例

卷別	頁碼	譜系	詞頭	詞頭釋義
8	4b	物譜	穆子	疑모개，音衫。苗如荵黍，八九月抽莖，有三稜，如水中麂草之莖。開細花，蔟蔟結穗，如粟穗分數歧，如鷹爪狀。內有細子，如黍粒，而細稃甚薄，赤色。【本】
8	5a	物譜	菵	音罔。生水田中，似燕麥，子如雕胡可食。
8	8a	物譜	茖蔥	茖，音鬲。山原平地皆有。開白花，結子如小蔥頭。돌늬。
8	9b	物譜	胡荾	音綏。八月下種初生。莖柔，葉圓，葉有花，歧根白可食。
8	9b	物譜	馬蘄	音芹。生卑濕地。三月生苗，一本叢出如，蒿白毛蒙茸。葉似水芹而微小，似芎藭而色深。五六月開碎花，攢簇如蛇，狀青白色。根白色，長尺許。
8	10a	物譜	蔊菜	音罕。生南地，冬月布地叢生。長二三寸，柔莖，細葉，三月開細黃花。結細角，長一二分，內有細子，連根葉拔，食之味極辛辣。
8	10b	物譜	菥蓂	音析。蒫薺之大者為菥蓂，有毛，花白。葶藶與菥蓂相似而味苦，花黃。
8	23a	物譜	芰實	마름。音妓。葉面光如鏡，葉下之莖如蝦股，莖葉兩兩相差。夏開白花，背日而生，晝合夜炕，隨日轉移，其字四角、三角、或兩角、無角。野菱角硬，家菱角軟。老則角黑而硬，墜入泥中謂之烏菱。
8	25a	物譜	術	音述。삽쥬。
8	27a	物譜	升麻	가양둘。音苗，高三尺以來。葉似麻，花似栗，穗白色。
8	31a	物譜	蓬莪茂	音述。葉似襄，荷花作穗，黃色，頭微紫。根如生薑而茂，在根下。子似乾椹。
8	38a	物譜	紫菀	풀소옴나물。音苑，布地生苗葉，二四相連。夏開白黃紫花，結黑子。本有白毛，根甚柔細。팅알。
8	45b	物譜	毛茛	기초약。茛，音艮。多生下溼處，苗高者尺餘。一枝三葉，葉有三尖及細缺，似石龍，芮而但有細毛。四五月開小黃花，五出甚光豔，結實狀如欲綻青桑葚。
8	50a	物譜	莞草	왕골。莞，音官。골。
8	53b	物譜	榾柮	音骨咄。短木。나무토막。
8	58b	物譜	楸	楸有行列，莖幹直聳可愛，至秋垂條如練，謂之楸線。葉大而皮皺。（音鵲，皮粗）按，此非我東가릭也。
8	59a	物譜	槐	音懷。회화나무。
8	60a	物譜	棟	音色。有赤棟、白棟二種。【埤雅】云"棟謂之綾，言木紋似綾也。"들믜。

65

卷別	頁碼	譜系	詞頭	詞頭釋義
8	63a	物譜	白桜	音蕤。小木，叢生。葉似枸杞而狹長，花白。子附莖生，狀如耳璫，紫赤色，可食。莖多細刺，花、實蕤蕤下垂。
8	66a	物譜	樤木	音恩。直上無枝，莖上有刺，山人折取頭茹食。按，疑是 두릅。

2. 讀若

這個術語用來比況被釋字的讀音，讀若字與被釋字音同或音近。《才物譜》中"讀若"常用來給單音詞或雙音詞中的一個語素註音。有的還有破通假的作用。

報葬：報讀若赴，函疾之義，不待三月而葬。報讀若赴，函疾之義，不待三月而葬。(《才物譜·卷五》)

"報葬"，謂人死後不待三月之殯而急葬。古代喪禮，大殮後須停柩待葬，爲時三月。《禮記·喪服小記》"報葬者報虞，三月而後卒哭。"鄭玄註"報讀爲赴疾之赴，謂不及期而葬也。"此處破通假。

"讀若"

卷別	頁碼	譜系	詞項	詞項釋義
5	3a	人譜	牢中	牢讀若摟。
5	8b	人譜	報葬	報讀若赴，函疾之義，不待三月而葬。報讀若赴，函疾之義，不待三月而葬。
7	24b	物譜	火	兔缺唇。火讀若呵。【字】

3. 切

反切是中國傳統的一種註音方式，至清朝時已廣泛爲文人訓詁時所使用。雖然反切註音法本身有一定的弊端，但是當時相對與其他的註音方式，反切是較爲科學的。《才物譜》作爲一部詞典主要目的是釋義，對詞彙註音的方式主要採用"音"，在其註音系統中反切運用得很少，詞頭只有2例，且仍與"音"術語共同使用，有進一步確認讀音的作用。反切註音放在釋義的最後。如：

咱：音莊加切。(《才物譜·卷四》)

鷾鵡：似鵡而小，色黑，長喙微曲。又名鸒。音於計切。(《才物譜·卷七》)

3.《才物譜》編撰體例

《篇海》子葛切,音嗄。俗稱自己爲咱。"咱"爲方言,廣泛運用於中國東北地區,不同於一般詞彙。"鶖",《廣韻》乙冀切,音懿。懿,鷁鶩鳥也。又《爾雅·釋鳥》鷺鶖。《郭註》即鷁鶩也。"鷁鶩"爲一種水鳥,善捕魚類,爲當時通名。"鶖"爲"鷁鶩"別名,也不同於一般的通名。因而上述兩例,文中將"音""切"兩個術語聯用。

4. 之爲言

該術語爲古書中用以解釋文字通假義的術語,以本字解釋假借字,以假借字解釋本字,以借字解釋介字。《才物譜》中運用此術語的條目只有1例,如:

祊:祭名。祊之爲言倞也。倞,遠也。《才物譜·卷五》

"祊",《說文》"門內祭先祖,所以彷徨也。"《禮·郊特牲》"祊之爲言倞也。"《註》"倞猶索也。倞或爲諒。"

5. 轉、轉註

這組術語是兼釋音義的訓詁術語,主要用以訓釋語言由於時代和地域的不同,而呈現其差異的語言現象。和中國傳統訓詁中"聲轉""語轉"相類似。訓釋的字,它們之間在音和義上都有聯繫。同一事物,由於時地不同、民俗各異、文白有別等原因,反映在語音上,就產生了聲紐、韻部上的差異。文字學上六書之一的轉註用字法歷來沒有統一的意見,《才物譜》中關於"轉註"的用法可供我們對比研究。該術語在《才物譜》中有4處用例:

䣼:醬也。俗稱醬黃曰丞,疑醷䣼之轉註也。(《才物譜·卷六》)

波:南人呼父曰波,爸字之轉也。

"波""爸"從字形構造和本義上來說原本沒有任何關聯,讀音上二者相近。"波"是"爸"的方言語音記錄。《正字通》"夷語稱老者爲八八、或巴巴。後人因加父作爸字。蜀謂老爲波。"又《集韻》"吳人呼父曰爸。""䣼",《玉篇》"醷䣼也。"《廣韻》"醷䣼,醬也。""丞""醬"讀音相近,"醬黃""醷䣼"意義想通。

"轉""轉註"

卷別	頁碼	譜系	詞項	詞項釋義
3	1a	人譜	波	南人呼父曰波,爸字之轉也。
4	37a	人譜	鄔臧	事見【左傳】,後代稱失妻者曰鄔臧。俗言轉註以爲負鄔臧。오장我東收穀器之名也。

卷別	頁碼	譜系	詞項	詞項釋義
6	50b	物譜	栗	㐰。折木擲之，其形如栗之背圓腦平，故曰栗。古者舌音入聲皆著著不以己爲終聲。栗子本音，也自四聲通解之後，質物等韻，並爲轉舍，而我東遂無，按古之字矣。
6	33b	物譜	醮酺	醬也。俗稱醬黃曰丞。疑醮酺之轉註也。

（三）校勘術語

1. 疑、恐、蓋、似是

前人對此條釋例已有成說，但是《才物譜》對此又不完全信從，於是只好先具此說，再註明"疑""蓋"，引之僅備存疑，以待來者考證。如：

破瓜：瓜子十五日而中空，女子十五歲而可以適人。黃花之稱，疑亦以瓜言。（《才物譜·卷二》）

大牙：天子出遶，大牙疑我國龍大旗之類。（《才物譜·卷三》）

袿衣：其下垂者上廣下狹如刀圭，蓋與袿臀一也。（《才物譜·卷二》）

闖失：不收斂，散亡之謂然。字書無闖失，蓋俗語。（《才物譜·卷六》）

鐎門：有柄蓋與流同（流器，口嘴便於出酒醬者。）也。（《才物譜·卷六》）

蒽：疑怯也。【語】（《才物譜·卷二》）

欄楯：欄者，遮闌之義也；幹楯者，幹盾之義也。橫者爲闌，豎者爲幹、爲楯，楯間小柱爲欂。王逸縱闌橫楯之說恐未必然。（《才物譜·卷六》）

瓜字拆開爲兩個八字，即二八之年，舊稱女子十六歲爲"破瓜"。瓜字分開爲"八八"兩字，舊又因用作六十四歲的代稱。還以"破瓜"喻女子破身。古時未婚女子在梳妝打扮時，喜愛"貼黃花"，用黃顏色在額上或臉部臉兩頰上畫成各種花紋；也有用黃紙剪成各種花樣貼上的。同時，"黃花"又指菊花。因菊花能傲霜耐寒，常用來比喻人有節操。"黃花"與女子聯繫在一起表示還沒有結婚，而且能保持貞節。黃花與瓜並沒有什麼聯繫。"破瓜"與"黃花"都與女子貞潔有關係，《才物譜》由此聯想到"黃花"也與"瓜"有關，這種說法並不確定，實際上是有誤的，因而作者用"疑"這個術語。

"大牙"指旗竿上飾以象牙的大旗。多爲主帥標識旗，亦爲儀仗用旗。史書明確記載有《宋史·儀衛志六》"古者，天子出建大牙。"《才物譜》引用此說，"大牙"類似朝鮮的"龍大旗"，這種解說是可以的，但作者並不確定此種解說，因而採用"疑"這個術語。

3.《才物譜》編撰體例

"闖"在漢語通用語中沒有這個詞,漢籍中沒有記載。"闖"在古朝鮮指丟失的物品,《才物譜》推斷其可能爲俗語,因而用屬於存疑的術語"蓋"。

"葸",《玉篇》畏懼也;"怯"《說文》多畏也;兩個詞意義相近。

"鐎鬥",一種溫器。三足有柄,用以煮物。《急就篇》卷三"鍛鑄鉛錫鐙錠鐎"唐·顏師古註"鐎謂鐎鬥,溫器也,似銚而無緣。""銚"《說文》"溫器也。"《廣韻》"燒器。"《正字通》"今釜之小而有柄有流者亦曰銚。"

斗錫:倭鈆未鍊者。錫別名限錫,似是함셕,本名而姑俟知者。(《才物譜·卷一》)

"疑""恐"

卷別	頁碼	譜系	詞頭	詞頭釋義
7	30b	物譜	鯛魚	出樂浪。皮有文。按,今旌善等地有珎斑魚者,疑即此也。
7	31a	物譜	黃鯝魚	江湖中小魚。狀似白魚而頭尾不昂,細鱗,白色。按,疑是我東銀口魚之類。
7	42b	物譜	蠷螋	狀似小蜈蚣,色青黑,六足在腹前,尾有釵歧,能夾人物,喜伏甑瓵之下。譯語云그림애,形色全不近似,恐是俗所謂직게버레,而又未知必然也。
8	4b	物譜	穇子	疑모개,音衫。苗如荍麥,八九月抽莖,有三稜,如水中蔍草之莖。開細花,蔟蔟結穗,如粟穗分數歧,如鷹爪狀。內有細子,如黍粒,而細釋甚薄,赤色。【本】
8	20a	物譜	山櫻桃	樹如朱櫻,但葉長尖不團。子小而尖,生青熟黃赤,亦不光澤,味惡不堪食,疑即불열미。
8	37b	物譜	石龍芻	疑是얼어미골。叢生,苗直,上莖端開小穗花,結實。吳人多栽蒔織席。
8	49a	物譜	常春藤	蔓繞草木,其葉頭尖。結子圓,熟時如珠,碧色。疑是덩덩이。
8	49b	物譜	綬草	一名繭。小草,疑是당풀。
8	51b	物譜	地錦	疑是약진이비,田野及寺院階砌間有之,小草也。赤莖、黃花、黑實,狀如蒺藜,斷之有汁。
8	54a	物譜	檜柏	松檜相半者曰檜柏。今北道익가목,疑即此木也。而此疑是香木之類。
8	54b	物譜	杉	익가。葉硬微扁如刺,結實如楓實,類松而經直,葉附枝上。按,俗稱龍木,疑即此,而杉脂名龍腦亦一證。

69

卷別	頁碼	譜系	詞頭	詞頭釋義
8	58b	物譜	梓	【六書故】云梓似桐，葉小於桐，生子成佩。李時珍云有三種木理。白者爲梓，赤者爲楸，梓之美者爲椅，楸之小者爲榎。按，我東有葉似桐而小，生子成佩者，俗稱노나무，恐是梓也。
8	60b	物譜	欅	謂柳非柳，謂槐非槐。大者五六丈，取嫩皮，緣栲栳箕脣，木肌紅紫，作箱案甚佳，采其葉爲甜茶。按，疑是我東楡理木之類。
8	62a	物譜	杻檍	似棣，細葉新生殼飼牛，林中車輞。葉似杏而尖，白色。皮正爲木，多曲少直。二月中花如練而細，蕊正白，疑쓰리之類，杻子曰土橿。
8	63a	物譜	枳椇樹	高大似白楊，有子著板端，大如指，長如寸，八月熟，味甘，亦名木蜜。生南方，枝葉皆可噉。其子名曰枳柤，又曰機枸子。皆拱手，癲漢指，兼句人。家有此樹則釀酒不成，以其子解酒毒也。【曲禮】疏柤枳也，今之白石李，形如珊瑚，甜美，疑是枳椇之類。我東有헛갓열민者不食其實，食其孕莖，甚甜香，亦此類也。
8	63b	物譜	女木	一名髦，亦名顛棘、商棘。細葉有刺，蔓生，此疑天門冬天棘之屬。
8	66a	物譜	靈壽木	圓長，皮紫，節中腫似扶老。按，疑是마가목。
8	66a	物譜	樬木	音恩。直上無枝，莖上有刺，山人折取頭茹食。按，疑是두릅。

"蓋""似是"

卷別	頁碼	譜系	詞頭	詞頭釋義
4	32b	人譜	賽神	報祭曰賽，今俗跳神蓋此類也。
6	32a	物譜	餌	粉餅也。先屑爲粉，溲之作餅。言堅潔若玉餌也。蓋麫餅爲餅，粉爲餌。
7	11a	物譜	休留	一作鵂鶹。大如雛鴟，色似鴟，頭目似貓，鳴則後竅應之，其聲連轉如休留。休留蓋角鴟之別種也。
7	29b	物譜	重脣魚	숭치。雉之所畫而，居胡澤，故名，蓋此即是鱒也。
7	31a	物譜	石斑魚	似여흘치。生南方溪澗。長數寸，白鱗，黑斑。
7	38b	物譜	蟠蝓	色黑，腰甚細，銜泥於人家屋壁及器物邊作房，如併竹管。其生子如粟米，大乃取草上青蟲十餘枚，滿中仍塞口以待其子爲糧。負螟蛉而教祝爲己子，蓋謬矣。나나벌。【本】

3.《才物譜》編撰體例

卷別	頁碼	譜系	詞頭	詞頭釋義
8	18b	物譜	海紅	極似木瓜，蓋其類也。二月開花如胭脂，點落則若宿粧淡粉。實狀如梨，大如含桃。非我東海棠也。
8	59b	物譜	㭴栗	葉如榆木理，堅韌而赤，可為車轅。蓋山㭴之類也。

2. 非

對前人的解說，《才物譜》進行校勘，對確定有誤而不是存疑的用術語"非"。如：

蚘蟲：蚘俗作蛕，非音委。人腹中蟲。刳音。(《才物譜·卷七》)

蜥蜴：一日十二色，故亦名十二時蟲。飼以朱砂，搗汁塗臂，以驗女子之貞淫，故亦名守宮。與蠍虎不同，故曰冤苦。冤苦、我是、蠍虎，《爾雅》三者混合，非也。(《才物譜·卷七》)

"蚘"，《集韻》"於求切，音尤。蚩蚘，古諸侯號。通作尤。"《廣韻》"戶恢切，音蛕。人腹中長蟲也。""非音委"是《才物譜》對讀音的校勘。

"蠍"是壁虎，與蜥蜴是不同物種，《爾雅》混同，解說有誤，《才物譜》予以校勘。

3. 當作

對前人解說，《才物譜》校勘後，確定有誤並予以訂正用術語"當作"。如：

墨侵：侵當作篗。먹칼。(《才物譜·卷四》)

"篗"，《類篇》"墨漬筆也。"侵與墨沒有任何關係，被釋詞字形有誤，《才物譜》予以訂正。

"當作"

卷別	頁碼	譜系	詞頭	詞頭釋義
5	35b	人譜	鎖匠	옥사장이。出【麗史】，"匠"當作"掌"。
1	6b	天譜	青女	青當作霄。司寒女神。【淮】
3	54a	人譜	使價	價當作介，古者主有儐客有介。
4	18b	人譜	三老五更	知三德五事者。又云知五行更代之事。一云更當作叟，此說以是。
4	23b	人譜	犁建	建當作鍵，犂之笒。
4	25a	人譜	墨侵	侵當作篗。먹칼。

卷別	頁碼	譜系	詞頭	詞頭釋義
5	32a	人譜	刀鬥	所以警嚴者。孟康曰"以銅爲鐎，晝炊夜擊。"顏師古曰"刀當作刁。"宣城梅氏曰"兩說並非。"
6	21b	物譜	驂乘	驂當作參。乘車之法，尊者居左，禦者居中，又一人處右，以備傾側，三人相參升車，故云。
6	27b	物譜	綃頭	綃，當作繰。自項中而前交額上卻繞髻也。
6	33a	物譜	山僧	當作皺僧。謂是皺子之無衣者。
6	43a	物譜	儲畤	畤，具也，我東郡邑儲置米之置。字當作畤。
7	38a	物譜	將蜂	色黑，蜂不能採花者類。俗名雄蜂，當作雌蜂。
7	38a	物譜	相蜂	色黑，蜂不能採花者類。俗名雄蜂，當作雌蜂。
7	43a	物譜	草蚍	蚍當作蠅。在草上至小，得狗與牛漸大而黑，不是有兩種也。神山、草中有蟲如牛蠅而小，附人肥膚，不可摘除，強摘則身斷而頭在，蝕入臟腑，名曰어양이，此是草蚍也。
8	66b	物譜	竹黃	南海鏞竹，一名天竹。其內有黃，名天竺黃。竺，當作竹。

4. 訛

該術語說明詞彙的訛變情況。

嘍囉：軍卒。即樓羅之訛，樓羅幹辦集事之稱。(《才物譜·卷五》)

"樓羅"謂幹練而善於辦事的人。《宋史·張思鈞傳》"思鈞起行伍，征討稍有功。質狀小而精悍，太宗嘗稱其'樓羅'，自是人目爲'小樓羅'焉"。"小樓羅"亦作"小嘍囉"。後可以用來指稱綠林的兵卒。《水滸傳》第二回"如今近日上面添了一夥強人，紮下一個山寨，在上面聚集著五七百個小嘍羅"。"嘍囉"從"樓羅"訛變而來。

牙儈：市中計物直者，牙儈以白帖額題所儈者，(如馬儈，牛儈之屬)。及姓名，一足著白履，一足著黑履。牙字，互字之訛，下仝。(《才物譜·卷四》)

除了上述術語單獨使用外，還有術語聯用的，有加強釋讀的作用。如：

冬糧：秋丐米粟以爲冬月之糧，故曰謂之冬糧。今通稱丐米曰冬糧。동녕。(《才物譜·卷四》)

"以爲""故曰""謂之""今通稱"4個術語聯用，加強釋義的準確性。

布：祭星曰布。謂散於地，取其象之布列也。(《才物譜·卷一》)

南詔：哀牢也，蠻謂王曰詔。(《才物譜·卷二》)

3.2.2 釋義方式

《才物譜》對每個詞項的解釋主要是釋義，有的兼及釋形、釋音，一部分條目引經文、詩詞、方言、俗語等作補充解釋。如：

側匿：音慝。朔而月見東方。一作仄慝字。(《才物譜·卷一》)

側匿，古天文謂朔日而月亮見於東方。《尚書大傳》卷三"朔而月見東方謂之側匿。"該條目對詞項的形、音、義都做了解說。

晦：霧謂之晦。【爾】(《才物譜·卷一》)

《爾雅·釋天》"霧謂之晦。"《才物譜》引《爾雅》對該詞項進行解釋。

有的詞頭只下轄別名，沒有其他詞項。如：

天河：天腰之微白一帶，乃眾星之聚光者，而其形迂曲有若河漢，故名。(《才物譜·卷一》)

天漢、天杭、天津、河漢、銀漢、雲漢、絳河、明河、繩河、銀河、銀潢、銀灣、析木、斜漢：別名。(《才物譜·卷一》)

"天河"處於"星辰"和"風"兩個詞頭之間，作者認爲它不同於一般的星辰，所以單獨列出來，成爲獨立詞頭。

有的詞頭或詞項下沒有釋義，如卷二詞頭"煩躁"以及詞項"皮枯、肉苛"均沒有解釋。

《才物譜》有物名考釋類詞典的性質。所謂名物即指自然界和社會上的品物專稱，由於時代久遠，歷史變遷，或湮沒不存，或名實異稱，而專名又有單一性的特點，因此這些名物考釋有其特有的難度。《才物譜》輯錄故訓，兼采並蓄，在釋義方法上有的是義訓，有的是聲訓，有的是用描寫性語言或說明性語言來解釋詞語的意義。其釋義性質有的直接解釋語詞的表達之義，有的解釋文字的假借之義，有的探求事物得名的由來，釋義的性質不盡相同，方式也不一樣。

（一）義訓

義訓屬於古籍註釋體例之一。它不是從字形、字音，而是直接從意義上來解釋詞義。中國傳統的古書註解和字書、詞書中的解釋常常採用義訓。義訓總是以通語、常言去解釋不易知的文言、古語或方俗語。對於名物，義訓經常說明其屬類、形狀、顏色和功用。詞的形、音、義三位一體，詞義是核心。《才物譜》義訓具體來說有如下幾種方式：

1. 同義相訓

直訓，即用一個意義相同或相近的詞去解釋另一個詞。如：

二實：二氣。（《才物譜·卷一》）

遞訓，即幾個同義詞輾轉相訓。如：

茅蕩：沮洳。沮洳：下溼地。蘆湯：沮洳。（《才物譜·卷一》）

同訓，即同一個詞訓釋幾個意義相同或相近的詞。如：

五更：五更。（《才物譜·卷一》）

分訓，即對多義詞分別相訓。如：

江：川之大者。南方之水通謂之江，北方之水通謂之河，朝鮮之水通謂之浿。（《才物譜·卷一》）

該詞條釋義分別解釋了"江"的兩個義項"川之大者"、"南方之水"。

堪輿：堪，天道；輿，地道。（《才物譜·卷一》）

《正韻》"堪，天道也；輿，地道也。"

翻譯：翻梵言轉漢音。俗稱諺語翻解亦曰翻譯。（《才物譜·卷二》）

2. 界說釋義

設立義界，即人們常說的"下定義"。闡明詞義的界限，從而給概念下定義，用簡要的語言將一個詞所反映的事物的屬性或特點揭示出來。義界的功能是能辨析意義相近的詞義之間的差異，揭示出它們各自的個性。如：

拔解：一作發解。外府不試而貢者謂之拔解。（《才物譜·卷四》）

3. 描述性釋義

對事物進行比況摹狀，對所釋詞所表示事物的性質、形狀、性能等加以描述、比擬來解釋詞義。

一般實物的解釋都可以採用這種方式，尤其是動植物的解釋更是常常採用此法。這種釋義法比前代辭書或註釋中的"木名""草名""鳥也""獸也"之類的釋義要好的多，避免了籠統的毛病，從提供的資訊中使讀者能夠更好地瞭解所解釋的物件。真正揭示事物的本質特徵，這在當時的科學水準也是作不到的，但是《才物譜》卻描繪出了該事物和其他事物相區別的特徵，是非常可貴的，很接近於現在詞典學某些釋義方面的要求。如：

獼獼：形大而頸如馬，身似蝙蝠。（《才物譜·卷七》）

4. 比擬釋義

即用打比方的辦法來釋義。打比方，用熟知的事物去比方不熟知的事物，使人能很快地對所釋事物有個大體瞭解。有些疊音詞不是直接詞語的直接表達意義，而是解釋詩文中的比喻意義。如：

枉矢：似天狗而無聲。(《才物譜·卷一》)

依義推義是根據詞義本身運動變化與相互聯繫的規律，在本義或常用義的基礎上推出新義來鉤稽舊註，《才物譜》在釋義時還大量採用舊註，繼承前人的成果。《才物譜》引用舊說，有稱引人名的，也有只稱舊說的，還有些襲舊而不明舉的。但我們也要註意到，《才物譜》在引用諸家舊說時，並不全是照抄照搬，往往加上自己的意見。有時註釋古代的事物或者一些名物，也根據歷史掌故，或可靠的傳聞，甚至用民俗材料印證今語和方言俗語。方言俗語是古語的活化石，採用方言俗語和今語訓釋古籍中詞義，不但可使釋義通俗易懂，而且也爲後人保存了一批珍貴的材料，對於漢語史和方言學的研究有重要作用。《才物譜》誕生在朝鮮晚期，在註釋時非常重視當時活的語言，經常加以取證，以溝通古今詞語。所引用的朝鮮語，有的是當時通語，有的是某地方言。通語是當時流行的規範的語言，在釋義用"通釋""俗謂""俗呼""俗稱""今俗"等等來表示。《才物譜》是物名類考釋詞典，主要對實詞進行訓釋，常在探求詞義特點時說明語源。詞彙反映社會生活，有些詞是關於社會制度、民間習俗、器物工具等，隨着時間的演變，這一切也在發生變化，對於前代的名物制度，後人越加生疏難懂，因此名物制度也就成了詞彙註釋的重要內容。如：

歸：禹曰：死，歸也。(《才物譜·卷二》)

面花：面餻用花子。唐上官昭容以掩瓊跡也。(《才物譜·卷二》)

奢：唐竇懷貞娶韋後乳媼，自署皇后阿奢。乳媼夫曰奢。(《才物譜·卷二》)

髲：假髻。始出於晉太元中。쫀머리。(《才物譜·卷二》)

聘君、聘母：劉聘君是徵士，故朱子是其壻而稱聘君，後人遂俄曰婦翁爲聘君、外姑爲聘母。(《才物譜·卷三》)

丈人：漢以女嫁單於，單於曰漢我丈人行也，後世遂以爲妻婦之稱。(《才物譜·卷三》)

泰山：泰山有丈人峰，故稱妻父爲泰山，亦稱岳父。(《才物譜·卷三》)

天河：天腰之微白一帶，乃眾星之聚光者，而其形迂曲有若河漢，故名。（《才物譜·卷一》）

《才物譜》常用義訓術語統計表

術語	詞頭釋義	詞項釋義
謂、謂之、通謂之	38	7
言、猶言	3	141
故曰	4	34
故名、故稱	6	36
亦稱、異名	0	7
一名、亦名	18	142
一曰、亦曰	9	54
別名	1	2817
今某、今通稱	35	168
俗謂、俗呼、俗稱、俗名	0	101
全	10	3919
見上、上見	0	39
見下	3	7
云、故云、又云、一云	28	104
屬、類	43	309
方言	0	7

《才物譜》中的義訓也有很多局限性。如釋義不準確，釋義不通俗，描述不詳細等。

（二）聲訓

聲訓是指通過語音分析詞義，用聲音相同或相近的字來解釋詞義，推求詞義的來源，以說明其命名的原由。聲訓起源很早，先秦古籍中時常可以見到。漢代應用較廣，劉熙的《釋名》就是聲訓的專書。當時的聲訓，有時是出於主觀臆測，尤其是關於事物命名的解說，不可盡信。直到清代，才有了較爲精密的方法，運用"因聲求義，音近義通"的原理來研究訓詁，取得了較大的成就。《才物譜》從中國訓詁學中汲取了很多營養加以運用。

因聲求義是中國古代訓詁家對聲義同源規律的一種樸素的、自覺的運用。

語言的本質是意義，語音是它的物質外殼。瑞士語言學家索緒爾把語詞的聲音形式稱爲"能指"，把語詞所稱謂的客觀內容稱爲"所指"。所謂的"能指"和"所指"，這種觀點與中國古代名辯之學中的"名"與"實"概念相類似。索緒爾認爲能指和所指的聯繫是任意的，即音義結合是任意的，"名"與"實"之間並無必然的內在聯繫。音義結合雖然不存在必然性，但語言符號作爲人類主觀認識對客觀事物的一種反映，其產生之初"名""實"的結合往往有其理據性，"義以音生，字從音造"，正因爲如此，從漢代起，訓詁學家就關註到聲音這個重要因素，註疏中以音別義的條例，隨處可見。《才物譜》也重視運用因聲求義進行釋義及推求事物得名之由。利用音同、音近的詞追溯語源，求本字。術語中的"音""讀若""切"等都是用聲訓釋義的。

《才物譜》常用聲訓術語統計表

術語	詞頭釋義	詞項釋義
音	85	1203
讀若	0	3
切	2	35
之爲言	0	1
轉、轉註	0	4

3.3 引書考證

《才物譜》徵引文獻涉及中韓兩國，數量龐大，但是作者在序言中並沒有明確交代其出處，這給我們的研究帶來很大的困難。本書通過數據庫技術，在窮盡《才物譜》徵引文獻的基礎上進行研究。本書統計範圍主要涉及《才物譜》出於註釋目的出現的文獻。凡僅提及書名（文章篇名）而無引文或釋義的，以及某某云、某某詩之類的均不在統計範圍內，對於同書異名者和同一部書的所屬篇章歸爲一種文獻。

3.3.1 引書分析

《才物譜》引書涉及韓國文獻和中國文獻，本書涉及已考釋出的文獻及尚待確定的文獻。尚待確定的文獻包括【毛註】2處、【目註】1處、【俗】41處、【東】

1處。已考釋出的文獻按韓、中分類，中國文獻再按經史子集分類：

（一）韓國文獻

1. 【譯】：《譯語類解》，朝·김경준 等，269處。
2. 【大典通編】：《大典通編》，朝·金致仁，1處。
3. 【經】：《經國大典》，朝，崔恒等，1處。
4. 【東醫】【醫鑑】【東醫寶鑑】：《東醫寶鑒》，朝·许浚，10處。
5. 【鷹方】：《鷹鶻方》，朝·李兆年，1處。
6. 【麗】【麗史】：《高麗史》，朝·鄭麟趾等，4處。
7. 【東史】：《東史綱目》，朝·安鼎福，2處。
8. 【類】：《類苑叢寶》，朝·金堉，23處。
9. 【農】：《農家集成》，朝·申洬，1處。
10. 【小】：《小學諺解》，朝·崔淑生，75處。

（二）中國文獻

經部：

1. 易類

【易】：《周易》；【易係】：《周易·係辭》，33處。

【易註】【註】：《周易經傳集解》，宋·林栗，4處。

2. 書類

【書】【尚書】：24處。

【書傳】：《書集傳》，宋·蔡沈，1處。

【尚】：《尚書大傳》，漢·伏勝，1處。

3. 詩類

【詩】：《詩經》，15處。

【詩傳】：《詩集傳》，宋·朱熹，3處。

【毛】：《毛詩詁訓傳》，東漢·毛亨，224處。

【毛註】【詩註】：《毛詩註》，三國魏·王肅，2處。

【李註】：《毛詩李黃集解》，宋·李樗、黃櫄，1處。

4. 禮類

【周】【周禮】：《周禮》；【考工記】：《周禮·考工記】，68處。

【註】【周註】：《周禮註疏》，魏·王弼，晉·韓康伯註，唐·陸德明音義、孔穎達疏，5處。

3.《才物譜》編撰體例

【禮】【禮】【記】:《禮記》;【雜記】《禮記·雜記》;【樂記】《禮記·樂記》;【曲禮】《禮記·曲禮》,136處。

【禮疏】:《禮記註疏》,唐·孔穎達,1處。

【戴】:《大戴禮記》,西漢·戴德,6處。

【仪】【儀】:《儀禮》,4處。

5. 春秋類

【左】【左傳】:《春秋左傳》,春秋·左丘明,82處。

【杜註】:《春秋左傳註》,晉·杜預,1處。

【公】【羊】【公佯傳】【公羊傳】:《春秋公羊傳》,戰國·公羊高,7處。

【穀梁傳】:《春秋穀梁傳》,戰國·穀梁赤,1處。

6. 四書類

【語】【論語】:《論語》,19處。

【語註】:《論語集註》,北宋·朱熹,1處。

【孟】:《孟子》,戰國·孟子,26處。

【中】:《中庸》,戰國·子思,2處。

7. 小學類

【爾】【爾雅】:《爾雅》,49處。

【爾註】【爾雅疏】:《爾雅註疏》,晉·郭璞註,宋·邢昺疏,2處。

【急就篇】:《急救篇》,西漢·史遊,1處。

【說】【說文】:《說文解字》,東漢·許慎,15處。

【字】【字彙】:《字彙》,明·梅膺祚,60處。

【埤】【埤雅】:《埤雅》,北宋·陸佃,2處。

【韻會】:《古今韻會舉要》,元·熊忠,1處。

【六】【六書故】:《六書故》,元·戴侗,2處。

【廣】:《廣韻》,北宋·陳彭年、丘雍等,1處。

【方】【齐方言】:《方言》,西漢·揚雄,2處。

史部:

史類所引包括正史類和各種雜史及各家傳註等。從引書的數目來看,史部徵引主要是《史記》與《漢書》兩部正史。

1. 正史類

【史】【史記】:《史記》,【龜策傳】:《史記·龜策列傳》,【封禪書】:《史記·封禪書》,【漢武紀】:《史記·漢武紀》,西漢·司馬遷,73處。

【漢】:《漢書》,【漢·地理志】:《漢書·地理志》,【前漢·禮樂志】:《漢書·禮樂志》,【食貨志】:《漢書·食貨志》,【張良傳】:《漢書·張良傳》,【韓信傳】:【漢書·韓信傳】,東漢·班固,45處。

【祭禮志】:《後漢書·祭禮志》,南朝·宋·范曄,1處。

【晉·東夷傳】:《晉書·東夷傳》,唐·房玄齡等,1處。

【魏】:《魏書》,北齊·魏收,2處。

【齊史】:《南齊書》,南朝·梁蕭子顯,2處。

【梁史】:《梁書》,唐·姚思廉,1處。

【魯史】:《魯史》,春秋·孔子,1處。

【唐史】:《舊唐書》,【李白傳】:《舊唐書·李白傳》,後晉·劉昫、張昭遠等,4處。

【國史補】:《唐國史補》,唐·李肇,1處。

【宋】:《宋史》,元·脫脫和阿魯圖等,2處。

【元】:《元史》,明·宋濂等,3處。

【北史】:《北史》,北朝·李延壽,1處。

2. 別史類

【通志】:《通志》,宋·鄭樵,1處。

【藏】:《名山藏》,明·何喬遠,1處。

3. 雜史類

【國】【國語】:《國語》,【晉語】:《國語·晉語》,【吳語】:《國語·吳語》,吳·韋昭註,5處。

4. 野史類

【晉】:《晉起居註》,劉宋·劉道薈,1處。

5. 政書類

【通典】:《通典》,唐·杜佑,1處。

6. 地理類

【水】:《水經註》,後魏·酈道元,1處。

【西】【西湖志】:《西湖遊覽志餘》,明·田汝成,13處。

【統志】【一統志】:《明一統志》,明·李賢、彭時,2處。

【三】:《三輔黃圖》,1處。

【洞】：《洞霄圖志》，元・鄧牧，1處。
7．傳記類
【名】：《宋名臣言行錄》，北宋・朱熹、李幼武，4處。
8．編年類
【通】：《資治通鑒》，北宋・司馬光，1處。
9．史評類
【目】：《資治通鑒綱目》，北宋・朱熹、趙師淵，59處。
子部：
1．儒家類
【荀】：《荀子》，戰國・荀況，3處。
【家禮】：《朱子家禮》，北宋・朱熹，5處。
【家】：《孔子家語》，魏・王肅註，2處。
【朱】：《朱子大典》，北宋・朱熹，4處。
【學】：《小學》，北宋・朱熹，3處。
2．兵家類
【兵書】：《孫子兵書》，春秋・孫子，1處。
3．法家類
【管】：《管子》，春秋・管仲，4處。
【韓】：《韓非子》，戰國・韓非，2處。
【韓註】：《韓非子註》，三國魏・何晏，1處。
4．農家類
【神農經】：《神農本草經》，東漢・作者非一人，1處。
5．醫家類
【本】【本草】：《本草綱目》，明・李時珍，124處。
【萬】：《萬密齋醫學全書》，明・萬密齋，1處。
【傷寒】：《傷寒雜病論》，東漢・張仲景，1處。
【景岳全書】：《景岳全書》，明・張介賓，1處。
6．術數類
【太玄】【玄】【太玄經】：《太玄經》，西漢・揚雄，3處。
【東方朔占書】：《東方朔占書》，西漢・東方朔，1處。
7．譜錄類

【禽經】:《禽經》,春秋·師曠,1處。

【鷹賦】:《鷹賦》,隋·魏澹,1處。

【竹譜】:《竹譜》,晉·戴凱之,1處。

8. 雜家類

【淮】:《淮南鴻烈》,西漢·劉安,6處。

【林】:《鶴林玉露》,南宋·羅大經,1處。

【虎】:《白虎通義》,東漢·班固,1處。

【風】:《風俗通》,東漢·應劭,2處。

【郛】:《說郛》,元末明初·陶宗儀,1處。

【顏氏家訓】:《顏氏家訓》,南北朝·北齊·顏之推,1處。

【格古論】:《格古要論》,明·曹昭,1處。

【鈴】:《書肆說鈴》,明·葉秉敬,17處。

9. 類書類

【學】:《初學記》,唐·徐堅,3處。

【太】【太平】:《太平禦覽》,北宋·李昉、李穆、徐鉉等,3處。

【事】:《古今事文類聚》,宋·祝穆,1處。

【玉】:《韻府群玉》,元·陰時夫,58處。

【博】:《博物志》,晉·張華,1處。

【物】:《廣博物志》,明·董斯張,4處。

【才】:《三才圖會》,明·王圻、王思義,8處。

10. 小說家類

【海】【伯益經】【山海經】:《山海經》,4處。

【酉】【陽】【雜俎】:《酉陽雜俎》,唐·段成式,4處。

【琅環記】:《琅環記》,元·伊世珍,1處。

【堯】:《堯山堂外紀》,明·蔣一葵,2處。

【世】:《世說新語》,南朝宋·劉義慶,1處。

【耕】:《輟耕錄》,元末明初·陶宗儀,1處。

【倦遊錄】:《倦遊錄》,北宋·張師正,1處。

【禹錫嘉話】:《劉公(禹錫)嘉話錄》,唐·韋絢,1處。

11. 道家類

【莊】:【莊子】:《莊子》,戰國·莊子,38處。

【列】：《列子》，周·列禦寇，3處。
【老子】：《老子》，春秋·老子，2處。
【嶽瀆記】：《洞天福地嶽瀆名山記》，五代·杜廣亭，1處。
【黃】：《黃庭玉景內經註》，唐·梁丘子，5處。

12. 釋家類
【梵】：《翻梵語》，唐·作者不詳，47處。
【一】：《一切經音義》，唐·慧琳，1處。

集部：

1. 總集類
【楚】【楚辭】：《楚辭》，西漢·劉向，10處。
【唐】：《唐詩》，17處。
【屈】：《屈子》，明·毛晉，2處。

2. 別集類
【杜】：《杜工部集》，唐·杜甫，11處。
【李】：《李太白全集》，唐·李白，11處。
【放】：《放翁詞》，北宋·陸遊，11處。
【揚】：《揚子雲集》，西漢·揚雄，4處。
【昌】：《韓昌黎文集》，唐·韓愈，19處。
【坡】：《東坡樂府》，北宋·蘇軾15處。
【坡註】：《東坡詩集註》，北宋·王十朋，1處。
【歐陽公集】：《歐陽公集》，北宋·歐陽修，1處。
【範】：《范石湖詩集》，宋·范成大，1處。
【后】：《後山先生集》，北宋·陳師道，1處。
【陶】：《陶淵明集》，東晉末南朝宋初期·陶淵明，1處。
【山】【穀】：《山谷集》，宋·黃庭堅，7處。
【李紳集】：《李紳文集》，唐·李紳，1處。
【白】：《白氏長慶集》，唐·白居易，1處。
【歸田錄】：《歸田錄》宋·歐陽修，1處。

《才物譜》共徵引141種文獻，除去未考釋出的4種，剩餘137種，其中漢籍127種，分佈在各部中，其具體類別和出現頻次如下表：

《才物譜》徵引漢籍統計

經		史		子		集	
分類	頻次	分類	頻次	分類	頻次	分類	頻次
易類	37/2	正史類	137/13	儒家類	17/5	總集類	29/3
書類	26/3	別史類	2/2	兵家類	1/1	別集類	86/15
詩類	245/5	雜史類	5/1	法家類	7/3		
禮類	220/6	野史類	1/1	農家類	1/1		
春秋類	91/4	政書類	1/1	醫家類	127/4		
四書類	48/4	傳記類	4/1	術數類	4/2		
小學類	135/10	編年類	1/1	譜錄類	3/3		
		史評類	59/1	雜家類	30/8		
		地理類	18/5	類書類	78/7		
				小說家類	15/8		
				道家類	49/5		
				釋家類	48/2		

頻次A/B，A爲此類文獻出現條目總數，B爲此類文獻出現書目總數。如春秋類91/4，在《才物譜》中，春秋類文獻出現的書目有4種，分別爲《春秋左傳》《春秋左傳註》《春秋公羊傳》《春秋穀梁傳》；這些書一共出現被引用91處。

綜合上表和原文，《才物譜》涉及的漢籍呈現以下形態：

經部，文獻出現條目所占比重最大，幾乎占到全書的一半。其中詩類、禮類出現條目分別爲245處、220處；從書目上看，包括除《孝經》外的十三經、各家註疏和以解經爲宗旨的小學類書籍。

史部，正史類文獻佔有重要地位。從出現條目總量來看，正史類比其他史類條目的總和還多，尤其是《史記》73處、《漢書》45處；從書目上看，以《史記》、《漢書》起，以《元史》結束，共13部正史，幾乎貫穿了明以前的中國古代史。史評類只有一部文獻——《資治通鑒綱目》，出現條目數緊隨正史之後。

子部，文獻種類最爲繁多，涉及諸子百家。從出現條目來看，單書索引頻率較低，有的書目只出現一次，但也有特例，醫家類的《本草綱目》有124

處；從書目總數來看，子部高於其他部。

集部，無論是出現條目總數還是書目總數都是最少的。總集類涉及《楚辭》《唐詩》、《屈子》3部文獻，共29處。別集類涉及15部文獻，共86處，主要是唐宋時期的文人詩集、文集。出現最多的是韓愈《韓昌黎文集》19處、蘇軾《東坡樂府》15處，緊隨其後的有杜甫《杜工部集》11處、李白《李太白全集》11處、陸游《放翁詞》11處，其餘的多爲一處。

3.3.2 引書特徵

從《才物譜》引書來看，由於漢文化對朝鮮王朝的影響，當時朝鮮王朝的文化呈現以下特點：

1. 以漢文化爲藍本

歷史上兩國之間的交往一直非常密切。以漢籍爲代表的漢文化深刻地影響著朝鮮王朝。從《才物譜》的編撰目的、編排體例到詞條闡釋，處處有漢文化的烙印。其徵引文獻涉及中土文獻經、史、子、集的各個門類，不僅有大量文史類文獻，還有很多農、醫、地理等自然科學文獻，如《本草綱目》徵引高達147處。

2. 以華夏文化爲正統

自古以來，奉中原王朝为正朔（即用中原皇帝年號紀年）是周邊屬國臣服與否的重要標誌之一。朝鮮王朝最初作爲明朝的屬國，不僅奉明为正朔，認同明政權，對漢文化也是認同的。朝鮮文人視自己爲小中華、海東盛國，把匈奴、女真等看作沒有文化的民族，對於女真人建立起來的清政權是排斥的。一直到清王朝建立，朝鮮王朝仍以明爲尊。即便政治上不得不臣服清王朝，但這種文化影響卻不是很快就能變革的。《才物譜》將漢文化視爲正統，對其他民族文化的認可度都不如漢文化。《才物譜》徵引文獻比重差別大，漢籍從種類和數量上都占絕對多數，這其中又尤爲推崇經學，"十三經"中僅《孝經》沒有出現，我們猜測這或許與其無子嗣的人生經歷有關。史部和集部徵引文獻也證明瞭這一點，史部中占統治地位的是正史類文獻，《史記》《漢書》最多，《戰國策》卻完全沒有。在儒家學者看來，《戰國策》秉承的不是正統的思想，夾雜了縱橫家的策略。《才物譜》中沒有一處清朝文獻出現也是證明。此外，清朝通過大規模的圖書整理，把對其統治不利的圖書統統刪除，這些書的原本有些在朝鮮王朝仍有流傳。像明代何喬遠的《名山藏》，是記述明嘉靖以前歷代遺事的史書，在清代乾隆時期遭到打壓、禁毀，但該書在《才物譜》中仍有徵引。

3. 以儒學思想爲靈魂

漢籍所代表的漢文化對朝鮮王朝影響最大的就是儒家文化。朝鮮王朝統治者推崇儒學，使儒學成爲唯一正統思想。儒家思想是《才物譜》的靈魂，貫徹始終，儒家經典文獻以及儒家學派代表人物所撰的文獻成爲主導。以《才物譜·天譜》爲例，徵引文獻條目共64處，最多的是【毛】(《毛詩故訓傳》)13處、【爾】(《爾雅》)12處，占天譜徵引文獻條目總量的三分之一還多。

《才物譜》徵引別集類文獻幾乎都出自唐宋時期，尤其是韓愈、杜甫、李白的詩詞。韓愈最多，有19處，其次是蘇軾15處，而與韓愈齊名的柳宗元卻沒有一處。產生這種現象，除了與唐宋王朝在文化上佔有制高點有關外，還與儒家思想有關。韓愈是唐代儒家思想的代表人物，推崇孔孟，排斥佛道思想，主張恢復儒家的正統地位；柳宗元的思想則比較自由，其思想中有革新的成分，不是那麼嚴格地推崇儒家，自然不受儒家弟子的推崇；而王安石，在朝鮮時代也不受士大夫們的歡迎，其變法革新的思想蘊含法家的成分，因而在儒家一統天下的朝鮮王朝，柳宗元、王安石的著作自然不像韓愈那麼受重視。

朝鮮王朝中期全力推行程朱理學，這種推崇達到了前所未有的高度。韓國將朱子學定爲國學，朱子在政治、文化、倫理道德等方面對韓國社會產生了深遠影響。《才物譜》徵引文獻涉及朱熹的有七部，《詩集傳》《宋名臣言行錄》《朱子大典》《朱子家禮》《小學》《資治通鑒綱目》《論語集註》，從書目種類上來說沒有哪個人能出其右。《資治通鑒綱目》是朱熹生前未完成的著作，由其門人趙師淵續編完成。由於該書沒有做原始資料的收集整理，只是對司馬光的正統觀進行修訂，同時加入自己的觀念和解釋，所以中國學者一般並不十分看重該書。但《才物譜》對《資治通鑒》僅徵引1處，而朱熹的《資治通鑒綱目》則達到59處，對朱熹的推崇可見一斑。17世紀以後，朝鮮王朝儒學逐漸被以實事求是爲學風、以實學爲方法的"經世致用"實學所取代，實學家們把實用之學擴大到天文、地理、歷史、數學、醫學、農學、文學、語言等廣泛領域，《才物譜》徵引子部文獻的種類最多也證明了這一點。

4. 以佛道文化爲輔助

佛道文化作爲儒家文化的輔助而存在。《才物譜》徵引文獻中，佛教文獻涉及《翻梵語》《一切經音義》，共計48處。道教相對來說更弱一些，士大夫階層尤爲鄙視，認爲道教的一些觀念是惑世誤民的。《莊子》作爲道教的著作，其中的哲學思想對後世影響很大，所以也有48處引用；《黃庭玉景內經註》中關於醫學的貢獻也是其得以流傳的重要原因，不過醫家類文獻出現最多的是《本草綱目》。總的來說，宗教和占卜類書籍《才物譜》涉及得比較少，有些只出現一次，如【東方朔占書】(《東方朔占書》)【一】(《一切經音義》)，由此可見當時社會的現狀。

4.《才物譜》詞彙研究

《才物譜》中的詞彙包含由漢字記錄和韓文記錄的兩類，本書研究的對象是前者，如無特別標明，文章中所涉及的詞彙均指稱這種用漢字記錄的。關於漢字詞的概念和其指稱範圍，學者們有過很多討論，本書採取了一個最為寬泛的概念。《才物譜》中的漢字詞是指《才物譜》中用漢字來記錄的詞頭和詞項。《才物譜》主體是這樣的漢字詞，包含2296個詞頭，26674個詞項，釋義中所涉及的詞彙更是不計其數。

4.1 《才物譜》詞彙分類

韓語詞彙從詞源的角度來說可以分為韓國固有漢字詞、漢源漢字詞以及外來詞。韓國固有漢字詞是指韓國自古流傳下來的漢字詞和以漢字為基礎，在韓國語中產生的詞彙系統，是韓語詞彙中的核心部分。漢源漢字詞是從中國漢語詞彙中引入並已融入到韓國語詞彙內部的詞構成的詞彙系統，這類詞是《才物譜》漢字詞中最多的一種。外來詞是指韓國語從別的語言中連音帶義接受過來的詞。《才物譜》是以漢字為主要記錄方式，以漢字詞為釋義對象的詞典，因此本書的研究範圍主要包含前兩類。

4.1.1 固有漢字詞

（一）詞彙類型

1. 地名類

韓國歷史上專有的一些地名類、人名類詞彙屬於固有漢字詞，漢語中沒有與之對譯的詞彙。在《才物譜》卷一集中出現了一批地名類固有漢字詞。如：

圻營：在敦義門外。(《才物譜·卷一》)
啄評：新羅謂內邑。(《才物譜·卷一》)
邑勒：新羅謂外邑。(《才物譜·卷一》)

簷魯：百濟謂郡邑。(《才物譜·卷一》)

"圻營"標註其具體的位置，"啄評、邑勒、簷魯"這三個詞特點更爲明顯，標明其在韓國歷史上的具體使用時期和範圍。

2. 物名類

韓國本土有自己的物产、習俗，有一些事物、物品也有自己獨特的認識，記錄這些事物、物品的漢字詞屬於此類。如：

沙金：高麗金名。(《才物譜·卷一》)

《才物譜》爲我們保留了一些記錄韓國風俗習慣的詞。如：

怛忉日：新羅照知王時有烏鹿豕龍之恠，故通忌百事。凡正月子醜辰亥四日是也謂之怛忉。(《才物譜·卷一》)

"怛忉日"源自《佔畢齋集卷之三·怛忉歌》①"照知王十年，王遊天泉亭。有老翁自池中出獻書。外面題云。開見二人死。不開一人死。王曰。與其二人死。莫若不開。但一人死耳。日官云。二人者。庶民也。一人者。王也。王懼。拆而見之。書中云射琴匣。王入宮。見琴匣。倚壁射之而倒。乃內殿焚修僧也。王妃引與通。因謀弒王也。於是。王妃伏誅。自後國俗。每正月上辰，上亥，上子，上午。忌百事。不敢動作。目之爲怛忉日。必以四日者。其時適有烏鼠豕之怪。令騎士追之。因遇龍也。又以十六日。爲烏忌之日。以粘飯祭之。"

起泡：부릇다。(《才物譜·卷二》)

瘴瘶：音省束。몸의소오롬돗다。(《才物譜·卷二》)

擦破油皮：피즛버셔지다。【譯】(《才物譜·卷二》)

戳刺：가시드다。(《才物譜·卷二》)

傷青：다쳐프르다。(《才物譜·卷二》)

黑子：사마괴。(《才物譜·卷二》)

黃子紅子：무샤마괴。(《才物譜·卷二》)

疣目：무샤마괴。(《才物譜·卷二》)

拴馬樁：쥐졋。(《才物譜·卷二》)

鼠妳：仝。(《才物譜·卷二》)

瘦伈：혹。(《才物譜·卷二》)

---

① 金宗直1431-1492［撰］，出版年不明。

上述《才物譜・卷二》這些表示凍瘡類的詞彙都是以漢字來記音的。漢語中沒有直接對譯的詞。這些詞《才物譜》在釋義的時也多以韓文來釋義，屬於固有漢字詞。

3. 職名類

韓國本土對各個社會階層有自己的認識，在選官、用人制度方面也與中國不盡相同，相對應的詞彙，屬於此類。如：

第一骨：新羅呼王族曰第一骨。(《才物譜・卷三》)

兩班：爲東西班職者。(《才物譜・卷三》)

中路：爲醫官、譯官之流，居都中路旁，故曰中路。(《才物譜・卷三》)

花郎：新羅妝飾，美兒男子名曰花郎。或磨以道義，或娛遊山水。擇其善者而薦用於朝。今俗稱優人曰花郎，蓋猶有其名而實則異也。(《才物譜・卷三》)

中國有皇族、有士大夫、有醫官、有倡優，但是不能直接與這些對接，其內涵的範圍也不一樣。"中路"不僅解說了其涉及的範圍，還說明了得名由來。

4. 人名、廟號類

《才物譜》中記載了朝鮮歷代王、王妃，這些專有名詞都是韓國固有的，屬於此類。如：

多婁王：溫祚王子。(《才物譜・卷三》)

"多婁王"爲百濟第二代王，爲專有名詞。屬於韓國歷史上的固有漢字詞。

睿宗俁：肅宗子。(《才物譜・卷三》)

仁宗楷：睿宗子。(《才物譜・卷三》)

毅宗晛：仁宗子。(《才物譜・卷三》)

明宗晧：仁宗次子。(《才物譜・卷三》)

在釋義時記血緣，明世系。肅宗→睿宗→仁宗→毅宗、明宗。

(二) 詞彙特徵

1. 範圍狹窄

從內容上來說，《才物譜》中固有漢字詞的範圍比較狹窄，主要包括韓國歷史上新羅、百濟、高麗等各個時期的一些物名詞。從數量上來說，這些固有的漢字詞所占的比例較小，具體到分卷，只在卷一地譜表示韓國固有地名、卷三人譜表示韓國古代官職、王族的時候集中出現，剩下一般是零散出現。

2. 記錄口語

《才物譜》中包含一些口語詞，這是難能可貴的。中國古代關註於此的學者也是寥寥無幾。由於作者儒生的背景，能夠對方言詞關註，雖然還是有一定的限度，但已經爲我們記錄了一些反映當代人民生活的詞彙，有的還以當代韓語詞加以註釋。如：

舶趠：船發時打頭風。(《才物譜·卷一》)

至四月，梅雨即過，颯然清風，海舶初回，謂之舶趠風。出自《飄海錄》，作者朝鮮官員崔溥。

在釋義過程中，《才物譜》有時直接標明該詞彙是韓國哪個時期的詞，有些則沒有，有些還與其他中國的同義詞放在一起。如：

固麻：百濟稱都城，今俗稱關門曰고아문，蓋麻之註也。(《才物譜·卷一》)

丁廊：仝。【小】(《才物譜·卷二》)

淨廊。韓國慶尚道方言。前文所列的詞都是中國已有的詞，作者把"丁廊"列在最後。

3. 記音化

這部分詞是以漢字記錄韓語語音，其與漢字意義也常常有一定的內在聯繫，借用漢字的涵義組合成詞，這類詞在韓語中占的比例也很大，常用來表示一些抽象概念。漢字原本是用來記錄漢語的，在進入朝鮮半島之初，與當地人民的使用語言是不相融合的。隨着社會和語言自身的發展變化，漢字與韓音逐漸融合，其中一部分固有漢字詞就反映了這種傾向，這是漢字詞本土化的過程。《才物譜》中有一些是只記錄讀音的固有漢字詞。如：

懷襄：倉山陵也。【書】(《才物譜·卷一》)

流淩冰筏：仝。【譯】(《才物譜·卷一》)

"流淩冰筏"與"懷襄"義同。"懷襄"，《尚書·堯典》"蕩蕩懷山襄陵，浩浩滔天"。形容水勢很大或洪水氾濫，是漢源的漢字詞，但是漢語中沒有"流淩冰筏"這個詞彙，它只是韓音的記錄，但同時選用的漢字又與意義有一定的關聯。

4.1.2 漢源漢字詞

（一）詞彙類型

漢源漢字詞是韓國漢字詞的主體，詞彙量很大，但是內涵比較複雜。它包括原產於中國，見於中國古代典籍，由中國傳入朝鮮半島的漢字詞；也包含原產於其他國家，經由中國傳入朝鮮半島的詞彙；具體來說，主要有以下幾類：

1. 中國不同時代的詞彙

清祀：夏後臘。（《才物譜·卷一》）

嘉平：殷臘。秦亦曰嘉平。（《才物譜·卷一》）

大蠟：周臘。（《才物譜·卷一》）

"清祀"，中國古代十二月臘祭的別稱。始于殷，後代因循未改。另一說認爲始于伊耆。漢·蔡邕《獨斷》卷上"四代臘之別名夏曰嘉平，殷曰清祀，周曰大蠟，漢曰臘。"《禮記·郊特牲》"伊耆氏始爲蠟。"鄭玄註"伊耆氏，古天子號也。"伊耆一種說法是炎帝神農，另一種說法是指帝堯。《才物譜》採用的是《禮記》中的說法。《史記·秦始皇本紀》"三十一年十二月，更名臘曰'嘉平'"。上述用例中的詞彙是夏、商、周、秦幾代關於十二月臘祭的詞。

貢：夏之田租。（《才物譜·卷一》）

助：殷。（《才物譜·卷一》）

徹：周。（《才物譜·卷一》）

進士：以詩賦舉試者。（《才物譜·卷四》）

《通典·食貨典》記載："夏之貢，殷之助，周之籍，皆十取一，蓋田地而稅。"

《才物譜》將上述這樣的一組詞，進行縱向的比較，把不同時代詞語的差別顯示出來。有的是在對單獨一個詞語註釋時表明其所屬時代。如：

先輩：唐人呼進士。【目】

唐代同時考中進士的人相互敬稱先輩。唐·李肇《唐國史補》卷下"得第謂之前進士，互相推敬謂之先輩。"這個詞到後代詞義發生了變化，現代韓語中"先輩"是對前輩的敬稱。

2. 中國不同地域的詞彙

《才物譜》中記錄了中國不同地域的詞彙。大的分類爲南北，然後再具體到某一地區，涉及了中國很多地域的方言詞。

江：川之大者。南方之水通謂之江，北方之水通謂之河，朝鮮之水通謂之浿。(《才物譜·卷一》)

晝寢：午睡。(《才物譜·卷二》)

黃妳：唐人呼晝寢。(《才物譜·卷二》)

黑甜：仝。(《才物譜·卷二》)

攤飯：仝。(《才物譜·卷二》)

南人以飲酒爲軟飽，北人以晝寢爲黑甜。宋陸遊《春晚村居雜賦》詩之五"澆書滿挹浮蛆甕，攤飯橫眠夢蝶床。"自註"東坡先生謂晨飲爲澆書，李黃門謂午睡爲攤飯。"表示"晝寢"這個義項，唐代用"黃妳"宋代用"攤飯"。

㮂倯：音官松。可憎兒。(《才物譜·卷二》)

《方言》"㑩倯，罵也。"《玉篇》"燕之北郊曰㮂倯，謂形小可憎之貌。"

試兒：江西俗兒生期歲用珍瑤、服玩、食物試兒。【顏氏家訓】今之晬盤用弓矢筆墨，即此俗之類。(《才物譜·卷二》)

"試兒"即抓周。舊俗嬰兒周歲時，父母陳列各種小件器物，任其抓取，以試測小兒的未來志趣和成就。《顏氏家訓·風操》"江南風俗，兒生一期，爲製新衣，盥浴裝飾，男則用弓矢紙筆，女則用刀尺鍼縷，並加飲食之物及珍寶服玩，置之兒前，觀其發意所取，以驗貪廉愚智，名之爲試兒。"《才物譜》引《顏氏家訓》認爲其源自江西風俗。

煤：音賄。楚人呼火爲煤。(《才物譜·卷一》)

波：蜀人謂老。(《才物譜·卷二》)

《玉篇》"楚人呼火爲煤。"《方言》"煤，火也。楚轉語也。猶齊言火也。"

《宋子京筆記》"蜀人謂老爲皤"，"波——皤"音近。

3. 中國不同民族的詞彙

中國一直是一個多民族的國家，許多民族都保留了自己的詞彙體系。《才物譜》詞彙的一大特點就是記錄了中國歷史上不同民族的詞彙，在對同一義項進行解說的時候，往往列出不同民族的詞彙，有的是直接標明其所屬民族。《禮記·王制》"東曰夷、西曰戎、南曰蠻、北曰狄"。《才物譜》中涉及的少數民族政權的稱說主要有西域、匈奴、蒙古、契丹、東夷、吐蕃、肅慎國，對這些地方的人民的稱說主要有蠻人、胡人、胡元人、金人、胡語等。

（1）胡人、胡元人

統格落：胡元人稱天。（《才物譜·卷一》）

騰吉裏：胡人稱天。（《才物譜·卷一》）

《華夷譯語·天文門》："天，騰吉裏。"

演揲曳：胡語大喜樂。【元】（《才物譜·卷二》）

《元史》記載了元代皇帝修煉的雙修秘法，稱爲"演揲兒"。

䙱：音屈。婦人半臂。（《才物譜·卷二》）

背子、褙子、金荅子、綽子、搭護、背心、帔：仝。（《才物譜·卷二》）

翻毛羊皮大襖。或謂是半臂衫。宋·鄭思肖《絕句》之八"鬃笠氈靴搭護衣，金牌駿馬走如飛。"自註"搭護，胡衣名。""胡人"是中國古代對北方邊地及西域各族人的稱呼。《才物譜》中胡人的概念主要指與匈奴政權和蒙古政權相交叉的北方政權。"胡元"連用，也證明了這一點。

（2）金

薩薩：金人謂妻。（《才物譜·卷三》）

愛根：金人謂夫。（《才物譜·卷三》）

《金志》"夫謂妻爲薩薩，妻謂夫爲愛根。"

（3）匈奴

居次：匈奴公主。（《才物譜·卷三》）

匈奴對單於女兒的稱謂。《漢書·常惠傳》"獲單于父行及嫂、居次、名王、騎將以下三萬九千人。"顏師古註引晉灼曰"居次，匈奴女號，若言公主也。"

祁連：匈奴稱天。（《才物譜·卷一》）

撐犁：仝。（《才物譜·卷一》）

《前漢·匈奴傳》"匈奴謂天爲撐犁，謂子爲孤塗。"

（4）蒙古

姑姑：蒙古婦別名。【麗史】（《才物譜·卷三》）

"姑姑"是對未婚年輕女子的尊稱。猶姑娘。元朝貴婦所戴的一種帽子叫"姑姑冠"。明·葉子奇《草木子·雜制》"元朝后妃及大臣之正室，皆帶姑姑，衣大袍……姑姑高圓二尺許，用紅色羅，蓋唐金步搖冠之遺制也。"也寫作"顧姑、固姑、罟罟、故故、括罟"等。

（5）契丹

朝定：契丹謂朋友。【目】（《才物譜·卷四》）

"朝定"是契丹語，指朋友。《資治通鑒》"契丹主聞莊宗爲亂兵所害，慟哭曰：'我朝定兒也。吾方欲救之，以勃海未下，不果往，致吾兒及此。'哭不已。虜言"朝定"，猶華言朋友也。"

（6）東夷

東夷最早是和炎黃相對的一個部落，是華夏的一個重要組成部分，周朝時變成古漢族對東方非華夏民族的泛稱。郭璞《爾雅註》云"九夷在東"，泛指中國東部夷人。

夷：東方曰夷。（《才物譜·卷一》）

阿多：夷俗呼人爲阿多。（《才物譜·卷四》）

"阿多"古回紇語。指父親。《隋書·回紇傳》，以父爲多，《唐書》回紇阿啜可汗，亦呼其大相 頡幹迦斯曰：'兒愚幼，惟仰食於阿多，國政不敢與也。'"

（7）吐蕃

碧瑟瑟：吐蕃大珠。（《才物譜·卷一》）

"瑟瑟"，碧色寶石。《周書·異域傳下·波斯》"（波斯國）又出白象、獅子……馬瑙、水晶、瑟瑟。"明·沈德符《野獲編·外國·烏思藏》"其官章飾，最尚瑟瑟；瑟瑟者，綠珠也。"《才物譜》中更是直接標明其顏色。

（8）肅慎國

石砮：出肅慎國，可爲箭簇。（《才物譜·卷一》）

石制的箭頭。《宋書·夷蠻傳·高句驪國》"大明三年高句驪王高璉又獻肅慎氏楛矢石砮。"

肅慎，亦稱息慎、稷慎，其先爲玄夷，夏、商時期生活在黑水（黑龍江）和松花江流域一帶的一個古老部族。肅慎、濊貊、東胡被稱爲古東北三大民族。古籍中把"肅慎"部落領地稱爲"肅慎國"，與中國中原王朝有往來；歷史學家多認爲秦、漢和隋、唐時"挹婁"、"勿吉"、"靺鞨"、"女真"等部落均和"肅慎"有淵源。

（9）蠻人

娵隅：蠻人謂魚。【世】（《才物譜·卷七》）

中國古代西南少數民族稱魚爲娵隅。《世說新語·排調》"郝隆爲桓公南蠻參軍⋯⋯既飲,攬筆便作一句云'姆隅躍清池。'桓問姆隅是何物,答曰:'蠻名魚爲姆隅。'"

(10) 鮮卑

阿幹:鮮卑謂兄。【通】(《才物譜·卷三》)

古鮮卑語。哥哥。《晉書·四夷傳·吐穀渾》"鮮卑謂兄爲阿幹。"

(11) 羌

爸:羌人呼父。(《才物譜·卷三》)

《廣韻》"爸,父也,捕可切。"《廣韻》"爹,羌人呼父也。""爹"原本是古羌人對"父親"的稱呼,"爸"和"父"同音同源,最初都是"父",由於漢語語音的發展變化,到了南北朝後期"父"字出現文白兩讀,新造了爸"字,即今天的"爸"。

(12) 回紇

摩尼:回紇稱僧。(《才物譜·卷四》)

"摩尼",波斯人摩尼所創立的宗教,經由西域傳入中國。唐人亦稱其教徒爲摩尼。

(13) 僰人

提奢:僰人呼僧。(《才物譜·卷四》)

"僰人"中國古代稱西南地區的某一少數民族。

4. 梵語詞

《才物譜》中保留了相當數量的梵語詞。之所以把梵語詞也納入進來是因爲佛教文化是通過中國傳入朝鮮半島的。

劫:仝。梵。(《才物譜·卷一》)

"劫"爲佛教名專有詞"劫波"的略稱,意爲極久遠的時節。佛家認爲世界經歷若干萬年後便會毀滅一次,重新開始迴旋,這樣一個週期叫做一"劫"。

魔王:魔鬼之長。(《才物譜·卷一》)

波旬:仝。梵。(《才物譜·卷一》)

"波旬"是欲界第六天的天主,六梵天主,就是魔王波旬。

5. 外來詞

主要包括西域諸國和經由西域傳入中國再傳入朝鮮半島的詞彙。如:

提娑:西域稱天。(《才物譜·卷一》)

㳽羯：外國羊名。我國所稱염쇼。(《才物譜·卷七》)
木夾：外國所用，如標信之類。(《才物譜·卷三》)
《集韻》勿發切，音襪。㳽羯，胡羊名。
錫悇脂：波斯國銀卝。(《才物譜·卷一》)
削玉刀：大秦國金剛石。(《才物譜·卷一》)

郭璞在其志怪筆記《玄中記》中寫道"金剛出天竺（即印度）、大秦國（即羅馬），一名削玉刀。"

4.2 《才物譜》詞彙特徵

4.2.1 語音結構類型

(一) 音節結構

《才物譜》詞彙結構豐富，從音節結構來說，有單音詞和多音节詞。占主體地位的是雙音詞。

1. 單音詞

單音詞是只有一個音節的詞，這是中國古代字書的主體，與《才物譜》時代相近的《康熙字典》收錄的基本爲單音詞。單音詞在《才物譜》中已經失去了主體地位，但仍佔據一定份額。如前文中提及過的例子：

世：父子相代爲一世。(《才物譜·卷三》)
爸：羌人呼父。(《才物譜·卷三》)

2. 雙音詞

由兩個音節組合而成的詞爲雙音詞。這類詞在《才物譜》中最爲眾多，涵蓋各個譜系。如：

流離：無定居也。(《才物譜·卷四》)

3. 多音節詞

多音節詞主要爲音譯詞和擬聲、模貌詞，還包含一些專有名詞和成語。《才物譜》中多音節詞主體是三音節詞和四音節詞。如：

擦破油皮：피즈버셔지다。【譯】(《才物譜·卷二》)

"擦破油皮"爲音譯詞，用漢字記錄讀音。

仡仡言言：崇墉皃。【毛】(《才物譜·卷一》)

"仡仡言言"指崇高、巍峨的樣子，屬於模貌詞。

廣寒殿、山河影：月中有物婆娑者。(《才物譜·卷一》)

開闢生：天開於子，地闢於醜，人生於寅。(《才物譜·卷一》)

"廣寒殿"即廣寒宮，指代月宮，屬於專有名詞。"開闢生"爲抽象名詞。

神聖工巧：望而知之謂神，聞而知之謂聖，問而知之謂工，切脈而知之謂巧。(《才物譜·卷四》)

"神聖工巧"屬於成語，是中醫對望、聞、問、切四種方法的別稱，是專業術語。《難經·神聖工巧》"望而知之謂之'神'，聞而知之謂之'聖'，問而知之謂之'工'，切脈而知之謂之'巧'。"

(二) 音節組合方式

由一個語素單獨構成的詞爲單純詞，由兩個或兩個以上語素構成的不可分割的整體爲合成詞。詞組屬於詞彙的組合。《才物譜》中的詞彙包含單純詞、合成詞以及詞組。如：

籠東：一作隴種。兵敗披靡之謂。【史記】"隴東軍士。"(《才物譜·卷五》)

"籠東"爲單純詞，單個語素意義與整體並無關聯，不可拆開。

釋迦見星日：初八日僧人祝髮。(《才物譜·卷一》)

日蝕三限：初虧，食甚，複圓也。(《才物譜·卷一》)

遠一近三：謂上下弦之時，日月相去。近爲四分天之一，而遠爲四分之三也。(《才物譜·卷一》)

"日蝕三限、釋迦見星日、遠一近三"是多音節詞組。"日蝕三限"描述了月食的整個過程，包括初虧、蝕甚、複圓。

不語先生：書冊之稱。(《才物譜·卷三》)

"不語先生"是對書籍的一種比擬描述。

螃蟹(《才物譜·卷七》)

橫行介士、無腸公子：別名。(《才物譜·卷七》)

明·李時珍《本草綱目》"以其橫行，則曰螃蟹……以其外骨，則曰介士。""無腸公子"出自晉·葛洪《抱朴子·登涉》"稱無腸公子者，蟹也。"

室中之事：交拜合卺於室中，故云。(《才物譜·卷五》)

"室中之事"其實是對"合卺"的一種解說詞。

4.2.2 語體色彩特徵

語體色彩指詞義中所反映的詞的語體傾向、特徵、烙印。《才物譜》詞彙反映出的語體色彩是書面語與口語並存，當然書面語占主體，同時也保留了很多方言詞、口語詞，反映當代的一些語言使用情況。如：

（一）方言詞

方言是與共同語相對應而言的。方言詞在未進入共同語言之前，主要是在某個地域通行的詞彙。在一定的歷史條件下，方言詞也可能進入共同語詞彙系統，原來表示共同語也可能變成方言詞。如：

破天荒：州郡年久無登第者，或有一人登第，則謂之破天荒。(《才物譜·卷四》)

俺們：우리。(《才物譜·卷四》)

咱每：소。(《才物譜·卷四》)

"破天荒、俺們、咱們"是現代漢語中仍就有生命力的方言詞，在中國北方廣大區域流行。朝鮮半島與中國北方地壤相連，中國北方的一些方言詞傳播到韓語中也就不足爲奇了。

還有一些方言詞，《才物譜》在釋義過程中，通過術語"方言"直接標明。如：

不是腳：方言，是非素習而漫爲之曰不是腳。古詩云：君生綺紈間，欲學非其腳。(《才物譜·卷四》)

築裏：方言妯娌。(《才物譜·卷三》)

（二）口語詞

口語是與書面語相對應而存在的。中國歷史上，關註到口語的字典、辭書少之又少。《通俗文》，這是一部值得重視的辭書，算得上是通俗詞典之先河。《通俗文》與《方言》之考辨方言不同，它既釋義，又註音，側重解釋通俗用語，在當時稱得上是以實用爲主的通俗詞典。古代學者認爲，《通俗文》的問世對後出的一些字書、類書等有一定影響。《才物譜》身上有《通俗文》的影子。《才物譜》中的口語詞更多的是以一種活的語言形態而存在。釋義體例中的"俗謂、俗呼、俗稱、俗名、今某、今通稱"解釋的即是這一類詞。如：

蛋：俗謂卵。(《才物譜·卷七》)

瓢：俗呼鴨。【類】(《才物譜·卷七》)

突厥：匈奴別種。居金山，城如兜鍪，故名突厥。突厥，兜鍪俗稱也。(《才物譜·卷二》)

青廬：北俗用青布幔爲屋，交拜行禮。(《才物譜·卷五》)

不花：胡人最怕痘，名子多以不花，蓋言不痘也。(《才物譜·卷五》)

西神：俗稱痘神。(《才物譜·卷五》)

以上內容爲研究方言和當時社會文化提供了寶貴的資料。

4.2.3 語義特徵傾向

從語義研究的角度來看，《才物譜》也是一部考釋詞彙語義的著作，在釋義過程中體現出作者的主觀傾向性。

(一) 重視詞彙的歷時變革

語言是不斷發展變化的，詞彙作爲語言三要素之一也必將隨之演變。《才物譜》在自覺地運用發展的語言學觀。從中國古代先賢聖王時期到作者身處的時代，《才物譜》以時間爲脈絡，串聯起詞彙發展的縱線。如：

狄：北方曰狄。(《才物譜·卷一》)

山戎：唐虞時。(《才物譜·卷一》)

獫狁：夏時。(《才物譜·卷一》)

玁狁：周時。(《才物譜·卷一》)

(二) 重視詞彙的共時發展

《才物譜》保留很多民族和地域的詞彙。訓釋方式是先舉一共同語言詞彙，然後分別說明不同民族、不同地域的稱謂。這種利用共時平面串聯起同義詞的方法比《爾雅》並列幾個同義詞，只簡單的解說方式要精密得多。如：

江：川之大者。南方之水通謂之江，北方之水通謂之河，朝鮮之水通謂之浿。(《才物譜·卷一》)

在對"江"常規釋義後，《才物譜》將處於共時層面的南北語彙分列在後面，最後再以"通謂之"釋義。再如：

父：生己者。(《才物譜·卷三》)

爺：仝。(《才物譜·卷三》)

耷：仝。(《才物譜·卷三》)

家公：仝。(《才物譜·卷三》)
家尊：仝。(《才物譜·卷三》)
家嚴：仝。(《才物譜·卷三》)
家親：仝。(《才物譜·卷三》)
家大人：仝。(《才物譜·卷三》)
郎罷：仝。(《才物譜·卷三》)
爸：羌人呼父。(《才物譜·卷三》)
郎罷団：胡人稱父。(《才物譜·卷三》)
爹：北方呼父。(《才物譜·卷三》)
波：南人呼父曰波，爸字之轉也。(《才物譜·卷三》)
怙：詩無父何怙，父謂之怙。(《才物譜·卷三》)
考：父歿之稱。(《才物譜·卷三》)
先君子、先子、先人、先府君：仝。(《才物譜·卷三》)
春府：稱人父。(《才物譜·卷三》)
尊翁；仝。(《才物譜·卷三》)
世：父子相代爲一世。(《才物譜·卷三》)
義父：의붓아비。(《才物譜·卷三》)
乾爺：시양아비。【譯】(《才物譜·卷三》)
繼父：母之後夫。(《才物譜·卷三》)

關於"父親"這個義項，作者分列了不同時代、地域、民族的詞彙。如"奢"是吳人稱父親，"郎罷"是閩人稱父親，"爸"羌人呼父，"郎罷団"胡人稱父，"爺"是俗稱，"爹"北方呼父，"波"南人呼父曰波，爸字之轉也。有時作者將這些類型的詞放到一起統籌。

（三）重視文化的相容性

朝鮮王朝此時的文化傳播呈現出兼容並濟的特點。

1. 推崇漢文化

中國和朝鮮半島上的國家地域相鄰，兩國之間的交往一直非常密切。漢文化從中古時代就傳到朝鮮半島，此後由北向南展開。在很長一段時間內，中韓之間保持著宗藩關係，互派使節和留學生，中國的政治、經濟、文化制度和思想隨著漢籍和學者、使節進入朝鮮半島，奠定了半島文化的基礎。歷史上漢籍輸入到朝鮮半島出現過三次高峰，首次出現在隋唐時期，其次是宋元時期，最後是明初期（朝鮮王朝初期）。尤其是第三次高峰，影響最爲深遠，無論是範圍上還是數量上都超過了前代。朝鮮王朝後期，漢文化已經完全被韓民族文化吸收、融和，成爲其文化的核心部分，文人士大夫的接受度也很高。在《才物譜》詞彙中所占比重最大的還是漢源漢字詞。反映最多的是漢文化。關於中國、中國人《才物譜》也有很多稱呼，如：

《才物譜》對中國人也有很多稱呼，中國人、華人、燕京人。

郎：中國人呼妹壻爲郎。(《才物譜·卷三》)

紙藥：取汁造紙，華人亦無定名。(《才物譜·卷八》)

蒙古羊：燕京人秤羖䍽。(《才物譜·卷七》)

卷三對歷代帝王的稱呼主要有以下幾種形式：姓氏，如有巢氏；國號+名，如夏後氏禹；國號+謚號+名，如周武王發；國號+姓名，如後秦姚萇；國號+謚號+姓名，如後周文帝宇文泰；國號+廟號+名，如後晉高祖敬瑭；國號，如金；國號+廟號+謚號+姓+名，大明太祖高皇帝姓朱氏名元璋。從這些稱呼中可見，對明代皇帝的稱呼真是達到了無以復加的程度，突顯了朝鮮王朝對明王朝的推崇。《才物譜》的創作時代已經是中國清朝晚期了，但是在當時士大夫階層，崇明的風氣還是很明顯的。漢文化對朝鮮王朝社會產生了深刻的影響，其中影響最大的就是儒家文化。朝鮮王朝統治者推崇儒學，使儒學成爲唯一正統思想。

以漢文化爲中心，將當時中國對周邊少數民族政權的命名"夷，蠻，羌、狄"引入詞書。

再如後羿弑君等，仍列在夏代歷史中，沒有單列詞頭。王莽建新政權，也仍算在東漢君王之後，沒有單列詞頭。

羿：有窮弑相。(《才物譜·卷三》)

浞：羿臣弑羿。(《才物譜·卷三》)

澆：促子篡浞，後爲少康所討，凡中絕二十年。(《才物譜·卷三》)

"則天后"附錄與"唐高祖淵"之後，定性爲篡位，其所建立的大周政權不被作者認可，認爲只是唐政權的延續，沒有單獨成爲一級詞頭，只是作爲一個詞項附屬于唐。

2. 相容佛道文化

《才物譜》詞彙中佛道兩教都佔有一席之地。雖然儒學是當時朝鮮社會的主流，但當時儒、佛、道三家並存，佛道文化對朝鮮王朝的影響也是頗深的。

佛教在高麗和三國時期比較興盛，到朝鮮王朝時期逐漸衰落，佛教界充斥頹廢之風，僧侶不再致力於頓悟漸修，民眾熱衷於祈福減少。朝鮮王朝建立之後，爲了鞏固自己的統治，國家開始推行抑佛揚儒的政策。不過社會仍然受到佛教文化的影響，特別是佛教的一些教理，如慈悲等還是受尊重的。如：

耶須夫人：佛妾名（《才物譜·卷四》）

"耶須夫人"佛教創始人釋迦牟尼生母。又稱摩耶王后，是古印度迦毗羅衛國淨飯王之妻，爲鄰邦天臂城善覺王的女兒（一說妹妹）。摩耶在梵語和巴厘語中意爲幻化，在佛經中又被尊稱爲摩訶摩耶（意爲偉大的摩耶）。

班禪：西域妖人巴思八之教，其法大略類佛氏，專主符籙幻術，其國有大教首、小教首，乾隆致其人於燕京爲帝師。

"班禪"作爲藏傳佛教的代表，在《才物譜》看來雖然與佛教相類似，卻是屬於妖人之教，不是主流宗教。

除了佛教文化，還有一定數量的涉及道家的詞彙。如：

卷一：一篇。（《才物譜·卷四》）

一尺：音周，即一卷。【道書】（《才物譜·卷四》）

縛：古絹字，一卷也。【佛書】（《才物譜·卷四》）

端午：五月五日。（《才物譜·卷一》）

端陽：仝。（《才物譜·卷一》）

天中節：仝。（《才物譜·卷一》）

地臘：仝。（《才物譜·卷一》）

地臘道家五齋祭日之一，指農曆五月五日。《雲笈七籤》卷三七"正月一日名天臘，五月五日名地臘……"

道德臘：七日。（《才物譜·卷一》）

圓羅耀：真人稱。（《才物譜·卷一》）

青詞：道觀薦告文用青藤紙，朱字，謂之青詞。（《才物譜·卷一》）

鍊師：道士修德思精者。【六】（《才物譜·卷三》）

3. 重視本土文化

《才物譜》韓國固有詞彙雖然沒有漢源詞彙量大，但是也很大程度保留了韓國的本土文化。如：

䔲：朝鮮人飲食必以䔲豆謂之䔲。【漢】（《才物譜·卷一》）

> 玄琴：我東不能解琴，改作六絃，而三絃則以柱承之，三絃則以十六
> 棵承之。新羅時刱造有玄鶴來舞，故名爲玄鶴琴，後遂稱玄琴。거문고。
> (《才物譜·卷五》)

《才物譜》還展現了與漢文化不同的思想觀念，如天譜後附錄了"鬼神"，包含"神、福、禍、識"等內容，在《爾雅·釋天》中，沒有關於鬼的條目，在《說文解字》中，"鬼"單列一部。在中國人的觀念中，鬼是與神相對立的，是不入流的，二者絕無可能在同一序列裏。《才物譜》將其附錄與天譜中，這反映了當時朝鮮王朝人們的天道觀與中國有所不同。卷四展現了與漢文化不同的價值觀。卷四將"譯官，畫師，律官，吏以及有品階的宮妃"等劃入"庶流"，這與古代漢文化很不一樣。在漢文化中有品級的官員、宮妃都不再屬於庶流。

《才物譜》是以漢文化爲藍本，兼具本土特色的一部詞彙總集，是中國和朝鮮王朝文化融合的典範。

4.3 中韓通用詞彙

任何兩種語言的詞彙，除了一些基礎詞彙和專業術語，基本上不存在一對一的對應關係。語言都是在一定的社會歷史條件下發展起來的，即使兩種語言的詞彙系統有許多共同點，但是發展軌跡不盡相同。在韓語詞彙系統中有很多詞彙是與中國有交叉，屬於中韓通用詞彙，這部分詞的意義關係比較複雜，在兩國語言系統中，有同有異。本書將其分爲"同形同義詞""同形異義詞""異形同義詞"，將分別從中韓兩國語言對比和《才物譜》詞彙系統內部對比兩個角度來談。

4.3.1 同形同義詞

即詞形相同，並且語義也幾乎相同的詞。這部分詞在韓國語的漢源詞彙中所占比例最大。從詞義角度看，主要有人名、地名、方位名、建制名、物品名稱等。在《才物譜》內部系統中也存在這種同形同義詞。如：

"溚"在卷一是作爲兩個詞條存在的。

> 溚：夷下泄上。(《才物譜·卷一》)

另一個是只有詞項而沒有直接釋義。

濱：水旁。(《才物譜·卷一》)

涯，滸，涘，潯，汭，溿，瀆 (《才物譜·卷一》)

"滸"，《說文》"水厓也。"《詩·王風》"在河之滸。"《傳》"滸，水隒也。"《疏》引爾雅云"夷上灑下不滸。"郭註"涯上平坦而下水深爲滸。"

這兩個"滸"屬於《才物譜》詞彙系統內的同形同義詞。

蠟月：並十二月稱。(《才物譜·卷一》)

臘月：並十二月稱。(《才物譜·卷一》)

"蠟—臘"爲異體字，詞義相同，只是詞形上用不同的異體字，分列兩個詞條。

4.3.2　同形異義詞

指詞形相同而所指稱的意義不同的詞彙。具體來說主要包含以下幾類：

(一) 語義相反或無關

韓國語有些漢字詞和漢語詞書寫形式一樣，但詞義相反或無關。如：

宮主：公主。【麗史】(《才物譜·卷三》)

小主：公主女。【俗】(《才物譜·卷三》)

在中國皇室沒有"宮主"這樣的詞，"宮主"在中國是指道教宮觀的主持者。《雲笈七籤》卷六"通名三清者，言三清淨土無諸染穢。其中宮主萬緒千端，結氣凝雲，因機化現，不可窮也。"元乃賢《玉虛宮》詩自註"宮主張真人，其貌甚清古。""宮主"是高麗臣民對本國后妃的稱呼。"小主"一詞近年來隨著清宮宮廷戲的熱播被中國人所熟知，但實際上很可能並不存在，更不可能指代公主的女兒。"小主"只是在《宮女談往錄》[①]中出現這個詞彙，這已經是現代作品，且屬於孤證，可能事實上不存在"小主"一詞，或是因爲回憶上的差距或者口語差異的錯記。在韓國"小主"則指代公主的女兒，地位等級都很高。

道袍：兩京稱袍。(《才物譜·卷六》)

氅衣：以黑緣邊之衣，與今朝士所著燕服名同制異。(《才物譜·卷六》)

"道袍"漢語中指僧道所穿的袍子。還可以指代古人的家居服，與漢語系統中的"道袍"沒有任何關聯。

[①] 金易《宮女談往錄》，是一部回憶錄，是晚清宮女榮兒的回憶。該書2004年由紫禁城出版社出版發行。

"氅衣"漢語中指古代罩於衣服外的大衣，可以遮風寒，其形制不一。明劉若愚《酌中志·內臣佩服紀略》"氅衣，有如道袍袖者，近年陋製也。舊製原不縫袖，故名曰氅也，綵素不拘。"與韓語中的"氅衣"指代不同。

太子：太子申生死而托巫作語，故今俗女巫作小兒鬼語者稱太子。(《才物譜·卷四》)

童靈哥：仝。(《才物譜·卷四》)

頂童子：仝。(《才物譜·卷四》)

國巫堂(韓國對薩滿的稱謂)中有一類專降幼兒魂的巫堂，人稱太子巫。對男兒魂，叫太子、童子、山神童子、童子嬰兒、仙童、少爺；對女兒魂，叫明圖、明神、明神嬰兒、兒明神、仙女、公主、嬰兒氏、空徵、空鳴等。這些在韓國都是通用的名稱。明圖原是巫堂的巫具——銅鏡，因幼兒魂像明圖一樣照明而稱之，帶"空"字的名稱是因爲神語來自空中而稱之。這個"太子"與漢語中作爲國君繼承人的太子不同。

詞形雖然相同，意義所指卻不一樣。如：

水馬：거울이。群遊水上，水涸即飛，長寸許，四腳，非海馬之水馬也。(《才物譜·卷七》)

水黽：別名。(《才物譜·卷七》)

水馬：善行水上，如馬。(《才物譜·卷七》)

海馬：別名。(《才物譜·物譜》)(《才物譜·卷七》)

兩個"海馬"指稱對象不同。前一個是水黽的別名，作者特意指出"非海馬之水馬也。"後一個是我們今天生物學上所說的海馬。

蜆：溪間有之。小如蚌，黑色，能侯風雨，以殼飛。가막죠개。(《才物譜·卷七》)

扁螺：別名。(《才物譜·卷七》)

蜆：小黑蟲，赤頭，喜自經死。(《才物譜·卷七》)

縊女：別名。(《才物譜·卷七》)

《才物譜》以俗名來區分兩個"蜆"，前一個蜆是扁螺的別名，後一個蜆是縊女的別名，分屬兩種不同的昆蟲。

(二) 語義有同有異

韓語中有一些詞與漢語中的該同形詞理性意義相關或相近，很像"同形同義"詞，但其在語法、語義以及感情色彩上與漢語都有微妙的差異。

4.《才物譜》詞彙研究

1. 語義指向不同

同一詞形一種釋義，其語義側重點不同。《才物譜》中此類詞彙所代表的詞項分屬於兩個詞頭。如：

墥：大防。【毛】(《才物譜·卷一》)

屬於"堤"詞頭。

墥：大防。(《才物譜·卷一》)

屬於"沙"詞頭。

畝：田壟曰畝。漢趙過所謂一畝，三甽言一畝，之上爲三甽也。(《才物譜·卷一》)

畝：六尺爲步，廣一步長百步爲一畝。(《才物譜·卷一》)

"畝"，司馬法，六尺爲步，步百爲畝。秦孝公制，二百四十步爲畝。宋程頤曰："古者百畝，止當今之四十畝。今之百畝，當古之二百五十畝。"《書·盤庚》"惰農自安，不昏作勞，不服田畝。"《詩·小雅》"南東其畝。"《朱註》"畝，壟也。"《才物譜》中"畝—畝"不僅書寫形式不同，其意義指稱也不同，屬於分別記錄一個詞彙的兩個義項。在《才物譜》詞彙系統內部它是作爲兩個獨立詞條存在的。

兄弟：小說兄呼弟曰兄弟。(《才物譜·卷三》)

側重指哥哥對弟弟的稱呼。

兄弟：男子稱于姊妹曰兄弟，姊妹稱之也亦曰兄弟。俗作娚，非。올아비。(《才物谱·卷三》)

側重指男子與姊妹之間的的稱呼。

兄弟：婚姻之家相謂。(《才物譜·卷三》)

側重指有姻親之間關係的同輩男子的稱呼，也用來借指婚姻嫁娶。

兄弟：平交相稱。(《才物譜·卷四》)

側重指同輩人。

姊：女兄兩女相謂曰姊妹，男子稱女兄弟亦曰姊妹。(《才物譜·卷三》)

側重指女子之間的相互稱謂。

在《才物譜》詞彙系統內部，"兄弟"有五種用法，語義指向不同。

2. 範圍廣狹不同

即詞彙所指稱的範圍不同。

郎：中國人呼妹壻爲郎。(《才物譜·卷三》)

107

"郎"這種用法屬於中國獨有的，在其他義項上，如表示"兒郎"等中韓兩國是共通的。

庶子：支子也，非妾子。(《才物譜·卷三》)

庶子：主宮中諸吏之適子及支庶在版籍者。(《才物譜·卷三》)

"庶子"舊時中國指嫡子以外的眾子；亦指妾所生之子。《儀禮·喪服》"庶子不得爲長子三年，不繼祖也。"賈公彥疏"庶子，妾子之號，適妻所生第二者，是眾子，今同名庶子，遠別於長子，故與妾子同號也。"胡培翬正義"長子、眾子與適子、庶子，名異實同。凡長子者，則不獨長子之弟爲眾子，而妾子亦爲眾子。言適子，則不獨妾子爲庶子，而適子之同母弟亦爲庶子。經中凡以適對庶言者，適爲適長一人，其餘皆庶也。"《禮記·內則》"適子、庶子見於外寢。"鄭玄註"庶子，妾子也。"《才物譜》中兩個"庶子"詞條與中國詞彙系統中的意義相比指稱範圍要小。

3. 語法功能不同

同一詞形兩種解釋。代表意義相關聯的不同詞性的詞。如：

陸：高平。(《才物譜·卷一》)

"陸"分別代表名詞和形容詞兩個詞項。阿、阜、原、阪都是這種情況。

厲：以衣涉水。【毛】(《才物譜·卷一》)

厲：水深可涉處。【詩】在彼淇厲。(《才物譜·卷一》)

厲分別代表名詞和形容詞兩個詞項。

4.3.3　異形同義詞

指詞形不同而意義相同或相近的詞。《才物譜》中一名、亦名、一曰、亦曰、亦稱、別名、異名、俗呼、俗謂等術語指代的詞彙都是這一類。如：

天：至高無上。(《才物譜·卷一》)

太空、太清、太穹、太霄、太皓、太圓、皇穹、顥穹、蒼穹、層穹、清穹、穹昊、穹蒼、上蒼、顥蒼、九蒼、蒼旻、蒼靈、圓靈、九霄、神霄、青霄、碧霄、丹霄、紫霄、玉霄、琅霄、景霄、青冥、青空、紫虛、紫落、碧落、上靈、上高、上玄、清玄、重玄、玄儀、泰元、玉宇、圓精、元尊。

《才物譜》中雖然沒有專門列出譜系用同義詞釋義，但是在各個譜系中實際貫徹了這一原則，與《爾雅》稍有不同，《才物譜》一般先列出一個雅言中的常用詞，再列其他涵蓋古今和地域差異的詞。"天"爲常用的雅言，其後

4.《才物譜》詞彙研究

的"別名類"爲古今同義詞,九霄源于《文選·沉約「游沉道士館」詩》"銳意三山上,托慕九霄中。"張銑註"九霄,九天仙人所居處也。"唐李白《明堂賦》"比乎昆山之天柱,蠢九霄而垂雲。"王琦註"按道書,九霄之名,謂赤霄、碧霄、青霄、絳霄、黔霄、紫霄、練霄、玄霄、縉霄也。一說以神霄、青霄、碧霄、丹霄、景霄、玉霄、琅霄、紫霄、火霄爲九霄"。

用一個雅言中的常用詞來解釋。如:

蓬萊、方丈、瀛洲、岱輿、員嶠:海中五神山。(《才物譜·卷一》)

方壺:方丈別名。《才物譜·卷一》)

對於別名不具體進行解釋區分,只籠統說。

國:邦國通釋。(《才物譜·卷一》)

中國、華夏、中華、中原、神州、赤縣、上國、齊州:中州。(《才物譜·卷一》)

中土、中州:仝。(《才物譜·卷一》)

申狀:申訴之文。(《才物譜·卷三》)

告狀:仝。(《才物譜·卷三》)

所志:申狀俗稱。(《才物譜·卷三》)

議送:申訴、營門俗稱。(《才物譜·卷三》)

優婆塞:在家二眾。秦言善宿男,唐言進事男。꼬仝。(《才物譜·卷四》)

提陀:獠言百姓。(《才物譜·卷一》)

回紇:一作回鶻。在薛延陀北。(《才物譜·卷一》)

花門:仝。(《才物譜·卷一》)

畏吾兒:回鶻別名。(《才物譜·卷一》)

馬號金:金名。(《才物譜·卷一》)

褭蹏:馬蹄金。(《才物譜·卷一》)

銀:白金。(《才物譜·卷一》)

白金:別名。(《才物譜·卷一》)

不諱:同不淑。(《才物譜·卷二》)

流求:一作琉球。在泉州東。(《才物譜·卷一》)

昆明:一作昆彌。西南夷。(《才物譜·卷一》)

回紇:一作回鶻。在薛延陀北。(《才物譜·卷一》)

5.《才物譜》文字研究

《才物譜》誕生於漢字和諺文並用的時代。本章研究的範圍主要是《才物譜》中的漢字，諺文不在研究範圍内。《才物譜》中的漢字來源不盡相同，字際關係也呈現出錯綜複雜的局面。下文將介紹漢字在朝鮮半島的傳播和演變，具體分析《才物譜》中固有俗字的種類，以及文字的字際關係。

5.1 漢字在古代韓國的傳播和演變

漢字是表意體系自源文字，形、音、義三位一體，具有表音文字無法比擬的優越性，可以說"漢字的最大長處就是能夠超越空間和時間的限制。"①漢字在漢文化對外傳播的過程中充當非常重要的媒介作用。漢字文化向外傳播主要有三條路線：一條向南傳到廣西壯族和越南京族，產生了壯字和喃字；一條向東傳到朝鮮半島和日本，產生了諺文和假名；一條向北產生了契丹字、女真字和西夏字。②有學者提出了"東亞漢字文化圈"的概念，指中國、朝鮮、韓國、日本、越南等東亞國家共同的漢字文化因素。③目前世界上正式使用漢字的有4個國家，中國、韓國、日本和新加坡。現在中、韓、日使用的漢字雖然各具特色，卻有著千絲萬縷的聯繫。朝鮮半島與中國山水相連，借助這一地理位置優勢，漢文化及其載體漢字最早便傳到了朝鮮半島。韓國是與中國的語言文化交流歷史最悠久、關係最密切的國家之一。

5.1.1 漢字在古代韓國的傳播

韓國歷史上有很長一段時間沒有自己的文字，以漢字爲通用文字。漢字的借入和長期的使用，對韓國語言文字的發展起到了非常重要的推動作用。

---

① 朱德熙《漢語》，語法叢稿，上海教育出版社，1990年，201頁。
② 李得春，金基石《漢字文化與朝鮮漢字》，東疆學刊，1997年第3期，44-51頁。
③ 東亞漢字文化圈，在空間、時間、文化背景和傳播主體上與漢字文化圈不同。林龍飛《東亞漢字文化圈及其形成論析》，東南亞縱橫，2006年第8期，58-62頁。

有了漢字，韓國始有文字記載的歷史典籍。韓國著名的歷史文獻《三國遺史》《三國史記》《朝鮮王朝實錄》等都是用漢字寫成的。古代中國先進的文化和科學技術也以漢字爲媒介隨之傳播到朝鮮半島，對韓國文學藝術、科學技術及意識形態的發展產生巨大影響，中國的孔孟之道、中醫、曆法等極大地豐富了古代韓國的文化。漢字作爲表意文字"它的存在是以中國的語言爲背景的。"①漢字是適應於孤立語——漢語的書寫符號系統；韓語屬於粘著語，具有豐富的形態變化和獨特的語音規則的符號系統。因此，借用漢字不可避免地出現所謂"國之語音，異乎中國，與文字不相流通"②的矛盾。爲解決這種"言文不一致"的狀況，韓民族不斷探索各種文字本土化的方法，甚至一度放棄漢字，最終漢字跨越了國境和民族，成爲韓國本土文化的一部分，不可分割。瞭解漢字在韓國的傳播歷史是我們研究《才物譜》文字的基礎。漢字在朝鮮半島的傳播和使用大體經歷了三個階段：

（一）傳播初期

漢字傳入朝鮮半島的時間學界一直沒有達成一致意見，比較有代表性的，有以下幾種見解：

1. 箕子時期

周武王16年（公元前1119年）距今3000多年前，箕子建立了國家，將漢字帶到了朝鮮半島。持這種觀點的如敖依昌、樊苑青③、劉鳳琴④。

《史記·微子世家》載"武王乃封箕子於朝鮮而王臣也"。《漢書·地理志》載"殷道衰，箕子去之朝鮮，教其民以禮義田蠶織作，樂浪朝鮮民犯禁八條。《尚書大傳》等古籍，對此事也有敘述。

持反對意見的學者認爲，《漢書·地理志》沒有指明箕子傳授漢字，僅以箕子或少數人懂漢字的事實不能推論漢字當時即已傳入朝鮮半島。

2. 戰國時期

認爲漢字在中國戰國時期登陸朝鮮半島，持這種觀點的如陳榴⑤、林龍

---

① 《研究中國文字的方法》，張世祿語言學論文集，學林出版社，1984年。
② 《訓民正音·禦制序文》。
③ 《漢字在朝鮮的命運與朝鮮人價值觀的變化》，湘朝2007年第2期，47-48頁。
④ 《朝鮮三國和新羅時期的漢文學》，解放軍外國語學院學報，1992年第5期，66-72頁。
⑤ 《東去的語脈》，遼寧師範大學出版社，2007年9月。

飛。①主要證據是在朝鮮半島出土了戰國時期的錢幣，有公元前222年製造的秦戈，還有4600多枚公元前4—3世紀在燕國流通的貨幣明刀錢，且在秦戈和明刀錢上，都刻有漢字。春秋戰國時代，燕國距離朝鮮半島最爲接近，刻有漢字的貨幣在朝鮮半島廣泛流通，也印證了當時漢字已經傳到韓國。另據《三國志·魏書東夷傳》載"陳勝等起，天下叛秦，燕、濟、趙民避地朝鮮數萬口。"大量的中土移民必然會將包括漢字在内的漢文化帶到朝鮮半島。

3. 漢四郡時期

公元前108年，漢武帝滅衛滿朝鮮（公元前195—公元前108），在其領地今朝鮮北部大同江流域建立了樂浪、臨屯、玄菟、真蕃四郡，史稱漢四郡。漢字當是在這一時期傳到朝鮮半島的。持這種觀點的如李華②、尹彰浚③。但持反對意見的學者認爲，漢四郡雖然建立在半島境内，但漢四郡的中國人與半島居民沒有接觸，不可能將漢字傳到朝鮮半島。

4. 三國前期

公元前1世紀，朝鮮半島上建立了新羅（公元前97—公元935）百濟王朝（公元前18—公元660），此時還沒有創制本民族的文字系統，兩國都沿襲了前代使用漢字的傳統。漢字應該在這一時期傳入朝鮮半島。持這種觀點的如李得春④、周四川⑤。據《日本書紀》記載，百濟人王仁於公元285年把《論語》和《千字文》傳到了日本。公元251年，新羅已經設立了專門掌管漢字傳播和運用的官職。而它與百濟之間的戰和往來，也借用漢字書寫，並開始使用漢字來編修史書。新羅在智正王4年（公元503年），用漢字改稱國號和王號，法興王1年（公元514年），開始使用年號和諡號，可見漢字已取得官方的文字的地位。到景德王時期（公元742—公元765年），則全面輸入唐朝的文化及典籍制度，實行"二字制地名改定"和"文武官職名改定"到真興王六年開始編纂了國史。高句麗（公元前37—公元668）在公元372年已經設立太學，開展儒學教育。通過漢籍，漢文成爲統治階級及其知識份子通用的書面語，這種書面語和口語是完全脫節的。一些貴族開始將本國的語言、思想與漢字相結合，

---

① 《東亞漢字文化圈及其形成論析》，東南亞縱橫，2006年第8期，58-62頁。
② 《漢字在韓日兩國的傳播和使用》，現代語文（語言研究版），2012年第12期，77-81頁。
③ 《韓國固有漢字簡說》，重慶三峽學院學報，2008年第5期，95-97頁。
④ 李得春,金基石《漢字文化與朝鮮漢字》，東疆學刊，1997年第3期，44-51頁。
⑤ 周四川《漢字在朝鮮半島》，漢字文化，1989年第4期，42-43頁。

運用漢字來表達思想。《三國史記·高句麗本紀》記述了高句麗第二代王琉璃王用字書寫的詩歌，可見當時漢字已經得到了廣泛的使用，並達到了相當的水準。

（二）傳播本土化時期

1. 三國後期

公元4世紀前後，韓國人在直接使用漢字的過程中，適應本土的語言特徵，創造了一種新方法——吏讀。吏讀是一種漢語、古代韓語混合的文字，它在形式上都是漢字，其句子中實詞多用漢語，而虛詞則用韓語（以漢字記韓國語語音）。吏讀主要用漢字來轉寫國名、地名、人名、官職名及韓國特殊的詞彙，其轉寫方式主要有音譯轉寫、意譯轉寫、半義半音譯轉寫等。例如："爲古"表示韓語的發音，意爲"做"下面是《大明律直解》中使用吏讀和漢文原文的對照文：

凡官吏亦擅自離職役爲在億良笞四十爲乎矣難苦爲去向入回避爲要因而在逃爲在億良仗一百停職不用爲旀所避事爲在乙良各從罪齊。①

凡官吏，無故擅自離職者，笞四十。若避難，因而在逃者，仗一百，罷職不敘。所避事重者，各從重論。《明律·擅離職律》

廣義的吏讀包括"吏扎"和"鄉扎"。吏扎是官方文書的書寫形式，往往在官方需要記錄某一件事時加以利用。鄉扎產生於8世紀，是專門用來記錄流傳於民間的口頭歌謠"鄉歌"的書寫形式。吏扎主要用於書寫書面語，鄉扎主要用來書寫口語，而鄉扎基本上只有音譯和意譯轉寫兩種形式。吏讀以其漢字文化與韓語有機結合的書寫手段，顯示出較強的生命力。吏讀的諸要素包括吏讀音、吏讀義、吏讀詞、吏讀字等。所謂吏讀字就是模仿漢字而創造的書寫符號，它是漢字文化朝鮮化的最直接的產物。隨著吏讀的普及，當時還創造了很多有別於漢字的特有文字，稱之爲吏讀字。例如：

艍（小舟）、蟓（穴舟虫）、艺。

但是"鄉扎"這種對語義要素用訓讀、對形態要素用音讀的方法，從未登上"大雅之堂"，延續到高麗時期便逐漸消失。從此，漢字與吏讀長期並存。吏讀的創立是漢字在運用過程中，根據自身語言和思想特點而進行的主動改造，是漢字本土化的過程。

---

① 洪文起《朝鮮半島的漢字傳入及演變過程》，吏讀研究，太學社，1957年，353頁。

2. 後高句麗時期

公元930年，高麗創辦國學，講授中國儒家經典，公元958年高麗實行科舉制，之後，高麗與宋、遼、金都有密切的往來。隨着高麗將儒學作爲治國的重要之策，並作爲選拔官吏的重要手段，漢字的使用進一步得以普及。高麗還專門在朝廷中，設立了講授、傳習漢語、漢字的機構，公元1391年設立的"漢文都監"，爲高麗培養大量的漢語人才，推動漢語在高麗的應用起到了重要作用。而此時，漢語、漢字的教科書也成爲普及漢字、漢語的必備之物，《老乞大》《朴通事》這類漢語教科書應運而生。

3. 朝鮮王朝時期

朝鮮王朝設立了司譯院、偶語廳、承文院大力培養翻譯人才，引進多部中國辭書。除此之外，還通過多種管道學習漢語，如：派遣遣明使、質正官赴中國學習，向明朝來的使節學習，聘請中國人授課等，使漢語、漢字得到空前的普及。也爲漢字進一步本土化打下基礎。

（三）訓民正音時期

隨着朝鮮王朝本國自我主體意識強化，統治者急需一套替代漢字的文字系統。另一方面，雖然中國漢字很早傳入朝鮮半島，並爲上流社會所接收，但是漢字畢竟是中國的文字，這種外來文字同朝鮮本國語言、思想之間的矛盾逐漸加劇，這也給人民使用文字和他們的文化生活帶來了困難。漢語屬於漢藏語系，而韓國語、日本語屬於阿勒泰語系，阿勒泰語系中帶有許多的黏著語，這種語言與文字的不統一，也一定程度上影響了表達。

國之語音，異乎中國，與文字不相流通。故愚民有所欲言，而終不得伸其情多矣。(《訓民正音·序》)

朝鮮王朝第四代王世宗，創制了韓民族自己的文字—訓民正音，並於公元1466年正式頒佈施行。訓民正音是在中國的音韻學原理和程朱理學原理的影響下創制出來的嶄新的文字系統，它是模仿漢字的筆劃，依據天、地、人三才原理創制的窗形文字。但是，諺文並沒有得到迅速普及，官方文書、上層社會及士大夫一如既往沿用漢文，諺文只在下層老百姓中傳播並使用。幾百年來由於漢文崇拜思想仍然存在，社會逐漸形成了漢文、吏讀文和漢韓混合體三種形式並存的文字生活。

1895年朝鮮王朝末期，政府正式廢除漢文、吏讀文，頒佈"使用國漢文混合體"的法令。這一時期漢字的數量有所減少，混合體使用的範圍也有所

5.《才物譜》文字研究

減少。到20世紀，韓國政府的文字政策幾經變更，但目前還是維持著韓、漢文並用的政策。學者們對漢字，尤其是韓國固有漢字多有關註。

5.1.2 《才物譜》文字使用特徵

《才物譜》是朝鮮王朝晚期的作品，屬於漢文和諺文並用的時代。《才物譜》文字在使用過程中顯示出了不同於中國文字的特徵，也有別與《老乞大》《朴通事》等漢字課本。

1. 以漢字爲主

《才物譜》是以漢文化爲藍本，兼具本土特色的一部辭書。在文字使用上也顯現了這個特點。《才物譜》不是像《老乞大》那樣的韓漢對譯本，所使用的文字雖然也是漢字和韓文兩種，但漢字占主體。《才物譜》所處的時代，漢字仍是其官方文字，因而該書的序言、目錄、詞頭、詞項均爲漢字書寫。釋義部分有用漢字釋義的，有用韓文釋義的，還有漢字、韓文間雜的，但以漢字爲主，漢字的文字量要遠遠勝於諺文。如：

太極：總天地萬物之理。(《才物譜·卷一》)

山路神：셩황신。(《才物譜·卷一》)

甜霜：薄霜。무서리。(《才物譜·卷一》)

2. 筆寫本特徵

不同於刻版文字的整齊劃一，《才物譜》屬於筆寫本。雖然整體上按照一定的書寫規則來做，但爲行文便捷，時有簡寫，主要是針對一些疊音詞，第二個字常常用""來替代，如：

昊"：日出皃。(《才物譜·卷一》)

熒"：寒日小明皃。(《才物譜·卷一》)

昊昊、熒熒爲雙音節的單純詞。

3. 繁簡並用

《才物譜》中繁簡字並用。所謂繁體字和簡體字，是就同一個字構形時所使用的構件或筆劃的多少相對而言的。構件或筆劃多的是繁體，構件、筆劃少的是簡體字。如：

宇宙：上下四方曰宇，往古來曰宙。(《才物譜·卷一》)

笄：匪仝，音弁，盛婦贄棗脩者也。(《才物譜·卷五》)

枣栗：贄舅。(《才物譜·卷五》)

业：冬方。（《才物譜·卷一》）

"来——來""枣——棗""业——業"爲繁簡字關係。

4. 正俗並用

《才物譜》中有大量的俗字，既有韓國固有俗字也有從中國傳入的俗字。正體、俗體並用，多種俗體並用。一般在詞頭用正體，解釋用俗體。如：

日：太陽之精。（《才物譜·卷一》）

禺中：至於衡陽，即巳時。（《才物譜·卷一》）

陽曆：月行南陸曰陽曆，行北陸曰陰曆。月學白道之樞曰白極，白道之度曰白經、白緯。白道黃道之交點則正交曰羅睺，中交曰計度。（《才物譜·卷一》）

羙錢：仝。（《才物譜·卷一》）

"陽——陽、陽""美——羙"這兩組中的詞，音義完全相同，只是形體略有差別，爲正俗關係。

5.2 《才物譜》俗字研究

5.2.1 韓國俗字的內涵

（一）俗字

中國"所謂俗字，是區別於正字而言的一種通俗字體"[1]俗字相對於正字而言，沒有正字就無所謂俗字。

正字，"正字具有政府規範、約定俗成、合乎理據、通行性高、經典常用等特點。"[2]首先是社會政治因素，正字是在國家統一與政令下，對文字進行整理，制定的規範字形。中國歷史上第一次規範字形是秦始皇統一六國文字爲小篆，奠定了正字基礎。從文字本身特性來看，文字是一種約定俗成，無論正字、俗字其實都是歷史的一種選擇，相對而言，在當時使用的文字中，正字是最爲通行、最爲符合造字原理的寫法，以作爲人們書寫的標準依據，違背文字自身規律的都終將被淘汰。俗字的產生和應用伴隨着漢字發展的始終。在歷史上很長一段時間內，中國學者對俗字的態度是摒棄的，明清有學者甚

---

[1] 張湧泉《漢語俗字研究》增訂本，北京商務印書館，2010年版。
[2] 井米蘭《俗字之名義及相關問題》，岱宗學刊，2010年第1期。

至認爲俗字是錯字。隨着敦煌文獻的發現，人們開始關註俗字，研究俗字。

（二）韓國俗字

漢字文化圈各國對"俗字"的定義，仁者見仁智者見智。韓國固有俗字產生的時期，沒有具體證據可考。關於固有俗字的定義和範圍，很多學者進行過闡述，但是沒有統一的說法和標準。界定不明確，概念模糊，固有俗字與國音字、國義字、略體字、異體字等混淆不清。究其關鍵是大家所指稱的範圍不同。漢字進入韓國之後，表現出兩種功能：一是記錄漢文，一是記錄韓國語[①]。漢字在傳播到韓國的過程中，作爲其重要組成部分的俗字也隨之而傳入，加之受韓國語的影響，由此形成了"韓國俗字"。韓國俗字亦是漢字在發展傳播過程中產生的重要變異形體之一。

本書認爲應該韓國俗字包含兩類：一是漢語俗字，指中國俗字傳入韓國之後在韓國使用時字形未發生變異的俗字。二是韓國固有俗字，指漢字傳入韓國之後在韓國使用時字形發生變異的俗字以及沒有對應正字的新造字。第一類本書將在字際關係中討論，此處不再贅言。

5.2.2 韓國俗字研究的現狀和不足

（一）中韓研究現狀

俗字是漢字的重要組成部分，伴隨着漢字產生發展傳播過程的始終。而韓國俗字亦是漢字在發展傳播過程中產生的重要變異形體之一。開展對韓國俗字的調查研究，運用國內外俗字理論和研究成果對韓國俗字進行系統整理研究，具有非常重要的理論意義和現實意義。一方面可以彌補中國俗字研究的不足，總結韓國俗字異於中國俗字演變的新特點；二是可以完善漢語俗字理論，從而有利於建立完整的漢語文字學體系；三是可以探尋出漢字傳播發展的規律，推進當前的域外漢字研究、對外漢字教學、漢字規範化工作進程。

相對於對中國對俗字的研究和對韓國歷史漢字的研究，韓國俗字的輯錄與整理學者們關註得還比較少。收錄並註釋韓國固有漢字的辭書有池錫承的《字典釋要》（1909），共收57字。此後，崔南善的《新字典》（大東印刷株式會社，1928）附有俗字譜。六堂的《新字典》（1915）收106字，鯰貝房之進的《俗字考》（1931）收213字。70年代初，韓國學者金鐘塤《固有漢字（國

[①] 李翊燮·李相億·蔡琬，《韓國的語言》，新丘文化社，1997年，第44-45頁。

字）考》（1972），收集500餘字，並對此進行了多層面的界定和分類工作。韓國國立國語研究院在搜集各種傳統文獻資料的基礎上，撰寫了《韓國漢字的略字調查》（1991）與《漢字略字調查》（1993），收錄包括以《韻會玉篇》（1536）在內的5類字典以及與《三國遺事》（1512），另外還有以《大慧普覺禪師書》（1512）在內的與佛經有關的資料等寫本俗字資料。李圭甲的《高麗大藏經異體字典》（高麗大藏經研究所，2000）對傳入韓國的佛經中的異體字進行了整理與釋義，其中輯錄了部分韓國俗字。其他另有一些單篇文章整理了部分韓國俗字，如任昌淳的《韓國的印本與書體》（《民族文化研究論叢》第4集，嶺南大民族文化研究所，1983年輯錄了坊刻本《大學》中的部分俗字。柳鐸一的《朝鮮文獻使用的半字》（《韓國文獻學研究》，亞細亞文化社，1989）在強調對坊刻本俗字進行關註的同時，輯錄了部分坊刻本俗字。河永三先生的《朝鮮後期民間俗字研究》（中國語文學第27輯，1996）輯錄了坊刻本《論語集註》與《孟子集註》中的部分俗字。與韓國學者相比，中國學者對於韓國歷史漢字及俗字材料的整理則顯得非常薄弱。雖然有中國學者對韓國漢文典籍進行了整理，如李仙竹的《北京大學圖書館館藏古代朝鮮文獻解題》（北京大學出版社，1997）、黃建國等的《中國所藏高麗古籍綜錄》等對中國所見部分韓國漢文典籍進行了整理，但規模遠遠比不上韓國學者。臺灣學者金榮華對韓國歷史漢字及俗字進行過系統整理的，輯錄成《韓國俗字譜》，並於1986年出版，編者根據33種韓國寫本漢字材料，以《康熙字典》爲正字，於1712個韓國寫本俗字單字之下分列俗字字樣3780個。其他單篇文章中亦有提到韓國俗字的，如王曉平的《從「鏡中釋靈實集」釋錄看東亞寫本俗字研究》（《天津師範大學學報》（社會科學版）2008年第5期）提到了韓國俗字，並將東亞寫本俗字與敦煌俗字對照來寫，但只是摘取部分俗字；呂浩的《「物名考」異形字及相關問題」（《韓國漢字研究》第1輯，2009年）亦舉出了一些韓國抄本俗字，但數量非常有限。井米蘭的《「韓國俗字譜」人部俗字之類型特徵——基與與敦煌俗字的比較》（《濰坊教育學院學報，2010年11月）以《韓國俗字譜》人部與敦煌俗字比較，通過對比研究韓國寫本俗字的特點，語料較爲狹窄。何華珍《俗字在韓國的傳播研究》（《寧波大學學報》（人文科學版），2013年9月）以韓國官刻本《樊川文集夾註》（1440）、坊刊本《九雲夢》（1803）、寫本《漂海錄》（1771）爲語料，提出"傳承俗字"和"變異俗字"的概念，把韓國俗字的一類歸爲中國簡化字並不恰當。此外，還有部分

5.《才物譜》文字研究

韓國學者專門研究了韓國固有漢字，如金鐘塤的《韓國固有漢字研究》（集文堂，1983年）、河永三先生的《韓國固有漢字的比較研究》（《中國語文學》第33輯）和《韓國固有漢字中國音字之結構與文化特點》（《韓國漢字研究》第1輯，2009年）等，內容多討論韓國固有漢字的產生方式、原因以及由此而反映出來的韓國特有的文化歷史特色。

（二）當前研究的不足

經過韓國學者和中國學者的共同努力，韓國俗字的整理與研究取得了一定的成果，仍有不足之處，主要表現在以下幾個方面：

第一，缺乏對韓國俗字材料的系統整理。當前的材料整理多註重對簡牘、金石等載體之上的漢字及俗字的整理，很少有人關註宋元以後版刻漢字及俗字材料的整理。雖然韓國學者目前的關註度和研究力度都遠遠超過中國學者，但漢文化、漢字畢竟是中國的傳統文化，中國人的研究角度必將不同；而中國學者雖具有深厚的漢文化、漢字底蘊，但由於地域、國際交流、語言等的局限，能夠關註到韓國古代典籍俗字的人寥寥無幾，真正接觸並瞭解到韓國古代典籍，進而再進行漢字的整理研究工作更是難上加難。因此有必需進中韓兩國文化交流活動的開展，加強兩國學者的合作，爲兩國學者共同合作完成韓國古代典籍漢字材料的整理和研究開闢途徑。

第二，缺乏對其在漢字理論基礎之上的系統研究。韓國俗字是漢字在發展傳播過程中產生的主要變異形體，從某種意義上來說，掌握了韓國俗字的主要變異類型及特點，也就間接掌握了漢字在韓國傳播的規律和特點，而這些對於彌補中國國內俗字研究、完善漢語俗字理論、完善漢字發展傳播史，都有着積極的意義。通過上文的研究現狀可以看出，當前學者對於在文字學理論基礎之上對漢字域外傳播途徑及規律的探討幾乎是空白的，基於專書俗字整理基礎上的理論總結也是缺乏的。

第三，缺乏對現代電腦技術的充分運用。韓國貯存有豐富的古代典籍漢字材料和俗字材料，只有通過電腦技術的運用，才能對其進行完整錄入、系統整理、深入研究。在進行全面系統比較研究之時，亦必須依靠電腦技術進行相關資料分析。

5.2.3 《才物譜》俗字類型

本書即以《才物譜》所收錄的俗字爲考察物件，總結《才物譜》中韓國固有俗字的類型。

漢字包含整字、構件、筆劃三個層級。整字處於最高一級，整字層次的組成單位是一個個單獨的漢字，單字由直接構件按照一定的規則組合而成。構件是漢字系統的中間層次，是通過對單字進行逐層拆分得出來的漢字單位。筆劃是漢字系統中的最小一級，是組成漢字的最小單位。我們立足於以上漢字的三個層級，從筆劃、構件、整字三個層面來分析《才物譜》中韓國固有俗字的特點，參照吾師河永三先生的分類，大致有以下幾種類型：

（一）簡化俗字

簡化俗字指與正字字形相比，筆劃或構件減少的俗字，包括筆劃減少、以簡單構件替換複雜構件以及構件減少等情況。

1. 筆畫減少

洛澤：冰結也。（《才物譜·卷一》）

洛爲"洛"的簡化，減少了點畫"丶"。洛：冰凍貌。

滚：大水流皃。（《才物譜·卷一》）

滚爲"滚"的簡化，減少了點畫"丶"。滚：《集韻》大水皃。

貝勒：胡𥶵王𠊬。（《才物譜·卷一》）

𠊬爲"侯"的簡化，將正體的筆畫"㇇"簡化爲"丿"。

2. 構件簡化

㮨：音@。轂中空。（《才物譜·卷六》）

㮨爲"㮨"的簡化，正體構件"口"變成了草寫體。㮨：《說文》車軸中空也。

3. 構件減少

掩囊：食𠂉。（《才物譜·卷三》）

𠂉爲"囊"的省寫，俗體減少了聲符"襄"。

匙：㐬。（《才物譜·卷三》）

匕：仝。

箸：粥用匕，飯用箸，故稱飯匕저。（《才物譜·卷三》）

"匕——匕——匙"前兩個字形爲正字的省寫，俗體減少了構件"是"。

歖：音喜。去演。（《才物譜·卷一》）

捽：仝。（《才物譜·卷一》）

撞爲"撞"的省寫，俗體減少了構件"辶"。

廢茂山：富寧。(《才物譜·卷一》)

寧爲"寧"的省寫，俗體減少了構件"心"。

（二）繁化俗字

1. 筆畫增加

土偶：土偶人。(《才物譜·卷一》)

探官繭：人日貴家造繭，餡中置紙簽或削木，書官品，人各探取以卜異時官品。(《才物譜·卷一》)

土爲"土"的繁化，探爲"探"的繁化，加了點畫"、"。

大荒落：巳歲。(《才物譜·卷一》)

荒爲荒的繁化，加了點畫"一"。

撫夷：慶興。(《才物譜·卷一》)

興爲"興"的俗字，《宋元以來俗字譜·臼部》引《列女傳》等。興爲興的繁化，加了點畫"丿"。中國俗字進入朝鮮半島后，形體進一步發生變化。這個字形在《才物譜》中出現次數很多。如：

別將中嶺：鹹興。(《才物譜·卷一》)

2. 部件增加

閒憨：무음플다。(《才物譜·卷一》)

憨爲"散"的繁化，增加了部件"心"。

（三）易移俗字

1. 聲符替換

鑾：乘車四馬鑣上銜鈴如驚聲。(《才物譜·卷三》)

聲、"聲"聲符不同。

燭淚：燃燭流液。(《才物譜·卷一》)

燭、"燭"的聲符不同。

這兩組例子中的俗字聲符都發生了改變。

2. 形符替換

"气——氣"，形符由"米"替換爲"乇"。

3. 筆畫位移

帽子：마오라기。(《才物譜·卷一》)

俗字中的部件"日"的筆畫位置發生了變化。

（四）混用俗字

混用俗字指與正字字形之構件可以互相換用的俗字，這些構件存在著形近或義關義近等關係。如：

箈：音薄。手指節鳴。（《才物譜·卷二》）

和"箈"。

（五）新造俗字

最具標誌性的是將兩個漢字或者一個漢字與一個韓文字母的字音作爲音素直接合併成韓國語音節。如：

圶溫：鏡城。（《才物譜·卷一》）

用"圶"表記"갈"時，[갈] 是由 [가] 和 [ㄹ] 兩個音素组成的。再如，用"乬"表記"걱"時，[줄] 是由 [주] 和 [ㄹ] 兩個音素组成的。

厚州：三水。（《才物譜·卷一》）

堲波知：仝。

撚：音畏。兩指拑持如鑷子也。（《才物譜·卷一》）

鑷——鑷，畏——聶

胛：兩膊間背甲與臎𦜗相會合處。

𦜗、𦙉——肋

孼：禽獸、畏之恠。（《才物譜·卷一》）

畏——蟲

溇溇：小水流皃。（《才物譜·卷一》）

溇——潺

5.2.4 《才物譜》俗字特徵

1. 簡化是其最明顯的特徵

漢字的總體發展方向是簡化，俗字的簡化特徵則更加明顯。最應該註意的問題是簡化後的文字在使用之時不應引起混亂。《才物譜》中俗字繁化有兩種形式：增加點劃和增加部件。"土"俗字的點畫具有區別"士"字的作用，這樣可以不致引起混亂；"散"俗字增加部件後，表義更加明確，可見爲了使漢字保持其形體反映意義的正確性《才物譜》俗字有時亦具有"繁化"情況，簡化同時亦在一定程度上促成了"繁化"俗字的產生。

2. 向形聲結構的發展

漢字在韓國使用之時，可以由韓文擔當其表音功能，其表義功能卻由漢字本身擔當，韓文和漢字各分擔各自的功能。新造字中很多都體現了這點。

3. 反映朝鮮的文化內涵

如：𡃤，表示"聲"先將原有的義符"耳"去掉，再將"殻"的義符"殳"替換成"羊"。"殳"指兵器，在敵對意義上與"殻"有關係，在表示聲音的時候則沒有關係。"羊"表示"祥"也，吉祥的聲音當然比殺敵的聲音更符合人們的審美習慣。

5.3　字際關係研究

漢字是屬於表意體系的文字，它的結構是有理據的，最早的漢字是按照字義來繪形的，古人在造字之時，已經把這個字所代表的意義蘊含在形體之中了，字的形體結構和造字時詞的本義或是一致的，字形和字義二者往往發生直接的聯繫，因而我們可以從字形的探討、分析中來尋求造字時的基本意義。隨著語言的發展，字形和音義之間的關係變得錯綜複雜，產生了大量的通假字、古今字、異體字。《才物譜》中也存在複雜的文字現象，爲我們的研究提供了豐富的材料，以今字、本字、通用字釋古字、假借字、異體字是《才物譜》註解的第一步。

5.3.1　釋字術語

1. 作

這個術語是用來說明各種本子在文字方面的異文的。古書在歷代傳抄過程中，難免會出現文字上的僞訛異同，即使記載同一史實，文字也不盡相同。古人在作註時，對此前的各種本子總是加以對校，擇其自認爲所善者而從之，對於其他的本子也不埋沒，一般在註中都給保存下來，供別人再研究。如：

袟：書傳作"秩"，望祭山川。(《才物譜·卷五》)

"袟"，《集韻》《正韻》"直質切，音姪。祭有次也。"又《韻會》"秩或作袟。"《書·堯典》"平秩東作。"《傳》"次序東作之事以務農。"《舜典》"望秩於山川。"《傳》"如其秩次望祭之。"

2. 一作

這個術語主要是用來標明異體字或通假字的。如：

蟚：一作蝸。水精名。【筦】(《才物譜·卷一》)

交趾：足趾相交，故曰交趾。趾一作阯。(《才物譜·卷一》)

言：一作筦，大簫。【爾】(《才物譜·卷五》)

"蟚"《類篇》"同蝸"。《類篇》"洞水之精曰蝸。"《管子·水地篇》"洞川之精者生於蝸。蝸者，一頭而兩身，其形若蛇，其長八尺。""筦"《廣韻》"大簫也。又省作言。"《爾雅·釋樂》"大簫謂之言。"《疏》李巡曰"大簫聲大者言言也。""蟚——蝸""趾——阯""言——筦"爲異體字。

拔解：一作發解。外府不試而貢者謂之拔解。(《才物譜·卷三》)

籠東：一作隴種。兵敗披靡之謂。【史紀】"隴東軍士。"(《才物譜·卷五》)

唐宋科舉制，應進士第，不經外府考試，而直接送禮部考試的謂之"拔解"。唐·李肇《唐國史補》卷下"京兆府考而升者，謂之等第。外府不試而貢者，謂之拔解。"盛唐迄五代，省試落第的鄉貢進士攜"書題"、書啓、卷軸、家狀等，向京兆府以外的州府行卷並免試取解的現象稱爲"拔解"。"發解"唐宋時，應貢舉合格者，謂之選人，由所在州郡發遣解送至京參與禮部會試，稱"發解"。二者意義不相同。"籠東"猶東籠，摧敗披靡之貌。《北史·李穆傳》"芒山之戰，周文馬中流矢，驚逸墜地。敵人追及，左右皆散。穆下馬，以策擊周文背，因大罵曰：'籠東軍士，爾曹主何在？爾獨住此！'敵人見其輕侮，不疑是貴人，遂捨而過。穆以馬授周文，遂俱逸。""隴種"跌撞搖晃貌。《荀子·議兵》"故仁人之兵……則若磐石然，觸之者角摧，案角鹿埵隴種東籠而退耳。"楊倞註"蓋皆摧敗披靡之貌。"還有一種說法認爲"東籠"爲"隴種"之異文，乃後人註記之詞，內傳寫者誤入正文。見楊柳橋《荀子詁譯》。

"一作"

卷別	頁碼	譜系	詞頭	詞頭釋義
3	29a	人譜	弁韓	弁一作卞，不知始祖與年代，屬於秦韓，後降於新羅。箕氏朝鮮只有今平安道地方，後箕準南遷益山，盡有益山以北，忠清道漢南北、黃海道地方，號馬韓。益山以南全羅道地方多爲卞韓所有，而卞韓國治則在金海。而鹹陽、星州、陝川等地亦皆爲卞韓所有，東則爲辰韓。

卷別	頁碼	譜系	詞頭	詞頭釋義
6	2b	物譜	横	一作衡。縱之對。フ르。
6	27b	物譜	唐巾	唐，一作宕。或云有居宕山者造此巾。당건。
7	5a	物譜	鶂	一作鷁。似鷺而大，高飛，能風、能水，故舟首畫之。
7	11a	物譜	休留	一作鵂鶹。大如雛鴿，色似鷗，頭目似貓，鳴則後竅應之，其聲連轉如休留。休留蓋角鴟之別種也。
7	33a	物譜	鮇	一作魟。無鱗，狀似蝙蝠，大者皆如車輪。무럼이。
8	36b	物譜	商麻	蓖，一作蕾，又作檾，【禮記】作顈。苗高四五尺，葉似苧而薄，而花黃色，實殼如蜀葵，其中子有黑色。어저귀。

3. 本作

這個術語是用來解釋本字的。本字是文字學術語，《才物譜》用"本作"解釋原來的詞形，本字在術語後。

五百：本作伍陌。伍，當也；陌，道也；當道驅除者。【韓註】（《才物譜·卷三》）

弓檠：弛則縛於弓裏，以備損傷。（《才物譜·卷三》）

必：本作觘。同。

鎗：本作槍，剡木傷盜者。（《才物譜·卷五》）

巢：本作箫，大笙。（《才物譜·卷五》）

用"本作"表示古今字。

"五百"指古代在官輿前導引的役卒。《後漢書·宦者傳·曹節》"越騎營五百妻有美色，破石從求之，五百不敢違。"李賢註引韋昭《辯釋名》"五百，字本爲'伍'。伍，當也；伯，道也。使之導引當道中以驅除也。""五——伍""伯——陌"屬於本字與假借字的關係。

"鎗"《說文》"鐘聲也"。又《廣韻》"鼎類。""槍"《玉篇》木"兩頭銳也。"《類篇》"剡木傷盜曰槍。"《正字通》"俗以鎗爲刀槍字，誤。""鎗——槍"並不存在關係，《才物譜》可能有誤。

《爾雅·釋樂》"大笙謂之巢。"《類篇》"巢或從竹。""巢"樂器。"巢——箫"爲本字與分化字之間的關係。《註》觘，弓檠也。弛則縛之於弓裏，以備損傷也。以竹爲之。"必"《說文》"分極也。從八戈。戈亦聲。"《古今字考》幷列切，音繹。組也。《周禮·冬官·考工記》"玉人之事，天子圭中必。"《註》"謂以組約其中央，以備失墜。"按周禮考工釋文，必卽組也，讀如縪者,俗讀之也。"組"《說文》綬屬。其小者以爲冕纓。《才物譜》認爲必的本字爲縪,有些牽強。

"本作"

卷別	頁碼	譜系	詞頭	詞頭釋義
5	27a	人譜	節	本作卪,竹柄長三尺,以旄牛尾爲眊。샹모。三重將軍所建。
7	37a	物譜	昆蟲	昆,本作蜫。蟲之總名。
8	26b	物譜	紫胡	묏미눋。本作茈胡。茈,古柴字。苗甚香,莖青紫,葉如竹葉,開黃花。

4. 古某字、本字

這組術語表示古今字的關係。如:

縛:古絹字,一卷也。【佛書】(《才物譜·卷四》)

賸:剩本字。物餘也。(《才物譜·卷六》)

裹:懷本字,藏物衣中。품마。(《才物譜·卷六》)

《五雜俎·卷十三·事部一》"佛書以一章爲一則,又謂一縛。縛,古絹字,亦卷字通用耳。""裹"《廣韻》"挾也,苞也,歸也。"《說文》"囊橐也。"《六書正譌》"藏挾於衣中也。"又《前漢·地理志》"裹山"。師古註"裹,古懷字。"

"古某字""本字"

卷別	頁碼	譜系	詞頭	詞頭釋義
4	10b	人譜	縛	古絹字,一卷也。佛書。
6	9b	物譜	賸	剩本字。物餘也。
6	50b	物譜	栗	㗊。折木擲之,其形如栗之背圓腦平,故曰栗。古者舌音入聲皆著著不以己爲終聲。栗子本音,也自四聲通解之後,質物等韻,並爲轉舍,而我東遂無,按古之字矣。
7	26a	物譜	彙	古蝟字。
7	27b	物譜	㺎	古㹮字。
8	58b	物譜	檟	古櫃字。山楸條可爲杖,葉小皮皵。

5. 俗字、俗作

該術語在中國傳統辭書註解中多用於解釋俗字。《才物譜》中這組術語共有5處用例，如：

莊：俗作庄。田舍。(《才物譜·卷一》)

蚘蟲：蚘俗作蛔，非音委。人腹中蟲。剞奇。(《才物譜·卷二》)

腰站：站，俗字。中國人亦多用之。中火曰腰站。【譯】(《才物譜·卷三》)

"莊——庄""蚘——蛔"为正俗关系。

"中火"，中官。古官名。《左傳·昭公十七年》"大暤氏以龍紀"孔穎達疏引 漢 服虔曰："炎帝以火名官……中官爲中火。""腰站"指驛站的中間站，以便休息打尖或換馬。也稱腰頓。宋·趙彥衛《雲麓漫鈔》卷八"自東京至女真，所謂禦寨行程。東京四十五裏至 封丘縣，皆望北行，四十五裏至 昨城縣 腰頓。"清·葉名澧《橋西雜記·腰站》"查氏慎行《得樹樓雜鈔》：腰站二字，見於宋·趙彥衛《禦寨行程記》，即今驛遞之腰站。"《才物譜》指出"站"中國人常用，從字形角度來說"站"在中國是正字，在韓國可能爲俗字。

6. 當作

這個術語是用來校勘文字的。

青女：青當作霄。司寒女神。【淮】(《才物譜·卷一》)

使價：價當作介，古者主有儐客有介。(《才物譜·卷三》)

犁建：建當作键，評之笒。(《才物譜·卷三》)

鎖匠：옥사장이。出【麗史】，匠當作掌。(《才物譜·卷五》)

7. 變爲

這個術語展現文字訛變的結果。

尤：徵音。沈變爲尤。(《才物譜·卷三》)

8. 通作

這個術語用於標明文字上的通假關係。如：

擯：通作儐。主人出迓賓者。(《才物譜·卷三》)

"擯"與儐同。導賓也。主國之君所使出接賓者，在主曰擯，在客曰介。《禮·聘義》卿爲上擯，大夫爲承擯，士爲紹擯。《疏》承者，承副上擯也。紹者，繼續承擯也。

9. 省作

這個術語用來標示異體字中的省形字或省聲字。

丘債：驅，省作丘。驅人之僱。(《才物譜·卷三》)

甘結：勘，省作甘，勘校也。結，約也。(《才物譜·卷三》)
戳：四出矛。【書傳】省作瞿。(《才物譜·卷五》)
10. 亦作
這個術語用來標明異體字關係。
淵：亦作瀰。簫笄之中也。淵，宛也；宛，曲也。물오곰。(《才物譜·卷五》)
隈：亦作畏。瀰也。(《才物譜·卷五》)

5.3.2　字際關係

（一）異體字

學術界對異體字的認識歷來眾說紛紜。縱觀各家觀點，可以從漢字的形體、功能和歷史三個層次來認識異體字：首先，幾個字之間必須存在形體差異；其次，這些形體存在差異的字之間的功能必須完全相同，必須是記錄語言中相同的詞語；最後，這些字形存在差異、記錄相同詞語的字在歷史上的任何時期都可以互相替換使用。同樣，俗字作爲異體字的主體，也具有以上的特徵。但兩者又有差異。首先，異體字是歷時層面的概念，俗字則是共識層面的概念。漢字發展過程中產生的形體有差異、記錄同一個詞語、任何時候都可相互替換的一組字之間的關係都是異體字關係，俗字則是相對於同時期的正字而言的，時代發展及其正字標準的改變，都會造成俗字的消亡或正俗關係的轉換。其次，互爲異體的一組字之間的關係是可以逆推的，俗字與正字之間的關係則在一般情況下不可逆推。只有在時代發展或正字標準改變的前提條件下，此一時代的俗字才有可能轉變爲彼一時代的正字，反之亦然。再次，對於俗字受制於政治因素的特性，異體字則有相對自由發展的空間。俗字是異體字的主體，但異體字並非都是俗字。

異體字的形體差異主要有以下9種：

1. 造字法不同

一體爲形聲，一體爲非形聲。如：

孚卵：伏卵，從爪從子。(《才物譜·卷七》)

"孚"《說文》"卵孚也。從爪從子。"爲會意字。"孵"爲形聲字。

杍：果核中實有生氣者亦曰仁。(《才物譜·卷八》)

"杍"爲形聲字，"仁"爲會意字。

2. 義符不同

義符的筆態、構造不同。如：

橐籥：六合名。(《才物譜·卷一》)

"橐籥——橐爖"，古代冶煉時用以鼓風吹火的裝置，猶今之風箱。《老子》"天地之間，其猶橐籥乎？虛而不屈，動而愈出。""籥"的材質多爲竹子，所以義符從"竹"；"爖"功用在於鼓風吹火，所以義符從"火"；二者意義上並無差別。

簑衣：雨具。(《才物譜·卷四》)

"簑——蓑"，這組異體字展現了作爲蓑衣在材質上不同的側重，竹子和茅草都是製作蓑衣的材料。

渾天：天如雞卵。(《才物譜·卷一》)

"雞——鷄"，雞是一種短尾禽，"隹"爲短尾禽，因而義符從"隹"；鳥爲飛禽，所以雞的義符也可以爲"鳥"。

巇：山相對，危嶮也。(《才物譜·卷一》)

"嶮——險"，二者都可以表示山高峻貌、險阻，只是義符不同。

3. 聲符不同

義符相同，聲符的形式不同。如：

璿璣玉衡：璣，渾天儀也；以璿爲之衡管也。璣，運轉如天，以管從下望之。璣，徑八尺，圓圍二尺五寸而強。(《才物譜·卷一》)

"璿——璇"，二者都指美玉，只是聲符不同。

結髮：古俗結髮爲夫婦，猶言結而與匈奴戰，後人遂有結髮之禮。伊川欲去之。(《才物譜·卷五》)

"髮——髪"二者都指頭髮，但結構不同。

4. 聲符、義符均不同

烟墨：別名。(《才物譜·卷一》)

窀座：別名。(《才物譜·卷一》)

號烟：仝。(《才物譜·卷一》)

"窀——烟——烟——煙"四者的聲符、義符不盡相同。窀，《玉篇》"古文煙字。"

5. 偏旁部首位置不同

有的是上下位置，有的是左右位置。如：

螃蟹（《才物譜·卷一》）

蟹——蟹

燧：隧仝。又晝報警燃薪曰燧。【漢】（《才物譜·卷一》）

燧——隧

炱：別名。

炱——炲

6. 筆道形態不同

這往往是由於書寫風格和習慣的不同造成的字體差異。如：

元戎：周兵車。（《才物譜·卷五》）

"戎——戎"

"戎"，大的兵車。《詩·小雅·六月》"元戎十乘，以先啟行。"《朱熹集傳》"元，大也。戎，戎車也。"

璿璣玉衡：璣，渾天儀也；以璿爲之衡管也。璣，運轉如天，以管從下望之。璣，徑八尺，圓圍二尺五寸而強。（《才物譜·卷一》）

"從——從"

撐犁：仝。（《才物譜·卷一》）

"犁——犁"

晠：音移。日斜楚。（《才物譜·卷一》）

"楚——楚"

宇宙：上下四方曰宇，徃古來曰宙。（《才物譜·卷一》）

"徃——往"

呢——呢《宋元以來俗字譜·口部》引《目連記》。右旁"尼"從俗字作"尸"。據此，"呢"爲"呢"之異體，可從。

遊絲：仝。（《才物譜·卷一》）

"遊——遊"

7. 訛字

訛字是在傳抄、書寫過程中字形發生了訛字的字。一般的訛字不能看成異體字，但當它約定俗成被人民所接收並進入字書後，訛字與相應的正字之間的關係，與一般的異體字之間的關係便沒有什麼兩樣了。因此，這類訛字也應該看成是異體字中特殊的一類。如：

質明：日未出而天明。（《才物譜·卷一》）

平明：仝。

詰朝：仝。

《小爾雅》詰朝，明旦也。《左傳·僖二十七年》詰朝相見。《說文長箋》本作喆朝。喆，古哲字。借明也。故明朝爲喆朝。今俗以喆爲詰，因詰喆形涸，誤

8．字體不同

漢字在形體演變過程中因爲字體不同而形成的異體字。

梼弧棘矢：儺者所用，以逐鬼者。（《才物譜·卷一》）

"梼——桃"《宋元以來俗字譜·木部》引《目連記》。

9．繁簡不同

爲因筆畫多少產生的異體字。

业：冬方。（《才物譜·卷一》）

"业——業"为繁簡字。

秋分：黃道赤道之交點也。盖二十四氣皆黃道所分之名也。（《才物譜·卷一》）

"盖——蓋"为繁簡字。

禩：仝。（《才物譜·卷一》）

"禩——祀"为繁簡字。"祀"《釋名》"殷曰祀。"

（二）古今字

古今字的概念有廣義和狹義之分，廣義的古今字外延十分廣泛，包括古今寫法的不同，狹義的古今字指古代表示多詞多義的共用的本字和後代與它既相對應又有區別的分化字。古今字強調歷時的概念：古——今；先產生的叫古字，後產生的叫今字。古字、今字是歷時的，一般不在同一個時間層面上表示一個相同的意義。強調分化的概念：共用——分化；今字是爲了區別意義而產生的，今字的音義雖然與古字有聯繫，但不可能完全相同。古今字產生的根本原因是漢字在記錄漢語過程中的趨簡與求別的矛盾。一方面我們想用最少量的漢字表示最大量的意義，另一方面又想精確區分不同的意義；古今字就是在這對矛盾的相互作用下產生的。詞義分化，本字與分化字構成的古今字。

在上古時代，一個字常常記錄多個詞義有聯繫，聲音也相同或相近的詞，我們稱它爲本字。本字承擔很多意義，這對運用文字來說是經濟的，但字的

兼職過多，容易造成表意的含混、模糊；爲了增強表意的明確性，人們便用另一個字來分化它的意義，形成了一對古今字。古今字形成的途徑主要是通過增加或改換義符等手段，如：

幽泆：幽，窅；泆，遠之處。(《才物譜·卷一》)

《集韻》"深，古作泆"。"泆——深"

冥：日淪下墮，上有蔽冪。(《才物譜·卷一》)

墮，古用墮、陀、墜。

亙：音絚。月弦也。上弦向東，下弦向西。(《才物譜·卷一》)

"亙——亙"，同"亙"，古文作亙。《正字通》"同亙。月弦也。"

漆齒：倭奴漆其齒，故稱曰柒齒。(《才物譜·卷一》)

"漆——柒"

生口：胡人被禽者。(《才物譜·卷一》)

"禽——擒"

野馬：田野浮氣。아즐앙이【莊】。(《才物譜·卷一》)

旭：日初出皃。(《才物譜·卷一》)

"皃——貌"古今字，後來寫作"貌"，本義是"面容"

晻曖：日不明皃。(《才物譜·卷一》)

"晻——暗"，昏暗貌。《文選·王延壽〈魯靈光殿賦〉》"遂排金扉而北入，霄藹藹而晻曖。"張銑註"晻曖，暝色。"

鎗：本作槍，剡木傷盜者。(《才物譜·卷五》)

"鎗——槍"

（三）通假字

書面語言中，有本字而不用，用一個音同或音近的字來代替，這種現象叫通假。原本當用的字叫本字，替用的字叫通假字（簡稱借字）。如：

籠東：一作隴種。兵敗披靡之謂。【史紀】"隴東軍士。"(《才物譜·卷五》)

"籠東——隴種""紀——記"

內壤：蝕爲內壤。【穀梁傳】(《才物譜·卷一》)

壤，通"傷"。《穀梁傳·隱公三年》"其日有食之何也？吐者外壤，食者內壤。"範寧註"凡所吐出者，其壤在外；其所吞咽者，壤入於內。"楊士勳疏"'壤'字爲《穀梁》音者皆爲傷。"

5.《才物譜》文字研究

滃浡：昏露皃。(《才物譜·卷一》)

"滃浡——滃渤"，盛貌。《文選·左思》"潮波汩起，回復萬里。歊霧滃浡，雲蒸昏昧。"劉良註"滃渤，煩鬱之狀。"

是月：【公佯傳】僅逮是月謂晦之時也。(《才物譜·卷一》)

"羊——佯"爲通假的關係。

儀器：側量七政之器捴名。(《才物譜·卷一》)

"側——測"。

醮：設坍祈禱。(《才物譜·卷一》)

"坍——壇"爲通假字。"醮"，醮事，道士設壇祈禱作法事。

侏離：蠻語聲。(《才物譜·卷一》)

"侏離——侏離"《周禮·春官·鞮鞻氏》"掌四夷之樂"賈公彥疏引《孝經緯·鉤命決》："西夷之樂曰侏離。"

區脫：土室，胡兒所以㕫漢者。(《才物譜·卷一》)

"㕫——候"爲通假字。區脫：匈奴語。指漢時與匈奴連界的邊塞所立的土堡哨所。

《漢書·蘇武傳》"區脫捕得雲中生口。"顏師古註引服虔曰"區脫，土室，胡兒所作以候漢者也。"

6. 結　論

　　縱觀全書，《才物譜》以漢字爲主要記錄文字，以漢字詞爲主要解說對象，以漢籍爲主要考釋依據，以儒家思想爲主要精神支撐。本書以詞彙與文字爲中心，對《才物譜》進行整體研究。首先建立數字化語料庫，通過共時和歷時兩個層面，對比中國的漢語詞彙，形成以漢字詞研究爲主導，系聯漢字研究、中韓文化對比等內容在內的整個研究體系。結論如下：

一、《才物譜》概況

　　《才物譜》作者李晚永家道中落，貧窮、困頓、無子嗣；仕途上，不被當世所用，年老方入太學，59歲才出任孝陵參奉。爲《才物譜》作序的金允秋，字庭堅，出身光山金氏，是朝鮮名儒金萬重（字重叔，號西浦）的兒子。作爲金允秋的同僚和好友，李晚永也有著濃厚的儒學背景。在好友金庭堅看來，李晚永是真正的儒家學者、聖人之徒。作者這種人生經歷和思想背景也影響《才物譜》的編撰，同時《才物譜》受社會大環境的影響。朝鮮王朝後期，受實學思潮的影響，當時很多學者自發地著書立說，誕生了一批經世致用的類書。相較於以往的類書，這些類書不僅僅是爲詩文而作，其對韓國歷史、典故、語言等方面的關註，更豐富了類書的內容，其中一部分已具有現代詞典特徵，屬於百科詞典。《才物譜》正是在這樣的實學之風和辭書編撰之風的感召下誕生的。《才物譜》也是致敬中國學者郭璞、張華之作。作者編寫此書目的有二：一是普及常識，教導民眾不必少見多怪，多識於鳥獸草木之名，開卷有益；二是有助於儒家的格致之學，不誇怪誕、不務虛遠，一切以實用爲本。

　　《才物譜》現存版本，有4卷4冊本和8卷8冊本。對比4冊本跟8卷8冊本，兩個版本的編次、細目的設定和內容上存在一些差別。從時間上來說，4冊本更早。從傳播的影響來看，國圖8卷8冊本流傳更廣，後代使用率最高。從內容上來說，國圖8卷8冊本是最好的異本。第一，體例上更爲完善，有序言，明示了作者的名字；目錄結構編排更爲細化；第二，內容更爲完善。《才物

6. 結　論

譜》是韓國物名類詞典的發端，在韓國語言文字學史上有承前啟後的作用。保留很多古代文獻資料，具有斷代語言史料價值，對其他學科研究也具有文獻史料價值。其對當時的天文、地理、人倫、醫藥、動物、植物等多有描述，通過對該書的研究，我們可以更瞭解韓國的語言、歷史和文化。

二、《才物譜》編排體例

《才物譜》繼承了朝鮮王朝時代的儒家思想、實學之風，主張經世致用。《才物譜》是韓國詞典學的發端，對韓國歷史上的物名類漢字詞分類編排，按意義系聯。《才物譜》對2296個詞頭，26675個詞項進行訓釋，詞彙量巨大，在韓國歷史上是前所未有的。在釋義體例上，《才物譜》採納了中國傳統訓詁學中義訓和聲訓的方式，術語豐富，引書詳實，包含了中韓兩國古代許多點典籍，保存了部分舊籍的資訊以及古代社會生活、自然科學的部分史料。其薈萃各家舊說，引證豐富，明白易懂，初具現代詞典的體例。對韓國後世詞典的編排有重要的借鑒作用。雖然在註釋過程中存在一些失誤，如使用術語混亂、釋義不當等，但瑕不掩瑜。從語言學的角度來說，《才物譜》在韓國語言文字學史上有承前啟後的作用。本書的研究有助於我們對韓國早期出現的詞典體例與內容進行分析，對詞典的分類研究有重要考價值，爲韓國詞彙分類提供了基礎資料佐證。

三、《才物譜》詞彙

本書將《才物譜》中的漢字詞劃分為固有漢字詞和漢源漢字詞。

1. 固有漢字詞

固有漢字詞詞彙類型包括地名類、物名類、職名類、人名、廟號類。從指稱範圍上來說，主要包括韓國歷史上新羅、百濟、高麗等各個時期的一些物名詞；從數量上來說，這些固有漢字詞所占的比例較小，具體到分卷，只在卷一地譜表示韓國固有地名、卷三人譜表示韓國古代官職、王族的時候集中出現，剩下一般是零散出現。此類漢字詞包含一些口語詞。由於作者儒生的背景，能夠對方言詞關註，雖然還是有一定的限度，但已經爲我們記錄了一些反映當代人民生活的詞彙，有的還以當代韓語詞加以註釋。這部分詞是以漢字記錄韓語語音，其與漢字意義也常常有一定的內在聯繫，借用漢字的涵義組合成詞，這類詞在韓語中占的比例也很大，常用來表示一些抽象概念。

2. 漢源漢字詞

漢源漢字詞是韓國漢字詞的主體，詞彙量很大，但是內涵比較複雜。詞彙類型包括中國不同時代的詞彙、中國不同地域的詞彙、中國不同民族的詞彙、梵語詞、西域諸國和經由西域傳入中國再傳入朝鮮半島的詞彙。詞彙特徵首先反映在語音結構類型上，有單音詞和複音詞，占主體地位的是雙音詞，此外複音詞還包括三音詞等多音節詞；從音節組合方式上看，此類詞彙包含單純詞、合成詞以及詞組。從語體色彩來看，書面語與口語並存，當然書面語占主體，同時也保留了很多方言詞、口語詞，反映當代的一些語言使用情況。從語義研究的角度來看，其註重語言的歷時變化，訓釋詞義具有歷史觀點，往往把詞義放到一定的歷史條件下進行考察，雖然沒有能夠闡明這些理論，但其訓釋酌古沿今，在研究方法上對後人有所啟發。其作註時或摘引古籍用例，從共時角度解說；或取證今語，從歷時角度解說。尤爲可貴的是對某些義訓還能作斷代分析，以說明某個特定歷史時期的詞義，註重語言的共時存在。《才物譜》保留很多民族和地域的詞彙。訓釋方式是先舉一共同語言詞彙，然後分別說明不同民族、不同地域的稱謂。這種利用共時平面串聯起同義詞的方法比《爾雅》並列幾個同義詞，只下一個簡單的解說方式要精密得多。《才物譜》對當時方言俗語的解釋，有斷代語言史料價值。其對音義關係的認識也很獨到。根據詞與詞之間的聲音關係推求意義的訓詁方法——聲訓在先秦早已產生，歷代學者一直不曾間斷過對音義之間關係的探討。《才物譜》已經看到了音和義的內在聯繫，能夠不爲文字形體所束縛，從聲音上着手解釋詞義，考察語詞相互間的關係。《才物譜》運用了"音轉""轉註"術語，音轉是語言本身的問題，是地域語言和歷史語言中普遍而又必然存在的一種語音現象。方言詞彙的差異實際是語音的對應關係，同一個詞，在不同的方言裏，有不同的語音形式。從文化角度來看，朝鮮王朝此時的文化傳播呈現出相容並濟的特點。推崇漢文化，相容佛道文化，重視本土文化。

3. 中韓通用詞彙

中韓通用詞彙本書將其分爲三種，分別從中韓兩國語言對比和《才物譜》詞彙系統內部對比兩個角度來談。"同形同義詞"即詞形相同，並且語義也幾乎相同的詞。這部分詞在韓國語的漢源詞彙中所占比例最大。從詞義角度看，主要有人名、地名、方位名、建制名、物品名稱等。"同形異義詞"語義相反或無關的詞彙，關語義有同有異，語義指向不同、範圍廣狹不同、語法功能不同。"異形同義詞",指詞形不同而意義相同或相近的詞。

四、《才物譜》文字

我們首先介紹漢字在朝鮮半島傳播、使用的狀況。關於漢字在朝鮮半島传播使用的時間最遲在公元前1世紀,公元251年,新羅已經設立了專門掌管漢字傳播和運用的官職。而它與百濟之間的戰和往來,也借用漢字書寫,並開始使用漢字來編修史書。新羅在智正王4年(公元503年),用漢字改稱國號和王號,法興王1年(公元514年),開始使用年號和諡號,可見漢字已取得官方的文字的地位。高句麗已經設立太學,開展儒學教育。通過漢籍,漢文成爲統治階級及其知識份子通用的書面語。當時漢字已經得到了廣泛的使用,並達到了相當的水準。

本書從當前韓國學者和中國學者研究韓國漢字的現狀出發,指出兩國學者在韓國俗字研究方面的缺失和不足。進而分析《才物譜》中俗字的類型、特徵《才物譜》俗字的類型主要有簡化俗字、繁化俗字、易移俗字、混用俗字、新造俗字,從《才物譜》可見簡化是俗字最明顯的特徵,俗字向形聲結構的發展,同時反映朝鮮王朝的文化內涵。

綜上,本書建立了數字化的語料庫,以詞彙與文字爲中心研究《才物譜》,總結了其取得的一些成果。還存在很多不足,期待後來者對《才物譜》這個文化寶庫做進一步的發掘和研究。

한국어 초록
《재물보》에 대한 연구——어휘 및 문자를 중심으로
초소
경성대학교 중어중문과
지도교수 하영삼

　《재물보》는 각 분야의 어휘를 분류하여 편찬한 조선 시대의 어휘 사전이다. 앞선 시기의 어휘집보다는 광범위한 분야의 어휘를 모은 것이다. 그러므로 한국어나 한국 문자학사에 큰 비중을 차지하는 책이다.《재물보》가 편찬되기 이전에 편찬된 어휘집으로는《훈몽자회》(1527) 이나《신증류합》(1576) 등을 들 수 있는데, 이들은 주로 문자와 관련된 책으로 평가된다.《재물보》이후에는 이기경의《물보》(1802) 와 류희의《물명고》(1884) 등을 어휘집으로 볼 수 있는데, 이 책들의 체제와 편집은《재물보》의 영향을 받은 것으로 보인다. 따라서《재물보》에 관한 연구는 한국의 초기 사전류 연구와 한국어 어휘 분류의 기초에 대한 연구에 큰 의미를 가진다.
　《재물보》는 내용 자체만으로도 상당한 연구 가치를 지니고 있다고 할 수 있다. 수록한 어휘의 범위가 넓고, 수량이 많으며, 해석이 상세한 백과사전의 성격을 지닌 책이기 때문이다. 따라서 한국의 역사나 언어, 문학에 대한 연구뿐만 아니라, 책에 수록된 물명과 관련된 분야도 중요한 자료가 될 수 있다. 나아가 한자 문화권의 문화 비교연구를 위한 중요한 문헌이 될 수 있고, 중국의 입장에서는 자국의 고문헌과 문화가 어떻게 다른 나라에 전파되었는지 알 수 있는 자료가 될 수 있다. 하지만 중국에서는 아직까지《재물보》에 대한 연구가 전혀 이루어지지 않았다.
　본 논문에서는《재물보》에 수록되어 있는 어휘 및 문자 형태를 다섯 장

한국어 초록

으로 나눠 살펴보았다. 이를 위해 먼저 데이터베이스를 만들어 중국 한자어휘와 통시적 비교와 공시적 비교를 진행하였다. 이는 한자의 연구와 한·중 문화를 서로 비교할 수 있다는 점에서 의의가 있다.

제1장에서는 본 논문의 연구 목적 및 의의, 선행 연구 등을 소개했다. 또한 연구 방법과 연구 과정에 대해서도 설명하였다.

제2장에서는《재물보》에 대해 설명하였다. 저자의 경력 및 정치적인 성향 등을 설명하고,《재물보》의 판본과 어휘 선정의 기준 등에 대해서도 설명을 해 두었다.

제3장에서는《재물보》의 편집 체계에 대해 소개하였다. 전용 의미 술어를 분석하였으며, 용례를 통하여《재물보》에 인용된 저서의 사용 상황 분석과 인용서적에 대하여 개략적인 설명을 하였다.

제4장에서는《재물보》에 사용된 한자어를 분석하였다. 한자어를 한국 고유한자어와 중국에서 전해진 한자어로 구분하고, 중국에서 전해진 한자어는 동형동의, 동의이형, 동형이의 등으로 세부적으로 분류하여 그 특징을 분석하였다.

제5장에서는 먼저 한반도에 한자가 전파되어 사용된 정황을 소개하였다. 그리고 한국의 학자들과 중국의 학자들이 한국의 한자에 대한 연구를 진행한 상황에서 출발하여 양국의 학자들이 연구한 한국의 속자 가운데 빠진 부분과 부족한 부분을 제시하였다. 또한《재물보》에 쓰인 속자의 종류 및 특징, 글자와의 관계 등을 분석하여 현재 한국 한자와 중국 이외 나라의 한자 연구에 도움이 될 수 있도록 하는데 목적을 두었다.

키워드:《재물보》, 중국, 한국, 언어, 문자, 어휘, 문화

《才物譜·序》及翻譯

才物譜·序

  六合之外聖人存而不論，六合之內聖人論而不議。苟有能類聚羣分，宗主乎斯文範圍而羽翼乎格物致知之學，則是亦聖人之徒，而通士勉焉。吾友李成之才高學博，老猶不懈，病世之學士以名物度數爲，不急而卒，然有所值。齋恨於孤陋者有之，其讀書窮理之際有寓輒記，門目既多，遂專意而益廣之。上自穹然、隤然之大，下至夭喬、喘蝡之微；明而人倫、日用，幽而神佛、詭異；靡不蒐羅。其考據徵信則本之經史子集，輔以稗官俚語、象鞮所譯，而名之曰才物譜。於是林林芬芬，一其理殊其分者幾乎囊括無遺。雖謏聞譾識開卷瞭然，可以免少見多怪之譏。其有功於今與後，豈不厚哉？昔夏後氏鑄九鼎，圖其方物，使民入山林不逢，不若吾夫子勸學詩，稱其多識於鳥獸草木之名。是書之作也，其亦有慕乎斯義，而視郭景純之讚山海、張茂先之志博物。其不誇怪誕務虛遠而一切以需用爲本，有助乎格致之學者，尤不啻什伯矣噫。成之懷抱利器，不試於世，老入太學，窮阨轉甚而又無子。吾聞開千眼者有陰德，必將有以徵斯言於成之也夫。

戊午維夏光山金允秋庭堅識

《才物譜·序》現代漢語翻譯

  天地之外的事物，聖人指把尚未搞清楚的問題保留下來，暫不討論；天地之內的事物，聖人根據現實情況描述但不說明理由。如果有人能把所有事物按類聚集、按羣劃分，探討事物的本源，豐富儒家的格致之學，這就是像聖人一樣的人，通達事理之人都爲此而努力。我的好友李成之才氣高、學問廣，雖然年老但仍堅持不懈，在這亂世之中，描繪事類、物品的名稱和法令、禮俗的規範，不急於求成，很有價值。李成之痛恨那些學識淺薄的人，於是在讀書、尋根溯源的時候，有出處的就記錄下來，門類分目越來越多，於是專門增加擴展這些記錄。上至天、地之大，下至草木、昆蟲之小；對人間的人倫關係、日常用品、陰間的神佛、詭異；全部包涵在內。該書的考據、徵引文獻以經史子集爲基礎，以野史小說、方言俗語以及翻譯爲輔助，因此這部書命名爲《才物譜》。對於各種各樣的事物，總合天地萬物的理以及每個事物各自有的理，幾乎全部囊括，沒有遺漏。即使孤陋寡聞、見識淺薄，打開這部書就會知道，可以減少少見多怪這樣的笑話。這部書對當今和後世都有貢獻，不是很重要嗎？從前，夏後氏鑄造九鼎，描述各種事物的名稱性狀等，使人民進入山林的時候避免碰到這些事物，大禹的這種行爲不如夫子孔子希望大家多學習《詩經》，認爲學《詩經》可以多認識鳥獸蟲魚的名稱。這部書的創作也有學習孔子這種做法的意思，並致敬郭璞作《〈山海經〉註》、張華作《〈博物志〉註》。這部書不誇耀離奇荒唐的事，不追求玄虛不切實際的事，一切以實用爲本，很有幫助，它的功用不僅僅是超過夏禹十倍、百倍了。李成之擁有才華卻不爲當世所用，年老才進入太學成爲生員，貧窮困頓、沒有子女。我聽說開千眼的人一定是暗中做了有德於人的事情，這話一定會在李成之的身上驗證。

戊午年四月金允秋（字庭堅）書寫於光山

《才物譜・序》한국어 翻譯

　　하늘과 땅 밖의 사물에 대해서 성인들은 아직 잘 알지 못하는 것이라 여겨 논하지 않았고, 하늘과 땅 안의 사물에 대해서는 현실상황에 근거하여 서술하였으나 그 이유는 설명하지 않았다.

　　만약 어떤 사람이 모든 사물을 종류에 따라 수집하고, 무리에 맞추어 구분하여 사물의 본질을 토론함으로써 유가의 격치지학을 풍부하게 할 수 있다면, 이 사람이야 말로 성인과 같고, 사리에 통달한 사람들은 모두 이렇게 되기 위해 노력할 것이다.

　　나의 벗 이성지（李成之）는 재기가 높고 박식하여 비록 나이는 들었으나 여전히 근면함을 고집하여 이런 난세에서도 사물의 종류, 물품의 명칭과 법령, 예속의 규범 등을 서술하면서도 서둘러 완성하려 하지 않았지만 대단

한 가치를 지닌 것들이다.

　　이성지는 학식이 얕고 천박한 이들을 싫어해 책을 읽거나 연구할 때, 출처가 있는 것은 기록으로 남겼다. 이렇게 되자 분류한 항목이 갈수록 많아졌고 이러한 기록들을 더하고 확장시켜 나갔다.

　　위로는 하늘과 땅의 광대함부터 아래로는 초목과 곤충의 작음에 이르기까지, 인간의 인륜관계, 일상적인 물건, 음지의 신령과 부처 등을 모두 포함하였다. 이 책의 문헌에 대한 참고 및 증거로 삼은 것은 경사자집(經史子集)을 기초로 하고 있으며, 야사 소설과 방언 속어 및 번역을 보조자료로 삼았다. 그러므로《재물보「才物譜」》라고 이름 지었다. 각양각색의 사물에 대하여 천지만물의 이치와 사물마다 지닌 이치를 논했을 뿐 아니라 거의 모든 것을 빠짐없이 포괄하였다. 고루하고 견문이 좁고 식견이 얕을지라도 이 책을 펼치면 바로 알 수가 있으니, 본 것이 적으면 신기하게 여기는 일이 많다는 말을 적게 들을 수 있다. 이 책이 당대뿐 아니라 후세에 이르기까지 공헌하고 있다는 점은 중요한 일이다. 옛날에 하후씨가 철로 아홉 개의 솥을 만들고 각종 사물의 명칭과 성질 등을 묘사하여 사람들로 하여금 숲 속으로 들어갔을 때 이러한 사물과 맞닥뜨리는 것을 피할 수 있도록 하였는데, 우임금의 이러한 행위는 공자가 모두가《시경》을 공부하기를 희망한 것만 못하니,《시경》을 공부함으로써 각종 생물의 명칭을 더 잘 인식할 수 있다고 생각하였기 때문이다.

　　이 책의 창작 또한 공자의 이러한 방법을 배운 의미가 있으며, 아울러 곽박(郭璞)의 작품《산해경「山海經」註》과 장화(張華)의 작품《박물지「博物志」註》에 경의를 표한다. 이 책은 기이하고 황당한 일을 과시하지 않고, 종잡을 수 없거나 실제에 맞지 않는 일을 추구하지 않으며, 모두 실용을 기본으로 하고 있어 큰 도움이 되니, 하우(夏禹)의 공에 비하여 열배, 백배 넘는 공덕이 있다고 아니할 수 없다. 이성지는 재능은 있지만 현세에 영향을 미치지 않았다. 노년이 되어서야 태학에 들어가 생원이 되었고, 가난하고 고단하였으며 자식이 없었다. 식견이 열린 사람은 반드시 남모르게 사람들에게 덕이 되는 일을 한다고 하는데, 이 말은 이성지를 통해서도 증명될 수 있다."

　　무오년사월에 김윤추가 광산에서 작성하였다

詞項數據庫

ID	卷別	頁碼	譜系	詞項
1.	1	1a	太極	元極
2.	1	1a	太極	靈極
3.	1	1a	太極	陰陽
4.	1	1a	太極	二氣
5.	1	1a	太極	二實
6.	1	1a	太極	五行
7.	1	1a	太極	五殊
8.	1	1a	天譜	男女
9.	1	1a	太極	萬物
10.	1	1a	太極	理
11.	1	1a	太極	氣
12.	1	1a	太極	造化
13.	1	1a	太極	瑤鏡
14.	1	1a	太極	鬼神
15.	1	1a	太極	化翁
16.	1	1a	太極	真宰
17.	1	1a	太極	黔雷
18.	1	1a	太極	黔嬴
19.	1	1a	太極	命
20.	1	1a	太極	運
21.	1	1a	太極	五運
22.	1	1a	太極	五德
23.	1	1a	天譜	太空
24.	1	1a	天譜	太清
25.	1	1a	天譜	太穹
26.	1	1a	天譜	太霄
27.	1	1a	天譜	太皓
28.	1	1a	天譜	太圓
29.	1	1a	天譜	皇穹
30.	1	1a	天譜	顥穹
31.	1	1a	天譜	蒼穹
32.	1	1a	天譜	層穹
33.	1	1a	天譜	清穹
34.	1	1a	天譜	穹昊
35.	1	1a	天譜	穹蒼
36.	1	1a	天譜	上蒼
37.	1	1a	天譜	顥蒼
38.	1	1a	天譜	九蒼
39.	1	1a	天譜	蒼旻
40.	1	1a	天譜	蒼靈
41.	1	1a	天譜	圓靈
42.	1	1a	天譜	九霄
43.	1	1a	天譜	神霄
44.	1	1a	天譜	青霄
45.	1	1b	天譜	碧霄
46.	1	1b	天譜	丹霄
47.	1	1b	天譜	紫霄
48.	1	1b	天譜	玉霄
49.	1	1b	天譜	琅霄
50.	1	1b	天譜	景霄
51.	1	1b	天譜	青冥
52.	1	1b	天譜	青空
53.	1	1b	天譜	紫虛
54.	1	1b	天譜	紫落
55.	1	1b	天譜	碧落
56.	1	1b	天譜	上靈
57.	1	1b	天譜	上高
58.	1	1b	天譜	上玄
59.	1	1b	天譜	清玄
60.	1	1b	天譜	重玄
61.	1	1b	天譜	玄儀
62.	1	1b	天譜	泰元
63.	1	1b	天譜	玉宇
64.	1	1b	天譜	圓精
65.	1	1b	天譜	元尊
66.	1	1b	天譜	提娑
67.	1	1b	天譜	統格落

68.	1	1b	天譜	祁連	108.	1	2a	天譜	宇宙
69.	1	1b	天譜	撐犁	109.	1	2a	天譜	東
70.	1	1b	天譜	騰吉里	110.	1	2a	天譜	南
71.	1	1b	天譜	耀魄寶	111.	1	2a	天譜	西
72.	1	1b	天譜	玉皇	112.	1	2a	天譜	北
73.	1	1b	天譜	上帝	113.	1	2a	天譜	上
74.	1	1b	天譜	天皇	114.	1	2a	天譜	中
75.	1	1b	天譜	蒼天	115.	1	2a	天譜	間
76.	1	1b	天譜	昊天	116.	1	2a	天譜	下
77.	1	1b	天譜	旻天	117.	1	2a	天譜	三才
78.	1	1b	天譜	上天	118.	1	2a	天譜	開闢生
79.	1	1b	天譜	九天	119.	1	2a	天譜	元
80.	1	1b	天譜	經緯	120.	1	2a	天譜	會
81.	1	1b	天譜	躔度	121.	1	2a	天譜	運
82.	1	1b	天譜	璿璣玉衡	122.	1	2a	天譜	世
83.	1	1b	天譜	銅渾	123.	1	2a	天譜	劫
84.	1	1b	天譜	渾天	124.	1	2a	天譜	古
85.	1	1b	天譜	盖天	125.	1	2a	天譜	今
86.	1	1b	天譜	周髀	126.	1	2a	天譜	太陽
87.	1	1b	天譜	宣夜	127.	1	2a	天譜	曜靈
88.	1	1b	天譜	昕天	128.	1	2a	天譜	朱明
89.	1	1b	天譜	靈憲	129.	1	2a	天譜	靈曜
90.	1	2a	天譜	乾坤	130.	1	2a	天譜	陽烏
91.	1	2a	天譜	大區	131.	1	2a	天譜	翔陽
92.	1	2a	天譜	盖壤	132.	1	2a	天譜	大明
93.	1	2a	天譜	兩儀	133.	1	2a	天譜	朱光
94.	1	2a	天譜	堪輿	134.	1	2a	天譜	朱義
95.	1	2a	天譜	大塊	135.	1	2a	天譜	扶光
96.	1	2a	天譜	濁	136.	1	2a	天譜	太暉
97.	1	2a	天譜	六合	137.	1	2a	天譜	離光
98.	1	2a	天譜	六幕	138.	1	2a	天譜	靈暉
99.	1	2a	天譜	穹壤	139.	1	2a	天譜	黃道
100.	1	2a	天譜	兩間	140.	1	2a	天譜	黃極
101.	1	2a	天譜	橐籥	141.	1	2a	天譜	黃經
102.	1	2a	天譜	俯載	142.	1	2a	天譜	黃緯
103.	1	2a	天譜	天下	143.	1	2a	天譜	秋分
104.	1	2a	天譜	寰區	144.	1	2a	天譜	春分
105.	1	2a	天譜	大界	145.	1	2a	天譜	圓羅耀
106.	1	2a	天譜	大千	146.	1	2a	天譜	濯羅耀
107.	1	2a	天譜	十方	147.	1	2b	天譜	爵儀

148.	1	2b	天譜	欝華	188.	1	3a	天譜	昧爽
149.	1	2b	天譜	踆烏	189.	1	3a	天譜	厥明
150.	1	2b	天譜	陽烏	190.	1	3a	天譜	黎明
151.	1	2b	天譜	暾	191.	1	3a	天譜	遲明
152.	1	2b	天譜	曦	192.	1	3a	天譜	質明
153.	1	2b	天譜	景	193.	1	3a	天譜	平明
154.	1	2b	天譜	暉	194.	1	3a	天譜	詰朝
155.	1	2b	天譜	晛	195.	1	3a	天譜	終朝
156.	1	2b	天譜	陰	196.	1	3a	天譜	崇朝
157.	1	2b	天譜	影	197.	1	3a	天譜	早
158.	1	2b	天譜	景柱	198.	1	3a	天譜	亭午
159.	1	2b	天譜	罔兩	199.	1	3a	天譜	晝
160.	1	2b	天譜	野馬	200.	1	3a	天譜	下稷
161.	1	2b	天譜	遊絲	201.	1	3a	天譜	旰
162.	1	2b	天譜	暹	202.	1	3a	天譜	昃
163.	1	2b	天譜	暄	203.	1	3a	天譜	晚
164.	1	2b	天譜	旭	204.	1	3a	天譜	暮
165.	1	2b	天譜	杲杲	205.	1	3a	天譜	曛
166.	1	2b	天譜	瞳曨	206.	1	3a	天譜	冥
167.	1	2b	天譜	曨曨	207.	1	3a	天譜	夕陽
168.	1	2b	天譜	熒熒	208.	1	3a	天譜	夕照
169.	1	2b	天譜	晻曖	209.	1	3a	天譜	斜日
170.	1	2b	天譜	曖曃	210.	1	3a	天譜	落日
171.	1	2b	天譜	日晃眼	211.	1	3a	天譜	落照
172.	1	2b	天譜	日蝕	212.	1	3a	天譜	返景
173.	1	2b	天譜	薄食	213.	1	3a	天譜	殘照
174.	1	2b	天譜	蘮食	214.	1	3a	天譜	斜照
175.	1	2b	天譜	微	215.	1	3a	天譜	返照
176.	1	2b	天譜	映	216.	1	3a	天譜	斜陽
177.	1	2b	天譜	日蝕三限	217.	1	3a	天譜	昏
178.	1	2b	天譜	內壤	218.	1	3a	天譜	夕
179.	1	2b	天譜	外壤	219.	1	3a	天譜	晨明
180.	1	2b	天譜	金環	220.	1	3a	天譜	昢明
181.	1	2b	天譜	日暈	221.	1	3a	天譜	朝明
182.	1	2b	天譜	日珥	222.	1	3a	天譜	早食
183.	1	2b	天譜	日環	223.	1	3a	天譜	晏食
184.	1	2b	天譜	十輝	224.	1	3a	天譜	禺中
185.	1	3a	天譜	晨	225.	1	3a	天譜	正中
186.	1	3a	天譜	曙	226.	1	3a	天譜	小還
187.	1	3a	天譜	曉	227.	1	3a	天譜	晡時

228.	1	3a	天譜	大還	268.	1	3b	天譜	金蟾
229.	1	3a	天譜	高舂	269.	1	3b	天譜	玉蟾
230.	1	3a	天譜	下舂	270.	1	3b	天譜	蟾輝
231.	1	3a	天譜	懸車	271.	1	3b	天譜	白道
232.	1	3a	天譜	黃昏	272.	1	3b	天譜	纖阿
233.	1	3a	天譜	定昏	273.	1	3b	天譜	望舒
234.	1	3a	天譜	崦嵫	274.	1	3b	天譜	結鄰
235.	1	3a	天譜	若木	275.	1	3b	天譜	嫦娥
236.	1	3a	天譜	桑榆	276.	1	3b	天譜	姮娥
237.	1	3a	天譜	曚影	277.	1	3b	天譜	吳剛
238.	1	3b	天譜	夜	278.	1	3b	天譜	廣寒殿
239.	1	3b	天譜	宵	279.	1	3b	天譜	桂
240.	1	3b	天譜	五夜	280.	1	3b	天譜	山河影
241.	1	3b	天譜	五更	281.	1	3b	天譜	縮朒
242.	1	3b	天譜	半夜	282.	1	3b	天譜	朓
243.	1	3b	天譜	中夜	283.	1	3b	天譜	朏
244.	1	3b	天譜	後夜	284.	1	3b	天譜	側匿
245.	1	3b	天譜	良夜	285.	1	3b	天譜	魄
246.	1	3b	天譜	遙夜	286.	1	3b	天譜	亙
247.	1	3b	天譜	遙昔	287.	1	3b	天譜	赤道
248.	1	3b	天譜	通昔	288.	1	4a	天譜	黑道
249.	1	3b	天譜	昔昔	289.	1	4a	天譜	南陸
250.	1	3b	天譜	夜闌	290.	1	4a	天譜	北陸
251.	1	3b	天譜	殘夜	291.	1	4a	天譜	陰曆
252.	1	3b	天譜	夜嚴	292.	1	4a	天譜	陽曆
253.	1	3b	天譜	三嚴	293.	1	4a	天譜	金樞
254.	1	3b	天譜	三商	294.	1	4a	天譜	月蝕
255.	1	3b	天譜	蝦蟆更	295.	1	4a	天譜	闇虛
256.	1	3b	天譜	更點	296.	1	4a	天譜	五限
257.	1	3b	天譜	點子	297.	1	4a	天譜	月暈
258.	1	3b	天譜	人定鐘	298.	1	4a	天譜	月黃
259.	1	3b	天譜	罷漏	299.	1	4a	天譜	飛黃
260.	1	3b	天譜	太陰	300.	1	4a	天譜	朣朧
261.	1	3b	天譜	圓魄	301.	1	4a	天譜	朦朧
262.	1	3b	天譜	金魄	302.	1	4a	天譜	宿
263.	1	3b	天譜	玉兔	303.	1	4a	天譜	辰
264.	1	3b	天譜	金兔	304.	1	4a	天譜	沫
265.	1	3b	天譜	玄兔	305.	1	4a	天譜	伬約
266.	1	3b	天譜	陰兔	306.	1	4a	天譜	流星
267.	1	3b	天譜	素娥	307.	1	4a	天譜	飛星

308.	1	4a	天譜	躔	348.	1	5a	天譜	天津
309.	1	4a	天譜	房	349.	1	5a	天譜	河漢
310.	1	4a	天譜	嬴縮	350.	1	5a	天譜	銀漢
311.	1	4a	天譜	七政	351.	1	5a	天譜	雲漢
312.	1	4a	天譜	四隱曜	352.	1	5a	天譜	絳河
313.	1	4a	天譜	布	353.	1	5a	天譜	明河
314.	1	4a	天譜	煜煜	354.	1	5a	天譜	繩河
315.	1	4a	天譜	晢晢	355.	1	5a	天譜	銀河
316.	1	4a	天譜	嘒	356.	1	5a	天譜	銀潢
317.	1	4b	天譜	北辰	357.	1	5a	天譜	銀灣
318.	1	4b	天譜	極星	358.	1	5a	天譜	析木
319.	1	4b	天譜	五星	359.	1	5a	天譜	斜漢
320.	1	4b	天譜	五緯	360.	1	5a	天譜	孟婆
321.	1	4b	天譜	歲星	361.	1	5a	天譜	谷風
322.	1	4b	天譜	熒惑	362.	1	5a	天譜	凱風
323.	1	4b	天譜	填星	363.	1	5a	天譜	泰風
324.	1	4b	天譜	太白	364.	1	5a	天譜	涼風
325.	1	4b	天譜	長庚	365.	1	5a	天譜	條風
326.	1	4b	天譜	啓明	366.	1	5a	天譜	明庶風
327.	1	4b	天譜	辰星	367.	1	5a	天譜	清明風
328.	1	4b	天譜	順逆留	368.	1	5a	天譜	景風
329.	1	4b	天譜	瑞星	369.	1	5a	天譜	涼風
330.	1	4b	天譜	景星	370.	1	5a	天譜	閶闔風
331.	1	4b	天譜	周伯	371.	1	5a	天譜	不周風
332.	1	4b	天譜	含譽	372.	1	5a	天譜	廣莫風
333.	1	4b	天譜	格澤	373.	1	5a	天譜	和風
334.	1	4b	天譜	妖星	374.	1	5a	天譜	光風
335.	1	4b	天譜	蚩尤旗	375.	1	5a	天譜	緒風
336.	1	4b	天譜	客星	376.	1	5a	天譜	花信風
337.	1	4b	天譜	天狗	377.	1	5a	天譜	颷
338.	1	4b	天譜	枉矢	378.	1	5a	天譜	颶
339.	1	4b	天譜	彗星	379.	1	5a	天譜	廻風
340.	1	4b	天譜	孛星	380.	1	5a	天譜	旋風
341.	1	4b	天譜	孛	381.	1	5a	天譜	飄風
342.	1	4b	天譜	旬始	382.	1	5a	天譜	颮風
343.	1	4b	天譜	長庚	383.	1	5a	天譜	扶搖
344.	1	4b	天譜	天槍	384.	1	5a	天譜	焚輪
345.	1	4b	天譜	天欃	385.	1	5a	天譜	猋
346.	1	5a	天譜	天漢	386.	1	5a	天譜	頹
347.	1	5a	天譜	天杭	387.	1	5a	天譜	少女

388.	1	5a	天譜	舶䑸	428.	1	5b	天譜	喬雲
389.	1	5a	天譜	石尤	429.	1	5b	天譜	屏翳
390.	1	5a	天譜	終風	430.	1	5b	天譜	靐靐
391.	1	5a	天譜	暗	431.	1	5b	天譜	英英
392.	1	5a	天譜	霾	432.	1	5b	天譜	靉靆
393.	1	5a	天譜	疙	433.	1	5b	天譜	霍霩
394.	1	5a	天譜	盲風	434.	1	5b	天譜	滃滃
395.	1	5a	天譜	暴風	435.	1	5b	天譜	油然
396.	1	5a	天譜	暴	436.	1	5b	天譜	渰
397.	1	5a	天譜	積	437.	1	5b	天譜	圖圖
398.	1	5a	天譜	礙車雲	438.	1	5b	天譜	淒淒
399.	1	5a	天譜	颺	439.	1	5b	天譜	亭亭
400.	1	5a	天譜	黃風	440.	1	5b	天譜	蕭索輪囷
401.	1	5a	天譜	風伯	441.	1	5b	天譜	郁郁紛紛
402.	1	5a	天譜	飛廉	442.	1	5b	天譜	榆莢雨
403.	1	5a	天譜	巽二	443.	1	5b	天譜	社翁雨
404.	1	5a	天譜	封家十八姨	444.	1	5b	天譜	迎梅雨
405.	1	5a	天譜	方道彰	445.	1	5b	天譜	黃梅雨
406.	1	5b	天譜	箕星	446.	1	5b	天譜	送梅雨
407.	1	5b	天譜	磔	447.	1	5b	天譜	隔轍雨
408.	1	5b	天譜	籟	448.	1	5b	天譜	濯枝雨
409.	1	5b	天譜	颯颯	449.	1	5b	天譜	豆花雨
410.	1	5b	天譜	廮廮	450.	1	5b	天譜	錦雨
411.	1	5b	天譜	蕭蕭	451.	1	5b	天譜	液雨
412.	1	5b	天譜	瑟瑟	452.	1	6a	天譜	月額雨
413.	1	5b	天譜	策策	453.	1	6a	天譜	時雨
414.	1	5b	天譜	飄飄	454.	1	6a	天譜	甘澍
415.	1	5b	天譜	颺	455.	1	6a	天譜	藥雨
416.	1	5b	天譜	習習	456.	1	6a	天譜	靈雨
417.	1	5b	天譜	弗弗	457.	1	6a	天譜	甘雨
418.	1	5b	天譜	刁刁	458.	1	6a	天譜	喜雨
419.	1	5b	天譜	蓬蓬	459.	1	6a	天譜	凍雨
420.	1	5b	天譜	黃雲	460.	1	6a	天譜	驟雨
421.	1	5b	天譜	彤雲	461.	1	6a	天譜	過路雨
422.	1	5b	天譜	火雲	462.	1	6a	天譜	霖雨
423.	1	5b	天譜	陰雲	463.	1	6a	天譜	苦雨
424.	1	5b	天譜	膚寸	464.	1	6a	天譜	久雨
425.	1	5b	天譜	蔽雲	465.	1	6a	天譜	淫雨
426.	1	5b	天譜	慶雲	466.	1	6a	天譜	愁霖
427.	1	5b	天譜	卿雲	467.	1	6a	天譜	恒雨

468.	1	6a	天譜	潦雨	508.	1	6b	天譜	塗塗
469.	1	6a	天譜	天漏	509.	1	6b	天譜	湛湛
470.	1	6a	天譜	淫霖	510.	1	6b	天譜	濃濃
471.	1	6a	天譜	霢霂	511.	1	6b	天譜	瀼瀼
472.	1	6a	天譜	零雨	512.	1	6b	天譜	溥溥
473.	1	6a	天譜	一犂雨	513.	1	6b	天譜	泥泥
474.	1	6a	天譜	一鉏雨	514.	1	6b	天譜	厭浥
475.	1	6a	天譜	爛雨	515.	1	6b	天譜	泫泫
476.	1	6a	天譜	分龍雨	516.	1	6b	天譜	湑湑
477.	1	6a	天譜	玄冥	517.	1	6b	天譜	霰
478.	1	6a	天譜	陳華夫	518.	1	6b	天譜	甜霜
479.	1	6a	天譜	雹	519.	1	6b	天譜	嚴霜
480.	1	6a	天譜	雩	520.	1	6b	天譜	皚
481.	1	6a	天譜	淅瀝	521.	1	6b	天譜	樹介
482.	1	6a	天譜	溰溰	522.	1	6b	天譜	木稼
483.	1	6a	天譜	滂沱	523.	1	6b	天譜	青女
484.	1	6a	天譜	涔涔	524.	1	6b	天譜	青嫇玉女
485.	1	6a	天譜	淋漓	525.	1	6b	天譜	灌灌
486.	1	6a	天譜	濛濛	526.	1	6b	天譜	六花
487.	1	6a	天譜	霏霏	527.	1	6b	天譜	瑞葉
488.	1	6a	天譜	廉纖	528.	1	6b	天譜	鵝毛雪
489.	1	6a	天譜	颯颯	529.	1	6b	天譜	霰
490.	1	6a	天譜	瀟瀟	530.	1	6b	天譜	稷雪
491.	1	6a	天譜	析析	531.	1	6b	天譜	粒雪
492.	1	6a	天譜	霽	532.	1	6b	天譜	米雪
493.	1	6a	天譜	晏温	533.	1	6b	天譜	霄雪
494.	1	6a	天譜	黄金襖	534.	1	6b	天譜	汁
495.	1	6a	天譜	亢旱	535.	1	6b	天譜	滕六
496.	1	6a	天譜	亢陽	536.	1	6b	天譜	瀧瀧
497.	1	6a	天譜	暵	537.	1	6b	天譜	浮浮
498.	1	6a	天譜	魃	538.	1	6b	天譜	雱雱
499.	1	6a	天譜	旱母	539.	1	6b	天譜	霏霏
500.	1	6a	天譜	旱格格子	540.	1	6b	天譜	雰雰
501.	1	6a	天譜	鬼婦	541.	1	6b	天譜	白雨
502.	1	6a	天譜	甘露	542.	1	6b	天譜	硬頭雨
503.	1	6a	天譜	天酒	543.	1	6b	天譜	晦
504.	1	6a	天譜	膏露	544.	1	6b	天譜	迷空步障
505.	1	6a	天譜	神漿	545.	1	6b	天譜	霧凇
506.	1	6a	天譜	沆瀣	546.	1	6b	天譜	木稼
507.	1	6a	天譜	雀錫	547.	1	7a	天譜	花霜

548.	1	7a	天譜	蒙鬆花	588.	1	7a	天譜	美人
549.	1	7a	天譜	霧	589.	1	7a	天譜	隮
550.	1	7a	天譜	霾	590.	1	7b	天譜	甲乙
551.	1	7a	天譜	曀	591.	1	7b	天譜	丙丁
552.	1	7a	天譜	逢浡	592.	1	7b	天譜	戊己
553.	1	7a	天譜	霞	593.	1	7b	天譜	庚辛
554.	1	7a	天譜	震	594.	1	7b	天譜	壬癸
555.	1	7a	天譜	玉虎	595.	1	7b	天譜	子
556.	1	7a	天譜	霆	596.	1	7b	天譜	丑
557.	1	7a	天譜	霹靂	597.	1	7b	天譜	寅
558.	1	7a	天譜	雷轟	598.	1	7b	天譜	卯
559.	1	7a	天譜	雷車	599.	1	7b	天譜	辰
560.	1	7a	天譜	雷斧	600.	1	7b	天譜	巳
561.	1	7a	天譜	雷楔	601.	1	7b	天譜	午
562.	1	7a	天譜	雷墨	602.	1	7b	天譜	未
563.	1	7a	天譜	豊隆	603.	1	7b	天譜	申
564.	1	7a	天譜	雷公	604.	1	7b	天譜	酉
565.	1	7a	天譜	江赫沖	605.	1	7b	天譜	戌
566.	1	7a	天譜	謝仙	606.	1	7b	天譜	亥
567.	1	7a	天譜	殷殷	607.	1	7b	天譜	甲子
568.	1	7a	天譜	匋匋	608.	1	7b	天譜	乙丑
569.	1	7a	天譜	虩虩	609.	1	7b	天譜	丙寅
570.	1	7a	天譜	虺虺	610.	1	7b	天譜	丁卯
571.	1	7a	天譜	雷光	611.	1	7b	天譜	戊辰
572.	1	7a	天譜	天笑	612.	1	8a	天譜	己巳
573.	1	7a	天譜	金蛇	613.	1	8a	天譜	庚午
574.	1	7a	天譜	列缺	614.	1	8a	天譜	辛未
575.	1	7a	天譜	電母	615.	1	8a	天譜	壬申
576.	1	7a	天譜	秀文英	616.	1	8a	天譜	癸酉
577.	1	7a	天譜	燁燁	617.	1	8a	天譜	甲戌
578.	1	7a	天譜	曚睒	618.	1	8a	天譜	乙亥
579.	1	7a	天譜	礦磾	619.	1	8a	天譜	丙子
580.	1	7a	天譜	爓爓	620.	1	8a	天譜	丁丑
581.	1	7a	天譜	霓	621.	1	8a	天譜	戊寅
582.	1	7a	天譜	蝃蝀	622.	1	8a	天譜	己卯
583.	1	7a	天譜	雩	623.	1	8a	天譜	庚辰
584.	1	7a	天譜	天帔	624.	1	8a	天譜	辛巳
585.	1	7a	天譜	天弓	625.	1	8a	天譜	壬午
586.	1	7a	天譜	帝弓	626.	1	8a	天譜	癸未
587.	1	7a	天譜	挈貳	627.	1	8a	天譜	甲申

628.	1	8a	天譜	乙酉	668.	1	8a	天譜	旃蒙
629.	1	8a	天譜	丙戌	669.	1	8a	天譜	柔兆
630.	1	8a	天譜	丁亥	670.	1	8a	天譜	強圉
631.	1	8a	天譜	戊子	671.	1	8a	天譜	著雍
632.	1	8a	天譜	己丑	672.	1	8a	天譜	屠維
633.	1	8a	天譜	庚寅	673.	1	8a	天譜	上章
634.	1	8a	天譜	辛卯	674.	1	8a	天譜	重光
635.	1	8a	天譜	壬辰	675.	1	8a	天譜	玄黓
636.	1	8a	天譜	癸巳	676.	1	8a	天譜	橫艾
637.	1	8a	天譜	甲午	677.	1	8a	天譜	昭陽
638.	1	8a	天譜	乙未	678.	1	8b	天譜	困敦
639.	1	8a	天譜	丙申	679.	1	8b	天譜	赤奮若
640.	1	8a	天譜	丁酉	680.	1	8b	天譜	攝提格
641.	1	8a	天譜	戊戌	681.	1	8b	天譜	單閼
642.	1	8a	天譜	己亥	682.	1	8b	天譜	執徐
643.	1	8a	天譜	庚子	683.	1	8b	天譜	大荒落
644.	1	8a	天譜	辛丑	684.	1	8b	天譜	敦牂
645.	1	8a	天譜	壬寅	685.	1	8b	天譜	協洽
646.	1	8a	天譜	癸卯	686.	1	8b	天譜	涒灘
647.	1	8a	天譜	甲辰	687.	1	8b	天譜	作噩
648.	1	8a	天譜	乙巳	688.	1	8b	天譜	閹茂
649.	1	8a	天譜	丙午	689.	1	8b	天譜	大淵獻
650.	1	8a	天譜	丁未	690.	1	8b	天譜	歲
651.	1	8a	天譜	戊申	691.	1	8b	天譜	載
652.	1	8a	天譜	己酉	692.	1	8b	天譜	祀
653.	1	8a	天譜	庚戌	693.	1	8b	天譜	禩
654.	1	8a	天譜	辛亥	694.	1	8b	天譜	稔
655.	1	8a	天譜	壬子	695.	1	8b	天譜	茲
656.	1	8a	天譜	癸丑	696.	1	8b	天譜	集
657.	1	8a	天譜	甲寅	697.	1	8b	天譜	劫
658.	1	8a	天譜	乙卯	698.	1	8b	天譜	紀
659.	1	8a	天譜	丙辰	699.	1	8b	天譜	終
660.	1	8a	天譜	丁巳	700.	1	8b	天譜	蔀
661.	1	8a	天譜	戊午	701.	1	8b	天譜	紀
662.	1	8a	天譜	己未	702.	1	8b	天譜	嗣歲
663.	1	8a	天譜	庚申	703.	1	8b	天譜	頻年
664.	1	8a	天譜	辛酉	704.	1	8b	天譜	比年
665.	1	8a	天譜	壬戌	705.	1	8b	天譜	巧曆推步
666.	1	8a	天譜	癸亥	706.	1	8b	天譜	太史
667.	1	8a	天譜	閼逢	707.	1	8b	天譜	挈壺氏

708.	1	8b	天譜	馮湘氏	748.	1	9a	天譜	渾天儀
709.	1	8b	天譜	保章氏	749.	1	9a	天譜	黃道儀
710.	1	8b	天譜	齊元	750.	1	9a	天譜	赤道儀
711.	1	8b	天譜	苔	751.	1	9a	天譜	高弧儀
712.	1	8b	天譜	歲實	752.	1	9a	天譜	六合
713.	1	8b	天譜	朔策	753.	1	9a	天譜	三辰
714.	1	8b	天譜	會望策	754.	1	9a	天譜	四游
715.	1	8b	天譜	轉終分	755.	1	9a	天譜	天經
716.	1	8b	天譜	氣盈	756.	1	9a	天譜	天緯
717.	1	8b	天譜	朔虛	757.	1	9a	天譜	紘璣衡
718.	1	8b	天譜	閏率	758.	1	9a	天譜	金渾規
719.	1	8b	天譜	大餘	759.	1	9a	天譜	月游規
720.	1	8b	天譜	小餘	760.	1	9a	天譜	金帶規
721.	1	8b	天譜	平朔	761.	1	9b	天譜	弧三角形
722.	1	8b	天譜	乏朔	762.	1	9b	天譜	不同心規
723.	1	8b	天譜	實朔	763.	1	9b	天譜	本天
724.	1	9a	天譜	歲首	764.	1	9b	天譜	本輪
725.	1	9a	天譜	年根	765.	1	9b	天譜	均輪
726.	1	9a	天譜	月首	766.	1	9b	天譜	次輪
727.	1	9a	天譜	章	767.	1	9b	天譜	均數
728.	1	9a	天譜	蔀	768.	1	9b	天譜	平行
729.	1	9a	天譜	紀	769.	1	9b	天譜	軌圈
730.	1	9a	天譜	元	770.	1	9b	天譜	實行
731.	1	9a	天譜	赤道	771.	1	9b	天譜	最高行
732.	1	9a	天譜	距等圈	772.	1	9b	天譜	伏見限
733.	1	9a	天譜	緯圈	773.	1	9b	天譜	分秒
734.	1	9a	天譜	經線	774.	1	9b	天譜	青陽
735.	1	9a	天譜	黃道	775.	1	9b	天譜	青春
736.	1	9a	天譜	正交	776.	1	9b	天譜	芳春
737.	1	9a	天譜	中交	777.	1	9b	天譜	陽春
738.	1	9a	天譜	歲差	778.	1	9b	天譜	三春
739.	1	9a	天譜	白道	779.	1	9b	天譜	九春
740.	1	9a	天譜	中星	780.	1	9b	天譜	媚景
741.	1	9a	天譜	斗分	781.	1	9b	天譜	韶景
742.	1	9a	天譜	半周	782.	1	9b	天譜	韶節
743.	1	9a	天譜	半經	783.	1	9b	天譜	華節
744.	1	9a	天譜	象限	784.	1	10a	天譜	淑節
745.	1	9a	天譜	紀限	785.	1	10a	天譜	芳辰
746.	1	9a	天譜	儀器	786.	1	10a	天譜	句萌
747.	1	9a	天譜	璿璣玉衡	787.	1	10a	天譜	伊耆氏

788.	1	10a	天譜	重	828.	1	10a	天譜	白露
789.	1	10a	天譜	立春	829.	1	10a	天譜	秋分
790.	1	10a	天譜	宜春	830.	1	10a	天譜	寒露
791.	1	10a	天譜	春帖子	831.	1	10b	天譜	霜降
792.	1	10a	天譜	春盤	832.	1	10b	天譜	涼
793.	1	10a	天譜	雨水	833.	1	10b	天譜	淒淒
794.	1	10a	天譜	驚蟄	834.	1	10b	天譜	玄英
795.	1	10a	天譜	九九	835.	1	10b	天譜	寒景
796.	1	10a	天譜	春分	836.	1	10b	天譜	嚴節
797.	1	10a	天譜	清明	837.	1	10b	天譜	玄冥
798.	1	10a	天譜	穀雨	838.	1	10b	天譜	脩熙
799.	1	10a	天譜	朱明	839.	1	10b	天譜	立冬
800.	1	10a	天譜	長嬴	840.	1	10b	天譜	小雪
801.	1	10a	天譜	炎節	841.	1	10b	天譜	大雪
802.	1	10a	天譜	脩景	842.	1	10b	天譜	冬至
803.	1	10a	天譜	祝融	843.	1	10b	天譜	南至
804.	1	10a	天譜	犁	844.	1	10b	天譜	亞歲
805.	1	10a	天譜	立夏	845.	1	10b	天譜	借春
806.	1	10a	天譜	小滿	846.	1	10b	天譜	小至
807.	1	10a	天譜	芒種	847.	1	10b	天譜	小寒
808.	1	10a	天譜	夏至	848.	1	10b	天譜	大寒
809.	1	10a	天譜	桃印	849.	1	10b	天譜	臀發
810.	1	10a	天譜	小暑	850.	1	10b	天譜	栗烈
811.	1	10a	天譜	大暑	851.	1	10b	天譜	嚴冱
812.	1	10a	天譜	敲	852.	1	10b	天譜	歲朝
813.	1	10a	天譜	潯	853.	1	10b	天譜	歲中
814.	1	10a	天譜	熅熱	854.	1	10b	天譜	歲夕
815.	1	10a	天譜	蘊隆	855.	1	10b	天譜	是月
816.	1	10a	天譜	蟲蟲	856.	1	10b	天譜	中月
817.	1	10a	天譜	白藏	857.	1	10b	天譜	來月
818.	1	10a	天譜	素商	858.	1	10b	天譜	去月
819.	1	10a	天譜	朗景	859.	1	10b	天譜	徙月
820.	1	10a	天譜	澄景	860.	1	10b	天譜	出月
821.	1	10a	天譜	淒辰	861.	1	10b	天譜	下月
822.	1	10a	天譜	素節	862.	1	10b	天譜	改月
823.	1	10a	天譜	商節	863.	1	10b	天譜	畢
824.	1	10a	天譜	蓐收	864.	1	10b	天譜	橘
825.	1	10a	天譜	該	865.	1	10b	天譜	修
826.	1	10a	天譜	立秋	866.	1	10b	天譜	圍
827.	1	10a	天譜	處暑	867.	1	10b	天譜	厲

868.	1	10b	天譜	則	908.	1	11a	天譜	元夕
869.	1	10b	天譜	窒	909.	1	11a	天譜	元宵
870.	1	10b	天譜	塞	910.	1	11a	天譜	繭卜
871.	1	10b	天譜	終	911.	1	11a	天譜	麵繭
872.	1	10b	天譜	極	912.	1	11a	天譜	小上元
873.	1	10b	天譜	忌月	913.	1	11a	天譜	增上元
874.	1	11a	天譜	陬	914.	1	11a	天譜	耗磨日
875.	1	11a	天譜	端月	915.	1	11a	天譜	天穿日
876.	1	11a	天譜	孟陽	916.	1	11a	天譜	窈九
877.	1	11a	天譜	元月	917.	1	11a	天譜	剛卯
878.	1	11a	天譜	孟春	918.	1	11b	天譜	該改
879.	1	11a	天譜	上春	919.	1	11b	天譜	怛忉日
880.	1	11a	天譜	發春	920.	1	11b	天譜	如
881.	1	11a	天譜	獻春	921.	1	11b	天譜	仲陽
882.	1	11a	天譜	獻歲	922.	1	11b	天譜	竹秋
883.	1	11a	天譜	肇歲	923.	1	11b	天譜	四之日
884.	1	11a	天譜	芳歲	924.	1	11b	天譜	降婁
885.	1	11a	天譜	華歲	925.	1	11b	天譜	夾鍾
886.	1	11a	天譜	三之日	926.	1	11b	天譜	中和節
887.	1	11a	天譜	十三月	927.	1	11b	天譜	百花生日
888.	1	11a	天譜	娵訾	928.	1	11b	天譜	花朝
889.	1	11a	天譜	太蔟	929.	1	11b	天譜	寒食
890.	1	11a	天譜	元日	930.	1	11b	天譜	冷節
891.	1	11a	天譜	上日	931.	1	11b	天譜	熟食
892.	1	11a	天譜	三元	932.	1	11b	天譜	禁煙
893.	1	11a	天譜	四始	933.	1	11b	天譜	一百五日
894.	1	11a	天譜	三朝	934.	1	11b	天譜	棗糕
895.	1	11a	天譜	正朝	935.	1	11b	天譜	迎富
896.	1	11a	天譜	元朝	936.	1	11b	天譜	春社
897.	1	11a	天譜	歲朝	937.	1	11b	天譜	痢
898.	1	11a	天譜	首祚	938.	1	11b	天譜	暮春
899.	1	11a	天譜	天臘	939.	1	11b	天譜	季春
900.	1	11a	天譜	五辛盤	940.	1	11b	天譜	蠶月
901.	1	11a	天譜	桃符	941.	1	11b	天譜	華節
902.	1	11a	天譜	人日	942.	1	11b	天譜	大梁
903.	1	11a	天譜	靈辰	943.	1	11b	天譜	姑洗
904.	1	11a	天譜	菜羹	944.	1	11b	天譜	三日
905.	1	11a	天譜	探官繭	945.	1	11b	天譜	踏青
906.	1	11a	天譜	薰天	946.	1	11b	天譜	上巳
907.	1	11a	天譜	上元	947.	1	12a	天譜	上除

948.	1	12a	天譜	元巳	988.	1	12b	天譜	鶉火
949.	1	12a	天譜	祓禊	989.	1	12b	天譜	林鍾
950.	1	12a	天譜	余	990.	1	12b	天譜	六神日
951.	1	12a	天譜	維夏	991.	1	12b	天譜	天祝節
952.	1	12a	天譜	乏月	992.	1	12b	天譜	流頭
953.	1	12a	天譜	麥秋	993.	1	12b	天譜	三伏
954.	1	12a	天譜	寠沈	994.	1	12b	天譜	三庚
955.	1	12a	天譜	中呂	995.	1	12b	天譜	相
956.	1	12a	天譜	八日	996.	1	12b	天譜	肇秋
957.	1	12a	天譜	浴佛節	997.	1	12b	天譜	蘭秋
958.	1	12a	天譜	燈夕	998.	1	12b	天譜	孟秋
959.	1	12a	天譜	浣花天	999.	1	12b	天譜	初商
960.	1	12a	天譜	小分龍	1000.	1	12b	天譜	蘭月
961.	1	12a	天譜	皋	1001.	1	12b	天譜	火月
962.	1	12a	天譜	分龍月	1002.	1	12b	天譜	鶉尾
963.	1	12a	天譜	仲夏	1003.	1	12b	天譜	夷則
964.	1	12a	天譜	姤月	1004.	1	12b	天譜	七夕
965.	1	12a	天譜	鶉首	1005.	1	12b	天譜	道德臘
966.	1	12a	天譜	蕤賓	1006.	1	12b	天譜	洗車雨
967.	1	12a	天譜	端午	1007.	1	12b	天譜	灑淚雨
968.	1	12a	天譜	端陽	1008.	1	12b	天譜	穀板
969.	1	12a	天譜	天中節	1009.	1	12b	天譜	瓜板
970.	1	12a	天譜	地臘	1010.	1	12b	天譜	化生
971.	1	12a	天譜	蒲節	1011.	1	12b	天譜	乞巧
972.	1	12a	天譜	艾節	1012.	1	12b	天譜	中元
973.	1	12a	天譜	竹醉日	1013.	1	12b	天譜	白中
974.	1	12a	天譜	關帝誕日	1014.	1	12b	天譜	解夏日
975.	1	12a	天譜	大分龍	1015.	1	12b	天譜	壯
976.	1	12a	天譜	蒲人	1016.	1	12b	天譜	中秋
977.	1	12a	天譜	艾人	1017.	1	12b	天譜	桂月
978.	1	12a	天譜	艾虎	1018.	1	12b	天譜	中商
979.	1	12a	天譜	釵頭符	1019.	1	12b	天譜	壽星
980.	1	12a	天譜	粉團	1020.	1	12b	天譜	南呂
981.	1	12a	天譜	且	1021.	1	12b	天譜	竈神誕日
982.	1	12a	天譜	土月	1022.	1	12b	天譜	中秋
983.	1	12a	天譜	積陽	1023.	1	12b	天譜	嘉會
984.	1	12a	天譜	流夏	1024.	1	13a	天譜	秋夕
985.	1	12a	天譜	長夏	1025.	1	13a	天譜	秋社
986.	1	12a	天譜	榴月	1026.	1	13a	天譜	天灸
987.	1	12a	天譜	伏月	1027.	1	13a	天譜	玄

1028.	1	13a	天譜	杪秋	1068.	1	13b	天譜	周正
1029.	1	13a	天譜	楓月	1069.	1	13b	天譜	涂
1030.	1	13a	天譜	季商	1070.	1	13b	天譜	杪冬
1031.	1	13a	天譜	玄月	1071.	1	13b	天譜	餘月
1032.	1	13a	天譜	菊月	1072.	1	13b	天譜	暮節
1033.	1	13a	天譜	季秋	1073.	1	13b	天譜	窮稔
1034.	1	13a	天譜	大火	1074.	1	13b	天譜	窮紀
1035.	1	13a	天譜	無射	1075.	1	13b	天譜	二之日
1036.	1	13a	天譜	九日	1076.	1	13b	天譜	除月
1037.	1	13a	天譜	重陽	1077.	1	13b	天譜	蜡月
1038.	1	13a	天譜	重九	1078.	1	13b	天譜	臘月
1039.	1	13a	天譜	上九	1079.	1	13b	天譜	終月
1040.	1	13a	天譜	茱萸節	1080.	1	13b	天譜	殷正
1041.	1	13a	天譜	落帽節	1081.	1	13b	天譜	玄枵
1042.	1	13a	天譜	登高節	1082.	1	13b	天譜	大呂
1043.	1	13a	天譜	茱萸囊	1083.	1	13b	天譜	臘平
1044.	1	13a	天譜	少重陽	1084.	1	13b	天譜	清祀
1045.	1	13a	天譜	陽	1085.	1	13b	天譜	嘉平
1046.	1	13a	天譜	良月	1086.	1	13b	天譜	大蜡
1047.	1	13a	天譜	暢月	1087.	1	13b	天譜	王侯臘
1048.	1	13a	天譜	小春	1088.	1	13b	天譜	小歲
1049.	1	13a	天譜	玄英	1089.	1	13b	天譜	歲杪
1050.	1	13a	天譜	孟冬	1090.	1	13b	天譜	除夕
1051.	1	13a	天譜	秦正	1091.	1	13b	天譜	歲竟
1052.	1	13a	天譜	析木	1092.	1	13b	天譜	照虛耗
1053.	1	13a	天譜	應鍾	1093.	1	13b	天譜	小年夜
1054.	1	13a	天譜	馬日	1094.	1	13b	天譜	章
1055.	1	13a	天譜	五風生日	1095.	1	13b	天譜	朔
1056.	1	13a	天譜	釋迦見星日	1096.	1	13b	天譜	初吉
1057.	1	13a	天譜	民歲臘	1097.	1	13b	天譜	吉月
1058.	1	13a	天譜	下元	1098.	1	13b	天譜	上日
1059.	1	13a	天譜	小陽春	1099.	1	13b	天譜	死霸
1060.	1	13a	天譜	龍狵	1100.	1	13b	天譜	告朔
1061.	1	13b	天譜	辜	1101.	1	13b	天譜	告月
1062.	1	13b	天譜	暢月	1102.	1	13b	天譜	聽朔
1063.	1	13b	天譜	至月	1103.	1	13b	天譜	視朔
1064.	1	13b	天譜	正歲	1104.	1	13b	天譜	旁死魄
1065.	1	13b	天譜	一之日	1105.	1	13b	天譜	哉生明
1066.	1	13b	天譜	星紀	1106.	1	14a	天譜	朏
1067.	1	13b	天譜	黃鍾	1107.	1	14a	天譜	旬

1108.	1	14a	天譜	望	1148.	1	14a	天譜	反支
1109.	1	14a	天譜	生霸	1149.	1	14a	天譜	忌日
1110.	1	14a	天譜	既望	1150.	1	14b	天譜	刻
1111.	1	14a	天譜	既生魄	1151.	1	14b	天譜	分
1112.	1	14a	天譜	弦	1152.	1	14b	天譜	秒
1113.	1	14a	天譜	上弦	1153.	1	14b	天譜	初正
1114.	1	14a	天譜	下弦	1154.	1	14b	天譜	三商
1115.	1	14a	天譜	遠一近三	1155.	1	14b	天譜	半餉
1116.	1	14a	天譜	念	1156.	1	14b	天譜	霎時
1117.	1	14a	天譜	晦	1157.	1	14b	天譜	須臾
1118.	1	14a	天譜	提月	1158.	1	14b	天譜	俄頃
1119.	1	14a	天譜	月夕	1159.	1	14b	天譜	片刻
1120.	1	14a	天譜	少晦	1160.	1	14b	天譜	少焉
1121.	1	14a	天譜	浹辰	1161.	1	14b	天譜	少頃
1122.	1	14a	天譜	昨	1162.	1	14b	天譜	少選
1123.	1	14a	天譜	再昨	1163.	1	14b	天譜	斯須
1124.	1	14a	天譜	大前日	1164.	1	14b	天譜	無何
1125.	1	14a	天譜	曩	1165.	1	14b	天譜	未幾
1126.	1	14a	天譜	嚮者	1166.	1	14b	天譜	邇間
1127.	1	14a	天譜	疇昔	1167.	1	14b	天譜	暫間
1128.	1	14a	天譜	誰昔	1168.	1	14b	天譜	頃刻
1129.	1	14a	天譜	往昔	1169.	1	14b	天譜	剎那
1130.	1	14a	天譜	昔者	1170.	1	14b	天譜	久
1131.	1	14a	天譜	頃者	1171.	1	14b	天譜	尋
1132.	1	14a	天譜	乃者	1172.	1	14b	天譜	良久
1133.	1	14a	天譜	屬者	1173.	1	14b	天譜	有間
1134.	1	14a	天譜	今	1174.	1	14b	天譜	有時
1135.	1	14a	天譜	即者	1175.	1	14b	天譜	往往
1136.	1	14a	天譜	即日	1176.	1	14b	天譜	漏水
1137.	1	14a	天譜	明日	1177.	1	14b	天譜	漏箭
1138.	1	14a	天譜	來日	1178.	1	14b	天譜	夜天池
1139.	1	14a	天譜	翌日	1179.	1	14b	天譜	日天池
1140.	1	14a	天譜	詰朝	1180.	1	14b	天譜	平壺
1141.	1	14a	天譜	再明	1181.	1	14b	天譜	萬分壺
1142.	1	14a	天譜	後日	1182.	1	14b	天譜	水海
1143.	1	14a	天譜	外後日	1183.	1	14b	天譜	求壺
1144.	1	14a	天譜	另日	1184.	1	14b	天譜	稷壺
1145.	1	14a	天譜	改日	1185.	1	14b	天譜	廢壺
1146.	1	14a	天譜	月忌	1186.	1	14b	天譜	玉權
1147.	1	14a	天譜	疾日	1187.	1	14b	天譜	建壺

1188.	1	14b	天譜	蓮花漏	1228.	1	15a	天譜	魃
1189.	1	14b	天譜	渴兔	1229.	1	15a	天譜	厲鬼
1190.	1	14b	天譜	渴烏	1230.	1	15a	天譜	伯強
1191.	1	14b	天譜	挈壺氏	1231.	1	15a	天譜	律令
1192.	1	14b	天譜	率	1232.	1	15a	天譜	魖
1193.	1	14b	天譜	自鳴鍾	1233.	1	15a	天譜	倍阿
1194.	1	14b	天譜	漏鐘	1234.	1	15a	天譜	當方神
1195.	1	14b	天譜	量天尺	1235.	1	15a	天譜	府君
1196.	1	14b	天譜	香盤	1236.	1	15a	天譜	欝壘
1197.	1	14b	天譜	香篆	1237.	1	15a	天譜	神荼
1198.	1	14b	天譜	篆烟	1238.	1	15b	天譜	六甲神
1199.	1	15a	天譜	祇	1239.	1	15b	天譜	六丁神
1200.	1	15a	天譜	鬼	1240.	1	15b	天譜	三尸
1201.	1	15a	天譜	靈	1241.	1	15b	天譜	三彭
1202.	1	15a	天譜	覃	1242.	1	15b	天譜	三蟲
1203.	1	15a	天譜	甶	1243.	1	15b	天譜	三姑
1204.	1	15a	天譜	赤郭	1244.	1	15b	天譜	芻靈
1205.	1	15a	天譜	羅魑	1245.	1	15b	天譜	桃梗
1206.	1	15a	天譜	夜叉	1246.	1	15b	天譜	土偶
1207.	1	15a	天譜	魖	1247.	1	15b	天譜	泥塑
1208.	1	15a	天譜	魅	1248.	1	15b	天譜	土梗
1209.	1	15a	天譜	魍	1249.	1	15b	天譜	芻狗
1210.	1	15a	天譜	獨腳鬼	1250.	1	15b	天譜	燊
1211.	1	15a	天譜	山路神	1251.	1	15b	天譜	爆熒
1212.	1	15a	天譜	夜叉精	1252.	1	15b	天譜	啾啾
1213.	1	15a	天譜	邪星子	1253.	1	15b	天譜	魖鬼
1214.	1	15a	天譜	夔	1254.	1	15b	天譜	魖
1215.	1	15a	天譜	蝄蜽	1255.	1	15b	天譜	淫祀
1216.	1	15a	天譜	方良	1256.	1	15b	天譜	紙馬
1217.	1	15a	天譜	罔良	1257.	1	15b	天譜	紙錢
1218.	1	15a	天譜	罔象	1258.	1	15b	天譜	楮幣
1219.	1	15a	天譜	沐腫	1259.	1	15b	天譜	青詞
1220.	1	15a	天譜	木客	1260.	1	15b	天譜	儺
1221.	1	15a	天譜	不若	1261.	1	15b	天譜	桃弧棘矢
1222.	1	15a	天譜	魔	1262.	1	15b	天譜	哪哪
1223.	1	15a	天譜	魔王	1263.	1	15b	天譜	方相氏
1224.	1	15a	天譜	波旬	1264.	1	15b	天譜	侲子
1225.	1	15a	天譜	魖	1265.	1	16a	天譜	祉
1226.	1	15a	天譜	猶狂	1266.	1	16a	天譜	祚
1227.	1	15a	天譜	揚	1267.	1	16a	天譜	祐

1268.	1	16a	天譜	祿		1308.	1	16b	地譜	分野
1269.	1	16a	天譜	祓戩		1309.	1	16b	地譜	九州
1270.	1	16a	天譜	慶		1310.	1	16b	地譜	久有
1271.	1	16a	天譜	吉		1311.	1	16b	地譜	久圍
1272.	1	16a	天譜	祥		1312.	1	16b	地譜	九囿
1273.	1	16a	天譜	瑞		1313.	1	16b	地譜	久垓
1274.	1	16a	天譜	慶		1314.	1	16b	地譜	十二州
1275.	1	16a	天譜	賀		1315.	1	16b	地譜	裨海
1276.	1	16a	天譜	患		1316.	1	16b	地譜	大瀛海
1277.	1	16a	天譜	殃咎		1317.	1	16b	地譜	四大部洲
1278.	1	16a	天譜	凶		1318.	1	16b	地譜	五大州
1279.	1	16a	天譜	災		1319.	1	16b	地譜	兩戒
1280.	1	16a	天譜	罔		1320.	1	16b	地譜	域中
1281.	1	16a	天譜	厄		1321.	1	16b	地譜	海內
1282.	1	16a	天譜	祥		1322.	1	16b	地譜	宇內
1283.	1	16a	天譜	妖		1323.	1	16b	地譜	寰宇
1284.	1	16a	天譜	孽		1324.	1	16b	地譜	區宇
1285.	1	16a	天譜	大傀		1325.	1	17a	地譜	八夤
1286.	1	16a	天譜	沴		1326.	1	17a	地譜	八紘
1287.	1	16a	天譜	祲		1327.	1	17a	地譜	八極
1288.	1	16a	天譜	祟		1328.	1	17a	地譜	九垠
1289.	1	16a	天譜	人痾		1329.	1	17a	地譜	八埏
1290.	1	16a	天譜	祈禳		1330.	1	17a	地譜	八荒
1291.	1	16a	天譜	祓		1331.	1	17a	地譜	四極
1292.	1	16a	天譜	禊		1332.	1	17a	地譜	四海
1293.	1	16a	天譜	禱		1333.	1	17a	地譜	四荒
1294.	1	16a	天譜	招梗		1334.	1	17a	地譜	旁礴
1295.	1	16a	天譜	禬禳		1335.	1	17b	地譜	畿內
1296.	1	16a	天譜	候禳		1336.	1	17b	地譜	圻營
1297.	1	16a	天譜	醮		1337.	1	17b	地譜	江華
1298.	1	16a	天譜	度厄		1338.	1	17b	地譜	開城
1299.	1	16a	天譜	識緯		1339.	1	17b	地譜	廣州
1300.	1	16a	天譜	符		1340.	1	17b	地譜	華城
1301.	1	16a	天譜	籙		1341.	1	17b	地譜	坡州
1302.	1	16a	天譜	圖書		1342.	1	17b	地譜	驪州
1303.	1	16a	天譜	言讖		1343.	1	17b	地譜	揚州
1304.	1	16a	天譜	詩讖		1344.	1	17b	地譜	喬桐
1305.	1	16a	天譜	童謠		1345.	1	17b	地譜	富平
1306.	1	16b	地譜	方祇		1346.	1	17b	地譜	仁川
1307.	1	16b	地譜	媼神		1347.	1	17b	地譜	通津

1348.	1	17b	地譜	南陽	1388.	1	18b	地譜	花梁
1349.	1	17b	地譜	長湍	1389.	1	18b	地譜	註文島
1350.	1	17b	地譜	利州	1390.	1	18b	地譜	萬戶寅堡化
1351.	1	17b	地譜	竹山	1391.	1	18b	地譜	龍津
1352.	1	17b	地譜	豐德	1392.	1	18b	地譜	濟物
1353.	1	17b	地譜	高陽	1393.	1	18b	地譜	德津
1354.	1	17b	地譜	安山	1394.	1	18b	地譜	長峰島
1355.	1	18a	地譜	金浦	1395.	1	18b	地譜	別將長山
1356.	1	18a	地譜	交河	1396.	1	18b	地譜	文殊
1357.	1	18a	地譜	楊根	1397.	1	18b	地譜	湖西
1358.	1	18a	地譜	加平	1398.	1	18b	地譜	錦營
1359.	1	18a	地譜	安城	1399.	1	18b	地譜	忠州
1360.	1	18a	地譜	麻田	1400.	1	18b	地譜	洪州
1361.	1	18a	地譜	朔寧	1401.	1	18b	地譜	清州
1362.	1	18a	地譜	陽川	1402.	1	18b	地譜	公州
1363.	1	18a	地譜	龍仁	1403.	1	18b	地譜	清風
1364.	1	18a	地譜	振威	1404.	1	18b	地譜	天安
1365.	1	18a	地譜	永平	1405.	1	18b	地譜	溫陽
1366.	1	18a	地譜	果川	1406.	1	18b	地譜	槐山
1367.	1	18a	地譜	始興	1407.	1	18b	地譜	大興
1368.	1	18a	地譜	抱川	1408.	1	18b	地譜	沔川
1369.	1	18a	地譜	積城	1409.	1	18b	地譜	瑞山
1370.	1	18a	地譜	陽智	1410.	1	8b	地譜	丹陽
1371.	1	18a	地譜	漣川	1411.	1	18b	地譜	泰安
1372.	1	18a	地譜	陽城	1412.	1	18b	地譜	林川
1373.	1	18a	地譜	砥平	1413.	1	18b	地譜	沃川
1374.	1	18a	地譜	陰竹	1414.	1	19a	地譜	韓山
1375.	1	18a	地譜	察訪延曙	1415.	1	19a	地譜	舒川
1376.	1	18a	地譜	迎華	1416.	1	19a	地譜	文義
1377.	1	18a	地譜	平丘	1417.	1	19a	地譜	平澤
1378.	1	18a	地譜	重林	1418.	1	19a	地譜	稷山
1379.	1	18a	地譜	桃源	1419.	1	19a	地譜	牙山
1380.	1	18a	地譜	慶安	1420.	1	19a	地譜	新昌
1381.	1	18a	地譜	水使	1421.	1	19a	地譜	鎮川
1382.	1	18a	地譜	僉使草芝	1422.	1	19a	地譜	木川
1383.	1	18a	地譜	月串	1423.	1	19a	地譜	陰城
1384.	1	18a	地譜	礪峴	1424.	1	19a	地譜	全義
1385.	1	18a	地譜	永宗	1425.	1	19a	地譜	禮山
1386.	1	18b	地譜	德積	1426.	1	19a	地譜	清安
1387.	1	18b	地譜	德浦	1427.	1	19a	地譜	德山

1428.	1	19a	地譜	燕歧	1468.	1	20a	地譜	安東
1429.	1	19a	地譜	結城	1469.	1	20a	地譜	昌原
1430.	1	19a	地譜	海美	1470.	1	20a	地譜	尚州
1431.	1	19a	地譜	堤川	1471.	1	20a	地譜	星州
1432.	1	19a	地譜	延豐	1472.	1	20a	地譜	晉州
1433.	1	19a	地譜	青陽	1473.	1	20a	地譜	大丘
1434.	1	19a	地譜	懷德	1474.	1	20a	地譜	順興
1435.	1	19a	地譜	定山	1475.	1	20a	地譜	善山
1436.	1	19a	地譜	唐津	1476.	1	20a	地譜	仁同
1437.	1	19a	地譜	保寧	1477.	1	20a	地譜	青松
1438.	1	19b	地譜	鎭岑	1478.	1	20a	地譜	漆谷
1439.	1	19b	地譜	永春	1479.	1	20a	地譜	居昌
1440.	1	19b	地譜	藍浦	1480.	1	20a	地譜	咸陽
1441.	1	19b	地譜	尼城	1481.	1	20a	地譜	寧海
1442.	1	19b	地譜	扶餘	1482.	1	20a	地譜	密陽
1443.	1	19b	地譜	報恩	1483.	1	20a	地譜	河東
1444.	1	19b	地譜	石城	1484.	1	20a	地譜	蔚山
1445.	1	19b	地譜	連山	1485.	1	20a	地譜	金海
1446.	1	19b	地譜	恩津	1486.	1	20a	地譜	東萊
1447.	1	19b	地譜	鴻山	1487.	1	20a	地譜	巨濟
1448.	1	19b	地譜	庇仁	1488.	1	20b	地譜	豐基
1449.	1	19b	地譜	青山	1489.	1	20b	地譜	榮川
1450.	1	19b	地譜	永同	1490.	1	20b	地譜	醴泉
1451.	1	19b	地譜	黃澗	1491.	1	20b	地譜	金山
1452.	1	19b	地譜	懷仁	1492.	1	20b	地譜	永川
1453.	1	19b	地譜	察訪成歡	1493.	1	20b	地譜	草溪
1454.	1	19b	地譜	連原	1494.	1	20b	地譜	陝川
1455.	1	19b	地譜	金井	1495.	1	20b	地譜	清道
1456.	1	19b	地譜	利仁	1496.	1	20b	地譜	興海
1457.	1	19b	地譜	栗峰	1497.	1	20b	地譜	咸安
1458.	1	19b	地譜	兵使	1498.	1	20b	地譜	梁山
1459.	1	19b	地譜	水使	1499.	1	20b	地譜	昆陽
1460.	1	19b	地譜	僉使安興	1500.	1	20b	地譜	義城
1461.	1	19b	地譜	所斤浦	1501.	1	20b	地譜	慶山
1462.	1	19b	地譜	平薪	1502.	1	20b	地譜	盈德
1463.	1	19b	地譜	馬梁	1503.	1	20b	地譜	固城
1464.	1	19b	地譜	萬戶舒川浦	1504.	1	20b	地譜	南陽
1465.	1	19b	地譜	嶺南	1505.	1	20b	地譜	聞慶
1466.	1	20a	地譜	嶺營	1506.	1	20b	地譜	咸昌
1467.	1	20a	地譜	慶州	1507.	1	20b	地譜	龍宮

1508.	1	20b	地譜	奉化	1548.	1	21b	地譜	昌樂
1509.	1	20b	地譜	禮安	1549.	1	21b	地譜	左兵使
1510.	1	20b	地譜	比安	1550.	1	21b	地譜	右兵使
1511.	1	20b	地譜	開寧	1551.	1	21b	地譜	左水使
1512.	1	21a	地譜	軍威	1552.	1	21b	地譜	右水使
1513.	1	21a	地譜	義興	1553.	1	21b	地譜	僉使釜山
1514.	1	21a	地譜	知禮	1554.	1	21b	地譜	多大浦
1515.	1	21a	地譜	真寶	1555.	1	21b	地譜	加德
1516.	1	21a	地譜	英陽	1556.	1	21b	地譜	彌助項
1517.	1	21a	地譜	新寧	1557.	1	21b	地譜	西生浦
1518.	1	21a	地譜	高靈	1558.	1	21b	地譜	赤梁
1519.	1	21a	地譜	玄風	1559.	1	21b	地譜	龜山
1520.	1	21a	地譜	河陽	1560.	1	21b	地譜	萬戶西平浦
1521.	1	21a	地譜	昌寧	1561.	1	21b	地譜	豆毛浦
1522.	1	21a	地譜	慈仁	1562.	1	21b	地譜	開雲浦
1523.	1	21a	地譜	靈山	1563.	1	21b	地譜	包伊浦
1524.	1	21a	地譜	安義	1564.	1	21b	地譜	天城浦
1525.	1	21a	地譜	三嘉	1565.	1	21b	地譜	安骨浦
1526.	1	21a	地譜	延日	1566.	1	21b	地譜	薺浦
1527.	1	21a	地譜	漆原	1567.	1	21b	地譜	加背梁
1528.	1	21a	地譜	宜寧	1568.	1	21b	地譜	知世浦
1529.	1	21a	地譜	清河	1569.	1	21b	地譜	助羅浦
1530.	1	21a	地譜	長鬐	1570.	1	21b	地譜	玉浦
1531.	1	21a	地譜	彥陽	1571.	1	21b	地譜	永登津
1532.	1	21a	地譜	山清	1572.	1	21b	地譜	蚊梁
1533.	1	21a	地譜	鎮海	1573.	1	21b	地譜	唐浦
1534.	1	21a	地譜	熊川	1574.	1	21b	地譜	平山浦
1535.	1	21a	地譜	丹城	1575.	1	21b	地譜	權管三千浦
1536.	1	21a	地譜	泗川	1576.	1	21b	地譜	栗浦
1537.	1	21b	地譜	機張	1577.	1	21b	地譜	別將金鳥
1538.	1	21b	地譜	察訪幽谷	1578.	1	21b	地譜	禿用
1539.	1	21b	地譜	安奇	1579.	1	21b	地譜	鳥嶺
1540.	1	21b	地譜	長水	1580.	1	21b	地譜	長木浦
1541.	1	21b	地譜	松羅	1581.	1	21b	地譜	新門
1542.	1	21b	地譜	沙斤	1582.	1	21b	地譜	晴川
1543.	1	21b	地譜	召村	1583.	1	21b	地譜	南村
1544.	1	21b	地譜	黃山	1584.	1	21b	地譜	舊所非浦
1545.	1	21b	地譜	自如	1585.	1	21b	地譜	蟾津
1546.	1	21b	地譜	金泉	1586.	1	21b	地譜	浦項
1547.	1	21b	地譜	省峴	1587.	1	22a	地譜	湖南

1588.	1	22a	地譜	完營	1628.	1	22b	地譜	長水
1589.	1	22a	地譜	全州	1629.	1	22b	地譜	玉果
1590.	1	22a	地譜	光州	1630.	1	22b	地譜	茂長
1591.	1	22a	地譜	羅州	1631.	1	22b	地譜	谷城
1592.	1	22a	地譜	綾州	1632.	1	22b	地譜	雲峰
1593.	1	22a	地譜	濟州	1633.	1	22b	地譜	同福
1594.	1	22a	地譜	礪山	1634.	1	22b	地譜	南平
1595.	1	22a	地譜	茂朱	1635.	1	22b	地譜	求禮
1596.	1	22a	地譜	南原	1636.	1	23a	地譜	和順
1597.	1	22a	地譜	潭陽	1637.	1	23a	地譜	咸平
1598.	1	22a	地譜	長城	1638.	1	23a	地譜	務安
1599.	1	22a	地譜	順天	1639.	1	23a	地譜	光陽
1600.	1	22a	地譜	長興	1640.	1	23a	地譜	康津
1601.	1	22a	地譜	益山	1641.	1	23a	地譜	興德
1602.	1	22a	地譜	珍山	1642.	1	23a	地譜	海南
1603.	1	22a	地譜	錦山	1643.	1	23a	地譜	大靜
1604.	1	22a	地譜	金堤	1644.	1	23a	地譜	旌義
1605.	1	22a	地譜	古阜	1645.	1	23a	地譜	察訪參禮
1606.	1	22a	地譜	淳昌	1646.	1	23a	地譜	青巖
1607.	1	22a	地譜	靈光	1647.	1	23a	地譜	碧沙
1608.	1	22a	地譜	樂安	1648.	1	23a	地譜	槳樹
1609.	1	22a	地譜	靈巖	1649.	1	23a	地譜	景陽
1610.	1	22b	地譜	寶城	1650.	1	23a	地譜	濟源
1611.	1	22b	地譜	珍島	1651.	1	23a	地譜	兵使
1612.	1	22b	地譜	臨陂	1652.	1	23a	地譜	左水營
1613.	1	22b	地譜	萬頃	1653.	1	23a	地譜	右水使
1614.	1	22b	地譜	金溝	1654.	1	23a	地譜	僉使蝟島
1615.	1	22b	地譜	龍潭	1655.	1	23a	地譜	蛇島
1616.	1	22b	地譜	昌平	1656.	1	23a	地譜	臨淄島
1617.	1	22b	地譜	龍安	1657.	1	23a	地譜	加里浦
1618.	1	22b	地譜	咸悅	1658.	1	23a	地譜	古今島
1619.	1	22b	地譜	高山	1659.	1	23a	地譜	防踏
1620.	1	22b	地譜	沃溝	1660.	1	23a	地譜	古群山
1621.	1	22b	地譜	泰仁	1661.	1	23a	地譜	群山浦
1622.	1	22b	地譜	扶安	1662.	1	23a	地譜	法聖浦
1623.	1	22b	地譜	任實	1663.	1	23a	地譜	荏子島
1624.	1	22b	地譜	鎮安	1664.	1	23a	地譜	萬戶呂島
1625.	1	22b	地譜	井邑	1665.	1	23a	地譜	鹿島
1626.	1	22b	地譜	興德	1666.	1	23a	地譜	鉢浦
1627.	1	22b	地譜	高敞	1667.	1	23a	地譜	薪智島

1668.	1	23a	地譜	馬島	1708.	1	24a	地譜	殷栗
1669.	1	23a	地譜	多慶浦	1709.	1	24a	地譜	長連
1670.	1	23a	地譜	於蘭浦	1710.	1	24a	地譜	察訪金郊麒麟
1671.	1	23a	地譜	梨津	1711.	1	24a	地譜	青丹
1672.	1	23a	地譜	會寧浦	1712.	1	24a	地譜	兵使
1673.	1	23a	地譜	黔毛浦	1713.	1	24a	地譜	水使
1674.	1	23a	地譜	智島	1714.	1	24a	地譜	僉使苿山
1675.	1	23a	地譜	木浦	1715.	1	24a	地譜	白峙
1676.	1	23a	地譜	南桃浦	1716.	1	24a	地譜	文城
1677.	1	23a	地譜	金甲島	1717.	1	24a	地譜	善積
1678.	1	23a	地譜	明月浦	1718.	1	24a	地譜	東里
1679.	1	23a	地譜	別將笠巖	1719.	1	24a	地譜	白翎
1680.	1	23b	地譜	金城	1720.	1	24a	地譜	吾叉浦
1681.	1	23b	地譜	威鳳	1721.	1	24a	地譜	椒島
1682.	1	23b	地譜	黑山島	1722.	1	24a	地譜	許沙浦
1683.	1	23b	地譜	古突山	1723.	1	24a	地譜	登山串
1684.	1	23b	地譜	格浦	1724.	1	24a	地譜	龍媒梁
1685.	1	23b	地譜	海西	1725.	1	24a	地譜	萬戶文山
1686.	1	23b	地譜	海營	1726.	1	24a	地譜	位羅
1687.	1	23b	地譜	海州	1727.	1	24a	地譜	所已
1688.	1	23b	地譜	黃州	1728.	1	24a	地譜	助尼浦
1689.	1	23b	地譜	延安	1729.	1	24a	地譜	別將正方
1690.	1	23b	地譜	平山	1730.	1	24a	地譜	首陽
1691.	1	23b	地譜	瑞興	1731.	1	24a	地譜	甕津
1692.	1	23b	地譜	谷山	1732.	1	24a	地譜	長壽
1693.	1	23b	地譜	甕津	1733.	1	24a	地譜	大峴
1694.	1	23b	地譜	長淵	1734.	1	24a	地譜	九月
1695.	1	23b	地譜	豐川	1735.	1	24a	地譜	關東
1696.	1	23b	地譜	金川	1736.	1	24a	地譜	東營
1697.	1	23b	地譜	白川	1737.	1	24a	地譜	原州
1698.	1	23b	地譜	鳳山	1738.	1	24a	地譜	江陵
1699.	1	23b	地譜	遂安	1739.	1	24a	地譜	鐵原
1700.	1	23b	地譜	載寧	1740.	1	24a	地譜	春川
1701.	1	23b	地譜	信川	1741.	1	24a	地譜	伊川
1702.	1	23b	地譜	安岳	1742.	1	24a	地譜	淮陽
1703.	1	23b	地譜	新溪	1743.	1	24b	地譜	寧越
1704.	1	23b	地譜	文化	1744.	1	24b	地譜	襄陽
1705.	1	23b	地譜	兔山	1745.	1	24b	地譜	三陟
1706.	1	24a	地譜	康翎	1746.	1	24b	地譜	平昌
1707.	1	24a	地譜	松禾	1747.	1	24b	地譜	旌善

1748.	1	24b	地譜	通川	1788.	1	25a	地譜	江界
1749.	1	24b	地譜	高城	1789.	1	25a	地譜	祥原
1750.	1	24b	地譜	杆城	1790.	1	25a	地譜	順州
1751.	1	24b	地譜	平海	1791.	1	25a	地譜	博川
1752.	1	24b	地譜	金城	1792.	1	25a	地譜	价川
1753.	1	24b	地譜	歙谷	1793.	1	25a	地譜	嘉山
1754.	1	24b	地譜	蔚珍	1794.	1	25b	地譜	寧遠
1755.	1	24b	地譜	金化	1795.	1	25b	地譜	雲山
1756.	1	24b	地譜	安峽	1796.	1	25b	地譜	德川
1757.	1	24b	地譜	橫城	1797.	1	25b	地譜	郭山
1758.	1	24b	地譜	狼川	1798.	1	25b	地譜	熙川
1759.	1	24b	地譜	洪川	1799.	1	25b	地譜	碧潼
1760.	1	24b	地譜	平康	1800.	1	25b	地譜	渭原
1761.	1	24b	地譜	楊口	1801.	1	25b	地譜	順安
1762.	1	24b	地譜	麟蹄	1802.	1	25b	地譜	江西
1763.	1	24b	地譜	察訪銀溪	1803.	1	25b	地譜	永柔
1764.	1	24b	地譜	祥雲	1804.	1	25b	地譜	龍岡
1765.	1	24b	地譜	平陵	1805.	1	25b	地譜	甑山
1766.	1	24b	地譜	保安	1806.	1	25b	地譜	三登
1767.	1	24b	地譜	萬戶越松浦	1807.	1	25b	地譜	江東
1768.	1	24b	地譜	關西	1808.	1	25b	地譜	殷山
1769.	1	25a	地譜	箕營	1809.	1	25b	地譜	孟山
1770.	1	25a	地譜	平壤	1810.	1	25b	地譜	泰川
1771.	1	25a	地譜	義州	1811.	1	25b	地譜	陽德
1772.	1	25a	地譜	寧邊	1812.	1	25b	地譜	察訪大同
1773.	1	25a	地譜	安州	1813.	1	25b	地譜	魚川
1774.	1	25a	地譜	定州	1814.	1	25b	地譜	兵使
1775.	1	25a	地譜	中和	1815.	1	25b	地譜	僉使滿浦
1776.	1	25a	地譜	咸從	1816.	1	25b	地譜	神光
1777.	1	25a	地譜	慈山	1817.	1	25b	地譜	高山里
1778.	1	25a	地譜	肅川	1818.	1	25b	地譜	上土
1779.	1	25a	地譜	三和	1819.	1	25b	地譜	麟山
1780.	1	25a	地譜	成川	1820.	1	25b	地譜	清城
1781.	1	25a	地譜	龜城	1821.	1	25b	地譜	昌洲
1782.	1	25a	地譜	宣川	1822.	1	25b	地譜	㥴寨
1783.	1	25a	地譜	鐵山	1823.	1	25b	地譜	阿耳
1784.	1	25a	地譜	龍川	1824.	1	25b	地譜	牛峴
1785.	1	25a	地譜	朔州	1825.	1	25b	地譜	車嶺
1786.	1	25a	地譜	昌城	1826.	1	25b	地譜	委曲
1787.	1	25a	地譜	楚山	1827.	1	25b	地譜	碧團

1828.	1	25b	地譜	彌串	1868.	1	26a	地譜	毳洞
1829.	1	26a	地譜	寧城	1869.	1	26a	地譜	別將黃龍
1830.	1	26a	地譜	古城	1870.	1	26a	地譜	保山
1831.	1	26a	地譜	兔城	1871.	1	26a	地譜	慈母
1832.	1	26a	地譜	天摩	1872.	1	26a	地譜	林土
1833.	1	26a	地譜	安義	1873.	1	26a	地譜	關北
1834.	1	26a	地譜	柔院	1874.	1	26a	地譜	北營
1835.	1	26a	地譜	西林	1875.	1	26a	地譜	咸興
1836.	1	26a	地譜	東林	1876.	1	26a	地譜	永興
1837.	1	26a	地譜	宣沙浦	1877.	1	26a	地譜	吉
1838.	1	26a	地譜	廣梁	1878.	1	26a	地譜	安邊
1839.	1	26a	地譜	老江	1879.	1	26b	地譜	德源
1840.	1	26a	地譜	萬戶從浦	1880.	1	26b	地譜	定平
1841.	1	26a	地譜	伐登	1881.	1	26b	地譜	北青
1842.	1	26a	地譜	楸坡	1882.	1	26b	地譜	長津
1843.	1	26a	地譜	甑怪	1883.	1	26b	地譜	端川
1844.	1	26a	地譜	平南	1884.	1	26b	地譜	甲山
1845.	1	26a	地譜	幕嶺	1885.	1	26b	地譜	三水
1846.	1	26a	地譜	仇寧	1886.	1	26b	地譜	明川
1847.	1	26a	地譜	植松	1887.	1	26b	地譜	鏡城
1848.	1	26a	地譜	方山	1888.	1	26b	地譜	富寧
1849.	1	26a	地譜	玉江	1889.	1	26b	地譜	茂山
1850.	1	26a	地譜	青水	1890.	1	26b	地譜	會寧
1851.	1	26a	地譜	水口	1891.	1	26b	地譜	鍾城
1852.	1	26a	地譜	楊下	1892.	1	26b	地譜	穩城
1853.	1	26a	地譜	山羊會	1893.	1	26b	地譜	慶源
1854.	1	26a	地譜	吾老梁	1894.	1	26b	地譜	慶興
1855.	1	26a	地譜	權管馬	1895.	1	26b	地譜	文川
1856.	1	26a	地譜	馬海里	1896.	1	26b	地譜	高原
1857.	1	26a	地譜	大吉号里	1897.	1	26b	地譜	洪原
1858.	1	26a	地譜	小吉号里	1898.	1	26b	地譜	利城
1859.	1	26a	地譜	於汀灘	1899.	1	26b	地譜	察訪高山
1860.	1	26a	地譜	雲頭里甲	1900.	1	26b	地譜	居山
1861.	1	26a	地譜	巖廟洞	1901.	1	26b	地譜	輸城
1862.	1	26a	地譜	乾川	1902.	1	27a	地譜	南兵使
1863.	1	26a	地譜	廣坪	1903.	1	27a	地譜	北兵使
1864.	1	26a	地譜	大坡兒	1904.	1	27a	地譜	僉使惠山
1865.	1	26a	地譜	小坡兒	1905.	1	27a	地譜	別害
1866.	1	26a	地譜	楸仇非	1906.	1	27a	地譜	厚州
1867.	1	26a	地譜	笠軒洞	1907.	1	27a	地譜	埜波知

1908.	1	27a	地譜	潼關	1947.	1	27a	地譜	赴戰嶺
1909.	1	27a	地譜	高嶺	1948.	1	27a	地譜	京師
1910.	1	27a	地譜	夢下	1949.	1	27a	地譜	京兆
1911.	1	27a	地譜	柔遠	1950.	1	27a	地譜	京萃
1912.	1	27a	地譜	美錢	1951.	1	27a	地譜	皇城
1913.	1	27a	地譜	訓戎	1952.	1	27a	地譜	王城
1914.	1	27a	地譜	魚游澗	1953.	1	27b	地譜	天莊日畿
1915.	1	27a	地譜	西北	1954.	1	28a	地譜	東部十二坊
1916.	1	27a	地譜	萬戶鎮東	1955.	1	28a	地譜	西部八坊
1917.	1	27a	地譜	雲龍	1956.	1	28a	地譜	中部八坊
1918.	1	27a	地譜	仁遮外	1957.	1	28b	地譜	南部十一坊
1919.	1	27a	地譜	神方仇非魚面羅暖	1958.	1	28b	地譜	北部十坊
					1959.	1	28b	地譜	埔
1920.	1	27a	地譜	梨洞	1960.	1	28b	地譜	健牟羅
1921.	1	27a	地譜	㙮溫	1961.	1	28b	地譜	固麻
1922.	1	27a	地譜	森森坡	1962.	1	28b	地譜	郭
1923.	1	27a	地譜	防垣	1963.	1	28b	地譜	外羅城
1924.	1	27a	地譜	廢茂山	1964.	1	28b	地譜	闉
1925.	1	27a	地譜	永達	1965.	1	28b	地譜	闍
1926.	1	27a	地譜	撫夷	1966.	1	28b	地譜	甕城
1927.	1	27a	地譜	阿吾地	1967.	1	28b	地譜	堡障
1928.	1	27a	地譜	在德	1968.	1	28b	地譜	子城
1929.	1	27a	地譜	豊山	1969.	1	28b	地譜	牙城
1930.	1	27a	地譜	古豊山	1970.	1	28b	地譜	陣
1931.	1	27a	地譜	阿山	1971.	1	28b	地譜	堞女牆
1932.	1	27a	地譜	造山	1972.	1	28b	地譜	睥睨
1933.	1	27a	地譜	全管小農堡	1973.	1	28b	地譜	堁口
1934.	1	27a	地譜	廟坡同仁	1974.	1	28b	地譜	砲眼
1935.	1	27a	地譜	自作仇非	1975.	1	28b	地譜	堁口眼
1936.	1	27a	地譜	舊㙮波知江口	1976.	1	28b	地譜	雉
1937.	1	27a	地譜	雙青	1977.	1	28b	地譜	譙
1938.	1	27a	地譜	黃土歧伊	1978.	1	28b	地譜	巢
1939.	1	27a	地譜	吾村	1979.	1	28b	地譜	麗譙
1940.	1	27a	地譜	寶化堡	1980.	1	28b	地譜	橧
1941.	1	27a	地譜	梁永萬	1981.	1	28b	地譜	池隍
1942.	1	27a	地譜	乾原	1982.	1	28b	地譜	壕
1943.	1	27a	地譜	安原	1983.	1	28b	地譜	塹
1944.	1	27a	地譜	黃柏坡	1984.	1	28b	地譜	減
1945.	1	27a	地譜	西水羅	1985.	1	28b	地譜	壖
1946.	1	27a	地譜	別將中嶺	1986.	1	28b	地譜	障

1987.	1	28b	地譜	腤	2027.	1	29a	地譜	大蒙
1988.	1	28b	地譜	閫	2028.	1	29a	地譜	丹穴
1989.	1	28b	地譜	廦	2029.	1	29a	地譜	九夷
1990.	1	28b	地譜	仡仡	2030.	1	29a	地譜	獩
1991.	1	28b	地譜	言言	2031.	1	29a	地譜	南閭
1992.	1	28b	地譜	領領	2032.	1	29a	地譜	甲文
1993.	1	29a	地譜	邦	2033.	1	29b	地譜	貊
1994.	1	29a	地譜	中國	2034.	1	29b	地譜	朝鮮
1995.	1	29a	地譜	華夏	2035.	1	29b	地譜	鰈域
1996.	1	29a	地譜	中華	2036.	1	29b	地譜	鯤岑
1997.	1	29a	地譜	中原	2037.	1	29b	地譜	玄菟
1998.	1	29a	地譜	神州	2038.	1	29b	地譜	樂浪
1999.	1	29a	地譜	赤縣	2039.	1	29b	地譜	真番
2000.	1	29a	地譜	上國	2040.	1	29b	地譜	臨屯
2001.	1	29a	地譜	齊州	2041.	1	29b	地譜	洌水
2002.	1	29a	地譜	中土	2042.	1	29b	地譜	耽羅
2003.	1	29a	地譜	中州	2043.	1	29b	地譜	耽浮羅
2004.	1	29a	地譜	寰	2044.	1	29b	地譜	乇羅
2005.	1	29a	地譜	畿	2045.	1	29b	地譜	倭
2006.	1	29a	地譜	隣國	2046.	1	29b	地譜	倭奴
2007.	1	29a	地譜	友邦	2047.	1	29b	地譜	日本
2008.	1	29a	地譜	與國	2048.	1	29b	地譜	夷亶
2009.	1	29a	地譜	敵國	2049.	1	29b	地譜	漆齒
2010.	1	29a	地譜	勝國	2050.	1	29b	地譜	關白
2011.	1	29a	地譜	前朝	2051.	1	29b	地譜	流求
2012.	1	29a	地譜	附庸	2052.	1	29b	地譜	暹羅
2013.	1	29a	地譜	影國	2053.	1	29b	地譜	八蠻
2014.	1	29a	地譜	蕃國	2054.	1	29b	地譜	卞明
2015.	1	29a	地譜	絕國	2055.	1	29b	地譜	弄明
2016.	1	29a	地譜	絕域	2056.	1	29b	地譜	白蠻
2017.	1	29a	地譜	屬國	2057.	1	29b	地譜	烏蠻
2018.	1	29a	地譜	連	2058.	1	29b	地譜	槃瓠
2019.	1	29a	地譜	五服	2059.	1	29b	地譜	廩君
2020.	1	29a	地譜	九服	2060.	1	29b	地譜	夜楯
2021.	1	29a	地譜	六服	2061.	1	29b	地譜	獠
2022.	1	29a	地譜	商五服	2062.	1	29b	地譜	郎火
2023.	1	29a	地譜	流	2063.	1	29b	地譜	提陀
2024.	1	29a	地譜	采	2064.	1	29b	地譜	猺
2025.	1	29a	地譜	空桐	2065.	1	30a	地譜	猫
2026.	1	29a	地譜	太平	2066.	1	30a	地譜	獞

2067.	1	30a	地譜	麻欄	2107.	1	30b	地譜	武都羌
2068.	1	30a	地譜	犵狫	2108.	1	30b	地譜	吐谷渾
2069.	1	30a	地譜	花犵狫	2109.	1	30b	地譜	柔然
2070.	1	30a	地譜	紅犵狫	2110.	1	30b	地譜	羌挙
2071.	1	30a	地譜	打牙犵狫	2111.	1	30b	地譜	義渠
2072.	1	30a	地譜	剪頭犵狫	2112.	1	30b	地譜	驪戎
2073.	1	30a	地譜	豬屎犵狫	2113.	1	30b	地譜	党項
2074.	1	30a	地譜	旁春	2114.	1	30b	地譜	樓蘭
2075.	1	30a	地譜	白狼槃木	2115.	1	30b	地譜	車師
2076.	1	30a	地譜	冉駹	2116.	1	30b	地譜	龜茲
2077.	1	30a	地譜	八百緬甸	2117.	1	30b	地譜	馬耆
2078.	1	30a	地譜	安南	2118.	1	30b	地譜	于闐
2079.	1	30a	地譜	交趾	2119.	1	30b	地譜	疏勒
2080.	1	30a	地譜	哀牢	2120.	1	30b	地譜	烏孫
2081.	1	30a	地譜	南詔	2121.	1	30b	地譜	大宛
2082.	1	30a	地譜	西爨	2122.	1	30b	地譜	莎车
2083.	1	30a	地譜	昆明	2123.	1	30b	地譜	罽賓
2084.	1	30a	地譜	夜郎	2124.	1	30b	地譜	大夏
2085.	1	30a	地譜	滇	2125.	1	30b	地譜	大秦
2086.	1	30a	地譜	越裳	2126.	1	30b	地譜	天竺
2087.	1	30a	地譜	林邑	2127.	1	30b	地譜	波斯
2088.	1	30a	地譜	扶南	2128.	1	30b	地譜	西洋
2089.	1	30b	地譜	邛	2129.	1	30b	地譜	條支
2090.	1	30b	地譜	筰	2130.	1	30b	地譜	西域
2091.	1	30b	地譜	珠崖	2131.	1	30b	地譜	梗
2092.	1	30b	地譜	儋耳	2132.	1	30b	地譜	沙人
2093.	1	30b	地譜	蜑	2133.	1	30b	地譜	僕人
2094.	1	30b	地譜	羅羅	2134.	1	30b	地譜	山戎
2095.	1	30b	地譜	雕題	2135.	1	30b	地譜	獫鬻
2096.	1	30b	地譜	侏離	2136.	1	30b	地譜	獫狁
2097.	1	30b	地譜	鴂舌	2137.	1	30b	地譜	匈奴
2098.	1	30b	地譜	鄉公	2138.	1	30b	地譜	南匈奴
2099.	1	30b	地譜	西羌	2139.	1	30b	地譜	突厥
2100.	1	30b	地譜	畎夷	2140.	1	30b	地譜	吐蕃
2101.	1	30b	地譜	犬戎	2141.	1	30b	地譜	兀良哈
2102.	1	30b	地譜	鬼方	2142.	1	30b	地譜	葉赫
2103.	1	30b	地譜	月氏	2143.	1	31a	地譜	瓦剌
2104.	1	30b	地譜	氐羌	2144.	1	31a	地譜	蒙古韃子
2105.	1	30b	地譜	越嶲羌	2145.	1	31a	地譜	鐵勒
2106.	1	30b	地譜	廣漢羌	2146.	1	31a	地譜	薛延陀

2147.	1	31a	地譜	回紇	2187.	1	31a	地譜	白題
2148.	1	31a	地譜	花門	2188.	1	31a	地譜	帽子
2149.	1	31a	地譜	畏吾兒	2189.	1	31b	地譜	理藩院
2150.	1	31a	地譜	烏桓	2190.	1	31b	地譜	鄙
2151.	1	31a	地譜	鮮卑	2191.	1	31b	地譜	圉
2152.	1	31a	地譜	庫莫奚	2192.	1	31b	地譜	陲
2153.	1	31a	地譜	契丹	2193.	1	31b	地譜	疆
2154.	1	31a	地譜	奚契丹	2194.	1	31b	地譜	徼
2155.	1	31a	地譜	東丹	2195.	1	31b	地譜	寂
2156.	1	31a	地譜	韃靼	2196.	1	31b	地譜	塞垣
2157.	1	31a	地譜	高車	2197.	1	31b	地譜	界
2158.	1	31a	地譜	敕勒	2198.	1	31b	地譜	域
2159.	1	31a	地譜	丁零	2199.	1	31b	地譜	境
2160.	1	31a	地譜	女真	2200.	1	31b	地譜	疆場
2161.	1	31a	地譜	靺鞨	2201.	1	31b	地譜	乘障
2162.	1	31a	地譜	儷羯	2202.	1	31b	地譜	入堡
2163.	1	31a	地譜	靺鞨	2203.	1	31b	地譜	禾圖
2164.	1	31a	地譜	挹婁	2204.	1	31b	地譜	戍
2165.	1	31a	地譜	可汗	2205.	1	31b	地譜	守捉
2166.	1	31a	地譜	單于	2206.	1	31b	地譜	卒更
2167.	1	31a	地譜	天驕	2207.	1	31b	地譜	踐更
2168.	1	31a	地譜	名王	2208.	1	31b	地譜	過更
2169.	1	31a	地譜	酋長	2209.	1	31b	地譜	防秋
2170.	1	31a	地譜	屠耆王	2210.	1	31b	地譜	號火
2171.	1	31a	地譜	閼氏	2211.	1	31b	地譜	燹
2172.	1	31a	地譜	賢王	2212.	1	31b	地譜	燧
2173.	1	31a	地譜	谷蠡	2213.	1	31b	地譜	平安火
2174.	1	31a	地譜	都尉	2214.	1	31b	地譜	狼烟
2175.	1	31a	地譜	當戶	2215.	1	31b	地譜	號烟
2176.	1	31a	地譜	且渠	2216.	1	31b	地譜	烽櫓
2177.	1	31a	地譜	骨都	2217.	1	31b	地譜	燉堡
2178.	1	31a	地譜	貝勒	2218.	1	31b	地譜	縣
2179.	1	31a	地譜	章京	2219.	1	31b	地譜	府
2180.	1	31a	地譜	生口	2220.	1	31b	地譜	牧
2181.	1	31a	地譜	穹廬	2221.	1	31b	地譜	啄評
2182.	1	31a	地譜	拂廬	2222.	1	32a	地譜	邑勒
2183.	1	31a	地譜	區脫	2223.	1	32a	地譜	檐魯
2184.	1	31a	地譜	闍區	2224.	1	32a	地譜	邑
2185.	1	31a	地譜	沙漠	2225.	1	32a	地譜	丘
2186.	1	31a	地譜	磧	2226.	1	32a	地譜	甸

2227.	1	32a	地譜	縣	2267.	1	32a	地譜	村
2228.	1	32a	地譜	都	2268.	1	32a	地譜	村落
2229.	1	32a	地譜	封	2269.	1	32a	地譜	柴
2230.	1	32a	地譜	鄰	2270.	1	32a	地譜	墅
2231.	1	32a	地譜	里	2271.	1	32a	地譜	別業
2232.	1	32a	地譜	酇	2272.	1	32a	地譜	莊
2233.	1	32a	地譜	族	2273.	1	32a	地譜	閈
2234.	1	32a	地譜	鄙	2274.	1	32a	地譜	閭
2235.	1	32a	地譜	黨	2275.	1	32a	地譜	閻
2236.	1	32a	地譜	縣	2276.	1	32a	地譜	街巷
2237.	1	32a	地譜	州	2277.	1	32a	地譜	委巷
2238.	1	32a	地譜	遂	2278.	1	32a	地譜	衢衕
2239.	1	32a	地譜	鄉	2279.	1	32a	地譜	死衚衕
2240.	1	32a	地譜	郊	2280.	1	32a	地譜	阡
2241.	1	32a	地譜	甸	2281.	1	32a	地譜	陌
2242.	1	32a	地譜	稍	2282.	1	32a	地譜	石隔
2243.	1	32a	地譜	縣	2283.	1	32b	地譜	里胥
2244.	1	32a	地譜	都	2284.	1	32b	地譜	保正
2245.	1	32a	地譜	比	2285.	1	32b	地譜	所由
2246.	1	32a	地譜	閭	2286.	1	32b	地譜	牧
2247.	1	32a	地譜	族	2287.	1	32b	地譜	野
2248.	1	32a	地譜	黨	2288.	1	32b	地譜	林
2249.	1	32a	地譜	州	2289.	1	32b	地譜	门
2250.	1	32a	地譜	鄉	2290.	1	32b	地譜	平
2251.	1	32a	地譜	鄰	2291.	1	32b	地譜	坪
2252.	1	32a	地譜	里	2292.	1	32b	地譜	㳽浪
2253.	1	32a	地譜	酇	2293.	1	32b	地譜	壙埌
2254.	1	32a	地譜	鄙	2294.	1	32b	地譜	莽蒼
2255.	1	32a	地譜	縣	2295.	1	32b	地譜	野馬
2256.	1	32a	地譜	遂	2296.	1	32b	地譜	游絲
2257.	1	32a	地譜	間	2297.	1	32b	地譜	勝地
2258.	1	32a	地譜	聯	2298.	1	32b	地譜	勝境
2259.	1	32a	地譜	軌	2299.	1	32b	地譜	別界
2260.	1	32a	地譜	里	2300.	1	32b	地譜	別區
2261.	1	32a	地譜	聚	2301.	1	32b	地譜	爽塏
2262.	1	32a	地譜	坊	2302.	1	32b	地譜	軒敞
2263.	1	32a	地譜	里所	2303.	1	32b	地譜	軒豁
2264.	1	32a	地譜	鄉曲	2304.	1	32b	地譜	幽深
2265.	1	32a	地譜	鄉里	2305.	1	32b	地譜	寂寥
2266.	1	32a	地譜	梓里	2306.	1	32b	地譜	寂蔑

2307.	1	32b	地譜	聞靜	2347.	1	33a	地譜	徑
2308.	1	32b	地譜	物色	2348.	1	33a	地譜	捷徑
2309.	1	32b	地譜	風景	2349.	1	33a	地譜	夾斜
2310.	1	32b	地譜	游賞	2350.	1	33a	地譜	蹊
2311.	1	32b	地譜	游覽	2351.	1	33a	地譜	棧道
2312.	1	32b	地譜	濟勝	2352.	1	33a	地譜	閣道
2313.	1	32b	地譜	路	2353.	1	33a	地譜	遷
2314.	1	32b	地譜	途	2354.	1	33a	地譜	孟涂
2315.	1	32b	地譜	場	2355.	1	33a	地譜	坦坦
2316.	1	32b	地譜	猷	2356.	1	33a	地譜	斜澀
2317.	1	32b	地譜	行	2357.	1	33a	地譜	路濃
2318.	1	32b	地譜	旅	2358.	1	33a	地譜	路塌
2319.	1	32b	地譜	道路	2359.	1	33a	地譜	修除
2320.	1	32b	地譜	歧旁	2360.	1	33a	地譜	程
2321.	1	32b	地譜	劇旁	2361.	1	33a	地譜	埒
2322.	1	32b	地譜	衢	2362.	1	33a	地譜	里
2323.	1	32b	地譜	康	2363.	1	33a	地譜	里所
2324.	1	32b	地譜	莊	2364.	1	33a	地譜	升
2325.	1	32b	地譜	劇驂	2365.	1	33a	地譜	肘
2326.	1	32b	地譜	崇期	2366.	1	33a	地譜	弓
2327.	1	32b	地譜	逵	2367.	1	33a	地譜	一牛鳴地
2328.	1	32b	地譜	奔	2368.	1	33a	地譜	一俱盧舍
2329.	1	32b	地譜	孔道	2369.	1	33a	地譜	舍
2330.	1	32b	地譜	夷庚	2370.	1	33a	地譜	息
2331.	1	32b	地譜	周道	2371.	1	33a	地譜	宿春
2332.	1	32b	地譜	周行	2372.	1	33a	地譜	由旬
2333.	1	32b	地譜	術	2373.	1	33a	地譜	祖道
2334.	1	32b	地譜	埏	2374.	1	33a	地譜	餞行
2335.	1	32b	地譜	陳	2375.	1	33a	地譜	贐
2336.	1	32b	地譜	唐	2376.	1	33a	地譜	盤纏
2337.	1	33a	地譜	壺	2377.	1	33a	地譜	祖
2338.	1	33a	地譜	衕	2378.	1	33a	地譜	軷
2339.	1	33a	地譜	街	2379.	1	33a	地譜	纍
2340.	1	33a	地譜	時	2380.	1	33a	地譜	遠
2341.	1	33a	地譜	行	2381.	1	33a	地譜	遙
2342.	1	33a	地譜	步	2382.	1	33a	地譜	邅
2343.	1	33a	地譜	趍	2383.	1	33a	地譜	邈
2344.	1	33a	地譜	走	2384.	1	33a	地譜	遼
2345.	1	33a	地譜	間道	2385.	1	33a	地譜	迥
2346.	1	33a	地譜	間行	2386.	1	33a	地譜	逖

2387.	1	33a	地譜	賒	2427.	1	33b	地譜	垩
2388.	1	33a	地譜	复	2428.	1	33b	地譜	甘土
2389.	1	33a	地譜	迢	2429.	1	33b	地譜	鹵土
2390.	1	33a	地譜	遆	2430.	1	33b	地譜	勃壤
2391.	1	33a	地譜	悠悠	2431.	1	33b	地譜	盆壤
2392.	1	33a	地譜	近	2432.	1	33b	地譜	疆
2393.	1	33a	地譜	邇	2433.	1	33b	地譜	輕㔟
2394.	1	33a	地譜	迫	2434.	1	33b	地譜	白善土
2395.	1	33a	地譜	逶迤	2435.	1	33b	地譜	白土粉
2396.	1	33a	地譜	倭遲	2436.	1	33b	地譜	畫粉
2397.	1	33a	地譜	堠	2437.	1	33b	地譜	涅
2398.	1	33a	地譜	堠子	2438.	1	33b	地譜	壚
2399.	1	33a	地譜	土地老兒	2439.	1	33b	地譜	埣
2400.	1	33b	地譜	長丞	2440.	1	33b	地譜	墳
2401.	1	33b	地譜	御路	2441.	1	34a	地譜	墣塊
2402.	1	33b	地譜	桲柁	2442.	1	34a	地譜	壤
2403.	1	33b	地譜	梁	2443.	1	34a	地譜	坊
2404.	1	33b	地譜	徒杠	2444.	1	34a	地譜	不毛地
2405.	1	33b	地譜	隄梁	2445.	1	34a	地譜	童土
2406.	1	33b	地譜	輿梁	2446.	1	34a	地譜	穿地
2407.	1	33b	地譜	石矼	2447.	1	34a	地譜	壤地
2408.	1	33b	地譜	徛	2448.	1	34a	地譜	堅地
2409.	1	33b	地譜	圯	2449.	1	34a	地譜	地皮硝起
2410.	1	33b	地譜	榷	2450.	1	34a	地譜	地潮
2411.	1	33b	地譜	杓	2451.	1	34a	地譜	地酥
2412.	1	33b	地譜	略杓	2452.	1	34a	地譜	地鬆
2413.	1	33b	地譜	笮橋	2453.	1	34a	地譜	草坯子
2414.	1	33b	地譜	跳過橋	2454.	1	34a	地譜	后土
2415.	1	33b	地譜	浮橋	2455.	1	34a	地譜	句龍氏
2416.	1	33b	地譜	桁	2456.	1	34a	地譜	富媼
2417.	1	33b	地譜	橋欄	2457.	1	34a	地譜	封
2418.	1	33b	地譜	橋廂	2458.	1	34a	地譜	羵羊
2419.	1	33b	地譜	橋洞	2459.	1	34a	地譜	泥
2420.	1	33b	地譜	蹲鴟	2460.	1	34a	地譜	淖
2421.	1	33b	地譜	虱蝮	2461.	1	34a	地譜	塗
2422.	1	33b	地譜	侳侳	2462.	1	34a	地譜	濘
2423.	1	33b	地譜	拓	2463.	1	34a	地譜	淤
2424.	1	33b	地譜	埴	2464.	1	34a	地譜	雞頭鶻
2425.	1	33b	地譜	赤剛土	2465.	1	34a	地譜	溚
2426.	1	33b	地譜	墐	2466.	1	34a	地譜	渴澤

2467.	1	34a	地譜	埃	2507.	1	34b	地譜	陞
2468.	1	34a	地譜	坱	2508.	1	34b	地譜	磝
2469.	1	34a	地譜	塵	2509.	1	34b	地譜	磐
2470.	1	34a	地譜	堁	2510.	1	34b	地譜	峻
2471.	1	34a	地譜	蓬塊	2511.	1	34b	地譜	埒
2472.	1	34a	地譜	倒掛塵	2512.	1	34b	地譜	梟
2473.	1	34a	地譜	烏龍尾	2513.	1	34b	地譜	豀
2474.	1	34a	地譜	烟珠塵	2514.	1	34b	地譜	澗
2475.	1	34a	地譜	坴	2515.	1	34b	地譜	漠
2476.	1	34a	地譜	坲	2516.	1	34b	地譜	冢
2477.	1	34a	地譜	塗塌	2517.	1	34b	地譜	巓
2478.	1	34a	地譜	炊累	2518.	1	34b	地譜	椒
2479.	1	34a	地譜	壃	2519.	1	34b	地譜	梟
2480.	1	34a	地譜	嶽	2520.	1	34b	地譜	紀
2481.	1	34a	地譜	峰	2521.	1	34b	地譜	堂
2482.	1	34a	地譜	嶺	2522.	1	34b	地譜	密
2483.	1	34a	地譜	峴	2523.	1	34b	地譜	墮
2484.	1	34a	地譜	嶠	2524.	1	34b	地譜	扈
2485.	1	34a	地譜	巒	2525.	1	34b	地譜	崧
2486.	1	34a	地譜	岑	2526.	1	34b	地譜	麓
2487.	1	34a	地譜	嶂	2527.	1	34b	地譜	巘
2488.	1	34a	地譜	岡	2528.	1	34b	地譜	崒
2489.	1	34a	地譜	峽	2529.	1	34b	地譜	岫
2490.	1	34a	地譜	陝	2530.	1	34b	地譜	岊
2491.	1	34a	地譜	英	2531.	1	34b	地譜	亶
2492.	1	34a	地譜	坯	2532.	1	34b	地譜	岨
2493.	1	34a	地譜	歸	2533.	1	34b	地譜	崔嵬
2494.	1	34a	地譜	岌	2534.	1	34b	地譜	屺
2495.	1	34a	地譜	岠	2535.	1	34b	地譜	童
2496.	1	34a	地譜	嶧	2536.	1	34b	地譜	赭
2497.	1	34a	地譜	章	2537.	1	34b	地譜	滌滌
2498.	1	34a	地譜	蜀	2538.	1	34b	地譜	濯濯
2499.	1	34a	地譜	隆	2539.	1	34b	地譜	岵
2500.	1	34a	地譜	冢	2540.	1	34b	地譜	嶅
2501.	1	34a	地譜	厜㕒	2541.	1	34b	地譜	險
2502.	1	34a	地譜	盛	2542.	1	34b	地譜	巖
2503.	1	34b	地譜	陳	2543.	1	34b	地譜	邐
2504.	1	34b	地譜	岊	2544.	1	34b	地譜	嵐
2505.	1	34b	地譜	霍	2545.	1	34b	地譜	神漢
2506.	1	34b	地譜	鮮	2546.	1	34b	地譜	翠微

2547.	1	34b	地譜	陽	2587.	1	35a	地譜	奕奕
2548.	1	34b	地譜	陰	2588.	1	35a	地譜	亭亭
2549.	1	34b	地譜	朝陽	2589.	1	35a	地譜	崎崟
2550.	1	34b	地譜	夕陽	2590.	1	35a	地譜	嶔崟
2551.	1	34b	地譜	泰山	2591.	1	35a	地譜	巑岏
2552.	1	34b	地譜	衡山	2592.	1	35a	地譜	嵱嵷
2553.	1	34b	地譜	霍大	2593.	1	35a	地譜	峭
2554.	1	34b	地譜	嵩山	2594.	1	35a	地譜	屹
2555.	1	34b	地譜	華山	2595.	1	35a	地譜	峙
2556.	1	34b	地譜	恒山	2596.	1	35a	地譜	崛
2557.	1	34b	地譜	蓬萊	2597.	1	35a	地譜	峻
2558.	1	34b	地譜	方丈	2598.	1	35a	地譜	卧
2559.	1	34b	地譜	瀛洲	2599.	1	35a	地譜	歸
2560.	1	34b	地譜	岱輿	2600.	1	35a	地譜	嵽嵲
2561.	1	34b	地譜	員嶠	2601.	1	35a	地譜	嵯嶙
2562.	1	34b	地譜	方壺	2602.	1	35a	地譜	屹嵲
2563.	1	34b	地譜	雲陽	2603.	1	35a	地譜	巉岩
2564.	1	34b	地譜	夔	2604.	1	35a	地譜	嵁岩
2565.	1	34b	地譜	厎懸	2605.	1	35a	地譜	崎嶇
2566.	1	35a	地譜	靁	2606.	1	35a	地譜	巉嵯
2567.	1	35a	地譜	嶕嶢	2607.	1	35a	地譜	嶙嶒
2568.	1	35a	地譜	岌嶪	2608.	1	35a	地譜	龍鍾
2569.	1	35a	地譜	崒崔	2609.	1	35a	地譜	嵌
2570.	1	35a	地譜	嵂崒	2610.	1	35a	地譜	嶙峋
2571.	1	35a	地譜	嶄巖	2611.	1	35a	地譜	剡巆
2572.	1	35a	地譜	巉嶙	2612.	1	35a	地譜	巇
2573.	1	35a	地譜	巀嶭	2613.	1	35a	地譜	髼髻
2574.	1	35a	地譜	巃嵷	2614.	1	35a	地譜	鬱鬱
2575.	1	35a	地譜	岪欝	2615.	1	35a	地譜	陵
2576.	1	35a	地譜	屬顛	2616.	1	35a	地譜	敦丘
2577.	1	35a	地譜	則屶	2617.	1	35a	地譜	陶丘
2578.	1	35a	地譜	崝嶸	2618.	1	35a	地譜	融丘
2579.	1	35a	地譜	嵯峨	2619.	1	35a	地譜	昆崙丘
2580.	1	35a	地譜	岹嶢	2620.	1	35a	地譜	乘丘
2581.	1	35a	地譜	崚嶒	2621.	1	35a	地譜	陼丘
2582.	1	35a	地譜	崢嶸	2622.	1	35a	地譜	泥丘
2583.	1	35a	地譜	崔嵬	2623.	1	35a	地譜	胡丘
2584.	1	35a	地譜	岎崯	2624.	1	35a	地譜	京丘
2585.	1	35a	地譜	豈峩	2625.	1	35a	地譜	埒丘
2586.	1	35a	地譜	岭嶗	2626.	1	35a	地譜	章丘

2627.	1	35b	地譜	都丘	2667.	1	35b	地譜	坳
2628.	1	35b	地譜	梧丘	2668.	1	35b	地譜	隰
2629.	1	35b	地譜	畫丘	2669.	1	35b	地譜	平
2630.	1	35b	地譜	戴丘	2670.	1	35b	地譜	原
2631.	1	35b	地譜	昌丘	2671.	1	35b	地譜	陸
2632.	1	35b	地譜	渚丘	2672.	1	35b	地譜	阜
2633.	1	35b	地譜	沮丘	2673.	1	35b	地譜	陵
2634.	1	35b	地譜	正丘	2674.	1	35b	地譜	阿
2635.	1	35b	地譜	營丘	2675.	1	35b	地譜	阪
2636.	1	35b	地譜	沙丘	2676.	1	35b	地譜	牠
2637.	1	35b	地譜	咸丘	2677.	1	35b	地譜	嶜岑
2638.	1	35b	地譜	臨丘	2678.	1	35b	地譜	甜閜
2639.	1	35b	地譜	阿丘	2679.	1	35b	地譜	崆䃘
2640.	1	35b	地譜	泰丘	2680.	1	35b	地譜	豁
2641.	1	35b	地譜	畝丘	2681.	1	36a	地譜	徹
2642.	1	35b	地譜	陵丘	2682.	1	36a	地譜	䃅䃅
2643.	1	35b	地譜	京	2683.	1	36a	地譜	狢狢
2644.	1	35b	地譜	旄丘	2684.	1	36a	地譜	峪峪
2645.	1	35b	地譜	宛丘	2685.	1	36a	地譜	洞
2646.	1	35b	地譜	負丘	2686.	1	36a	地譜	壑
2647.	1	35b	地譜	墟	2687.	1	36a	地譜	土空
2648.	1	35b	地譜	定丘	2688.	1	36a	地譜	巖
2649.	1	35b	地譜	阜	2689.	1	36a	地譜	堀
2650.	1	35b	地譜	培塿	2690.	1	36a	地譜	窟窿
2651.	1	35b	地譜	原	2691.	1	36a	地譜	窣窣突穴
2652.	1	35b	地譜	岢	2692.	1	36a	地譜	坎
2653.	1	35b	地譜	厓	2693.	1	36a	地譜	窨
2654.	1	35b	地譜	砯厓	2694.	1	36a	地譜	甌臾
2655.	1	35b	地譜	坡	2695.	1	36a	地譜	坑
2656.	1	35b	地譜	阪	2696.	1	36a	地譜	塹
2657.	1	35b	地譜	磴	2697.	1	36a	地譜	明水
2658.	1	35b	地譜	圯	2698.	1	36a	地譜	方諸水
2659.	1	35b	地譜	阺	2699.	1	36a	地譜	鑑
2660.	1	35b	地譜	阤	2700.	1	36a	地譜	陰燧
2661.	1	35b	地譜	墠墠	2701.	1	36a	地譜	陰符
2662.	1	35b	地譜	墩	2702.	1	36a	地譜	上池水
2663.	1	35b	地譜	陸	2703.	1	36a	地譜	半天河
2664.	1	35b	地譜	阿	2704.	1	36a	地譜	醴泉
2665.	1	35b	地譜	阪	2705.	1	36a	地譜	苦水
2666.	1	35b	地譜	陂陀	2706.	1	36a	地譜	鹹水

2707.	1	36a	地譜	井華水	2747.	1	36b	地譜	波
2708.	1	36a	地譜	地漿	2748.	1	36b	地譜	浪
2709.	1	36a	地譜	土漿	2749.	1	36b	地譜	徑
2710.	1	36a	地譜	活水	2750.	1	36b	地譜	瀾
2711.	1	36a	地譜	陰陽水	2751.	1	36b	地譜	漣
2712.	1	36a	地譜	百沸湯	2752.	1	36b	地譜	淪
2713.	1	36a	地譜	麻沸湯	2753.	1	36b	地譜	泊柏
2714.	1	36a	地譜	太和湯	2754.	1	36b	地譜	漪
2715.	1	36a	地譜	甘爛水	2755.	1	36b	地譜	白頭浪
2716.	1	36a	地譜	甑氣水	2756.	1	36b	地譜	雪山
2717.	1	36a	地譜	泡	2757.	1	36b	地譜	銀屋
2718.	1	36a	地譜	漚	2758.	1	36b	地譜	浸減
2719.	1	36a	地譜	沫	2759.	1	36b	地譜	瀲灩
2720.	1	36b	地譜	清	2760.	1	36b	地譜	漾漾
2721.	1	36b	地譜	泚	2761.	1	36b	地譜	颭
2722.	1	36b	地譜	洌	2762.	1	36b	地譜	激
2723.	1	36b	地譜	渌	2763.	1	36b	地譜	濺
2724.	1	36b	地譜	澈	2764.	1	36b	地譜	滲漉
2725.	1	36b	地譜	澄	2765.	1	36b	地譜	泄
2726.	1	36b	地譜	湛	2766.	1	36b	地譜	漏
2727.	1	36b	地譜	潔	2767.	1	36b	地譜	瀉
2728.	1	36b	地譜	淨	2768.	1	36b	地譜	滴
2729.	1	36b	地譜	涼	2769.	1	36b	地譜	瀝
2730.	1	36b	地譜	湜湜	2770.	1	36b	地譜	澆潑
2731.	1	36b	地譜	濁	2771.	1	36b	地譜	沾
2732.	1	36b	地譜	渾	2772.	1	36b	地譜	濡
2733.	1	36b	地譜	淯	2773.	1	36b	地譜	浹洽
2734.	1	36b	地譜	瀬瀬	2774.	1	36b	地譜	漸
2735.	1	36b	地譜	廬	2775.	1	36b	地譜	漬
2736.	1	36b	地譜	深	2776.	1	36b	地譜	潤
2737.	1	36b	地譜	泓	2777.	1	36b	地譜	渥
2738.	1	36b	地譜	灌	2778.	1	36b	地譜	澤
2739.	1	36b	地譜	瀏	2779.	1	36b	地譜	浥
2740.	1	36b	地譜	湑	2780.	1	36b	地譜	泗
2741.	1	36b	地譜	湨	2781.	1	36b	地譜	瀧涷
2742.	1	36b	地譜	滿	2782.	1	36b	地譜	浮
2743.	1	36b	地譜	澹淡	2783.	1	36b	地譜	漂
2744.	1	36b	地譜	溢	2784.	1	36b	地譜	泛
2745.	1	36b	地譜	濫	2785.	1	36b	地譜	游
2746.	1	36b	地譜	淺	2786.	1	36b	地譜	亂

2787.	1	36b	地譜	泳	2827.	1	37a	地譜	汗漫
2788.	1	36b	地譜	潛	2828.	1	37a	地譜	浩瀚
2789.	1	36b	地譜	厲	2829.	1	37a	地譜	森森
2790.	1	36b	地譜	揭	2830.	1	37a	地譜	漫漫
2791.	1	36b	地譜	沈	2831.	1	37a	地譜	渙渙
2792.	1	36b	地譜	沒	2832.	1	37a	地譜	瀟泬
2793.	1	36b	地譜	淪	2833.	1	37a	地譜	汀濚
2794.	1	36b	地譜	湛	2834.	1	37a	地譜	潺湲
2795.	1	36b	地譜	泯	2835.	1	37a	地譜	涓涓
2796.	1	36b	地譜	潛	2836.	1	37a	地譜	瀧瀧
2797.	1	36b	地譜	搵抐	2837.	1	37a	地譜	汎汎
2798.	1	37a	地譜	濚	2838.	1	37a	地譜	渢渢
2799.	1	37a	地譜	淹	2839.	1	37a	地譜	泠泠
2800.	1	37a	地譜	浸	2840.	1	37a	地譜	淙淙
2801.	1	37a	地譜	漚	2841.	1	37a	地譜	瀺潘
2802.	1	37a	地譜	撈	2842.	1	37a	地譜	澎湃
2803.	1	37a	地譜	拯	2843.	1	37a	地譜	潚
2804.	1	37a	地譜	流	2844.	1	37a	地譜	鞺鞳
2805.	1	37a	地譜	滾滾	2845.	1	37a	地譜	漲
2806.	1	37a	地譜	慼慼	2846.	1	37a	地譜	汎濫
2807.	1	37a	地譜	活活	2847.	1	37a	地譜	懷襄
2808.	1	37a	地譜	汍汍	2848.	1	37a	地譜	大浸
2809.	1	37a	地譜	濺濺	2849.	1	37a	地譜	浪柴
2810.	1	37a	地譜	膠澇	2850.	1	37a	地譜	浮查
2811.	1	37a	地譜	洶洶	2851.	1	37a	地譜	潛
2812.	1	37a	地譜	湯湯	2852.	1	37a	地譜	疏淪
2813.	1	37a	地譜	洋洋	2853.	1	37a	地譜	凍
2814.	1	37a	地譜	滔滔	2854.	1	37a	地譜	凝
2815.	1	37a	地譜	溶溶	2855.	1	37a	地譜	洛澤
2816.	1	37a	地譜	浩浩	2856.	1	37a	地譜	冰縷
2817.	1	37a	地譜	瀰瀰	2857.	1	37a	地譜	澌
2818.	1	37a	地譜	湃沆	2858.	1	37a	地譜	流凌
2819.	1	37a	地譜	泯泯	2859.	1	37a	地譜	冰筏
2820.	1	37a	地譜	湟潢	2860.	1	37a	地譜	澑
2821.	1	37a	地譜	泱泱	2861.	1	37a	地譜	泮
2822.	1	37a	地譜	汪汪	2862.	1	37a	地譜	闌干
2823.	1	37a	地譜	瀅泬	2863.	1	37a	地譜	冲冲
2824.	1	37a	地譜	汪濊	2864.	1	37a	地譜	凌陰
2825.	1	37a	地譜	齋淪	2865.	1	37b	地譜	洸
2826.	1	37a	地譜	汪洋	2866.	1	37b	地譜	鑑

2867.	1	37b	地譜	天池	2907.	1	37b	地譜	無支祈
2868.	1	37b	地譜	朝夕池	2908.	1	37b	地譜	天吳
2869.	1	37b	地譜	大壑	2909.	1	37b	地譜	天妃
2870.	1	37b	地譜	溟渤	2910.	1	37b	地譜	水伯
2871.	1	37b	地譜	瀛海	2911.	1	38a	地譜	川后
2872.	1	37b	地譜	渤海	2912.	1	38a	地譜	蜃
2873.	1	37b	地譜	溟海	2913.	1	38a	地譜	陽侯
2874.	1	37b	地譜	員海	2914.	1	38a	地譜	浮沈
2875.	1	37b	地譜	漲海	2915.	1	38a	地譜	湖
2876.	1	37b	地譜	蒲昌海	2916.	1	38a	地譜	滙
2877.	1	37b	地譜	蒲類海	2917.	1	38a	地譜	湊
2878.	1	37b	地譜	青海	2918.	1	38a	地譜	港汊
2879.	1	37b	地譜	鹿渾海	2919.	1	38a	地譜	九河
2880.	1	37b	地譜	陽池海	2920.	1	38a	地譜	沒里
2881.	1	37b	地譜	北冥	2921.	1	38a	地譜	水伯
2882.	1	37b	地譜	瀚海	2922.	1	38a	地譜	河伯
2883.	1	37b	地譜	渤鞮海	2923.	1	38a	地譜	馮夷
2884.	1	37b	地譜	伊連海	2924.	1	38a	地譜	冰夷
2885.	1	37b	地譜	尾閭	2925.	1	38a	地譜	無夷
2886.	1	37b	地譜	沃焦	2926.	1	38a	地譜	貟
2887.	1	37b	地譜	鱻	2927.	1	38a	地譜	黃河
2888.	1	37b	地譜	忽	2928.	1	38a	地譜	濁河
2889.	1	37b	地譜	海若	2929.	1	38a	地譜	紫泉
2890.	1	37b	地譜	海童	2930.	1	38a	地譜	清水河
2891.	1	37b	地譜	馬銜	2931.	1	38a	地譜	漕河
2892.	1	37b	地譜	濤	2932.	1	38a	地譜	水利
2893.	1	37b	地譜	靈胥	2933.	1	38a	地譜	頓漸
2894.	1	37b	地譜	潮汐	2934.	1	38a	地譜	蓄洩
2895.	1	37b	地譜	大起	2935.	1	38a	地譜	括板
2896.	1	37b	地譜	上岸	2936.	1	38a	地譜	攪江龍
2897.	1	37b	地譜	小汛	2937.	1	38a	地譜	杏葉杓
2898.	1	37b	地譜	下岸	2938.	1	38a	地譜	鐵瓜刷
2899.	1	37b	地譜	沓潮	2939.	1	38a	地譜	江帚
2900.	1	37b	地譜	長落	2940.	1	38a	地譜	戽車
2901.	1	37b	地譜	平	2941.	1	38a	地譜	壩
2902.	1	37b	地譜	乘潮	2942.	1	38a	地譜	溪
2903.	1	37b	地譜	弄潮	2943.	1	38a	地譜	澗
2904.	1	37b	地譜	四瀆	2944.	1	38a	地譜	瀼
2905.	1	37b	地譜	那提	2945.	1	38a	地譜	漈
2906.	1	37b	地譜	江膂	2946.	1	38b	地譜	渴

2947.	1	38b	地譜	溪鬭	2987.	1	38b	地譜	懸水
2948.	1	38b	地譜	過辨	2988.	1	38b	地譜	沼
2949.	1	38b	地譜	灘	2989.	1	38b	地譜	潭
2950.	1	38b	地譜	渾	2990.	1	38b	地譜	湫
2951.	1	38b	地譜	汧	2991.	1	38b	地譜	塘
2952.	1	38b	地譜	肥	2992.	1	38b	地譜	豾豖
2953.	1	38b	地譜	瀁	2993.	1	38b	地譜	㵎養
2954.	1	38b	地譜	屠	2994.	1	38b	地譜	曹
2955.	1	38b	地譜	灪	2995.	1	38b	地譜	菹
2956.	1	38b	地譜	溇	2996.	1	38b	地譜	陂
2957.	1	38b	地譜	瀾	2997.	1	39a	地譜	蛬蛇
2958.	1	38b	地譜	波	2998.	1	39a	地譜	沛
2959.	1	38b	地譜	潛	2999.	1	39a	地譜	沮澤
2960.	1	38b	地譜	濟	3000.	1	39a	地譜	沮洳
2961.	1	38b	地譜	沱	3001.	1	39a	地譜	埤溼
2962.	1	38b	地譜	洵	3002.	1	39a	地譜	瀦
2963.	1	38b	地譜	沙	3003.	1	39a	地譜	汙池
2964.	1	38b	地譜	墳	3004.	1	39a	地譜	洿
2965.	1	38b	地譜	汜	3005.	1	39a	地譜	渟
2966.	1	38b	地譜	湄	3006.	1	39a	地譜	茅蕩
2967.	1	38b	地譜	源	3007.	1	39a	地譜	蘆湯
2968.	1	38b	地譜	濫泉	3008.	1	39a	地譜	地鏡
2969.	1	38b	地譜	氿突	3009.	1	39a	地譜	灡溝
2970.	1	38b	地譜	氿泉	3010.	1	39a	地譜	泉
2971.	1	38b	地譜	涌	3011.	1	39a	地譜	天井
2972.	1	38b	地譜	瀿	3012.	1	39a	地譜	洹溠
2973.	1	38b	地譜	沃泉	3013.	1	39a	地譜	漏井
2974.	1	38b	地譜	濫觴	3014.	1	39a	地譜	滲坑
2975.	1	38b	地譜	浮	3015.	1	39a	地譜	潦
2976.	1	38b	地譜	溫泉	3016.	1	39a	地譜	潢
2977.	1	38b	地譜	沸泉	3017.	1	39a	地譜	蹄涔
2978.	1	38b	地譜	湯泉	3018.	1	39a	地譜	科坎
2979.	1	38b	地譜	冷泉	3019.	1	39a	地譜	智井
2980.	1	38b	地譜	椒井	3020.	1	39a	地譜	埳
2981.	1	38b	地譜	泌	3021.	1	39a	地譜	瓊
2982.	1	38b	地譜	渾沸	3022.	1	39a	地譜	甃
2983.	1	38b	地譜	膂沸	3023.	1	39a	地譜	甑瓾
2984.	1	38b	地譜	混混	3024.	1	39a	地譜	幹
2985.	1	38b	地譜	龍湫	3025.	1	39a	地譜	渫
2986.	1	38b	地譜	飛泉	3026.	1	39a	地譜	鞍

3027.	1	39a	地譜	汲	3067.	1	39b	地譜	潰
3028.	1	39a	地譜	綆	3068.	1	39b	地譜	演
3029.	1	39a	地譜	繘	3069.	1	39b	地譜	濱濱
3030.	1	39a	地譜	水斗	3070.	1	39b	地譜	渦
3031.	1	39a	地譜	桶梁	3071.	1	39b	地譜	洞沉
3032.	1	39a	地譜	吊桶	3072.	1	39b	地譜	澓
3033.	1	39a	地譜	缶	3073.	1	39b	地譜	汩
3034.	1	39a	地譜	缾	3074.	1	39b	地譜	審
3035.	1	39a	地譜	軍持	3075.	1	39b	地譜	佩
3036.	1	39a	地譜	長盆	3076.	1	39b	地譜	㡱
3037.	1	39a	地譜	轆轤	3077.	1	39b	地譜	㾗淪
3038.	1	39a	地譜	寰籔	3078.	1	39b	地譜	湍瀨
3039.	1	39a	地譜	頂圈	3079.	1	39b	地譜	瀧
3040.	1	39a	地譜	溝	3080.	1	39b	地譜	渡
3041.	1	39a	地譜	渠	3081.	1	39b	地譜	厲
3042.	1	39a	地譜	水庸	3082.	1	39b	地譜	步
3043.	1	39a	地譜	遂	3083.	1	39b	地譜	渡口
3044.	1	39a	地譜	洫	3084.	1	39b	地譜	渡頭
3045.	1	39a	地譜	澮	3085.	1	39b	地譜	鬻渡
3046.	1	39a	地譜	浜	3086.	1	39b	地譜	擺渡錢
3047.	1	39a	地譜	溇	3087.	1	39b	地譜	涉
3048.	1	39a	地譜	瀦	3088.	1	39b	地譜	渡濟
3049.	1	39a	地譜	隱溝	3089.	1	39b	地譜	厲
3050.	1	39a	地譜	舍溝	3090.	1	40a	地譜	揭
3051.	1	39a	地譜	匽潴	3091.	1	40a	地譜	馮河
3052.	1	39b	地譜	洙瘻	3092.	1	40a	地譜	亂流
3053.	1	39b	地譜	堋	3093.	1	40a	地譜	沿
3054.	1	39b	地譜	註	3094.	1	40a	地譜	浮
3055.	1	39b	地譜	沃	3095.	1	40a	地譜	泝洄
3056.	1	39b	地譜	灌溉	3096.	1	40a	地譜	泝游
3057.	1	39b	地譜	撐撐	3097.	1	40a	地譜	泳
3058.	1	39b	地譜	筧	3098.	1	40a	地譜	泙
3059.	1	39b	地譜	梘	3099.	1	40a	地譜	墳
3060.	1	39b	地譜	桔槔	3100.	1	40a	地譜	埽
3061.	1	39b	地譜	龍骨	3101.	1	40a	地譜	枋
3062.	1	39b	地譜	水車	3102.	1	40a	地譜	㨫
3063.	1	39b	地譜	潄	3103.	1	40a	地譜	閘
3064.	1	39b	地譜	沱	3104.	1	40a	地譜	牮
3065.	1	39b	地譜	肥	3105.	1	40a	地譜	堰
3066.	1	39b	地譜	派	3106.	1	40a	地譜	堨

3107.	1	40a	地譜	淘沙	3147.	1	40b	地譜	麋
3108.	1	40a	地譜	沙汰	3148.	1	40b	地譜	上游
3109.	1	40a	地譜	岸	3149.	1	40b	地譜	陽
3110.	1	40a	地譜	滸	3150.	1	40b	地譜	陰
3111.	1	40a	地譜	垠	3151.	1	40b	地譜	疇
3112.	1	40a	地譜	畢	3152.	1	40b	地譜	旱田
3113.	1	40a	地譜	滸	3153.	1	40b	地譜	甌窶
3114.	1	40a	地譜	墳	3154.	1	40b	地譜	水田
3115.	1	40a	地譜	涘	3155.	1	40b	地譜	葑田
3116.	1	40a	地譜	汜	3156.	1	40b	地譜	汙邪
3117.	1	40a	地譜	溦	3157.	1	40b	地譜	衍
3118.	1	40a	地譜	洲	3158.	1	40b	地譜	膏腴
3119.	1	40a	地譜	陼	3159.	1	40b	地譜	沃壤
3120.	1	40a	地譜	沚	3160.	1	40b	地譜	鹵
3121.	1	40a	地譜	坻	3161.	1	40b	地譜	境埸
3122.	1	40a	地譜	潏	3162.	1	40b	地譜	甫田
3123.	1	40a	地譜	濱	3163.	1	40b	地譜	圲
3124.	1	40a	地譜	涯	3164.	1	40b	地譜	畬
3125.	1	40a	地譜	漘	3165.	1	40b	地譜	新田
3126.	1	40a	地譜	涘	3166.	1	40b	地譜	畬
3127.	1	40a	地譜	潯	3167.	1	40b	地譜	田
3128.	1	40a	地譜	汭	3168.	1	40b	地譜	火田
3129.	1	40a	地譜	澨	3169.	1	40b	地譜	田祖
3130.	1	40a	地譜	漬	3170.	1	40b	地譜	畎
3131.	1	40a	地譜	汧	3171.	1	40b	地譜	畞
3132.	1	40a	地譜	干	3172.	1	40b	地譜	町
3133.	1	40a	地譜	隩	3173.	1	40b	地譜	壟
3134.	1	40a	地譜	鞠	3174.	1	40b	地譜	塍
3135.	1	40a	地譜	灣	3175.	1	40b	地譜	畦
3136.	1	40a	地譜	洪	3176.	1	40b	地譜	畔
3137.	1	40a	地譜	汀	3177.	1	40b	地譜	佰
3138.	1	40a	地譜	洲	3178.	1	40b	地譜	町
3139.	1	40a	地譜	渚	3179.	1	40b	地譜	畛
3140.	1	40a	地譜	枉渚	3180.	1	40b	地譜	阡
3141.	1	40a	地譜	沚	3181.	1	40b	地譜	畇畇
3142.	1	40a	地譜	坻	3182.	1	40b	地譜	畷
3143.	1	40a	地譜	潴	3183.	1	40b	地譜	夫
3144.	1	40a	地譜	島	3184.	1	40b	地譜	屋
3145.	1	40a	地譜	嶼	3185.	1	40b	地譜	井
3146.	1	40a	地譜	湄	3186.	1	40b	地譜	通

3187.	1	40b	地譜	成		3227.	1	41b	地譜	礦
3188.	1	40b	地譜	終		3228.	1	41b	地譜	鏈
3189.	1	40b	地譜	同		3229.	1	41b	地譜	鍱
3190.	1	40b	地譜	封		3230.	1	41b	地譜	鑄
3191.	1	40b	地譜	畿		3231.	1	41b	地譜	鎔
3192.	1	41a	地譜	雙		3232.	1	41b	地譜	鍛煉
3193.	1	41a	地譜	畦		3233.	1	41b	地譜	上齊
3194.	1	41a	地譜	頃		3234.	1	41b	地譜	中齊
3195.	1	41a	地譜	囷		3235.	1	41b	地譜	下齊
3196.	1	41a	地譜	畸		3236.	1	41b	地譜	甘堝
3197.	1	41a	地譜	稜		3237.	1	41b	地譜	漫面
3198.	1	41a	地譜	度		3238.	1	41b	地譜	磨光
3199.	1	41a	地譜	耕		3239.	1	41b	地譜	磨鉛
3200.	1	41a	地譜	畛田		3240.	1	41b	地譜	法琅
3201.	1	41a	地譜	佃		3241.	1	41b	地譜	起花
3202.	1	41a	地譜	田		3242.	1	41b	地譜	鏨花
3203.	1	41a	地譜	墾		3243.	1	41b	地譜	釬
3204.	1	41a	地譜	易		3244.	1	41b	地譜	銲
3205.	1	41a	地譜	墢		3245.	1	41b	地譜	辱金
3206.	1	41a	地譜	一墢		3246.	1	41b	地譜	鐔
3207.	1	41a	地譜	陘		3247.	1	41b	地譜	大真
3208.	1	41a	地譜	橫由		3248.	1	41b	地譜	蘇伐羅
3209.	1	41a	地譜	澤澤		3249.	1	41b	地譜	鏐
3210.	1	41a	地譜	菜		3250.	1	41b	地譜	紫磨
3211.	1	41a	地譜	貢		3251.	1	41b	地譜	弩眉
3212.	1	41a	地譜	助		3252.	1	41b	地譜	陽邁
3213.	1	41a	地譜	徹		3253.	1	41b	地譜	銑
3214.	1	41a	地譜	賦稅		3254.	1	41b	地譜	鈑
3215.	1	41a	地譜	租		3255.	1	41b	地譜	黃牙
3216.	1	41a	地譜	打量		3256.	1	41b	地譜	麩金
3217.	1	41a	地譜	帝籍		3257.	1	41b	地譜	碎金
3218.	1	41a	地譜	王籍		3258.	1	41b	地譜	山金
3219.	1	41a	地譜	東籍		3259.	1	41b	地譜	沙金
3220.	1	41a	地譜	親耕		3260.	1	41b	地譜	瓜子金
3221.	1	41a	地譜	東耕		3261.	1	41b	地譜	顆塊金
3222.	1	41a	地譜	勞酒		3262.	1	41b	地譜	葉子金
3223.	1	41a	地譜	御廩		3263.	1	41b	地譜	蒜條金
3224.	1	41a	地譜	神倉		3264.	1	41b	地譜	馬號金
3225.	1	41a	地譜	屯田		3265.	1	41b	地譜	裹蹄
3226.	1	41a	地譜	戊己校尉		3266.	1	41b	地譜	氣子

3267.	1	41b	地譜	身子	3307.	1	42b	地譜	假鍮
3268.	1	41b	地譜	金箔	3308.	1	42b	地譜	自然銅
3269.	1	41b	地譜	飛金	3309.	1	42b	地譜	石髓鉛
3270.	1	41b	地譜	鈿	3310.	1	42b	地譜	方金牙
3271.	1	41b	地譜	金鈿紙	3311.	1	42b	地譜	青金
3272.	1	41b	地譜	鍍	3312.	1	42b	地譜	黑錫金公
3273.	1	42a	地譜	白金	3313.	1	42b	地譜	水中金
3274.	1	42a	地譜	鋈	3314.	1	42b	地譜	草節鈆
3275.	1	42a	地譜	阿路巴	3315.	1	42b	地譜	連
3276.	1	42a	地譜	鐐	3316.	1	42b	地譜	紫背鈆
3277.	1	42a	地譜	老翁鬚	3317.	1	42b	地譜	鈆粉
3278.	1	42a	地譜	龍牙	3318.	1	42b	地譜	解錫
3279.	1	42a	地譜	龍鬚	3319.	1	42b	地譜	鈆華
3280.	1	42a	地譜	潮銀	3320.	1	42b	地譜	胡粉
3281.	1	42a	地譜	草銀	3321.	1	42b	地譜	芝粉
3282.	1	42a	地譜	錫悋脂	3322.	1	42b	地譜	瓦粉
3283.	1	42a	地譜	悉簡脂	3323.	1	42b	地譜	光粉
3284.	1	42a	地譜	白選	3324.	1	42b	地譜	白粉
3285.	1	42a	地譜	元寶	3325.	1	42b	地譜	水粉
3286.	1	42a	地譜	碎銀	3326.	1	42b	地譜	官粉
3287.	1	42a	地譜	流	3327.	1	42b	地譜	吳越
3288.	1	42a	地譜	鋈屬	3328.	1	42b	地譜	辰粉
3289.	1	42a	地譜	赤金	3329.	1	42b	地譜	韶粉
3290.	1	42a	地譜	紅銅	3330.	1	42b	地譜	鈆白霜
3291.	1	42a	地譜	銅綠	3331.	1	42b	地譜	鈆灰
3292.	1	42a	地譜	銅青	3332.	1	42b	地譜	錫灰
3293.	1	42a	地譜	銅落	3333.	1	42b	地譜	白鑞塵
3294.	1	42a	地譜	銅末	3334.	1	42b	地譜	鈆丹
3295.	1	42a	地譜	銅花	3335.	1	42b	地譜	黃丹
3296.	1	42a	地譜	銅粉	3336.	1	42b	地譜	丹粉
3297.	1	42a	地譜	銅砂	3337.	1	42b	地譜	朱粉
3298.	1	42a	地譜	鉛	3338.	1	42b	地譜	密陀僧
3299.	1	42a	地譜	鏢	3339.	1	43a	地譜	銅賀
3300.	1	42a	地譜	白慢銅	3340.	1	43a	地譜	白鑞
3301.	1	42a	地譜	烏銅	3341.	1	43a	地譜	賀南丹
3302.	1	42a	地譜	豆錫	3342.	1	43a	地譜	門限錫
3303.	1	42a	地譜	吳都督	3343.	1	43a	地譜	倭鈆
3304.	1	42a	地譜	古銅	3344.	1	43a	地譜	斗錫
3305.	1	42a	地譜	宣銅	3345.	1	43a	地譜	黑金
3306.	1	42a	地譜	古器	3346.	1	43a	地譜	烏金

3347.	1	43a	地譜	水鐵	3387.	1	43b	地譜	蒸粟
3348.	1	43a	地譜	生鐵	3388.	1	43b	地譜	截肪
3349.	1	43a	地譜	鑐鐵	3389.	1	43b	地譜	雞冠
3350.	1	43a	地譜	熟鐵	3390.	1	43b	地譜	純黍
3351.	1	43a	地譜	跳鐵	3391.	1	43b	地譜	琤琤
3352.	1	43a	地譜	鐵核	3392.	1	43b	地譜	瑲瑲
3353.	1	43a	地譜	鋼鐵	3393.	1	43b	地譜	將將
3354.	1	43a	地譜	團鐵	3394.	1	43b	地譜	瑕玷
3355.	1	43a	地譜	灌鋼	3395.	1	43b	地譜	追琢
3356.	1	43a	地譜	地浚	3396.	1	43b	地譜	攻
3357.	1	43a	地譜	鐵落	3397.	1	43b	地譜	碾玉砂
3358.	1	43a	地譜	鐵蛾	3398.	1	43b	地譜	磨
3359.	1	43a	地譜	鐵屑	3399.	1	43b	地譜	玉人
3360.	1	43a	地譜	生鐵梢	3400.	1	43b	地譜	追師
3361.	1	43a	地譜	鐵液	3401.	1	43b	地譜	藍田
3362.	1	43a	地譜	鐵蓺	3402.	1	43b	地譜	荊山
3363.	1	43a	地譜	華粉	3403.	1	43b	地譜	于闐
3364.	1	43a	地譜	鐵粉	3404.	1	43b	地譜	璆琳
3365.	1	43a	地譜	鐵砂	3405.	1	43b	地譜	瑾瑜
3366.	1	43b	地譜	鐵花	3406.	1	43b	地譜	璵璠
3367.	1	43b	地譜	璗	3407.	1	43b	地譜	璿
3368.	1	43b	地譜	鐵漿	3408.	1	43b	地譜	琪
3369.	1	43b	地譜	鑌	3409.	1	43b	地譜	砨砥
3370.	1	43b	地譜	楊妃垢	3410.	1	43b	地譜	結綠
3371.	1	43b	地譜	狂花	3411.	1	43b	地譜	懸黎
3372.	1	43b	地譜	淬	3412.	1	43b	地譜	垂棘
3373.	1	43b	地譜	玄真	3413.	1	43b	地譜	天智
3374.	1	43b	地譜	璗	3414.	1	43b	地譜	琬琰
3375.	1	43b	地譜	璞	3415.	1	43b	地譜	勃律羊脂
3376.	1	43b	地譜	璧	3416.	1	44a	地譜	火樹
3377.	1	43b	地譜	瑗	3417.	1	44a	地譜	鉢擺娑福羅
3378.	1	43b	地譜	環	3418.	1	44a	地譜	瑪瑙
3379.	1	43b	地譜	宣	3419.	1	44a	地譜	文石
3380.	1	43b	地譜	好	3420.	1	44a	地譜	摩羅迦隸
3381.	1	43b	地譜	肉	3421.	1	44a	地譜	柏枝
3382.	1	43b	地譜	羨	3422.	1	44a	地譜	夾胎
3383.	1	43b	地譜	玨	3423.	1	44a	地譜	截子
3384.	1	43b	地譜	區	3424.	1	44a	地譜	合子
3385.	1	43b	地譜	瑳	3425.	1	44a	地譜	錦紅
3386.	1	43b	地譜	瑩琪	3426.	1	44a	地譜	纏絲

3427.	1	44a	地譜	竹葉	3467.	1	44b	地譜	金珀
3428.	1	44a	地譜	瓊璃	3468.	1	44b	地譜	密蠟珠
3429.	1	44a	地譜	石珠	3469.	1	44b	地譜	玫瑰
3430.	1	44a	地譜	青珠	3470.	1	44b	地譜	火齊
3431.	1	44a	地譜	石闌干	3471.	1	44b	地譜	火精
3432.	1	44a	地譜	青剛石	3472.	1	44b	地譜	紅靺鞨
3433.	1	44a	地譜	青金石	3473.	1	45a	地譜	璣
3434.	1	44a	地譜	孔雀石	3474.	1	45a	地譜	的皪
3435.	1	44a	地譜	頗黎	3475.	1	45a	地譜	夜光珠
3436.	1	44a	地譜	水玉	3476.	1	45a	地譜	碧瑟瑟
3437.	1	44a	地譜	水精	3477.	1	45a	地譜	木難
3438.	1	44a	地譜	水玉	3478.	1	45a	地譜	摩竭
3439.	1	44a	地譜	石英	3479.	1	45a	地譜	珍珠
3440.	1	44a	地譜	水曼胡	3480.	1	45a	地譜	雲根
3441.	1	44a	地譜	琉璃	3481.	1	45a	地譜	目真隣陀
3442.	1	44a	地譜	雲華	3482.	1	45a	地譜	巖
3443.	1	44a	地譜	雲珠	3483.	1	45a	地譜	嵒
3444.	1	44a	地譜	雲英	3484.	1	45a	地譜	磧
3445.	1	44a	地譜	雲液	3485.	1	45a	地譜	磯
3446.	1	44a	地譜	雲砂	3486.	1	45a	地譜	泐
3447.	1	44b	地譜	石鱗	3487.	1	45a	地譜	磷
3448.	1	44b	地譜	自鮮石	3488.	1	45a	地譜	硨兀
3449.	1	44b	地譜	珷玞	3489.	1	45a	地譜	巖巖
3450.	1	44b	地譜	瑤琨	3490.	1	45a	地譜	漸漸
3451.	1	44b	地譜	玖	3491.	1	45a	地譜	鑿鑿
3452.	1	44b	地譜	珉	3492.	1	45a	地譜	齒齒
3453.	1	44b	地譜	菩薩石	3493.	1	45a	地譜	磈磊
3454.	1	44b	地譜	放光石	3494.	1	45a	地譜	磊磊
3455.	1	44b	地譜	陰精石	3495.	1	45a	地譜	嵌崟
3456.	1	44b	地譜	洞石	3496.	1	45a	地譜	匒匒
3457.	1	44b	地譜	華班石	3497.	1	45a	地譜	碌磝
3458.	1	44b	地譜	玉石	3498.	1	45a	地譜	犖确
3459.	1	44b	地譜	茅山石	3499.	1	45a	地譜	盤陀
3460.	1	44b	地譜	燔玉	3500.	1	45a	地譜	郯郯
3461.	1	44b	地譜	璺江珠	3501.	1	45a	地譜	磧然
3462.	1	44b	地譜	阿溼摩揭婆	3502.	1	45a	地譜	硈礜
3463.	1	44b	地譜	蠟珀	3503.	1	45a	地譜	礜
3464.	1	44b	地譜	明珀	3504.	1	45a	地譜	囥
3465.	1	44b	地譜	香珀	3505.	1	45a	地譜	硊
3466.	1	44b	地譜	璺珀	3506.	1	45a	地譜	硳硳

3507.	1	45a	地譜	宕戶	3547.	1	45b	地譜	細理石
3508.	1	45a	地譜	朱砂	3548.	1	45b	地譜	寒水石
3509.	1	45a	地譜	辰砂	3549.	1	45b	地譜	凝水石
3510.	1	45a	地譜	巴砂	3550.	1	45b	地譜	鵲石
3511.	1	45a	地譜	越砂	3551.	1	45b	地譜	理石
3512.	1	45a	地譜	雲母砂	3552.	1	45b	地譜	肌石
3513.	1	45a	地譜	石砂	3553.	1	45b	地譜	長石
3514.	1	45a	地譜	土砂	3554.	1	45b	地譜	方石
3515.	1	45a	地譜	光明砂	3555.	1	45b	地譜	長理石
3516.	1	45a	地譜	白金砂	3556.	1	45b	地譜	方解石
3517.	1	45a	地譜	馬牙砂	3557.	1	46a	地譜	黃石
3518.	1	45a	地譜	芙蓉砂	3558.	1	46a	地譜	畫石
3519.	1	45a	地譜	鏡面砂	3559.	1	46a	地譜	液石
3520.	1	45a	地譜	金星砂	3560.	1	46a	地譜	脅石
3521.	1	45a	地譜	石間朱	3561.	1	46a	地譜	脫石
3522.	1	45b	地譜	澒	3562.	1	46a	地譜	冷畓石
3523.	1	45b	地譜	靈液	3563.	1	46a	地譜	共石
3524.	1	45b	地譜	河上姹女	3564.	1	46a	地譜	無灰木
3525.	1	45b	地譜	汞	3565.	1	46a	地譜	松石
3526.	1	45b	地譜	水銀粉	3566.	1	46a	地譜	白石脂
3527.	1	45b	地譜	澒粉	3567.	1	46a	地譜	黃石脂
3528.	1	45b	地譜	輕粉	3568.	1	46a	地譜	青石脂
3529.	1	45b	地譜	峭粉	3569.	1	46a	地譜	黑石脂
3530.	1	45b	地譜	膩粉	3570.	1	46a	地譜	石墨
3531.	1	45b	地譜	粉霜	3571.	1	46a	地譜	石涅
3532.	1	45b	地譜	水銀霜	3572.	1	46a	地譜	畫眉石
3533.	1	45b	地譜	白雪	3573.	1	46a	地譜	桃花石
3534.	1	45b	地譜	白靈砂	3574.	1	46a	地譜	爐先生
3535.	1	45b	地譜	銀朱	3575.	1	46a	地譜	蜜栗子
3536.	1	45b	地譜	猩紅	3576.	1	46a	地譜	留公乳
3537.	1	45b	地譜	紫粉霜	3577.	1	46a	地譜	虛中
3538.	1	45b	地譜	水花硃	3578.	1	46a	地譜	蘆石
3539.	1	45b	地譜	靈砂	3579.	1	46a	地譜	鵝管石
3540.	1	45b	地譜	二氣砂	3580.	1	46a	地譜	夏石
3541.	1	45b	地譜	黃金石	3581.	1	46a	地譜	黃石砂
3542.	1	45b	地譜	薰黃	3582.	1	46a	地譜	孔公孽
3543.	1	45b	地譜	石黃	3583.	1	46a	地譜	通石
3544.	1	45b	地譜	雌黃	3584.	1	46a	地譜	殷孽
3545.	1	45b	地譜	仇池黃	3585.	1	46a	地譜	薑石
3546.	1	45b	地譜	崑崙黃	3586.	1	46a	地譜	石牀

3587.	1	46a	地譜	石花	3627.	1	47a	地譜	鐵母
3588.	1	46a	地譜	乳牀	3628.	1	47a	地譜	磁石毛
3589.	1	46a	地譜	石筍	3629.	1	47a	地譜	延年砂
3590.	1	46b	地譜	石腦	3630.	1	47a	地譜	續采石
3591.	1	46b	地譜	石飴餅	3631.	1	47a	地譜	玄石
3592.	1	46b	地譜	石芝	3632.	1	47a	地譜	玄水石
3593.	1	46b	地譜	石腦油	3633.	1	47a	地譜	代赭
3594.	1	46b	地譜	石油	3634.	1	47a	地譜	須丸
3595.	1	46b	地譜	石黍	3635.	1	47a	地譜	血師
3596.	1	46b	地譜	石髓	3636.	1	47a	地譜	土朱
3597.	1	46b	地譜	土殷孽	3637.	1	47a	地譜	鐵朱
3598.	1	46b	地譜	土乳	3638.	1	47a	地譜	蛇含石
3599.	1	46b	地譜	煤炭	3639.	1	47a	地譜	白餘粮
3600.	1	46b	地譜	石墨	3640.	1	47a	地譜	太一餘粮
3601.	1	46b	地譜	鐵炭	3641.	1	47a	地譜	石腦
3602.	1	46b	地譜	烏金石	3642.	1	47a	地譜	禹哀
3603.	1	46b	地譜	焦石	3643.	1	47a	地譜	石中黃子
3604.	1	46b	地譜	然石	3644.	1	47a	地譜	楊梅青
3605.	1	46b	地譜	石堊	3645.	1	47a	地譜	魯青
3606.	1	46b	地譜	堊灰	3646.	1	47a	地譜	綠青
3607.	1	46b	地譜	鍛石	3647.	1	47a	地譜	石綠
3608.	1	46b	地譜	白虎	3648.	1	47a	地譜	大綠
3609.	1	46b	地譜	礦灰	3649.	1	47a	地譜	扁青
3610.	1	46b	地譜	地龍骨	3650.	1	47a	地譜	石青
3611.	1	46b	地譜	水龍骨	3651.	1	47a	地譜	大青
3612.	1	46b	地譜	海石	3652.	1	47a	地譜	二青
3613.	1	46b	地譜	水花	3653.	1	47a	地譜	三青
3614.	1	46b	地譜	水泡石	3654.	1	47b	地譜	回回青
3615.	1	46b	地譜	暈石	3655.	1	47b	地譜	天青
3616.	1	46b	地譜	七明芝	3656.	1	47b	地譜	佛頭青
3617.	1	46b	地譜	九光芝	3657.	1	47b	地譜	碧青
3618.	1	46b	地譜	石蜜	3658.	1	47b	地譜	白青
3619.	1	46b	地譜	石桂	3659.	1	47b	地譜	魚目青
3620.	1	46b	地譜	玉脂芝	3660.	1	47b	地譜	綠膚青
3621.	1	47a	地譜	羊起石	3661.	1	47b	地譜	膽礬
3622.	1	47a	地譜	白石	3662.	1	47b	地譜	黑石
3623.	1	47a	地譜	石生	3663.	1	47b	地譜	畢石
3624.	1	47a	地譜	處石	3664.	1	47b	地譜	君石
3625.	1	47a	地譜	煅鐵石	3665.	1	47b	地譜	銅勒
3626.	1	47a	地譜	吸鐵石	3666.	1	47b	地譜	太白石

3667.	1	47b	地譜	石鹽	3707.	1	48b	地譜	芒硝
3668.	1	47b	地譜	信石	3708.	1	48b	地譜	焰硝
3669.	1	47b	地譜	人言	3709.	1	48b	地譜	馬牙
3670.	1	47b	地譜	砒黃	3710.	1	48b	地譜	風化硝
3671.	1	47b	地譜	砒霜	3711.	1	48b	地譜	玄明粉
3672.	1	47b	地譜	信可畏	3712.	1	48b	地譜	白龍粉
3673.	1	47b	地譜	土黃	3713.	1	48b	地譜	苦消
3674.	1	47b	地譜	金礦石	3714.	1	48b	地譜	焰消
3675.	1	47b	地譜	花蘂石	3715.	1	48b	地譜	火消
3676.	1	47b	地譜	花乳石	3716.	1	48b	地譜	地霜
3677.	1	47b	地譜	金剛石	3717.	1	48b	地譜	生消
3678.	1	47b	地譜	削玉刀	3718.	1	48b	地譜	狐剛子
3679.	1	47b	地譜	鍼石	3719.	1	48b	地譜	北帝玄珠
3680.	1	47b	地譜	吸毒石	3720.	1	48b	地譜	礦砂
3681.	1	48a	地譜	石砮	3721.	1	48b	地譜	狄鹽
3682.	1	48a	地譜	磨刀石	3722.	1	48b	地譜	北庭砂
3683.	1	48a	地譜	羊肝石	3723.	1	48b	地譜	氣砂
3684.	1	48a	地譜	礪	3724.	1	48b	地譜	透骨將軍
3685.	1	48a	地譜	白麥飯石	3725.	1	48b	地譜	磠砂
3686.	1	48a	地譜	細石	3726.	1	48b	地譜	鵬砂
3687.	1	48a	地譜	礜石	3727.	1	48b	地譜	硼砂
3688.	1	48a	地譜	烏石	3728.	1	48b	地譜	盆砂
3689.	1	48a	地譜	花草石	3729.	1	49a	地譜	黃磠砂
3690.	1	48a	地譜	青石	3730.	1	49a	地譜	黃牙
3691.	1	48a	地譜	石羹	3731.	1	49a	地譜	陽侯將軍
3692.	1	48a	地譜	赤龍血	3732.	1	49a	地譜	石硫赤
3693.	1	48a	地譜	青龍膏	3733.	1	49a	地譜	石亭脂
3694.	1	48a	地譜	石蛇	3734.	1	49a	地譜	石流丹
3695.	1	48b	地譜	太乙玄青石	3735.	1	49a	地譜	石流芝
3696.	1	48b	地譜	陰精石	3736.	1	49a	地譜	石硫青
3697.	1	48b	地譜	玄英石	3737.	1	49a	地譜	冬結石
3698.	1	48b	地譜	青盬	3738.	1	49a	地譜	柳絮礬
3699.	1	48b	地譜	盬精	3739.	1	49a	地譜	馬齒礬
3700.	1	48b	地譜	石礆	3740.	1	49a	地譜	礬精
3701.	1	48b	地譜	孩兒茶	3741.	1	49a	地譜	礬蝴蝶
3702.	1	48b	地譜	消石朴	3742.	1	49a	地譜	白君
3703.	1	48b	地譜	鹽消	3743.	1	49a	地譜	明礬
3704.	1	48b	地譜	皮硝	3744.	1	49a	地譜	雪礬
3705.	1	48b	地譜	生硝	3745.	1	49a	地譜	雲母礬
3706.	1	48b	地譜	朴硝	3746.	1	49a	地譜	枯白礬

3747.	1	49a	地譜	巴石		3787.	1	49b	地譜	陽符
3748.	1	49a	地譜	皂礬		3788.	1	49b	地譜	火鏡
3749.	1	49a	地譜	涅石		3789.	1	49b	地譜	火刀
3750.	1	49a	地譜	羽涅		3790.	1	49b	地譜	回禄
3751.	1	49a	地譜	鈆礬		3791.	1	50a	地譜	燧
3752.	1	49a	地譜	崑崙礬		3792.	1	50a	地譜	宋無忌
3753.	1	49a	地譜	鐵礬		3793.	1	50a	地譜	㝠
3754.	1	49a	地譜	綠礬		3794.	1	50a	地譜	伏火
3755.	1	49a	地譜	青礬		3795.	1	50a	地譜	㸒
3756.	1	49a	地譜	塩礬		3796.	1	50a	地譜	火候
3757.	1	49a	地譜	礬紅		3797.	1	50a	地譜	文火
3758.	1	49a	地譜	黃礬		3798.	1	50a	地譜	武火
3759.	1	49a	地譜	金線礬		3799.	1	50a	地譜	欝攸
3760.	1	49a	地譜	太湖石		3800.	1	50a	地譜	熱
3761.	1	49a	地譜	煤		3801.	1	50a	地譜	焰
3762.	1	49a	地譜	太陽火		3802.	1	50a	地譜	炎
3763.	1	49b	地譜	鑽燧火		3803.	1	50a	地譜	烈
3764.	1	49b	地譜	明火		3804.	1	50a	地譜	庉庉
3765.	1	49b	地譜	無根火		3805.	1	50a	地譜	焚
3766.	1	49b	地譜	石火		3806.	1	50a	地譜	燒爇
3767.	1	49b	地譜	厚酒火		3807.	1	50a	地譜	燎
3768.	1	49b	地譜	積油火		3808.	1	50a	地譜	焦
3769.	1	49b	地譜	樟脂火		3809.	1	50a	地譜	黃焦
3770.	1	49b	地譜	猾髓火		3810.	1	50a	地譜	燻
3771.	1	49b	地譜	獅腋		3811.	1	50a	地譜	㶳
3772.	1	49b	地譜	雷火		3812.	1	50a	地譜	爤爌
3773.	1	49b	地譜	龍火		3813.	1	50a	地譜	爆爗
3774.	1	49b	地譜	鬼火		3814.	1	50a	地譜	烐爗
3775.	1	49b	地譜	狐火		3815.	1	50a	地譜	燔
3776.	1	49b	地譜	鴉火		3816.	1	50a	地譜	灸
3777.	1	49b	地譜	海火		3817.	1	50a	地譜	灼
3778.	1	49b	地譜	蕭丘冷火		3818.	1	50a	地譜	烙
3779.	1	49b	地譜	蜀井火		3819.	1	50a	地譜	爆
3780.	1	49b	地譜	地中火		3820.	1	50a	地譜	炮
3781.	1	49b	地譜	滛火		3821.	1	50a	地譜	煨
3782.	1	49b	地譜	佛火		3822.	1	50a	地譜	烹
3783.	1	49b	地譜	燧		3823.	1	50a	地譜	煮
3784.	1	49b	地譜	天燧		3824.	1	50a	地譜	煎
3785.	1	49b	地譜	金燧		3825.	1	50a	地譜	烊
3786.	1	49b	地譜	陽燧		3826.	1	50a	地譜	炒

3827.	1	50a	地譜	蒸	3867.	1	50b	地譜	庭燎
3828.	1	50a	地譜	熬	3868.	1	50b	地譜	地燭
3829.	1	50a	地譜	穤	3869.	1	50b	地譜	晰晰
3830.	1	50a	地譜	焙	3870.	1	50b	地譜	炷
3831.	1	50a	地譜	燲	3871.	1	50b	地譜	燈花
3832.	1	50a	地譜	烈	3872.	1	50b	地譜	蜻蜓眼
3833.	1	50a	地譜	走氣	3873.	1	50b	地譜	玉蟲
3834.	1	50a	地譜	滅	3874.	1	50b	地譜	玉膽瓶
3835.	1	50a	地譜	熄	3875.	1	51a	地譜	亮子
3836.	1	50a	地譜	燼	3876.	1	51a	地譜	揉紙
3837.	1	50a	地譜	煨	3877.	1	51a	地譜	撚子
3838.	1	50a	地譜	火災	3878.	1	51a	地譜	檠
3839.	1	50a	地譜	失火	3879.	1	51a	地譜	鐵樹
3840.	1	50a	地譜	椀楂子	3880.	1	51a	地譜	燈籠
3841.	1	50a	地譜	竃杖	3881.	1	51a	地譜	圭
3842.	1	50a	地譜	梧	3882.	1	51a	地譜	剪
3843.	1	50a	地譜	撥火棍	3883.	1	51a	地譜	釭
3844.	1	50b	地譜	熅	3884.	1	51a	地譜	燈窩
3845.	1	50b	地譜	爐火	3885.	1	51a	地譜	滾燈
3846.	1	50b	地譜	篆烟	3886.	1	51a	地譜	燭淚
3847.	1	50b	地譜	瑞雲香毬	3887.	1	51a	地譜	燭跋
3848.	1	50b	地譜	烃烃	3888.	1	51a	地譜	燗
3849.	1	50b	地譜	熷然	3889.	1	51a	地譜	炧
3850.	1	50b	地譜	幂羃	3890.	1	51a	地譜	折堊
3851.	1	50b	地譜	伏龍屎	3891.	1	51a	地譜	閔
3852.	1	50b	地譜	炱	3892.	1	51a	地譜	烝
3853.	1	50b	地譜	烟墨	3893.	1	51a	地譜	燭籠
3854.	1	50b	地譜	窒座	3894.	1	51a	地譜	燭臺
3855.	1	50b	地譜	膩	3895.	1	51a	地譜	鐙錠
3856.	1	50b	地譜	釜臍墨	3896.	1	51a	地譜	銅荷
3857.	1	50b	地譜	釜月中墨	3897.	1	51a	地譜	焠兒
3858.	1	50b	地譜	釜焰	3898.	1	51a	地譜	发燭
3859.	1	50b	地譜	釜煤	3899.	1	51a	地譜	火寸
3860.	1	50b	地譜	鐺墨	3900.	1	51b	地譜	博山爐
3861.	1	50b	地譜	百草霜	3901.	1	51b	地譜	金猊
3862.	1	50b	地譜	骨董灰	3902.	1	51b	地譜	睡鴨
3863.	1	50b	地譜	羹	3903.	1	51b	地譜	鉔
3864.	1	50b	地譜	煤	3904.	1	51b	地譜	香毬
3865.	1	50b	地譜	烟頭子	3905.	1	51b	地譜	廚
3866.	1	50b	地譜	爥	3906.	1	51b	地譜	竃瓠

3907.	1	51b	地譜	竈突	3947.	2	1a	人譜	軀
3908.	1	51b	地譜	竈囪	3948.	2	1a	人譜	躬
3909.	1	51b	地譜	甏	3949.	2	1a	人譜	身子
3910.	1	51b	地譜	煤	3950.	2	1a	人譜	腔子
3911.	1	51b	地譜	烴	3951.	2	1a	人譜	軀殼
3912.	1	51b	地譜	伏龍	3952.	2	1a	人譜	軀軆
3913.	1	51b	地譜	髻	3953.	2	1a	人譜	躴軇
3914.	1	51b	地譜	郭禪	3954.	2	1a	人譜	頎
3915.	1	51b	地譜	庍	3955.	2	1a	人譜	侏儒
3916.	1	51b	地譜	伏龍肝	3956.	2	1a	人譜	僬僥
3917.	1	51b	地譜	薪蒸	3957.	2	1a	人譜	難長
3918.	1	51b	地譜	欑	3958.	2	1a	人譜	矮子
3919.	1	51b	地譜	束蘊	3959.	2	1a	人譜	矬漢
3920.	1	51b	地譜	火絨草	3960.	2	1a	人譜	婢婢
3921.	1	51b	地譜	荛	3961.	2	1a	人譜	邋除
3922.	1	51b	地譜	樵	3962.	2	1a	人譜	戚施
3923.	1	51b	地譜	背挾子	3963.	2	1a	人譜	夸毗
3924.	1	51b	地譜	挿	3964.	2	1a	人譜	軅
3925.	1	51b	地譜	擔	3965.	2	1a	人譜	仰子
3926.	1	51b	地譜	笣	3966.	2	1a	人譜	肥
3927.	1	51b	地譜	柴把	3967.	2	1a	人譜	胖
3928.	1	51b	地譜	搜扒	3968.	2	1a	人譜	腴
3929.	1	51b	地譜	斧斤	3969.	2	1a	人譜	漫膚
3930.	1	51b	地譜	樵子	3970.	2	1a	人譜	瘦
3931.	1	52a	地譜	樵客	3971.	2	1a	人譜	羸
3932.	1	52a	地譜	樵父	3972.	2	1a	人譜	瘠
3933.	1	52a	地譜	樵童	3973.	2	1a	人譜	臞
3934.	1	52a	地譜	樵歌	3974.	2	1a	人譜	露
3935.	1	52a	地譜	樵唱	3975.	2	1a	人譜	豺棘
3936.	1	52a	地譜	委積	3976.	2	1a	人譜	脫
3937.	1	52a	地譜	癗	3977.	2	1a	人譜	尩
3938.	1	52a	地譜	奧草	3978.	2	1a	人譜	痟首
3939.	1	52a	地譜	秋浪	3979.	2	1a	人譜	坐
3940.	1	52a	地譜	白雲養	3980.	2	1a	人譜	危坐
3941.	1	52a	地譜	野燒	3981.	2	1a	人譜	正坐
3942.	1	52a	地譜	燎爐	3982.	2	1a	人譜	端坐
3943.	1	52a	地譜	燎山	3983.	2	1a	人譜	盤膝
3944.	2	1a	人譜	裸蟲	3984.	2	1a	人譜	跏趺
3945.	2	1a	人譜	倮	3985.	2	1a	人譜	箕踞
3946.	2	1a	人譜	軆	3986.	2	1a	人譜	夷踞

3987.	2	1a	人譜	跪		4027.	2	1b	人譜	戰慄
3988.	2	1a	人譜	跀跪		4028.	2	1b	人譜	結筋
3989.	2	1b	人譜	跽		4029.	2	1b	人譜	浴
3990.	2	1b	人譜	長跪		4030.	2	1b	人譜	進機
3991.	2	1b	人譜	跟墊		4031.	2	1b	人譜	漚
3992.	2	1b	人譜	蹲		4032.	2	1b	人譜	扞
3993.	2	1b	人譜	立		4033.	2	1b	人譜	濫
3994.	2	1b	人譜	峙立		4034.	2	1b	人譜	豐
3995.	2	1b	人譜	跛立		4035.	2	2a	人譜	首
3996.	2	1b	人譜	蹕		4036.	2	2a	人譜	元
3997.	2	1b	人譜	延佇		4037.	2	2a	人譜	顒顒
3998.	2	1b	人譜	佇立		4038.	2	2a	人譜	穎穎
3999.	2	1b	人譜	卧		4039.	2	2a	人譜	顱
4000.	2	1b	人譜	偃息		4040.	2	2a	人譜	光頭
4001.	2	1b	人譜	僻		4041.	2	2a	人譜	儠俫
4002.	2	1b	人譜	伏		4042.	2	2a	人譜	臨俙
4003.	2	1b	人譜	跧		4043.	2	2a	人譜	風屑
4004.	2	1b	人譜	起		4044.	2	2a	人譜	浮皮
4005.	2	1b	人譜	剡剡		4045.	2	2a	人譜	搯頭
4006.	2	1b	人譜	敨伎		4046.	2	2a	人譜	戴
4007.	2	1b	人譜	蹶然		4047.	2	2a	人譜	觸
4008.	2	1b	人譜	倚		4048.	2	2a	人譜	顛
4009.	2	1b	人譜	徙倚		4049.	2	2a	人譜	顧
4010.	2	1b	人譜	屈		4050.	2	2a	人譜	天靈蓋
4011.	2	1b	人譜	鞠躬		4051.	2	2a	人譜	腦蓋骨
4012.	2	1b	人譜	伸		4052.	2	2a	人譜	仙人蓋
4013.	2	1b	人譜	伸		4053.	2	2a	人譜	圩
4014.	2	1b	人譜	平身		4054.	2	2a	人譜	腦
4015.	2	1b	人譜	俛		4055.	2	2a	人譜	覺元
4016.	2	1b	人譜	俯		4056.	2	2a	人譜	泥丸宮
4017.	2	1b	人譜	傴僂		4057.	2	2a	人譜	腦垆
4018.	2	1b	人譜	仰		4058.	2	2a	人譜	顉
4019.	2	1b	人譜	動		4059.	2	2a	人譜	頂門
4020.	2	1b	人譜	靜		4060.	2	2a	人譜	天門
4021.	2	1b	人譜	氣顫		4061.	2	2a	人譜	枕骨
4022.	2	1b	人譜	顫		4062.	2	2a	人譜	玉枕
4023.	2	1b	人譜	戰		4063.	2	2a	人譜	爭食窩子
4024.	2	1b	人譜	抖		4064.	2	2a	人譜	額
4025.	2	1b	人譜	起栗		4065.	2	2a	人譜	鄂
4026.	2	1b	人譜	筋惕肉瞤		4066.	2	2a	人譜	頂

4067.	2	2a	人譜	顙	4107.	2	2b	人譜	魁頭
4068.	2	2a	人譜	題	4108.	2	2b	人譜	角羈
4069.	2	2a	人譜	顏	4109.	2	2b	人譜	串子
4070.	2	2a	人譜	日月角	4110.	2	2b	人譜	鬠
4071.	2	2a	人譜	伏犀	4111.	2	2b	人譜	骨摘
4072.	2	2a	人譜	太陽	4112.	2	2b	人譜	掃
4073.	2	2a	人譜	天遲	4113.	2	2b	人譜	鑷兒
4074.	2	2a	人譜	頯然	4114.	2	2b	人譜	脻
4075.	2	2a	人譜	區僦	4115.	2	2b	人譜	膩
4076.	2	2a	人譜	血餘	4116.	2	2b	人譜	沐
4077.	2	2a	人譜	元華	4117.	2	2b	人譜	鬠
4078.	2	2a	人譜	頭旋	4118.	2	2b	人譜	律
4079.	2	2a	人譜	分道子	4119.	2	2b	人譜	扻
4080.	2	2a	人譜	捲螺髮	4120.	2	2b	人譜	梳頭櫛
4081.	2	2a	人譜	鬢	4121.	2	2b	人譜	縰
4082.	2	2a	人譜	綢直	4122.	2	2b	人譜	梳
4083.	2	2a	人譜	髮鬌	4123.	2	2b	人譜	笓
4084.	2	2a	人譜	曲局	4124.	2	2b	人譜	比余
4085.	2	2a	人譜	蓬頭	4125.	2	2b	人譜	比
4086.	2	2b	人譜	鬖髟	4126.	2	2b	人譜	笓掃
4087.	2	2b	人譜	鬆鬆	4127.	2	2b	人譜	密笓
4088.	2	2b	人譜	鬅鬠	4128.	2	2b	人譜	疎笓
4089.	2	2b	人譜	白髮	4129.	2	2b	人譜	細櫛
4090.	2	2b	人譜	華髮	4130.	2	2b	人譜	櫛
4091.	2	2b	人譜	霜髮	4131.	2	2b	人譜	笲
4092.	2	2b	人譜	鶴髮	4132.	2	2b	人譜	构
4093.	2	2b	人譜	雜頭髮	4133.	2	2b	人譜	百齒霜
4094.	2	2b	人譜	荒髮	4134.	2	3a	人譜	距
4095.	2	2b	人譜	頒白	4135.	2	3a	人譜	突鬢
4096.	2	2b	人譜	二毛	4136.	2	3a	人譜	髷
4097.	2	2b	人譜	宣	4137.	2	3a	人譜	導
4098.	2	2b	人譜	種種	4138.	2	3a	人譜	玉導
4099.	2	2b	人譜	星星	4139.	2	3a	人譜	鬠師
4100.	2	2b	人譜	皤皤	4140.	2	3a	人譜	鬠帚
4101.	2	2b	人譜	禿	4141.	2	3a	人譜	玉樓
4102.	2	2b	人譜	木骨閭	4142.	2	3a	人譜	衡
4103.	2	2b	人譜	人退	4143.	2	3a	人譜	上丹田
4104.	2	2b	人譜	會撮	4144.	2	3a	人譜	名
4105.	2	2b	人譜	頂椎纘子	4145.	2	3a	人譜	眉宇
4106.	2	2b	人譜	科頭	4146.	2	3a	人譜	顥

4147.	2	3a	人譜	揚	4187.	2	3b	人譜	皰
4148.	2	3a	人譜	嚬	4188.	2	3b	人譜	穀觜
4149.	2	3a	人譜	攢眉	4189.	2	3b	人譜	麻
4150.	2	3a	人譜	皺眉	4190.	2	3b	人譜	縛
4151.	2	3a	人譜	遠山眉	4191.	2	3b	人譜	黷
4152.	2	3a	人譜	卻月眉	4192.	2	3b	人譜	沫頰
4153.	2	3a	人譜	八字眉	4193.	2	3b	人譜	澡豆
4154.	2	3a	人譜	蛾眉	4194.	2	3b	人譜	肥皂
4155.	2	3a	人譜	黛絲	4195.	2	3b	人譜	膩子
4156.	2	3a	人譜	顏	4196.	2	3b	人譜	胰壺
4157.	2	3a	人譜	尺宅	4197.	2	3b	人譜	巾
4158.	2	3a	人譜	容貌	4198.	2	3b	人譜	帉
4159.	2	3a	人譜	神觀	4199.	2	3b	人譜	畫像
4160.	2	3a	人譜	美首	4200.	2	3b	人譜	寫真
4161.	2	3a	人譜	奕	4201.	2	3b	人譜	傳神
4162.	2	3a	人譜	丰容	4202.	2	3b	人譜	真容影
4163.	2	3a	人譜	面首	4203.	2	3b	人譜	七分
4164.	2	3a	人譜	貌寢	4204.	2	3b	人譜	影幀
4165.	2	3a	人譜	犖麖	4205.	2	3b	人譜	影堂
4166.	2	3a	人譜	白皙	4206.	2	3b	人譜	繡像
4167.	2	3a	人譜	嚚䵞	4207.	2	3b	人譜	寫
4168.	2	3a	人譜	顉	4208.	2	3b	人譜	塑
4169.	2	3a	人譜	糖	4209.	2	4a	人譜	眼眸
4170.	2	3a	人譜	夭夭	4210.	2	4a	人譜	銀海
4171.	2	3a	人譜	愉愉	4211.	2	4a	人譜	虛監
4172.	2	3a	人譜	欣欣	4212.	2	4a	人譜	瞳
4173.	2	3a	人譜	勃	4213.	2	4a	人譜	朕
4174.	2	3a	人譜	愀	4214.	2	4a	人譜	眼仁
4175.	2	3a	人譜	醅醦	4215.	2	4a	人譜	睛
4176.	2	3a	人譜	皵	4216.	2	4a	人譜	珠豆子
4177.	2	3a	人譜	粉刺	4217.	2	4a	人譜	睫
4178.	2	3a	人譜	黚黵	4218.	2	4a	人譜	眥
4179.	2	3a	人譜	肝	4219.	2	4a	人譜	眊毦
4180.	2	3a	人譜	汗刺	4220.	2	4a	人譜	眇
4181.	2	3a	人譜	痱子	4221.	2	4a	人譜	密縫眼
4182.	2	3a	人譜	雀斑	4222.	2	4a	人譜	暴眼
4183.	2	3a	人譜	雀卵斑	4223.	2	4a	人譜	眰
4184.	2	3a	人譜	生癬	4224.	2	4a	人譜	乜斜眼
4185.	2	3b	人譜	濕癬	4225.	2	4a	人譜	望天子
4186.	2	3b	人譜	面皺	4226.	2	4a	人譜	通睛

4227.	2	4a	人譜	清		4267.	2	4a	人譜	瞿瞿
4228.	2	4a	人譜	盼		4268.	2	4a	人譜	目
4229.	2	4a	人譜	見		4269.	2	4a	人譜	睊
4230.	2	4a	人譜	視		4270.	2	4a	人譜	睚眦
4231.	2	4a	人譜	瞻		4271.	2	4b	人譜	睜
4232.	2	4a	人譜	覩		4272.	2	4b	人譜	睽睽
4233.	2	4a	人譜	眄		4273.	2	4b	人譜	覷覦
4234.	2	4a	人譜	瞰		4274.	2	4b	人譜	睢盱
4235.	2	4a	人譜	觀		4275.	2	4b	人譜	脈脈
4236.	2	4a	人譜	覷		4276.	2	4b	人譜	紅爛眼
4237.	2	4a	人譜	覽		4277.	2	4b	人譜	眩
4238.	2	4a	人譜	監		4278.	2	4b	人譜	瞽
4239.	2	4a	人譜	目擊		4279.	2	4b	人譜	纈眼
4240.	2	4a	人譜	寓目		4280.	2	4b	人譜	眊
4241.	2	4a	人譜	看		4281.	2	4b	人譜	矉襪
4242.	2	4a	人譜	望		4282.	2	4b	人譜	羞明
4243.	2	4a	人譜	盱		4283.	2	4b	人譜	眛
4244.	2	4a	人譜	企		4284.	2	4b	人譜	眚
4245.	2	4a	人譜	仰		4285.	2	4b	人譜	翳
4246.	2	4a	人譜	臨		4286.	2	4b	人譜	內障
4247.	2	4a	人譜	窺		4287.	2	4b	人譜	外障
4248.	2	4a	人譜	覘		4288.	2	4b	人譜	蘿蔔眼
4249.	2	4a	人譜	張		4289.	2	4b	人譜	生眼丹
4250.	2	4a	人譜	睥睨		4290.	2	4b	人譜	眼生珠
4251.	2	4a	人譜	睇視		4291.	2	4b	人譜	偷鍼
4252.	2	4a	人譜	淫視		4292.	2	4b	人譜	瞽
4253.	2	4a	人譜	遊塵		4293.	2	4b	人譜	盲
4254.	2	4a	人譜	微浸		4294.	2	4b	人譜	瞍
4255.	2	4a	人譜	閃閃		4295.	2	4b	人譜	瞎廝
4256.	2	4a	人譜	顧		4296.	2	4b	人譜	青盲
4257.	2	4a	人譜	覡		4297.	2	4b	人譜	矇瞍
4258.	2	4a	人譜	瞥		4298.	2	4b	人譜	矐
4259.	2	4a	人譜	目之		4299.	2	4b	人譜	眢
4260.	2	4a	人譜	眼語		4300.	2	4b	人譜	雀盲
4261.	2	4a	人譜	擠眼		4301.	2	4b	人譜	判事
4262.	2	4a	人譜	眼勢		4302.	2	4b	人譜	相
4263.	2	4a	人譜	閃眼瞇		4303.	2	4b	人譜	明杖
4264.	2	4a	人譜	一瞇		4304.	2	4b	人譜	睚眵
4265.	2	4a	人譜	瞬		4305.	2	4b	人譜	眚兜
4266.	2	4a	人譜	瞠		4306.	2	4b	人譜	眼脂兒

4307.	2	4b	人譜	淚		4347.	2	5a	人譜	耳匄子
4308.	2	4b	人譜	涕		4348.	2	5a	人譜	捎箟子
4309.	2	4b	人譜	扠涕		4349.	2	5a	人譜	頔
4310.	2	4b	人譜	閣眼淚		4350.	2	5a	人譜	玉盧
4311.	2	4b	人譜	漣漣		4351.	2	5a	人譜	頞
4312.	2	4b	人譜	漣洏		4352.	2	5a	人譜	折頞
4313.	2	4b	人譜	汍瀾		4353.	2	5a	人譜	鼻梁
4314.	2	4b	人譜	潛潛		4354.	2	5a	人譜	準
4315.	2	4b	人譜	泫然		4355.	2	5a	人譜	鼻翅
4316.	2	4b	人譜	沱若		4356.	2	5a	人譜	劓毛
4317.	2	4b	人譜	闌干		4357.	2	5a	人譜	人中
4318.	2	5a	人譜	耳輪		4358.	2	5a	人譜	觝
4319.	2	5a	人譜	耳朵		4359.	2	5a	人譜	膈睇
4320.	2	5a	人譜	耳垂		4360.	2	5a	人譜	冲龍王
4321.	2	5a	人譜	聵		4361.	2	5a	人譜	靈堅
4322.	2	5a	人譜	聃		4362.	2	5a	人譜	歆
4323.	2	5a	人譜	漏		4363.	2	5a	人譜	噴
4324.	2	5a	人譜	耽		4364.	2	5a	人譜	嗅
4325.	2	5a	人譜	耵聹		4365.	2	5b	人譜	嚏
4326.	2	5a	人譜	耳矢		4366.	2	5b	人譜	鼾
4327.	2	5a	人譜	腦膏		4367.	2	5b	人譜	齁
4328.	2	5a	人譜	泥丸脂		4368.	2	5b	人譜	欪欪
4329.	2	5a	人譜	耳塞		4369.	2	5b	人譜	洟
4330.	2	5a	人譜	聽		4370.	2	5b	人譜	泗
4331.	2	5a	人譜	聞聆		4371.	2	5b	人譜	擤
4332.	2	5a	人譜	聰		4372.	2	5b	人譜	齂
4333.	2	5a	人譜	打聽		4373.	2	5b	人譜	擅鼻涕
4334.	2	5a	人譜	聒		4374.	2	5b	人譜	齁
4335.	2	5a	人譜	聽瑩		4375.	2	5b	人譜	胒
4336.	2	5a	人譜	聹		4376.	2	5b	人譜	鼻恃
4337.	2	5a	人譜	生耳底		4377.	2	5b	人譜	鼻疣
4338.	2	5a	人譜	聾		4378.	2	5b	人譜	瘜菌
4339.	2	5a	人譜	聾聵		4379.	2	5b	人譜	瘥
4340.	2	5a	人譜	重聽		4380.	2	5b	人譜	肺風瘡
4341.	2	5a	人譜	聯		4381.	2	5b	人譜	酒皶
4342.	2	5a	人譜	睟		4382.	2	5b	人譜	衄
4343.	2	5a	人譜	猷		4383.	2	5b	人譜	玉池
4344.	2	5a	人譜	聎耽耽		4384.	2	5b	人譜	太和官
4345.	2	5a	人譜	瑭		4385.	2	5b	人譜	吻
4346.	2	5a	人譜	聊聊		4386.	2	5b	人譜	哣

4387.	2	5b	人譜	哆	4427.	2	6a	人譜	牙車
4388.	2	5b	人譜	呿	4428.	2	6a	人譜	月牙
4389.	2	5b	人譜	呀	4429.	2	6a	人譜	骑
4390.	2	5b	人譜	呆	4430.	2	6a	人譜	武牙
4391.	2	5b	人譜	吧吧	4431.	2	6a	人譜	虎牙
4392.	2	5b	人譜	胎	4432.	2	6a	人譜	齻牙
4393.	2	5b	人譜	嗟	4433.	2	6a	人譜	龅牙
4394.	2	5b	人譜	扭菁	4434.	2	6a	人譜	重牙
4395.	2	5b	人譜	嗫菁	4435.	2	6a	人譜	齩
4396.	2	5b	人譜	啞嘴	4436.	2	6a	人譜	齘
4397.	2	5b	人譜	衒	4437.	2	6a	人譜	歷齒
4398.	2	5b	人譜	嗛	4438.	2	6a	人譜	齼
4399.	2	5b	人譜	查查	4439.	2	6a	人譜	馬牙子
4400.	2	5b	人譜	否	4440.	2	6a	人譜	齶
4401.	2	5b	人譜	口過	4441.	2	6a	人譜	斷
4402.	2	5b	人譜	漱	4442.	2	6a	人譜	齦
4403.	2	5b	人譜	酳	4443.	2	6a	人譜	齴
4404.	2	5b	人譜	褰脣	4444.	2	6a	人譜	牙牀
4405.	2	5b	人譜	唧哆	4445.	2	6a	人譜	牙縫
4406.	2	5b	人譜	蓼	4446.	2	6a	人譜	崿鋒
4407.	2	5b	人譜	缺脣	4447.	2	6a	人譜	羅千
4408.	2	6a	人譜	兔缺	4448.	2	6a	人譜	齬
4409.	2	6a	人譜	豁脣子	4449.	2	6a	人譜	齟齬
4410.	2	6a	人譜	䐂	4450.	2	6a	人譜	齬齣
4411.	2	6a	人譜	齉脣	4451.	2	6a	人譜	齹
4412.	2	6a	人譜	始梁	4452.	2	6a	人譜	軟牙
4413.	2	6a	人譜	薛	4453.	2	6a	人譜	齭
4414.	2	6a	人譜	彈彌	4454.	2	6a	人譜	齮齒
4415.	2	6a	人譜	彈誕	4455.	2	6a	人譜	齰齰
4416.	2	6a	人譜	嘖舌	4456.	2	6b	人譜	齬
4417.	2	6a	人譜	啫	4457.	2	6b	人譜	齧
4418.	2	6a	人譜	呾噠	4458.	2	6b	人譜	咋
4419.	2	6a	人譜	吃口	4459.	2	6b	人譜	齕
4420.	2	6a	人譜	𪘁䶙	4460.	2	6b	人譜	噬
4421.	2	6a	人譜	舐	4461.	2	6b	人譜	嚙嚙
4422.	2	6a	人譜	餂	4462.	2	6b	人譜	齣
4423.	2	6a	人譜	牙	4463.	2	6b	人譜	鮎
4424.	2	6a	人譜	板齒	4464.	2	6b	人譜	齺
4425.	2	6a	人譜	門牙	4465.	2	6b	人譜	剔齒纖
4426.	2	6a	人譜	車	4466.	2	6b	人譜	牙又兒

4467.	2	6b	人譜	牙簽筒	4507.	2	7a	人譜	卧蠶
4468.	2	6b	人譜	齒垔	4508.	2	7a	人譜	臉
4469.	2	6b	人譜	牙刷子	4509.	2	7a	人譜	顴
4470.	2	6b	人譜	牙杖	4510.	2	7a	人譜	頞
4471.	2	6b	人譜	玉津	4511.	2	7a	人譜	頰
4472.	2	6b	人譜	漦	4512.	2	7a	人譜	頜
4473.	2	6b	人譜	唾	4513.	2	7a	人譜	頦
4474.	2	6b	人譜	靈液	4514.	2	7a	人譜	鎖頤
4475.	2	6b	人譜	神水	4515.	2	7a	人譜	朵頤
4476.	2	6b	人譜	金漿	4516.	2	7a	人譜	燕頷
4477.	2	6b	人譜	醴泉	4517.	2	7a	人譜	支頤
4478.	2	6b	人譜	喀吐	4518.	2	7a	人譜	搘頤
4479.	2	6b	人譜	呃呃	4519.	2	7a	人譜	承頰
4480.	2	6b	人譜	哯	4520.	2	7a	人譜	頷之
4481.	2	6b	人譜	唾壺	4521.	2	7a	人譜	而
4482.	2	6b	人譜	唾嗦盒子	4522.	2	7a	人譜	髭
4483.	2	6b	人譜	嚨	4523.	2	7a	人譜	長鬚
4484.	2	6b	人譜	噤	4524.	2	7a	人譜	鬍子
4485.	2	6b	人譜	嗌	4525.	2	7a	人譜	髯鬑鬢
4486.	2	6b	人譜	嗉	4526.	2	7a	人譜	于思
4487.	2	6b	人譜	脢	4527.	2	7a	人譜	鬙
4488.	2	6b	人譜	懸雍	4528.	2	7a	人譜	捋鬚
4489.	2	6b	人譜	會厭	4529.	2	7a	人譜	綽髯
4490.	2	6b	人譜	咽	4530.	2	7a	人譜	撚髭
4491.	2	6b	人譜	吞	4531.	2	7a	人譜	光觜
4492.	2	6b	人譜	囫圇吞	4532.	2	7a	人譜	毛
4493.	2	6b	人譜	戟喉	4533.	2	7a	人譜	毧
4494.	2	6b	人譜	瘂了	4534.	2	7a	人譜	毣毣
4495.	2	6b	人譜	喉痺	4535.	2	7a	人譜	鑷子
4496.	2	6b	人譜	單乳蛾	4536.	2	7a	人譜	箍
4497.	2	6b	人譜	雙乳蛾	4537.	2	7a	人譜	頸亢
4498.	2	6b	人譜	子舌脹	4538.	2	7a	人譜	胚
4499.	2	6b	人譜	木舌脹	4539.	2	7a	人譜	顧
4500.	2	6b	人譜	纏喉風	4540.	2	7a	人譜	嗓子
4501.	2	6b	人譜	帝鍾風	4541.	2	7a	人譜	嗓子骨
4502.	2	6b	人譜	穀賊	4542.	2	7b	人譜	皷盆骨
4503.	2	7a	人譜	腮	4543.	2	7b	人譜	玉樓
4504.	2	7a	人譜	輔	4544.	2	7b	人譜	胛
4505.	2	7a	人譜	靨	4545.	2	7b	人譜	膊
4506.	2	7a	人譜	奸門	4546.	2	7b	人譜	脅肩

4547.	2	7b	人譜	揵	4587.	2	7b	人譜	膕
4548.	2	7b	人譜	荷	4588.	2	7b	人譜	手破落
4549.	2	7b	人譜	夯	4589.	2	7b	人譜	手簸羅
4550.	2	7b	人譜	掖	4590.	2	8a	人譜	手簸箕
4551.	2	7b	人譜	亦	4591.	2	8a	人譜	爪
4552.	2	7b	人譜	胑子窩	4592.	2	8a	人譜	筋退
4553.	2	7b	人譜	胳	4593.	2	8a	人譜	拳
4554.	2	7b	人譜	腋氣	4594.	2	8a	人譜	握
4555.	2	7b	人譜	臑	4595.	2	8a	人譜	拱
4556.	2	7b	人譜	肘	4596.	2	8a	人譜	叉手
4557.	2	7b	人譜	肱	4597.	2	8a	人譜	戟手
4558.	2	7b	人譜	肐膊	4598.	2	8a	人譜	背叉手
4559.	2	7b	人譜	挈	4599.	2	8a	人譜	負手
4560.	2	7b	人譜	紾臂	4600.	2	8a	人譜	執
4561.	2	7b	人譜	腕	4601.	2	8a	人譜	操
4562.	2	7b	人譜	搤腕	4602.	2	8a	人譜	把
4563.	2	7b	人譜	疼子	4603.	2	8a	人譜	持
4564.	2	7b	人譜	掌	4604.	2	8a	人譜	握
4565.	2	7b	人譜	虎膺	4605.	2	8a	人譜	搢
4566.	2	7b	人譜	指	4606.	2	8a	人譜	捥
4567.	2	7b	人譜	擘	4607.	2	8a	人譜	抚
4568.	2	7b	人譜	五峯	4608.	2	8a	人譜	扣
4569.	2	7b	人譜	大指	4609.	2	8a	人譜	挾
4570.	2	7b	人譜	巨指	4610.	2	8a	人譜	扼
4571.	2	7b	人譜	蹲鴟	4611.	2	8a	人譜	摑
4572.	2	7b	人譜	巨擘	4612.	2	8a	人譜	掬
4573.	2	7b	人譜	食指	4613.	2	8a	人譜	挽
4574.	2	7b	人譜	指人指	4614.	2	8a	人譜	控
4575.	2	7b	人譜	將指	4615.	2	8a	人譜	援
4576.	2	7b	人譜	玉柱	4616.	2	8a	人譜	牽
4577.	2	7b	人譜	無名指	4617.	2	8a	人譜	提
4578.	2	7b	人譜	潛虯	4618.	2	8a	人譜	攜
4579.	2	7b	人譜	小指	4619.	2	8a	人譜	挈
4580.	2	7b	人譜	季指	4620.	2	8a	人譜	挈
4581.	2	7b	人譜	奇兵	4621.	2	8a	人譜	掣
4582.	2	7b	人譜	贅指	4622.	2	8a	人譜	拖
4583.	2	7b	人譜	枝指	4623.	2	8a	人譜	曳
4584.	2	7b	人譜	松根	4624.	2	8a	人譜	拕
4585.	2	7b	人譜	箭	4625.	2	8a	人譜	搜
4586.	2	7b	人譜	鈎戟	4626.	2	8a	人譜	打

4627.	2	8a	人譜	敲	4667.	2	8b	人譜	按
4628.	2	8a	人譜	擊	4668.	2	8b	人譜	抑捺
4629.	2	8a	人譜	撞	4669.	2	8b	人譜	厴
4630.	2	8a	人譜	撲	4670.	2	8b	人譜	撒
4631.	2	8a	人譜	摠	4671.	2	8b	人譜	扶
4632.	2	8a	人譜	搗	4672.	2	8b	人譜	抱
4633.	2	8a	人譜	拂	4673.	2	8b	人譜	摟
4634.	2	8a	人譜	批	4674.	2	8b	人譜	擁
4635.	2	8a	人譜	打嘴吧	4675.	2	8b	人譜	指點
4636.	2	8a	人譜	揕	4676.	2	8b	人譜	捍
4637.	2	8a	人譜	搖	4677.	2	8b	人譜	揶揄
4638.	2	8a	人譜	撼掉	4678.	2	8b	人譜	拍手
4639.	2	8a	人譜	擺	4679.	2	8b	人譜	抃
4640.	2	8a	人譜	投	4680.	2	8b	人譜	抵掌
4641.	2	8a	人譜	擲	4681.	2	8b	人譜	抔
4642.	2	8a	人譜	拋	4682.	2	8b	人譜	掬
4643.	2	8a	人譜	抵	4683.	2	8b	人譜	摳
4644.	2	8a	人譜	揮	4684.	2	8b	人譜	擥
4645.	2	8a	人譜	擢	4685.	2	8b	人譜	摻
4646.	2	8a	人譜	拔	4686.	2	8b	人譜	捻
4647.	2	8a	人譜	抽	4687.	2	8b	人譜	搯
4648.	2	8a	人譜	搱	4688.	2	8b	人譜	爬
4649.	2	8a	人譜	舉	4689.	2	8b	人譜	抓
4650.	2	8a	人譜	擡	4690.	2	8b	人譜	搔
4651.	2	8a	人譜	扛	4691.	2	8b	人譜	爬
4652.	2	8a	人譜	昇	4692.	2	8b	人譜	麇
4653.	2	8a	人譜	抗	4693.	2	8b	人譜	挏
4654.	2	8a	人譜	擎	4694.	2	8b	人譜	彈爪
4655.	2	8a	人譜	掀	4695.	2	8b	人譜	手麻
4656.	2	8a	人譜	承	4696.	2	8b	人譜	攣
4657.	2	8a	人譜	捧	4697.	2	8b	人譜	惡指
4658.	2	8a	人譜	攀	4698.	2	8b	人譜	代指
4659.	2	8a	人譜	摩挲	4699.	2	8b	人譜	皸手
4660.	2	8a	人譜	撫捫	4700.	2	8b	人譜	盥
4661.	2	8a	人譜	擦摸	4701.	2	8b	人譜	匜
4662.	2	8a	人譜	抖擻	4702.	2	8b	人譜	盆
4663.	2	8a	人譜	挼	4703.	2	8b	人譜	銷
4664.	2	8b	人譜	挼莎	4704.	2	8b	人譜	杅
4665.	2	8b	人譜	擘	4705.	2	8b	人譜	匜槃
4666.	2	8b	人譜	搏	4706.	2	8b	人譜	洗

4707.	2	8b	人譜	帆	4747.	2	9a	人譜	頷
4708.	2	8b	人譜	膺	4748.	2	9a	人譜	轆轤關
4709.	2	8b	人譜	膻中	4749.	2	9a	人譜	頤
4710.	2	8b	人譜	膈	4750.	2	9a	人譜	勾贅
4711.	2	8b	人譜	缺盆骨	4751.	2	9b	人譜	欸
4712.	2	8b	人譜	髃骭	4752.	2	9b	人譜	胴
4713.	2	9a	人譜	肯	4753.	2	9b	人譜	朋
4714.	2	9a	人譜	心窩	4754.	2	9b	人譜	督脈
4715.	2	9a	人譜	菱胸	4755.	2	9b	人譜	僂
4716.	2	9a	人譜	擊心	4756.	2	9b	人譜	疙子
4717.	2	9a	人譜	擗摽	4757.	2	9b	人譜	孝椿子
4718.	2	9a	人譜	妳子	4758.	2	9b	人譜	快痒子
4719.	2	9a	人譜	奶觜	4759.	2	9b	人譜	臗
4720.	2	9a	人譜	乳房	4760.	2	9b	人譜	脽
4721.	2	9a	人譜	酥胸	4761.	2	9b	人譜	䠆
4722.	2	9a	人譜	妳膀	4762.	2	9b	人譜	膣
4723.	2	9a	人譜	渾	4763.	2	9b	人譜	尾閭關
4724.	2	9a	人譜	仙人酒	4764.	2	9b	人譜	勢
4725.	2	9a	人譜	生人血	4765.	2	9b	人譜	陰莖
4726.	2	9a	人譜	白硃砂	4766.	2	9b	人譜	㞗
4727.	2	9a	人譜	髂	4767.	2	9b	人譜	那話兒
4728.	2	9a	人譜	奂	4768.	2	9b	人譜	鳥子
4729.	2	9a	人譜	腰眼	4769.	2	9b	人譜	屌
4730.	2	9a	人譜	閃挫	4770.	2	9b	人譜	龜頭
4731.	2	9a	人譜	肚	4771.	2	9b	人譜	大陰
4732.	2	9a	人譜	偪	4772.	2	9b	人譜	屍
4733.	2	9a	人譜	膰	4773.	2	9b	人譜	屟
4734.	2	9a	人譜	便便	4774.	2	9b	人譜	八子
4735.	2	9a	人譜	膨脖	4775.	2	9b	人譜	陰毛
4736.	2	9a	人譜	坦腹	4776.	2	9b	人譜	陰精
4737.	2	9a	人譜	朧朧	4777.	2	9b	人譜	腎水
4738.	2	9a	人譜	㵾㵾	4778.	2	9b	人譜	鬆水
4739.	2	9a	人譜	肋	4779.	2	9b	人譜	夢泄
4740.	2	9a	人譜	胕臁	4780.	2	9b	人譜	遺精
4741.	2	9a	人譜	軟	4781.	2	9b	人譜	小便
4742.	2	9a	人譜	胅脖	4782.	2	9b	人譜	溺
4743.	2	9a	人譜	下丹田	4783.	2	9b	人譜	小遺
4744.	2	9a	人譜	脊	4784.	2	9b	人譜	旋
4745.	2	9a	人譜	胆	4785.	2	9b	人譜	溲
4746.	2	9a	人譜	脊	4786.	2	9b	人譜	小觧

4787.	2	9b	人譜	出外		4827.	2	10a	人譜	屁
4788.	2	9b	人譜	遺尿		4828.	2	10a	人譜	糞
4789.	2	9b	人譜	尿牀		4829.	2	10a	人譜	廁
4790.	2	9b	人譜	輪廻酒		4830.	2	10a	人譜	溷
4791.	2	9b	人譜	還原湯		4831.	2	10a	人譜	偃
4792.	2	9b	人譜	童便		4832.	2	10a	人譜	清
4793.	2	9b	人譜	人中白		4833.	2	10a	人譜	圊
4794.	2	9b	人譜	秋石		4834.	2	10a	人譜	清淨房
4795.	2	9b	人譜	秋冰		4835.	2	10a	人譜	茅房
4796.	2	9b	人譜	溺缸		4836.	2	10a	人譜	糞窖
4797.	2	9b	人譜	夜壺		4837.	2	10a	人譜	東司
4798.	2	9b	人譜	溲杯		4838.	2	10a	人譜	西閣
4799.	2	9b	人譜	虎子		4839.	2	10a	人譜	丁廊
4800.	2	9b	人譜	欰		4840.	2	10a	人譜	溷軒
4801.	2	10a	人譜	卵脬		4841.	2	10a	人譜	屎橛
4802.	2	10a	人譜	陰卵		4842.	2	10a	人譜	登東
4803.	2	10a	人譜	陰核		4843.	2	10a	人譜	解手
4804.	2	10a	人譜	外腎		4844.	2	10a	人譜	入敬
4805.	2	10a	人譜	睾丸		4845.	2	10a	人譜	出恭
4806.	2	10a	人譜	卵根		4846.	2	10a	人譜	笙
4807.	2	10a	人譜	潮毬		4847.	2	10a	人譜	媂
4808.	2	10a	人譜	氣卵子		4848.	2	10a	人譜	依倚
4809.	2	10a	人譜	癲疝卵		4849.	2	10a	人譜	項天竺
4810.	2	10a	人譜	差癩		4850.	2	10a	人譜	行清
4811.	2	10a	人譜	偏墜		4851.	2	10a	人譜	後桶
4812.	2	10a	人譜	木腎		4852.	2	10a	人譜	馬廁
4813.	2	10a	人譜	魄門		4853.	2	10a	人譜	淨桶
4814.	2	10a	人譜	肛門		4854.	2	10a	人譜	槭廁
4815.	2	10a	人譜	屁眼		4855.	2	10a	人譜	廁籌
4816.	2	10a	人譜	大便		4856.	2	10b	人譜	茅紙
4817.	2	10a	人譜	糞屎		4857.	2	10b	人譜	草紙
4818.	2	10a	人譜	惡		4858.	2	10b	人譜	屙
4819.	2	10a	人譜	裏急		4859.	2	10b	人譜	屋頭
4820.	2	10a	人譜	大解		4860.	2	10b	人譜	抒廁
4821.	2	10a	人譜	出後		4861.	2	10b	人譜	牌
4822.	2	10a	人譜	糞清		4862.	2	10b	人譜	髁
4823.	2	10a	人譜	人中黃		4863.	2	10b	人譜	臗
4824.	2	10a	人譜	還原水		4864.	2	10b	人譜	奎
4825.	2	10a	人譜	黃龍湯		4865.	2	10b	人譜	屄
4826.	2	10a	人譜	野人乾		4866.	2	10b	人譜	辮

4867.	2	10b	人譜	胯		4907.	2	11a	人譜	鴨腳
4868.	2	10b	人譜	腿		4908.	2	11a	人譜	步
4869.	2	10b	人譜	大腿		4909.	2	11a	人譜	跬
4870.	2	10b	人譜	行陽		4910.	2	11a	人譜	武
4871.	2	10b	人譜	便毒		4911.	2	11a	人譜	彳亍
4872.	2	10b	人譜	跨馬癰		4912.	2	11a	人譜	蹤跡
4873.	2	10b	人譜	魚口瘡		4913.	2	11a	人譜	行
4874.	2	10b	人譜	䯗		4914.	2	11a	人譜	徐行
4875.	2	10b	人譜	髀		4915.	2	11a	人譜	緩步
4876.	2	10b	人譜	膝		4916.	2	11a	人譜	延延
4877.	2	10b	人譜	博落蓋		4917.	2	11a	人譜	勃窣
4878.	2	10b	人譜	接膝蓋		4918.	2	11a	人譜	折腰步
4879.	2	10b	人譜	膕		4919.	2	11a	人譜	趨
4880.	2	10b	人譜	脚		4920.	2	11a	人譜	走
4881.	2	10b	人譜	小腿		4921.	2	11a	人譜	奔赴
4882.	2	10b	人譜	骭		4922.	2	11a	人譜	蹌蹌
4883.	2	10b	人譜	骱		4923.	2	11a	人譜	秋秋
4884.	2	10b	人譜	腿頂骨		4924.	2	11a	人譜	洎遙
4885.	2	10b	人譜	腓		4925.	2	11a	人譜	僬僬
4886.	2	10b	人譜	腨		4926.	2	11a	人譜	蹶
4887.	2	10b	人譜	腓腸		4927.	2	11a	人譜	造遝
4888.	2	10b	人譜	脚肚		4928.	2	11a	人譜	趦趄
4889.	2	10b	人譜	允		4929.	2	11a	人譜	躞躞
4890.	2	10b	人譜	胈		4930.	2	11a	人譜	衙衙
4891.	2	10b	人譜	蹄		4931.	2	11a	人譜	略
4892.	2	10b	人譜	骹		4932.	2	11a	人譜	違
4893.	2	10b	人譜	脚腕		4933.	2	11a	人譜	逶迤
4894.	2	10b	人譜	廉		4934.	2	11a	人譜	于于
4895.	2	11a	人譜	踝		4935.	2	11a	人譜	蹩跚
4896.	2	11a	人譜	蹻		4936.	2	11a	人譜	踟躕
4897.	2	11a	人譜	陽蹻		4937.	2	11a	人譜	赿赳
4898.	2	11a	人譜	陰蹻		4938.	2	11a	人譜	逡巡
4899.	2	11a	人譜	踵		4939.	2	11a	人譜	徘徊
4900.	2	11a	人譜	跟		4940.	2	11a	人譜	彷徨
4901.	2	11a	人譜	趾		4941.	2	11a	人譜	遲回
4902.	2	11a	人譜	跗		4942.	2	11a	人譜	低回
4903.	2	11a	人譜	拇		4943.	2	11a	人譜	徜徉
4904.	2	11a	人譜	將指敏		4944.	2	11a	人譜	迍邅
4905.	2	11a	人譜	觝		4945.	2	11a	人譜	躊
4906.	2	11a	人譜	鼇腳		4946.	2	11a	人譜	踖

4947.	2	11a	人譜	蹈蹈		4987.	2	11b	人譜	跲
4948.	2	11a	人譜	躩		4988.	2	11b	人譜	踣
4949.	2	11a	人譜	圈豚		4989.	2	11b	人譜	仆
4950.	2	11a	人譜	玲塀		4990.	2	11b	人譜	僵
4951.	2	11a	人譜	趺踢		4991.	2	11b	人譜	蹶
4952.	2	11a	人譜	跰躔		4992.	2	11b	人譜	顛
4953.	2	11b	人譜	趆趆		4993.	2	11b	人譜	倒
4954.	2	11b	人譜	蹩躠		4994.	2	11b	人譜	佈
4955.	2	11b	人譜	蹭蹬		4995.	2	11b	人譜	趍趚
4956.	2	11b	人譜	伶仃		4996.	2	11b	人譜	趰趝
4957.	2	11b	人譜	踽踽		4997.	2	11b	人譜	跌
4958.	2	11b	人譜	悵悵		4998.	2	11b	人譜	蹉
4959.	2	11b	人譜	玀狉		4999.	2	11b	人譜	跲
4960.	2	11b	人譜	尥		5000.	2	12a	人譜	登
4961.	2	11b	人譜	跛		5001.	2	12a	人譜	躋上
4962.	2	11b	人譜	踦		5002.	2	12a	人譜	降
4963.	2	11b	人譜	蹇		5003.	2	12a	人譜	下
4964.	2	11b	人譜	躃		5004.	2	12a	人譜	跳
4965.	2	11b	人譜	蹣跚		5005.	2	12a	人譜	躍
4966.	2	11b	人譜	逴逴		5006.	2	12a	人譜	踊
4967.	2	11b	人譜	輒		5007.	2	12a	人譜	超
4968.	2	11b	人譜	躄		5008.	2	12a	人譜	跳踉
4969.	2	11b	人譜	蹶		5009.	2	12a	人譜	趫趫
4970.	2	11b	人譜	瘸子		5010.	2	12a	人譜	踰
4971.	2	11b	人譜	兀者		5011.	2	12a	人譜	躐
4972.	2	11b	人譜	个		5012.	2	12a	人譜	踐
4973.	2	11b	人譜	尰		5013.	2	12a	人譜	蹈
4974.	2	11b	人譜	微		5014.	2	12a	人譜	踏
4975.	2	11b	人譜	尰		5015.	2	12a	人譜	躒
4976.	2	11b	人譜	單腿跳		5016.	2	12a	人譜	履
4977.	2	11b	人譜	蹟踔		5017.	2	12a	人譜	踩
4978.	2	11b	人譜	尳		5018.	2	12a	人譜	躧
4979.	2	11b	人譜	擿埴		5019.	2	12a	人譜	蹂
4980.	2	11b	人譜	匍匐		5020.	2	12a	人譜	蹴鞠
4981.	2	11b	人譜	爬		5021.	2	12a	人譜	蹴
4982.	2	11b	人譜	趔		5022.	2	12a	人譜	踢
4983.	2	11b	人譜	禹步		5023.	2	12a	人譜	蹙
4984.	2	11b	人譜	步罡踏斗		5024.	2	12a	人譜	脚
4985.	2	11b	人譜	步斗		5025.	2	12a	人譜	尥
4986.	2	11b	人譜	蹟		5026.	2	12a	人譜	跂

5027.	2	12a	人譜	躡		5067.	2	12b	人譜	黑子
5028.	2	12a	人譜	蹲		5068.	2	12b	人譜	誌
5029.	2	12a	人譜	跂		5069.	2	12b	人譜	黶子
5030.	2	12a	人譜	企蹺		5070.	2	12b	人譜	黃子紅子
5031.	2	12a	人譜	登		5071.	2	12b	人譜	疣目
5032.	2	12a	人譜	跣		5072.	2	12b	人譜	拴馬樁
5033.	2	12a	人譜	絷足		5073.	2	12b	人譜	鼠妳
5034.	2	12a	人譜	繭		5074.	2	12b	人譜	瘦俗
5035.	2	12a	人譜	跰		5075.	2	12b	人譜	痣
5036.	2	12a	人譜	重跰		5076.	2	12b	人譜	疵
5037.	2	12a	人譜	肉刺		5077.	2	12b	人譜	膚
5038.	2	12a	人譜	雞眼		5078.	2	12b	人譜	肥
5039.	2	12a	人譜	脚麻		5079.	2	12b	人譜	想肉
5040.	2	12a	人譜	踊		5080.	2	12b	人譜	兩脚羊
5041.	2	12a	人譜	竈瘃		5081.	2	12b	人譜	胭
5042.	2	12a	人譜	跤鰲		5082.	2	12b	人譜	腠理
5043.	2	12a	人譜	胞		5083.	2	12b	人譜	膜
5044.	2	12a	人譜	嵌甲		5084.	2	12b	人譜	脂腴
5045.	2	12a	人譜	膝		5085.	2	12b	人譜	贅肉
5046.	2	12a	人譜	皺		5086.	2	12b	人譜	努肉
5047.	2	12a	人譜	皺皴		5087.	2	12b	人譜	肬
5048.	2	12a	人譜	丹毒		5088.	2	12b	人譜	瘊子
5049.	2	12a	人譜	赤白遊風		5089.	2	13a	人譜	骸
5050.	2	12b	人譜	起痱子		5090.	2	13a	人譜	髓
5051.	2	12b	人譜	發瘋		5091.	2	13a	人譜	骼
5052.	2	12b	人譜	瘖子		5092.	2	13a	人譜	髏
5053.	2	12b	人譜	錦紋		5093.	2	13a	人譜	族
5054.	2	12b	人譜	酸疼		5094.	2	13a	人譜	腱
5055.	2	12b	人譜	胼胝		5095.	2	13a	人譜	垂楊
5056.	2	12b	人譜	起膙子		5096.	2	13a	人譜	盉
5057.	2	12b	人譜	皴		5097.	2	13a	人譜	峉
5058.	2	12b	人譜	皵		5098.	2	13a	人譜	瘀血
5059.	2	12b	人譜	龜		5099.	2	13a	人譜	吐血
5060.	2	12b	人譜	瘃		5100.	2	13a	人譜	嘔血
5061.	2	12b	人譜	起泡		5101.	2	13a	人譜	衄血
5062.	2	12b	人譜	痒痍		5102.	2	13a	人譜	齒衄
5063.	2	12b	人譜	擦破油皮		5103.	2	13a	人譜	汗衄
5064.	2	12b	人譜	戳刺		5104.	2	13a	人譜	膕血
5065.	2	12b	人譜	傷青		5105.	2	13a	人譜	失血
5066.	2	12b	人譜	刺刺疼		5106.	2	13a	人譜	脫血

5107.	2	13a	人譜	亡血	5147.	2	13b	人譜	數
5108.	2	13a	人譜	鮮血	5148.	2	13b	人譜	大
5109.	2	13a	人譜	瘀血	5149.	2	13b	人譜	散
5110.	2	13a	人譜	咳血	5150.	2	13b	人譜	十怪脈
5111.	2	13a	人譜	咯血	5151.	2	13b	人譜	互脈
5112.	2	13a	人譜	溺血	5152.	2	13b	人譜	診脈
5113.	2	13a	人譜	便血	5153.	2	13b	人譜	切脈
5114.	2	13a	人譜	腸風	5154.	2	13b	人譜	手太舍
5115.	2	13a	人譜	臟毒	5155.	2	13b	人譜	手易明
5116.	2	13a	人譜	寸脈	5156.	2	13b	人譜	足易明
5117.	2	13a	人譜	關脈	5157.	2	13b	人譜	足太舍
5118.	2	13a	人譜	尺脈	5158.	2	13b	人譜	手少舍
5119.	2	13a	人譜	南政	5159.	2	13b	人譜	手太易
5120.	2	13a	人譜	北政	5160.	2	13b	人譜	足太易
5121.	2	13a	人譜	人迎	5161.	2	13b	人譜	足少舍
5122.	2	13a	人譜	氣口	5162.	2	13b	人譜	手厥舍
5123.	2	13a	人譜	浮脈	5163.	2	13b	人譜	手小易
5124.	2	13a	人譜	芤	5164.	2	13b	人譜	足少易
5125.	2	13a	人譜	滑	5165.	2	14a	人譜	足厥舍
5126.	2	13a	人譜	實	5166.	2	14a	人譜	奇經脈
5127.	2	13a	人譜	弦	5167.	2	14a	人譜	督脈
5128.	2	13b	人譜	緊	5168.	2	14a	人譜	任脈
5129.	2	13b	人譜	洪	5169.	2	14a	人譜	衝脈
5130.	2	13b	人譜	微	5170.	2	14a	人譜	帶脈
5131.	2	13b	人譜	沉	5171.	2	14a	人譜	陽蹻脈
5132.	2	13b	人譜	緩	5172.	2	14a	人譜	舍蹻脈
5133.	2	13b	人譜	濇	5173.	2	14a	人譜	易維
5134.	2	13b	人譜	遲	5174.	2	14a	人譜	舍維
5135.	2	13b	人譜	伏	5175.	2	14a	人譜	脾胃大脈
5136.	2	13b	人譜	濡	5176.	2	14a	人譜	手太舍肺經
5137.	2	13b	人譜	弱	5177.	2	14a	人譜	少商
5138.	2	13b	人譜	長	5178.	2	14a	人譜	魚際
5139.	2	13b	人譜	短	5179.	2	14a	人譜	太淵
5140.	2	13b	人譜	虛	5180.	2	14a	人譜	經渠
5141.	2	13b	人譜	促	5181.	2	14a	人譜	列缺
5142.	2	13b	人譜	結	5182.	2	14a	人譜	孔最
5143.	2	13b	人譜	代	5183.	2	14a	人譜	尺澤
5144.	2	13b	人譜	牢	5184.	2	14a	人譜	俠白
5145.	2	13b	人譜	動	5185.	2	14a	人譜	天府
5146.	2	13b	人譜	細	5186.	2	14a	人譜	雲門

5187.	2	14a	人譜	中府	5227.	2	15a	人譜	水道
5188.	2	14a	人譜	手易明大腸經	5228.	2	15a	人譜	大巨
5189.	2	14a	人譜	商陽	5229.	2	15a	人譜	外陵
5190.	2	14a	人譜	二間	5230.	2	15a	人譜	天樞
5191.	2	14b	人譜	三間	5231.	2	15a	人譜	滑肉門
5192.	2	14b	人譜	合谷	5232.	2	15a	人譜	太一
5193.	2	14b	人譜	陽谿	5233.	2	15a	人譜	關門
5194.	2	14b	人譜	偏歷	5234.	2	15a	人譜	梁門
5195.	2	14b	人譜	溫留	5235.	2	15a	人譜	承滿
5196.	2	14b	人譜	下廉	5236.	2	15a	人譜	不容
5197.	2	14b	人譜	上廉	5237.	2	15a	人譜	乳根
5198.	2	14b	人譜	三里	5238.	2	15a	人譜	乳中
5199.	2	14b	人譜	曲池	5239.	2	15a	人譜	膺窗
5200.	2	14b	人譜	肘髎	5240.	2	15a	人譜	屋翳
5201.	2	14b	人譜	五里	5241.	2	15a	人譜	庫房
5202.	2	14b	人譜	臂臑	5242.	2	15a	人譜	氣戶
5203.	2	14b	人譜	肩髃	5243.	2	15a	人譜	缺盆
5204.	2	14b	人譜	巨骨	5244.	2	15a	人譜	氣舍
5205.	2	14b	人譜	天鼎	5245.	2	15a	人譜	水突
5206.	2	14b	人譜	迎香	5246.	2	15a	人譜	人迎
5207.	2	14b	人譜	禾髎	5247.	2	15a	人譜	大迎
5208.	2	14b	人譜	扶突	5248.	2	15a	人譜	地倉
5209.	2	14b	人譜	足易明胃經	5249.	2	15a	人譜	巨髎
5210.	2	14b	人譜	厲兌	5250.	2	15a	人譜	四白
5211.	2	14b	人譜	內庭	5251.	2	15a	人譜	承泣
5212.	2	14b	人譜	陷谷	5252.	2	15a	人譜	頰車
5213.	2	14b	人譜	衝陽	5253.	2	15a	人譜	下關
5214.	2	14b	人譜	解谿	5254.	2	15b	人譜	頭維
5215.	2	14b	人譜	豐隆	5255.	2	15b	人譜	足太会脾經
5216.	2	14b	人譜	下巨虛	5256.	2	15b	人譜	隱白
5217.	2	14b	人譜	條口	5257.	2	15b	人譜	大都
5218.	2	14b	人譜	上巨虛	5258.	2	15b	人譜	太白
5219.	2	14b	人譜	三里	5259.	2	15b	人譜	公孫
5220.	2	15a	人譜	犢鼻	5260.	2	15b	人譜	商丘
5221.	2	15a	人譜	梁丘	5261.	2	15b	人譜	三会交
5222.	2	15a	人譜	陰市	5262.	2	15b	人譜	漏谷
5223.	2	15a	人譜	髀關	5263.	2	15b	人譜	地機
5224.	2	15a	人譜	伏兔	5264.	2	15b	人譜	陰陵泉
5225.	2	15a	人譜	氣衝	5265.	2	15b	人譜	血海
5226.	2	15a	人譜	歸來	5266.	2	15b	人譜	箕門

5267.	2	15b	人譜	衝門	5307.	2	16a	人譜	足太易膀胱經
5268.	2	15b	人譜	府舍	5308.	2	16a	人譜	至陰
5269.	2	15b	人譜	腹結	5309.	2	16a	人譜	通谷
5270.	2	15b	人譜	大橫	5310.	2	16a	人譜	束骨
5271.	2	15b	人譜	腹哀	5311.	2	16a	人譜	金門
5272.	2	15b	人譜	倉竇	5312.	2	16a	人譜	京骨
5273.	2	15b	人譜	天谿	5313.	2	16a	人譜	申脈
5274.	2	15b	人譜	胸鄉	5314.	2	16a	人譜	僕參
5275.	2	15b	人譜	周榮	5315.	2	16a	人譜	崑崙
5276.	2	15b	人譜	大包	5316.	2	16b	人譜	付陽
5277.	2	15b	人譜	手少会心經	5317.	2	16b	人譜	飛揚
5278.	2	15b	人譜	少衝	5318.	2	16b	人譜	承山
5279.	2	15b	人譜	少府	5319.	2	16b	人譜	承筋
5280.	2	15b	人譜	神門	5320.	2	16b	人譜	合陽
5281.	2	15b	人譜	陰郄	5321.	2	16b	人譜	委中
5282.	2	15b	人譜	通里	5322.	2	16b	人譜	委陽
5283.	2	15b	人譜	靈道	5323.	2	16b	人譜	浮郄
5284.	2	15b	人譜	少海	5324.	2	16b	人譜	殷門
5285.	2	15b	人譜	青靈	5325.	2	16b	人譜	承扶
5286.	2	15b	人譜	極泉	5326.	2	16b	人譜	秩邊
5287.	2	16a	人譜	手太易小腸經	5327.	2	16b	人譜	胞胸
5288.	2	16a	人譜	少澤	5328.	2	16b	人譜	志室
5289.	2	16a	人譜	前谷	5329.	2	16b	人譜	肓門
5290.	2	16a	人譜	後谿	5330.	2	16b	人譜	胃倉
5291.	2	16a	人譜	腕骨	5331.	2	16b	人譜	意舍
5292.	2	16a	人譜	陽骨	5332.	2	16b	人譜	陽綱
5293.	2	16a	人譜	養老	5333.	2	16b	人譜	魂門
5294.	2	16a	人譜	支正	5334.	2	16b	人譜	膈關
5295.	2	16a	人譜	少海	5335.	2	16b	人譜	譩譆
5296.	2	16a	人譜	有貞	5336.	2	16b	人譜	神堂
5297.	2	16a	人譜	臑腧	5337.	2	16b	人譜	膏肓腧
5298.	2	16a	人譜	天宗	5338.	2	16b	人譜	魄戶
5299.	2	16a	人譜	秉風	5339.	2	16b	人譜	附分
5300.	2	16a	人譜	曲垣	5340.	2	16b	人譜	會陽
5301.	2	16a	人譜	肩外腧	5341.	2	16b	人譜	下髎
5302.	2	16a	人譜	肩中腧	5342.	2	16b	人譜	中髎
5303.	2	16a	人譜	天容	5343.	2	16b	人譜	次髎
5304.	2	16a	人譜	天囟	5344.	2	16b	人譜	上髎
5305.	2	16a	人譜	顴髎	5345.	2	16b	人譜	白環腧
5306.	2	16a	人譜	聽宮	5346.	2	16b	人譜	中膂内腧

5347.	2	17a	人譜	膀胱腧	5387.	2	17b	人譜	肓腧
5348.	2	17a	人譜	小腸腧	5388.	2	17b	人譜	商谷
5349.	2	17a	人譜	大腸腧	5389.	2	17b	人譜	石關
5350.	2	17a	人譜	腎腧	5390.	2	17b	人譜	숲都
5351.	2	17a	人譜	三焦腧	5391.	2	17b	人譜	通谷
5352.	2	17a	人譜	胃腧	5392.	2	17b	人譜	幽門
5353.	2	17a	人譜	脾腧	5393.	2	17b	人譜	步即
5354.	2	17a	人譜	膽腧	5394.	2	17b	人譜	神封
5355.	2	17a	人譜	肝腧	5395.	2	17b	人譜	靈墟
5356.	2	17a	人譜	膈腧	5396.	2	17b	人譜	神藏
5357.	2	17a	人譜	心腧	5397.	2	17b	人譜	或中
5358.	2	17a	人譜	厥숨腧	5398.	2	17b	人譜	腧府
5359.	2	17a	人譜	肺腧	5399.	2	17b	人譜	手厥숨心包經
5360.	2	17a	人譜	風門	5400.	2	17b	人譜	中衝
5361.	2	17a	人譜	大杼	5401.	2	17b	人譜	勞宮
5362.	2	17a	人譜	天柱	5402.	2	17b	人譜	大陵
5363.	2	17a	人譜	玉枕	5403.	2	17b	人譜	內關
5364.	2	17a	人譜	絡却	5404.	2	17b	人譜	間使
5365.	2	17a	人譜	通天	5405.	2	17b	人譜	郄門
5366.	2	17a	人譜	承光	5406.	2	17b	人譜	曲澤
5367.	2	17a	人譜	五處	5407.	2	17b	人譜	天泉
5368.	2	17a	人譜	曲池	5408.	2	17b	人譜	天池
5369.	2	17a	人譜	攢竹	5409.	2	17b	人譜	手少易三焦經
5370.	2	17a	人譜	晴明	5410.	2	17b	人譜	關衝
5371.	2	17a	人譜	足少숲腎經	5411.	2	18a	人譜	液門
5372.	2	17a	人譜	涌泉	5412.	2	18a	人譜	中渚
5373.	2	17a	人譜	然谷	5413.	2	18a	人譜	陽池
5374.	2	17a	人譜	太谿	5414.	2	18a	人譜	外關
5375.	2	17a	人譜	太鍾	5415.	2	18a	人譜	支溝
5376.	2	17a	人譜	照海	5416.	2	18a	人譜	會宗
5377.	2	17a	人譜	水泉	5417.	2	18a	人譜	三陽絡
5378.	2	17b	人譜	復溜	5418.	2	18a	人譜	四瀆
5379.	2	17b	人譜	交信	5419.	2	18a	人譜	天井
5380.	2	17b	人譜	築賓	5420.	2	18a	人譜	清泠淵
5381.	2	17b	人譜	숲谷	5421.	2	18a	人譜	消濼
5382.	2	17b	人譜	橫骨	5422.	2	18a	人譜	臑會
5383.	2	17b	人譜	大赫	5423.	2	18a	人譜	肩髎
5384.	2	17b	人譜	氣穴	5424.	2	18a	人譜	天髎
5385.	2	17b	人譜	四滿	5425.	2	18a	人譜	天牖
5386.	2	17b	人譜	中註	5426.	2	18a	人譜	翳風

5427.	2	18a	人譜	瘈脈	5467.	2	18b	人譜	竅会
5428.	2	18a	人譜	顱息	5468.	2	18b	人譜	浮白
5429.	2	18a	人譜	絲竹空	5469.	2	18b	人譜	角孫
5430.	2	18a	人譜	角孫	5470.	2	18b	人譜	天衝
5431.	2	18a	人譜	和髎	5471.	2	18b	人譜	率谷
5432.	2	18a	人譜	耳門	5472.	2	18b	人譜	曲鬢
5433.	2	18a	人譜	足少易膽經	5473.	2	18b	人譜	懸釐
5434.	2	18a	人譜	竅会	5474.	2	18b	人譜	懸顱
5435.	2	18a	人譜	俠谿	5475.	2	19a	人譜	頷厭
5436.	2	18a	人譜	地五會	5476.	2	19a	人譜	客主人
5437.	2	18a	人譜	臨泣	5477.	2	19a	人譜	聽會
5438.	2	18a	人譜	丘墟	5478.	2	19a	人譜	瞳子髎
5439.	2	18a	人譜	懸鍾	5479.	2	19a	人譜	足厥会肝經
5440.	2	18a	人譜	陽輔	5480.	2	19a	人譜	大敦
5441.	2	18a	人譜	光明	5481.	2	19a	人譜	行間
5442.	2	18b	人譜	外丘	5482.	2	19a	人譜	大衝
5443.	2	18b	人譜	陽交	5483.	2	19a	人譜	中對
5444.	2	18b	人譜	陽陵泉	5484.	2	19a	人譜	蠡溝
5445.	2	18b	人譜	陽關	5485.	2	19a	人譜	中都
5446.	2	18b	人譜	中瀆	5486.	2	19a	人譜	膝關
5447.	2	18b	人譜	風市	5487.	2	19a	人譜	曲泉
5448.	2	18b	人譜	環跳	5488.	2	19a	人譜	陰包
5449.	2	18b	人譜	居髎	5489.	2	19a	人譜	五里
5450.	2	18b	人譜	維道	5490.	2	19a	人譜	会廉
5451.	2	18b	人譜	五樞	5491.	2	19a	人譜	章門
5452.	2	18b	人譜	帝脈	5492.	2	19a	人譜	期門
5453.	2	18b	人譜	京門	5493.	2	19a	人譜	督脈
5454.	2	18b	人譜	日月	5494.	2	19a	人譜	素髎
5455.	2	18b	人譜	輒筋	5495.	2	19a	人譜	水溝
5456.	2	18b	人譜	淵液	5496.	2	19a	人譜	銳端
5457.	2	18b	人譜	肩井	5497.	2	19a	人譜	斷交
5458.	2	18b	人譜	風池	5498.	2	19a	人譜	神庭
5459.	2	18b	人譜	腦空	5499.	2	19a	人譜	上星
5460.	2	18b	人譜	承靈	5500.	2	19a	人譜	顖會
5461.	2	18b	人譜	正營	5501.	2	19a	人譜	前頂
5462.	2	18b	人譜	目囪	5502.	2	19a	人譜	百會
5463.	2	18b	人譜	臨泣	5503.	2	19a	人譜	後頂
5464.	2	18b	人譜	陽白	5504.	2	19a	人譜	強間
5465.	2	18b	人譜	本神	5505.	2	19a	人譜	腦戶
5466.	2	18b	人譜	完骨	5506.	2	19b	人譜	風府

5507.	2	19b	人譜	痘門	5547.	2	20a	人譜	膏肓腧
5508.	2	19b	人譜	大顀	5548.	2	20a	人譜	患門穴
5509.	2	19b	人譜	陶道	5549.	2	20a	人譜	四花穴
5510.	2	19b	人譜	身柱	5550.	2	20a	人譜	別穴
5511.	2	19b	人譜	神道	5551.	2	20a	人譜	神聰
5512.	2	19b	人譜	靈臺	5552.	2	20a	人譜	膝眼
5513.	2	19b	人譜	至陽	5553.	2	20a	人譜	旁廷
5514.	2	19b	人譜	筋縮	5554.	2	20a	人譜	長谷
5515.	2	19b	人譜	脊中	5555.	2	20a	人譜	下腰
5516.	2	19b	人譜	懸樞	5556.	2	20a	人譜	腸遶
5517.	2	19b	人譜	命門	5557.	2	20a	人譜	環岡
5518.	2	19b	人譜	陽關	5558.	2	20a	人譜	八關
5519.	2	19b	人譜	腰腧	5559.	2	20a	人譜	闌門
5520.	2	19b	人譜	長強	5560.	2	20a	人譜	獨會
5521.	2	19b	人譜	任脈	5561.	2	20a	人譜	胞門
5522.	2	19b	人譜	承漿	5562.	2	20a	人譜	子戶
5523.	2	19b	人譜	廉泉	5563.	2	20a	人譜	金津
5524.	2	19b	人譜	天突	5564.	2	20a	人譜	玉液
5525.	2	19b	人譜	璇璣	5565.	2	20a	人譜	大骨空
5526.	2	19b	人譜	華蓋	5566.	2	20a	人譜	小骨空
5527.	2	19b	人譜	紫宮	5567.	2	20a	人譜	太陽
5528.	2	19b	人譜	玉堂	5568.	2	20a	人譜	明堂
5529.	2	19b	人譜	膻中	5569.	2	20a	人譜	眉衝
5530.	2	19b	人譜	中庭	5570.	2	20a	人譜	榮池
5531.	2	19b	人譜	鳩尾	5571.	2	20a	人譜	漏會
5532.	2	19b	人譜	巨闕	5572.	2	20a	人譜	中魁
5533.	2	19b	人譜	上脘	5573.	2	20a	人譜	血郄
5534.	2	19b	人譜	中脘	5574.	2	20a	人譜	腰眼
5535.	2	19b	人譜	建里	5575.	2	20a	人譜	通關
5536.	2	19b	人譜	下脘	5576.	2	20a	人譜	胛縫
5537.	2	19b	人譜	水分	5577.	2	20a	人譜	二白
5538.	2	19b	人譜	神闕	5578.	2	20b	人譜	迴氣
5539.	2	19b	人譜	侌交	5579.	2	20b	人譜	氣端
5540.	2	19b	人譜	氣海	5580.	2	20b	人譜	鶴頂
5541.	2	19b	人譜	石門	5581.	2	20b	人譜	龍玄
5542.	2	19b	人譜	關元	5582.	2	20b	人譜	陰獨
5543.	2	20a	人譜	中極	5583.	2	20b	人譜	通理
5544.	2	20a	人譜	曲骨	5584.	2	20b	人譜	氣門
5545.	2	20a	人譜	會陰	5585.	2	20b	人譜	侌易
5546.	2	20a	人譜	竒穴	5586.	2	20b	人譜	漏陰

5587.	2	20b	人譜	精宮	5627.	2	21a	人譜	天道
5588.	2	20b	人譜	直骨	5628.	2	21a	人譜	志
5589.	2	20b	人譜	交儀	5629.	2	21a	人譜	意
5590.	2	20b	人譜	當陽	5630.	2	21a	人譜	思慮
5591.	2	20b	人譜	魚腰	5631.	2	21a	人譜	情
5592.	2	20b	人譜	奪斧	5632.	2	21a	人譜	六鑿
5593.	2	20b	人譜	五倉	5633.	2	21a	人譜	悃愊
5594.	2	20b	人譜	腧	5634.	2	21a	人譜	悰
5595.	2	20b	人譜	靈臺	5635.	2	21a	人譜	德
5596.	2	20b	人譜	絳宮	5636.	2	21a	人譜	令德
5597.	2	20b	人譜	田	5637.	2	21a	人譜	懿德
5598.	2	20b	人譜	上玄	5638.	2	21a	人譜	良
5599.	2	20b	人譜	方寸	5639.	2	21a	人譜	善
5600.	2	20b	人譜	丹元	5640.	2	21a	人譜	淑
5601.	2	20b	人譜	守靈	5641.	2	21a	人譜	穀
5602.	2	20b	人譜	性	5642.	2	21a	人譜	賢
5603.	2	20b	人譜	五常	5643.	2	21a	人譜	令
5604.	2	20b	人譜	仁	5644.	2	21a	人譜	休
5605.	2	20b	人譜	義	5645.	2	21a	人譜	亶亶
5606.	2	20b	人譜	禮	5646.	2	21a	人譜	信
5607.	2	20b	人譜	知	5647.	2	21a	人譜	孚
5608.	2	20b	人譜	信	5648.	2	21a	人譜	恂
5609.	2	20b	人譜	明德	5649.	2	21a	人譜	誠
5610.	2	20b	人譜	天性	5650.	2	21a	人譜	忱
5611.	2	20b	人譜	氣質	5651.	2	21a	人譜	諶
5612.	2	20b	人譜	仁	5652.	2	21a	人譜	丹心
5613.	2	20b	人譜	義	5653.	2	21a	人譜	寬
5614.	2	20b	人譜	禮	5654.	2	21a	人譜	裕
5615.	2	20b	人譜	智	5655.	2	21a	人譜	憪綽
5616.	2	21a	人譜	信	5656.	2	21a	人譜	恢廓
5617.	2	21a	人譜	四端	5657.	2	21a	人譜	浩浩
5618.	2	21a	人譜	七情	5658.	2	21a	人譜	扈扈
5619.	2	21a	人譜	念	5659.	2	21a	人譜	容
5620.	2	21a	人譜	計較	5660.	2	21a	人譜	含
5621.	2	21a	人譜	心猿意馬	5661.	2	21a	人譜	厚
5622.	2	21a	人譜	用心	5662.	2	21a	人譜	敦
5623.	2	21a	人譜	處心	5663.	2	21a	人譜	惇
5624.	2	21a	人譜	觀心	5664.	2	21a	人譜	忠
5625.	2	21a	人譜	无妄	5665.	2	21a	人譜	庬
5626.	2	21a	人譜	實理	5666.	2	21a	人譜	肫肫

5667.	2	21a	人譜	溫		5707.	2	21b	人譜	顢蒙
5668.	2	21a	人譜	恭		5708.	2	21b	人譜	混沌
5669.	2	21a	人譜	敬		5709.	2	21b	人譜	惡
5670.	2	21a	人譜	存心		5710.	2	21b	人譜	暴
5671.	2	21a	人譜	勿忘		5711.	2	21b	人譜	狠
5672.	2	21a	人譜	洞洞屬屬		5712.	2	21b	人譜	虐
5673.	2	21a	人譜	敬		5713.	2	21b	人譜	戾
5674.	2	21a	人譜	虔		5714.	2	21b	人譜	厲
5675.	2	21a	人譜	貪		5715.	2	21b	人譜	悍
5676.	2	21a	人譜	足恭		5716.	2	21b	人譜	酷
5677.	2	21a	人譜	謹		5717.	2	21b	人譜	愿
5678.	2	21a	人譜	慎		5718.	2	21b	人譜	愎
5679.	2	21a	人譜	愿		5719.	2	21b	人譜	毒
5680.	2	21a	人譜	懇		5720.	2	21b	人譜	慘
5681.	2	21a	人譜	重		5721.	2	21b	人譜	刻薄
5682.	2	21a	人譜	恪		5722.	2	21b	人譜	殘忍
5683.	2	21a	人譜	毣毣		5723.	2	21b	人譜	苛
5684.	2	21a	人譜	兢兢		5724.	2	21b	人譜	猛
5685.	2	21a	人譜	仔細看		5725.	2	21b	人譜	瞖
5686.	2	21b	人譜	柔		5726.	2	21b	人譜	獷獷
5687.	2	21b	人譜	順		5727.	2	21b	人譜	薄
5688.	2	21b	人譜	巽		5728.	2	21b	人譜	佻
5689.	2	21b	人譜	坦		5729.	2	21b	人譜	偷
5690.	2	21b	人譜	夷		5730.	2	21b	人譜	驕
5691.	2	21b	人譜	恬		5731.	2	21b	人譜	侮
5692.	2	21b	人譜	平		5732.	2	21b	人譜	凌
5693.	2	21b	人譜	泰		5733.	2	21b	人譜	嫚
5694.	2	21b	人譜	貊		5734.	2	21b	人譜	欺
5695.	2	21b	人譜	澹泊		5735.	2	21b	人譜	姍笑
5696.	2	21b	人譜	冲漠		5736.	2	21b	人譜	郄斫
5697.	2	21b	人譜	愚		5737.	2	21b	人譜	婷斫
5698.	2	21b	人譜	癡		5738.	2	21b	人譜	矜
5699.	2	21b	人譜	駮		5739.	2	21b	人譜	訛訛
5700.	2	21b	人譜	惷		5740.	2	21b	人譜	施施
5701.	2	21b	人譜	鼓		5741.	2	21b	人譜	隘
5702.	2	21b	人譜	戇		5742.	2	21b	人譜	狹
5703.	2	21b	人譜	迷惑		5743.	2	21b	人譜	陋
5704.	2	21b	人譜	空空		5744.	2	21b	人譜	僅
5705.	2	21b	人譜	倥倥		5745.	2	21b	人譜	褊
5706.	2	21b	人譜	鬪嬉		5746.	2	21b	人譜	險

5747.	2	21b	人譜	鱗甲	5787.	2	22a	人譜	怠
5748.	2	21b	人譜	險膚	5788.	2	22a	人譜	懦
5749.	2	21b	人譜	憸	5789.	2	22a	人譜	喜
5750.	2	21b	人譜	詖	5790.	2	22a	人譜	悅
5751.	2	21b	人譜	急	5791.	2	22a	人譜	樂
5752.	2	21b	人譜	絞	5792.	2	22a	人譜	怡
5753.	2	21b	人譜	狷	5793.	2	22a	人譜	忭
5754.	2	21b	人譜	躁	5794.	2	22a	人譜	欣
5755.	2	21b	人譜	懆	5795.	2	22a	人譜	歡
5756.	2	21b	人譜	卞急	5796.	2	22a	人譜	燕娛
5757.	2	21b	人譜	緩	5797.	2	22a	人譜	和
5758.	2	21b	人譜	沓沓	5798.	2	22a	人譜	姁姁
5759.	2	21b	人譜	泄泄	5799.	2	22a	人譜	醉
5760.	2	21b	人譜	固執	5800.	2	22a	人譜	演撲兒
5761.	2	22a	人譜	佁儗	5801.	2	22a	人譜	邴邴
5762.	2	22a	人譜	泥	5802.	2	22a	人譜	怒
5763.	2	22a	人譜	詐	5803.	2	22a	人譜	恚
5764.	2	22a	人譜	姦	5804.	2	22a	人譜	嗔
5765.	2	22a	人譜	回邪	5805.	2	22a	人譜	洸
5766.	2	22a	人譜	黠	5806.	2	22a	人譜	潰
5767.	2	22a	人譜	狡	5807.	2	22a	人譜	愕
5768.	2	22a	人譜	狡獪	5808.	2	22a	人譜	忿
5769.	2	22a	人譜	妖	5809.	2	22a	人譜	憤
5770.	2	22a	人譜	回遹	5810.	2	22a	人譜	不忿
5771.	2	22a	人譜	泂汝	5811.	2	22a	人譜	憸
5772.	2	22a	人譜	詭譎	5812.	2	22a	人譜	艴
5773.	2	22a	人譜	膠	5813.	2	22a	人譜	色
5774.	2	22a	人譜	惛	5814.	2	22a	人譜	吒
5775.	2	22a	人譜	慣	5815.	2	22a	人譜	闅
5776.	2	22a	人譜	醉	5816.	2	22a	人譜	咤
5777.	2	22a	人譜	憕	5817.	2	22a	人譜	恨
5778.	2	22a	人譜	夢夢	5818.	2	22a	人譜	怨
5779.	2	22a	人譜	罔罔	5819.	2	22a	人譜	懟
5780.	2	22a	人譜	憒	5820.	2	22a	人譜	憨
5781.	2	22a	人譜	虹	5821.	2	22a	人譜	憾
5782.	2	22a	人譜	懶	5822.	2	22a	人譜	怏怏
5783.	2	22a	人譜	惰	5823.	2	22a	人譜	慍
5784.	2	22a	人譜	慵	5824.	2	22a	人譜	故
5785.	2	22a	人譜	倦	5825.	2	22a	人譜	嗛
5786.	2	22a	人譜	懈	5826.	2	22a	人譜	嫌

5827.	2	22a	人譜	記恨	5867.	2	22b	人譜	懆
5828.	2	22a	人譜	顉齘	5868.	2	22b	人譜	焦
5829.	2	22a	人譜	哀	5869.	2	22b	人譜	懊憹
5830.	2	22a	人譜	慽	5870.	2	22b	人譜	惙惙
5831.	2	22a	人譜	憐	5871.	2	22b	人譜	悄悄
5832.	2	22a	人譜	憖	5872.	2	22b	人譜	悄悄
5833.	2	22a	人譜	慟	5873.	2	22b	人譜	切切
5834.	2	22a	人譜	怛	5874.	2	22b	人譜	耿耿
5835.	2	22a	人譜	悼	5875.	2	22b	人譜	煢煢
5836.	2	22a	人譜	愴	5876.	2	22b	人譜	奕奕
5837.	2	22a	人譜	惻	5877.	2	22b	人譜	欽欽
5838.	2	22a	人譜	傷	5878.	2	22b	人譜	揪心
5839.	2	22a	人譜	酸	5879.	2	22b	人譜	惱
5840.	2	22a	人譜	盡	5880.	2	22b	人譜	惛
5841.	2	22a	人譜	慘	5881.	2	22b	人譜	恢
5842.	2	22a	人譜	感傷	5882.	2	22b	人譜	憤
5843.	2	22a	人譜	苦啊	5883.	2	22b	人譜	憧憧
5844.	2	22b	人譜	悲	5884.	2	22b	人譜	怳惚
5845.	2	22b	人譜	怊怊	5885.	2	22b	人譜	鹽嶹
5846.	2	22b	人譜	慨	5886.	2	22b	人譜	屑屑
5847.	2	22b	人譜	慄	5887.	2	22b	人譜	懼
5848.	2	22b	人譜	憀	5888.	2	22b	人譜	怖
5849.	2	22b	人譜	淒涼	5889.	2	22b	人譜	怕
5850.	2	22b	人譜	騷屑	5890.	2	22b	人譜	恐
5851.	2	22b	人譜	愁	5891.	2	22b	人譜	悚
5852.	2	22b	人譜	騷	5892.	2	22b	人譜	戁
5853.	2	22b	人譜	忡忡	5893.	2	22b	人譜	恟
5854.	2	22b	人譜	惸惸	5894.	2	22b	人譜	惔
5855.	2	22b	人譜	悒悒	5895.	2	22b	人譜	惶
5856.	2	22b	人譜	懨懨	5896.	2	22b	人譜	慄
5857.	2	22b	人譜	契契	5897.	2	22b	人譜	悸
5858.	2	22b	人譜	怲怲	5898.	2	22b	人譜	畏
5859.	2	22b	人譜	愽愽	5899.	2	22b	人譜	主臣
5860.	2	22b	人譜	愁愁	5900.	2	22b	人譜	怯
5861.	2	22b	人譜	憂	5901.	2	22b	人譜	懾
5862.	2	22b	人譜	慢受	5902.	2	22b	人譜	蕙
5863.	2	22b	人譜	患	5903.	2	22b	人譜	惴惴
5864.	2	22b	人譜	戚	5904.	2	22b	人譜	怵惕
5865.	2	22b	人譜	恤	5905.	2	22b	人譜	虩虩
5866.	2	22b	人譜	悰	5906.	2	22b	人譜	索索

5907.	2	22b	人譜	夔夔	5947.	2	23a	人譜	怍
5908.	2	22b	人譜	怔忪	5948.	2	23a	人譜	憖
5909.	2	22b	人譜	伈伈	5949.	2	23a	人譜	惡
5910.	2	22b	人譜	屛營	5950.	2	23a	人譜	忸
5911.	2	22b	人譜	怔營	5951.	2	23a	人譜	怩
5912.	2	22b	人譜	讋伏	5952.	2	23a	人譜	靳
5913.	2	22b	人譜	股弁	5953.	2	23a	人譜	赧然
5914.	2	22b	人譜	股栗	5954.	2	23a	人譜	騂顏
5915.	2	22b	人譜	憚	5955.	2	23a	人譜	靦
5916.	2	22b	人譜	忌	5956.	2	23a	人譜	受媿
5917.	2	22b	人譜	驚	5957.	2	23a	人譜	悔
5918.	2	22b	人譜	駭	5958.	2	23a	人譜	吝
5919.	2	22b	人譜	錯愕	5959.	2	23a	人譜	餒
5920.	2	22b	人譜	隕越	5960.	2	23a	人譜	懺
5921.	2	22b	人譜	嚇他	5961.	2	23a	人譜	戒
5922.	2	22b	人譜	愛	5962.	2	23a	人譜	警
5923.	2	22b	人譜	憐	5963.	2	23a	人譜	懲
5924.	2	22b	人譜	寵	5964.	2	23a	人譜	創
5925.	2	22b	人譜	殷勤	5965.	2	23a	人譜	忩
5926.	2	22b	人譜	鄭重	5966.	2	23a	人譜	快
5927.	2	22b	人譜	惓惓	5967.	2	23a	人譜	逞
5928.	2	23a	人譜	繾綣	5968.	2	23a	人譜	愜
5929.	2	23a	人譜	款款	5969.	2	23a	人譜	慊
5930.	2	23a	人譜	款曲	5970.	2	23a	人譜	恔
5931.	2	23a	人譜	懇惻	5971.	2	23a	人譜	慰
5932.	2	23a	人譜	嘔嘔	5972.	2	23a	人譜	灑落
5933.	2	23a	人譜	惡	5973.	2	23a	人譜	信
5934.	2	23a	人譜	厭	5974.	2	23a	人譜	諒
5935.	2	23a	人譜	射	5975.	2	23a	人譜	疑
5936.	2	23a	人譜	慾	5976.	2	23a	人譜	惑
5937.	2	23a	人譜	願	5977.	2	23a	人譜	嫌
5938.	2	23a	人譜	望	5978.	2	23a	人譜	叵信
5939.	2	23a	人譜	冀	5979.	2	23a	人譜	訝
5940.	2	23a	人譜	希	5980.	2	23a	人譜	怪
5941.	2	23a	人譜	癖	5981.	2	23a	人譜	咄咄
5942.	2	23a	人譜	好尚	5982.	2	23a	人譜	覺
5943.	2	23a	人譜	趣	5983.	2	23a	人譜	悟
5944.	2	23a	人譜	尚	5984.	2	23a	人譜	憬
5945.	2	23a	人譜	恥	5985.	2	23a	人譜	曉
5946.	2	23a	人譜	愧	5986.	2	23a	人譜	諳解

5987.	2	23a	人譜	惺惺	6027.	2	23b	人譜	歆羨
5988.	2	23a	人譜	渙然	6028.	2	23b	人譜	企
5989.	2	23a	人譜	思	6029.	2	23b	人譜	忮
5990.	2	23a	人譜	惟	6030.	2	23b	人譜	健
5991.	2	23a	人譜	念	6031.	2	23b	人譜	知
5992.	2	23a	人譜	懷	6032.	2	23b	人譜	識
5993.	2	23a	人譜	想	6033.	2	23b	人譜	認
5994.	2	23a	人譜	憶	6034.	2	23b	人譜	徹
5995.	2	23a	人譜	悵	6035.	2	23b	人譜	測
5996.	2	23a	人譜	惆悵	6036.	2	23b	人譜	量
5997.	2	23a	人譜	惝	6037.	2	23b	人譜	忖
5998.	2	23a	人譜	惘	6038.	2	23b	人譜	料
5999.	2	23a	人譜	愴怳	6039.	2	23b	人譜	茹
6000.	2	23a	人譜	落莫	6040.	2	23b	人譜	度
6001.	2	23a	人譜	佗傺	6041.	2	23b	人譜	惑
6002.	2	23a	人譜	零丁	6042.	2	23b	人譜	溺
6003.	2	23a	人譜	憮然	6043.	2	23b	人譜	華蓋
6004.	2	23a	人譜	缺然	6044.	2	23b	人譜	白元君
6005.	2	23a	人譜	頊頊	6045.	2	23b	人譜	皓華
6006.	2	23a	人譜	煩	6046.	2	23b	人譜	虛成
6007.	2	23a	人譜	怫	6047.	2	23b	人譜	布葉
6008.	2	23a	人譜	懣	6048.	2	23b	人譜	中黃
6009.	2	23a	人譜	悶	6049.	2	23b	人譜	黃野
6010.	2	23a	人譜	壹欝	6050.	2	23b	人譜	黃庭
6011.	2	23b	人譜	欝陶	6051.	2	23b	人譜	黃婆
6012.	2	23b	人譜	蘊結	6052.	2	23b	人譜	中州
6013.	2	23b	人譜	夭紹	6053.	2	23b	人譜	黃老君
6014.	2	23b	人譜	窈斜	6054.	2	23b	人譜	常在
6015.	2	23b	人譜	邶側	6055.	2	23b	人譜	魂庭
6016.	2	23b	人譜	感激	6056.	2	23b	人譜	始青
6017.	2	23b	人譜	感慨	6057.	2	23b	人譜	肝花
6018.	2	23b	人譜	慷慨	6058.	2	23b	人譜	龍煙
6019.	2	23b	人譜	壘塊	6059.	2	23b	人譜	含明
6020.	2	23b	人譜	磈磊	6060.	2	23b	人譜	下玄
6021.	2	23b	人譜	太陽證	6061.	2	23b	人譜	玉池
6022.	2	23b	人譜	謙	6062.	2	23b	人譜	玄冥
6023.	2	23b	人譜	讓	6063.	2	23b	人譜	育嬰
6024.	2	23b	人譜	退	6064.	2	23b	人譜	命門
6025.	2	23b	人譜	欿然	6065.	2	24a	人譜	包
6026.	2	23b	人譜	羨	6066.	2	24a	人譜	丹田

6067.	2	24a	人譜	赤宮	6107.	2	24b	人譜	盜汗
6068.	2	24a	人譜	子宮	6108.	2	24b	人譜	自汗
6069.	2	24a	人譜	大海	6109.	2	24b	人譜	心汗
6070.	2	24a	人譜	大中	6110.	2	24b	人譜	頭汗
6071.	2	24a	人譜	奇恒府	6111.	2	24b	人譜	冷汗
6072.	2	24a	人譜	血海	6112.	2	24b	人譜	柔汗
6073.	2	24a	人譜	闌門	6113.	2	24b	人譜	亡陽
6074.	2	24a	人譜	迴腸	6114.	2	24b	人譜	解肥
6075.	2	24a	人譜	太倉肚	6115.	2	25a	人譜	蒸刼
6076.	2	24a	人譜	脘	6116.	2	25a	人譜	漐漐
6077.	2	24a	人譜	龍耀	6117.	2	25a	人譜	潚潚
6078.	2	24a	人譜	威明	6118.	2	25a	人譜	澀然
6079.	2	24a	人譜	水脬	6119.	2	25a	人譜	泚
6080.	2	24a	人譜	力	6120.	2	25a	人譜	汗晞
6081.	2	24a	人譜	津液	6121.	2	25a	人譜	默
6082.	2	24b	人譜	氣魄	6122.	2	25a	人譜	寐
6083.	2	24b	人譜	魂	6123.	2	25a	人譜	寢
6084.	2	24b	人譜	地水風火	6124.	2	25a	人譜	睡
6085.	2	24b	人譜	爽靈	6125.	2	25a	人譜	假寐
6086.	2	24b	人譜	台光	6126.	2	25a	人譜	鑑寐
6087.	2	24b	人譜	幽精	6127.	2	25a	人譜	晝寢
6088.	2	24b	人譜	呼吸	6128.	2	25a	人譜	黃妳
6089.	2	24b	人譜	噓	6129.	2	25a	人譜	黑甜
6090.	2	24b	人譜	煦	6130.	2	25a	人譜	攤飯
6091.	2	24b	人譜	脅息	6131.	2	25a	人譜	打睡
6092.	2	24b	人譜	喘	6132.	2	25a	人譜	寐
6093.	2	24b	人譜	呀	6133.	2	25a	人譜	通腳睡
6094.	2	24b	人譜	喙	6134.	2	25a	人譜	顛倒睡
6095.	2	24b	人譜	嘟嘟	6135.	2	25a	人譜	僻
6096.	2	24b	人譜	駒子	6136.	2	25a	人譜	欠
6097.	2	24b	人譜	歇	6137.	2	25a	人譜	睡魔
6098.	2	24b	人譜	餒逆	6138.	2	25a	人譜	呷呼
6099.	2	24b	人譜	打嗝	6139.	2	25a	人譜	寤
6100.	2	24b	人譜	噦	6140.	2	25a	人譜	癮
6101.	2	24b	人譜	噫	6141.	2	25a	人譜	睡聰
6102.	2	24b	人譜	噯哺	6142.	2	25a	人譜	寤
6103.	2	24b	人譜	噎	6143.	2	25a	人譜	解夢
6104.	2	24b	人譜	嗄咽	6144.	2	25a	人譜	咸陟
6105.	2	24b	人譜	暢子	6145.	2	25a	人譜	致夢
6106.	2	24b	人譜	嚏	6146.	2	25a	人譜	六夢

6147.	2	25a	人譜	觭夢	6187.	2	25b	人譜	撿束
6148.	2	25a	人譜	噩夢	6188.	2	25b	人譜	沾沾
6149.	2	25a	人譜	趾離	6189.	2	25b	人譜	樑樅
6150.	2	25a	人譜	宜楸	6190.	2	25b	人譜	局促
6151.	2	25a	人譜	魘	6191.	2	25b	人譜	戚促
6152.	2	25a	人譜	謊	6192.	2	25b	人譜	欝伊
6153.	2	25a	人譜	譫	6193.	2	25b	人譜	嗒然
6154.	2	25a	人譜	覺	6194.	2	25b	人譜	傫然
6155.	2	25a	人譜	醒	6195.	2	25b	人譜	粗笨
6156.	2	25a	人譜	貌	6196.	2	25b	人譜	勱勸
6157.	2	25a	人譜	像	6197.	2	25b	人譜	剽疾
6158.	2	25a	人譜	形	6198.	2	25b	人譜	弱
6159.	2	25a	人譜	容止	6199.	2	25b	人譜	孱
6160.	2	25a	人譜	舉止	6200.	2	25b	人譜	困
6161.	2	25a	人譜	風度	6201.	2	25b	人譜	憊
6162.	2	25a	人譜	風裁	6202.	2	25b	人譜	茶然
6163.	2	25a	人譜	風采	6203.	2	25b	人譜	疲
6164.	2	25b	人譜	風儀	6204.	2	25b	人譜	痛
6165.	2	25b	人譜	符彩	6205.	2	25b	人譜	連蹇
6166.	2	25b	人譜	威儀	6206.	2	25b	人譜	奇拜
6167.	2	25b	人譜	起居	6207.	2	25b	人譜	倚拜
6168.	2	25b	人譜	棣棣	6208.	2	25b	人譜	褒拜
6169.	2	25b	人譜	烜	6209.	2	25b	人譜	吉拜
6170.	2	25b	人譜	舉舉	6210.	2	25b	人譜	凶拜
6171.	2	25b	人譜	儺	6211.	2	25b	人譜	膜拜
6172.	2	25b	人譜	俁俁	6212.	2	25b	人譜	稽首
6173.	2	25b	人譜	容裔	6213.	2	26a	人譜	空首
6174.	2	25b	人譜	容與	6214.	2	26a	人譜	稽顙
6175.	2	25b	人譜	於于	6215.	2	26a	人譜	叩首
6176.	2	25b	人譜	從容	6216.	2	26a	人譜	頓首
6177.	2	25b	人譜	脫脫	6217.	2	26a	人譜	僂僂
6178.	2	25b	人譜	鼎鼎	6218.	2	26a	人譜	㦄
6179.	2	25b	人譜	提提	6219.	2	26a	人譜	俠拜
6180.	2	25b	人譜	偃蹇	6220.	2	26a	人譜	肅拜
6181.	2	25b	人譜	都	6221.	2	26a	人譜	擅
6182.	2	25b	人譜	逍遙	6222.	2	26a	人譜	厭
6183.	2	25b	人譜	優游	6223.	2	26a	人譜	喏
6184.	2	25b	人譜	伴奐	6224.	2	26a	人譜	厭
6185.	2	25b	人譜	察察	6225.	2	26a	人譜	打躬
6186.	2	25b	人譜	酋酋	6226.	2	26a	人譜	天揖

6227.	2	26a	人譜	時揖	6267.	2	26b	人譜	辨
6228.	2	26a	人譜	土揖	6268.	2	26b	人譜	利口
6229.	2	26a	人譜	振動	6269.	2	26b	人譜	口給
6230.	2	26a	人譜	唱喏	6270.	2	26b	人譜	諞言
6231.	2	26a	人譜	啞揖	6271.	2	26b	人譜	訵
6232.	2	26a	人譜	白揖	6272.	2	26b	人譜	懸河
6233.	2	26a	人譜	鞠躬	6273.	2	26b	人譜	滑稽
6234.	2	26a	人譜	磬折	6274.	2	26b	人譜	喋喋
6235.	2	26a	人譜	周旋	6275.	2	26b	人譜	截截
6236.	2	26a	人譜	折旋	6276.	2	26b	人譜	炎炎
6237.	2	26a	人譜	式	6277.	2	26b	人譜	諓諓
6238.	2	26a	人譜	語	6278.	2	26b	人譜	多口
6239.	2	26a	人譜	說	6279.	2	26b	人譜	贅辭
6240.	2	26a	人譜	話	6280.	2	26b	人譜	小米子話
6241.	2	26a	人譜	詞	6281.	2	26b	人譜	觜碎的
6242.	2	26a	人譜	辭	6282.	2	26b	人譜	白話
6243.	2	26a	人譜	談	6283.	2	26b	人譜	謄
6244.	2	26a	人譜	謐	6284.	2	26b	人譜	諵諵
6245.	2	26a	人譜	諺	6285.	2	26b	人譜	詀諵
6246.	2	26a	人譜	唲	6286.	2	26b	人譜	刺刺
6247.	2	26a	人譜	方言	6287.	2	26b	人譜	覼縷
6248.	2	26a	人譜	四土俚語	6288.	2	26b	人譜	詹詹
6249.	2	26a	人譜	翻譯	6289.	2	26b	人譜	譁
6250.	2	26b	人譜	口銳	6290.	2	26b	人譜	謹
6251.	2	26b	人譜	口順	6291.	2	26b	人譜	喧
6252.	2	26b	人譜	口快	6292.	2	26b	人譜	咻
6253.	2	26b	人譜	訥	6293.	2	26b	人譜	呶
6254.	2	26b	人譜	吃	6294.	2	26b	人譜	吳
6255.	2	26b	人譜	軋	6295.	2	26b	人譜	吳
6256.	2	26b	人譜	顧頤	6296.	2	26b	人譜	匈匈
6257.	2	26b	人譜	訒	6297.	2	26b	人譜	籍籍
6258.	2	26b	人譜	拮把子	6298.	2	26b	人譜	謂
6259.	2	26b	人譜	結巴	6299.	2	26b	人譜	語
6260.	2	26b	人譜	嘴僵子	6300.	2	26b	人譜	誥
6261.	2	26b	人譜	啞巴	6301.	2	26b	人譜	諗
6262.	2	26b	人譜	喝喇	6302.	2	26b	人譜	諭
6263.	2	26b	人譜	唒	6303.	2	26b	人譜	報
6264.	2	26b	人譜	嘿	6304.	2	26b	人譜	告
6265.	2	26b	人譜	囁嚅	6305.	2	26b	人譜	謁
6266.	2	26b	人譜	伊優亞	6306.	2	26b	人譜	復

6307.	2	26b	人譜	控		6347.	2	27a	人譜	雌黃
6308.	2	26b	人譜	啟		6348.	2	27a	人譜	公論
6309.	2	26b	人譜	陳		6349.	2	27a	人譜	國是
6310.	2	26b	人譜	敷		6350.	2	27a	人譜	興誦
6311.	2	26b	人譜	白		6351.	2	27a	人譜	白誦
6312.	2	26b	人譜	訓酢		6352.	2	27a	人譜	訓
6313.	2	26b	人譜	對		6353.	2	27a	人譜	警
6314.	2	26b	人譜	報		6354.	2	27a	人譜	誡
6315.	2	26b	人譜	應		6355.	2	27a	人譜	敕
6316.	2	26b	人譜	答		6356.	2	27a	人譜	誨
6317.	2	26b	人譜	膺		6357.	2	27a	人譜	諄諄
6318.	2	26b	人譜	啊		6358.	2	27a	人譜	諭
6319.	2	26b	人譜	唸		6359.	2	27a	人譜	譬
6320.	2	26b	人譜	誓		6360.	2	27a	人譜	阿波陀那
6321.	2	26b	人譜	訪		6361.	2	27a	人譜	泥
6322.	2	26b	人譜	唯		6362.	2	27a	人譜	諫
6323.	2	27a	人譜	俞		6363.	2	27a	人譜	諍
6324.	2	27a	人譜	喃		6364.	2	27a	人譜	讜
6325.	2	27a	人譜	噯		6365.	2	27a	人譜	謇
6326.	2	27a	人譜	陽應		6366.	2	27a	人譜	諤
6327.	2	27a	人譜	喚然		6367.	2	27a	人譜	折
6328.	2	27a	人譜	嗷應		6368.	2	27a	人譜	攻
6329.	2	27a	人譜	問		6369.	2	27a	人譜	諷
6330.	2	27a	人譜	扣		6370.	2	27a	人譜	風刺
6331.	2	27a	人譜	難		6371.	2	27a	人譜	風諭
6332.	2	27a	人譜	謀		6372.	2	27a	人譜	婉
6333.	2	27a	人譜	猷		6373.	2	27a	人譜	寓
6334.	2	27a	人譜	咨		6374.	2	27a	人譜	箴規
6335.	2	27a	人譜	諏		6375.	2	27a	人譜	灌灌
6336.	2	27a	人譜	詢		6376.	2	27a	人譜	言言
6337.	2	27a	人譜	訪		6377.	2	27a	人譜	斷斷
6338.	2	27a	人譜	議		6378.	2	27a	人譜	誾誾
6339.	2	27a	人譜	謨		6379.	2	27a	人譜	譽
6340.	2	27a	人譜	詳		6380.	2	27a	人譜	稱讚
6341.	2	27a	人譜	語		6381.	2	27a	人譜	褒獎
6342.	2	27a	人譜	講		6382.	2	27a	人譜	推
6343.	2	27a	人譜	論		6383.	2	27a	人譜	嘉
6344.	2	27a	人譜	評		6384.	2	27b	人譜	善
6345.	2	27a	人譜	是非		6385.	2	27b	人譜	越
6346.	2	27a	人譜	月朝		6386.	2	27b	人譜	道

6387.	2	27b	人譜	揄揚	6427.	2	27b	人譜	鉗
6388.	2	27b	人譜	都	6428.	2	27b	人譜	絮叨
6389.	2	27b	人譜	蘭闍	6429.	2	27b	人譜	對口
6390.	2	27b	人譜	喝保	6430.	2	27b	人譜	角口
6391.	2	27b	人譜	誘	6431.	2	27b	人譜	辱
6392.	2	27b	人譜	謨詶	6432.	2	27b	人譜	僇
6393.	2	27b	人譜	說	6433.	2	27b	人譜	詢
6394.	2	27b	人譜	游說	6434.	2	27b	人譜	潑賊
6395.	2	27b	人譜	挑	6435.	2	27b	人譜	無樣的
6396.	2	27b	人譜	慫慂	6436.	2	27b	人譜	破頭的
6397.	2	27b	人譜	甘言	6437.	2	27b	人譜	賤貨
6398.	2	27b	人譜	攛掇	6438.	2	27b	人譜	不正貨
6399.	2	27b	人譜	謔	6439.	2	27b	人譜	直娘賊
6400.	2	27b	人譜	戲談	6440.	2	27b	人譜	王八滓子
6401.	2	27b	人譜	諧	6441.	2	27b	人譜	賊短命
6402.	2	27b	人譜	謗	6442.	2	27b	人譜	咖譟
6403.	2	27b	人譜	誹	6443.	2	27b	人譜	愬
6404.	2	27b	人譜	讟	6444.	2	27b	人譜	誦
6405.	2	27b	人譜	譏	6445.	2	27b	人譜	膚受
6406.	2	27b	人譜	訾	6446.	2	27b	人譜	分疏
6407.	2	27b	人譜	訕	6447.	2	27b	人譜	鮮何
6408.	2	27b	人譜	毀	6448.	2	28a	人譜	讒
6409.	2	27b	人譜	少之	6449.	2	28a	人譜	浸潤
6410.	2	27b	人譜	口實	6450.	2	28a	人譜	譖
6411.	2	27b	人譜	謟	6451.	2	28a	人譜	左腹
6412.	2	27b	人譜	責	6452.	2	28a	人譜	詆讕
6413.	2	27b	人譜	譴	6453.	2	28a	人譜	汙衊
6414.	2	27b	人譜	誚	6454.	2	28a	人譜	嘴利害
6415.	2	27b	人譜	讓	6455.	2	28a	人譜	記恨
6416.	2	27b	人譜	謫	6456.	2	28a	人譜	數落
6417.	2	27b	人譜	誅	6457.	2	28a	人譜	趁頭
6418.	2	27b	人譜	詰	6458.	2	28a	人譜	諂諛
6419.	2	27b	人譜	訴	6459.	2	28a	人譜	巧言
6420.	2	27b	人譜	叱	6460.	2	28a	人譜	簧舌
6421.	2	27b	人譜	罵	6461.	2	28a	人譜	鼓簧
6422.	2	27b	人譜	訶	6462.	2	28a	人譜	誕
6423.	2	27b	人譜	詆	6463.	2	28a	人譜	誇
6424.	2	27b	人譜	詈	6464.	2	28a	人譜	矜
6425.	2	27b	人譜	喝	6465.	2	28a	人譜	詡
6426.	2	27b	人譜	僇俿	6466.	2	28a	人譜	訑

6467.	2	28a	人譜	夸毗	6507.	2	28b	人譜	解顏
6468.	2	28a	人譜	謊	6508.	2	28b	人譜	葫蘆
6469.	2	28a	人譜	誆	6509.	2	28b	人譜	捧腹
6470.	2	28a	人譜	譸張	6510.	2	28b	人譜	解頤
6471.	2	28a	人譜	響言	6511.	2	28b	人譜	噱
6472.	2	28a	人譜	荒唐	6512.	2	28b	人譜	絕倒
6473.	2	28a	人譜	浮言	6513.	2	28b	人譜	嚛
6474.	2	28a	人譜	謅	6514.	2	28b	人譜	溫嚛
6475.	2	28a	人譜	訛言	6515.	2	28b	人譜	齲齒笑
6476.	2	28a	人譜	訕	6516.	2	28b	人譜	哈
6477.	2	28a	人譜	聶	6517.	2	28b	人譜	哂
6478.	2	28a	人譜	咕囁	6518.	2	28b	人譜	喔咿
6479.	2	28a	人譜	推簸	6519.	2	28b	人譜	瑳
6480.	2	28a	人譜	約	6520.	2	28b	人譜	粲笑
6481.	2	28a	人譜	囑	6521.	2	28b	人譜	嫣然
6482.	2	28a	人譜	丁寧	6522.	2	28b	人譜	欿欿
6483.	2	28a	人譜	謠諑	6523.	2	28b	人譜	听听
6484.	2	28a	人譜	諾	6524.	2	28b	人譜	局局
6485.	2	28a	人譜	許	6525.	2	28b	人譜	卣卣
6486.	2	28a	人譜	契	6526.	2	28b	人譜	啞啞
6487.	2	28a	人譜	盟	6527.	2	28b	人譜	軒渠
6488.	2	28a	人譜	誓矢	6528.	2	28b	人譜	迺爾
6489.	2	28a	人譜	詛	6529.	2	28b	人譜	嗎
6490.	2	28a	人譜	歃血	6530.	2	28b	人譜	囅然
6491.	2	28a	人譜	鋥	6531.	2	28b	人譜	裵
6492.	2	28a	人譜	隱語	6532.	2	28b	人譜	欷欷
6493.	2	28a	人譜	謎	6533.	2	28b	人譜	呵呵
6494.	2	28a	人譜	謎子	6534.	2	28b	人譜	虢虢
6495.	2	28a	人譜	廋詞	6535.	2	28b	人譜	咥
6496.	2	28a	人譜	猜謎	6536.	2	28b	人譜	號
6497.	2	28a	人譜	勸說	6537.	2	28b	人譜	痛苦
6498.	2	28a	人譜	儳言	6538.	2	28b	人譜	臨
6499.	2	28a	人譜	謎	6539.	2	28b	人譜	哽咽
6500.	2	28a	人譜	卮言	6540.	2	28b	人譜	嗚咽
6501.	2	28b	人譜	嚷嚷	6541.	2	28b	人譜	於邑
6502.	2	28b	人譜	云云	6542.	2	28b	人譜	優
6503.	2	28b	人譜	詘	6543.	2	28b	人譜	咷
6504.	2	28b	人譜	食言	6544.	2	28b	人譜	悠
6505.	2	28b	人譜	矛盾	6545.	2	28b	人譜	俍
6506.	2	28b	人譜	杜撰	6546.	2	28b	人譜	嘎

6547.	2	28b	人譜	泣	6587.	2	29a	人譜	愘愘
6548.	2	28b	人譜	啼	6588.	2	29a	人譜	疾篤
6549.	2	28b	人譜	喧	6589.	2	29a	人譜	病力
6550.	2	28b	人譜	啜	6590.	2	29a	人譜	疾病
6551.	2	28b	人譜	血泣	6591.	2	29a	人譜	革
6552.	2	28b	人譜	佞哀	6592.	2	29a	人譜	寢疾
6553.	2	28b	人譜	歔欷	6593.	2	29a	人譜	害病
6554.	2	29a	人譜	太息	6594.	2	29a	人譜	病落炕
6555.	2	29a	人譜	嘅	6595.	2	29a	人譜	不豫
6556.	2	29a	人譜	吁	6596.	2	29a	人譜	負茲
6557.	2	29a	人譜	懌	6597.	2	29a	人譜	采薪
6558.	2	29a	人譜	唉	6598.	2	29a	人譜	大漸
6559.	2	29a	人譜	噁	6599.	2	29a	人譜	撮痛
6560.	2	29a	人譜	嗚呼	6600.	2	29a	人譜	呻
6561.	2	29a	人譜	於戲	6601.	2	29a	人譜	唸吚
6562.	2	29a	人譜	噎	6602.	2	29a	人譜	哎也
6563.	2	29a	人譜	嘻	6603.	2	29a	人譜	力疾
6564.	2	29a	人譜	噫	6604.	2	29a	人譜	調攝
6565.	2	29a	人譜	唏	6605.	2	29a	人譜	將息
6566.	2	29a	人譜	嗟	6606.	2	29b	人譜	愈
6567.	2	29a	人譜	嘯指	6607.	2	29b	人譜	瘳
6568.	2	29a	人譜	吹唇	6608.	2	29b	人譜	療
6569.	2	29a	人譜	激嚁	6609.	2	29b	人譜	痊可
6570.	2	29a	人譜	劃然	6610.	2	29b	人譜	差可
6571.	2	29a	人譜	叫	6611.	2	29b	人譜	差復
6572.	2	29a	人譜	嚷	6612.	2	29b	人譜	良已
6573.	2	29a	人譜	嘖	6613.	2	29b	人譜	平復
6574.	2	29a	人譜	號	6614.	2	29b	人譜	勿藥
6575.	2	29a	人譜	譟	6615.	2	29b	人譜	穌
6576.	2	29a	人譜	聲	6616.	2	29b	人譜	口眼喎斜
6577.	2	29a	人譜	欬	6617.	2	29b	人譜	風痱
6578.	2	29a	人譜	病	6618.	2	29b	人譜	風癔
6579.	2	29a	人譜	采薪之憂	6619.	2	29b	人譜	偏枯
6580.	2	29a	人譜	恙	6620.	2	29b	人譜	半身不遂
6581.	2	29a	人譜	痼疾	6621.	2	29b	人譜	瘦瘓
6582.	2	29a	人譜	沈痾	6622.	2	29b	人譜	癱瘓
6583.	2	29a	人譜	廢疾	6623.	2	29b	人譜	髒
6584.	2	29a	人譜	作	6624.	2	29b	人譜	麻木
6585.	2	29a	人譜	患	6625.	2	29b	人譜	呆了
6586.	2	29a	人譜	恫痛	6626.	2	29b	人譜	渾

6627.	2	29b	人譜	潔	6667.	2	30b	人譜	哮吼
6628.	2	29b	人譜	中暑	6668.	2	30b	人譜	癇瘻
6629.	2	29b	人譜	中暍	6669.	2	30b	人譜	泄瀉
6630.	2	29b	人譜	受暑	6670.	2	30b	人譜	溏泄
6631.	2	29b	人譜	飮喝	6671.	2	30b	人譜	轉筋霍亂
6632.	2	29b	人譜	害熱	6672.	2	30b	人譜	乾霍亂
6633.	2	29b	人譜	傷寒	6673.	2	30b	人譜	攪腸沙
6634.	2	29b	人譜	寒冷	6674.	2	30b	人譜	殺腹痛
6635.	2	29b	人譜	凓	6675.	2	30b	人譜	歐噬轂
6636.	2	29b	人譜	凜凜	6676.	2	30b	人譜	饐
6637.	2	29b	人譜	喥喥	6677.	2	30b	人譜	哇
6638.	2	29b	人譜	跑	6678.	2	30b	人譜	歐歜
6639.	2	29b	人譜	大病	6679.	2	30b	人譜	惡心
6640.	2	29b	人譜	正病	6680.	2	30b	人譜	翻胃
6641.	2	29b	人譜	六經症	6681.	2	30b	人譜	哺
6642.	2	29b	人譜	表症	6682.	2	30b	人譜	膧膧
6643.	2	29b	人譜	重症	6683.	2	30b	人譜	喀喀
6644.	2	29b	人譜	傷寒二十二名	6684.	2	30b	人譜	哂哂
6645.	2	30a	人譜	輪感	6685.	2	30b	人譜	吞酸
6646.	2	30a	人譜	痒	6686.	2	30b	人譜	吐酸
6647.	2	30a	人譜	害鼻淵	6687.	2	30b	人譜	醋心
6648.	2	30a	人譜	時氣	6688.	2	30b	人譜	嘈雜
6649.	2	30a	人譜	瘴疫	6689.	2	30b	人譜	五積
6650.	2	30a	人譜	染氣	6690.	2	30b	人譜	癥瘕
6651.	2	30a	人譜	瘴疾	6691.	2	31a	人譜	癖石
6652.	2	30a	人譜	退熱	6692.	2	31a	人譜	痞滿
6653.	2	30a	人譜	痁	6693.	2	31a	人譜	疢
6654.	2	30a	人譜	瘧母	6694.	2	31a	人譜	腸覃
6655.	2	30a	人譜	半日病	6695.	2	31a	人譜	石瘕
6656.	2	30a	人譜	虛耗	6696.	2	31a	人譜	發黃
6657.	2	30a	人譜	水帝	6697.	2	31a	人譜	黃病
6658.	2	30a	人譜	虛勞	6698.	2	31a	人譜	癩疝
6659.	2	30a	人譜	解㑊	6699.	2	31a	人譜	奔豚
6660.	2	30a	人譜	皮枯	6700.	2	31a	人譜	牡疝
6661.	2	30a	人譜	肉苛	6701.	2	31a	人譜	狐疝
6662.	2	30a	人譜	欝症	6702.	2	31a	人譜	育腸
6663.	2	30a	人譜	窠囊	6703.	2	31a	人譜	淋石
6664.	2	30b	人譜	流註	6704.	2	31a	人譜	濁症
6665.	2	30b	人譜	水雞聲	6705.	2	31a	人譜	野雞病
6666.	2	30b	人譜	水證	6706.	2	31a	人譜	鹿妳

6707.	2	31a	人譜	牛嫻	6747.	2	32a	人譜	掀痛
6708.	2	31a	人譜	桃花	6748.	2	32a	人譜	膿
6709.	2	31a	人譜	蓮花	6749.	2	32a	人譜	膝脾
6710.	2	31a	人譜	牝痔	6750.	2	32a	人譜	會膿
6711.	2	31a	人譜	牡痔	6751.	2	32a	人譜	瘭
6712.	2	31a	人譜	脫肛	6752.	2	32a	人譜	瘭
6713.	2	31a	人譜	痨瘵	6753.	2	32a	人譜	痼
6714.	2	31a	人譜	骨蒸	6754.	2	32a	人譜	疔
6715.	2	31a	人譜	陰虛火動	6755.	2	32a	人譜	五發
6716.	2	31b	人譜	瘋了	6756.	2	32a	人譜	捌痤
6717.	2	31b	人譜	癎疾	6757.	2	32a	人譜	擠腫
6718.	2	31b	人譜	猪圈風	6758.	2	32a	人譜	內托
6719.	2	31b	人譜	客忤	6759.	2	32a	人譜	瘍
6720.	2	31b	人譜	結胷	6760.	2	32a	人譜	痏
6721.	2	31b	人譜	痞氣	6761.	2	32a	人譜	瘤
6722.	2	31b	人譜	欎冒	6762.	2	32a	人譜	痄
6723.	2	31b	人譜	註船	6763.	2	32a	人譜	痂
6724.	2	31b	人譜	註車	6764.	2	32a	人譜	硬痂
6725.	2	31b	人譜	驚悸	6765.	2	32a	人譜	瘡坐痂
6726.	2	31b	人譜	怔忡	6766.	2	32a	人譜	疤
6727.	2	31b	人譜	虛煩	6767.	2	32a	人譜	痕
6728.	2	31b	人譜	的呼	6768.	2	32a	人譜	瘢
6729.	2	31b	人譜	鬼魂	6769.	2	32a	人譜	膡
6730.	2	31b	人譜	尸註	6770.	2	32a	人譜	疙禿
6731.	2	31b	人譜	傳尸	6771.	2	32b	人譜	癩
6732.	2	31b	人譜	蠱毒	6772.	2	32b	人譜	疥瘡
6733.	2	31b	人譜	九尸	6773.	2	32b	人譜	楊梅瘡
6734.	2	31b	人譜	十癥	6774.	2	32b	人譜	天疱瘡
6735.	2	32a	人譜	食渴	6775.	2	32b	人譜	綿花瘡
6736.	2	32a	人譜	痒	6776.	2	32b	人譜	果子瘡
6737.	2	32a	人譜	痺	6777.	2	32b	人譜	瘑瘡
6738.	2	32a	人譜	白虎歷節風	6778.	2	32b	人譜	白癩
6739.	2	32a	人譜	痿	6779.	2	32b	人譜	白癜風
6740.	2	32a	人譜	蹩	6780.	2	32b	人譜	紫癜風
6741.	2	32a	人譜	軟風	6781.	2	32b	人譜	瀝瘍
6742.	2	32a	人譜	痢風	6782.	2	32b	人譜	鵝掌癬
6743.	2	32a	人譜	鶴膝風	6783.	2	32b	人譜	癮疹
6744.	2	32a	人譜	腫	6784.	2	32b	人譜	鬼飯疙疸
6745.	2	32a	人譜	膭	6785.	2	32b	人譜	金瘡
6746.	2	32a	人譜	肛	6786.	2	32b	人譜	贖胖

6787.	2	32b	人譜	杖瘡	6827.	2	33a	人譜	奄忽
6788.	2	32b	人譜	瘻瘤	6828.	2	33a	人譜	溘然
6789.	2	32b	人譜	水腫	6829.	2	33a	人譜	終
6790.	2	32b	人譜	氣腫	6830.	2	33a	人譜	故
6791.	2	32b	人譜	浮腫	6831.	2	33a	人譜	歸
6792.	2	32b	人譜	龜背	6832.	2	33a	人譜	殂
6793.	2	32b	人譜	籧篨	6833.	2	33a	人譜	捐瘠
6794.	2	32b	人譜	戚施	6834.	2	33a	人譜	令終
6795.	2	32b	人譜	腋臭	6835.	2	33a	人譜	考終命
6796.	2	32b	人譜	狐臊氣	6836.	2	33a	人譜	易簀
6797.	2	32b	人譜	慍羝	6837.	2	33a	人譜	損賓客
6798.	2	32b	人譜	蛕	6838.	2	33a	人譜	捐館
6799.	2	32b	人譜	人龍	6839.	2	33a	人譜	崩
6800.	2	32b	人譜	石蚘	6840.	2	33a	人譜	薨
6801.	2	32b	人譜	血鱉	6841.	2	33a	人譜	登遐
6802.	2	32b	人譜	狐惑	6842.	2	33a	人譜	徂落
6803.	2	32b	人譜	蚘	6843.	2	33a	人譜	宮車晏駕
6804.	2	32b	人譜	肉蟲	6844.	2	33a	人譜	龍馭
6805.	2	32b	人譜	肺蟲	6845.	2	33a	人譜	賓天
6806.	2	32b	人譜	胃蟲	6846.	2	33a	人譜	不諱
6807.	2	32b	人譜	弱蟲	6847.	2	33a	人譜	乘化
6808.	2	33a	人譜	赤蟲	6848.	2	33a	人譜	觀化
6809.	2	33a	人譜	蟯蟲	6849.	2	33a	人譜	填丘壑
6810.	2	33a	人譜	寸白蟲	6850.	2	33a	人譜	夭
6811.	2	33a	人譜	蠱	6851.	2	33a	人譜	夭札
6812.	2	33a	人譜	三尸蟲	6852.	2	33a	人譜	札瘥
6813.	2	33a	人譜	長蟲	6853.	2	33a	人譜	札昏
6814.	2	33a	人譜	殤	6854.	2	33a	人譜	夭折
6815.	2	33a	人譜	卒	6855.	2	33a	人譜	夭椓
6816.	2	33a	人譜	逝	6856.	2	33a	人譜	短命
6817.	2	33a	人譜	亡	6857.	2	33a	人譜	短折
6818.	2	33a	人譜	沒	6858.	2	33a	人譜	殤
6819.	2	33a	人譜	殂化	6859.	2	33a	人譜	兇終
6820.	2	33a	人譜	別世	6860.	2	33a	人譜	戮死
6821.	2	33a	人譜	棄世	6861.	2	33a	人譜	縊死
6822.	2	33a	人譜	違世	6862.	2	33a	人譜	雉經
6823.	2	33a	人譜	下世	6863.	2	33a	人譜	刎
6824.	2	33a	人譜	即世	6864.	2	33a	人譜	刎
6825.	2	33a	人譜	不祿	6865.	2	33a	人譜	伏釖
6826.	2	33a	人譜	不淑	6866.	2	33a	人譜	引決

6867.	2	33a	人譜	自裁	6907.	2	33b	人譜	年齒
6868.	2	33a	人譜	燒死	6908.	2	33b	人譜	春秋
6869.	2	33a	人譜	嚇死	6909.	2	33b	人譜	齡
6870.	2	33a	人譜	毆鬥喪命	6910.	2	33b	人譜	遂
6871.	2	33a	人譜	畏死	6911.	2	33b	人譜	冒年
6872.	2	33b	人譜	厭死	6912.	2	33b	人譜	男兒
6873.	2	33b	人譜	諫死	6913.	2	33b	人譜	丈夫
6874.	2	33b	人譜	立僮	6914.	2	33b	人譜	夫
6875.	2	33b	人譜	死禍	6915.	2	33b	人譜	士
6876.	2	33b	人譜	被禍	6916.	2	33b	人譜	漢兒
6877.	2	33b	人譜	戰亡	6917.	2	33b	人譜	弱冠
6878.	2	33b	人譜	國殤	6918.	2	33b	人譜	丁
6879.	2	33b	人譜	死節	6919.	2	33b	人譜	中
6880.	2	33b	人譜	殉義	6920.	2	33b	人譜	壯
6881.	2	33b	人譜	成仁	6921.	2	33b	人譜	餘子
6882.	2	33b	人譜	取熊	6922.	2	33b	人譜	大士
6883.	2	33b	人譜	鳩死	6923.	2	33b	人譜	少年
6884.	2	33b	人譜	震死	6924.	2	33b	人譜	紅顏
6885.	2	33b	人譜	溽死	6925.	2	33b	人譜	青春
6886.	2	33b	人譜	餓死	6926.	2	33b	人譜	男閪
6887.	2	33b	人譜	餓殍	6927.	2	33b	人譜	天
6888.	2	33b	人譜	殣	6928.	2	33b	人譜	椓
6889.	2	33b	人譜	客死	6929.	2	33b	人譜	漏
6890.	2	33b	人譜	浪死	6930.	2	33b	人譜	忪
6891.	2	33b	人譜	斃	6931.	2	33b	人譜	變
6892.	2	33b	人譜	殞	6932.	2	33b	人譜	天閪
6893.	2	33b	人譜	屍	6933.	2	34a	人譜	龍陽
6894.	2	33b	人譜	體魄	6934.	2	34a	人譜	首面
6895.	2	33b	人譜	骼	6935.	2	34a	人譜	角先生
6896.	2	33b	人譜	胔	6936.	2	34a	人譜	春藥
6897.	2	33b	人譜	磣骱	6937.	2	34a	人譜	女子
6898.	2	33b	人譜	永訣	6938.	2	34a	人譜	婦人
6899.	2	33b	人譜	遺言	6939.	2	34a	人譜	婆利邪
6900.	2	33b	人譜	遺教	6940.	2	34a	人譜	處女
6901.	2	33b	人譜	遺令	6941.	2	34a	人譜	閨秀
6902.	2	33b	人譜	遺占	6942.	2	34a	人譜	處子
6903.	2	33b	人譜	治命	6943.	2	34a	人譜	女孩兒
6904.	2	33b	人譜	亂命	6944.	2	34a	人譜	黃花女
6905.	2	33b	人譜	歲	6945.	2	34a	人譜	女
6906.	2	33b	人譜	年紀	6946.	2	34a	人譜	少女

6947.	2	34a	人譜	小娘	6987.	2	34b	人譜	閭媖
6948.	2	34a	人譜	娘子	6988.	2	34b	人譜	姼姼
6949.	2	34a	人譜	破瓜	6989.	2	34b	人譜	娃
6950.	2	34a	人譜	婦	6990.	2	34b	人譜	娥媌
6951.	2	34a	人譜	句吳	6991.	2	34b	人譜	嫈
6952.	2	34a	人譜	紅花女	6992.	2	34b	人譜	嫛
6953.	2	34a	人譜	姬	6993.	2	34b	人譜	媌
6954.	2	34a	人譜	大家	6994.	2	34b	人譜	嫺
6955.	2	34a	人譜	太太	6995.	2	34b	人譜	嬌
6956.	2	34a	人譜	妗妗	6996.	2	34b	人譜	姿
6957.	2	34a	人譜	姆	6997.	2	34b	人譜	媟妮
6958.	2	34a	人譜	姎	6998.	2	34b	人譜	夭斜
6959.	2	34a	人譜	妾	6999.	2	34b	人譜	娗娗
6960.	2	34a	人譜	婢子	7000.	2	34b	人譜	姣
6961.	2	34a	人譜	孺人	7001.	2	34b	人譜	姱
6962.	2	34a	人譜	召史	7002.	2	34b	人譜	娉婷
6963.	2	34a	人譜	老媼	7003.	2	34b	人譜	婀娜
6964.	2	34a	人譜	媛	7004.	2	34b	人譜	嬋娟
6965.	2	34a	人譜	女士	7005.	2	34b	人譜	婉孌
6966.	2	34a	人譜	淑女	7006.	2	34b	人譜	綽約
6967.	2	34a	人譜	烈女	7007.	2	34b	人譜	妍
6968.	2	34a	人譜	貞女	7008.	2	34b	人譜	嫣
6969.	2	34a	人譜	節婦	7009.	2	34b	人譜	委委佗佗
6970.	2	34a	人譜	婉娩	7010.	2	34b	人譜	摻摻
6971.	2	34a	人譜	媞媞	7011.	2	34b	人譜	纖纖
6972.	2	34a	人譜	美人	7012.	2	34b	人譜	姍姍
6973.	2	34a	人譜	美女	7013.	2	34b	人譜	嬚
6974.	2	34a	人譜	佳人	7014.	2	34b	人譜	醜婦
6975.	2	34a	人譜	絕色	7015.	2	34b	人譜	仳倠
6976.	2	34a	人譜	好色	7016.	2	34b	人譜	嫈嫇
6977.	2	34a	人譜	傾國傾城	7017.	2	34b	人譜	嫗
6978.	2	34a	人譜	姹女	7018.	2	34b	人譜	媼
6979.	2	34a	人譜	曼姬	7019.	2	34b	人譜	婆
6980.	2	34a	人譜	少艾	7020.	2	34b	人譜	姥
6981.	2	34a	人譜	靡曼	7021.	2	34b	人譜	阿員
6982.	2	34a	人譜	燕玉	7022.	2	34b	人譜	姏婆
6983.	2	34a	人譜	蛾眉	7023.	2	34b	人譜	潑娘子
6984.	2	34b	人譜	紅顏	7024.	2	34b	人譜	賤豬狗
6985.	2	34b	人譜	豔	7025.	2	34b	人譜	馬泊六
6986.	2	34b	人譜	姝	7026.	2	34b	人譜	姘

7027.	2	34b	人譜	姅變	7067.	2	35a	人譜	和姦
7028.	2	34b	人譜	天癸	7068.	2	35a	人譜	漁色
7029.	2	34b	人譜	月事	7069.	2	35a	人譜	丞
7030.	2	34b	人譜	月候	7070.	2	35a	人譜	報
7031.	2	34b	人譜	月經	7071.	2	35a	人譜	聚麀
7032.	2	34b	人譜	經候	7072.	2	35a	人譜	妠
7033.	2	34b	人譜	月水	7073.	2	35a	人譜	孕
7034.	2	34b	人譜	紅鈆	7074.	2	35a	人譜	妊娠
7035.	2	34b	人譜	入月	7075.	2	35a	人譜	有身
7036.	2	34b	人譜	浣濯	7076.	2	35a	人譜	腄
7037.	2	34b	人譜	不月	7077.	2	35a	人譜	䐑
7038.	2	34b	人譜	按季	7078.	2	35a	人譜	震
7039.	2	34b	人譜	避年	7079.	2	35a	人譜	胎
7040.	2	34b	人譜	盛胎	7080.	2	35a	人譜	雙胎
7041.	2	34b	人譜	垢胎	7081.	2	35a	人譜	品胎
7042.	2	34b	人譜	暗經	7082.	2	35a	人譜	孿
7043.	2	34b	人譜	月經衣	7083.	2	35a	人譜	胞
7044.	2	34b	人譜	血衣	7084.	2	35a	人譜	害喜
7045.	2	35a	人譜	赤衣	7085.	2	35a	人譜	雙身
7046.	2	35a	人譜	女病	7086.	2	35a	人譜	意
7047.	2	35a	人譜	螺	7087.	2	35a	人譜	惡阻
7048.	2	35a	人譜	紋	7088.	2	35a	人譜	害口
7049.	2	35a	人譜	鼓	7089.	2	35a	人譜	彌月
7050.	2	35a	人譜	角	7090.	2	35a	人譜	大期
7051.	2	35a	人譜	脈	7091.	2	35a	人譜	轉胎
7052.	2	35a	人譜	陽事	7092.	2	35a	人譜	坐蓐
7053.	2	35a	人譜	雲雨	7093.	2	35a	人譜	坐草
7054.	2	35a	人譜	房事	7094.	2	35a	人譜	臨盆
7055.	2	35a	人譜	房勞	7095.	2	35a	人譜	免
7056.	2	35a	人譜	進火	7096.	2	35a	人譜	挽
7057.	2	35a	人譜	色欲	7097.	2	35a	人譜	分娩
7058.	2	35a	人譜	野合	7098.	2	35a	人譜	產
7059.	2	35a	人譜	姘	7099.	2	35a	人譜	就舘
7060.	2	35a	人譜	私	7100.	2	35a	人譜	慶育
7061.	2	35a	人譜	通	7101.	2	35a	人譜	截臍
7062.	2	35a	人譜	奸	7102.	2	35a	人譜	小產
7063.	2	35a	人譜	劫奸	7103.	2	35a	人譜	胞衣
7064.	2	35a	人譜	奸騙	7104.	2	35a	人譜	胎衣
7065.	2	35a	人譜	強姦	7105.	2	35a	人譜	紫河車
7066.	2	35a	人譜	刀姦	7106.	2	35a	人譜	混沌衣

7107.	2	35a	人譜	混元母	7147.	2	35b	人譜	嗢瑟尼沙
7108.	2	35a	人譜	佛袈裟	7148.	2	35b	人譜	髢
7109.	2	35a	人譜	仙人衣	7149.	2	35b	人譜	髲
7110.	2	35b	人譜	徑產	7150.	2	35b	人譜	義髻
7111.	2	35b	人譜	逆產	7151.	2	35b	人譜	假頭
7112.	2	35b	人譜	橫產	7152.	2	35b	人譜	假紒
7113.	2	35b	人譜	盤腸產	7153.	2	35b	人譜	特髻
7114.	2	35b	人譜	落胎	7154.	2	35b	人譜	副編
7115.	2	35b	人譜	半產	7155.	2	36a	人譜	副
7116.	2	35b	人譜	殰	7156.	2	36a	人譜	被
7117.	2	35b	人譜	死胎	7157.	2	36a	人譜	鬠
7118.	2	35b	人譜	兒枕痛	7158.	2	36a	人譜	幗
7119.	2	35b	人譜	坐婆	7159.	2	36a	人譜	髮鼓
7120.	2	35b	人譜	產婆	7160.	2	36a	人譜	繚
7121.	2	35b	人譜	蓐母	7161.	2	36a	人譜	綱
7122.	2	35b	人譜	褥草	7162.	2	36a	人譜	妃頭
7123.	2	35b	人譜	巢草	7163.	2	36a	人譜	鬧埽
7124.	2	35b	人譜	鬼胎	7164.	2	36a	人譜	墮馬
7125.	2	35b	人譜	石婦	7165.	2	36a	人譜	哿
7126.	2	35b	人譜	妝	7166.	2	36a	人譜	滿冠
7127.	2	35b	人譜	紅妝	7167.	2	36a	人譜	匐彩
7128.	2	35b	人譜	凝粧	7168.	2	36a	人譜	花勝
7129.	2	35b	人譜	靚粧	7169.	2	36a	人譜	翠翹
7130.	2	35b	人譜	描眉	7170.	2	36a	人譜	華鬘
7131.	2	35b	人譜	絞面	7171.	2	36a	人譜	螺鈿
7132.	2	35b	人譜	黃星靨	7172.	2	36a	人譜	翠鈿
7133.	2	35b	人譜	粉題	7173.	2	36a	人譜	笄
7134.	2	35b	人譜	黔	7174.	2	36a	人譜	縰
7135.	2	35b	人譜	丹的	7175.	2	36a	人譜	玉搔頭
7136.	2	35b	人譜	面花	7176.	2	36a	人譜	步搖
7137.	2	35b	人譜	搽粉	7177.	2	36a	人譜	都多益
7138.	2	35b	人譜	膏唇	7178.	2	36a	人譜	博鬢
7139.	2	35b	人譜	裎赨	7179.	2	36a	人譜	掩鬢
7140.	2	35b	人譜	臙脂	7180.	2	36a	人譜	錦里油
7141.	2	35b	人譜	面脂	7181.	2	36a	人譜	珥
7142.	2	35b	人譜	口脂	7182.	2	36a	人譜	耳璫
7143.	2	35b	人譜	黛	7183.	2	36a	人譜	耳環
7144.	2	35b	人譜	粧奩	7184.	2	36a	人譜	耳墜
7145.	2	35b	人譜	鏡臺	7185.	2	36a	人譜	瑱
7146.	2	35b	人譜	髻	7186.	2	36a	人譜	充耳

7187.	2	36a	人譜	絖	7227.	2	36b	人譜	帊
7188.	2	36a	人譜	撅鍋	7228.	2	36b	人譜	帍
7189.	2	36a	人譜	指環	7229.	2	36b	人譜	袹腹
7190.	2	36a	人譜	彄環	7230.	2	36b	人譜	袜
7191.	2	36a	人譜	戒指	7231.	2	36b	人譜	抹肚
7192.	2	36a	人譜	包指	7232.	2	36b	人譜	裹肚
7193.	2	36a	人譜	釧	7233.	2	36b	人譜	脇衣
7194.	2	36a	人譜	挑脫	7234.	2	36b	人譜	裙
7195.	2	36a	人譜	條脫	7235.	2	36b	人譜	裙帶
7196.	2	36a	人譜	纏臂	7236.	2	36b	人譜	裩襠
7197.	2	36a	人譜	香纓	7237.	2	36b	人譜	窮袴
7198.	2	36a	人譜	衿纓	7238.	2	36b	人譜	縛衣
7199.	2	36b	人譜	繫	7239.	2	36b	人譜	桶裙
7200.	2	36b	人譜	玉孩兒	7240.	2	36b	人譜	戍削
7201.	2	36b	人譜	接䍦	7241.	2	36b	人譜	紷
7202.	2	36b	人譜	睫䍦	7242.	2	36b	人譜	衣絲
7203.	2	36b	人譜	盖頭	7243.	2	36b	人譜	俠拜
7204.	2	36b	人譜	帷帽	7244.	2	37a	人譜	崩漏
7205.	2	36b	人譜	帽簷	7245.	2	37a	人譜	帶下
7206.	2	36b	人譜	眼罩	7246.	2	37a	人譜	白淫
7207.	2	36b	人譜	羃䍦	7247.	2	37a	人譜	乳腫
7208.	2	36b	人譜	遮臉皮	7248.	2	37a	人譜	乳巖
7209.	2	36b	人譜	袿䘨	7249.	2	37a	人譜	吹乳
7210.	2	36b	人譜	燕尾	7250.	2	37a	人譜	妬乳
7211.	2	36b	人譜	幏衣	7251.	2	37a	人譜	乳懸
7212.	2	36b	人譜	蒙頭衣	7252.	2	37a	人譜	茄病
7213.	2	36b	人譜	袿衣	7253.	2	37a	人譜	瘠
7214.	2	36b	人譜	諸于	7254.	2	37a	人譜	瘣疾
7215.	2	36b	人譜	欚	7255.	2	37a	人譜	嬰兒
7216.	2	36b	人譜	裵	7256.	2	37a	人譜	黃口
7217.	2	36b	人譜	景	7257.	2	37a	人譜	黃
7218.	2	36b	人譜	大襖子	7258.	2	37a	人譜	小
7219.	2	36b	人譜	緼	7259.	2	37a	人譜	幼
7220.	2	36b	人譜	背子	7260.	2	37a	人譜	孩提
7221.	2	36b	人譜	褙子	7261.	2	37a	人譜	赤子
7222.	2	36b	人譜	金苔子	7262.	2	37a	人譜	牙
7223.	2	36b	人譜	綽子	7263.	2	37a	人譜	珠化
7224.	2	36b	人譜	搭護	7264.	2	37a	人譜	珠女
7225.	2	36b	人譜	背心	7265.	2	37a	人譜	鷖子
7226.	2	36b	人譜	帔	7266.	2	37a	人譜	孺子

7267.	2	37a	人譜	倪		7307.	2	37b	人譜	奶公
7268.	2	37a	人譜	童子		7308.	2	37b	人譜	媬
7269.	2	37a	人譜	童稚		7309.	2	37b	人譜	保姆
7270.	2	37a	人譜	蒙蒙		7310.	2	37b	人譜	阿母
7271.	2	37a	人譜	小士		7311.	2	37b	人譜	黃襹
7272.	2	37a	人譜	云		7312.	2	37b	人譜	育養
7273.	2	37a	人譜	瘖生		7313.	2	37b	人譜	髦
7274.	2	37a	人譜	坼副		7314.	2	38a	人譜	髧
7275.	2	37a	人譜	臍帶		7315.	2	38a	人譜	髻
7276.	2	37b	人譜	命帶		7316.	2	38a	人譜	鬌
7277.	2	37b	人譜	初度		7317.	2	38a	人譜	辮髮
7278.	2	37b	人譜	設帨令朝		7318.	2	38a	人譜	總角
7279.	2	37b	人譜	晬日		7319.	2	38a	人譜	丱
7280.	2	37b	人譜	晬盤		7320.	2	38a	人譜	尙系
7281.	2	37b	人譜	試兒		7321.	2	38a	人譜	髽系
7282.	2	37b	人譜	桑弧蓬矢		7322.	2	38a	人譜	韜
7283.	2	37b	人譜	同甲		7323.	2	38a	人譜	亂
7284.	2	37b	人譜	同庚		7324.	2	38a	人譜	褶
7285.	2	37b	人譜	差池同甲		7325.	2	38a	人譜	晷
7286.	2	37b	人譜	賤日		7326.	2	38a	人譜	冃
7287.	2	37b	人譜	徹昀		7327.	2	38a	人譜	極
7288.	2	37b	人譜	囉		7328.	2	38a	人譜	柔
7289.	2	37b	人譜	牙牙		7329.	2	38a	人譜	裼
7290.	2	37b	人譜	阿嘔		7330.	2	38a	人譜	涎衣
7291.	2	37b	人譜	歔欷		7331.	2	38a	人譜	褔子
7292.	2	37b	人譜	哇哇		7332.	2	38a	人譜	尿布
7293.	2	37b	人譜	呱呱		7333.	2	38a	人譜	尿褯子
7294.	2	37b	人譜	喤喤		7334.	2	38a	人譜	把尿
7295.	2	37b	人譜	躘踵		7335.	2	38a	人譜	裂
7296.	2	37b	人譜	扶扶		7336.	2	38a	人譜	弄璋
7297.	2	37b	人譜	婣妠		7337.	2	38a	人譜	弄瓦
7298.	2	37b	人譜	峻		7338.	2	38a	人譜	畵壺
7299.	2	37b	人譜	姈		7339.	2	38a	人譜	泥鼓
7300.	2	37b	人譜	啞姈子		7340.	2	38a	人譜	梧桐角
7301.	2	37b	人譜	洋姈		7341.	2	38a	人譜	竹馬
7302.	2	37b	人譜	呪		7342.	2	38a	人譜	鳩車
7303.	2	37b	人譜	孈		7343.	2	38a	人譜	瓦狗
7304.	2	37b	人譜	乳母		7344.	2	38a	人譜	塵飯塗羹
7305.	2	37b	人譜	乳媼		7345.	2	38a	人譜	迷藏
7306.	2	37b	人譜	奶娘		7346.	2	38a	人譜	怕生

7347.	2	38a	人譜	麻胡將軍	7387.	2	38b	人譜	耆
7348.	2	38a	人譜	繼病	7388.	2	38b	人譜	眉棃
7349.	2	38a	人譜	魃	7389.	2	38b	人譜	波
7350.	2	38a	人譜	驚風	7390.	2	38b	人譜	毛
7351.	2	38a	人譜	慢脾風	7391.	2	38b	人譜	翁
7352.	2	38a	人譜	天吊	7392.	2	38b	人譜	叟
7353.	2	38b	人譜	臍風	7393.	2	38b	人譜	老
7354.	2	38b	人譜	重舌	7394.	2	38b	人譜	耋
7355.	2	38b	人譜	木舌	7395.	2	38b	人譜	耄
7356.	2	38b	人譜	鵝口	7396.	2	38b	人譜	期
7357.	2	38b	人譜	牙疳	7397.	2	38b	人譜	二毛年
7358.	2	38b	人譜	丹毒	7398.	2	38b	人譜	艾
7359.	2	38b	人譜	盤腸氣	7399.	2	38b	人譜	稀年
7360.	2	38b	人譜	解顱	7400.	2	38b	人譜	旄
7361.	2	38b	人譜	滯頤	7401.	2	38b	人譜	耇
7362.	2	38b	人譜	水疱	7402.	2	39a	人譜	耉
7363.	2	38b	人譜	水痘	7403.	2	39a	人譜	鮐背
7364.	2	38b	人譜	膿疱	7404.	2	39a	人譜	凍梨
7365.	2	38b	人譜	豌豆瘡	7405.	2	39a	人譜	黃耇
7366.	2	38b	人譜	痘瘡	7406.	2	39a	人譜	黃髮
7367.	2	38b	人譜	發斑	7407.	2	39a	人譜	眉壽
7368.	2	38b	人譜	起脹	7408.	2	39a	人譜	鮊
7369.	2	38b	人譜	貫膿	7409.	2	39a	人譜	齯
7370.	2	38b	人譜	收靨	7410.	2	39a	人譜	齳
7371.	2	38b	人譜	出花兒	7411.	2	39a	人譜	耄
7372.	2	38b	人譜	不花	7412.	2	39a	人譜	盲
7373.	2	38b	人譜	西神	7413.	2	39a	人譜	衰謝
7374.	2	38b	人譜	虎口太太	7414.	2	39a	人譜	傳重
7375.	2	38b	人譜	麻疹	7415.	2	39a	人譜	聽子
7376.	2	38b	人譜	麻子	7416.	2	39a	人譜	壽考
7377.	2	38b	人譜	紅疹	7417.	2	39a	人譜	胡考
7378.	2	38b	人譜	胎丹	7418.	2	39a	人譜	遐齡
7379.	2	38b	人譜	痄疾	7419.	2	39a	人譜	高年
7380.	2	38b	人譜	丁奚	7420.	2	39a	人譜	遐壽
7381.	2	38b	人譜	無辜	7421.	2	39a	人譜	暮年
7382.	2	38b	人譜	露哺	7422.	2	39a	人譜	暮齒
7383.	2	38b	人譜	蠟棃	7423.	2	39a	人譜	囬甲
7384.	2	38b	人譜	頭瘡	7424.	2	39a	人譜	周甲
7385.	2	38b	人譜	閃癖	7425.	2	39a	人譜	花甲
7386.	2	38b	人譜	血鱉	7426.	2	39a	人譜	換甲

7427.	2	39a	人譜	回晉	7467.	3	1a	人譜	先子
7428.	2	39a	人譜	重牢	7468.	3	1a	人譜	先人
7429.	2	39a	人譜	養老	7469.	3	1a	人譜	先府君
7430.	2	39a	人譜	乞言	7470.	3	1a	人譜	春府
7431.	2	39a	人譜	食饗	7471.	3	1a	人譜	尊翁
7432.	2	39a	人譜	三老	7472.	3	1a	人譜	世
7433.	2	39a	人譜	五更	7473.	3	1a	人譜	義父
7434.	2	39a	人譜	壽宴	7474.	3	1a	人譜	乾爺
7435.	2	39a	人譜	壽席	7475.	3	1a	人譜	繼父
7436.	2	39a	人譜	異粻	7476.	3	1a	人譜	媽媽
7437.	2	39a	人譜	告存	7477.	3	1a	人譜	嬤嬤
7438.	2	39a	人譜	壖	7478.	3	1a	人譜	阿嬰
7439.	2	39a	人譜	鳩笫	7479.	3	1a	人譜	媄
7440.	2	39a	人譜	壽衣	7480.	3	1a	人譜	孃
7441.	2	39a	人譜	時制	7481.	3	1a	人譜	媓
7442.	2	39a	人譜	月制	7482.	3	1a	人譜	慈親
7443.	2	39a	人譜	日修	7483.	3	1a	人譜	慈母
7444.	2	39b	人譜	歲制	7484.	3	1a	人譜	恃
7445.	3	1a	人譜	五倫	7485.	3	1a	人譜	偏親
7446.	3	1a	人譜	五品	7486.	3	1a	人譜	妣
7447.	3	1a	人譜	彝倫	7487.	3	1a	人譜	大夫人
7448.	3	1a	人譜	倫紀	7488.	3	1a	人譜	大碩人
7449.	3	1a	人譜	倫常	7489.	3	1b	人譜	慈堂
7450.	3	1a	人譜	三綱	7490.	3	1b	人譜	慈闈
7451.	3	1a	人譜	名分	7491.	3	1b	人譜	嫡母
7452.	3	1a	人譜	爺	7492.	3	1b	人譜	繼母
7453.	3	1a	人譜	奢	7493.	3	1b	人譜	嫁母
7454.	3	1a	人譜	家公	7494.	3	1b	人譜	出母
7455.	3	1a	人譜	家尊	7495.	3	1b	人譜	慈母
7456.	3	1a	人譜	家嚴	7496.	3	1b	人譜	假母
7457.	3	1a	人譜	家親	7497.	3	1b	人譜	養母
7458.	3	1a	人譜	家大人	7498.	3	1b	人譜	乾娘
7459.	3	1a	人譜	郎罷	7499.	3	1b	人譜	大父
7460.	3	1a	人譜	爸	7500.	3	1b	人譜	王父
7461.	3	1a	人譜	郎罷囝	7501.	3	1b	人譜	老爺爺
7462.	3	1a	人譜	爹	7502.	3	1b	人譜	從祖
7463.	3	1a	人譜	波	7503.	3	1b	人譜	大翁
7464.	3	1a	人譜	怙	7504.	3	1b	人譜	王大父
7465.	3	1a	人譜	考	7505.	3	1b	人譜	大公
7466.	3	1a	人譜	先君子	7506.	3	1b	人譜	大大公

7507.	3	1b	人譜	先祖	7547.	3	2a	人譜	兒
7508.	3	1b	人譜	始祖	7548.	3	2a	人譜	孤塗
7509.	3	1b	人譜	鼻祖	7549.	3	2a	人譜	囝
7510.	3	1b	人譜	先古	7550.	3	2a	人譜	次子
7511.	3	1b	人譜	祖先	7551.	3	2a	人譜	支子
7512.	3	1b	人譜	先世	7552.	3	2a	人譜	介子
7513.	3	1b	人譜	大母	7553.	3	2a	人譜	庶子
7514.	3	1b	人譜	王母	7554.	3	2a	人譜	適子
7515.	3	1b	人譜	婆婆	7555.	3	2a	人譜	門子
7516.	3	1b	人譜	阿婆	7556.	3	2a	人譜	家子
7517.	3	1b	人譜	王姑	7557.	3	2a	人譜	宗子
7518.	3	1b	人譜	大姑	7558.	3	2a	人譜	庶子
7519.	3	1b	人譜	大婆	7559.	3	2a	人譜	孽子
7520.	3	1b	人譜	高祖母	7560.	3	2a	人譜	側室子
7521.	3	1b	人譜	大大婆	7561.	3	2a	人譜	寵子
7522.	3	1b	人譜	猶父	7562.	3	2a	人譜	婢子
7523.	3	1b	人譜	世父	7563.	3	2a	人譜	豚犬
7524.	3	1b	人譜	伯父	7564.	3	2a	人譜	迷兒
7525.	3	1b	人譜	仲父	7565.	3	2a	人譜	令胤
7526.	3	1b	人譜	叔父	7566.	3	2a	人譜	郎君
7527.	3	1b	人譜	季父	7567.	3	2a	人譜	虎兒
7528.	3	2a	人譜	從叔	7568.	3	2a	人譜	賢鳳
7529.	3	2a	人譜	從祖父	7569.	3	2a	人譜	牛馬走
7530.	3	2a	人譜	堂叔	7570.	3	2a	人譜	不肖
7531.	3	2a	人譜	再從叔	7571.	3	2a	人譜	系子
7532.	3	2a	人譜	族叔	7572.	3	2a	人譜	養子
7533.	3	2a	人譜	叔母	7573.	3	2a	人譜	過房
7534.	3	2a	人譜	伯母	7574.	3	2a	人譜	繼後
7535.	3	2a	人譜	仲母	7575.	3	2b	人譜	侍養子
7536.	3	2a	人譜	叔母	7576.	3	2b	人譜	乾兒子
7537.	3	2a	人譜	季母	7577.	3	2b	人譜	義子
7538.	3	2a	人譜	嬸	7578.	3	2b	人譜	私孩子
7539.	3	2a	人譜	從姑母	7579.	3	2b	人譜	盪腸
7540.	3	2a	人譜	姑	7580.	3	2b	人譜	孤
7541.	3	2a	人譜	息	7581.	3	2b	人譜	孝
7542.	3	2a	人譜	家督	7582.	3	2b	人譜	子舍
7543.	3	2a	人譜	長子	7583.	3	2b	人譜	息
7544.	3	2a	人譜	樹子	7584.	3	2b	人譜	姪娪
7545.	3	2a	人譜	胤	7585.	3	2b	人譜	女子子
7546.	3	2a	人譜	胄	7586.	3	2b	人譜	所嬌

7587.	3	2b	人譜	令愛	7627.	3	3a	人譜	正娘子
7588.	3	2b	人譜	歸寧	7628.	3	3a	人譜	大娘子
7589.	3	2b	人譜	曾孫	7629.	3	3a	人譜	渾家
7590.	3	2b	人譜	玄孫	7630.	3	3a	人譜	薩薩
7591.	3	2b	人譜	來孫	7631.	3	3a	人譜	內子
7592.	3	2b	人譜	晜孫	7632.	3	3a	人譜	內王
7593.	3	2b	人譜	仍孫	7633.	3	3a	人譜	伉儷
7594.	3	2b	人譜	雲孫	7634.	3	3a	人譜	耦
7595.	3	2b	人譜	耳孫	7635.	3	3a	人譜	配
7596.	3	2b	人譜	後昆	7636.	3	3a	人譜	匹
7597.	3	2b	人譜	子姓	7637.	3	3a	人譜	逑
7598.	3	2b	人譜	蘭玉	7638.	3	3a	人譜	媲
7599.	3	2b	人譜	苗裔	7639.	3	3a	人譜	有室
7600.	3	2b	人譜	後	7640.	3	3a	人譜	嫡
7601.	3	2b	人譜	無後	7641.	3	3a	人譜	先頭娘子
7602.	3	2b	人譜	無種	7642.	3	3a	人譜	前室
7603.	3	2b	人譜	姪孫	7643.	3	3a	人譜	後室
7604.	3	2b	人譜	從孫	7644.	3	3a	人譜	繼室
7605.	3	2b	人譜	郎	7645.	3	3a	人譜	填房
7606.	3	2b	人譜	夫婿	7646.	3	3a	人譜	亡室
7607.	3	2b	人譜	良人	7647.	3	3a	人譜	嬪
7608.	3	2b	人譜	夫子	7648.	3	3a	人譜	叩盆
7609.	3	2b	人譜	所天	7649.	3	3a	人譜	令正
7610.	3	2b	人譜	漢子	7650.	3	3a	人譜	賢閤
7611.	3	2b	人譜	當家的	7651.	3	3a	人譜	寡婦
7612.	3	2b	人譜	藁砧	7652.	3	3a	人譜	嫠婦
7613.	3	3a	人譜	良	7653.	3	3a	人譜	青孀
7614.	3	3a	人譜	愛根	7654.	3	3a	人譜	鬼婦
7615.	3	3a	人譜	歡	7655.	3	3a	人譜	當夕
7616.	3	3a	人譜	特	7656.	3	3a	人譜	琴瑟
7617.	3	3a	人譜	辟	7657.	3	3a	人譜	哥
7618.	3	3a	人譜	鰥	7658.	3	3a	人譜	昆
7619.	3	3a	人譜	曠夫	7659.	3	3a	人譜	伯
7620.	3	3a	人譜	反目	7660.	3	3a	人譜	況
7621.	3	3a	人譜	婦	7661.	3	3a	人譜	仲
7622.	3	3a	人譜	細君	7662.	3	3a	人譜	叔
7623.	3	3a	人譜	室人	7663.	3	3a	人譜	孟
7624.	3	3a	人譜	內	7664.	3	3a	人譜	阿干
7625.	3	3a	人譜	室內	7665.	3	3a	人譜	鴈行
7626.	3	3a	人譜	鄉里	7666.	3	3a	人譜	友

7667.	3	3b	人譜	季	7707.	3	4a	人譜	熟
7668.	3	3b	人譜	兄弟	7708.	3	4a	人譜	介婦
7669.	3	3b	人譜	重山兄弟	7709.	3	4a	人譜	娣妹
7670.	3	3b	人譜	外兄弟	7710.	3	4a	人譜	豚養媳婦
7671.	3	3b	人譜	孿	7711.	3	4a	人譜	大伯妙
7672.	3	3b	人譜	健子	7712.	3	4a	人譜	小叔
7673.	3	3b	人譜	從父兄弟	7713.	3	4a	人譜	小郎
7674.	3	3b	人譜	叔伯哥哥	7714.	3	4a	人譜	小姑
7675.	3	3b	人譜	叔伯兄弟	7715.	3	4a	人譜	丘嫂
7676.	3	3b	人譜	從祖兄弟	7716.	3	4a	人譜	弟婦
7677.	3	3b	人譜	再從	7717.	3	4a	人譜	嬬
7678.	3	3b	人譜	族兄弟	7718.	3	4a	人譜	姒娌
7679.	3	3b	人譜	從子	7719.	3	4a	人譜	築里
7680.	3	3b	人譜	猶子	7720.	3	4a	人譜	娣姒
7681.	3	3b	人譜	從姪	7721.	3	4a	人譜	先後
7682.	3	3b	人譜	堂姪	7722.	3	4a	人譜	姒婦
7683.	3	3b	人譜	再從姪	7723.	3	4a	人譜	娣婦
7684.	3	3b	人譜	族姪	7724.	3	4b	人譜	外公
7685.	3	3b	人譜	夏	7725.	3	4b	人譜	外祖母
7686.	3	3b	人譜	孟	7726.	3	4b	人譜	嬢嬢
7687.	3	3b	人譜	姐	7727.	3	4b	人譜	外婆
7688.	3	3b	人譜	娟	7728.	3	4b	人譜	外家
7689.	3	3b	人譜	尚右	7729.	3	4b	人譜	舅家
7690.	3	3b	人譜	兄弟	7730.	3	4b	人譜	母舅
7691.	3	3b	人譜	姐夫	7731.	3	4b	人譜	內姑
7692.	3	3b	人譜	妹夫	7732.	3	4b	人譜	舅母
7693.	3	3b	人譜	妹壻	7733.	3	4b	人譜	堂舅
7694.	3	3b	人譜	郎	7734.	3	4b	人譜	從舅
7695.	3	3b	人譜	私	7735.	3	4b	人譜	姨母
7696.	3	4a	人譜	舅嫜	7736.	3	4b	人譜	從母
7697.	3	4a	人譜	公	7737.	3	4b	人譜	大姨
7698.	3	4a	人譜	公公	7738.	3	4b	人譜	小姨
7699.	3	4a	人譜	公姑	7739.	3	4b	人譜	堂姨
7700.	3	4a	人譜	婆婆	7740.	3	4b	人譜	彌甥
7701.	3	4a	人譜	尊嫜	7741.	3	4b	人譜	宅相
7702.	3	4a	人譜	媳婦	7742.	3	4b	人譜	甥姪
7703.	3	4a	人譜	新婦	7743.	3	4b	人譜	出
7704.	3	4a	人譜	姒婦	7744.	3	4b	人譜	離孫
7705.	3	4a	人譜	穜	7745.	3	4b	人譜	姪
7706.	3	4a	人譜	家婦	7746.	3	4b	人譜	歸孫

7747.	3	4b	人譜	外兄弟	7787.	3	5a	人譜	親家
7748.	3	4b	人譜	中表兄弟	7788.	3	5a	人譜	兄弟
7749.	3	4b	人譜	婦翁	7789.	3	5b	人譜	小星
7750.	3	4b	人譜	丈人	7790.	3	5b	人譜	別房
7751.	3	4b	人譜	泰山	7791.	3	5b	人譜	別室
7752.	3	5a	人譜	岳丈	7792.	3	5b	人譜	小房
7753.	3	5a	人譜	令嶽	7793.	3	5b	人譜	偏房
7754.	3	5a	人譜	冰翁	7794.	3	5b	人譜	嬋家
7755.	3	5a	人譜	父妗	7795.	3	5b	人譜	小娘子
7756.	3	5a	人譜	聘君	7796.	3	5b	人譜	側室
7757.	3	5a	人譜	聘母	7797.	3	5b	人譜	媵
7758.	3	5a	人譜	列岳	7798.	3	5b	人譜	姪娣
7759.	3	5a	人譜	外姑	7799.	3	5b	人譜	外婦
7760.	3	5a	人譜	泰水	7800.	3	5b	人譜	媭須
7761.	3	5a	人譜	母妗	7801.	3	5b	人譜	餘須
7762.	3	5a	人譜	外衿	7802.	3	5b	人譜	所昐
7763.	3	5a	人譜	外甥	7803.	3	5b	人譜	令翠
7764.	3	5a	人譜	女壻	7804.	3	5b	人譜	支婆
7765.	3	5a	人譜	子壻	7805.	3	5b	人譜	小家
7766.	3	5a	人譜	倩賢	7806.	3	5b	人譜	女君
7767.	3	5a	人譜	坦東床	7807.	3	5b	人譜	君母
7768.	3	5a	人譜	半子	7808.	3	5b	人譜	嫡
7769.	3	5a	人譜	玉郎	7809.	3	5b	人譜	大宗
7770.	3	5a	人譜	嬌客	7810.	3	5b	人譜	小宗
7771.	3	5a	人譜	贅壻	7811.	3	5b	人譜	五宗
7772.	3	5a	人譜	養老女壻	7812.	3	5b	人譜	親屬
7773.	3	5a	人譜	丘壻	7813.	3	5b	人譜	親黨
7774.	3	5a	人譜	友壻	7814.	3	5b	人譜	眷屬
7775.	3	5a	人譜	同壻	7815.	3	5b	人譜	家口
7776.	3	5a	人譜	僚壻	7816.	3	5b	人譜	家小
7777.	3	5a	人譜	連衿	7817.	3	5b	人譜	孥
7778.	3	5a	人譜	亞	7818.	3	5b	人譜	家庭
7779.	3	5a	人譜	連袂	7819.	3	5b	人譜	室家
7780.	3	5a	人譜	大舅子	7820.	3	5b	人譜	門戶
7781.	3	5a	人譜	小舅子	7821.	3	6a	人譜	派
7782.	3	5a	人譜	內兄弟	7822.	3	6a	人譜	大族
7783.	3	5a	人譜	大姨	7823.	3	6a	人譜	洪支
7784.	3	5a	人譜	小姨	7824.	3	6a	人譜	宗
7785.	3	5a	人譜	姻	7825.	3	6a	人譜	族譜
7786.	3	5a	人譜	查	7826.	3	6a	人譜	世系

7827.	3	6a	人譜	家乘	7867.	3	6b	人譜	宗
7828.	3	6a	人譜	睦	7868.	3	6b	人譜	鍾
7829.	3	6a	人譜	家世	7869.	3	6b	人譜	龔
7830.	3	6a	人譜	兩班	7870.	3	6b	人譜	龍
7831.	3	6a	人譜	士大夫	7871.	3	6b	人譜	雍
7832.	3	6a	人譜	中路	7872.	3	6b	人譜	從
7833.	3	6a	人譜	鄉族	7873.	3	6b	人譜	容
7834.	3	6a	人譜	中人	7874.	3	6b	人譜	共
7835.	3	6a	人譜	閑散	7875.	3	6b	人譜	松
7836.	3	6a	人譜	常賤	7876.	3	6b	人譜	農
7837.	3	6a	人譜	常人	7877.	3	6b	人譜	佟
7838.	3	6a	人譜	良人	7878.	3	6b	人譜	江
7839.	3	6a	人譜	戚末	7879.	3	6b	人譜	雙
7840.	3	6a	人譜	戚紀	7880.	3	6b	人譜	麗
7841.	3	6a	人譜	戚侍	7881.	3	6b	人譜	逢
7842.	3	6a	人譜	娴	7882.	3	6b	人譜	支
7843.	3	6a	人譜	氏	7883.	3	6b	人譜	施
7844.	3	6a	人譜	姓貫	7884.	3	6b	人譜	隨
7845.	3	6a	人譜	本貫	7885.	3	6b	人譜	祈
7846.	3	6a	人譜	冒姓	7886.	3	6b	人譜	皮
7847.	3	6a	人譜	賜姓	7887.	3	6b	人譜	訾
7848.	3	6a	人譜	東	7888.	3	6b	人譜	稗
7849.	3	6a	人譜	童	7889.	3	6b	人譜	時
7850.	3	6a	人譜	公	7890.	3	6b	人譜	池
7851.	3	6a	人譜	翁	7891.	3	6b	人譜	師
7852.	3	6a	人譜	毁	7892.	3	6b	人譜	伊
7853.	3	6b	人譜	蒙	7893.	3	6b	人譜	姬
7854.	3	6b	人譜	豐	7894.	3	6b	人譜	糜
7855.	3	6b	人譜	鄧	7895.	3	6b	人譜	危
7856.	3	6b	人譜	馮	7896.	3	6b	人譜	奇
7857.	3	6b	人譜	熊	7897.	3	6b	人譜	韋
7858.	3	6b	人譜	洪	7898.	3	6b	人譜	祈
7859.	3	6b	人譜	終	7899.	3	6b	人譜	徐
7860.	3	6b	人譜	戎	7900.	3	6b	人譜	余
7861.	3	6b	人譜	宮	7901.	3	7a	人譜	舒
7862.	3	6b	人譜	弓	7902.	3	7a	人譜	魚
7863.	3	6b	人譜	克	7903.	3	7a	人譜	諸
7864.	3	6b	人譜	崇	7904.	3	7a	人譜	儲
7865.	3	6b	人譜	雄	7905.	3	7a	人譜	於
7866.	3	6b	人譜	封	7906.	3	7a	人譜	胥

7907.	3	7a	人譜	居	7947.	3	7a	人譜	甄
7908.	3	7a	人譜	茹	7948.	3	7a	人譜	鄒
7909.	3	7a	人譜	疏	7949.	3	7a	人譜	秦
7910.	3	7a	人譜	朱	7950.	3	7a	人譜	申
7911.	3	7a	人譜	虞	7951.	3	7a	人譜	文
7912.	3	7a	人譜	吳	7952.	3	7b	人譜	聞
7913.	3	7a	人譜	胡	7953.	3	7b	人譜	殷
7914.	3	7a	人譜	盧	7954.	3	7b	人譜	雲
7915.	3	7a	人譜	于	7955.	3	7b	人譜	元
7916.	3	7a	人譜	俞	7956.	3	7b	人譜	袁
7917.	3	7a	人譜	蘇	7957.	3	7b	人譜	孫
7918.	3	7a	人譜	符	7958.	3	7b	人譜	溫
7919.	3	7a	人譜	巫	7959.	3	7b	人譜	樊
7920.	3	7a	人譜	瞿	7960.	3	7b	人譜	韓
7921.	3	7a	人譜	烏	7961.	3	7b	人譜	潘
7922.	3	7a	人譜	都	7962.	3	7b	人譜	安
7923.	3	7a	人譜	須	7963.	3	7b	人譜	桓
7924.	3	7a	人譜	殳	7964.	3	7b	人譜	欒
7925.	3	7a	人譜	屠	7965.	3	7b	人譜	干
7926.	3	7a	人譜	蒲	7966.	3	7b	人譜	官
7927.	3	7a	人譜	母	7967.	3	7b	人譜	檀
7928.	3	7a	人譜	扶	7968.	3	7b	人譜	山
7929.	3	7a	人譜	齊	7969.	3	7b	人譜	關
7930.	3	7a	人譜	倪	7970.	3	7b	人譜	顏
7931.	3	7a	人譜	黎	7971.	3	7b	人譜	班
7932.	3	7a	人譜	嵇	7972.	3	7b	人譜	先
7933.	3	7a	人譜	奚	7973.	3	7b	人譜	田
7934.	3	7a	人譜	柴	7974.	3	7b	人譜	玄
7935.	3	7a	人譜	佳	7975.	3	7b	人譜	錢
7936.	3	7a	人譜	懷	7976.	3	7b	人譜	全
7937.	3	7a	人譜	梅	7977.	3	7b	人譜	宣
7938.	3	7a	人譜	裴	7978.	3	7b	人譜	權
7939.	3	7a	人譜	雷	7979.	3	7b	人譜	邊
7940.	3	7a	人譜	來	7980.	3	7b	人譜	連
7941.	3	7a	人譜	崔	7981.	3	7b	人譜	顚
7942.	3	7a	人譜	邰	7982.	3	7b	人譜	燕
7943.	3	7a	人譜	哀	7983.	3	7b	人譜	蕭
7944.	3	7a	人譜	陳	7984.	3	7b	人譜	刁
7945.	3	7a	人譜	辛	7985.	3	7b	人譜	姚
7946.	3	7a	人譜	荀	7986.	3	7b	人譜	饒

7987.	3	7b	人譜	苗	8027.	3	8a	人譜	莊
7988.	3	7b	人譜	喬	8028.	3	8a	人譜	梁
7989.	3	7b	人譜	廖	8029.	3	8a	人譜	房
7990.	3	7b	人譜	鼂	8030.	3	8a	人譜	藏
7991.	3	7b	人譜	焦	8031.	3	8a	人譜	郎
7992.	3	7b	人譜	要	8032.	3	8a	人譜	常
7993.	3	7b	人譜	巢	8033.	3	8a	人譜	桑
7994.	3	7b	人譜	茅	8034.	3	8a	人譜	匡
7995.	3	7b	人譜	包	8035.	3	8a	人譜	康
7996.	3	7b	人譜	勞	8036.	3	8a	人譜	商
7997.	3	7b	人譜	高	8037.	3	8a	人譜	昌
7998.	3	7b	人譜	毛	8038.	3	8a	人譜	杭
7999.	3	7b	人譜	陶	8039.	3	8a	人譜	強
8000.	3	8a	人譜	曹	8040.	3	8a	人譜	裒
8001.	3	8a	人譜	何	8041.	3	8a	人譜	倉
8002.	3	8a	人譜	河	8042.	3	8a	人譜	皇
8003.	3	8a	人譜	繁	8043.	3	8a	人譜	成
8004.	3	8a	人譜	羅	8044.	3	8a	人譜	程
8005.	3	8a	人譜	柯	8045.	3	8a	人譜	彭
8006.	3	8a	人譜	和	8046.	3	8a	人譜	京
8007.	3	8a	人譜	花	8047.	3	8a	人譜	榮
8008.	3	8a	人譜	麻	8048.	3	8a	人譜	平
8009.	3	8a	人譜	查	8049.	3	8a	人譜	明
8010.	3	8a	人譜	車	8050.	3	8a	人譜	荊
8011.	3	8a	人譜	家	8051.	3	8a	人譜	丁
8012.	3	8a	人譜	巴	8052.	3	8b	人譜	邢
8013.	3	8a	人譜	沙	8053.	3	8b	人譜	弘
8014.	3	8a	人譜	張	8054.	3	8b	人譜	凌
8015.	3	8a	人譜	楊	8055.	3	8b	人譜	滕
8016.	3	8a	人譜	揚	8056.	3	8b	人譜	曾
8017.	3	8a	人譜	王	8057.	3	8b	人譜	應
8018.	3	8a	人譜	汪	8058.	3	8b	人譜	承
8019.	3	8a	人譜	黃	8059.	3	8b	人譜	劉
8020.	3	8a	人譜	陽	8060.	3	8b	人譜	周
8021.	3	8a	人譜	羊	8061.	3	8b	人譜	丘
8022.	3	8a	人譜	湯	8062.	3	8b	人譜	尤
8023.	3	8a	人譜	唐	8063.	3	8b	人譜	鄒
8024.	3	8a	人譜	方	8064.	3	8b	人譜	牛
8025.	3	8a	人譜	章	8065.	3	8b	人譜	樓
8026.	3	8a	人譜	姜	8066.	3	8b	人譜	婁

8067.	3	8b	人譜	侯	8107.	3	9a	人譜	祖
8068.	3	8b	人譜	牟	8108.	3	9a	人譜	瘦
8069.	3	8b	人譜	仇	8109.	3	9a	人譜	輔
8070.	3	8b	人譜	秋	8110.	3	9a	人譜	扈
8071.	3	8b	人譜	金	8111.	3	9a	人譜	禹
8072.	3	8b	人譜	林	8112.	3	9a	人譜	米
8073.	3	8b	人譜	任	8113.	3	9a	人譜	禰
8074.	3	8b	人譜	岑	8114.	3	9a	人譜	鮮
8075.	3	8b	人譜	黔	8115.	3	9a	人譜	隗
8076.	3	8b	人譜	禽	8116.	3	9a	人譜	宰
8077.	3	8b	人譜	琴	8117.	3	9a	人譜	閔
8078.	3	8b	人譜	陰	8118.	3	9a	人譜	尹
8079.	3	8b	人譜	欽	8119.	3	9a	人譜	阮
8080.	3	8b	人譜	甘	8120.	3	9a	人譜	管
8081.	3	8b	人譜	譚	8121.	3	9a	人譜	滿
8082.	3	8b	人譜	談	8122.	3	9a	人譜	亶
8083.	3	8b	人譜	南	8123.	3	9a	人譜	坦
8084.	3	8b	人譜	藍	8124.	3	9a	人譜	簡
8085.	3	8b	人譜	嚴	8125.	3	9a	人譜	雋
8086.	3	8b	人譜	閻	8126.	3	9a	人譜	展
8087.	3	8b	人譜	詹	8127.	3	9a	人譜	單
8088.	3	8b	人譜	廉	8128.	3	9a	人譜	趙
8089.	3	8b	人譜	咸	8129.	3	9a	人譜	鮑
8090.	3	8b	人譜	孔	8130.	3	9a	人譜	左
8091.	3	8b	人譜	董	8131.	3	9a	人譜	馬
8092.	3	8b	人譜	鞏	8132.	3	9a	人譜	賈
8093.	3	8b	人譜	項	8133.	3	9a	人譜	夏
8094.	3	8b	人譜	李	8134.	3	9a	人譜	蔣
8095.	3	8b	人譜	史	8135.	3	9a	人譜	養
8096.	3	8b	人譜	紀	8136.	3	9a	人譜	党
8097.	3	9a	人譜	呂	8137.	3	9a	人譜	廣
8098.	3	9a	人譜	褚	8138.	3	9a	人譜	景
8099.	3	9a	人譜	許	8139.	3	9a	人譜	耿
8100.	3	9a	人譜	楚	8140.	3	9a	人譜	井
8101.	3	9a	人譜	汝	8141.	3	9a	人譜	丙
8102.	3	9a	人譜	杜	8142.	3	9a	人譜	冷
8103.	3	9a	人譜	魯	8143.	3	9a	人譜	柳
8104.	3	9a	人譜	伍	8144.	3	9b	人譜	苟
8105.	3	9a	人譜	古	8145.	3	9b	人譜	壽
8106.	3	9a	人譜	武	8146.	3	9b	人譜	沈

8147.	3	9b	人譜	昝		8187.	3	9b	人譜	萬
8148.	3	9b	人譜	冉		8188.	3	9b	人譜	漢
8149.	3	9b	人譜	范		8189.	3	9b	人譜	貫
8150.	3	9b	人譜	貢		8190.	3	9b	人譜	諫
8151.	3	9b	人譜	仲		8191.	3	9b	人譜	晏
8152.	3	9b	人譜	宋		8192.	3	10a	人譜	卞
8153.	3	9b	人譜	冀		8193.	3	10a	人譜	寥
8154.	3	9b	人譜	季		8194.	3	10a	人譜	邵
8155.	3	9b	人譜	智		8195.	3	10a	人譜	暴
8156.	3	9b	人譜	義		8196.	3	10a	人譜	郜
8157.	3	9b	人譜	費		8197.	3	10a	人譜	到
8158.	3	9b	人譜	魏		8198.	3	10a	人譜	賀
8159.	3	9b	人譜	尉		8199.	3	10a	人譜	謝
8160.	3	9b	人譜	茹		8200.	3	10a	人譜	華
8161.	3	9b	人譜	絮		8201.	3	10a	人譜	向
8162.	3	9b	人譜	顧		8202.	3	10a	人譜	尚
8163.	3	9b	人譜	傳		8203.	3	10a	人譜	鄭
8164.	3	9b	人譜	路		8204.	3	10a	人譜	孟
8165.	3	9b	人譜	步		8205.	3	10a	人譜	盛
8166.	3	9b	人譜	桂		8206.	3	10a	人譜	敬
8167.	3	9b	人譜	衛		8207.	3	10a	人譜	鄧
8168.	3	9b	人譜	芮		8208.	3	10a	人譜	甯
8169.	3	9b	人譜	計		8209.	3	10a	人譜	冠
8170.	3	9b	人譜	厲		8210.	3	10a	人譜	寶
8171.	3	9b	人譜	羿		8211.	3	10a	人譜	富
8172.	3	9b	人譜	蔡		8212.	3	10a	人譜	闞
8173.	3	9b	人譜	艾		8213.	3	10a	人譜	陸
8174.	3	9b	人譜	賴		8214.	3	10a	人譜	祝
8175.	3	9b	人譜	太		8215.	3	10a	人譜	谷
8176.	3	9b	人譜	祭		8216.	3	10a	人譜	郁
8177.	3	9b	人譜	蒯		8217.	3	10a	人譜	牧
8178.	3	9b	人譜	戴		8218.	3	10a	人譜	卜
8179.	3	9b	人譜	熊		8219.	3	10a	人譜	木
8180.	3	9b	人譜	慎		8220.	3	10a	人譜	沐
8181.	3	9b	人譜	藺		8221.	3	10a	人譜	伏
8182.	3	9b	人譜	印		8222.	3	10a	人譜	繆
8183.	3	9b	人譜	晉		8223.	3	10a	人譜	鞠
8184.	3	9b	人譜	舜		8224.	3	10a	人譜	笠
8185.	3	9b	人譜	靳		8225.	3	10a	人譜	竹
8186.	3	9b	人譜	段		8226.	3	10a	人譜	服

8227.	3	10a	人譜	宿		8267.	3	10b	人譜	郤
8228.	3	10a	人譜	夙		8268.	3	10b	人譜	柏
8229.	3	10a	人譜	祿		8269.	3	10b	人譜	伯
8230.	3	10a	人譜	鹿		8270.	3	10b	人譜	處
8231.	3	10a	人譜	濮		8271.	3	10b	人譜	狄
8232.	3	10a	人譜	鬻		8272.	3	10b	人譜	戚
8233.	3	10a	人譜	續		8273.	3	10b	人譜	酈
8234.	3	10a	人譜	束		8274.	3	10b	人譜	國
8235.	3	10a	人譜	沃		8275.	3	10b	人譜	墨
8236.	3	10a	人譜	逯		8276.	3	10b	人譜	翼
8237.	3	10a	人譜	玉		8277.	3	10b	人譜	直
8238.	3	10a	人譜	樂		8278.	3	10b	人譜	黑
8239.	3	10a	人譜	岳		8279.	3	10b	人譜	習
8240.	3	10b	人譜	卓		8280.	3	10b	人譜	汲
8241.	3	10b	人譜	朴		8281.	3	10b	人譜	蓋
8242.	3	10b	人譜	畢		8282.	3	10b	人譜	葉
8243.	3	10b	人譜	漆		8283.	3	10b	人譜	聶
8244.	3	10b	人譜	吉		8284.	3	10b	人譜	法
8245.	3	10b	人譜	栗		8285.	3	10b	人譜	東方
8246.	3	10b	人譜	乙		8286.	3	10b	人譜	東鄉
8247.	3	10b	人譜	屈		8287.	3	10b	人譜	東里
8248.	3	10b	人譜	蔚		8288.	3	11a	人譜	東郭
8249.	3	10b	人譜	闕		8289.	3	11a	人譜	公父
8250.	3	10b	人譜	越		8290.	3	11a	人譜	公伯
8251.	3	10b	人譜	滑		8291.	3	11a	人譜	公西
8252.	3	10b	人譜	葛		8292.	3	11a	人譜	公治
8253.	3	10b	人譜	薛		8293.	3	11a	人譜	公羊
8254.	3	10b	人譜	郭		8294.	3	11a	人譜	公山
8255.	3	10b	人譜	霍		8295.	3	11a	人譜	公叔
8256.	3	10b	人譜	郝		8296.	3	11a	人譜	公明
8257.	3	10b	人譜	莫		8297.	3	11a	人譜	公都
8258.	3	10b	人譜	駱		8298.	3	11a	人譜	公子
8259.	3	10b	人譜	索		8299.	3	11a	人譜	公孫
8260.	3	10b	人譜	薄		8300.	3	11a	人譜	工尹
8261.	3	10b	人譜	鄂		8301.	3	11a	人譜	鍾離
8262.	3	10b	人譜	石		8302.	3	11a	人譜	中行
8263.	3	10b	人譜	白		8303.	3	11a	人譜	樗里
8264.	3	10b	人譜	易		8304.	3	11a	人譜	司馬
8265.	3	10b	人譜	翟		8305.	3	11a	人譜	司空
8266.	3	10b	人譜	席		8306.	3	11a	人譜	司城

8307.	3	11a	人譜	綦母	8347.	3	11b	人譜	上官
8308.	3	11a	人譜	微生	8348.	3	11b	人譜	長孫
8309.	3	11a	人譜	諸葛	8349.	3	11b	人譜	母丘
8310.	3	11a	人譜	閭丘	8350.	3	11b	人譜	沈尹
8311.	3	11a	人譜	吾丘	8351.	3	11b	人譜	仲長
8312.	3	11a	人譜	胡母	8352.	3	11b	人譜	仲孫
8313.	3	11a	人譜	屠羊	8353.	3	11b	人譜	季孫
8314.	3	11a	人譜	呼延	8354.	3	11b	人譜	侍其
8315.	3	11a	人譜	盧蒲	8355.	3	12a	人譜	慕容
8316.	3	11a	人譜	巫馬	8356.	3	12a	人譜	庫狄
8317.	3	11a	人譜	屠岸	8357.	3	12a	人譜	第五
8318.	3	11a	人譜	西門	8358.	3	12a	人譜	契苾
8319.	3	11a	人譜	淳於	8359.	3	12a	人譜	太叔
8320.	3	11a	人譜	申屠	8360.	3	12a	人譜	太史
8321.	3	11a	人譜	申徒	8361.	3	12a	人譜	賀若
8322.	3	11b	人譜	新垣	8362.	3	12a	人譜	賀蘭
8323.	3	11b	人譜	申公	8363.	3	12a	人譜	賀拔
8324.	3	11b	人譜	安期	8364.	3	12a	人譜	令狐
8325.	3	11b	人譜	端木	8365.	3	12a	人譜	豆盧
8326.	3	11b	人譜	完顏	8366.	3	12a	人譜	北宮
8327.	3	11b	人譜	鮮于	8367.	3	12a	人譜	屋盧
8328.	3	11b	人譜	顓孫	8368.	3	12a	人譜	角里
8329.	3	11b	人譜	高堂	8369.	3	12a	人譜	叔孫
8330.	3	11b	人譜	哥舒	8370.	3	12a	人譜	萬俟
8331.	3	11b	人譜	耶律	8371.	3	12a	人譜	獨孤
8332.	3	11b	人譜	羊舌	8372.	3	12a	人譜	斛律
8333.	3	11b	人譜	梁丘	8373.	3	12a	人譜	斛斯
8334.	3	11b	人譜	皇甫	8374.	3	12a	人譜	僕固
8335.	3	11b	人譜	歐陽	8375.	3	12a	人譜	穀梁
8336.	3	11b	人譜	南宮	8376.	3	12a	人譜	禿？？
8337.	3	11b	人譜	南郭	8377.	3	12a	人譜	樂正
8338.	3	11b	人譜	澹基	8378.	3	12a	人譜	黍雕
8339.	3	11b	人譜	子服	8379.	3	12a	人譜	屈矣
8340.	3	11b	人譜	子車	8380.	3	12a	人譜	伏乞
8341.	3	11b	人譜	五鹿	8381.	3	12a	人譜	達奚
8342.	3	11b	人譜	主父	8382.	3	12a	人譜	列禦
8343.	3	11b	人譜	左丘	8383.	3	12a	人譜	拓跋
8344.	3	11b	人譜	宇文	8384.	3	12a	人譜	霍里
8345.	3	11b	人譜	老萊	8385.	3	12a	人譜	赫連
8346.	3	11b	人譜	夏矦	8386.	3	12a	人譜	石抹

8387.	3	12a	人譜	百里	8427.	3	13a	人譜	君
8388.	3	12a	人譜	執失	8428.	3	13a	人譜	文
8389.	3	12a	人譜	吐突	8429.	3	13a	人譜	勤
8390.	3	12b	人譜	黑齒	8430.	3	13a	人譜	溫
8391.	3	12b	人譜	矣莫陳	8431.	3	13a	人譜	元
8392.	3	12b	人譜	阿史那	8432.	3	13a	人譜	敦
8393.	3	12b	人譜	銜	8433.	3	13a	人譜	桓
8394.	3	12b	人譜	諱	8434.	3	13a	人譜	安
8395.	3	12b	人譜	小字	8435.	3	13a	人譜	端
8396.	3	12b	人譜	乳名	8436.	3	13a	人譜	宣
8397.	3	12b	人譜	字	8437.	3	13a	人譜	賢
8398.	3	12b	人譜	表德	8438.	3	13a	人譜	玄
8399.	3	12b	人譜	氏甫	8439.	3	13a	人譜	聖
8400.	3	12b	人譜	父	8440.	3	13a	人譜	昭
8401.	3	12b	人譜	號	8441.	3	13a	人譜	堯
8402.	3	12b	人譜	別號	8442.	3	13a	人譜	和
8403.	3	12b	人譜	諡冊	8443.	3	13a	人譜	夸
8404.	3	12b	人譜	私諡	8444.	3	13a	人譜	王
8405.	3	12b	人譜	諡法	8445.	3	13a	人譜	皇
8406.	3	12b	人譜	公	8446.	3	13a	人譜	湯
8407.	3	12b	人譜	忠	8447.	3	13a	人譜	康
8408.	3	12b	人譜	通	8448.	3	13a	人譜	匡
8409.	3	12b	人譜	冲	8449.	3	13a	人譜	良
8410.	3	12b	人譜	恭	8450.	3	13a	人譜	光
8411.	3	12b	人譜	容	8451.	3	13a	人譜	章
8412.	3	12b	人譜	思	8452.	3	13a	人譜	商
8413.	3	12b	人譜	祁	8453.	3	13a	人譜	剛
8414.	3	12b	人譜	熹	8454.	3	13a	人譜	襄
8415.	3	12b	人譜	釐	8455.	3	13a	人譜	莊
8416.	3	12b	人譜	夷	8456.	3	13b	人譜	殤
8417.	3	12b	人譜	僖	8457.	3	13b	人譜	穆
8418.	3	12b	人譜	威	8458.	3	13b	人譜	荒
8419.	3	13a	人譜	譽	8459.	3	13b	人譜	煬
8420.	3	13a	人譜	胡	8460.	3	13b	人譜	明
8421.	3	13a	人譜	于	8461.	3	13b	人譜	成
8422.	3	13a	人譜	齊	8462.	3	13b	人譜	平
8423.	3	13a	人譜	懷	8463.	3	13b	人譜	貞
8424.	3	13a	人譜	哀	8464.	3	13b	人譜	清
8425.	3	13a	人譜	純	8465.	3	13b	人譜	榮
8426.	3	13a	人譜	神	8466.	3	13b	人譜	聲

8467.	3	13b	人譜	靈		8507.	3	14a	人譜	惠
8468.	3	13b	人譜	丁		8508.	3	14a	人譜	慧
8469.	3	13b	人譜	俟		8509.	3	14a	人譜	厲
8470.	3	13b	人譜	修		8510.	3	14a	人譜	戾
8471.	3	13b	人譜	幽		8511.	3	14a	人譜	介
8472.	3	13b	人譜	欽		8512.	3	14a	人譜	戴
8473.	3	13b	人譜	勇		8513.	3	14a	人譜	愛
8474.	3	13b	人譜	比		8514.	3	14a	人譜	信
8475.	3	13b	人譜	理		8515.	3	14a	人譜	舜
8476.	3	13b	人譜	使		8516.	3	14a	人譜	順
8477.	3	13b	人譜	圉		8517.	3	14a	人譜	憲
8478.	3	13b	人譜	禹		8518.	3	14a	人譜	獻
8479.	3	13b	人譜	武		8519.	3	14a	人譜	孝
8480.	3	13b	人譜	禮		8520.	3	14a	人譜	悼
8481.	3	13b	人譜	敏		8521.	3	14a	人譜	趯
8482.	3	13b	人譜	愍		8522.	3	14a	人譜	壯
8483.	3	13b	人譜	隱		8523.	3	14a	人譜	抗
8484.	3	13b	人譜	簡		8524.	3	14a	人譜	聖
8485.	3	13b	人譜	顯		8525.	3	14a	人譜	正
8486.	3	13b	人譜	褊		8526.	3	14a	人譜	敬
8487.	3	13b	人譜	紹		8527.	3	14a	人譜	定
8488.	3	13b	人譜	果		8528.	3	14a	人譜	懋
8489.	3	13b	人譜	長		8529.	3	14a	人譜	繆
8490.	3	13b	人譜	靖		8530.	3	14a	人譜	紂
8491.	3	14a	人譜	景		8531.	3	14b	人譜	穆
8492.	3	14a	人譜	頃		8532.	3	14b	人譜	繆
8493.	3	14a	人譜	友		8533.	3	14b	人譜	肅
8494.	3	14a	人譜	厚		8534.	3	14b	人譜	確
8495.	3	14a	人譜	魏		8535.	3	14b	人譜	密
8496.	3	14a	人譜	懿		8536.	3	14b	人譜	質
8497.	3	14a	人譜	義		8537.	3	14b	人譜	達
8498.	3	14a	人譜	類		8538.	3	14b	人譜	剌
8499.	3	14a	人譜	剌		8539.	3	14b	人譜	節
8500.	3	14a	人譜	智		8540.	3	14b	人譜	烈
8501.	3	14a	人譜	魏		8541.	3	14b	人譜	潔
8502.	3	14a	人譜	毅		8542.	3	14b	人譜	桀
8503.	3	14a	人譜	裕		8543.	3	14b	人譜	莫
8504.	3	14a	人譜	度		8544.	3	14b	人譜	恪
8505.	3	14a	人譜	素		8545.	3	14b	人譜	易
8506.	3	14a	人譜	帝		8546.	3	14b	人譜	白

8547.	3	14b	人譜	直	8587.	3	15a	人譜	代
8548.	3	14b	人譜	德	8588.	3	15a	人譜	御
8549.	3	14b	人譜	翼	8589.	3	15a	人譜	即位
8550.	3	14b	人譜	克	8590.	3	15a	人譜	在宥
8551.	3	14b	人譜	惑	8591.	3	15a	人譜	登極
8552.	3	14b	人譜	墨	8592.	3	15a	人譜	覲
8553.	3	14b	人譜	王	8593.	3	15a	人譜	覜
8554.	3	14b	人譜	辟	8594.	3	15a	人譜	同
8555.	3	14b	人譜	主	8595.	3	15a	人譜	眡
8556.	3	14b	人譜	長	8596.	3	15a	人譜	聘
8557.	3	14b	人譜	后	8597.	3	15a	人譜	覘
8558.	3	14b	人譜	靈修	8598.	3	15a	人譜	遇
8559.	3	14b	人譜	完顏	8599.	3	15a	人譜	類見
8560.	3	14b	人譜	當宁	8600.	3	15a	人譜	朝
8561.	3	14b	人譜	天	8601.	3	15a	人譜	宗
8562.	3	14b	人譜	至尊	8602.	3	15a	人譜	請
8563.	3	14b	人譜	鉅公	8603.	3	15a	人譜	遇
8564.	3	14b	人譜	官家	8604.	3	15a	人譜	朝
8565.	3	14b	人譜	宅家	8605.	3	15a	人譜	夕
8566.	3	14b	人譜	皇	8606.	3	15a	人譜	正衙
8567.	3	14b	人譜	王	8607.	3	15a	人譜	法筵
8568.	3	14b	人譜	帝	8608.	3	15a	人譜	明堂
8569.	3	14b	人譜	天家	8609.	3	15a	人譜	茅菴
8570.	3	14b	人譜	大家	8610.	3	15a	人譜	法酒
8571.	3	14b	人譜	縣官	8611.	3	15a	人譜	坫
8572.	3	14b	人譜	天可汗	8612.	3	15a	人譜	克庭車
8573.	3	14b	人譜	撐犁	8613.	3	15a	人譜	巡守
8574.	3	14b	人譜	孤塗	8614.	3	15a	人譜	行在
8575.	3	14b	人譜	予一人	8615.	3	15a	人譜	播越
8576.	3	14b	人譜	朕	8616.	3	15b	人譜	播遷
8577.	3	14b	人譜	小子	8617.	3	15b	人譜	蒙塵
8578.	3	14b	人譜	鞠子	8618.	3	15b	人譜	警
8579.	3	14b	人譜	孤	8619.	3	15b	人譜	蹕
8580.	3	14b	人譜	陛下	8620.	3	15b	人譜	大駕
8581.	3	14b	人譜	上聖	8621.	3	15b	人譜	法駕
8582.	3	15a	人譜	天位	8622.	3	15b	人譜	路車
8583.	3	15a	人譜	受命	8623.	3	15b	人譜	輅
8584.	3	15a	人譜	曆數	8624.	3	15b	人譜	玉輅
8585.	3	15a	人譜	運祚	8625.	3	15b	人譜	金輅
8586.	3	15a	人譜	世	8626.	3	15b	人譜	象輅

8627.	3	15b	人譜	木輅	8667.	3	16a	人譜	綸綍
8628.	3	15b	人譜	革輅	8668.	3	16a	人譜	麻
8629.	3	15b	人譜	重翟	8669.	3	16a	人譜	正宣
8630.	3	15b	人譜	厭翟	8670.	3	16a	人譜	宣諭
8631.	3	15b	人譜	安車	8671.	3	16a	人譜	聖旨
8632.	3	15b	人譜	翟車	8672.	3	16a	人譜	聖教
8633.	3	15b	人譜	輂車	8673.	3	16a	人譜	尺一
8634.	3	15b	人譜	幢	8674.	3	16a	人譜	鵠頭
8635.	3	15b	人譜	副車	8675.	3	16a	人譜	蚊腳
8636.	3	15b	人譜	貳廣	8676.	3	16a	人譜	令甲
8637.	3	15b	人譜	倅車	8677.	3	16a	人譜	反汗
8638.	3	15b	人譜	輦	8678.	3	16a	人譜	諾
8639.	3	15b	人譜	步	8679.	3	16a	人譜	鳳尾諾
8640.	3	15b	人譜	黃屋	8680.	3	16a	人譜	令旨
8641.	3	15b	人譜	鑾	8681.	3	16a	人譜	懿旨
8642.	3	15b	人譜	和	8682.	3	16a	人譜	徽旨
8643.	3	15b	人譜	馭夫	8683.	3	16a	人譜	寶
8644.	3	15b	人譜	佾人	8684.	3	16a	人譜	信
8645.	3	15b	人譜	法從	8685.	3	16a	人譜	紫泥
8646.	3	15b	人譜	扈從	8686.	3	16a	人譜	銅虎符
8647.	3	15b	人譜	等子	8687.	3	16a	人譜	竹使符
8648.	3	15b	人譜	鼎子	8688.	3	16a	人譜	銀菟符
8649.	3	15b	人譜	內仗	8689.	3	16a	人譜	兵符
8650.	3	15b	人譜	儀仗	8690.	3	16b	人譜	密符
8651.	3	15b	人譜	鹵簿	8691.	3	16b	人譜	開門左符
8652.	3	15b	人譜	大牙	8692.	3	16b	人譜	命召
8653.	3	15b	人譜	太常	8693.	3	16b	人譜	標信
8654.	3	15b	人譜	鷥旗	8694.	3	16b	人譜	信符
8655.	3	15b	人譜	雞翹	8695.	3	16b	人譜	漢符
8656.	3	15b	人譜	旄頭	8696.	3	16b	人譜	通符
8657.	3	15b	人譜	儀鍠	8697.	3	16b	人譜	大采
8658.	3	15b	人譜	犦矟	8698.	3	16b	人譜	小采
8659.	3	16a	人譜	蹲龍	8699.	3	16b	人譜	袞龍袍
8660.	3	16a	人譜	命	8700.	3	16b	人譜	袗衣
8661.	3	16a	人譜	令	8701.	3	16b	人譜	十二章
8662.	3	16a	人譜	制	8702.	3	16b	人譜	大裘
8663.	3	16a	人譜	勅	8703.	3	16b	人譜	玄端
8664.	3	16a	人譜	誥	8704.	3	16b	人譜	紂衣
8665.	3	16a	人譜	綸音	8705.	3	16b	人譜	冕
8666.	3	16a	人譜	絲綸	8706.	3	16b	人譜	綖

8707.	3	16b	人譜	延	8747.	3	17a	人譜	璋
8708.	3	16b	人譜	綵	8748.	3	17a	人譜	圭璧
8709.	3	16b	人譜	旒	8749.	3	17a	人譜	璋邸射
8710.	3	16b	人譜	繁露	8750.	3	17a	人譜	玠
8711.	3	16b	人譜	藻	8751.	3	17a	人譜	琡
8712.	3	16b	人譜	紘	8752.	3	17a	人譜	瑄
8713.	3	16b	人譜	紞	8753.	3	17a	人譜	瑞
8714.	3	16b	人譜	黈纊	8754.	3	17a	人譜	鎮圭
8715.	3	17a	人譜	袞冕	8755.	3	17a	人譜	桓圭
8716.	3	17a	人譜	鷩冕	8756.	3	17a	人譜	信圭
8717.	3	17a	人譜	毳冕	8757.	3	17a	人譜	躬圭
8718.	3	17a	人譜	希冕	8758.	3	17b	人譜	穀璧
8719.	3	17a	人譜	玄冕	8759.	3	17b	人譜	蒲璧
8720.	3	17a	人譜	麻冕	8760.	3	17b	人譜	大圭
8721.	3	17a	人譜	皇	8761.	3	17b	人譜	珽
8722.	3	17a	人譜	収	8762.	3	17b	人譜	冒圭
8723.	3	17a	人譜	呼	8763.	3	17b	人譜	大琮
8724.	3	17a	人譜	弁	8764.	3	17b	人譜	穀圭
8725.	3	17a	人譜	皮弁	8765.	3	17b	人譜	瑑圭璋
8726.	3	17a	人譜	韋弁	8766.	3	17b	人譜	瑑璧琮
8727.	3	17a	人譜	雀弁	8767.	3	17b	人譜	琬圭
8728.	3	17a	人譜	鹿弁	8768.	3	17b	人譜	琰圭
8729.	3	17a	人譜	綦弁	8769.	3	17b	人譜	牙璋
8730.	3	17a	人譜	爵弁	8770.	3	17b	人譜	中璋
8731.	3	17a	人譜	頍	8771.	3	17b	人譜	青圭
8732.	3	17a	人譜	俄	8772.	3	17b	人譜	白虎
8733.	3	17a	人譜	母追	8773.	3	17b	人譜	赤璋
8734.	3	17a	人譜	章甫	8774.	3	17b	人譜	玄璜
8735.	3	17a	人譜	委貌	8775.	3	17b	人譜	蒼璧
8736.	3	17a	人譜	通天冠	8776.	3	17b	人譜	黃琮
8737.	3	17a	人譜	進賢	8777.	3	17b	人譜	拱璧
8738.	3	17a	人譜	遠游	8778.	3	17b	人譜	組琮
8739.	3	17a	人譜	俅俅	8779.	3	17b	人譜	纁籍
8740.	3	17a	人譜	御帶	8780.	3	17b	人譜	球玉
8741.	3	17a	人譜	袞帶	8781.	3	17b	人譜	象笏
8742.	3	17a	人譜	鮮卑	8782.	3	17b	人譜	魚須文竹
8743.	3	17a	人譜	鞸	8783.	3	17b	人譜	竹笏
8744.	3	17a	人譜	芾	8784.	3	18a	人譜	手版
8745.	3	17a	人譜	璧	8785.	3	18a	人譜	簿
8746.	3	17a	人譜	琮	8786.	3	18a	人譜	殿

8787.	3	18a	人譜	楓宸	8827.	3	18b	人譜	壼
8788.	3	18a	人譜	紫宸	8828.	3	18b	人譜	闕
8789.	3	18a	人譜	大內	8829.	3	18b	人譜	象魏
8790.	3	18a	人譜	禁密	8830.	3	18b	人譜	兩觀
8791.	3	18a	人譜	柧棱	8831.	3	18b	人譜	皋門
8792.	3	18a	人譜	衡	8832.	3	18b	人譜	庫門
8793.	3	18a	人譜	螭吻	8833.	3	18b	人譜	雉門
8794.	3	18a	人譜	穩獸	8834.	3	18b	人譜	應門
8795.	3	18a	人譜	獸頭	8835.	3	18b	人譜	路門
8796.	3	18a	人譜	廟	8836.	3	18b	人譜	宮闈
8797.	3	18a	人譜	巖廊	8837.	3	18b	人譜	禁闥
8798.	3	18a	人譜	掖庭	8838.	3	18b	人譜	闇闍
8799.	3	18a	人譜	掖垣	8839.	3	18b	人譜	端門
8800.	3	18a	人譜	路寢	8840.	3	18b	人譜	九重
8801.	3	18a	人譜	宸極	8841.	3	18b	人譜	脩門
8802.	3	18a	人譜	燕寢	8842.	3	18b	人譜	公門
8803.	3	18a	人譜	小寢	8843.	3	18b	人譜	塾門
8804.	3	18a	人譜	偏殿	8844.	3	18b	人譜	青瑣
8805.	3	18a	人譜	便坐	8845.	3	18b	人譜	白間
8806.	3	18a	人譜	大次	8846.	3	18b	人譜	倉琅
8807.	3	18a	人譜	小次	8847.	3	18b	人譜	攔馬木
8808.	3	18a	人譜	青蒲	8848.	3	19a	人譜	駊娑
8809.	3	18a	人譜	西清	8849.	3	19a	人譜	宛轉
8810.	3	18a	人譜	內中	8850.	3	19a	人譜	御溝
8811.	3	18a	人譜	離宮	8851.	3	19a	人譜	楊溝
8812.	3	18a	人譜	宁	8852.	3	19a	人譜	羊溝
8813.	3	18a	人譜	丹扆	8853.	3	19a	人譜	徼
8814.	3	18a	人譜	屏	8854.	3	19a	人譜	邏
8815.	3	18a	人譜	樹屏	8855.	3	19a	人譜	警
8816.	3	18a	人譜	旅樹	8856.	3	19a	人譜	遊徼
8817.	3	18a	人譜	罘罳	8857.	3	19a	人譜	大誰
8818.	3	18a	人譜	照墻	8858.	3	19a	人譜	干掫
8819.	3	18a	人譜	陛	8859.	3	19a	人譜	區士
8820.	3	18a	人譜	除	8860.	3	19a	人譜	周盧
8821.	3	18b	人譜	赤墀	8861.	3	19a	人譜	區盧
8822.	3	18b	人譜	丹墀	8862.	3	19a	人譜	伏宿屋
8823.	3	18b	人譜	丹地	8863.	3	19a	人譜	鋪舍
8824.	3	18b	人譜	左城右平	8864.	3	19a	人譜	冷鋪
8825.	3	18b	人譜	浩劫	8865.	3	19a	人譜	却敵冠
8826.	3	18b	人譜	永巷	8866.	3	19a	人譜	放夜

8867.	3	19a	人譜	藩君	8907.	3	19b	人譜	方物
8868.	3	19a	人譜	群后	8908.	3	19b	人譜	歲幣
8869.	3	19a	人譜	公	8909.	3	19b	人譜	庭實
8870.	3	19a	人譜	侯	8910.	3	19b	人譜	進奉
8871.	3	19a	人譜	伯	8911.	3	19b	人譜	稅外方圓
8872.	3	19a	人譜	子	8912.	3	19b	人譜	進奉門戶
8873.	3	19a	人譜	男	8913.	3	19b	人譜	導行費
8874.	3	19a	人譜	封人	8914.	3	19b	人譜	大家
8875.	3	19a	人譜	寡人	8915.	3	19b	人譜	可敦
8876.	3	19a	人譜	小子	8916.	3	19b	人譜	老婦
8877.	3	19a	人譜	不穀	8917.	3	19b	人譜	坤極
8878.	3	19a	人譜	殿下	8918.	3	19b	人譜	長秋宮
8879.	3	19a	人譜	寡君	8919.	3	19b	人譜	椒房
8880.	3	19a	人譜	封建	8920.	3	19b	人譜	舟梁
8881.	3	19a	人譜	守土	8921.	3	19b	人譜	御
8882.	3	19a	人譜	襲封	8922.	3	19b	人譜	褘衣
8883.	3	19a	人譜	封冊	8923.	3	19b	人譜	揄翟
8884.	3	19a	人譜	誥命	8924.	3	19b	人譜	闕狄
8885.	3	19a	人譜	霸	8925.	3	19b	人譜	鞠衣
8886.	3	19a	人譜	和親	8926.	3	19b	人譜	展衣
8887.	3	19a	人譜	媾	8927.	3	20a	人譜	褖衣
8888.	3	19a	人譜	成	8928.	3	20a	人譜	稅衣
8889.	3	19a	人譜	平	8929.	3	20a	人譜	五輅
8890.	3	19a	人譜	盟	8930.	3	20a	人譜	懿旨
8891.	3	19a	人譜	盟主	8931.	3	20a	人譜	六宮
8892.	3	19a	人譜	要盟	8932.	3	20a	人譜	姑姑
8893.	3	19a	人譜	質子	8933.	3	20a	人譜	小君
8894.	3	19b	人譜	侍子	8934.	3	20a	人譜	夫人
8895.	3	19b	人譜	進賢冠	8935.	3	20a	人譜	君夫人
8896.	3	19b	人譜	貢	8936.	3	20a	人譜	小童
8897.	3	19b	人譜	九貢	8937.	3	20a	人譜	寡小君
8898.	3	19b	人譜	祀貢	8938.	3	20a	人譜	併
8899.	3	19b	人譜	嬪貢	8939.	3	20a	人譜	內取
8900.	3	19b	人譜	器貢	8940.	3	20a	人譜	內禪
8901.	3	19b	人譜	幣貢	8941.	3	20a	人譜	太上王
8902.	3	19b	人譜	材貢	8942.	3	20a	人譜	大家
8903.	3	19b	人譜	貨貢	8943.	3	20a	人譜	家家
8904.	3	19b	人譜	服貢	8944.	3	20a	人譜	長信宮
8905.	3	19b	人譜	斿貢	8945.	3	20a	人譜	東朝
8906.	3	19b	人譜	物貢	8946.	3	20a	人譜	太妃

8947.	3	20a	人譜	孃孃	8987.	3	20b	人譜	府夫人
8948.	3	20a	人譜	太皇太后	8988.	3	20b	人譜	昭德
8949.	3	20a	人譜	長樂宮	8989.	3	20b	人譜	嘉德
8950.	3	20b	人譜	東儲	8990.	3	20b	人譜	郡夫人
8951.	3	20b	人譜	儲君	8991.	3	20b	人譜	崇憲
8952.	3	20b	人譜	儲貳	8992.	3	20b	人譜	承憲
8953.	3	20b	人譜	儲闈	8993.	3	20b	人譜	中義
8954.	3	20b	人譜	副主	8994.	3	20b	人譜	正義
8955.	3	20b	人譜	元良	8995.	3	20b	人譜	縣夫人
8956.	3	20b	人譜	東宮	8996.	3	20b	人譜	明善
8957.	3	20b	人譜	春宮	8997.	3	20b	人譜	慎夫人
8958.	3	20b	人譜	前星	8998.	3	20b	人譜	彰善
8959.	3	20b	人譜	少海	8999.	3	20b	人譜	保信
8960.	3	20b	人譜	鶴禁	9000.	3	20b	人譜	資信
8961.	3	20b	人譜	春闈	9001.	3	20b	人譜	慎人
8962.	3	20b	人譜	青宮	9002.	3	20b	人譜	宣徽
8963.	3	20b	人譜	儀辰	9003.	3	20b	人譜	廣徽
8964.	3	20b	人譜	桂宮	9004.	3	21a	人譜	奉成
8965.	3	20b	人譜	鶴駕	9005.	3	21a	人譜	光成
8966.	3	20b	人譜	儲季	9006.	3	21a	人譜	惠人
8967.	3	20b	人譜	世子	9007.	3	21a	人譜	通直
8968.	3	20b	人譜	邸下	9008.	3	21a	人譜	秉直
8969.	3	20b	人譜	元子	9009.	3	21a	人譜	謹節
8970.	3	20b	人譜	妃	9010.	3	21a	人譜	慎節
8971.	3	20b	人譜	嬪	9011.	3	21a	人譜	溫人
8972.	3	20b	人譜	良娣	9012.	3	21a	人譜	宅家子
8973.	3	20b	人譜	令旨	9013.	3	21a	人譜	天姬
8974.	3	20b	人譜	宗親	9014.	3	21a	人譜	寵主
8975.	3	20b	人譜	宗室	9015.	3	21a	人譜	帝姬
8976.	3	20b	人譜	宗老	9016.	3	21a	人譜	居次
8977.	3	20b	人譜	公姓	9017.	3	21a	人譜	宮主
8978.	3	20b	人譜	公族	9018.	3	21a	人譜	翁主
8979.	3	20b	人譜	璿派	9019.	3	21a	人譜	王主
8980.	3	20b	人譜	第一骨	9020.	3	21a	人譜	長公主
8981.	3	20b	人譜	大君	9021.	3	21a	人譜	大長公主
8982.	3	20b	人譜	守	9022.	3	21a	人譜	郡主
8983.	3	20b	人譜	正	9023.	3	21a	人譜	縣主
8984.	3	20b	人譜	監	9024.	3	21a	人譜	鄉亭公主
8985.	3	20b	人譜	顯祿	9025.	3	21a	人譜	小主
8986.	3	20b	人譜	興祿	9026.	3	21a	人譜	都尉

9027.	3	21a	人譜	粉侯	9067.	3	21b	人譜	朱襄氏
9028.	3	21a	人譜	儀賓	9068.	3	21b	人譜	葛天氏
9029.	3	21a	人譜	禁臠	9069.	3	21b	人譜	陰康氏
9030.	3	21a	人譜	郡馬	9070.	3	21b	人譜	無懷氏
9031.	3	21a	人譜	副尉	9071.	3	21b	人譜	炎帝
9032.	3	21a	人譜	縣馬	9072.	3	21b	人譜	帝承
9033.	3	21a	人譜	僉尉	9073.	3	21b	人譜	帝臨
9034.	3	21a	人譜	尚	9074.	3	21b	人譜	帝則
9035.	3	21a	人譜	承	9075.	3	21b	人譜	帝百
9036.	3	21a	人譜	綏祿	9076.	3	21b	人譜	帝來
9037.	3	21a	人譜	成祿	9077.	3	21b	人譜	帝襄
9038.	3	21a	人譜	光德	9078.	3	21b	人譜	帝榆
9039.	3	21a	人譜	崇德	9079.	3	21b	人譜	黃帝
9040.	3	21b	人譜	奉憲	9080.	3	21b	人譜	少昊
9041.	3	21b	人譜	通憲	9081.	3	22a	人譜	顓頊帝
9042.	3	21b	人譜	資義	9082.	3	22a	人譜	帝嚳
9043.	3	21b	人譜	順義	9083.	3	22a	人譜	帝堯
9044.	3	21b	人譜	奉順	9084.	3	22a	人譜	帝舜
9045.	3	21b	人譜	正順	9085.	3	22a	人譜	五龍紀
9046.	3	21b	人譜	明敦	9086.	3	22a	人譜	攝提紀
9047.	3	21b	人譜	敦信	9087.	3	22a	人譜	合雒紀
9048.	3	21b	人譜	戚畹	9088.	3	22a	人譜	連通紀
9049.	3	21b	人譜	仙源	9089.	3	22a	人譜	敘命紀
9050.	3	21b	人譜	璿源	9090.	3	22a	人譜	循蜚紀
9051.	3	21b	人譜	玉牒	9091.	3	22a	人譜	因提紀
9052.	3	21b	人譜	天潢	9092.	3	22a	人譜	禪通紀
9053.	3	21b	人譜	燧人氏	9093.	3	22a	人譜	疏仡紀
9054.	3	21b	人譜	太昊	9094.	3	22a	人譜	禹
9055.	3	21b	人譜	伏羲氏	9095.	3	22a	人譜	啓
9056.	3	21b	人譜	女媧氏	9096.	3	22a	人譜	太康
9057.	3	21b	人譜	共工氏	9097.	3	22a	人譜	仲康
9058.	3	21b	人譜	大庭氏	9098.	3	22a	人譜	相
9059.	3	21b	人譜	柏皇氏	9099.	3	22a	人譜	少康
9060.	3	21b	人譜	中央氏	9100.	3	22a	人譜	王杼
9061.	3	21b	人譜	歷陸氏	9101.	3	22a	人譜	王槐
9062.	3	21b	人譜	驪連氏	9102.	3	22a	人譜	王芒
9063.	3	21b	人譜	赫胥氏	9103.	3	22a	人譜	王泄
9064.	3	21b	人譜	尊盧氏	9104.	3	22a	人譜	王不降
9065.	3	21b	人譜	混沌氏	9105.	3	22a	人譜	王扃
9066.	3	21b	人譜	昊英氏	9106.	3	22a	人譜	王厪

9107.	3	22a	人譜	王孔甲	9147.	3	22b	人譜	昭王
9108.	3	22a	人譜	王皋	9148.	3	22b	人譜	穆王
9109.	3	22a	人譜	王發	9149.	3	22b	人譜	共王
9110.	3	22a	人譜	王履癸	9150.	3	22b	人譜	懿王
9111.	3	22a	人譜	羿	9151.	3	22b	人譜	孝王
9112.	3	22a	人譜	浞	9152.	3	22b	人譜	夷王
9113.	3	22a	人譜	澆	9153.	3	22b	人譜	厲王胡
9114.	3	22a	人譜	成汤	9154.	3	22b	人譜	宣王
9115.	3	22a	人譜	外丙	9155.	3	22b	人譜	幽王
9116.	3	22a	人譜	仲壬	9156.	3	22b	人譜	平王
9117.	3	22a	人譜	太甲	9157.	3	22b	人譜	桓王
9118.	3	22a	人譜	沃丁	9158.	3	22b	人譜	莊王
9119.	3	22b	人譜	太庚	9159.	3	22b	人譜	釐王
9120.	3	22b	人譜	小甲	9160.	3	23a	人譜	惠王
9121.	3	22b	人譜	雍巳	9161.	3	23a	人譜	襄王
9122.	3	22b	人譜	太戊	9162.	3	23a	人譜	頃王
9123.	3	22b	人譜	仲丁	9163.	3	23a	人譜	匡王
9124.	3	22b	人譜	外壬	9164.	3	23a	人譜	定王
9125.	3	22b	人譜	河亶甲	9165.	3	23a	人譜	簡王
9126.	3	22b	人譜	祖乙	9166.	3	23a	人譜	靈王
9127.	3	22b	人譜	祖辛	9167.	3	23a	人譜	景王
9128.	3	22b	人譜	沃甲	9168.	3	23a	人譜	悼王
9129.	3	22b	人譜	祖丁	9169.	3	23a	人譜	敬王
9130.	3	22b	人譜	南庚	9170.	3	23a	人譜	元王
9131.	3	22b	人譜	陽甲	9171.	3	23a	人譜	貞定王
9132.	3	22b	人譜	盤庚	9172.	3	23a	人譜	哀王
9133.	3	22b	人譜	小辛	9173.	3	23a	人譜	思王
9134.	3	22b	人譜	小乙	9174.	3	23a	人譜	考王
9135.	3	22b	人譜	武丁	9175.	3	23a	人譜	威烈王
9136.	3	22b	人譜	祖庚	9176.	3	23a	人譜	安王
9137.	3	22b	人譜	祖甲	9177.	3	23a	人譜	烈王
9138.	3	22b	人譜	廩辛	9178.	3	23a	人譜	顯王
9139.	3	22b	人譜	庚丁	9179.	3	23a	人譜	慎靚王
9140.	3	22b	人譜	武乙	9180.	3	23a	人譜	赧王
9141.	3	22b	人譜	太丁	9181.	3	23a	人譜	東周君
9142.	3	22b	人譜	帝乙	9182.	3	23a	人譜	東周君
9143.	3	22b	人譜	帝辛	9183.	3	23a	人譜	莊襄王
9144.	3	22b	人譜	武王	9184.	3	23a	人譜	始皇帝
9145.	3	22b	人譜	成王	9185.	3	23a	人譜	二世
9146.	3	22b	人譜	康王	9186.	3	23a	人譜	子嬰

9187.	3	23a	人譜	高祖	9227.	3	24a	人譜	元帝
9188.	3	23a	人譜	惠帝	9228.	3	24a	人譜	明帝
9189.	3	23a	人譜	文帝	9229.	3	24a	人譜	成帝
9190.	3	23a	人譜	景帝	9230.	3	24b	人譜	康帝
9191.	3	23b	人譜	武帝	9231.	3	24b	人譜	穆帝
9192.	3	23b	人譜	昭帝	9232.	3	24b	人譜	哀帝
9193.	3	23b	人譜	宣帝	9233.	3	24b	人譜	帝奕
9194.	3	23b	人譜	元帝	9234.	3	24b	人譜	简文帝
9195.	3	23b	人譜	成帝	9235.	3	24b	人譜	孝武帝
9196.	3	23b	人譜	哀帝	9236.	3	24b	人譜	安帝
9197.	3	23b	人譜	平帝	9237.	3	24b	人譜	恭帝
9198.	3	23b	人譜	孺子嬰	9238.	3	24b	人譜	劉淵
9199.	3	23b	人譜	新莽	9239.	3	24b	人譜	聰
9200.	3	23b	人譜	光武	9240.	3	24b	人譜	曜
9201.	3	23b	人譜	明帝	9241.	3	24b	人譜	石勒
9202.	3	23b	人譜	章帝	9242.	3	24b	人譜	虎
9203.	3	23b	人譜	和帝	9243.	3	24b	人譜	閔
9204.	3	23b	人譜	殤帝	9244.	3	24b	人譜	慕容皝
9205.	3	23b	人譜	安帝	9245.	3	24b	人譜	儁
9206.	3	23b	人譜	順帝	9246.	3	24b	人譜	暐
9207.	3	23b	人譜	冲帝	9247.	3	24b	人譜	慕容垂
9208.	3	23b	人譜	质帝	9248.	3	24b	人譜	寶
9209.	3	23b	人譜	桓帝	9249.	3	24b	人譜	盛
9210.	3	23b	人譜	靈帝	9250.	3	24b	人譜	熙
9211.	3	23b	人譜	獻帝	9251.	3	24b	人譜	慕容永
9212.	3	24a	人譜	昭烈	9252.	3	24b	人譜	慕容德
9213.	3	24a	人譜	後主	9253.	3	24b	人譜	超
9214.	3	24a	人譜	文帝	9254.	3	25a	人譜	苻堅
9215.	3	24a	人譜	明帝	9255.	3	25a	人譜	生
9216.	3	24a	人譜	帝王	9256.	3	25a	人譜	堅
9217.	3	24a	人譜	高貴乡公	9257.	3	25a	人譜	丕
9218.	3	24a	人譜	常道鄉公	9258.	3	25a	人譜	登
9219.	3	24a	人譜	大帝	9259.	3	25a	人譜	姚萇
9220.	3	24a	人譜	会稽王	9260.	3	25a	人譜	興
9221.	3	24a	人譜	景帝	9261.	3	25a	人譜	泓
9222.	3	24a	人譜	歸命侯	9262.	3	25a	人譜	武帝
9223.	3	24a	人譜	武帝	9263.	3	25a	人譜	營陽王
9224.	3	24a	人譜	惠帝	9264.	3	25a	人譜	文帝
9225.	3	24a	人譜	懷帝	9265.	3	25a	人譜	孝武帝
9226.	3	24a	人譜	愍帝	9266.	3	25a	人譜	廢帝

9267.	3	25a	人譜	明帝	9307.	3	26a	人譜	明帝
9268.	3	25a	人譜	蒼梧王	9308.	3	26a	人譜	武帝
9269.	3	25a	人譜	高帝	9309.	3	26a	人譜	宣帝
9270.	3	25a	人譜	武帝	9310.	3	26a	人譜	静帝
9271.	3	25a	人譜	廢帝	9311.	3	26a	人譜	文帝
9272.	3	25a	人譜	明帝	9312.	3	26a	人譜	煬帝
9273.	3	25a	人譜	东昏侯	9313.	3	26a	人譜	恭帝
9274.	3	25a	人譜	和帝	9314.	3	26a	人譜	恭帝
9275.	3	25a	人譜	武帝	9315.	3	26a	人譜	高祖
9276.	3	25a	人譜	簡文帝	9316.	3	26a	人譜	太宗
9277.	3	25a	人譜	元帝	9317.	3	26a	人譜	高宗
9278.	3	25b	人譜	敬帝	9318.	3	26a	人譜	中宗
9279.	3	25b	人譜	武帝	9319.	3	26a	人譜	睿宗
9280.	3	25b	人譜	文帝	9320.	3	26a	人譜	玄宗
9281.	3	25b	人譜	臨海王	9321.	3	26a	人譜	肅宗
9282.	3	25b	人譜	宣帝	9322.	3	26a	人譜	代宗
9283.	3	25b	人譜	後主	9323.	3	26a	人譜	德宗
9284.	3	25b	人譜	道武帝	9324.	3	26a	人譜	順宗
9285.	3	25b	人譜	明元帝	9325.	3	26a	人譜	憲宗
9286.	3	25b	人譜	太武帝	9326.	3	26a	人譜	穆宗
9287.	3	25b	人譜	文成帝	9327.	3	26a	人譜	敬宗
9288.	3	25b	人譜	獻文帝	9328.	3	26b	人譜	文帝
9289.	3	25b	人譜	孝文帝	9329.	3	26b	人譜	武帝
9290.	3	25b	人譜	宣武帝	9330.	3	26b	人譜	宣宗
9291.	3	25b	人譜	孝明帝	9331.	3	26b	人譜	懿宗
9292.	3	25b	人譜	孝庄帝	9332.	3	26b	人譜	僖宗
9293.	3	25b	人譜	節閔帝	9333.	3	26b	人譜	昭宗
9294.	3	25b	人譜	孝武帝	9334.	3	26b	人譜	昭宣帝
9295.	3	25b	人譜	西魏	9335.	3	26b	人譜	則天后
9296.	3	25b	人譜	廢主	9336.	3	26b	人譜	太祖
9297.	3	25b	人譜	恭帝	9337.	3	26b	人譜	末帝
9298.	3	25b	人譜	東魏	9338.	3	26b	人譜	宗存勗
9299.	3	25b	人譜	獻武帝	9339.	3	26b	人譜	明宗
9300.	3	25b	人譜	文襄帝	9340.	3	26b	人譜	閔帝
9301.	3	25b	人譜	文宣帝	9341.	3	26b	人譜	潞王
9302.	3	25b	人譜	孝昭帝	9342.	3	26b	人譜	烈祖
9303.	3	26a	人譜	武成帝	9343.	3	26b	人譜	元宗
9304.	3	26a	人譜	後主	9344.	3	26b	人譜	後帝
9305.	3	26a	人譜	文帝	9345.	3	27a	人譜	高祖
9306.	3	26a	人譜	孝愍帝	9346.	3	27a	人譜	齊王

9347.	3	27a	人譜	太祖	9387.	3	27b	人譜	哀帝
9348.	3	27a	人譜	隱帝	9388.	3	28a	人譜	太祖
9349.	3	27a	人譜	太祖	9389.	3	28a	人譜	太宗
9350.	3	27a	人譜	世宗	9390.	3	28a	人譜	定宗
9351.	3	27a	人譜	恭帝	9391.	3	28a	人譜	憲宗
9352.	3	27a	人譜	太祖	9392.	3	28a	人譜	世祖
9353.	3	27a	人譜	太宗	9393.	3	28a	人譜	成宗
9354.	3	27a	人譜	真宗	9394.	3	28a	人譜	武宗
9355.	3	27a	人譜	仁宗	9395.	3	28a	人譜	仁宗
9356.	3	27a	人譜	英宗	9396.	3	28a	人譜	英宗
9357.	3	27a	人譜	神宗	9397.	3	28a	人譜	泰定帝
9358.	3	27a	人譜	哲宗	9398.	3	28a	人譜	明宗
9359.	3	27a	人譜	徽宗	9399.	3	28a	人譜	文宗
9360.	3	27a	人譜	欽宗	9400.	3	28a	人譜	寧宗
9361.	3	27a	人譜	高宗	9401.	3	28a	人譜	順帝
9362.	3	27a	人譜	孝宗	9402.	3	28a	人譜	太祖高皇帝
9363.	3	27a	人譜	光宗	9403.	3	28a	人譜	建文皇帝
9364.	3	27b	人譜	寧宗	9404.	3	28b	人譜	太宗文皇帝
9365.	3	27b	人譜	理宗	9405.	3	28b	人譜	仁宗昭皇帝
9366.	3	27b	人譜	度宗	9406.	3	28b	人譜	宣宗章皇帝
9367.	3	27b	人譜	恭宗	9407.	3	28b	人譜	英宗睿皇帝
9368.	3	27b	人譜	端宗	9408.	3	28b	人譜	景泰皇帝
9369.	3	27b	人譜	帝昺	9409.	3	28b	人譜	英宗
9370.	3	27b	人譜	太祖	9410.	3	28b	人譜	憲宗純皇帝
9371.	3	27b	人譜	太宗	9411.	3	28b	人譜	孝宗敬皇帝
9372.	3	27b	人譜	世宗	9412.	3	28b	人譜	武帝毅皇帝
9373.	3	27b	人譜	穆宗	9413.	3	28b	人譜	世宗肅皇帝
9374.	3	27b	人譜	景宗	9414.	3	28b	人譜	穆宗莊皇帝
9375.	3	27b	人譜	聖宗	9415.	3	28b	人譜	神宗顯皇帝
9376.	3	27b	人譜	興宗	9416.	3	28b	人譜	光宗貞皇帝
9377.	3	27b	人譜	道宗	9417.	3	28b	人譜	熹宗哲皇帝
9378.	3	27b	人譜	天祚帝	9418.	3	28b	人譜	莊烈皇帝
9379.	3	27b	人譜	太祖	9419.	3	28b	人譜	福王
9380.	3	27b	人譜	太宗	9420.	3	28b	人譜	唐王
9381.	3	27b	人譜	閔宗	9421.	3	28b	人譜	桂王
9382.	3	27b	人譜	海陵王	9422.	3	29a	人譜	王儉
9383.	3	27b	人譜	世宗	9423.	3	29a	人譜	扶婁
9384.	3	27b	人譜	章宗	9424.	3	29a	人譜	箕否
9385.	3	27b	人譜	東海侯	9425.	3	29a	人譜	箕準
9386.	3	27b	人譜	宣宗	9426.	3	29b	人譜	始祖

9427.	3	29b	人譜	南觧王	9467.	3	30a	人譜	興德王
9428.	3	29b	人譜	儒理王	9468.	3	30a	人譜	僖康王
9429.	3	29b	人譜	脫解王	9469.	3	30a	人譜	神武王
9430.	3	29b	人譜	婆娑王	9470.	3	30a	人譜	文聖王
9431.	3	29b	人譜	祇摩王	9471.	3	30a	人譜	憲安王
9432.	3	29b	人譜	逸聖王	9472.	3	30a	人譜	景文王
9433.	3	29b	人譜	阿達邏王	9473.	3	30a	人譜	憲康王
9434.	3	29b	人譜	伐休王	9474.	3	30a	人譜	定康王
9435.	3	29b	人譜	奈解王	9475.	3	30a	人譜	真聖主
9436.	3	29b	人譜	助賁王	9476.	3	30b	人譜	孝恭王
9437.	3	29b	人譜	沾解王	9477.	3	30b	人譜	神德王
9438.	3	29b	人譜	味鄒王	9478.	3	30b	人譜	景明王
9439.	3	29b	人譜	儒禮王	9479.	3	30b	人譜	景哀王
9440.	3	29b	人譜	基臨王	9480.	3	30b	人譜	敬順王
9441.	3	29b	人譜	訖解王	9481.	3	30b	人譜	東明王
9442.	3	29b	人譜	奈勿王	9482.	3	30b	人譜	瑠璃王
9443.	3	29b	人譜	實聖王	9483.	3	30b	人譜	大武神王
9444.	3	29b	人譜	訥祇王	9484.	3	30b	人譜	閔中王
9445.	3	29b	人譜	慈悲王	9485.	3	30b	人譜	慕本王
9446.	3	29b	人譜	炤智王	9486.	3	30b	人譜	太祖
9447.	3	29b	人譜	智證王	9487.	3	30b	人譜	次大王
9448.	3	29b	人譜	法興王	9488.	3	30b	人譜	新大王
9449.	3	29b	人譜	真興王	9489.	3	30b	人譜	故國川王
9450.	3	30a	人譜	真智王	9490.	3	30b	人譜	山上王
9451.	3	30a	人譜	真平王	9491.	3	30b	人譜	東川王
9452.	3	30a	人譜	善德主	9492.	3	30b	人譜	中川王
9453.	3	30a	人譜	真德主	9493.	3	30b	人譜	西川王
9454.	3	30a	人譜	武烈王	9494.	3	30b	人譜	烽上王
9455.	3	30a	人譜	文武王	9495.	3	30b	人譜	美川王
9456.	3	30a	人譜	神文王	9496.	3	30b	人譜	故國原王
9457.	3	30a	人譜	孝昭王	9497.	3	31a	人譜	小獸林王
9458.	3	30a	人譜	聖德王	9498.	3	31a	人譜	故國壤王
9459.	3	30a	人譜	孝成王	9499.	3	31a	人譜	廣開土王
9460.	3	30a	人譜	景德王	9500.	3	31a	人譜	長壽王
9461.	3	30a	人譜	惠恭王	9501.	3	31a	人譜	文咨王
9462.	3	30a	人譜	宣德王	9502.	3	31a	人譜	安藏王
9463.	3	30a	人譜	元聖王	9503.	3	31a	人譜	安原王
9464.	3	30a	人譜	昭聖王	9504.	3	31a	人譜	陽原王
9465.	3	30a	人譜	哀莊王	9505.	3	31a	人譜	平原王
9466.	3	30a	人譜	憲德王	9506.	3	31a	人譜	嬰陽元

9507.	3	31a	人譜	榮留王	9547.	3	31b	人譜	德宗
9508.	3	31a	人譜	寶藏王	9548.	3	31b	人譜	靖宗
9509.	3	31a	人譜	溫祚王	9549.	3	31b	人譜	文宗
9510.	3	31a	人譜	多婁王	9550.	3	31b	人譜	順宗
9511.	3	31a	人譜	己婁王	9551.	3	32a	人譜	宣宗
9512.	3	31a	人譜	盖婁王	9552.	3	32a	人譜	獻宗
9513.	3	31a	人譜	肖古王	9553.	3	32a	人譜	肅宗
9514.	3	31a	人譜	仇首王	9554.	3	32a	人譜	睿宗
9515.	3	31a	人譜	古尒王	9555.	3	32a	人譜	仁宗
9516.	3	31a	人譜	責稽王	9556.	3	32a	人譜	毅宗
9517.	3	31a	人譜	汾西王	9557.	3	32a	人譜	明宗
9518.	3	31a	人譜	比流王	9558.	3	32a	人譜	神宗
9519.	3	31a	人譜	契王	9559.	3	32a	人譜	熙宗
9520.	3	31a	人譜	近肖古王	9560.	3	32a	人譜	康宗
9521.	3	31a	人譜	近仇首王	9561.	3	32a	人譜	高宗
9522.	3	31b	人譜	枕流王	9562.	3	32a	人譜	元宗
9523.	3	31b	人譜	辰斯王	9563.	3	32a	人譜	忠烈王
9524.	3	31b	人譜	阿莘王	9564.	3	32a	人譜	忠宣王
9525.	3	31b	人譜	腆支	9565.	3	32a	人譜	忠肅王
9526.	3	31b	人譜	久尒辛王	9566.	3	32a	人譜	忠惠王
9527.	3	31b	人譜	毗有王	9567.	3	32a	人譜	忠穆王
9528.	3	31b	人譜	蓋鹵王	9568.	3	32a	人譜	忠定王
9529.	3	31b	人譜	文周王	9569.	3	32a	人譜	恭愍王
9530.	3	31b	人譜	三斤王	9570.	3	32a	人譜	王禑
9531.	3	31b	人譜	東城王	9571.	3	32a	人譜	王昌
9532.	3	31b	人譜	武寧王	9572.	3	32a	人譜	恭讓王
9533.	3	31b	人譜	聖王	9573.	3	32a	人譜	三正
9534.	3	31b	人譜	威德王	9574.	3	32a	人譜	三微
9535.	3	31b	人譜	惠王	9575.	3	32b	人譜	治世
9536.	3	31b	人譜	法王	9576.	3	32b	人譜	治平
9537.	3	31b	人譜	武王	9577.	3	32b	人譜	昇平
9538.	3	31b	人譜	義慈王	9578.	3	32b	人譜	太平
9539.	3	31b	人譜	太祖	9579.	3	32b	人譜	盛際
9540.	3	31b	人譜	惠宗	9580.	3	32b	人譜	盛時
9541.	3	31b	人譜	定宗	9581.	3	32b	人譜	聖世
9542.	3	31b	人譜	光宗	9582.	3	32b	人譜	昭代
9543.	3	31b	人譜	景宗	9583.	3	32b	人譜	興隆
9544.	3	31b	人譜	成宗	9584.	3	32b	人譜	全盛
9545.	3	31b	人譜	穆宗	9585.	3	32b	人譜	玉燭
9546.	3	31b	人譜	顯宗	9586.	3	32b	人譜	醴泉

9587.	3	32b	人譜	中興	9627.	3	33a	人譜	寵臣
9588.	3	32b	人譜	守成	9628.	3	33a	人譜	羈旅臣
9589.	3	32b	人譜	刱業	9629.	3	33a	人譜	陪臣
9590.	3	32b	人譜	汙隆	9630.	3	33a	人譜	左官
9591.	3	32b	人譜	亂	9631.	3	33a	人譜	家臣
9592.	3	32b	人譜	亂世	9632.	3	33a	人譜	宰
9593.	3	32b	人譜	濁世	9633.	3	33a	人譜	僕
9594.	3	32b	人譜	昏朝	9634.	3	33a	人譜	主
9595.	3	32b	人譜	季世	9635.	3	33a	人譜	姦臣
9596.	3	32b	人譜	衰世	9636.	3	33a	人譜	佞臣
9597.	3	32b	人譜	末世	9637.	3	33a	人譜	亂臣
9598.	3	32b	人譜	撥亂	9638.	3	33a	人譜	逆臣
9599.	3	32b	人譜	王家	9639.	3	33a	人譜	賊臣
9600.	3	32b	人譜	帝室	9640.	3	33a	人譜	逆魁
9601.	3	32b	人譜	國家	9641.	3	33a	人譜	元惡
9602.	3	32b	人譜	妾	9642.	3	33a	人譜	大憝
9603.	3	32b	人譜	臣隣	9643.	3	33a	人譜	黨與
9604.	3	32b	人譜	吉士	9644.	3	33a	人譜	反側
9605.	3	32b	人譜	多士	9645.	3	33a	人譜	將
9606.	3	32b	人譜	濟濟	9646.	3	33a	人譜	借
9607.	3	32b	人譜	藹藹	9647.	3	33a	人譜	簒
9608.	3	32b	人譜	忠臣	9648.	3	33a	人譜	弒
9609.	3	32b	人譜	直臣	9649.	3	33a	人譜	戕
9610.	3	32b	人譜	骨鯁	9650.	3	33a	人譜	討逆
9611.	3	32b	人譜	名臣	9651.	3	33a	人譜	懲討
9612.	3	33a	人譜	碩輔	9652.	3	33a	人譜	沫血
9613.	3	33a	人譜	蓋臣	9653.	3	33b	人譜	爵職
9614.	3	33a	人譜	世臣	9654.	3	33b	人譜	仕宦
9615.	3	33a	人譜	舊臣	9655.	3	33b	人譜	寮寀
9616.	3	33a	人譜	喬木	9656.	3	33b	人譜	百工
9617.	3	33a	人譜	世祿	9657.	3	33b	人譜	百司
9618.	3	33a	人譜	世襲	9658.	3	33b	人譜	有司
9619.	3	33a	人譜	功臣	9659.	3	33b	人譜	差遣
9620.	3	33a	人譜	勳臣	9660.	3	33b	人譜	同官
9621.	3	33a	人譜	閥閱	9661.	3	33b	人譜	同僚
9622.	3	33a	人譜	丹書鐵卷	9662.	3	33b	人譜	寮曹
9623.	3	33a	人譜	九錫	9663.	3	33b	人譜	佐貳
9624.	3	33a	人譜	賜冊	9664.	3	33b	人譜	僚屬
9625.	3	33a	人譜	親臣	9665.	3	33b	人譜	下官
9626.	3	33a	人譜	進臣	9666.	3	33b	人譜	品

9667.	3	33b	人譜	秩	9707.	3	34a	人譜	官教
9668.	3	33b	人譜	級	9708.	3	34a	人譜	教旨
9669.	3	33b	人譜	階	9709.	3	34a	人譜	職帖
9670.	3	33b	人譜	位	9710.	3	34a	人譜	堂帖
9671.	3	33b	人譜	命	9711.	3	34a	人譜	告身
9672.	3	33b	人譜	班	9712.	3	34a	人譜	考
9673.	3	33b	人譜	衙	9713.	3	34a	人譜	褒貶
9674.	3	33b	人譜	員	9714.	3	34a	人譜	殿最
9675.	3	33b	人譜	除	9715.	3	34a	人譜	殿郵
9676.	3	33b	人譜	拜	9716.	3	34a	人譜	居土
9677.	3	33b	人譜	調	9717.	3	34a	人譜	居水
9678.	3	33b	人譜	擢	9718.	3	34a	人譜	陟
9679.	3	33b	人譜	擬正	9719.	3	34a	人譜	陞
9680.	3	33b	人譜	擬陪	9720.	3	34a	人譜	左遷
9681.	3	33b	人譜	候缺	9721.	3	34a	人譜	貶
9682.	3	33b	人譜	頂缺	9722.	3	34a	人譜	黜
9683.	3	33b	人譜	裁缺	9723.	3	34a	人譜	罷免
9684.	3	33b	人譜	還缺	9724.	3	34a	人譜	已之
9685.	3	33b	人譜	牽復	9725.	3	34a	人譜	汰免
9686.	3	33b	人譜	甄復	9726.	3	34a	人譜	句
9687.	3	33b	人譜	中批	9727.	3	34a	人譜	鐫削
9688.	3	33b	人譜	薦	9728.	3	34a	人譜	遞
9689.	3	33b	人譜	舉辟	9729.	3	34a	人譜	喪
9690.	3	33b	人譜	薦剡	9730.	3	34a	人譜	長紅
9691.	3	33b	人譜	薦目	9731.	3	34a	人譜	禁錮
9692.	3	33b	人譜	舉將	9732.	3	34a	人譜	休暇
9693.	3	33b	人譜	徵	9733.	3	34a	人譜	休沐
9694.	3	33b	人譜	聘君	9734.	3	34a	人譜	下沐
9695.	3	33b	人譜	蔭	9735.	3	34a	人譜	旬休
9696.	3	33b	人譜	強仕	9736.	3	34a	人譜	歸休
9697.	3	33b	人譜	筮仕	9737.	3	34a	人譜	取急
9698.	3	33b	人譜	通籍	9738.	3	34a	人譜	休急
9699.	3	33b	人譜	釋褐	9739.	3	34a	人譜	休澣
9700.	3	33b	人譜	解韋	9740.	3	34a	人譜	長暇
9701.	3	33b	人譜	牽絲	9741.	3	34a	人譜	暇告
9702.	3	33b	人譜	解薜	9742.	3	34a	人譜	式暇
9703.	3	33b	人譜	披草	9743.	3	34a	人譜	假寧
9704.	3	33b	人譜	遊倅	9744.	3	34a	人譜	請急
9705.	3	33b	人譜	身言書判	9745.	3	34a	人譜	請告
9706.	3	34a	人譜	除目	9746.	3	34a	人譜	吉寧

9747.	3	34a	人譜	告寧	9787.	3	34b	人譜	贈冊
9748.	3	34a	人譜	謝	9788.	3	34b	人譜	誥贈
9749.	3	34a	人譜	直	9789.	3	34b	人譜	貤贈
9750.	3	34a	人譜	番	9790.	3	34b	人譜	隱逸
9751.	3	34a	人譜	儤直	9791.	3	34b	人譜	處士
9752.	3	34a	人譜	豹直	9792.	3	34b	人譜	山林
9753.	3	34a	人譜	持被	9793.	3	34b	人譜	陸沉
9754.	3	34a	人譜	參官	9794.	3	34b	人譜	安車
9755.	3	34b	人譜	衙	9795.	3	34b	人譜	蒲輪
9756.	3	34b	人譜	坐堂	9796.	3	34b	人譜	鶡冠
9757.	3	34b	人譜	交承	9797.	3	35a	人譜	大匡輔國崇祿大夫
9758.	3	34b	人譜	尸位					
9759.	3	34b	人譜	尸祿	9798.	3	35a	人譜	輔國崇祿大夫
9760.	3	34b	人譜	素餐	9799.	3	35a	人譜	府夫人
9761.	3	34b	人譜	濫竽	9800.	3	35a	人譜	崇祿大夫
9762.	3	34b	人譜	冗官	9801.	3	35a	人譜	崇政大夫
9763.	3	34b	人譜	具臣	9802.	3	35a	人譜	奉保夫人
9764.	3	34b	人譜	兼	9803.	3	35a	人譜	貞敬夫人
9765.	3	34b	人譜	行	9804.	3	35a	人譜	正憲大夫
9766.	3	34b	人譜	錄	9805.	3	35a	人譜	資憲大夫
9767.	3	34b	人譜	領	9806.	3	35a	人譜	嘉義大夫
9768.	3	34b	人譜	權	9807.	3	35a	人譜	嘉善大夫
9769.	3	34b	人譜	判	9808.	3	35a	人譜	貞夫人
9770.	3	34b	人譜	掌	9809.	3	35a	人譜	通政大夫
9771.	3	34b	人譜	克	9810.	3	35a	人譜	折衝將軍
9772.	3	34b	人譜	視	9811.	3	35a	人譜	淑夫人
9773.	3	34b	人譜	假署	9812.	3	35a	人譜	通訓大夫
9774.	3	34b	人譜	試守	9813.	3	35a	人譜	禦侮將軍
9775.	3	34b	人譜	同	9814.	3	35a	人譜	中直大夫
9776.	3	34b	人譜	致仕	9815.	3	35a	人譜	中訓大夫
9777.	3	34b	人譜	老	9816.	3	35a	人譜	建功將軍
9778.	3	34b	人譜	休致	9817.	3	35a	人譜	保功將軍
9779.	3	34b	人譜	休退	9818.	3	35a	人譜	淑人
9780.	3	34b	人譜	謝政	9819.	3	35a	人譜	奉正大夫
9781.	3	34b	人譜	乞骸骨	9820.	3	35a	人譜	奉列大夫
9782.	3	34b	人譜	奉朝請	9821.	3	35a	人譜	振威將軍
9783.	3	34b	人譜	懸車	9822.	3	35a	人譜	昭威將軍
9784.	3	34b	人譜	宣麻	9823.	3	35a	人譜	朝散大夫
9785.	3	34b	人譜	追贈	9824.	3	35a	人譜	朝奉大夫
9786.	3	34b	人譜	追榮	9825.	3	35a	人譜	定略將軍

9826.	3	35a	人譜	宣略將軍	9866.	3	35b	人譜	建信隊尉
9827.	3	35a	人譜	令人	9867.	3	35b	人譜	供職郎
9828.	3	35a	人譜	通德郎	9868.	3	35b	人譜	勵職郎
9829.	3	35a	人譜	通善郎	9869.	3	35b	人譜	奉任校尉
9830.	3	35a	人譜	果毅校尉	9870.	3	35b	人譜	修任校尉
9831.	3	35a	人譜	忠毅校尉	9871.	3	35b	人譜	奉職郎
9832.	3	35a	人譜	奉直郎	9872.	3	35b	人譜	勵信隊尉
9833.	3	35a	人譜	奉訓郎	9873.	3	35b	人譜	謹仕郎
9834.	3	35a	人譜	顯信校尉	9874.	3	35b	人譜	效仕郎
9835.	3	35a	人譜	彰信校尉	9875.	3	35b	人譜	顯功校尉
9836.	3	35a	人譜	恭人	9876.	3	36a	人譜	迪功校尉
9837.	3	35a	人譜	承議郎	9877.	3	36a	人譜	熙功郎
9838.	3	35a	人譜	承訓郎	9878.	3	36a	人譜	敦義徒尉
9839.	3	35a	人譜	敦勇校尉	9879.	3	36a	人譜	奉務郎
9840.	3	35a	人譜	進勇校尉	9880.	3	36a	人譜	勝勇副尉
9841.	3	35a	人譜	宣教郎	9881.	3	36a	人譜	註功郎
9842.	3	35b	人譜	宣務郎	9882.	3	36a	人譜	守義徒尉
9843.	3	35b	人譜	勵節校尉	9883.	3	36a	人譜	承務郎
9844.	3	35b	人譜	秉節校尉	9884.	3	36a	人譜	宣勇副尉
9845.	3	35b	人譜	宜人	9885.	3	36a	人譜	供務郎
9846.	3	35b	人譜	務功郎	9886.	3	36a	人譜	奮勇徒尉
9847.	3	35b	人譜	迪順副尉	9887.	3	36a	人譜	勉功郎
9848.	3	35b	人譜	啓功郎	9888.	3	36a	人譜	猛健副尉
9849.	3	35b	人譜	奮順副尉	9889.	3	36a	人譜	直務郎
9850.	3	35b	人譜	安人	9890.	3	36a	人譜	效勇徒尉
9851.	3	35b	人譜	通仕郎	9891.	3	36a	人譜	赳功郎
9852.	3	35b	人譜	承義副尉	9892.	3	36a	人譜	壯健副尉
9853.	3	35b	人譜	承仕郎	9893.	3	36a	人譜	啓仕郎
9854.	3	35b	人譜	修義副尉	9894.	3	36a	人譜	勵力徒尉
9855.	3	35b	人譜	端人	9895.	3	36a	人譜	服勤郎
9856.	3	35b	人譜	從仕郎	9896.	3	36a	人譜	致力副尉
9857.	3	35b	人譜	效力副尉	9897.	3	36a	人譜	試仕郎
9858.	3	35b	人譜	將仕郎	9898.	3	36a	人譜	殫力徒尉
9859.	3	35b	人譜	展力副尉	9899.	3	36a	人譜	展勤郎
9860.	3	35b	人譜	孺人	9900.	3	36a	人譜	勤力副尉
9861.	3	35b	人譜	通議郎	9901.	3	36a	人譜	耆社
9862.	3	35b	人譜	建忠隊尉	9902.	3	36a	人譜	大君
9863.	3	35b	人譜	奉議郎	9903.	3	36a	人譜	王子君
9864.	3	35b	人譜	勵忠隊尉	9904.	3	36a	人譜	君
9865.	3	35b	人譜	宣職郎	9905.	3	36a	人譜	君

9906.	3	36a	人譜	都正	9946.	3	36b	人譜	黃扉
9907.	3	36a	人譜	宗正	9947.	3	36b	人譜	鰲扉
9908.	3	36b	人譜	正	9948.	3	36b	人譜	門下省
9909.	3	36b	人譜	副正	9949.	3	37a	人譜	都堂
9910.	3	36b	人譜	守	9950.	3	37a	人譜	領議政
9911.	3	36b	人譜	副守	9951.	3	37a	人譜	左議政
9912.	3	36b	人譜	令	9952.	3	37a	人譜	右議
9913.	3	36b	人譜	副令	9953.	3	37a	人譜	百揆
9914.	3	36b	人譜	監	9954.	3	37a	人譜	太師
9915.	3	36b	人譜	典簿	9955.	3	37a	人譜	太傅
9916.	3	36b	人譜	顯祿大夫	9956.	3	37a	人譜	太保
9917.	3	36b	人譜	興祿大夫	9957.	3	37a	人譜	少師
9918.	3	36b	人譜	府夫人	9958.	3	37a	人譜	少傅
9919.	3	36b	人譜	昭德大夫	9959.	3	37a	人譜	少保
9920.	3	36b	人譜	嘉德大夫	9960.	3	37a	人譜	丞相
9921.	3	36b	人譜	郡夫人	9961.	3	37a	人譜	御史大夫
9922.	3	36b	人譜	崇憲大夫	9962.	3	37a	人譜	太尉
9923.	3	36b	人譜	承憲大夫	9963.	3	37a	人譜	大司馬
9924.	3	36b	人譜	中義大夫	9964.	3	37a	人譜	大司徒
9925.	3	36b	人譜	正義大夫	9965.	3	37a	人譜	大司空
9926.	3	36b	人譜	縣夫人	9966.	3	37a	人譜	上公
9927.	3	36b	人譜	明善大夫	9967.	3	37a	人譜	同平章事
9928.	3	36b	人譜	慎夫人	9968.	3	37a	人譜	參知政事
9929.	3	36b	人譜	彰善大夫	9969.	3	37a	人譜	三公
9930.	3	36b	人譜	保信大夫	9970.	3	37a	人譜	相公
9931.	3	36b	人譜	資信大夫	9971.	3	37a	人譜	丞相
9932.	3	36b	人譜	慎人	9972.	3	37a	人譜	相國
9933.	3	36b	人譜	宣徽大夫	9973.	3	37a	人譜	閣老
9934.	3	36b	人譜	廣徽大夫	9974.	3	37a	人譜	元老
9935.	3	36b	人譜	奉成大夫	9975.	3	37a	人譜	尚父
9936.	3	36b	人譜	光成大夫	9976.	3	37a	人譜	堂老
9937.	3	36b	人譜	惠人	9977.	3	37a	人譜	阿衡
9938.	3	36b	人譜	通直郎	9978.	3	37a	人譜	台座
9939.	3	36b	人譜	秉直郎	9979.	3	37a	人譜	鼎席
9940.	3	36b	人譜	謹節郎	9980.	3	37a	人譜	金鉉
9941.	3	36b	人譜	慎節郎	9981.	3	37a	人譜	原任
9942.	3	36b	人譜	溫人	9982.	3	37a	人譜	赤舄
9943.	3	36b	人譜	相府	9983.	3	37a	人譜	沙堤
9944.	3	36b	人譜	台司	9984.	3	37a	人譜	火城
9945.	3	36b	人譜	黃閣	9985.	3	37a	人譜	入閣

9986.	3	37a	人譜	閣老	10026.	3	38a	人譜	都事
9987.	3	37a	人譜	閣臣	10027.	3	38a	人譜	領事
9988.	3	37a	人譜	卜相	10028.	3	38a	人譜	判事
9989.	3	37a	人譜	枚卜	10029.	3	38a	人譜	知事
9990.	3	37a	人譜	金甌	10030.	3	38a	人譜	同知事
9991.	3	37a	人譜	大拜	10031.	3	38a	人譜	都正
9992.	3	37a	人譜	左賢成	10032.	3	38a	人譜	判官
9993.	3	37a	人譜	右賢成	10033.	3	38a	人譜	主簿
9994.	3	37a	人譜	左參贊	10034.	3	38a	人譜	直長
9995.	3	37a	人譜	右參贊	10035.	3	38a	人譜	參奉
9996.	3	37b	人譜	舍人	10036.	3	38a	人譜	金吾
9997.	3	37b	人譜	中書舍人	10037.	3	38a	人譜	王府
9998.	3	37b	人譜	閣老	10038.	3	38a	人譜	廷尉
9999.	3	37b	人譜	檢評	10039.	3	38a	人譜	大理
10000.	3	37b	人譜	司錄	10040.	3	38a	人譜	大棘
10001.	3	37b	人譜	廟堂	10041.	3	38a	人譜	判事
10002.	3	37b	人譜	備局	10042.	3	38b	人譜	廷尉
10003.	3	37b	人譜	籌司	10043.	3	38b	人譜	大理
10004.	3	37b	人譜	都提調	10044.	3	38b	人譜	大理卿
10005.	3	37b	人譜	提調	10045.	3	38b	人譜	判寺事
10006.	3	37b	人譜	副提調	10046.	3	38b	人譜	知事
10007.	3	37b	人譜	郎廳	10047.	3	38b	人譜	大理少卿
10008.	3	37b	人譜	都提調	10048.	3	38b	人譜	同知事
10009.	3	37b	人譜	提調	10049.	3	38b	人譜	都事
10010.	3	37b	人譜	郎廳	10050.	3	38b	人譜	東銓
10011.	3	37b	人譜	都提調	10051.	3	38b	人譜	天官
10012.	3	37b	人譜	提調	10052.	3	38b	人譜	常侍曹
10013.	3	37b	人譜	郎廳	10053.	3	38b	人譜	吏部
10014.	3	37b	人譜	都提調	10054.	3	38b	人譜	選部
10015.	3	37b	人譜	提調	10055.	3	38b	人譜	文部
10016.	3	38a	人譜	都廳	10056.	3	38b	人譜	文選司
10017.	3	38a	人譜	郎廳	10057.	3	38b	人譜	司封
10018.	3	38a	人譜	盟府	10058.	3	38b	人譜	考勳司
10019.	3	38a	人譜	雲臺	10059.	3	38b	人譜	司勳
10020.	3	38a	人譜	府院君	10060.	3	38b	人譜	考功司
10021.	3	38a	人譜	君	10061.	3	38b	人譜	考功
10022.	3	38a	人譜	都事	10062.	3	38b	人譜	判書
10023.	3	38a	人譜	尉	10063.	3	38b	人譜	常侍曹尚書
10024.	3	38a	人譜	副尉	10064.	3	38b	人譜	吏部尚書
10025.	3	38a	人譜	僉尉	10065.	3	38b	人譜	司列大常伯

10066.	3	38b	人譜	參判	10106.	3	39b	人譜	佐郎
10067.	3	38b	人譜	文部侍郎	10107.	3	39b	人譜	春官
10068.	3	38b	人譜	司列少常伯	10108.	3	39b	人譜	南宮
10069.	3	38b	人譜	參議	10109.	3	39b	人譜	禮部
10070.	3	38b	人譜	尚書郎	10110.	3	39b	人譜	儀部
10071.	3	39a	人譜	司列大夫	10111.	3	39b	人譜	容臺
10072.	3	39a	人譜	小銓	10112.	3	39b	人譜	稽制司
10073.	3	39a	人譜	正郎	10113.	3	39b	人譜	典享司
10074.	3	39a	人譜	吏部員外郎	10114.	3	39b	人譜	祠部
10075.	3	39a	人譜	南曹	10115.	3	39b	人譜	冰廳
10076.	3	39a	人譜	佐郎	10116.	3	39b	人譜	典客司
10077.	3	39a	人譜	地部	10117.	3	39b	人譜	主客
10078.	3	39a	人譜	度支	10118.	3	39b	人譜	客曹
10079.	3	39a	人譜	司戶	10119.	3	39b	人譜	膳部
10080.	3	39a	人譜	念珠曹	10120.	3	39b	人譜	判書
10081.	3	39a	人譜	民曹	10121.	3	39b	人譜	春官卿大宗伯
10082.	3	39a	人譜	戶部	10122.	3	39b	人譜	司禮大常伯
10083.	3	39a	人譜	版籍司	10123.	3	39b	人譜	大儀
10084.	3	39a	人譜	人部	10124.	3	39b	人譜	參判
10085.	3	39a	人譜	版部	10125.	3	39b	人譜	少宗伯
10086.	3	39a	人譜	左戶	10126.	3	39b	人譜	司禮少常伯
10087.	3	39a	人譜	右戶	10127.	3	39b	人譜	參議
10088.	3	39a	人譜	會計司	10128.	3	39b	人譜	肆師下大夫
10089.	3	39a	人譜	度支	10129.	3	39b	人譜	儀曹郎
10090.	3	39a	人譜	經費司	10130.	3	39b	人譜	司禮大夫
10091.	3	39a	人譜	倉部	10131.	3	39b	人譜	名表郎
10092.	3	39a	人譜	金部	10132.	3	39b	人譜	正郎
10093.	3	39a	人譜	判書	10133.	3	39b	人譜	佐郎
10094.	3	39a	人譜	地官	10134.	3	39b	人譜	肆師上士
10095.	3	39a	人譜	卿大夫	10135.	3	39b	人譜	儀曹承務郎
10096.	3	39a	人譜	大司徒	10136.	3	39b	人譜	瑞錦窠
10097.	3	39a	人譜	度支尚書	10137.	3	40a	人譜	夏官
10098.	3	39a	人譜	司元大常伯	10138.	3	40a	人譜	西銓
10099.	3	39a	人譜	戶部尚書	10139.	3	40a	人譜	騎省
10100.	3	39a	人譜	參判	10140.	3	40a	人譜	武選司
10101.	3	39a	人譜	少司徒	10141.	3	40a	人譜	乘輿司
10102.	3	39a	人譜	司元少常伯	10142.	3	40a	人譜	駕部
10103.	3	39a	人譜	參議	10143.	3	40a	人譜	武備司
10104.	3	39a	人譜	司元大夫	10144.	3	40a	人譜	庫部
10105.	3	39a	人譜	正郎	10145.	3	40a	人譜	職方

10146.	3	40a	人譜	判書	10186.	3	40b	人譜	起部
10147.	3	40a	人譜	夏官卿大司馬	10187.	3	40b	人譜	營造司
10148.	3	40a	人譜	司戎大常伯	10188.	3	40b	人譜	攻冶司
10149.	3	40a	人譜	參判	10189.	3	40b	人譜	山澤司
10150.	3	40a	人譜	司戎少常伯	10190.	3	40b	人譜	虞部
10151.	3	40a	人譜	參議	10191.	3	40b	人譜	水部
10152.	3	40a	人譜	司戎大夫	10192.	3	40b	人譜	屯田
10153.	3	40a	人譜	正郎	10193.	3	40b	人譜	判書
10154.	3	40a	人譜	佐郎	10194.	3	40b	人譜	冬官卿大司空
10155.	3	40a	人譜	秋官	10195.	3	40b	人譜	莫敖
10156.	3	40a	人譜	李官	10196.	3	40b	人譜	司城
10157.	3	40a	人譜	憲曹	10197.	3	40b	人譜	司平大常伯
10158.	3	40a	人譜	賊曹	10198.	3	40b	人譜	參判
10159.	3	40a	人譜	決曹	10199.	3	40b	人譜	司平少常伯
10160.	3	40a	人譜	法曹	10200.	3	40b	人譜	參議
10161.	3	40a	人譜	墨曹	10201.	3	40b	人譜	司平大夫
10162.	3	40a	人譜	司法	10202.	3	40b	人譜	正郎
10163.	3	40a	人譜	詳覆司	10203.	3	40b	人譜	佐郎
10164.	3	40a	人譜	考律司	10204.	3	41a	人譜	京兆
10165.	3	40a	人譜	比部	10205.	3	41a	人譜	判尹
10166.	3	40a	人譜	掌禁司	10206.	3	41a	人譜	內史
10167.	3	40a	人譜	掌隸司	10207.	3	41a	人譜	京兆尹
10168.	3	40a	人譜	都官	10208.	3	41a	人譜	左尹
10169.	3	40b	人譜	司門	10209.	3	41a	人譜	右尹
10170.	3	40b	人譜	判書	10210.	3	41a	人譜	少尹
10171.	3	40b	人譜	秋官卿大司寇	10211.	3	41a	人譜	庶尹
10172.	3	40b	人譜	司敗	10212.	3	41a	人譜	判官
10173.	3	40b	人譜	司刑大常伯	10213.	3	41a	人譜	主簿
10174.	3	40b	人譜	參判	10214.	3	41a	人譜	提調
10175.	3	40b	人譜	小司寇	10215.	3	41a	人譜	郎廳
10176.	3	40b	人譜	司刑少常伯	10216.	3	41a	人譜	柏府
10177.	3	40b	人譜	參議	10217.	3	41a	人譜	霜臺
10178.	3	40b	人譜	士師下大夫	10218.	3	41a	人譜	蘭臺
10179.	3	40b	人譜	司刑大夫	10219.	3	41a	人譜	烏臺
10180.	3	40b	人譜	正郎	10220.	3	41a	人譜	憲臺
10181.	3	40b	人譜	佐郎	10221.	3	41a	人譜	南司
10182.	3	40b	人譜	冬官	10222.	3	41a	人譜	御使臺
10183.	3	40b	人譜	水府	10223.	3	41a	人譜	大司憲
10184.	3	40b	人譜	繕部	10224.	3	41a	人譜	御史大夫
10185.	3	40b	人譜	工部	10225.	3	41a	人譜	執義

10226.	3	41a	人譜	御史中丞	10266.	3	41b	人譜	喉司
10227.	3	41a	人譜	中執法	10267.	3	41b	人譜	喉院
10228.	3	41a	人譜	御史中尉	10268.	3	41b	人譜	大麓
10229.	3	41a	人譜	司憲中大夫	10269.	3	41b	人譜	內史
10230.	3	41a	人譜	掌令	10270.	3	41b	人譜	尚書省
10231.	3	41a	人譜	治書侍御史	10271.	3	42a	人譜	粉省
10232.	3	41a	人譜	持書侍御史	10272.	3	42a	人譜	畫省
10233.	3	41b	人譜	臺端	10273.	3	42a	人譜	中臺
10234.	3	41b	人譜	持平	10274.	3	42a	人譜	中書
10235.	3	41b	人譜	監察	10275.	3	42a	人譜	西臺
10236.		41b	人譜	監察御史裡行	10276.	3	42a	人譜	鳳閣
10237.	3	41b	人譜	六科給事中	10277.	3	42a	人譜	紫薇省
10238.	3	41b	人譜	十三道給事中	10278.	3	42a	人譜	都承旨
10239.	3	41b	人譜	科臣	10279.	3	42a	人譜	左承旨
10240.	3	41b	人譜	道臣	10280.	3	42a	人譜	右承旨
10241.	3	41b	人譜	兩司	10281.	3	42a	人譜	左副承旨
10242.	3	41b	人譜	侍從	10282.	3	42a	人譜	右副承旨
10243.	3	41b	人譜	清貫	10283.	3	42a	人譜	同副承旨
10244.	3	41b	人譜	彈壓	10284.	3	42a	人譜	承宣
10245.	3	41b	人譜	駁	10285.	3	42a	人譜	知申
10246.	3	41b	人譜	白簡	10286.	3	42a	人譜	註書
10247.	3	41b	人譜	霜簡	10287.	3	42a	人譜	起居註
10248.	3	41b	人譜	豸冠	10288.	3	42a	人譜	事變註書
10249.	3	41b	人譜	鷺車	10289.	3	42a	人譜	集賢院
10250.	3	41b	人譜	薇垣	10290.	3	42a	人譜	崇文院
10251.	3	41b	人譜	諫垣	10291.	3	42a	人譜	直秘閣
10252.	3	41b	人譜	大司諫	10292.	3	42a	人譜	領事
10253.	3	41b	人譜	保氏	10293.	3	42a	人譜	集賢院學士
10254.	3	41b	人譜	箴尹	10294.	3	42a	人譜	知事
10255.	3	41b	人譜	諫大夫	10295.	3	42a	人譜	副知院事
10256.	3	41b	人譜	諫議大夫	10296.	3	42a	人譜	同知事
10257.	3	41b	人譜	正諫大夫	10297.	3	42a	人譜	參贊官
10258.	3	41b	人譜	諫長	10298.	3	42a	人譜	侍講官
10259.	3	41b	人譜	司諫	10299.	3	42a	人譜	侍講學士
10260.	3	41b	人譜	補闕	10300.	3	42a	人譜	侍讀官
10261.	3	41b	人譜	獻納	10301.	3	42a	人譜	侍讀學士
10262.	3	41b	人譜	正言	10302.	3	42a	人譜	檢討官
10263.	3	41b	人譜	拾遺	10303.	3	42a	人譜	司經
10264.	3	41b	人譜	皂囊	10304.	3	42a	人譜	說經
10265.	3	41b	人譜	銀臺	10305.	3	42a	人譜	典經

10306.	3	42a	人譜	玉堂	10346.	3	42b	人譜	直提學
10307.	3	42a	人譜	玉著	10347.	3	42b	人譜	直學士
10308.	3	42a	人譜	瀛閣	10348.	3	42b	人譜	應教
10309.	3	42b	人譜	東觀	10349.	3	42b	人譜	奉教
10310.	3	42b	人譜	崇文館	10350.	3	43a	人譜	待教
10311.	3	42b	人譜	聰明館	10351.	3	43a	人譜	翰林待制
10312.	3	42b	人譜	士林館	10352.	3	43a	人譜	翰林應奉
10313.	3	42b	人譜	文林館	10353.	3	43a	人譜	檢閱
10314.	3	42b	人譜	弘文館	10354.	3	43a	人譜	史館
10315.	3	42b	人譜	昭文館	10355.	3	43a	人譜	史局
10316.	3	42b	人譜	領事	10356.	3	43a	人譜	編修院
10317.	3	42b	人譜	大提學	10357.	3	43a	人譜	國史院
10318.	3	42b	人譜	提學	10358.	3	43a	人譜	領事
10319.	3	42b	人譜	副提學	10359.	3	43a	人譜	監事
10320.	3	42b	人譜	直提學	10360.	3	43a	人譜	知事
10321.	3	42b	人譜	典翰	10361.	3	43a	人譜	修撰官
10322.	3	42b	人譜	應教	10362.	3	43a	人譜	編修官
10323.	3	42b	人譜	副應教	10363.	3	43a	人譜	記註官
10324.	3	42b	人譜	校理	10364.	3	43a	人譜	記事官
10325.	3	42b	人譜	副校理	10365.	3	43a	人譜	史官
10326.	3	42b	人譜	修撰	10366.	3	43a	人譜	太史
10327.	3	42b	人譜	副修撰	10367.	3	43a	人譜	大史
10328.	3	42b	人譜	博士	10368.	3	43a	人譜	小史
10329.	3	42b	人譜	著作	10369.	3	43a	人譜	內史
10330.	3	42b	人譜	正字	10370.	3	43a	人譜	外史
10331.	3	42b	人譜	南床	10371.	3	43a	人譜	太史令
10332.	3	42b	人譜	堂錄	10372.	3	43a	人譜	修撰官
10333.	3	42b	人譜	館錄	10373.	3	43a	人譜	檢討官
10334.	3	42b	人譜	三司	10374.	3	43a	人譜	國子
10335.	3	42b	人譜	翰苑	10375.	3	43a	人譜	司成館
10336.	3	42b	人譜	翰林苑	10376.	3	43a	人譜	知事
10337.	3	42b	人譜	北院	10377.	3	43a	人譜	同知事
10338.	3	42b	人譜	北扉	10378.	3	43a	人譜	大司城
10339.	3	42b	人譜	領事	10379.	3	43a	人譜	師氏
10340.	3	42b	人譜	監事	10380.	3	43a	人譜	祭酒
10341.	3	42b	人譜	大提學	10381.	3	43a	人譜	祭酒
10342.	3	42b	人譜	提學	10382.	3	43a	人譜	司成
10343.	3	42b	人譜	翰林學士	10383.	3	43a	人譜	師父
10344.	3	42b	人譜	內相	10384.	3	43a	人譜	少司成
10345.	3	42b	人譜	內翰	10385.	3	43a	人譜	司業

10386.	3	43b	人譜	司藝	10426.	3	44a	人譜	引儀
10387.	3	43b	人譜	直講	10427.	3	44a	人譜	兼引儀
10388.	3	43b	人譜	典籍	10428.	3	44a	人譜	假引儀
10389.	3	43b	人譜	博士	10429.	3	44a	人譜	鳴贊
10390.	3	43b	人譜	學正	10430.	3	44a	人譜	大行人
10391.	3	43b	人譜	學錄	10431.	3	44a	人譜	小行人
10392.	3	43b	人譜	學諭	10432.	3	44a	人譜	謁者
10393.	3	43b	人譜	符節臺	10433.	3	44a	人譜	随行
10394.	3	43b	人譜	正	10434.	3	44a	人譜	通事舍人
10395.	3	43b	人譜	直長	10435.	3	44a	人譜	內閣
10396.	3	43b	人譜	副直長	10436.	3	44a	人譜	提學
10397.	3	43b	人譜	符節令丞	10437.	3	44a	人譜	直提學
10398.	3	43b	人譜	符璽郎	10438.	3	44a	人譜	直閣
10399.	3	43b	人譜	符寶郎	10439.	3	44a	人譜	待教
10400.	3	43b	人譜	兵符	10440.	3	44a	人譜	檢書官
10401.	3	43b	人譜	密符	10441.	3	44a	人譜	廚院
10402.	3	43b	人譜	開門左符	10442.	3	44a	人譜	都提調
10403.	3	43b	人譜	命召	10443.	3	44a	人譜	提調
10404.	3	43b	人譜	標信	10444.	3	44a	人譜	副提調
10405.	3	43b	人譜	信符	10445.	3	44a	人譜	正
10406.	3	43b	人譜	漢符	10446.	3	44a	人譜	僉正
10407.	3	43b	人譜	通符	10447.	3	44a	人譜	主簿
10408.	3	43b	人譜	槐院	10448.	3	44a	人譜	直長
10409.	3	43b	人譜	都提調	10449.	3	44b	人譜	奉事
10410.	3	43b	人譜	提調	10450.	3	44b	人譜	膳宰
10411.	3	43b	人譜	副提調	10451.	3	44b	人譜	饔人
10412.	3	44a	人譜	判校	10452.	3	44b	人譜	光祿勳
10413.	3	44a	人譜	校檢	10453.	3	44b	人譜	尚食局
10414.	3	44a	人譜	博士	10454.	3	44b	人譜	奉膳大夫
10415.	3	44a	人譜	著作	10455.	3	44b	人譜	分院
10416.	3	44a	人譜	正字	10456.	3	44b	人譜	甄官署
10417.	3	44a	人譜	副正字	10457.	3	44b	人譜	尚方
10418.	3	44a	人譜	製述官	10458.	3	44b	人譜	御府
10419.	3	44a	人譜	吏文學官	10459.	3	44b	人譜	內衣庫
10420.	3	44a	人譜	鴻臚	10460.	3	44b	人譜	尚衣局
10421.	3	44a	人譜	左通禮	10461.	3	44b	人譜	提調
10422.	3	44a	人譜	右通禮	10462.	3	44b	人譜	副提調
10423.	3	44a	人譜	相禮	10463.	3	44b	人譜	正
10424.	3	44a	人譜	奉禮	10464.	3	44b	人譜	僉正
10425.	3	44a	人譜	贊儀	10465.	3	44b	人譜	主簿

10466.	3	44b	人譜	別提	10506.	3	45a	人譜	太常
10467.	3	44a	人譜	直長	10507.	3	45a	人譜	禮院
10468.	3	44b	人譜	司服中士	10508.	3	45a	人譜	司禮寺
10469.	3	44b	人譜	御府令丞	10509.	3	45a	人譜	都提調
10470.	3	44b	人譜	掌服郎	10510.	3	45a	人譜	提調
10471.	3	44b	人譜	奉冕大夫	10511.	3	45a	人譜	太常卿
10472.	3	44b	人譜	尚衣奉御	10512.	3	45a	人譜	正
10473.	3	44b	人譜	內衣庫使	10513.	3	45a	人譜	太常丞
10474.	3	44b	人譜	內局藥房	10514.	3	45a	人譜	僉正
10475.	3	44b	人譜	御藥院	10515.	3	45a	人譜	主簿
10476.	3	44b	人譜	都提調	10516.	3	45a	人譜	直長
10477.	3	44b	人譜	提調	10517.	3	45a	人譜	奉事
10478.	3	44b	人譜	副提調	10518.	3	45a	人譜	副奉事
10479.	3	44b	人譜	正	10519.	3	45b	人譜	都提調
10480.	3	44b	人譜	食醫	10520.	3	45b	人譜	提調
10481.	3	45a	人譜	太倉	10521.	3	45b	人譜	正
10482.	3	45a	人譜	守	10522.	3	45b	人譜	主簿
10483.	3	45a	人譜	主簿	10523.	3	45b	人譜	直長
10484.	3	45a	人譜	奉事	10524.	3	45b	人譜	太僕
10485.	3	45a	人譜	副奉事	10525.	3	45b	人譜	提調
10486.	3	45a	人譜	雲韶府	10526.	3	45b	人譜	正
10487.	3	45a	人譜	梨園	10527.	3	45b	人譜	僉正
10488.	3	45a	人譜	樂府	10528.	3	45b	人譜	司馭
10489.	3	45a	人譜	教坊	10529.	3	45b	人譜	判官
10490.	3	45a	人譜	提調	10530.	3	45b	人譜	主簿
10491.	3	45a	人譜	正	10531.	3	45b	人譜	青臺
10492.	3	45a	人譜	僉正	10532.	3	45b	人譜	欽天監
10493.	3	45a	人譜	主簿	10533.	3	45b	人譜	領事
10494.	3	45a	人譜	大司樂	10534.	3	45b	人譜	提調
10495.	3	45a	人譜	中大夫樂師	10535.	3	45b	人譜	正
10496.	3	45a	人譜	太師	10536.	3	45b	人譜	兼教授
10497.	3	45a	人譜	太樂令	10537.	3	45b	人譜	馮相氏
10498.	3	45a	人譜	太樂丞	10538.	3	45b	人譜	保章氏
10499.	3	45a	人譜	舌院	10539.	3	45b	人譜	挈壺氏
10500.	3	45a	人譜	都提調	10540.	3	45b	人譜	太史
10501.	3	45a	人譜	提調	10541.	3	45b	人譜	都提調
10502.	3	45a	人譜	兼教授	10542.	3	45b	人譜	提調
10503.	3	45a	人譜	正	10543.	3	45b	人譜	正
10504.	3	45a	人譜	教授	10544.	3	45b	人譜	判官
10505.	3	45a	人譜	奉常	10545.	3	45b	人譜	主簿

10546.	3	45b	人譜	直長	10586.	3	46a	人譜	家令
10547.	3	45b	人譜	奉事	10587.	3	46b	人譜	將作
10548.	3	45b	人譜	太醫院	10588.	3	46b	人譜	提調
10549.	3	45b	人譜	提調	10589.	3	46b	人譜	副正
10550.	3	45b	人譜	正	10590.	3	46b	人譜	主簿
10551.	3	45b	人譜	教授	10591.	3	46b	人譜	奉事
10552.	3	46a	人譜	醫師上士	10592.	3	46b	人譜	副奉事
10553.	3	46a	人譜	醫師下士	10593.	3	46b	人譜	監役
10554.	3	46a	人譜	太醫令丞	10594.	3	46b	人譜	假監役
10555.	3	46a	人譜	太醫博士	10595.	3	46b	人譜	考工
10556.	3	46a	人譜	太醫助教	10596.	3	46b	人譜	少府
10557.	3	46a	人譜	春坊	10597.	3	46b	人譜	提調
10558.	3	46a	人譜	師	10598.	3	46b	人譜	僉正
10559.	3	46a	人譜	傅	10599.	3	46b	人譜	主簿
10560.	3	46a	人譜	太子太傅	10600.	3	46b	人譜	直長
10561.	3	46a	人譜	貳師	10601.	3	46b	人譜	藁官
10562.	3	46a	人譜	太子少傅	10602.	3	46b	人譜	提調
10563.	3	46a	人譜	左賓客	10603.	3	46b	人譜	司宰卿
10564.	3	46a	人譜	右賓客	10604.	3	46b	人譜	司膳卿
10565.	3	46a	人譜	賓客	10605.	3	46b	人譜	僉正
10566.	3	46a	人譜	左副賓客	10606.	3	46b	人譜	主簿
10567.	3	46a	人譜	右副賓客	10607.	3	46b	人譜	直長
10568.	3	46a	人譜	資善	10608.	3	46b	人譜	奉事
10569.	3	46a	人譜	輔德	10609.	3	46b	人譜	武庫
10570.	3	46a	人譜	兼輔德	10610.	3	46b	人譜	武器監
10571.	3	46a	人譜	弼善	10611.	3	46b	人譜	都提調
10572.	3	46a	人譜	兼弼善	10612.	3	46b	人譜	提調
10573.	3	46a	人譜	進善	10613.	3	46b	人譜	僉正
10574.	3	46a	人譜	文學	10614.	3	46b	人譜	判官
10575.	3	46a	人譜	兼文學	10615.	3	46b	人譜	主簿
10576.	3	46a	人譜	司書	10616.	3	46b	人譜	直長
10577.	3	46a	人譜	兼司書	10617.	3	46b	人譜	奉事
10578.	3	46a	人譜	說書	10618.	3	46b	人譜	副奉事
10579.	3	46a	人譜	兼說書	10619.	3	46b	人譜	參奉
10580.	3	46a	人譜	諮議	10620.	3	46b	人譜	典需
10581.	3	46a	人譜	宮官	10621.	3	46b	人譜	別坐
10582.	3	46a	人譜	宮端	10622.	3	46b	人譜	別提
10583.	3	46a	人譜	詹事	10623.	3	47a	人譜	副典需
10584.	3	46a	人譜	庶子	10624.	3	47a	人譜	典會
10585.	3	46a	人譜	中允	10625.	3	47a	人譜	典穀

10626.	3	47a	人譜	典貨	10666.	3	47b	人譜	主簿
10627.	3	47a	人譜	藝閣	10667.	3	47b	人譜	直長
10628.	3	47a	人譜	提調	10668.	3	47b	人譜	凌人
10629.	3	47a	人譜	校理	10669.	3	47b	人譜	提調
10630.	3	47a	人譜	博士	10670.	3	47b	人譜	別提
10631.	3	47a	人譜	著作	10671.	3	47b	人譜	別檢
10632.	3	47a	人譜	正字	10672.	3	47b	人譜	提調
10633.	3	47a	人譜	副正字	10673.	3	47b	人譜	別提
10634.	3	47a	人譜	染令設色之工	10674.	3	47b	人譜	直長
10635.	3	47a	人譜	織室	10675.	3	47b	人譜	提調
10636.	3	47a	人譜	司織大夫	10676.	3	47b	人譜	別提
10637.	3	47a	人譜	織染署	10677.	3	47b	人譜	奉事
10638.	3	47a	人譜	染局	10678.	3	47b	人譜	鉤盾
10639.	3	47a	人譜	司色大夫	10679.	3	48a	人譜	掌舍
10640.	3	47a	人譜	提調	10680.	3	48a	人譜	殿中監
10641.	3	47a	人譜	判	10681.	3	48a	人譜	奉宸大夫
10642.	3	47a	人譜	主簿	10682.	3	48a	人譜	頓舍官
10643.	3	47a	人譜	直長	10683.	3	48a	人譜	提調
10644.	3	47a	人譜	奉事	10684.	3	48a	人譜	別提
10645.	3	47a	人譜	副奉事	10685.	3	48a	人譜	別檢
10646.	3	47a	人譜	守桃之官	10686.	3	48a	人譜	提調
10647.	3	47a	人譜	都提調	10687.	3	48a	人譜	主簿
10648.	3	47a	人譜	提調	10688.	3	48a	人譜	直長
10649.	3	47a	人譜	令	10689.	3	48a	人譜	奉事
10650.	3	47a	人譜	廟令	10690.	3	48a	人譜	提調
10651.	3	47a	人譜	太廟令	10691.	3	48a	人譜	主簿
10652.	3	47a	人譜	直長	10692.	3	48a	人譜	直長
10653.	3	47a	人譜	副奉事	10693.	3	48a	人譜	奉事
10654.	3	47a	人譜	參奉	10694.	3	48a	人譜	提調
10655.	3	47a	人譜	齋郎	10695.	3	48a	人譜	主簿
10656.	3	47b	人譜	郊社署	10696.	3	48a	人譜	直長
10657.	3	47b	人譜	都提調	10697.	3	48a	人譜	奉事
10658.	3	47b	人譜	提調	10698.	3	48a	人譜	參奉
10659.	3	47b	人譜	令	10699.	3	48a	人譜	委人
10660.	3	47b	人譜	直長	10700.	3	48a	人譜	提調
10661.	3	47b	人譜	司市	10701.	3	48a	人譜	主簿
10662.	3	47b	人譜	市買寺	10702.	3	48a	人譜	直長
10663.	3	47b	人譜	提調	10703.	3	48a	人譜	奉事
10664.	3	47b	人譜	令	10704.	3	48a	人譜	主簿
10665.	3	47b	人譜	京邑市令	10705.	3	48a	人譜	直長

10706.	3	48a	人譜	奉事	10746.	3	49a	人譜	令
10707.	3	48a	人譜	主簿	10747.	3	49a	人譜	參奉
10708.	3	48a	人譜	直長	10748.	3	49a	人譜	童蒙教官
10709.	3	48a	人譜	奉事	10749.	3	49b	人譜	閽人
10710.	3	48b	人譜	提調	10750.	3	49b	人譜	寺人
10711.	3	48b	人譜	提調	10751.	3	49b	人譜	內豎
10712.	3	48b	人譜	別提	10752.	3	49b	人譜	刀鋸
10713.	3	48b	人譜	提調	10753.	3	49b	人譜	刑餘
10714.	3	48b	人譜	別提	10754.	3	49b	人譜	奄人
10715.	3	48b	人譜	貫索	10755.	3	49b	人譜	椓人
10716.	3	48b	人譜	副提調	10756.	3	49b	人譜	宦者
10717.	3	48b	人譜	主簿	10757.	3	49b	人譜	璫人
10718.	3	48b	人譜	參奉	10758.	3	49b	人譜	中官
10719.	3	48b	人譜	提調	10759.	3	49b	人譜	長秋監
10720.	3	48b	人譜	別提	10760.	3	49b	人譜	司宮臺
10721.	3	48b	人譜	提調	10761.	3	49b	人譜	內侍省
10722.	3	48b	人譜	別提	10762.	3	49b	人譜	內班院
10723.	3	48b	人譜	瘍醫	10763.	3	49b	人譜	黃門院
10724.	3	48b	人譜	惠民局	10764.	3	49b	人譜	內侍局
10725.	3	48b	人譜	提調	10765.	3	49b	人譜	尚膳
10726.	3	48b	人譜	主簿	10766.	3	49b	人譜	尚醞
10727.	3	48b	人譜	教授	10767.	3	49b	人譜	尚茶
10728.	3	48b	人譜	治腫廳	10768.	3	49b	人譜	尚藥
10729.	3	48b	人譜	教授	10769.	3	49b	人譜	尚傳
10730.	3	49a	人譜	提調	10770.	3	49b	人譜	尚冊
10731.	3	49a	人譜	教授	10771.	3	49b	人譜	尚弧
10732.	3	49a	人譜	教授	10772.	3	49b	人譜	尚帑
10733.	3	49a	人譜	訓導	10773.	3	49b	人譜	尚洗
10734.	3	49a	人譜	令	10774.	3	49b	人譜	尚燭
10735.	3	49a	人譜	都事	10775.	3	49b	人譜	尚烜
10736.	3	49a	人譜	令	10776.	3	49b	人譜	尚設
10737.	3	49a	人譜	直長	10777.	3	49b	人譜	尚除
10738.	3	49a	人譜	別檢	10778.	3	49b	人譜	尚門
10739.	3	49a	人譜	參奉	10779.	3	49b	人譜	尚更
10740.	3	49a	人譜	冢人	10780.	3	49b	人譜	尚苑
10741.	3	49a	人譜	陵臺令	10781.	3	49b	人譜	中常侍
10742.	3	49a	人譜	令	10782.	3	49b	人譜	大長秋
10743.	3	49a	人譜	別檢	10783.	3	49b	人譜	中侍中省
10744.	3	49a	人譜	守奉官	10784.	3	49b	人譜	都都知
10745.	3	49a	人譜	守衛官	10785.	3	49b	人譜	都知

10786.	3	49b	人譜	小黃門	10826.	3	50b	人譜	副司猛
10787.	3	49b	人譜	宮卿	10827.	3	50b	人譜	司勇
10788.	3	49b	人譜	內監	10828.	3	50b	人譜	副司勇
10789.	3	49b	人譜	太監	10829.	3	50b	人譜	知事
10790.	3	49b	人譜	廠臣	10830.	3	50b	人譜	都正
10791.	3	50a	人譜	司謁	10831.	3	50b	人譜	正
10792.	3	50a	人譜	司鑰	10832.	3	50b	人譜	副正
10793.	3	50a	人譜	副司鑰	10833.	3	50b	人譜	僉正
10794.	3	50a	人譜	司案	10834.	3	50b	人譜	判官
10795.	3	50a	人譜	副司案	10835.	3	50b	人譜	主簿
10796.	3	50a	人譜	司鋪	10836.	3	50b	人譜	參軍
10797.	3	50a	人譜	副司鋪	10837.	3	50b	人譜	奉事
10798.	3	50a	人譜	司埽	10838.	3	50b	人譜	宣傳官
10799.	3	50a	人譜	副司埽	10839.	3	50b	人譜	文臣兼
10800.	3	50a	人譜	領事	10840.	3	50b	人譜	武臣兼
10801.	3	50a	人譜	判事	10841.	3	51a	人譜	桂坊
10802.	3	50a	人譜	知事	10842.	3	51a	人譜	左翊衛
10803.	3	50a	人譜	同知事	10843.	3	51a	人譜	右翊衛
10804.	3	50a	人譜	僉知事	10844.	3	51a	人譜	左司禦
10805.	3	50a	人譜	經歷	10845.	3	51a	人譜	右司禦
10806.	3	50a	人譜	都事	10846.	3	51a	人譜	左翊?
10807.	3	50a	人譜	都捴管	10847.	3	51a	人譜	右翊?
10808.	3	50a	人譜	左金吾	10848.	3	51a	人譜	左衛率
10809.	3	50a	人譜	右金吾	10849.	3	51a	人譜	右衛率
10810.	3	50a	人譜	千牛備身	10850.	3	51a	人譜	左副率
10811.	3	50a	人譜	副捴管	10851.	3	51a	人譜	右副率
10812.	3	50a	人譜	經歷	10852.	3	51a	人譜	左侍直
10813.	3	50a	人譜	都事	10853.	3	51a	人譜	右侍直
10814.	3	50b	人譜	上護軍	10854.	3	51a	人譜	左洗馬
10815.	3	50b	人譜	大護軍	10855.	3	51a	人譜	右洗馬
10816.	3	50b	人譜	護君	10856.	3	51a	人譜	守門將
10817.	3	50b	人譜	副護君	10857.	3	51a	人譜	門監
10818.	3	50b	人譜	司直	10858.	3	51a	人譜	抱關
10819.	3	50b	人譜	副司直	10859.	3	51a	人譜	司門
10820.	3	50b	人譜	司果	10860.	3	51a	人譜	別將
10821.	3	50b	人譜	部將	10861.	3	51a	人譜	內禁衛將
10822.	3	50b	人譜	副司果	10862.	3	51a	人譜	兼司僕將
10823.	3	50b	人譜	司正	10863.	3	51a	人譜	羽林衛將
10824.	3	50b	人譜	副司正	10864.	3	51a	人譜	從事官
10825.	3	50b	人譜	司猛	10865.	3	51a	人譜	虎賁氏

10866.	3	51a	人譜	羽林材官	10906.	3	52a	人譜	右廳大將
10867.	3	51a	人譜	北衙飛騎	10907.	3	52a	人譜	從事官
10868.	3	51a	人譜	都提調	10908.	3	52a	人譜	別軍職
10869.	3	51a	人譜	提調	10909.	3	52a	人譜	驊騮廐
10870.	3	51a	人譜	大將	10910.	3	52a	人譜	典廐署
10871.	3	51a	人譜	中軍	10911.	3	52a	人譜	天廐
10872.	3	51b	人譜	別將	10912.	3	52a	人譜	騏驥院
10873.	3	51b	人譜	千捴	10913.	3	52a	人譜	天駟監
10874.	3	51b	人譜	局別將	10914.	3	52a	人譜	尚廐局
10875.	3	51b	人譜	把捴	10915.	3	52a	人譜	內乘
10876.	3	51b	人譜	從事官	10916.	3	52a	人譜	奚官
10877.	3	51b	人譜	哨官	10917.	3	52a	人譜	堂上
10878.	3	51b	人譜	都提調	10918.	3	52a	人譜	郎廳
10879.	3	51b	人譜	提調	10919.	3	52a	人譜	忠壯衛將
10880.	3	51b	人譜	大將	10920.	3	52a	人譜	忠翊衛將
10881.	3	51b	人譜	中軍	10921.	3	52a	人譜	空闕衛將
10882.	3	51b	人譜	別將	10922.	3	52b	人譜	將
10883.	3	51b	人譜	千捴	10923.	3	52b	人譜	監軍
10884.	3	51b	人譜	騎士將	10924.	3	52b	人譜	參軍
10885.	3	51b	人譜	把捴	10925.	3	52b	人譜	方伯
10886.	3	51b	人譜	從事官	10926.	3	52b	人譜	道伯
10887.	3	51b	人譜	哨官	10927.	3	52b	人譜	道臣
10888.	3	51b	人譜	都提調	10928.	3	52b	人譜	藩臣
10889.	3	51b	人譜	提調	10929.	3	52b	人譜	監司
10890.	3	51b	人譜	大將	10930.	3	52b	人譜	巡察使
10891.	3	51b	人譜	中軍	10931.	3	52b	人譜	巡相
10892.	3	51b	人譜	別將	10932.	3	52b	人譜	觀察使
10893.	3	51b	人譜	千捴	10933.	3	52b	人譜	布政使
10894.	3	51b	人譜	騎士將	10934.	3	52b	人譜	藩臬
10895.	3	51b	人譜	把捴	10935.	3	52b	人譜	藩鎮
10896.	3	51b	人譜	從事官	10936.	3	52b	人譜	麤官
10897.	3	51b	人譜	哨官	10937.	3	52b	人譜	滌篆
10898.	3	51b	人譜	使	10938.	3	52b	人譜	外臺
10899.	3	51b	人譜	中軍	10939.	3	52b	人譜	道臣
10900.	3	51b	人譜	千捴	10940.	3	52b	人譜	留臺
10901.	3	51b	人譜	把捴	10941.	3	52b	人譜	留司
10902.	3	51b	人譜	哨官	10942.	3	52b	人譜	居留
10903.	3	52a	人譜	大將	10943.	3	52b	人譜	留相
10904.	3	52a	人譜	別將	10944.	3	52b	人譜	留後
10905.	3	52a	人譜	左廳大將	10945.	3	52b	人譜	府伯

10946.	3	53a	人譜	刺史	10986.	3	53b	人譜	督郵
10947.	3	53a	人譜	都護府使	10987.	3	53b	人譜	監牧官
10948.	3	53a	人譜	太守	10988.	3	53b	人譜	連帥
10949.	3	53a	人譜	縣監	10989.	3	53b	人譜	閫帥
10950.	3	53a	人譜	縣正	10990.	3	53b	人譜	兵使
10951.	3	53a	人譜	宰尹公大夫	10991.	3	53b	人譜	水使
10952.	3	53a	人譜	令長	10992.	3	53b	人譜	節堂
10953.	3	53a	人譜	知縣	10993.	3	53b	人譜	衙日
10954.	3	53a	人譜	丞尉	10994.	3	54a	人譜	萬戶
10955.	3	53a	人譜	雷封	10995.	3	54a	人譜	司功
10956.	3	53a	人譜	明府	10996.	3	54a	人譜	參軍
10957.	3	53a	人譜	司馬	10997.	3	54a	人譜	功曹
10958.	3	53a	人譜	通判	10998.	3	54a	人譜	司倉
10959.	3	53a	人譜	半刺	10999.	3	54a	人譜	司戶
10960.	3	53a	人譜	治中	11000.	3	54a	人譜	司兵
10961.	3	53a	人譜	別駕	11001.	3	54a	人譜	司法
10962.	3	53a	人譜	有司	11002.	3	54a	人譜	司士
10963.	3	53a	人譜	使君	11003.	3	54a	人譜	使价
10964.	3	53a	人譜	字牧	11004.	3	54a	人譜	行人
10965.	3	53a	人譜	循吏	11005.	3	54a	人譜	使星
10966.	3	53b	人譜	良吏	11006.	3	54a	人譜	專對
10967.	3	53b	人譜	廉吏	11007.	3	54a	人譜	星軺
10968.	3	53b	人譜	酷吏	11008.	3	54a	人譜	乘槎
10969.	3	53b	人譜	黃堂	11009.	3	54b	人譜	擯
10970.	3	53b	人譜	衙閣	11010.	3	54b	人譜	上擯
10971.	3	53b	人譜	鈴閣	11011.	3	54b	人譜	承擯
10972.	3	53b	人譜	五馬	11012.	3	54b	人譜	紹擯
10973.	3	53b	人譜	一麾	11013.	3	54b	人譜	末擯
10974.	3	53b	人譜	皂蓋	11014.	3	54b	人譜	候人
10975.	3	53b	人譜	朱轓	11015.	3	54b	人譜	介
10976.	3	53b	人譜	熊軾	11016.	3	54b	人譜	上介
10977.	3	53b	人譜	虎符	11017.	3	54b	人譜	承介
10978.	3	53b	人譜	麟符	11018.	3	54b	人譜	紹介
10979.	3	53b	人譜	魚符	11019.	3	54b	人譜	末介
10980.	3	53b	人譜	竹符	11020.	3	54b	人譜	暗行
10981.	3	53b	人譜	瓜滿	11021.	3	54b	人譜	繡衣
10982.	3	53b	人譜	小滿	11022.	3	54b	人譜	祿
10983.	3	53b	人譜	去思碑	11023.	3	54b	人譜	俸
10984.	3	53b	人譜	驛丞	11024.	3	54b	人譜	餐錢
10985.	3	53b	人譜	郵官	11025.	3	54b	人譜	稍食

11026.	3	54b	人譜	家削	11066.	3	55b	人譜	鬧黃
11027.	3	54b	人譜	采地	11067.	3	55b	人譜	犀帶
11028.	3	54b	人譜	家田	11068.	3	55b	人譜	鈒金帶
11029.	3	54b	人譜	采邑	11069.	3	55b	人譜	素金帶
11030.	3	54b	人譜	堂封	11070.	3	55b	人譜	鈒銀帶
11031.	3	54b	人譜	圭田	11071.	3	55b	人譜	素銀帶
11032.	3	54b	人譜	丘債	11072.	3	55b	人譜	黑角帶
11033.	3	55a	人譜	章服	11073.	3	55b	人譜	荔枝金帶
11034.	3	55a	人譜	朝服	11074.	3	55b	人譜	鏧帶
11035.	3	55a	人譜	雲鶴金環綬	11075.	3	55b	人譜	鈎落
11036.	3	55a	人譜	盤鵰銀環綬	11076.	3	55b	人譜	也字帶
11037.	3	55a	人譜	練鵲銀環綬	11077.	3	55b	人譜	雁爪
11038.	3	55a	人譜	練鵲銅環綬	11078.	3	55b	人譜	韡臉
11039.	3	55a	人譜	鸂鶒銅環綬	11079.	3	55b	人譜	韡扇
11040.	3	55a	人譜	公服	11080.	3	55b	人譜	蠟靴
11041.	3	55a	人譜	袍	11081.	3	55b	人譜	泥靴
11042.	3	55a	人譜	善衣	11082.	3	55b	人譜	快靴
11043.	3	55a	人譜	中衣	11083.	3	55b	人譜	絡鞮
11044.	3	55a	人譜	襜	11084.	3	55b	人譜	連脛履
11045.	3	55a	人譜	荷紫衣	11085.	3	55b	人譜	兀剌靴
11046.	3	55a	人譜	馮翼	11086.	3	56a	人譜	革華下邳侯
11047.	3	55a	人譜	直裰	11087.	3	56a	人譜	丞縛屣
11048.	3	55a	人譜	團領	11088.	3	56a	人譜	雜佩
11049.	3	55a	人譜	搭胡	11089.	3	56a	人譜	玦
11050.	3	55a	人譜	補子	11090.	3	56a	人譜	組綬
11051.	3	55a	人譜	宵襜	11091.	3	56a	人譜	繫綬
11052.	3	55a	人譜	揚	11092.	3	56a	人譜	繼
11053.	3	55a	人譜	四𢂶衫	11093.	3	56a	人譜	縉
11054.	3	55a	人譜	納言	11094.	3	56a	人譜	將將
11055.	3	55a	人譜	幞頭	11095.	3	56a	人譜	彭彭
11056.	3	55a	人譜	軍容頭	11096.	3	56a	人譜	章
11057.	3	55a	人譜	坯子	11097.	3	56a	人譜	篆
11058.	3	55b	人譜	鞓	11098.	3	56a	人譜	鈕
11059.	3	55b	人譜	鞓帶	11099.	3	56a	人譜	壓印
11060.	3	55b	人譜	銙	11100.	3	56a	人譜	蹯印
11061.	3	55b	人譜	帶版子鍰	11101.	3	56a	人譜	刓
11062.	3	55b	人譜	鉤	11102.	3	56a	人譜	綏
11063.	3	55b	人譜	雀舌	11103.	3	56a	人譜	組綬
11064.	3	55b	人譜	蹀躞	11104.	3	56a	人譜	銀艾
11065.	3	55b	人譜	傲黃	11105.	3	56a	人譜	若若

11106.	3	56a	人譜	累累	11146.	3	57a	人譜	咨文
11107.	3	56a	人譜	條記	11147.	3	57a	人譜	呈辭
11108.	3	56a	人譜	關	11148.	3	57a	人譜	公車
11109.	3	56a	人譜	帖	11149.	3	57a	人譜	匦
11110.	3	56a	人譜	星火	11150.	3	57a	人譜	上言
11111.	3	56a	人譜	防偽	11151.	3	57a	人譜	擊錚
11112.	3	56a	人譜	拒逆	11152.	3	57a	人譜	循環報
11113.	3	56b	人譜	烙印	11153.	3	57a	人譜	分撥
11114.	3	56b	人譜	套署	11154.	3	57a	人譜	帖文
11115.	3	56b	人譜	押子	11155.	3	57a	人譜	公文
11116.	3	56b	人譜	盖	11156.	3	57a	人譜	甘結
11117.	3	56b	人譜	日照子	11157.	3	57a	人譜	傳令
11118.	3	56b	人譜	傘簷纖裙	11158.	3	57a	人譜	移文
11119.	3	56b	人譜	纖腳傘纓	11159.	3	57a	人譜	公移
11120.	3	56b	人譜	纖竿	11160.	3	57a	人譜	回移
11121.	3	56b	人譜	浮圖	11161.	3	57a	人譜	報狀
11122.	3	56b	人譜	封章	11162.	3	57a	人譜	申發
11123.	3	56b	人譜	拜章	11163.	3	57a	人譜	發放
11124.	3	56b	人譜	章奏	11164.	3	57a	人譜	行會
11125.	3	56b	人譜	上書	11165.	3	57a	人譜	領狀
11126.	3	56b	人譜	貼黃	11166.	3	57a	人譜	勾喚
11127.	3	56b	人譜	大槩	11167.	3	57a	人譜	馭送
11128.	3	56b	人譜	剳子	11168.	3	57a	人譜	批回
11129.	3	56b	人譜	袖剡	11169.	3	57a	人譜	告狀
11130.	3	56b	人譜	榜子	11170.	3	57a	人譜	所志
11131.	3	56b	人譜	錄子	11171.	3	57a	人譜	議送
11132.	3	56b	人譜	表	11172.	3	57a	人譜	接狀
11133.	3	56b	人譜	箋	11173.	3	57b	人譜	准了狀
11134.	3	56b	人譜	奏議	11174.	3	57b	人譜	票帖
11135.	3	56b	人譜	封事	11175.	3	57b	人譜	題辭
11136.	3	56b	人譜	啓事	11176.	3	57b	人譜	題音
11137.	3	56b	人譜	揭帖	11177.	3	57b	人譜	剳付
11138.	3	56b	人譜	跳出	11178.	3	57b	人譜	差批
11139.	3	56b	人譜	擡頭	11179.	3	57b	人譜	立旨
11140.	3	56b	人譜	需頭	11180.	3	57b	人譜	斜出
11141.	3	56b	人譜	狀啓	11181.	3	57b	人譜	公據
11142.	3	56b	人譜	木夾	11182.	3	57b	人譜	牒
11143.	3	56b	人譜	草記	11183.	3	57b	人譜	磨勘
11144.	3	56b	人譜	啓目	11184.	3	57b	人譜	勘過
11145.	3	56b	人譜	啓本	11185.	3	57b	人譜	查看

11186.	3	57b	人譜	根刷		11226.	4	1a	人譜	叟
11187.	3	57b	人譜	刷卷		11227.	4	1a	人譜	先進
11188.	3	57b	人譜	帳		11228.	4	1a	人譜	先輩
11189.	3	57b	人譜	底策		11229.	4	1a	人譜	下執事
11190.	3	57b	人譜	襠子		11230.	4	1a	人譜	閣下
11191.	3	57b	人譜	件計		11231.	4	1a	人譜	劣丈
11192.	3	57b	人譜	單子		11232.	4	1a	人譜	門人
11193.	3	57b	人譜	單目		11233.	4	1a	人譜	門生
11194.	3	57b	人譜	下記		11234.	4	1a	人譜	門徒
11195.	3	57b	人譜	重記		11235.	4	1a	人譜	小子
11196.	3	57b	人譜	解由		11236.	4	1a	人譜	二三子
11197.	3	57b	人譜	謄錄		11237.	4	1a	人譜	高第
11198.	3	57b	人譜	尺文		11238.	4	1a	人譜	高弟
11199.	3	57b	人譜	說帖		11239.	4	1a	人譜	及門
11200.	3	58a	人譜	禮狀		11240.	4	1a	人譜	升堂入室
11201.	3	58a	人譜	路文		11241.	4	1a	人譜	同門
11202.	3	58a	人譜	白牌		11242.	4	1a	人譜	私淑
11203.	3	58a	人譜	先聲牌		11243.	4	1b	人譜	侍生
11204.	3	58a	人譜	過所		11244.	4	1b	人譜	友生
11205.	3	58a	人譜	傳信		11245.	4	1b	人譜	交
11206.	3	58a	人譜	草料		11246.	4	1b	人譜	朝定
11207.	3	58a	人譜	畫字		11247.	4	1b	人譜	莫逆
11208.	3	58a	人譜	花押		11248.	4	1b	人譜	石交
11209.	3	58a	人譜	畫押		11249.	4	1b	人譜	死友
11210.	3	58a	人譜	五花判		11250.	4	1b	人譜	刎頸交
11211.	4	1a	人譜	傳		11251.	4	1b	人譜	忘年交
11212.	4	1a	人譜	先生		11252.	4	1b	人譜	面交
11213.	4	1a	人譜	父兄		11253.	4	1b	人譜	勢交
11214.	4	1a	人譜	夫子		11254.	4	1b	人譜	世交
11215.	4	1a	人譜	函丈		11255.	4	1b	人譜	世好
11216.	4	1a	人譜	門下		11256.	4	1b	人譜	世誼
11217.	4	1a	人譜	父執		11257.	4	1b	人譜	故舊
11218.	4	1a	人譜	尊丈		11258.	4	1b	人譜	兄弟
11219.	4	1a	人譜	丈人		11259.	4	1b	人譜	儕流
11220.	4	1a	人譜	丈人君子		11260.	4	1b	人譜	等輩
11221.	4	1a	人譜	長者		11261.	4	1b	人譜	流輩
11222.	4	1a	人譜	丈丈		11262.	4	1b	人譜	氍
11223.	4	1a	人譜	公		11263.	4	1b	人譜	儔
11224.	4	1a	人譜	翁		11264.	4	1b	人譜	群
11225.	4	1a	人譜	鉅公		11265.	4	1b	人譜	醜

11266.	4	1b	人譜	夷		11306.	4	2a	人譜	幫
11267.	4	1b	人譜	們		11307.	4	2a	人譜	使
11268.	4	1b	人譜	屬		11308.	4	2a	人譜	令
11269.	4	1b	人譜	仇		11309.	4	2a	人譜	怦
11270.	4	1b	人譜	匹		11310.	4	2a	人譜	抨
11271.	4	1b	人譜	伴侶		11311.	4	2a	人譜	俾
11272.	4	1b	人譜	忠告		11312.	4	2a	人譜	遣
11273.	4	1b	人譜	責善		11313.	4	2a	人譜	教
11274.	4	1b	人譜	切切偲偲		11314.	4	2a	人譜	付
11275.	4	1b	人譜	子客		11315.	4	2a	人譜	托
11276.	4	1b	人譜	好		11316.	4	2a	人譜	屬
11277.	4	1b	人譜	親		11317.	4	2a	人譜	畀
11278.	4	1b	人譜	雅分		11318.	4	2a	人譜	寄
11279.	4	1b	人譜	雅素		11319.	4	2a	人譜	憑
11280.	4	1b	人譜	雅契		11320.	4	2a	人譜	仗
11281.	4	1b	人譜	疏		11321.	4	2a	人譜	依
11282.	4	1b	人譜	外		11322.	4	2a	人譜	據
11283.	4	1b	人譜	絕交		11323.	4	2a	人譜	恃
11284.	4	1b	人譜	寋		11324.	4	2a	人譜	倚
11285.	4	1b	人譜	迿		11325.	4	2a	人譜	靠
11286.	4	1b	人譜	私		11326.	4	2a	人譜	胼
11287.	4	2a	人譜	同		11327.	4	2a	人譜	席
11288.	4	2a	人譜	周		11328.	4	2a	人譜	籍
11289.	4	2a	人譜	比		11329.	4	2a	人譜	賴
11290.	4	2a	人譜	勸		11330.	4	2a	人譜	任
11291.	4	2a	人譜	勉		11331.	4	2a	人譜	授
11292.	4	2a	人譜	助		11332.	4	2a	人譜	委
11293.	4	2a	人譜	爲		11333.	4	2a	人譜	從
11294.	4	2a	人譜	倗		11334.	4	2a	人譜	隨
11295.	4	2a	人譜	將		11335.	4	2a	人譜	效
11296.	4	2a	人譜	佐		11336.	4	2a	人譜	法
11297.	4	2a	人譜	佑		11337.	4	2a	人譜	擬
11298.	4	2a	人譜	輔		11338.	4	2a	人譜	倣
11299.	4	2a	人譜	翼		11339.	4	2a	人譜	則
11300.	4	2a	人譜	伙		11340.	4	2a	人譜	依
11301.	4	2a	人譜	襄		11341.	4	2a	人譜	象
11302.	4	2a	人譜	贊		11342.	4	2a	人譜	式
11303.	4	2a	人譜	戎		11343.	4	2a	人譜	摹
11304.	4	2a	人譜	介		11344.	4	2a	人譜	效尤
11305.	4	2a	人譜	補		11345.	4	2a	人譜	代

11346.	4	2a	人譜	替	11386.	4	2b	人譜	嚇
11347.	4	2a	人譜	迭	11387.	4	2b	人譜	合口
11348.	4	2a	人譜	對	11388.	4	2b	人譜	交手
11349.	4	2a	人譜	向	11389.	4	2b	人譜	反脣
11350.	4	2a	人譜	臨	11390.	4	2b	人譜	嚃嚃
11351.	4	2a	人譜	借	11391.	4	2b	人譜	喧豗
11352.	4	2a	人譜	假	11392.	4	2b	人譜	講
11353.	4	2a	人譜	救	11393.	4	2b	人譜	解紛
11354.	4	2a	人譜	保	11394.	4	2b	人譜	克
11355.	4	2a	人譜	調護	11395.	4	2b	人譜	勝
11356.	4	2a	人譜	負	11396.	4	2b	人譜	刦
11357.	4	2a	人譜	孤	11397.	4	2b	人譜	脅迫
11358.	4	2a	人譜	背	11398.	4	2b	人譜	恩
11359.	4	2b	人譜	逆	11399.	4	2b	人譜	惠
11360.	4	2b	人譜	迕	11400.	4	2b	人譜	德
11361.	4	2b	人譜	欺	11401.	4	2b	人譜	澤
11362.	4	2b	人譜	誑	11402.	4	2b	人譜	賜
11363.	4	2b	人譜	罔	11403.	4	2b	人譜	陰德
11364.	4	2b	人譜	誑	11404.	4	2b	人譜	托庇
11365.	4	2b	人譜	紿	11405.	4	2b	人譜	德蔭
11366.	4	2b	人譜	賺	11406.	4	2b	人譜	矜
11367.	4	2b	人譜	瞞	11407.	4	2b	人譜	憐
11368.	4	2b	人譜	謾	11408.	4	2b	人譜	哀之
11369.	4	2b	人譜	騙	11409.	4	2b	人譜	恤
11370.	4	2b	人譜	幻	11410.	4	2b	人譜	怨
11371.	4	2b	人譜	佯	11411.	4	2b	人譜	仇讎
11372.	4	2b	人譜	陽	11412.	4	2b	人譜	賴
11373.	4	2b	人譜	侵	11413.	4	2b	人譜	隙
11374.	4	2b	人譜	逼	11414.	4	2b	人譜	余
11375.	4	2b	人譜	犯	11415.	4	2b	人譜	予
11376.	4	2b	人譜	干	11416.	4	2b	人譜	己
11377.	4	2b	人譜	害	11417.	4	2b	人譜	儂
11378.	4	2b	人譜	賊	11418.	4	2b	人譜	俺
11379.	4	2b	人譜	妨	11419.	4	2b	人譜	台
11380.	4	2b	人譜	爭	11420.	4	2b	人譜	喒
11381.	4	2b	人譜	競	11421.	4	2b	人譜	咱
11382.	4	2b	人譜	鬭	11422.	4	2b	人譜	吾
11383.	4	2b	人譜	?	11423.	4	2b	人譜	朕
11384.	4	2b	人譜	鬨	11424.	4	2b	人譜	不佞
11385.	4	2b	人譜	鬩	11425.	4	2b	人譜	洒家

11426.	4	3a	人譜	僕	11466.	4	3a	人譜	殹
11427.	4	3a	人譜	走	11467.	4	3a	人譜	客
11428.	4	3a	人譜	鄙	11468.	4	3a	人譜	堂客
11429.	4	3a	人譜	小生	11469.	4	3a	人譜	介
11430.	4	3a	人譜	小人	11470.	4	3a	人譜	主人
11431.	4	3a	人譜	賤子	11471.	4	3a	人譜	擯
11432.	4	3a	人譜	老爺	11472.	4	3a	人譜	儐
11433.	4	3a	人譜	乃公	11473.	4	3a	人譜	謁
11434.	4	3a	人譜	俺們	11474.	4	3a	人譜	見
11435.	4	3a	人譜	咱每	11475.	4	3a	人譜	詣
11436.	4	3a	人譜	小的	11476.	4	3a	人譜	候
11437.	4	3a	人譜	小可	11477.	4	3a	人譜	刺
11438.	4	3a	人譜	賤人	11478.	4	3a	人譜	拜帖
11439.	4	3a	人譜	奴材	11479.	4	3a	人譜	名紙
11440.	4	3a	人譜	你	11480.	4	3a	人譜	門狀
11441.	4	3a	人譜	他	11481.	4	3a	人譜	禮帖
11442.	4	3a	人譜	渠	11482.	4	3a	人譜	謁
11443.	4	3a	人譜	夫夫之子	11483.	4	3b	人譜	拜匣
11444.	4	3a	人譜	阿多	11484.	4	3b	人譜	待
11445.	4	3a	人譜	彼	11485.	4	3b	人譜	遇
11446.	4	3a	人譜	足下	11486.	4	3b	人譜	迎
11447.	4	3a	人譜	座下	11487.	4	3b	人譜	逆
11448.	4	3a	人譜	高明	11488.	4	3b	人譜	迓
11449.	4	3a	人譜	哥哥	11489.	4	3b	人譜	延
11450.	4	3a	人譜	丈丈	11490.	4	3b	人譜	引
11451.	4	3a	人譜	君	11491.	4	3b	人譜	導
11452.	4	3a	人譜	賢	11492.	4	3b	人譜	鉥
11453.	4	3a	人譜	尊	11493.	4	3b	人譜	逢
11454.	4	3a	人譜	汝	11494.	4	3b	人譜	遇
11455.	4	3a	人譜	若	11495.	4	3b	人譜	迓
11456.	4	3a	人譜	爾	11496.	4	3b	人譜	遭
11457.	4	3a	人譜	而	11497.	4	3b	人譜	覯
11458.	4	3a	人譜	乃	11498.	4	3b	人譜	邂逅
11459.	4	3a	人譜	或人	11499.	4	3b	人譜	班荊
11460.	4	3a	人譜	誰	11500.	4	3b	人譜	趂想
11461.	4	3a	人譜	孰	11501.	4	3b	人譜	面善
11462.	4	3a	人譜	疇	11502.	4	3b	人譜	待
11463.	4	3a	人譜	何人	11503.	4	3b	人譜	遲
11464.	4	3a	人譜	衆	11504.	4	3b	人譜	俟
11465.	4	3a	人譜	諸	11505.	4	3b	人譜	徯

11506.	4	3b	人譜	候	11546.	4	4a	人譜	契濶
11507.	4	3b	人譜	尋	11547.	4	4a	人譜	戀
11508.	4	3b	人譜	造	11548.	4	4a	人譜	悵然
11509.	4	3b	人譜	訪	11549.	4	4a	人譜	惆悵
11510.	4	3b	人譜	過	11550.	4	4a	人譜	想念
11511.	4	3b	人譜	枉	11551.	4	4a	人譜	客子
11512.	4	3b	人譜	顧	11552.	4	4a	人譜	遊子
11513.	4	3b	人譜	臨	11553.	4	4a	人譜	行旅
11514.	4	3b	人譜	來況	11554.	4	4a	人譜	行人
11515.	4	3b	人譜	惠然	11555.	4	4a	人譜	羈
11516.	4	3b	人譜	賁然	11556.	4	4a	人譜	瑣瑣
11517.	4	3b	人譜	召	11557.	4	4a	人譜	行
11518.	4	3b	人譜	招呼	11558.	4	4a	人譜	征行
11519.	4	3b	人譜	喚	11559.	4	4a	人譜	邁
11520.	4	3b	人譜	速	11560.	4	4a	人譜	向
11521.	4	3b	人譜	邀請	11561.	4	4a	人譜	過經
11522.	4	3b	人譜	追	11562.	4	4a	人譜	憂過
11523.	4	3b	人譜	會	11563.	4	4a	人譜	趁
11524.	4	3b	人譜	合	11564.	4	4a	人譜	趨
11525.	4	3b	人譜	聚集	11565.	4	4a	人譜	跋
11526.	4	3b	人譜	盍簪	11566.	4	4a	人譜	涉
11527.	4	3b	人譜	團圓	11567.	4	4a	人譜	拉
11528.	4	3b	人譜	團圝	11568.	4	4a	人譜	屑屑
11529.	4	3b	人譜	拒	11569.	4	4a	人譜	營營
11530.	4	3b	人譜	排	11570.	4	4a	人譜	靡靡
11531.	4	3b	人譜	擯	11571.	4	4a	人譜	間關
11532.	4	3b	人譜	斥	11572.	4	4a	人譜	佻佻
11533.	4	3b	人譜	摒	11573.	4	4a	人譜	來
11534.	4	3b	人譜	送	11574.	4	4a	人譜	曷來
11535.	4	3b	人譜	將	11575.	4	4a	人譜	至
11536.	4	3b	人譜	遣	11576.	4	4a	人譜	屆
11537.	4	3b	人譜	媵	11577.	4	4a	人譜	到
11538.	4	3b	人譜	送別	11578.	4	4a	人譜	臻
11539.	4	3b	人譜	留別	11579.	4	4a	人譜	恬
11540.	4	3b	人譜	離	11580.	4	4a	人譜	蒇
11541.	4	3b	人譜	分袂	11581.	4	4a	人譜	還
11542.	4	3b	人譜	分手	11582.	4	4a	人譜	反
11543.	4	3b	人譜	餞	11583.	4	4a	人譜	歸
11544.	4	4a	人譜	贐	11584.	4	4a	人譜	迴
11545.	4	4a	人譜	餞路	11585.	4	4a	人譜	云

11586.	4	4a	人譜	去	11626.	4	4b	人譜	酒幕
11587.	4	4a	人譜	如	11627.	4	4b	人譜	傳舍
11588.	4	4a	人譜	之	11628.	4	4b	人譜	院
11589.	4	4a	人譜	往	11629.	4	4b	人譜	腰站
11590.	4	4a	人譜	徂	11630.	4	4b	人譜	宿頭
11591.	4	4a	人譜	適	11631.	4	4b	人譜	郵亭
11592.	4	4a	人譜	逝	11632.	4	4b	人譜	唐肆
11593.	4	4a	人譜	廷	11633.	4	4b	人譜	店小二
11594.	4	4a	人譜	歸去來	11634.	4	4b	人譜	氓
11595.	4	4b	人譜	停	11635.	4	4b	人譜	百姓
11596.	4	4b	人譜	留	11636.	4	4b	人譜	元元
11597.	4	4b	人譜	淹滯	11637.	4	4b	人譜	黎元
11598.	4	4b	人譜	濡滯	11638.	4	4b	人譜	黎民
11599.	4	4b	人譜	淹留	11639.	4	4b	人譜	黎首
11600.	4	4b	人譜	稽留	11640.	4	4b	人譜	黔首
11601.	4	4b	人譜	肘	11641.	4	4b	人譜	蒼生
11602.	4	4b	人譜	寓	11642.	4	4b	人譜	眾庶
11603.	4	4b	人譜	僑	11643.	4	5a	人譜	庶民
11604.	4	4b	人譜	宿	11644.	4	5a	人譜	萬姓
11605.	4	4b	人譜	次	11645.	4	5a	人譜	億兆
11606.	4	4b	人譜	信	11646.	4	5a	人譜	烝民
11607.	4	4b	人譜	流離	11647.	4	5a	人譜	齊民
11608.	4	4b	人譜	漂泊	11648.	4	5a	人譜	噍類
11609.	4	4b	人譜	逃	11649.	4	5a	人譜	四民
11610.	4	4b	人譜	亡	11650.	4	5a	人譜	地著
11611.	4	4b	人譜	逋	11651.	4	5a	人譜	土著
11612.	4	4b	人譜	遯	11652.	4	5a	人譜	編戶
11613.	4	4b	人譜	躲	11653.	4	5a	人譜	雁戶
11614.	4	4b	人譜	匿	11654.	4	5a	人譜	流庸
11615.	4	4b	人譜	逐	11655.	4	5a	人譜	新甿
11616.	4	4b	人譜	毆趕	11656.	4	5a	人譜	流民
11617.	4	4b	人譜	行裝	11657.	4	5a	人譜	游手
11618.	4	4b	人譜	齎	11658.	4	5a	人譜	戶籍
11619.	4	4b	人譜	盤纏	11659.	4	5a	人譜	版籍
11620.	4	4b	人譜	行李	11660.	4	5a	人譜	人籍
11621.	4	4b	人譜	俶裝	11661.	4	5a	人譜	黃籍
11622.	4	4b	人譜	祖	11662.	4	5a	人譜	簡籙
11623.	4	4b	人譜	軷	11663.	4	5a	人譜	版
11624.	4	4b	人譜	店	11664.	4	5a	人譜	登下
11625.	4	4b	人譜	酒店	11665.	4	5a	人譜	周挾改印

11666.	4	5a	人譜	鄉帳		11706.	4	5b	人譜	謷謷
11667.	4	5a	人譜	手實		11707.	4	5b	人譜	儒
11668.	4	5a	人譜	統		11708.	4	5b	人譜	醇儒
11669.	4	5a	人譜	戶		11709.	4	5b	人譜	名儒
11670.	4	5a	人譜	口		11710.	4	5b	人譜	宿儒
11671.	4	5a	人譜	闌子		11711.	4	5b	人譜	學者
11672.	4	5a	人譜	號牌		11712.	4	5b	人譜	書生
11673.	4	5a	人譜	徭役		11713.	4	5b	人譜	白面
11674.	4	5a	人譜	夫		11714.	4	5b	人譜	巨擘
11675.	4	5a	人譜	調		11715.	4	6a	人譜	草澤
11676.	4	5a	人譜	庸		11716.	4	6a	人譜	布衣
11677.	4	5a	人譜	從政		11717.	4	6a	人譜	措大
11678.	4	5b	人譜	傳		11718.	4	6a	人譜	醋駄
11679.	4	5b	人譜	批朱		11719.	4	6a	人譜	豎儒
11680.	4	5b	人譜	白脚		11720.	4	6a	人譜	腐儒
11681.	4	5b	人譜	復		11721.	4	6a	人譜	學究
11682.	4	5b	人譜	計帳		11722.	4	6a	人譜	猢猻王
11683.	4	5b	人譜	貢賦		11723.	4	6a	人譜	生徒
11684.	4	5b	人譜	庀賦		11724.	4	6a	人譜	影質
11685.	4	5b	人譜	訂		11725.	4	6a	人譜	學課錢
11686.	4	5b	人譜	征		11726.	4	6a	人譜	束脩錢
11687.	4	5b	人譜	租		11727.	4	6a	人譜	鱔魚飯
11688.	4	5b	人譜	調		11728.	4	6a	人譜	道學
11689.	4	5b	人譜	興		11729.	4	6a	人譜	學問
11690.	4	5b	人譜	掊克		11730.	4	6a	人譜	教化
11691.	4	5b	人譜	誅求		11731.	4	6a	人譜	誨
11692.	4	5b	人譜	課		11732.	4	6a	人譜	敬
11693.	4	5b	人譜	逋		11733.	4	6a	人譜	誠
11694.	4	5b	人譜	負		11734.	4	6a	人譜	忠
11695.	4	5b	人譜	未完		11735.	4	6a	人譜	恕
11696.	4	5b	人譜	撫字		11736.	4	6a	人譜	中庸
11697.	4	5b	人譜	拊循		11737.	4	6a	人譜	禮樂
11698.	4	5b	人譜	子		11738.	4	6a	人譜	中和
11699.	4	5b	人譜	字惠		11739.	4	6a	人譜	格物
11700.	4	5b	人譜	敉		11740.	4	6a	人譜	致知
11701.	4	5b	人譜	存		11741.	4	a	人譜	六藝
11702.	4	5b	人譜	彫劼		11742.	4	6a	人譜	美
11703.	4	5b	人譜	嘅吘		11743.	4	6a	人譜	大
11704.	4	5b	人譜	殿屎		11744.	4	6a	人譜	聖
11705.	4	5b	人譜	塗炭		11745.	4	6a	人譜	神

11746.	4	6a	人譜	妙	11786.	4	7a	人譜	賦
11747.	4	6b	人譜	文	11787.	4	7a	人譜	原
11748.	4	6b	人譜	質	11788.	4	7a	人譜	對
11749.	4	6b	人譜	文章	11789.	4	7a	人譜	辨
11750.	4	6b	人譜	彬彬	11790.	4	7a	人譜	論
11751.	4	6b	人譜	斐然	11791.	4	7a	人譜	議
11752.	4	6b	人譜	煥乎	11792.	4	7a	人譜	題
11753.	4	6b	人譜	郁郁	11793.	4	7a	人譜	跋
11754.	4	6b	人譜	造詣	11794.	4	7a	人譜	騷
11755.	4	6b	人譜	愷愷	11795.	4	7a	人譜	志
11756.	4	6b	人譜	亹亹	11796.	4	7a	人譜	引
11757.	4	6b	人譜	亞聖	11797.	4	7a	人譜	青詞
11758.	4	6b	人譜	賢人	11798.	4	7a	人譜	道場疏
11759.	4	6b	人譜	君子	11799.	4	7a	人譜	募緣文
11760.	4	6b	人譜	大人	11800.	4	7a	人譜	連珠
11761.	4	6b	人譜	前修	11801.	4	7a	人譜	帽
11762.	4	6b	人譜	狂	11802.	4	7a	人譜	張本
11763.	4	6b	人譜	狷	11803.	4	7a	人譜	流別
11764.	4	6b	人譜	大方家	11804.	4	7a	人譜	種別
11765.	4	6b	人譜	屠者	11805.	4	7a	人譜	關鎖
11766.	4	6b	人譜	文藻	11806.	4	7a	人譜	段落
11767.	4	6b	人譜	著	11807.	4	7a	人譜	開場正本
11768.	4	6b	人譜	述	11808.	4	7a	人譜	蹈襲
11769.	4	6b	人譜	作	11809.	4	7a	人譜	膚
11770.	4	6b	人譜	撰	11810.	4	7a	人譜	古詩
11771.	4	6b	人譜	製	11811.	4	7a	人譜	歌
11772.	4	6b	人譜	口占	11812.	4	7a	人譜	行
11773.	4	6b	人譜	匠心	11813.	4	7a	人譜	引
11774.	4	6b	人譜	宗匠	11814.	4	7b	人譜	曲
11775.	4	6b	人譜	敘	11815.	4	7b	人譜	吟
11776.	4	6b	人譜	記	11816.	4	7b	人譜	律詩
11777.	4	6b	人譜	識	11817.	4	7b	人譜	排律
11778.	4	6b	人譜	銘	11818.	4	7b	人譜	絕句
11779.	4	6b	人譜	箴	11819.	4	7b	人譜	樂府
11780.	4	6b	人譜	戒	11820.	4	7b	人譜	近体
11781.	4	6b	人譜	頌	11821.	4	7b	人譜	詞曲
11782.	4	6b	人譜	贊	11822.	4	7b	人譜	詩餘
11783.	4	6b	人譜	說	11823.	4	7b	人譜	齣數
11784.	4	7a	人譜	解	11824.	4	7b	人譜	廉
11785.	4	7a	人譜	辭	11825.	4	7b	人譜	韻

11826.	4	7b	人譜	叶韻	11866.	4	8a	人譜	研究
11827.	4	7b	人譜	押韻	11867.	4	8a	人譜	稽
11828.	4	7b	人譜	次韻	11868.	4	8b	人譜	攷
11829.	4	7b	人譜	步韻	11869.	4	8b	人譜	訂
11830.	4	7b	人譜	倒次	11870.	4	8b	人譜	校勘
11831.	4	7b	人譜	依韻	11871.	4	8b	人譜	校讎
11832.	4	7b	人譜	用韻	11872.	4	8b	人譜	閱讎
11833.	4	7b	人譜	和	11873.	4	8b	人譜	繙閱
11834.	4	7b	人譜	應	11874.	4	8b	人譜	紬繹
11835.	4	7b	人譜	聯句	11875.	4	8b	人譜	溫繹
11836.	4	7b	人譜	集句	11876.	4	8b	人譜	博覽
11837.	4	7b	人譜	迴文	11877.	4	8b	人譜	博洽
11838.	4	7b	人譜	敲推	11878.	4	8b	人譜	淹博
11839.	4	7b	人譜	疏苟氣	11879.	4	8b	人譜	該博
11840.	4	7b	人譜	詩八病	11880.	4	8b	人譜	該貫
11841.	4	7b	人譜	平頭	11881.	4	8b	人譜	涉獵
11842.	4	8a	人譜	上尾	11882.	4	8b	人譜	謏聞
11843.	4	8a	人譜	蜂腰	11883.	4	8b	人譜	孤陋
11844.	4	8a	人譜	鶴膝	11884.	4	8b	人譜	誦
11845.	4	8a	人譜	大韻	11885.	4	8b	人譜	誦聲
11846.	4	8a	人譜	小韻	11886.	4	8b	人譜	諷
11847.	4	8a	人譜	正紐	11887.	4	8b	人譜	倍文
11848.	4	8a	人譜	旁紐	11888.	4	8b	人譜	背念
11849.	4	8a	人譜	章	11889.	4	8b	人譜	佔畢
11850.	4	8a	人譜	篇	11890.	4	8b	人譜	吟
11851.	4	8a	人譜	句讀	11891.	4	8b	人譜	詠哦
11852.	4	8a	人譜	句度	11892.	4	8b	人譜	呻伊吾
11853.	4	8a	人譜	讀	11893.	4	8b	人譜	披閱
11854.	4	8a	人譜	詁	11894.	4	8b	人譜	泛覽
11855.	4	8a	人譜	註	11895.	4	8b	人譜	流觀
11856.	4	8a	人譜	譯	11896.	4	8b	人譜	乙
11857.	4	8a	人譜	解	11897.	4	8b	人譜	問難
11858.	4	8a	人譜	疏	11898.	4	8b	人譜	討論
11859.	4	8a	人譜	箋	11899.	4	8b	人譜	論難
11860.	4	8a	人譜	演義	11900.	4	8b	人譜	講磨
11861.	4	8a	人譜	摻	11901.	4	8b	人譜	辨析
11862.	4	8a	人譜	輯	11902.	4	8b	人譜	謄
11863.	4	8a	人譜	裒	11903.	4	8b	人譜	寫
11864.	4	8a	人譜	探賾	11904.	4	8b	人譜	錄
11865.	4	8a	人譜	捃摭	11905.	4	8b	人譜	繕寫

11906.	4	8b	人譜	鉛槧	11946.	4	9b	人譜	隸書
11907.	4	9a	人譜	乙	11947.	4	9b	人譜	楷字
11908.	4	9a	人譜	點化	11948.	4	9b	人譜	真書
11909.	4	9a	人譜	點竄	11949.	4	9b	人譜	擊石波
11910.	4	9a	人譜	交周	11950.	4	9b	人譜	鶴頭偃波
11911.	4	9a	人譜	打圈	11951.	4	9b	人譜	行書
11912.	4	9a	人譜	塗竄	11952.	4	9b	人譜	行真
11913.	4	9a	人譜	塗抹	11953.	4	9b	人譜	真行
11914.	4	9a	人譜	擦	11954.	4	9b	人譜	行草
11915.	4	9a	人譜	扣寫	11955.	4	10a	人譜	草行
11916.	4	9a	人譜	壓寫	11956.	4	10a	人譜	草書
11917.	4	9a	人譜	刮貼	11957.	4	10a	人譜	飛白書
11918.	4	9a	人譜	平行寫	11958.	4	10a	人譜	擘窠書
11919.	4	9a	人譜	擡頭寫	11959.	4	10a	人譜	ㄱ
11920.	4	9a	人譜	影子	11960.	4	10a	人譜	ㄴ
11921.	4	9a	人譜	影隔兒	11961.	4	10a	人譜	ㄷ
11922.	4	9a	人譜	書刀	11962.	4	10a	人譜	ㄹ
11923.	4	9a	人譜	削刀	11963.	4	10a	人譜	ㅁ
11924.	4	9a	人譜	書	11964.	4	10a	人譜	ㅂ
11925.	4	9a	人譜	筆	11965.	4	10a	人譜	ㅅ
11926.	4	9a	人譜	離佉	11966.	4	10a	人譜	ㅣ
11927.	4	9a	人譜	畫	11967.	4	10a	人譜	ㅇ
11928.	4	9a	人譜	點	11968.	4	10a	人譜	가갸거겨고교구규그기ㄱ
11929.	4	9a	人譜	左戾					
11930.	4	9a	人譜	擎	11969.	4	10a	人譜	나냐너녀노뇨누뉴느니ㄴ
11931.	4	9a	人譜	右戾					
11932.	4	9a	人譜	拂	11970.	4	10a	人譜	다댜더뎌도됴두듀드디ㄷ
11933.	4	9a	人譜	抴					
11934.	4	9a	人譜	迻	11971.	4	10a	人譜	라랴러려로료루류르리ㄹ
11935.	4	9b	人譜	鉤挑					
11936.	4	9b	人譜	韻	11972.	4	10a	人譜	마먀머며모묘무뮤므미ㅁ
11937.	4	9b	人譜	平聲					
11938.	4	9b	人譜	上聲	11973.	4	10a	人譜	바뱌버벼보뵤부뷰브비ㅂ
11939.	4	9b	人譜	去聲					
11940.	4	9b	人譜	入聲	11974.	4	10a	人譜	사샤서셔소쇼ㄴ수슈스시ㄴ
11941.	4	9b	人譜	仄聲					
11942.	4	9b	人譜	反切	11975.	4	10a	人譜	아야어여오요우유으이ㅇ
11943.	4	9b	人譜	字母					
11944.	4	9b	人譜	八分	11976.	4	10a	人譜	자쟈저져조죠주쥬즈지ㅈ
11945.	4	9b	人譜	隼尾波					

11977.	4	10a	人譜	차 챠 처 쳐 초 쵸 추 츄 츠 치 츠	12012.	4	11a	人譜	押頭
					12013.	4	11a	人譜	籤題
11978.	4	10a	人譜	타 탸 터 텨 토 툐 투 튜 트 티 ㄹ	12014.	4	11a	人譜	打撅
					12015.	4	11a	人譜	蹵
11979.	4	10a	人譜	카 캬 커 켜 코 쿄 쿠 큐 크 키 ㅋ	12016.	4	11a	人譜	楔子
					12017.	4	11a	人譜	玉蹵
11980.	4	10a	人譜	파 퍄 퍼 펴 포 표 푸 퓨 프 피 ㅍ	12018.	4	11a	人譜	書面子
					12019.	4	11a	人譜	裱褙
11981.	4	10a	人譜	하 햐 허 혀 호 효 후 휴 흐 히 ㅎ	12020.	4	11a	人譜	裝潢
					12021.	4	11a	人譜	籤
11982.	4	10b	人譜	法帖	12022.	4	11a	人譜	笈
11983.	4	10b	人譜	牓	12023.	4	11a	人譜	書廚
11984.	4	10b	人譜	手畢	12024.	4	11a	人譜	書鎮
11985.	4	10b	人譜	臨帖	12025.	4	11a	人譜	鎮紙
11986.	4	10b	人譜	摹搨	12026.	4	11a	人譜	書架
11987.	4	10b	人譜	響搨	12027.	4	11a	人譜	書棚
11988.	4	10b	人譜	硬黃	12028.	4	11a	人譜	書格
11989.	4	10b	人譜	贗碑	12029.	4	11a	人譜	庫露格
11990.	4	10b	人譜	策	12030.	4	11a	人譜	書龕
11991.	4	10b	人譜	畢	12031.	4	11a	人譜	榥
11992.	4	10b	人譜	簡	12032.	4	11a	人譜	書牀
11993.	4	10b	人譜	篇	12033.	4	11a	人譜	書案
11994.	4	10b	人譜	觚	12034.	4	11a	人譜	丌
11995.	4	10b	人譜	編	12035.	4	11a	人譜	獺架
11996.	4	10b	人譜	牘牒	12036.	4	11b	人譜	六經
11997.	4	10b	人譜	方策	12037.	4	11b	人譜	五經
11998.	4	10b	人譜	葉	12038.	4	11b	人譜	三經
11999.	4	10b	人譜	不語先生	12039.	4	11b	人譜	四書
12000.	4	10b	人譜	卷	12040.	4	11b	人譜	九經
12001.	4	10b	人譜	一局	12041.	4	11b	人譜	十三經
12002.	4	10b	人譜	縛	12042.	4	11b	人譜	彖
12003.	4	10b	人譜	一通	12043.	4	11b	人譜	象
12004.	4	10b	人譜	秩	12044.	4	11b	人譜	爻辭
12005.	4	10b	人譜	閃刀紙	12045.	4	11b	人譜	十翼
12006.	4	11a	人譜	軸	12046.	4	11b	人譜	程傳
12007.	4	11a	人譜	贉	12047.	4	11b	人譜	本義
12008.	4	11a	人譜	玉池	12048.	4	11b	人譜	鯀
12009.	4	11a	人譜	引首	12049.	4	11b	人譜	連山
12010.	4	11a	人譜	雙引首	12050.	4	11b	人譜	歸藏
12011.	4	11a	人譜	金題	12051.	4	11b	人譜	乾坤

12052.	4	11b	人譜	河圖・玉板	12092.	4	13a	人譜	周公六典
12053.	4	11b	人譜	大傳・飛候	12093.	4	13a	人譜	儀禮
12054.	4	11b	人譜	乾鑿度	12094.	4	13a	人譜	曲禮
12055.	4	12a	人譜	河圖	12095.	4	13a	人譜	淹中逸禮
12056.	4	12a	人譜	洛書	12096.	4	13a	人譜	曲臺記
12057.	4	12a	人譜	先天	12097.	4	13a	人譜	大戴禮
12058.	4	12a	人譜	後天	12098.	4	13a	人譜	小戴禮
12059.	4	12a	人譜	一	12099.	4	13a	人譜	戴經
12060.	4	12a	人譜	口	12100.	4	13a	人譜	据斗斗威儀
12061.	4	12a	人譜	X	12101.	4	13a	人譜	麟經
12062.	4	12a	人譜	卦	12102.	4	13a	人譜	陽秋
12063.	4	12a	人譜	貞猷	12103.	4	13a	人譜	左傳
12064.	4	12a	人譜	奇耦	12104.	4	13a	人譜	公羊傳
12065.	4	12b	人譜	尚書	12105.	4	13b	人譜	穀梁傳
12066.	4	12b	人譜	壁經	12106.	4	13b	人譜	鄒夾
12067.	4	12b	人譜	古文	12107.	4	13b	人譜	三傳註疏
12068.	4	12b	人譜	今文	12108.	4	13b	人譜	胡傳
12069.	4	12b	人譜	中文	12109.	4	13b	人譜	運斗樞
12070.	4	12b	人譜	五行傳	12110.	4	13b	人譜	元命包
12071.	4	12b	人譜	中候傳	12111.	4	13b	人譜	考異郵
12072.	4	12b	人譜	毛詩	12112.	4	13b	人譜	乘
12073.	4	12b	人譜	葩經	12113.	4	13b	人譜	檮杌
12074.	4	12b	人譜	六義	12114.	4	13b	人譜	馬史
12075.	4	12b	人譜	興	12115.	4	13b	人譜	漢書
12076.	4	12b	人譜	賦	12116.	4	13b	人譜	後漢書
12077.	4	12b	人譜	比	12117.	4	13b	人譜	野史
12078.	4	12b	人譜	興而賦	12118.	4	13b	人譜	墨兵
12079.	4	12b	人譜	興而比	12119.	4	13b	人譜	汗簡
12080.	4	12b	人譜	賦而比	12120.	4	13b	人譜	汗青
12081.	4	12b	人譜	什	12121.	4	13b	人譜	殺青
12082.	4	12b	人譜	推災度	12122.	4	13b	人譜	青史
12083.	4	12b	人譜	記含神霧	12123.	4	13b	人譜	竹帛
12084.	4	12b	人譜	魯論	12124.	4	13b	人譜	本記
12085.	4	12b	人譜	齊論	12125.	4	13b	人譜	實錄
12086.	4	13a	人譜	大學	12126.	4	13b	人譜	傳
12087.	4	13a	人譜	中庸	12127.	4	13b	人譜	列傳
12088.	4	13a	人譜	赤虹黃玉文	12128.	4	13b	人譜	五典
12089.	4	13a	人譜	鉤命訣	12129.	4	13b	人譜	九丘
12090.	4	13a	人譜	援神契	12130.	4	13b	人譜	八索
12091.	4	13a	人譜	周禮	12131.	4	14a	人譜	四部

12132.	4	14a	人譜	裨說		12172.	4	14b	人譜	言
12133.	4	14a	人譜	四大奇書		12173.	4	14b	人譜	越
12134.	4	14a	人譜	傳奇		12174.	4	14b	人譜	曰
12135.	4	14a	人譜	才子書		12175.	4	14b	人譜	粵
12136.	4	14a	人譜	聖嘆外書		12176.	4	14b	人譜	且
12137.	4	14a	人譜	錄		12177.	4	14b	人譜	繄
12138.	4	14a	人譜	千字		12178.	4	14b	人譜	羌
12139.	4	14a	人譜	三字經		12179.	4	14b	人譜	而
12140.	4	14a	人譜	百家姓		12180.	4	14b	人譜	夫
12141.	4	14a	人譜	尌		12181.	4	14b	人譜	猗
12142.	4	14a	人譜	草		12182.	4	14b	人譜	爰
12143.	4	14a	人譜	藁		12183.	4	14b	人譜	於
12144.	4	14b	人譜	簡牘		12184.	4	14b	人譜	于
12145.	4	14b	人譜	畢		12185.	4	14b	人譜	云
12146.	4	14b	人譜	小貼子		12186.	4	14b	人譜	其
12147.	4	14b	人譜	書牘		12187.	4	14b	人譜	諸
12148.	4	14b	人譜	尺素		12188.	4	14b	人譜	矣
12149.	4	14b	人譜	雙鯉		12189.	4	14b	人譜	也
12150.	4	14b	人譜	方勝		12190.	4	14b	人譜	夫
12151.	4	14b	人譜	赫蹏		12191.	4	14b	人譜	已
12152.	4	14b	人譜	柬		12192.	4	14b	人譜	來
12153.	4	14b	人譜	翰		12193.	4	14b	人譜	歟
12154.	4	14b	人譜	交關		12194.	4	14b	人譜	耳
12155.	4	14b	人譜	疏		12195.	4	14b	人譜	些
12156.	4	14b	人譜	狀		12196.	4	14b	人譜	方
12157.	4	14b	人譜	牌子		12197.	4	14b	人譜	且
12158.	4	14b	人譜	委曲		12198.	4	14b	人譜	里
12159.	4	14b	人譜	告目		12199.	4	14b	人譜	忌
12160.	4	14b	人譜	皮封		12200.	4	14b	人譜	胥
12161.	4	14b	人譜	方底		12201.	4	14b	人譜	爾
12162.	4	14b	人譜	飲章		12202.	4	14b	人譜	居
12163.	4	14b	人譜	飛書		12203.	4	14b	人譜	思
12164.	4	14b	人譜	抑		12204.	4	14b	人譜	許
12165.	4	14b	人譜	丞		12205.	4	14b	人譜	麼
12166.	4	14b	人譜	逝		12206.	4	14b	人譜	呢
12167.	4	14b	人譜	式		12207.	4	14b	人譜	啊
12168.	4	14b	人譜	遹		12208.	4	14b	人譜	波
12169.	4	14b	人譜	伊		12209.	4	14b	人譜	生
12170.	4	14b	人譜	侯		12210.	4	14b	人譜	而
12171.	4	14b	人譜	也		12211.	4	15a	人譜	肆

12212.	4	15a	人譜	哉	12252.	4	15a	人譜	不
12213.	4	15a	人譜	乎	12253.	4	15a	人譜	未
12214.	4	15a	人譜	則	12254.	4	15a	人譜	靡
12215.	4	15a	人譜	者	12255.	4	15a	人譜	微
12216.	4	15a	人譜	乃	12256.	4	15a	人譜	非
12217.	4	15a	人譜	殺	12257.	4	15a	人譜	匪
12218.	4	15a	人譜	了	12258.	4	15a	人譜	否
12219.	4	15a	人譜	之	12259.	4	15a	人譜	盍
12220.	4	15a	人譜	旃	12260.	4	15a	人譜	勿
12221.	4	15a	人譜	歟	12261.	4	15a	人譜	母
12222.	4	15a	人譜	邪	12262.	4	15a	人譜	莫
12223.	4	15a	人譜	何	12263.	4	15a	人譜	其
12224.	4	15a	人譜	甚	12264.	4	15a	人譜	此
12225.	4	15a	人譜	那	12265.	4	15a	人譜	所
12226.	4	15a	人譜	曷	12266.	4	15a	人譜	者
12227.	4	15a	人譜	害	12267.	4	15a	人譜	必
12228.	4	15a	人譜	烏	12268.	4	15a	人譜	應
12229.	4	15a	人譜	奚	12269.	4	15b	人譜	借
12230.	4	15a	人譜	安	12270.	4	15b	人譜	假
12231.	4	15a	人譜	馬	12271.	4	15b	人譜	設
12232.	4	15a	人譜	寧	12272.	4	15b	人譜	或
12233.	4	15a	人譜	胡	12273.	4	15b	人譜	儻
12234.	4	15a	人譜	奈	12274.	4	15b	人譜	脫
12235.	4	15a	人譜	怎	12275.	4	15b	人譜	況
12236.	4	15a	人譜	這	12276.	4	15b	人譜	矧
12237.	4	15a	人譜	那	12277.	4	15b	人譜	寧
12238.	4	15a	人譜	怎	12278.	4	15b	人譜	無寧
12239.	4	15a	人譜	恁	12279.	4	15b	人譜	當
12240.	4	15a	人譜	甚	12280.	4	15b	人譜	惟
12241.	4	15a	人譜	狠	12281.	4	15b	人譜	幾
12242.	4	15a	人譜	白	12282.	4	15b	人譜	垂
12243.	4	15a	人譜	豈	12283.	4	15b	人譜	將
12244.	4	15a	人譜	詎	12284.	4	15b	人譜	庶
12245.	4	15a	人譜	庸	12285.	4	15b	人譜	尚
12246.	4	15a	人譜	卻	12286.	4	15b	人譜	殆
12247.	4	15a	人譜	遂	12287.	4	15b	人譜	猶
12248.	4	15a	人譜	反	12288.	4	15b	人譜	尚
12249.	4	15a	人譜	曾	12289.	4	15b	人譜	但
12250.	4	15a	人譜	顧	12290.	4	15b	人譜	第
12251.	4	15a	人譜	還	12291.	4	15b	人譜	只

12292.	4	15b	人譜	徒		12332.	4	16a	人譜	元
12293.	4	15b	人譜	非		12333.	4	16a	人譜	素
12294.	4	15b	人譜	特		12334.	4	16a	人譜	凡
12295.	4	15b	人譜	不獨		12335.	4	16a	人譜	大凡
12296.	4	15b	人譜	僅		12336.	4	16a	人譜	大抵
12297.	4	15b	人譜	終		12337.	4	16a	人譜	一切
12298.	4	15b	人譜	誠		12338.	4	16a	人譜	大槩
12299.	4	15b	人譜	展		12339.	4	16a	人譜	大略
12300.	4	15b	人譜	信		12340.	4	16a	人譜	梗槩
12301.	4	15b	人譜	洵		12341.	4	16a	人譜	皆
12302.	4	15b	人譜	苟		12342.	4	16a	人譜	咸
12303.	4	15b	人譜	亶		12343.	4	16a	人譜	盡
12304.	4	15b	人譜	分明		12344.	4	16a	人譜	及
12305.	4	15b	人譜	的		12345.	4	16a	人譜	逮
12306.	4	15b	人譜	實		12346.	4	16a	人譜	及
12307.	4	15b	人譜	真		12347.	4	16a	人譜	暨
12308.	4	15b	人譜	可		12348.	4	16a	人譜	與
12309.	4	15b	人譜	然		12349.	4	16a	人譜	以
12310.	4	15b	人譜	得		12350.	4	16a	人譜	用
12311.	4	15b	人譜	是		12351.	4	16a	人譜	庸
12312.	4	15b	人譜	肯		12352.	4	16a	人譜	自
12313.	4	15b	人譜	堪		12353.	4	16a	人譜	獨
12314.	4	15b	人譜	耐可		12354.	4	16a	人譜	特
12315.	4	15b	人譜	方		12355.	4	16a	人譜	自然
12316.	4	15b	人譜	將		12356.	4	16a	人譜	自
12317.	4	15b	人譜	鼎		12357.	4	16a	人譜	相
12318.	4	15b	人譜	始		12358.	4	16a	人譜	互
12319.	4	15b	人譜	俶		12359.	4	16a	人譜	胥
12320.	4	15b	人譜	初		12360.	4	16a	人譜	交
12321.	4	15b	人譜	姑		12361.	4	16a	人譜	迭
12322.	4	15b	人譜	且		12362.	4	16a	人譜	遞
12323.	4	15b	人譜	聊		12363.	4	16a	人譜	如
12324.	4	15b	人譜	殊		12364.	4	16a	人譜	若
12325.	4	15b	人譜	須		12365.	4	16a	人譜	萬一
12326.	4	15b	人譜	頗		12366.	4	16a	人譜	如
12327.	4	15b	人譜	每		12367.	4	16a	人譜	似
12328.	4	16a	人譜	輒		12368.	4	16a	人譜	若
12329.	4	16a	人譜	動		12369.	4	16a	人譜	肖
12330.	4	16a	人譜	即		12370.	4	16a	人譜	猶
12331.	4	16a	人譜	原		12371.	4	16a	人譜	類

12372.	4	16a	人譜	甚	12412.	4	16b	人譜	寡是
12373.	4	16a	人譜	孔	12413.	4	16b	人譜	所由
12374.	4	16a	人譜	劇	12414.	4	16b	人譜	恁憑
12375.	4	16a	人譜	泰	12415.	4	16b	人譜	罷呀
12376.	4	16a	人譜	亢	12416.	4	16b	人譜	遞兒口氣
12377.	4	16a	人譜	太	12417.	4	16b	人譜	自然口氣
12378.	4	16a	人譜	已	12418.	4	16b	人譜	咳未
12379.	4	16a	人譜	最	12419.	4	16b	人譜	東西
12380.	4	16a	人譜	十分	12420.	4	16b	人譜	一回兒
12381.	4	16a	人譜	殺	12421.	4	16b	人譜	管你麼
12382.	4	16a	人譜	已	12422.	4	16b	人譜	支支吾吾
12383.	4	16a	人譜	業	12423.	4	16b	人譜	索性
12384.	4	16a	人譜	奄	12424.	4	16b	人譜	撈把住
12385.	4	16a	人譜	如此	12425.	4	16b	人譜	句了
12386.	4	16a	人譜	若此	12426.	4	16b	人譜	遭是
12387.	4	16a	人譜	如是	12427.	4	16b	人譜	不覺
12388.	4	16a	人譜	寧馨	12428.	4	16b	人譜	剛剛的
12389.	4	16a	人譜	恁	12429.	4	16b	人譜	渾普
12390.	4	16a	人譜	若箇	12430.	4	16b	人譜	隔了
12391.	4	16b	人譜	阿堵	12431.	4	16b	人譜	罷了
12392.	4	16b	人譜	兀底	12432.	4	17a	人譜	該甚
12393.	4	16b	人譜	這箇	12433.	4	17a	人譜	往那邊
12394.	4	16b	人譜	兀的	12434.	4	17a	人譜	這一向
12395.	4	16b	人譜	得無	12435.	4	17a	人譜	位
12396.	4	16b	人譜	無乃	12436.	4	17a	人譜	有些時
12397.	4	16b	人譜	若乃	12437.	4	17a	人譜	倍倍
12398.	4	16b	人譜	若夫	12438.	4	17a	人譜	無定向
12399.	4	16b	人譜	然後	12439.	4	17a	人譜	蹺蹊
12400.	4	16b	人譜	然則	12440.	4	17a	人譜	作用
12401.	4	16b	人譜	便是	12441.	4	17a	人譜	儘教
12402.	4	16b	人譜	真箇	12442.	4	17a	人譜	遮莫
12403.	4	16b	人譜	這裡	12443.	4	17a	人譜	斗
12404.	4	16b	人譜	儘	12444.	4	17a	人譜	聖
12405.	4	16b	人譜	雖	12445.	4	17a	人譜	懸
12406.	4	16b	人譜	縱	12446.	4	17a	人譜	絕
12407.	4	16b	人譜	胡亂	12447.	4	17a	人譜	楮國公
12408.	4	16b	人譜	也是	12448.	4	17a	人譜	楮先生
12409.	4	16b	人譜	儘一儘	12449.	4	17a	人譜	白州刺史
12410.	4	16b	人譜	越發	12450.	4	17a	人譜	好時侯
12411.	4	16b	人譜	罷字口氣	12451.	4	17a	人譜	方絮

12452.	4	17a	人譜	剡藤	12492.	4	17b	人譜	虎僕
12453.	4	17a	人譜	牋	12493.	4	17b	人譜	彤管
12454.	4	17a	人譜	白硾紙	12494.	4	17b	人譜	筆彄
12455.	4	17a	人譜	陟釐紙	12495.	4	17b	人譜	筆鋒
12456.	4	17a	人譜	雪花紙	12496.	4	17b	人譜	柄
12457.	4	17a	人譜	竹清紙	12497.	4	17b	人譜	枝
12458.	4	17a	人譜	藁精紙	12498.	4	17b	人譜	床
12459.	4	17a	人譜	桑紙	12499.	4	17b	人譜	筆飽
12460.	4	17a	人譜	羽紙	12500.	4	17b	人譜	渴筆
12461.	4	17a	人譜	硬黃紙	12501.	4	18a	人譜	禿
12462.	4	17a	人譜	布頭牋	12502.	4	18a	人譜	筆架
12463.	4	17b	人譜	竹紙	12503.	4	18a	人譜	筆山
12464.	4	17b	人譜	粉紙	12504.	4	18a	人譜	筆格
12465.	4	17b	人譜	毛面繭紙	12505.	4	18a	人譜	烏金
12466.	4	17b	人譜	大四連紙	12506.	4	18a	人譜	烏玉玦
12467.	4	17b	人譜	證心紙	12507.	4	18a	人譜	松滋侯
12468.	4	17b	人譜	苔紙	12508.	4	18a	人譜	玄香太守
12469.	4	17b	人譜	白面紙	12509.	4	18a	人譜	陳玄
12470.	4	17b	人譜	壯紙	12510.	4	18a	人譜	蛾綠
12471.	4	17b	人譜	白紙	12511.	4	18a	人譜	隃糜
12472.	4	17b	人譜	張	12512.	4	18a	人譜	松花
12473.	4	17b	人譜	番	12513.	4	18a	人譜	筎
12474.	4	17b	人譜	幅	12514.	4	18a	人譜	丁
12475.	4	17b	人譜	卷	12515.	4	18a	人譜	丸
12476.	4	17b	人譜	合褙	12516.	4	18a	人譜	螺
12477.	4	17b	人譜	褾褙	12517.	4	18a	人譜	墨池
12478.	4	17b	人譜	幡	12518.	4	18a	人譜	即墨侯
12479.	4	17b	人譜	粉版	12519.	4	18a	人譜	石虛中
12480.	4	17b	人譜	毛穎	12520.	4	18a	人譜	離石鄉侯
12481.	4	17b	人譜	毛刺史	12521.	4	18a	人譜	結隣
12482.	4	17b	人譜	毛先生	12522.	4	18a	人譜	龍尾
12483.	4	17b	人譜	毛錐子	12523.	4	18a	人譜	鳳咮
12484.	4	17b	人譜	中書君	12524.	4	18a	人譜	紫石潭
12485.	4	17b	人譜	官城子	12525.	4	18a	人譜	硯陽
12486.	4	17b	人譜	兔尖尖	12526.	4	18a	人譜	金井
12487.	4	17b	人譜	奴栗尾	12527.	4	18a	人譜	硯滴
12488.	4	17b	人譜	聿	12528.	4	18a	人譜	水滴
12489.	4	17b	人譜	弗	12529.	4	18a	人譜	吸子
12490.	4	17b	人譜	不律	12530.	4	18a	人譜	水中丞
12491.	4	17b	人譜	毫	12531.	4	18a	人譜	大學

12532.	4	18a	人譜	小學	12572.	4	19a	人譜	解元
12533.	4	18b	人譜	右學	12573.	4	19a	人譜	舉場
12534.	4	18b	人譜	左學	12574.	4	19a	人譜	監試
12535.	4	18b	人譜	上庠	12575.	4	19a	人譜	登科
12536.	4	18b	人譜	下庠	12576.	4	19a	人譜	登第
12537.	4	18b	人譜	東膠	12577.	4	19a	人譜	及第
12538.	4	18b	人譜	西膠	12578.	4	19a	人譜	大闈
12539.	4	18b	人譜	瞽宗	12579.	4	19a	人譜	先達
12540.	4	18b	人譜	辟雍	12580.	4	19a	人譜	小成
12541.	4	18b	人譜	國學	12581.	4	19a	人譜	生員
12542.	4	18b	人譜	鄉學	12582.	4	19a	人譜	進士
12543.	4	18b	人譜	謝	12583.	4	19a	人譜	先輩
12544.	4	18b	人譜	塾	12584.	4	19a	人譜	破天荒
12545.	4	18b	人譜	黌	12585.	4	19a	人譜	壯元
12546.	4	18b	人譜	國子	12586.	4	19a	人譜	壯頭
12547.	4	18b	人譜	釋奠	12587.	4	19a	人譜	魁
12548.	4	18b	人譜	釋菜	12588.	4	19a	人譜	甲科
12549.	4	18b	人譜	舍萌	12589.	4	19b	人譜	乙科
12550.	4	18b	人譜	祭菜	12590.	4	19b	人譜	榜眼
12551.	4	18b	人譜	舍菜	12591.	4	19b	人譜	丙科
12552.	4	18b	人譜	養老	12592.	4	19b	人譜	探花
12553.	4	18b	人譜	三老五更	12593.	4	19b	人譜	榜
12554.	4	19a	人譜	試	12594.	4	19b	人譜	榜目
12555.	4	19a	人譜	課	12595.	4	19b	人譜	黃榜
12556.	4	19a	人譜	合保	12596.	4	19b	人譜	龍榜
12557.	4	19a	人譜	關節	12597.	4	19b	人譜	厺榜
12558.	4	19a	人譜	還往	12598.	4	19b	人譜	蕊榜
12559.	4	19a	人譜	無名子	12599.	4	19b	人譜	蓮榜
12560.	4	19a	人譜	舉子	12600.	4	19b	人譜	附榜
12561.	4	19a	人譜	儒巾	12601.	4	19b	人譜	榜花
12562.	4	19a	人譜	大科	12602.	4	19b	人譜	同年
12563.	4	19a	人譜	小科	12603.	4	19b	人譜	唱榜
12564.	4	19a	人譜	初試	12604.	4	19b	人譜	紅牌
12565.	4	19a	人譜	會試	12605.	4	19b	人譜	白牌
12566.	4	19a	人譜	小考	12606.	4	19b	人譜	帖
12567.	4	19a	人譜	大考	12607.	4	19b	人譜	試帖
12568.	4	19a	人譜	南省	12608.	4	19b	人譜	何論
12569.	4	19a	人譜	鄉貢	12609.	4	19b	人譜	題
12570.	4	19a	人譜	解額	12610.	4	19b	人譜	帖括
12571.	4	19a	人譜	拔解	12611.	4	19b	人譜	射策

12612.	4	19b	人譜	對策	12652.	4	20a	人譜	左道
12613.	4	19b	人譜	策	12653.	4	20a	人譜	野道
12614.	4	19b	人譜	表	12654.	4	20a	人譜	邪說
12615.	4	19b	人譜	賦	12655.	4	20a	人譜	詖行
12616.	4	19b	人譜	論	12656.	4	20b	人譜	楊氏
12617.	4	19b	人譜	詩	12657.	4	20b	人譜	墨氏
12618.	4	19b	人譜	經義疑心	12658.	4	20b	人譜	莊周
12619.	4	19b	人譜	箴	12659.	4	20b	人譜	別墨
12620.	4	19b	人譜	銘	12660.	4	20b	人譜	刑名
12621.	4	19b	人譜	頌	12661.	4	20b	人譜	仙道
12622.	4	19b	人譜	批點	12662.	4	20b	人譜	象教
12623.	4	19b	人譜	貫珠	12663.	4	20b	人譜	禪學
12624.	4	19b	人譜	抹	12664.	4	20b	人譜	佛
12625.	4	19b	人譜	紅勒帛	12665.	4	20b	人譜	遮那
12626.	4	19b	人譜	飛對	12666.	4	20b	人譜	金仙
12627.	4	19b	人譜	座首	12667.	4	20b	人譜	世尊
12628.	4	20a	人譜	試官	12668.	4	20b	人譜	空王
12629.	4	20a	人譜	有司	12669.	4	20b	人譜	彌勒
12630.	4	20a	人譜	恩門	12670.	4	20b	人譜	釋迦如來
12631.	4	20a	人譜	巡視官	12671.	4	20b	人譜	觀世音菩薩
12632.	4	20a	人譜	封彌官	12672.	4	20b	人譜	南無阿彌陀佛
12633.	4	20a	人譜	貢院	12673.	4	20b	人譜	瞿曇
12634.	4	20a	人譜	禮闈	12674.	4	21a	人譜	伽藍摩
12635.	4	20a	人譜	場屋	12675.	4	21a	人譜	耶須夫人
12636.	4	20a	人譜	棘闈	12676.	4	21a	人譜	青螺髻
12637.	4	20a	人譜	報喜	12677.	4	21a	人譜	五髻
12638.	4	20a	人譜	聞喜宴	12678.	4	21a	人譜	獅子座
12639.	4	20a	人譜	燒尾	12679.	4	21a	人譜	蓮花臺
12640.	4	20a	人譜	頭蹯	12680.	4	21a	人譜	踟跦
12641.	4	20a	人譜	下第	12681.	4	21a	人譜	化城
12642.	4	20a	人譜	落榜	12682.	4	21a	人譜	極樂世界
12643.	4	20a	人譜	康了	12683.	4	21a	人譜	三千世界
12644.	4	20a	人譜	曳白	12684.	4	21a	人譜	閻羅
12645.	4	20a	人譜	拖白	12685.	4	21a	人譜	地獄
12646.	4	20a	人譜	打白	12686.	4	21a	人譜	泥犁
12647.	4	20a	人譜	打毷氉	12687.	4	21a	人譜	酆都
12648.	4	20a	人譜	買春錢	12688.	4	21a	人譜	阿鼻
12649.	4	20a	人譜	過夏	12689.	4	21a	人譜	傳燈
12650.	4	20a	人譜	夏課	12690.	4	21a	人譜	佛經
12651.	4	20a	人譜	冬烘	12691.	4	21a	人譜	八萬大藏經

12692.	4	21a	人譜	梵唄	12732.	4	21b	人譜	刹竿
12693.	4	21a	人譜	婆娑訶	12733.	4	21b	人譜	幡竿
12694.	4	21a	人譜	偈	12734.	4	21b	人譜	金剛
12695.	4	21a	人譜	梵夾	12735.	4	21b	人譜	風鈴
12696.	4	21a	人譜	貝葉	12736.	4	21b	人譜	雲板
12697.	4	21a	人譜	伽陀	12737.	4	21b	人譜	木魚
12698.	4	21a	人譜	修多羅	12738.	4	21b	人譜	法鼓
12699.	4	21a	人譜	寺	12739.	4	21b	人譜	願堂
12700.	4	21a	人譜	招提	12740.	4	21b	人譜	齋
12701.	4	21a	人譜	寶坊	12741.	4	21b	人譜	無遮
12702.	4	21b	人譜	梵宮	12742.	4	21b	人譜	水陸道場
12703.	4	21b	人譜	梵宇	12743.	4	21b	人譜	僧
12704.	4	21b	人譜	琳宮	12744.	4	21b	人譜	釋氏
12705.	4	21b	人譜	香阜	12745.	4	21b	人譜	浮屠
12706.	4	21b	人譜	金池	12746.	4	21b	人譜	僧伽耶
12707.	4	21b	人譜	蘭若	12747.	4	21b	人譜	開士
12708.	4	21b	人譜	方丈	12748.	4	21b	人譜	苾姑
12709.	4	21b	人譜	禪宮	12749.	4	21b	人譜	上人
12710.	4	21b	人譜	佛宇	12750.	4	22a	人譜	苾芻
12711.	4	21b	人譜	伽藍	12751.	4	22a	人譜	白足
12712.	4	21b	人譜	刹	12752.	4	22a	人譜	衲子
12713.	4	21b	人譜	龕	12753.	4	22a	人譜	沙門
12714.	4	21b	人譜	菴	12754.	4	22a	人譜	和尚
12715.	4	21b	人譜	祇樹林	12755.	4	22a	人譜	禪師
12716.	4	21b	人譜	叢林	12756.	4	22a	人譜	首座
12717.	4	21b	人譜	貧婆	12757.	4	22a	人譜	闍士
12718.	4	21b	人譜	淨土	12758.	4	22a	人譜	大士
12719.	4	21b	人譜	法堂	12759.	4	22a	人譜	德士
12720.	4	21b	人譜	僧堂	12760.	4	22a	人譜	開宣
12721.	4	21b	人譜	膳堂	12761.	4	22a	人譜	花士
12722.	4	21b	人譜	塔	12762.	4	22a	人譜	善覺
12723.	4	21b	人譜	浮屠	12763.	4	22a	人譜	乘門
12724.	4	21b	人譜	蘇屠	12764.	4	22a	人譜	桑門
12725.	4	21b	人譜	浩劫	12765.	4	22a	人譜	闍黎
12726.	4	21b	人譜	浮圖	12766.	4	22a	人譜	法主
12727.	4	21b	人譜	塔婆	12767.	4	22a	人譜	壇主
12728.	4	21b	人譜	塔輪	12768.	4	22a	人譜	老潔郎
12729.	4	21b	人譜	相輪	12769.	4	22a	人譜	三寶
12730.	4	21b	人譜	墖尖	12770.	4	22a	人譜	摩尼
12731.	4	21b	人譜	刹	12771.	4	22a	人譜	提奢

12772.	4	22a	人譜	大師	12812.	4	22b	人譜	僧迦黎
12773.	4	22a	人譜	老宿	12813.	4	22b	人譜	欝多羅僧
12774.	4	22a	人譜	耆臘	12814.	4	22b	人譜	安陀會
12775.	4	22a	人譜	長老	12815.	4	22b	人譜	衲衣
12776.	4	22a	人譜	賢懿	12816.	4	22b	人譜	偏衫
12777.	4	22a	人譜	須菩提	12817.	4	22b	人譜	緇衣
12778.	4	22a	人譜	上佐	12818.	4	22b	人譜	壞色衣
12779.	4	22a	人譜	行者	12819.	4	22b	人譜	芙蓉帽
12780.	4	22a	人譜	沙彌	12820.	4	22b	人譜	頭面
12781.	4	22a	人譜	比丘	12821.	4	22b	人譜	松蘿
12782.	4	22a	人譜	乞士	12822.	4	22b	人譜	箬笠
12783.	4	22a	人譜	室羅末尼	12823.	4	22b	人譜	僧帽
12784.	4	22a	人譜	頭陀	12824.	4	22b	人譜	鉢囊
12785.	4	22a	人譜	杜多	12825.	4	22b	人譜	漉囊
12786.	4	22a	人譜	火宅僧	12826.	4	22b	人譜	戒刀
12787.	4	22a	人譜	在家頭陀	12827.	4	22b	人譜	度牒
12788.	4	22a	人譜	梵嫂	12828.	4	22b	人譜	禪杖
12789.	4	22a	人譜	房老	12829.	4	22b	人譜	錫杖
12790.	4	22a	人譜	出家	12830.	4	22b	人譜	木上座
12791.	4	22a	人譜	結夏	12831.	4	22b	人譜	搘頤
12792.	4	22a	人譜	掛錫土	12832.	4	22b	人譜	應器
12793.	4	22a	人譜	飛錫	12833.	4	22b	人譜	鉢多羅
12794.	4	22a	人譜	祝髮	12834.	4	22b	人譜	應量器
12795.	4	22a	人譜	薙髮	12835.	4	22b	人譜	無礙
12796.	4	22a	人譜	削髮	12836.	4	22b	人譜	軍持
12797.	4	22a	人譜	落髮	12837.	4	22b	人譜	數珠子
12798.	4	22a	人譜	剗草	12838.	4	22b	人譜	念珠
12799.	4	22a	人譜	剃刀	12839.	4	22b	人譜	募緣
12800.	4	22a	人譜	受戒	12840.	4	23a	人譜	檀越
12801.	4	22b	人譜	見星	12841.	4	23a	人譜	施
12802.	4	22b	人譜	見性	12842.	4	23a	人譜	施主
12803.	4	22b	人譜	袈裟	12843.	4	23a	人譜	陀羅鉢底
12804.	4	22b	人譜	衼	12844.	4	23a	人譜	嚫
12805.	4	22b	人譜	無垢衣	12845.	4	23a	人譜	嚫錢
12806.	4	22b	人譜	離塵服	12846.	4	23a	人譜	膜拜
12807.	4	22b	人譜	消瘦衣	12847.	4	23a	人譜	和南
12808.	4	22b	人譜	田相衣	12848.	4	23a	人譜	夫食
12809.	4	22b	人譜	水田衣	12849.	4	23a	人譜	法食
12810.	4	22b	人譜	稻畦帔	12850.	4	23a	人譜	泪槃
12811.	4	22b	人譜	忍辱鎧	12851.	4	23a	人譜	圓寂

12852.	4	23a	人譜	示寂		12892.	4	23b	人譜	犁梢
12853.	4	23a	人譜	順寂		12893.	4	23b	人譜	犁槃
12854.	4	23a	人譜	真寂		12894.	4	23b	人譜	犁柱
12855.	4	23a	人譜	荼毗		12895.	4	23b	人譜	策額
12856.	4	23a	人譜	闍維		12896.	4	23b	人譜	犁評
12857.	4	23a	人譜	闍毗		12897.	4	23b	人譜	犁建
12858.	4	23a	人譜	舍利		12898.	4	24a	人譜	耕索
12859.	4	23a	人譜	設利		12899.	4	24a	人譜	鏵子
12860.	4	23a	人譜	超骨		12900.	4	24a	人譜	耒臉
12861.	4	23a	人譜	優婆塞		12901.	4	24a	人譜	鐵匙
12862.	4	23a	人譜	伊蒲塞		12902.	4	24a	人譜	犁鑱
12863.	4	23a	人譜	比丘尼		12903.	4	24a	人譜	犁鐵犁
12864.	4	23a	人譜	菩薩僧		12904.	4	24a	人譜	錧
12865.	4	23a	人譜	優婆夷		12905.	4	24a	人譜	鑱
12866.	4	23a	人譜	式义摩羅		12906.	4	24a	人譜	鎞
12867.	4	23a	人譜	鄔婆斯迦		12907.	4	24a	人譜	瑩鐵
12868.	4	23a	人譜	優婆夷		12908.	4	24a	人譜	犁壁
12869.	4	23a	人譜	抄化		12909.	4	24a	人譜	輖
12870.	4	23a	人譜	班禪		12910.	4	24a	人譜	踏犁
12871.	4	23b	人譜	三農		12911.	4	24a	人譜	鐵鎝
12872.	4	23b	人譜	力穡		12912.	4	24a	人譜	辈
12873.	4	23b	人譜	匠人		12913.	4	24a	人譜	杷
12874.	4	23b	人譜	遂人		12914.	4	24a	人譜	秒
12875.	4	23b	人譜	田畯		12915.	4	24a	人譜	渠疏
12876.	4	23b	人譜	郵表畷		12916.	4	24a	人譜	鐵齒擺
12877.	4	23b	人譜	田父		12917.	4	24a	人譜	劇刀
12878.	4	23b	人譜	老農		12918.	4	24a	人譜	耕根車
12879.	4	23b	人譜	田更		12919.	4	24a	人譜	呼鞭
12880.	4	23b	人譜	僮僕		12920.	4	24a	人譜	鈀
12881.	4	23b	人譜	庄頭		12921.	4	24a	人譜	腳鏟
12882.	4	23b	人譜	莊戶		12922.	4	24a	人譜	鐵鎒
12883.	4	23b	人譜	牛戶		12923.	4	24a	人譜	鐝頭
12884.	4	23b	人譜	耒		12924.	4	24a	人譜	魯斫
12885.	4	23b	人譜	枱		12925.	4	24a	人譜	鐺斫
12886.	4	23b	人譜	耟		12926.	4	24a	人譜	欘钁
12887.	4	23b	人譜	庛		12927.	4	24a	人譜	錙
12888.	4	23b	人譜	犁底		12928.	4	24a	人譜	鐵鍬
12889.	4	23b	人譜	壓鑱		12929.	4	24a	人譜	鐵籤
12890.	4	23b	人譜	犁箭		12930.	4	24a	人譜	銚
12891.	4	23b	人譜	犁轅		12931.	4	24a	人譜	鐵杴

12932.	4	24a	人譜	櫖挐	12972.	4	25a	人譜	葦
12933.	4	24a	人譜	渠挐	12973.	4	25a	人譜	襪褲
12934.	4	24a	人譜	渠疏	12974.	4	25a	人譜	薜六
12935.	4	24a	人譜	櫖挐	12975.	4	25a	人譜	莎薜
12936.	4	24a	人譜	木枕	12976.	4	25a	人譜	背篷
12937.	4	24b	人譜	平板	12977.	4	25a	人譜	篼
12938.	4	24b	人譜	碌碡	12978.	4	25a	人譜	覆殼
12939.	4	24b	人譜	礰礋	12979.	4	25a	人譜	鶴翅
12940.	4	24b	人譜	櫌	12980.	4	25a	人譜	箬笠
12941.	4	24b	人譜	檟	12981.	4	25a	人譜	斗篷
12942.	4	24b	人譜	鎡基	12982.	4	25a	人譜	敗天公
12943.	4	24b	人譜	鴉觜	12983.	4	25a	人譜	通簪
12944.	4	24b	人譜	钁	12984.	4	25a	人譜	氣筒
12945.	4	24b	人譜	枘	12985.	4	25a	人譜	匠
12946.	4	24b	人譜	欙	12986.	4	25a	人譜	廠房
12947.	4	24b	人譜	錢	12987.	4	25a	人譜	坌工
12948.	4	24b	人譜	鎛	12988.	4	25a	人譜	溜夫
12949.	4	24b	人譜	定	12989.	4	25a	人譜	傢伙
12950.	4	24b	人譜	耨	12990.	4	25a	人譜	撓手
12951.	4	24b	人譜	耘	12991.	4	25a	人譜	工師
12952.	4	24b	人譜	鋤社	12992.	4	25a	人譜	梓匠
12953.	4	24b	人譜	薅鼓	12993.	4	25a	人譜	梓人
12954.	4	24b	人譜	鍋	12994.	4	25a	人譜	大木手
12955.	4	24b	人譜	鏒	12995.	4	25a	人譜	小木手
12956.	4	24b	人譜	鏺	12996.	4	25a	人譜	矩
12957.	4	24b	人譜	栗鏨	12997.	4	25a	人譜	曲尺
12958.	4	24b	人譜	銈	12998.	4	25a	人譜	礱
12959.	4	24b	人譜	鐮	12999.	4	25a	人譜	準
12960.	4	24b	人譜	鈔	13000.	4	25a	人譜	繩
12961.	4	24b	人譜	柯	13001.	4	25a	人譜	墨斗
12962.	4	24b	人譜	喬扞	13002.	4	25a	人譜	墨侵
12963.	4	24b	人譜	連耞	13003.	4	25a	人譜	絜
12964.	4	24b	人譜	僉	13004.	4	25a	人譜	劇
12965.	4	24b	人譜	枊	13005.	4	25a	人譜	錛子
12966.	4	24b	人譜	柍	13006.	4	25a	人譜	鑔
12967.	4	24b	人譜	桴	13007.	4	25a	人譜	平鐵
12968.	4	24b	人譜	連耞關	13008.	4	25a	人譜	剮了
12969.	4	24b	人譜	捌	13009.	4	25b	人譜	鋸
12970.	4	24b	人譜	篘	13010.	4	25b	人譜	鋸齒
12971.	4	24b	人譜	簋	13011.	4	25b	人譜	行

305

13012.	4	25b	人譜	木屑	13052.	4	25b	人譜	鈷
13013.	4	25b	人譜	鋸屑	13053.	4	25b	人譜	鋏
13014.	4	25b	人譜	鉋	13054.	4	25b	人譜	鉗
13015.	4	25b	人譜	推鉋	13055.	4	25b	人譜	鶴鉗
13016.	4	25b	人譜	鉋匣	13056.	4	25b	人譜	鑪
13017.	4	25b	人譜	鉋花	13057.	4	25b	人譜	風匣鑪
13018.	4	25b	人譜	鑿	13058.	4	26a	人譜	拉風箱
13019.	4	25b	人譜	鏟	13059.	4	26a	人譜	放砂鑪
13020.	4	25b	人譜	鐷	13060.	4	26a	人譜	鞴
13021.	4	25b	人譜	鐵鏝	13061.	4	26a	人譜	橐籥
13022.	4	25b	人譜	椎	13062.	4	26a	人譜	火罐子
13023.	4	25b	人譜	檸頭	13063.	4	26a	人譜	柑楇
13024.	4	25b	人譜	終葵	13064.	4	26a	人譜	圬人
13025.	4	25b	人譜	棒槌	13065.	4	26a	人譜	獿人
13026.	4	25b	人譜	邊錫	13066.	4	26a	人譜	土工
13027.	4	25b	人譜	錫	13067.	4	26a	人譜	土事
13028.	4	25b	人譜	鑢	13068.	4	26a	人譜	堲
13029.	4	25b	人譜	木銼	13069.	4	26a	人譜	蟊苴
13030.	4	25b	人譜	銼刀	13070.	4	26a	人譜	墍
13031.	4	25b	人譜	斧	13071.	4	26a	人譜	塡
13032.	4	25b	人譜	鈇	13072.	4	26a	人譜	墐
13033.	4	25b	人譜	錸	13073.	4	26a	人譜	塗檽
13034.	4	25b	人譜	銎	13074.	4	26a	人譜	抹鏝
13035.	4	25b	人譜	柯	13075.	4	26a	人譜	鏝
13036.	4	25b	人譜	椹	13076.	4	26a	人譜	朽抿匙
13037.	4	25b	人譜	樧	13077.	4	26a	人譜	泥托
13038.	4	25b	人譜	斫木櫍	13078.	4	26a	人譜	泥楪
13039.	4	25b	人譜	砆	13079.	4	26a	人譜	畚
13040.	4	25b	人譜	老鸛鎚	13080.	4	26a	人譜	簣
13041.	4	25b	人譜	打鐵	13081.	4	26a	人譜	埏埴
13042.	4	25b	人譜	叩鍛	13082.	4	26a	人譜	搏埴
13043.	4	25b	人譜	鎯頭	13083.	4	26a	人譜	陶
13044.	4	25b	人譜	鸛鉗	13084.	4	26a	人譜	匀
13045.	4	25b	人譜	鐵銼	13085.	4	26a	人譜	鑄式
13046.	4	25b	人譜	炭峇	13086.	4	26a	人譜	型
13047.	4	25b	人譜	鋸	13087.	4	26a	人譜	鎔
13048.	4	25b	人譜	鑽	13088.	4	26a	人譜	模
13049.	4	25b	人譜	鎚	13089.	4	26a	人譜	模板
13050.	4	25b	人譜	鎔	13090.	4	26a	人譜	盔子
13051.	4	25b	人譜	鑷	13091.	4	26a	人譜	范

13092.	4	26a	人譜	鑲		13132.	4	27a	人譜	劋皮
13093.	4	26b	人譜	窓		13133.	4	27a	人譜	皮鍬子
13094.	4	26b	人譜	坄		13134.	4	27a	人譜	切
13095.	4	26b	人譜	蟲苴		13135.	4	27a	人譜	磋
13096.	4	26b	人譜	雕刻		13136.	4	27a	人譜	鵠
13097.	4	26b	人譜	鍐		13137.	4	27a	人譜	骳
13098.	4	26b	人譜	刊		13138.	4	27a	人譜	劀
13099.	4	26b	人譜	陽刻		13139.	4	27a	人譜	尵
13100.	4	26b	人譜	陰刻		13140.	4	27a	人譜	末民
13101.	4	26b	人譜	欵識		13141.	4	27a	人譜	利家
13102.	4	26b	人譜	陷		13142.	4	27a	人譜	販
13103.	4	26b	人譜	廖陳		13143.	4	27a	人譜	牙儈
13104.	4	26b	人譜	留塵		13144.	4	27a	人譜	互郎
13105.	4	26b	人譜	刳剔		13145.	4	27a	人譜	牙行
13106.	4	26b	人譜	鏃了		13146.	4	27a	人譜	牙子
13107.	4	26b	人譜	掂摳		13147.	4	27a	人譜	駔儈
13108.	4	26b	人譜	規		13148.	4	27a	人譜	牙婆
13109.	4	26b	人譜	彎之		13149.	4	27a	人譜	牙錢
13110.	4	26b	人譜	鞄人		13150.	4	27a	人譜	搖貨郎
13111.	4	26b	人譜	皮		13151.	4	27a	人譜	噯哽賣
13112.	4	26b	人譜	革		13152.	4	27b	人譜	吃喝着賣
13113.	4	26b	人譜	鞹		13153.	4	27b	人譜	榷
13114.	4	26b	人譜	韋		13154.	4	27b	人譜	行作
13115.	4	26b	人譜	秋板		13155.	4	27b	人譜	鬻
13116.	4	26b	人譜	戻		13156.	4	27b	人譜	博
13117.	4	26b	人譜	腥		13157.	4	27b	人譜	貿
13118.	4	27a	人譜	池		13158.	4	27b	人譜	貤易
13119.	4	27a	人譜	戻		13159.	4	27b	人譜	買
13120.	4	27a	人譜	燖皮		13160.	4	27b	人譜	賣
13121.	4	27a	人譜	揉搓		13161.	4	27b	人譜	廢居
13122.	4	27a	人譜	油了		13162.	4	27b	人譜	貨
13123.	4	27a	人譜	重油		13163.	4	27b	人譜	沽
13124.	4	27a	人譜	辨		13164.	4	27b	人譜	賖
13125.	4	27a	人譜	聱		13165.	4	27b	人譜	賒
13126.	4	27a	人譜	鞏		13166.	4	27b	人譜	賖
13127.	4	27a	人譜	鞏		13167.	4	27b	人譜	縣買
13128.	4	27a	人譜	皺		13168.	4	27b	人譜	拖欠
13129.	4	27a	人譜	皴皴		13169.	4	27b	人譜	呵告
13130.	4	27a	人譜	冲冲		13170.	4	27b	人譜	折閱
13131.	4	27a	人譜	皮股子		13171.	4	27b	人譜	討添

13172.	4	27b	人譜	補錠	13212.	4	28a	人譜	亥市
13173.	4	27b	人譜	刁蹬	13213.	4	28a	人譜	星貨鋪
13174.	4	27b	人譜	賺	13214.	4	28a	人譜	旗亭
13175.	4	27b	人譜	退換	13215.	4	28a	人譜	闤闠
13176.	4	27b	人譜	主顧	13216.	4	28a	人譜	埠頭
13177.	4	27b	人譜	兌換	13217.	4	28a	人譜	吘吘
13178.	4	27b	人譜	賒着來	13218.	4	28a	人譜	估
13179.	4	27b	人譜	丟利	13219.	4	28a	人譜	縈布
13180.	4	27b	人譜	撚閹	13220.	4	28b	人譜	良醫
13181.	4	27b	人譜	朡喫	13221.	4	28b	人譜	名醫
13182.	4	27b	人譜	按人派分	13222.	4	28b	人譜	神醫
13183.	4	27b	人譜	抵兌還償	13223.	4	28b	人譜	太醫
13184.	4	27b	人譜	直價	13224.	4	28b	人譜	大夫
13185.	4	27b	人譜	雠	13225.	4	28b	人譜	內醫
13186.	4	27b	人譜	倍稱	13226.	4	28b	人譜	外科
13187.	4	27b	人譜	廉價	13227.	4	28b	人譜	內科
13188.	4	28a	人譜	餚價	13228.	4	28b	人譜	明醫
13189.	4	28a	人譜	二價	13229.	4	28b	人譜	儒醫
13190.	4	28a	人譜	貴高	13230.	4	28b	人譜	局方
13191.	4	28a	人譜	起印貴	13231.	4	28b	人譜	瘍醫
13192.	4	28a	人譜	翔貴	13232.	4	28b	人譜	鍼醫
13193.	4	28a	人譜	騰踴	13233.	4	28b	人譜	神聖工巧
13194.	4	28a	人譜	低	13234.	4	28b	人譜	藥婆
13195.	4	28a	人譜	很賤	13235.	4	28b	人譜	醫女
13196.	4	28a	人譜	估	13236.	4	28b	人譜	方書
13197.	4	28a	人譜	轉錢	13237.	4	28b	人譜	五運
13198.	4	28a	人譜	贏	13238.	4	28b	人譜	六氣
13199.	4	28a	人譜	造化高	13239.	4	28b	人譜	標本
13200.	4	28a	人譜	錐刀	13240.	4	28b	人譜	承制
13201.	4	28a	人譜	折本	13241.	4	28b	人譜	五實五虛
13202.	4	28a	人譜	市	13242.	4	28b	人譜	求屬
13203.	4	28a	人譜	嚻務	13243.	4	29a	人譜	正治
13204.	4	28a	人譜	虛場	13244.	4	29a	人譜	反治
13205.	4	28a	人譜	集	13245.	4	29a	人譜	四禁
13206.	4	28a	人譜	術	13246.	4	29a	人譜	五法
13207.	4	28a	人譜	廛	13247.	4	29a	人譜	五欝
13208.	4	28a	人譜	肆	13248.	4	29a	人譜	補瀉
13209.	4	28a	人譜	坊	13249.	4	29a	人譜	君臣佐使
13210.	4	28a	人譜	賈區	13250.	4	29a	人譜	七方
13211.	4	28a	人譜	虛	13251.	4	29a	人譜	十八劑

13252.	4	29a	人譜	藥料		13292.	4	29b	人譜	度
13253.	4	29a	人譜	丸		13293.	4	29b	人譜	火鍼
13254.	4	29a	人譜	元		13294.	4	29b	人譜	燔鍼
13255.	4	29a	人譜	丹		13295.	4	29b	人譜	焠鍼
13256.	4	29a	人譜	錠		13296.	4	29b	人譜	燒鍼
13257.	4	29a	人譜	湯		13297.	4	29b	人譜	煨鍼
13258.	4	29a	人譜	飲		13298.	4	30a	人譜	炳
13259.	4	29a	人譜	煎		13299.	4	30a	人譜	虛灸
13260.	4	29a	人譜	子		13300.	4	30a	人譜	炷
13261.	4	29a	人譜	膏		13301.	4	30a	人譜	壯
13262.	4	29a	人譜	散		13302.	4	30a	人譜	拔火罐
13263.	4	29a	人譜	命藥		13303.	4	30a	人譜	艾焙
13264.	4	29a	人譜	安方		13304.	4	30a	人譜	立效
13265.	4	29a	人譜	藥錄		13305.	4	30a	人譜	驗
13266.	4	29a	人譜	咬咀		13306.	4	30a	人譜	奏效
13267.	4	29a	人譜	劑		13307.	4	30a	人譜	占
13268.	4	29a	人譜	貼		13308.	4	30a	人譜	卜者
13269.	4	29a	人譜	合藥		13309.	4	30a	人譜	懇
13270.	4	29a	人譜	配藥		13310.	4	30a	人譜	契
13271.	4	29a	人譜	服藥		13311.	4	30a	人譜	焞
13272.	4	29a	人譜	行藥		13312.	4	30a	人譜	胗
13273.	4	29a	人譜	祝藥		13313.	4	30a	人譜	食
13274.	4	29b	人譜	搭藥		13314.	4	30a	人譜	玉兆
13275.	4	29b	人譜	膏硬		13315.	4	30a	人譜	瓦兆
13276.	4	29b	人譜	刀圭		13316.	4	30a	人譜	原兆
13277.	4	29b	人譜	剉刀		13317.	4	30a	人譜	方兆
13278.	4	29b	人譜	夾刀		13318.	4	30a	人譜	功兆
13279.	4	29b	人譜	藥碾		13319.	4	30a	人譜	義兆
13280.	4	29b	人譜	擂槌		13320.	4	30a	人譜	弓兆
13281.	4	29b	人譜	磨子		13321.	4	30a	人譜	堞蓍
13282.	4	29b	人譜	砭		13322.	4	30a	人譜	策
13283.	4	29b	人譜	鑱鍼		13323.	4	30a	人譜	扐
13284.	4	29b	人譜	圓鍼		13324.	4	30a	人譜	營
13285.	4	29b	人譜	鍉鍼		13325.	4	30b	人譜	古錢
13286.	4	29b	人譜	鋒鍼		13326.	4	30b	人譜	卜籤
13287.	4	29b	人譜	鈹鍼		13327.	4	30b	人譜	瓊茅
13288.	4	29b	人譜	圓利鍼		13328.	4	30b	人譜	筳篿
13289.	4	29b	人譜	毫鍼		13329.	4	30b	人譜	六神
13290.	4	29b	人譜	長鍼		13330.	4	30b	人譜	六獸
13291.	4	29b	人譜	大鍼		13331.	4	30b	人譜	六辰

13332.	4	30b	人譜	六親	13372.	4	31b	人譜	入首
13333.	4	30b	人譜	飛神	13373.	4	31b	人譜	腦
13334.	4	30b	人譜	伏神	13374.	4	31b	人譜	蟬翼
13335.	4	30b	人譜	互卦	13375.	4	31b	人譜	穴
13336.	4	30b	人譜	六壬	13376.	4	31b	人譜	蝦鬚
13337.	4	30b	人譜	風角	13377.	4	31b	人譜	唇氈
13338.	4	30b	人譜	箕卜	13378.	4	31b	人譜	氈褥
13339.	4	30b	人譜	靈棋	13379.	4	31b	人譜	官星
13340.	4	30b	人譜	鏡聽	13380.	4	31b	人譜	玄武
13341.	4	31a	人譜	響卜	13381.	4	31b	人譜	朱雀
13342.	4	31a	人譜	衒卜	13382.	4	31b	人譜	青龍
13343.	4	31a	人譜	射覆	13383.	4	31b	人譜	白虎
13344.	4	31a	人譜	側述	13384.	4	31b	人譜	曜
13345.	4	31a	人譜	雞卜	13385.	4	31b	人譜	坐
13346.	4	31a	人譜	神光占	13386.	4	31b	人譜	向
13347.	4	31a	人譜	天罡占	13387.	4	31b	人譜	砂
13348.	4	31a	人譜	稭	13388.	4	31b	人譜	局
13349.	4	31a	人譜	卜錢	13389.	4	32a	人譜	明堂
13350.	4	31a	人譜	日家	13390.	4	32a	人譜	得破
13351.	4	31a	人譜	日官	13391.	4	32a	人譜	天關
13352.	4	31a	人譜	擇日	13392.	4	32a	人譜	地軸
13353.	4	31a	人譜	涓吉	13393.	4	32a	人譜	羅星
13354.	4	31a	人譜	卜日	13394.	4	32a	人譜	朝山朝水
13355.	4	31a	人譜	索日	13395.	4	32a	人譜	元辰
13356.	4	31a	人譜	練時日	13396.	4	32a	人譜	合襟
13357.	4	31a	人譜	差	13397.	4	32a	人譜	輪圖
13358.	4	31a	人譜	叢辰	13398.	4	32a	人譜	羅鏡
13359.	4	31a	人譜	金樓四角	13399.	4	32a	人譜	針
13360.	4	31a	人譜	生氣法	13400.	4	32a	人譜	正針
13361.	4	31b	人譜	象緯學	13401.	4	32a	人譜	縫針
13362.	4	31b	人譜	測候	13402.	4	32a	人譜	安鐵
13363.	4	31b	人譜	地理	13403.	4	32a	人譜	分金
13364.	4	31b	人譜	地師	13404.	4	32a	人譜	胎骨龍
13365.	4	31b	人譜	堪輿術	13405.	4	32a	人譜	穿山
13366.	4	31b	人譜	龍	13406.	4	32a	人譜	透地
13367.	4	31b	人譜	過峽	13407.	4	32a	人譜	天池
13368.	4	31b	人譜	巒頭	13408.	4	32a	人譜	倒杖
13369.	4	31b	人譜	天乙	13409.	4	32a	人譜	相士
13370.	4	31b	人譜	太乙	13410.	4	32a	人譜	唐舉
13371.	4	31b	人譜	鬼	13411.	4	32a	人譜	推命

13412.	4	32a	人譜	推數	13452.	4	33a	人譜	福物
13413.	4	32a	人譜	談星的	13453.	4	33a	人譜	童靈哥
13414.	4	32a	人譜	祿命	13454.	4	33a	人譜	頂童子
13415.	4	32a	人譜	星盤	13455.	4	33a	人譜	三奇
13416.	4	32a	人譜	子平	13456.	4	33a	人譜	八門
13417.	4	32b	人譜	命金	13457.	4	33a	人譜	九星
13418.	4	32b	人譜	紫薇斗數	13458.	4	33a	人譜	直符
13419.	4	32b	人譜	畫周易	13459.	4	33a	人譜	直使
13420.	4	32b	人譜	命	13460.	4	33a	人譜	超神
13421.	4	32b	人譜	數	13461.	4	33a	人譜	接氣
13422.	4	32b	人譜	四柱	13462.	4	33a	人譜	置閏
13423.	4	32b	人譜	八字	13463.	4	33a	人譜	眩人
13424.	4	32b	人譜	貴造	13464.	4	33a	人譜	化人
13425.	4	32b	人譜	賤造	13465.	4	33a	人譜	幻人
13426.	4	32b	人譜	師婆	13466.	4	33a	人譜	靈族
13427.	4	32b	人譜	子婀	13467.	4	33a	人譜	羽士
13428.	4	32b	人譜	端公	13468.	4	33a	人譜	羽人
13429.	4	32b	人譜	君王	13469.	4	33a	人譜	羽客
13430.	4	32b	人譜	帝釋	13470.	4	33a	人譜	道士
13431.	4	32b	人譜	產神	13471.	4	33a	人譜	方士
13432.	4	32b	人譜	末命	13472.	4	33b	人譜	鍊師
13433.	4	32b	人譜	忌門	13473.	4	33b	人譜	黃冠
13434.	4	32b	人譜	跳神	13474.	4	33b	人譜	道姑
13435.	4	32b	人譜	送祟	13475.	4	33b	人譜	胎息
13436.	4	32b	人譜	招魂	13476.	4	33b	人譜	胎仙
13437.	4	32b	人譜	賽男	13477.	4	33b	人譜	熊經鳥伸
13438.	4	32b	人譜	禁架	13478.	4	33b	人譜	修養
13439.	4	32b	人譜	呪	13479.	4	33b	人譜	還丹
13440.	4	32b	人譜	詛	13480.	4	33b	人譜	丹頭
13441.	4	32b	人譜	嗔言	13481.	4	33b	人譜	火候
13442.	4	32b	人譜	減滅	13482.	4	33b	人譜	煉丹
13443.	4	32b	人譜	厭魅	13483.	4	33b	人譜	內丹
13444.	4	33a	人譜	厭勝	13484.	4	33b	人譜	外丹
13445.	4	33a	人譜	巫蠱	13485.	4	33b	人譜	導引
13446.	4	33a	人譜	埋凶	13486.	4	33b	人譜	尸解
13447.	4	33a	人譜	符章	13487.	4	33b	人譜	釰解
13448.	4	33a	人譜	叢鈴	13488.	4	33b	人譜	羽化
13449.	4	33a	人譜	明導	13489.	4	33b	人譜	羽衣
13450.	4	33a	人譜	神鏡	13490.	4	33b	人譜	復陶
13451.	4	33a	人譜	稍	13491.	4	33b	人譜	糝襹

13492.	4	33b	人譜	蹁躚	13532.	4	34a	人譜	長使
13493.	4	33b	人譜	殊庭	13533.	4	34a	人譜	少使
13494.	4	33b	人譜	觀	13534.	4	34a	人譜	婕娥
13495.	4	33b	人譜	宦者	13535.	4	34a	人譜	容華
13496.	4	33b	人譜	宦官	13536.	4	34a	人譜	充衣
13497.	4	33b	人譜	中官	13537.	4	34a	人譜	貴人
13498.	4	33b	人譜	品官	13538.	4	34a	人譜	綵人
13499.	4	33b	人譜	內養	13539.	4	34a	人譜	五宮
13500.	4	33b	人譜	黃門	13540.	4	34a	人譜	順常
13501.	4	33b	人譜	北司	13541.	4	34a	人譜	無涓
13502.	4	33b	人譜	奄宦	13542.	4	34a	人譜	共和
13503.	4	33b	人譜	寺人	13543.	4	34a	人譜	娛靈
13504.	4	33b	人譜	內官	13544.	4	34a	人譜	寶林
13505.	4	33b	人譜	老公	13545.	4	34a	人譜	夜者
13506.	4	33b	人譜	太監	13546.	4	34a	人譜	良使
13507.	4	33b	人譜	內相	13547.	4	34a	人譜	六宮
13508.	4	33b	人譜	火者	13548.	4	34a	人譜	嬪
13509.	4	34a	人譜	空袴子	13549.	4	34a	人譜	貴人
13510.	4	34a	人譜	白者	13550.	4	34a	人譜	昭儀
13511.	4	34a	人譜	私白	13551.	4	34a	人譜	淑儀
13512.	4	34a	人譜	中涓	13552.	4	34a	人譜	良娣
13513.	4	34a	人譜	銀璫	13553.	4	34a	人譜	昭容
13514.	4	34a	人譜	瓜拉	13554.	4	34a	人譜	淑容
13515.	4	34a	人譜	半除	13555.	4	34a	人譜	良媛
13516.	4	34a	人譜	蠶室	13556.	4	34a	人譜	昭媛
13517.	4	34a	人譜	後宮	13557.	4	34a	人譜	淑媛
13518.	4	34a	人譜	宮人	13558.	4	34a	人譜	承徽
13519.	4	34a	人譜	內人	13559.	4	34a	人譜	尚宮
13520.	4	34a	人譜	媟	13560.	4	34a	人譜	商儀
13521.	4	34a	人譜	嬪	13561.	4	34b	人譜	尚服
13522.	4	34a	人譜	嬙	13562.	4	34b	人譜	商食
13523.	4	34a	人譜	妷	13563.	4	34b	人譜	昭訓
13524.	4	34a	人譜	婕妤	13564.	4	34b	人譜	尚寢
13525.	4	34a	人譜	昭儀	13565.	4	34b	人譜	尚宮
13526.	4	34a	人譜	昭容	13566.	4	34b	人譜	尚正
13527.	4	34a	人譜	婦人	13567.	4	34b	人譜	尚記
13528.	4	34a	人譜	美人	13568.	4	34b	人譜	守閨
13529.	4	34a	人譜	才人	13569.	4	34b	人譜	守則
13530.	4	34a	人譜	八子	13570.	4	34b	人譜	典賓
13531.	4	34a	人譜	七子	13571.	4	34b	人譜	典衣

13572.	4	34b	人譜	典膳	13612.	4	35a	人譜	畫圖
13573.	4	34b	人譜	典設	13613.	4	35a	人譜	丹青
13574.	4	34b	人譜	典製	13614.	4	35a	人譜	繪事
13575.	4	34b	人譜	典言	13615.	4	35a	人譜	描
13576.	4	34b	人譜	掌饌	13616.	4	35a	人譜	罨畫
13577.	4	34b	人譜	掌正	13617.	4	35a	人譜	計司
13578.	4	34b	人譜	典贊	13618.	4	35a	人譜	史
13579.	4	34b	人譜	典飾	13619.	4	35a	人譜	外郎
13580.	4	34b	人譜	典藥	13620.	4	35a	人譜	提控
13581.	4	34b	人譜	典燈	13621.	4	35a	人譜	團領
13582.	4	34b	人譜	典彩	13622.	4	35a	人譜	通引
13583.	4	34b	人譜	典正	13623.	4	35a	人譜	門子
13584.	4	34b	人譜	掌書	13624.	4	35a	人譜	知印
13585.	4	34b	人譜	掌縫	13625.	4	35a	人譜	衙府
13586.	4	34b	人譜	奏宮	13626.	4	35a	人譜	覛熟
13587.	4	34b	人譜	奏商	13627.	4	35a	人譜	徒
13588.	4	34b	人譜	奏角	13628.	4	35a	人譜	奚
13589.	4	34b	人譜	奏徵	13629.	4	35a	人譜	使令
13590.	4	34b	人譜	奏變	13630.	4	35a	人譜	班頭
13591.	4	34b	人譜	徵奏	13631.	4	35a	人譜	牌頭
13592.	4	34b	人譜	羽奏	13632.	4	35a	人譜	街子
13593.	4	34b	人譜	變宮	13633.	4	35a	人譜	五百
13594.	4	34b	人譜	掌藏	13634.	4	35a	人譜	螺匠
13595.	4	34b	人譜	掌食	13635.	4	35a	人譜	牢子
13596.	4	34b	人譜	掌醫	13636.	4	35a	人譜	蒼頭
13597.	4	34b	人譜	對食	13637.	4	35a	人譜	照袋
13598.	4	34b	人譜	朋	13638.	4	35a	人譜	皁隸
13599.	4	34b	人譜	暴室	13639.	4	35b	人譜	直馬
13600.	4	34b	人譜	斜	13640.	4	35b	人譜	力
13601.	4	34b	人譜	舌人	13641.	4	35b	人譜	廝徒
13602.	4	34b	人譜	象胥	13642.	4	35b	人譜	廝卒
13603.	4	34b	人譜	寄	13643.	4	35b	人譜	這廝
13604.	4	34b	人譜	象	13644.	4	35b	人譜	小的
13605.	4	34b	人譜	狄鞮	13645.	4	35b	人譜	小底
13606.	4	34b	人譜	譯	13646.	4	35b	人譜	跟隨
13607.	4	34b	人譜	囮	13647.	4	35b	人譜	伴當頭目
13608.	4	34b	人譜	通官	13648.	4	35b	人譜	籠街
13609.	4	34b	人譜	通事	13649.	4	35b	人譜	喝道
13610.	4	35a	人譜	畫員	13650.	4	35b	人譜	八騶
13611.	4	35a	人譜	設色	13651.	4	35b	人譜	安童

13652.	4	35b	人譜	傔從		13692.	4	36a	人譜	儜子
13653.	4	35b	人譜	承差		13693.	4	36a	人譜	浪子
13654.	4	35b	人譜	紅慳		13694.	4	36a	人譜	破落戶
13655.	4	35b	人譜	臺		13695.	4	36a	人譜	乞子
13656.	4	35b	人譜	吃栗多		13696.	4	36a	人譜	丐
13657.	4	35b	人譜	田僮		13697.	4	36a	人譜	流丐
13658.	4	35b	人譜	鰤生		13698.	4	36a	人譜	化子
13659.	4	35b	人譜	僧夫		13699.	4	36a	人譜	叫化
13660.	4	35b	人譜	僧父		13700.	4	36a	人譜	討化
13661.	4	35b	人譜	雇		13701.	4	36a	人譜	冬粮
13662.	4	35b	人譜	賃		13702.	4	36b	人譜	優人
13663.	4	35b	人譜	倩		13703.	4	36b	人譜	戲子
13664.	4	35b	人譜	保		13704.	4	36b	人譜	耍子
13665.	4	35b	人譜	賣力		13705.	4	36b	人譜	花郎
13666.	4	35b	人譜	臧獲		13706.	4	36b	人譜	呈才人
13667.	4	35b	人譜	僮		13707.	4	36b	人譜	韃帽
13668.	4	35b	人譜	僕		13708.	4	36b	人譜	衖衖
13669.	4	35b	人譜	驅口		13709.	4	36b	人譜	猫
13670.	4	35b	人譜	尌子		13710.	4	36b	人譜	老鴇
13671.	4	35b	人譜	無弋		13711.	4	36b	人譜	表子
13672.	4	35b	人譜	馱索迦		13712.	4	36b	人譜	花娘
13673.	4	35b	人譜	女奴		13713.	4	36b	人譜	養漢的
13674.	4	36a	人譜	妮子		13714.	4	36b	人譜	青樓
13675.	4	36a	人譜	梅香		13715.	4	36b	人譜	瓦子
13676.	4	36a	人譜	鴨		13716.	4	36b	人譜	市樓
13677.	4	36a	人譜	赤腳		13717.	4	36b	人譜	三瓦兩舍
13678.	4	36a	人譜	媛		13718.	4	36b	人譜	倡家
13679.	4	36a	人譜	挈子		13719.	4	36b	人譜	花房
13680.	4	36a	人譜	監奴		13720.	4	36b	人譜	賣客
13681.	4	36a	人譜	廝養		13721.	4	36b	人譜	擦坐
13682.	4	36a	人譜	官奴婢		13722.	4	36b	人譜	赸趁
13683.	4	36a	人譜	私賤		13723.	4	36b	人譜	香婆
13684.	4	36a	人譜	重臺		13724.	4	36b	人譜	撒嘈
13685.	4	36a	人譜	上典		13725.	4	36b	人譜	家風
13686.	4	36a	人譜	大家		13726.	4	36b	人譜	醒酒口味
13687.	4	36a	人譜	大的		13727.	4	36b	人譜	點花茶
13688.	4	36a	人譜	任俠		13728.	4	36b	人譜	支酒
13689.	4	36a	人譜	刺客		13729.	4	36b	人譜	游塌
13690.	4	36a	人譜	釰客		13730.	4	36b	人譜	戲耍
13691.	4	36a	人譜	蕩子		13731.	4	36b	人譜	玩耍

13732.	4	37a	人譜	閒散	13772.	4	37b	人譜	宄
13733.	4	37a	人譜	光光	13773.	4	37b	人譜	夾
13734.	4	37a	人譜	淫奔	13774.	4	37b	人譜	廋
13735.	4	37a	人譜	姣	13775.	4	37b	人譜	挺
13736.	4	37a	人譜	媟	13776.	4	37b	人譜	剽
13737.	4	37a	人譜	人瘴	13777.	4	37b	人譜	劫
13738.	4	37a	人譜	陰訟	13778.	4	37b	人譜	探囊
13739.	4	37a	人譜	陷人阬	13779.	4	37b	人譜	胠篋
13740.	4	37a	人譜	迷魂陣	13780.	4	37b	人譜	臟
13741.	4	37a	人譜	溜骨髓	13781.	4	37b	人譜	認
13742.	4	37a	人譜	藥渣	13782.	4	37b	人譜	劫質
13743.	4	37a	人譜	五奴	13783.	4	37b	人譜	喫賊
13744.	4	37a	人譜	鄔臧	13784.	4	37b	人譜	被搶了
13745.	4	37a	人譜	王八債	13785.	4	37b	人譜	追胥
13746.	4	37a	人譜	禾尺	13786.	4	37b	人譜	抽拿
13747.	4	37a	人譜	庖人	13787.	4	37b	人譜	剪綹的
13748.	4	37a	人譜	鑱子	13788.	4	37b	人譜	正大
13749.	4	37a	人譜	宰	13789.	4	37b	人譜	雅
13750.	4	37a	人譜	皴皺	13790.	4	37b	人譜	純粹
13751.	4	37a	人譜	格餌	13791.	4	37b	人譜	真實
13752.	4	37a	人譜	庖廚	13792.	4	37b	人譜	樂易
13753.	4	37a	人譜	懸房	13793.	4	38a	人譜	豈弟
13754.	4	37a	人譜	鋪子	13794.	4	38a	人譜	耿介
13755.	4	37a	人譜	偷兒	13795.	4	38a	人譜	坦率
13756.	4	37a	人譜	無賴賊	13796.	4	38a	人譜	真率
13757.	4	37a	人譜	難當賊	13797.	4	38a	人譜	淳厚
13758.	4	37b	人譜	綠林	13798.	4	38a	人譜	疏潤
13759.	4	37b	人譜	萑苻	13799.	4	38a	人譜	倜儻
13760.	4	37b	人譜	掌盤	13800.	4	38a	人譜	卓犖
13761.	4	37b	人譜	落草	13801.	4	38a	人譜	骯髒
13762.	4	37b	人譜	入夥	13802.	4	38a	人譜	亢
13763.	4	37b	人譜	嘍囉	13803.	4	38a	人譜	特
13764.	4	37b	人譜	蔦拂	13804.	4	38a	人譜	豪傑
13765.	4	37b	人譜	蔦經	13805.	4	38a	人譜	俊乂
13766.	4	37b	人譜	响馬	13806.	4	38a	人譜	髦
13767.	4	37b	人譜	山寨	13807.	4	38a	人譜	冠
13768.	4	37b	人譜	大王	13808.	4	38a	人譜	翹楚
13769.	4	37b	人譜	竊偷	13809.	4	38a	人譜	翹才
13770.	4	37b	人譜	攘	13810.	4	38a	人譜	跅弛
13771.	4	37b	人譜	寇	13811.	4	38a	人譜	魁岸

13812.	4	38a	人譜	烈士	13852.	4	38b	人譜	碌碌
13813.	4	38a	人譜	八八	13853.	4	39a	人譜	錄錄
13814.	4	38a	人譜	巴巴	13854.	4	39a	人譜	鹿鹿
13815.	4	38a	人譜	猥狁	13855.	4	39a	人譜	奴材
13816.	4	38a	人譜	倔強	13856.	4	39a	人譜	凡夫
13817.	4	38a	人譜	桀驁	13857.	4	39a	人譜	豎子
13818.	4	38a	人譜	傻角兒	13858.	4	39a	人譜	野
13819.	4	38a	人譜	通侻	13859.	4	39a	人譜	固陋
13820.	4	38a	人譜	輕脫	13860.	4	39a	人譜	孤陋
13821.	4	38b	人譜	輕窕	13861.	4	39a	人譜	嗲
13822.	4	38b	人譜	挑達	13862.	4	39a	人譜	鄉暗
13823.	4	38b	人譜	躁妄	13863.	4	39a	人譜	傖父
13824.	4	38b	人譜	圭角	13864.	4	39a	人譜	放縱
13825.	4	38b	人譜	了了	13865.	4	39a	人譜	披猖
13826.	4	38b	人譜	慧黠	13866.	4	39a	人譜	派癲的
13827.	4	38b	人譜	細人	13867.	4	39a	人譜	賴皮
13828.	4	38b	人譜	宵小	13868.	4	39a	人譜	蟒漢子
13829.	4	38b	人譜	壬人	13869.	4	39a	人譜	硬漢
13830.	4	38b	人譜	媚	13870.	4	39a	人譜	癡廝
13831.	4	38b	人譜	佞	13871.	4	39a	人譜	癡漢
13832.	4	38b	人譜	側媚	13872.	4	39a	人譜	惡人
13833.	4	38b	人譜	脅媚	13873.	4	39a	人譜	悖惡
13834.	4	38b	人譜	覘覘	13874.	4	39a	人譜	妖惡
13835.	4	38b	人譜	儴斯	13875.	4	39a	人譜	光棍
13836.	4	38b	人譜	便辟	13876.	4	39a	人譜	撒潑
13837.	4	38b	人譜	阿附	13877.	4	39a	人譜	潑皮
13838.	4	38b	人譜	傅會	13878.	4	39a	人譜	無樣的
13839.	4	38b	人譜	傁儢	13879.	4	39a	人譜	砍頭的
13840.	4	38b	人譜	骫骳	13880.	4	39a	人譜	事務
13841.	4	38b	人譜	咕咕	13881.	4	39a	人譜	采
13842.	4	38b	人譜	佔佩	13882.	4	39a	人譜	幹
13843.	4	38b	人譜	睢盱	13883.	4	39a	人譜	句當
13844.	4	38b	人譜	阿匼	13884.	4	39a	人譜	節拍
13845.	4	38b	人譜	阿邑	13885.	4	39a	人譜	委折
13846.	4	38b	人譜	瀹瀹	13886.	4	39a	人譜	曲折
13847.	4	38b	人譜	伾伾	13887.	4	39a	人譜	形勢
13848.	4	38b	人譜	齷齪	13888.	4	39a	人譜	節目
13849.	4	38b	人譜	煦煦	13889.	4	39a	人譜	程式
13850.	4	38b	人譜	闒茸	13890.	4	39b	人譜	作
13851.	4	38b	人譜	儱侗	13891.	4	39b	人譜	做造

13892.	4	39b	人譜	經營	13932.	4	39b	人譜	兆朕
13893.	4	39b	人譜	經紀	13933.	4	39b	人譜	徵兆
13894.	4	39b	人譜	經濟	13934.	4	39b	人譜	始終
13895.	4	39b	人譜	營爲	13935.	4	39b	人譜	先後
13896.	4	39b	人譜	排布	13936.	4	39b	人譜	草創
13897.	4	39b	人譜	排置	13937.	4	39b	人譜	畢竟
13898.	4	39b	人譜	區處	13938.	4	39b	人譜	次第
13899.	4	39b	人譜	處置	13939.	4	39b	人譜	循循
13900.	4	39b	人譜	區別	13940.	4	40a	人譜	籌策
13901.	4	39b	人譜	處分	13941.	4	40a	人譜	謀畫
13902.	4	39b	人譜	揣摩	13942.	4	40a	人譜	圖
13903.	4	39b	人譜	料理	13943.	4	40a	人譜	計
13904.	4	39b	人譜	彌縫	13944.	4	40a	人譜	工
13905.	4	39b	人譜	商量	13945.	4	40a	人譜	巧
13906.	4	39b	人譜	裁量	13946.	4	40a	人譜	伎倆
13907.	4	39b	人譜	參酌	13947.	4	40a	人譜	技癢
13908.	4	39b	人譜	品節	13948.	4	40a	人譜	拙
13909.	4	39b	人譜	辦	13949.	4	40a	人譜	敏捷
13910.	4	39b	人譜	量度	13950.	4	40a	人譜	蹶蹶
13911.	4	39b	人譜	揣虞	13951.	4	40a	人譜	抖擻
13912.	4	39b	人譜	擬	13952.	4	40a	人譜	振作
13913.	4	39b	人譜	審	13953.	4	40a	人譜	振刷
13914.	4	39b	人譜	諦	13954.	4	40a	人譜	勉
13915.	4	39b	人譜	察	13955.	4	40a	人譜	強
13916.	4	39b	人譜	在	13956.	4	40a	人譜	懋
13917.	4	39b	人譜	按	13957.	4	40a	人譜	愁
13918.	4	39b	人譜	廉	13958.	4	40a	人譜	勤
13919.	4	39b	人譜	押	13959.	4	40a	人譜	勞
13920.	4	39b	人譜	拮据	13960.	4	40a	人譜	竭力
13921.	4	39b	人譜	指麾	13961.	4	40a	人譜	致力
13922.	4	39b	人譜	便宜	13962.	4	40a	人譜	努力
13923.	4	39b	人譜	方便	13963.	4	40a	人譜	勠力
13924.	4	39b	人譜	穩當	13964.	4	40a	人譜	汲汲
13925.	4	39b	人譜	周密	13965.	4	40a	人譜	孜孜
13926.	4	39b	人譜	妥帖	13966.	4	40a	人譜	汨沒
13927.	4	39b	人譜	要緊	13967.	4	40a	人譜	溟涊
13928.	4	39b	人譜	肯綮	13968.	4	40a	人譜	傯囊
13929.	4	39b	人譜	要害	13969.	4	40a	人譜	辛苦
13930.	4	39b	人譜	事端	13970.	4	40a	人譜	生受
13931.	4	39b	人譜	幾微	13971.	4	40a	人譜	功

13972.	4	40a	人譜	勳勞	14012.	4	40b	人譜	遲
13973.	4	40a	人譜	伐庸	14013.	4	40b	人譜	緩
13974.	4	40a	人譜	伐	14014.	4	40b	人譜	慢
13975.	4	40a	人譜	賞	14015.	4	40b	人譜	忽
13976.	4	40a	人譜	習	14016.	4	40b	人譜	歇
13977.	4	40a	人譜	肆	14017.	4	40b	人譜	後
13978.	4	40a	人譜	慣	14018.	4	40b	人譜	猶豫
13979.	4	40a	人譜	攻	14019.	4	40b	人譜	遲疑
13980.	4	40a	人譜	翫	14020.	4	40b	人譜	首鼠
13981.	4	40a	人譜	忸	14021.	4	40b	人譜	前卻
13982.	4	40a	人譜	閒習	14022.	4	40b	人譜	回避
13983.	4	40a	人譜	仔細	14023.	4	40b	人譜	依違
13984.	4	40a	人譜	綜核	14024.	4	40b	人譜	模稜
13985.	4	40a	人譜	?脞	14025.	4	40b	人譜	騎墻說過
13986.	4	40a	人譜	纖芥	14026.	4	40b	人譜	決
13987.	4	40a	人譜	僿	14027.	4	40b	人譜	判
13988.	4	40a	人譜	瑣瑣	14028.	4	40b	人譜	果斷
13989.	4	40a	人譜	糊塗	14029.	4	40b	人譜	定
13990.	4	40a	人譜	模糊	14030.	4	40b	人譜	防閑
13991.	4	40a	人譜	漫漶	14031.	4	40b	人譜	隄防
13992.	4	40a	人譜	骨董	14032.	4	40b	人譜	豫防
13993.	4	40b	人譜	鶻突	14033.	4	40b	人譜	籠絡
13994.	4	40b	人譜	崑崙吞棗	14034.	4	40b	人譜	牢籠
13995.	4	40b	人譜	脫畧	14035.	4	40b	人譜	皐牢
13996.	4	40b	人譜	不屑	14036.	4	40b	人譜	羈縻
13997.	4	40b	人譜	齟齬	14037.	4	41a	人譜	夤緣
13998.	4	40b	人譜	戞戞	14038.	4	41a	人譜	紹介
13999.	4	40b	人譜	不是腳	14039.	4	41a	人譜	媒
14000.	4	40b	人譜	畧	14040.	4	41a	人譜	假手
14001.	4	40b	人譜	草草	14041.	4	41a	人譜	干涉
14002.	4	40b	人譜	簡約	14042.	4	41a	人譜	干預
14003.	4	40b	人譜	遷延	14043.	4	41a	人譜	左證
14004.	4	40b	人譜	延拖	14044.	4	41a	人譜	主宰
14005.	4	40b	人譜	遷就	14045.	4	41a	人譜	司
14006.	4	40b	人譜	趑趄	14046.	4	41a	人譜	尸
14007.	4	40b	人譜	黽勉	14047.	4	41a	人譜	適
14008.	4	40b	人譜	因循	14048.	4	41a	人譜	職分
14009.	4	40b	人譜	婗娿	14049.	4	41a	人譜	當
14010.	4	40b	人譜	玩愒	14050.	4	41a	人譜	丁
14011.	4	40b	人譜	捱	14051.	4	41a	人譜	臨

14052.	4	41a	人譜	任		14092.	4	41a	人譜	休
14053.	4	41a	人譜	仔		14093.	4	41a	人譜	罷
14054.	4	41a	人譜	堪		14094.	4	41a	人譜	輟
14055.	4	41a	人譜	勝		14095.	4	41a	人譜	撤
14056.	4	41a	人譜	掌		14096.	4	41a	人譜	襄
14057.	4	41a	人譜	脗合		14097.	4	41a	人譜	了當
14058.	4	41a	人譜	豆湊		14098.	4	41b	人譜	竣事
14059.	4	41a	人譜	反		14099.	4	41b	人譜	成
14060.	4	41a	人譜	舛		14100.	4	41b	人譜	濟
14061.	4	41a	人譜	錯		14101.	4	41b	人譜	理
14062.	4	41a	人譜	差		14102.	4	41b	人譜	治
14063.	4	41a	人譜	戾		14103.	4	41b	人譜	釐
14064.	4	41a	人譜	乖		14104.	4	41b	人譜	修
14065.	4	41a	人譜	違		14105.	4	41b	人譜	改
14066.	4	41a	人譜	拗捩		14106.	4	41b	人譜	更
14067.	4	41a	人譜	紕繆		14107.	4	41b	人譜	變
14068.	4	41a	人譜	緯繡		14108.	4	41b	人譜	渝
14069.	4	41a	人譜	舛午		14109.	4	41b	人譜	亂
14070.	4	41a	人譜	膠戾		14110.	4	41b	人譜	擾
14071.	4	41a	人譜	乖剌		14111.	4	41b	人譜	紊
14072.	4	41a	人譜	㦬剌		14112.	4	41b	人譜	紛
14073.	4	41a	人譜	狼狽		14113.	4	41b	人譜	僨事
14074.	4	41a	人譜	攜貳		14114.	4	41b	人譜	亡謂
14075.	4	41a	人譜	戲		14115.	4	41b	人譜	陵夷
14076.	4	41a	人譜	弄壞		14116.	4	41b	人譜	陵遲
14077.	4	41a	人譜	發作		14117.	4	41b	人譜	失計
14078.	4	41a	人譜	放刁		14118.	4	41b	人譜	左計
14079.	4	41a	人譜	反覆		14119.	4	41b	人譜	徼幸
14080.	4	41a	人譜	寢		14120.	4	41b	人譜	苟且
14081.	4	41a	人譜	弭		14121.	4	41b	人譜	苟艱
14082.	4	41a	人譜	弭事		14122.	4	41b	人譜	過
14083.	4	41a	人譜	遏		14123.	4	41b	人譜	失
14084.	4	41a	人譜	止		14124.	4	41b	人譜	曲
14085.	4	41a	人譜	息		14125.	4	41b	人譜	枉
14086.	4	41a	人譜	已		14126.	4	41b	人譜	詘
14087.	4	41a	人譜	戢		14127.	4	41b	人譜	愆
14088.	4	41a	人譜	弭		14128.	4	41b	人譜	咎
14089.	4	41a	人譜	按		14129.	4	41b	人譜	尢
14090.	4	41a	人譜	沮		14130.	4	41b	人譜	戾
14091.	4	41a	人譜	歇		14131.	4	41b	人譜	訛

14132.	4	41b	人譜	非		14172.	4	42a	人譜	迅
14133.	4	41b	人譜	追		14173.	4	42a	人譜	遄
14134.	4	41b	人譜	悛		14174.	4	42a	人譜	驟
14135.	4	41b	人譜	謝		14175.	4	42a	人譜	難
14136.	4	41b	人譜	文過		14176.	4	42a	人譜	艱
14137.	4	41b	人譜	諱		14177.	4	42a	人譜	易
14138.	4	41b	人譜	護前		14178.	5	1a	人譜	三加
14139.	4	41b	人譜	曖昧		14179.	5	1a	人譜	宿賓
14140.	4	41b	人譜	點昧		14180.	5	1a	人譜	尊長
14141.	4	41b	人譜	孟浪		14181.	5	1a	人譜	禮辭
14142.	4	41b	人譜	漸		14182.	5	1a	人譜	陰禮
14143.	4	41b	人譜	侵尋		14183.	5	1a	人譜	嘉禮
14144.	4	41b	人譜	冉冉		14184.	5	1a	人譜	親事
14145.	4	41b	人譜	稍稍		14185.	5	1a	人譜	媾
14146.	4	41b	人譜	滋		14186.	5	1a	人譜	胖
14147.	4	41b	人譜	重		14187.	5	1a	人譜	媒婆
14148.	4	41b	人譜	複		14188.	5	1a	人譜	保山
14149.	4	41b	人譜	申		14189.	5	1a	人譜	喜錢
14150.	4	41b	人譜	瀆		14190.	5	1a	人譜	買紅
14151.	4	41b	人譜	習		14191.	5	1a	人譜	合庚
14152.	4	41b	人譜	更		14192.	5	1a	人譜	庚帖
14153.	4	41b	人譜	亦		14193.	5	1a	人譜	陪門財
14154.	4	41b	人譜	又		14194.	5	1b	人譜	聘
14155.	4	41b	人譜	且		14195.	5	1b	人譜	再娶
14156.	4	41b	人譜	數		14196.	5	1b	人譜	適
14157.	4	41b	人譜	頻		14197.	5	1b	人譜	字
14158.	4	41b	人譜	屢		14198.	5	1b	人譜	女
14159.	4	41b	人譜	煩		14199.	5	1b	人譜	妻之
14160.	4	41b	人譜	急		14200.	5	1b	人譜	移天
14161.	4	41b	人譜	卒卒		14201.	5	1b	人譜	改嫁
14162.	4	41b	人譜	遽		14202.	5	1b	人譜	再醮
14163.	4	41b	人譜	倉卒		14203.	5	1b	人譜	後婚
14164.	4	42a	人譜	凌遽		14204.	5	1b	人譜	後嫁
14165.	4	42a	人譜	火急		14205.	5	1b	人譜	晚娘子
14166.	4	42a	人譜	焦躁		14206.	5	1b	人譜	添羞臉
14167.	4	42a	人譜	促迫		14207.	5	1b	人譜	請決
14168.	4	42a	人譜	恖恖		14208.	5	1b	人譜	合獨
14169.	4	42a	人譜	亟		14209.	5	1b	人譜	問名
14170.	4	42a	人譜	忙		14210.	5	1b	人譜	納雁
14171.	4	42a	人譜	速		14211.	5	1b	人譜	納幣

14212.	5	1b	人譜	儷皮	14252.	5	2b	人譜	髺
14213.	5	1b	人譜	攝盛	14253.	5	2b	人譜	括髮
14214.	5	1b	人譜	催粧	14254.	5	2b	人譜	布頭𢄼
14215.	5	1b	人譜	卻扇	14255.	5	2b	人譜	雞斯
14216.	5	1b	人譜	同牢宴	14256.	5	2b	人譜	赴車
14217.	5	1b	人譜	交拜	14257.	5	2b	人譜	吊
14218.	5	1b	人譜	卺杯	14258.	5	2b	人譜	賵
14219.	5	1b	人譜	室中之事	14259.	5	2b	人譜	襚
14220.	5	1b	人譜	青廬	14260.	5	2b	人譜	祱
14221.	5	1b	人譜	結髮	14261.	5	2b	人譜	贈
14222.	5	2a	人譜	新婦禮	14262.	5	2b	人譜	奠
14223.	5	2a	人譜	過門	14263.	5	2b	人譜	含
14224.	5	2a	人譜	于歸	14264.	5	2b	人譜	襚孝
14225.	5	2a	人譜	帛拜	14265.	5	2b	人譜	洍
14226.	5	2a	人譜	盖頭	14266.	5	2b	人譜	香湯
14227.	5	2a	人譜	筓	14267.	5	2b	人譜	潘
14228.	5	2a	人譜	棗栗	14268.	5	2b	人譜	差
14229.	5	2a	人譜	腶脩	14269.	5	2b	人譜	纍
14230.	5	2a	人譜	餪	14270.	5	2b	人譜	塊甑
14231.	5	2a	人譜	授室	14271.	5	3a	人譜	鬠瓜
14232.	5	2a	人譜	饋舅姑	14272.	5	3a	人譜	五囊
14233.	5	2a	人譜	刀鑷人	14273.	5	3a	人譜	明衣
14234.	5	2a	人譜	手母	14274.	5	3a	人譜	夷槃
14235.	5	2a	人譜	大故	14275.	5	3a	人譜	夷牀
14236.	5	2a	人譜	屬纊	14276.	5	3a	人譜	夷衾
14237.	5	2a	人譜	招魂	14277.	5	3a	人譜	幎目
14238.	5	2a	人譜	皐復	14278.	5	3a	人譜	充耳
14239.	5	2a	人譜	收尸	14279.	5	3a	人譜	握手
14240.	5	2a	人譜	楔齒	14280.	5	3a	人譜	削約
14241.	5	2a	人譜	角柶	14281.	5	3a	人譜	摟中
14242.	5	2a	人譜	綴足	14282.	5	3a	人譜	牢中
14243.	5	2b	人譜	舉哀	14283.	5	3a	人譜	冒
14244.	5	2b	人譜	擗踊	14284.	5	3a	人譜	質
14245.	5	2b	人譜	發胸	14285.	5	3a	人譜	殺
14246.	5	2b	人譜	擊心	14286.	5	3a	人譜	無孔珠
14247.	5	2b	人譜	爵踊	14287.	5	3a	人譜	柳匕
14248.	5	2b	人譜	被髮	14288.	5	3a	人譜	幎巾
14249.	5	2b	人譜	扱衽	14289.	5	3a	人譜	靈几
14250.	5	2b	人譜	徒跣	14290.	5	3a	人譜	靈筵
14251.	5	2b	人譜	免	14291.	5	3a	人譜	筵几

14292.	5	3a	人譜	靈牀	14332.	5	3a	人譜	楄柎
14293.	5	3a	人譜	魂帛	14333.	5	3a	人譜	七星板
14294.	5	3a	人譜	遺衣	14334.	5	3a	人譜	秫灰
14295.	5	3a	人譜	復衣	14335.	5	3a	人譜	綠中
14296.	5	3a	人譜	魂箱	14336.	5	3a	人譜	槨
14297.	5	3a	人譜	帕	14337.	5	4a	人譜	沐槨
14298.	5	3a	人譜	倚	14338.	5	4a	人譜	仇偕
14299.	5	3a	人譜	卓子	14339.	5	4a	人譜	倷佘
14300.	5	3a	人譜	香爐	14340.	5	4a	人譜	見
14301.	5	3a	人譜	香盒	14341.	5	4a	人譜	緘繩
14302.	5	3a	人譜	香牀	14342.	5	4a	人譜	紑
14303.	5	3a	人譜	總	14343.	5	4a	人譜	褚幕
14304.	5	3a	人譜	帷	14344.	5	4a	人譜	屋
14305.	5	3a	人譜	帆	14345.	5	4a	人譜	翣扇
14306.	5	3a	人譜	銘旌	14346.	5	4a	人譜	黻翣
14307.	5	3a	人譜	旒	14347.	5	4a	人譜	雲翣
14308.	5	3a	人譜	竹杠	14348.	5	4a	人譜	攝
14309.	5	3a	人譜	跗	14349.	5	4a	人譜	翰
14310.	5	3a	人譜	功布	14350.	5	4a	人譜	牆
14311.	5	3a	人譜	縮絞	14351.	5	4a	人譜	柳衣
14312.	5	3a	人譜	橫絞	14352.	5	4a	人譜	椑
14313.	5	3a	人譜	散衣	14353.	5	4a	人譜	杝棺
14314.	5	3a	人譜	紞	14354.	5	4a	人譜	虞棺
14315.	5	3a	人譜	被識	14355.	5	4a	人譜	聖周
14316.	5	3a	人譜	衩	14356.	5	4a	人譜	穿孝
14317.	5	3a	人譜	紟	14357.	5	4a	人譜	挂孝
14318.	5	3a	人譜	盛棺材	14358.	5	5a	人譜	大紅
14319.	5	3a	人譜	壽器	14359.	5	5b	人譜	小紅
14320.	5	3a	人譜	柩	14360.	5	6a	人譜	纖
14321.	5	3a	人譜	櫬	14361.	5	7a	人譜	吊服加麻
14322.	5	3a	人譜	槽	14362.	5	7a	人譜	錫衰
14323.	5	3a	人譜	黃腸	14363.	5	7a	人譜	適
14324.	5	3a	人譜	梘	14364.	5	7a	人譜	辟領
14325.	5	3a	人譜	和	14365.	5	7a	人譜	濶中
14326.	5	3a	人譜	題湊	14366.	5	7a	人譜	加領
14327.	5	3a	人譜	衽	14367.	5	7a	人譜	袷
14328.	5	3a	人譜	小要	14368.	5	7a	人譜	負版
14329.	5	3a	人譜	銀則子	14369.	5	7a	人譜	衰
14330.	5	3a	人譜	長命釘	14370.	5	7a	人譜	帶下尺
14331.	5	3a	人譜	灰釘	14371.	5	7a	人譜	衽

14372.	5	7a	人譜	燕尾	14412.	5	8a	人譜	四腳巾
14373.	5	7a	人譜	裳	14413.	5	8a	人譜	起復
14374.	5	7a	人譜	三袇	14414.	5	8a	人譜	殣
14375.	5	7a	人譜	冠	14415.	5	8a	人譜	帟
14376.	5	7a	人譜	厭冠	14416.	5	8a	人譜	草殯
14377.	5	7a	人譜	首經	14417.	5	8a	人譜	藁殯
14378.	5	7a	人譜	環經	14418.	5	8a	人譜	藁瘞
14379.	5	7a	人譜	腰經	14419.	5	8a	人譜	大轝
14380.	5	7b	人譜	絞帶	14420.	5	8a	人譜	柩車
14381.	5	7b	人譜	苴杖	14421.	5	8a	人譜	靈輀
14382.	5	7b	人譜	桐杖	14422.	5	8a	人譜	蜃車
14383.	5	7b	人譜	削杖	14423.	5	8a	人譜	柳車
14384.	5	7b	人譜	菅屨	14424.	5	8a	人譜	輧
14385.	5	7b	人譜	疏屨	14425.	5	8a	人譜	小方牀
14386.	5	7b	人譜	外納	14426.	5	8a	人譜	橫杠
14387.	5	7b	人譜	直領	14427.	5	8a	人譜	長杠
14388.	5	7b	人譜	中單衣	14428.	5	8a	人譜	伏兔
14389.	5	7b	人譜	背子	14429.	5	8a	人譜	鑿枘
14390.	5	7b	人譜	施服	14430.	5	8a	人譜	短杠
14391.	5	7b	人譜	義服	14431.	5	8a	人譜	小杠
14392.	5	7b	人譜	孤子	14432.	5	8a	人譜	撮蕉亭
14393.	5	7b	人譜	哀子	14433.	5	8b	人譜	流蘇
14394.	5	7b	人譜	孤哀子	14434.	5	8b	人譜	竹格
14395.	5	7b	人譜	棘人	14435.	5	8b	人譜	袗
14396.	5	7b	人譜	罪人	14436.	5	8b	人譜	輤
14397.	5	7b	人譜	喪人	14437.	5	8b	人譜	幬
14398.	5	7b	人譜	心制人	14438.	5	8b	人譜	紼
14399.	5	7b	人譜	欒欒	14439.	5	8b	人譜	披
14400.	5	7b	人譜	瞿瞿	14440.	5	8b	人譜	扛擡軍
14401.	5	7b	人譜	梅梅	14441.	5	8b	人譜	靈車
14402.	5	7b	人譜	深墨	14442.	5	8b	人譜	魂車
14403.	5	7b	人譜	櫟馬	14443.	5	8b	人譜	方相氏
14404.	5	7b	人譜	倚廬	14444.	5	8b	人譜	防喪
14405.	5	7b	人譜	堊室	14445.	5	8b	人譜	魌頭
14406.	5	7b	人譜	苫塊	14446.	5	8b	人譜	蒙供
14407.	5	8a	人譜	草土	14447.	5	8b	人譜	蘇
14408.	5	8a	人譜	苫	14448.	5	8b	人譜	狂阻
14409.	5	8a	人譜	餰粥	14449.	5	8b	人譜	觸壙
14410.	5	8a	人譜	疏食	14450.	5	8b	人譜	挽歌
14411.	5	8a	人譜	戴星	14451.	5	8b	人譜	些

14452.	5	8b	人譜	挽詞	14492.	5	9a	人譜	穿中
14453.	5	8b	人譜	挽章	14493.	5	9a	人譜	窆
14454.	5	8b	人譜	侲童	14494.	5	9a	人譜	窀穸
14455.	5	8b	人譜	紼謳	14495.	5	9a	人譜	金井
14456.	5	8b	人譜	虞殯	14496.	5	9a	人譜	灰隔
14457.	5	8b	人譜	哀辭	14497.	5	9a	人譜	茵
14458.	5	8b	人譜	誄	14498.	5	9a	人譜	抗木
14459.	5	8b	人譜	祭文	14499.	5	9a	人譜	豐碑
14460.	5	8b	人譜	陰	14500.	5	9a	人譜	明器
14461.	5	8b	人譜	瘞	14501.	5	9a	人譜	俑
14462.	5	8b	人譜	堲	14502.	5	9a	人譜	芻靈
14463.	5	8b	人譜	埘	14503.	5	9a	人譜	殉葬
14464.	5	8b	人譜	脫載	14504.	5	9a	人譜	塗車
14465.	5	8b	人譜	窆	14505.	5	9a	人譜	折
14466.	5	8b	人譜	襄事	14506.	5	9a	人譜	件作
14467.	5	8b	人譜	襄奉	14507.	5	9a	人譜	件作行人
14468.	5	8b	人譜	合葬	14508.	5	9b	人譜	墳
14469.	5	8b	人譜	合祔	14509.	5	9b	人譜	墓
14470.	5	8b	人譜	嫁殤	14510.	5	9b	人譜	冢
14471.	5	8b	人譜	渴葬	14511.	5	9b	人譜	塋
14472.	5	8b	人譜	報葬	14512.	5	9b	人譜	壟
14473.	5	9a	人譜	緩葬	14513.	5	9b	人譜	墦
14474.	5	9a	人譜	權厝	14514.	5	9b	人譜	埌
14475.	5	9a	人譜	遷葬	14515.	5	9b	人譜	土饅頭
14476.	5	9a	人譜	改葬	14516.	5	9b	人譜	窣堵波
14477.	5	9a	人譜	遷窆	14517.	5	9b	人譜	馬鬣
14478.	5	9a	人譜	緬禮	14518.	5	9b	人譜	斧
14479.	5	9a	人譜	倮葬	14519.	5	9b	人譜	堂
14480.	5	9a	人譜	葛溝	14520.	5	9b	人譜	坊
14481.	5	9a	人譜	埋	14521.	5	9b	人譜	壽藏
14482.	5	9a	人譜	道殣	14522.	5	9b	人譜	隧
14483.	5	9a	人譜	路冢	14523.	5	9b	人譜	阡
14484.	5	9a	人譜	捐	14524.	5	9b	人譜	羨
14485.	5	9a	人譜	棄	14525.	5	9b	人譜	域
14486.	5	9a	人譜	褐	14526.	5	9b	人譜	黃壚
14487.	5	9a	人譜	卜宅	14527.	5	9b	人譜	九泉
14488.	5	9a	人譜	宅兆	14528.	5	9b	人譜	九原
14489.	5	9a	人譜	佳城	14529.	5	9b	人譜	墓表
14490.	5	9a	人譜	壙	14530.	5	9b	人譜	神道碑
14491.	5	9a	人譜	坎	14531.	5	9b	人譜	陰記

14532.	5	9b	人譜	晜鬲	14572.	5	10a	人譜	散齊
14533.	5	9b	人譜	魂遊石	14573.	5	10a	人譜	致齊
14534.	5	9b	人譜	香爐石	14574.	5	10a	人譜	參神
14535.	5	9b	人譜	望柱	14575.	5	10b	人譜	降神
14536.	5	9b	人譜	石人	14576.	5	10b	人譜	焚香
14537.	5	9b	人譜	石羊馬	14577.	5	10b	人譜	點香
14538.	5	9b	人譜	莎臺石	14578.	5	10b	人譜	縮酒
14539.	5	9b	人譜	墓戶	14579.	5	10b	人譜	三獻
14540.	5	9b	人譜	寢	14580.	5	10b	人譜	侑食
14541.	5	9b	人譜	柏城	14581.	5	10b	人譜	闔門
14542.	5	10a	人譜	方中	14582.	5	10b	人譜	啓門
14543.	5	10a	人譜	方上	14583.	5	10b	人譜	告利成
14544.	5	10a	人譜	回靈	14584.	5	10b	人譜	辭神
14545.	5	10a	人譜	接靈	14585.	5	10b	人譜	徹
14546.	5	10a	人譜	朝夕奠	14586.	5	10b	人譜	受胙
14547.	5	10a	人譜	上食	14587.	5	10b	人譜	嘏辭
14548.	5	10a	人譜	祖奠	14588.	5	10b	人譜	飲福
14549.	5	10a	人譜	遣奠	14589.	5	10b	人譜	歆
14550.	5	10a	人譜	虞祭	14590.	5	10b	人譜	享
14551.	5	10a	人譜	卒哭	14591.	5	10b	人譜	饗
14552.	5	10a	人譜	祔祭	14592.	5	10b	人譜	昭假
14553.	5	10a	人譜	小祥	14593.	5	10b	人譜	尸童
14554.	5	10a	人譜	常事	14594.	5	10b	人譜	尸
14555.	5	10a	人譜	練祭	14595.	5	10b	人譜	尸諉
14556.	5	10a	人譜	大祥	14596.	5	10b	人譜	祝
14557.	5	10a	人譜	祥事	14597.	5	10b	人譜	工祝
14558.	5	10a	人譜	禫祭	14598.	5	10b	人譜	商祝
14559.	5	10a	人譜	吉祭	14599.	5	10b	人譜	夏祝
14560.	5	10a	人譜	祭	14600.	5	10b	人譜	厭飼
14561.	5	10a	人譜	祀	14601.	5	10b	人譜	祝文
14562.	5	10a	人譜	禋	14602.	5	10b	人譜	佐食
14563.	5	10a	人譜	淫祀	14603.	5	10b	人譜	薦新
14564.	5	10a	人譜	與祭	14604.	5	10b	人譜	奠
14565.	5	10a	人譜	將事	14605.	5	10b	人譜	殷奠
14566.	5	10a	人譜	禰祭	14606.	5	10b	人譜	剝奠
14567.	5	10a	人譜	忌祭	14607.	5	10b	人譜	告事由
14568.	5	10a	人譜	諱日	14608.	5	10b	人譜	虛拜
14569.	5	10a	人譜	節祀	14609.	5	11a	人譜	宗廟
14570.	5	10a	人譜	破散	14610.	5	11a	人譜	祠宇
14571.	5	10a	人譜	齊戎	14611.	5	11a	人譜	祠堂

14612.	5	11a	人譜	襧	14652.	5	11b	人譜	明堂
14613.	5	11a	人譜	祧	14653.	5	11b	人譜	青陽
14614.	5	11a	人譜	閟	14654.	5	11b	人譜	明堂
14615.	5	11a	人譜	唐	14655.	5	11b	人譜	總章
14616.	5	11a	人譜	影堂	14656.	5	11b	人譜	玄堂
14617.	5	11a	人譜	二主	14657.	5	11b	人譜	太廟
14618.	5	11a	人譜	昵	14658.	5	11b	人譜	左个
14619.	5	11a	人譜	神主	14659.	5	11b	人譜	右个
14620.	5	11a	人譜	主	14660.	5	11b	人譜	辟雍
14621.	5	11a	人譜	祐	14661.	5	11b	人譜	崑崙
14622.	5	11a	人譜	櫝	14662.	5	11b	人譜	太祖康獻大王
14623.	5	11a	人譜	坐蓋	14663.	5	11b	人譜	神懿王后
14624.	5	11a	人譜	家堂神	14664.	5	11b	人譜	神德王后
14625.	5	11a	人譜	主頭	14665.	5	11b	人譜	定宗恭靖大王
14626.	5	11a	人譜	陷中	14666.	5	12a	人譜	定安王后
14627.	5	11a	人譜	粉面	14667.	5	12a	人譜	太宗恭定大王
14628.	5	11a	人譜	趺	14668.	5	12a	人譜	元敬王后
14629.	5	11a	人譜	韜	14669.	5	12a	人譜	世宗莊憲大王
14630.	5	11a	人譜	藉	14670.	5	12a	人譜	昭憲王后
14631.	5	11a	人譜	櫝	14671.	5	12a	人譜	文宗恭順大王
14632.	5	11a	人譜	龕室	14672.	5	12a	人譜	顯德王后
14633.	5	11a	人譜	宰	14673.	5	12a	人譜	端宗恭懿大王
14634.	5	11a	人譜	昭穆	14674.	5	12a	人譜	定順王后
14635.	5	11a	人譜	班祔	14675.	5	12a	人譜	世祖惠莊大王
14636.	5	11a	人譜	祧	14676.	5	12b	人譜	貞熹王后
14637.	5	11a	人譜	展墓	14677.	5	12b	人譜	德宗懷簡大王
14638.	5	11a	人譜	埽墓	14678.	5	12b	人譜	昭惠王后
14639.	5	11a	人譜	榮埽	14679.	5	12b	人譜	睿宗襄悼大王
14640.	5	11a	人譜	加土	14680.	5	12b	人譜	章順王后
14641.	5	11a	人譜	上墳	14681.	5	12b	人譜	安順王后
14642.	5	11a	人譜	望祭	14682.	5	12b	人譜	成宗康靖大王
14643.	5	11a	人譜	焚黃	14683.	5	12b	人譜	恭惠王后
14644.	5	11b	人譜	宗廟	14684.	5	12b	人譜	貞顯王后
14645.	5	11b	人譜	寢	14685.	5	12b	人譜	中宗恭僖大王
14646.	5	11b	人譜	唐	14686.	5	13a	人譜	端敬王后
14647.	5	11b	人譜	塪	14687.	5	13a	人譜	章敬王后
14648.	5	11b	人譜	明堂	14688.	5	13a	人譜	文定王后
14649.	5	11b	人譜	合宮	14689.	5	13a	人譜	仁宗榮靖大王
14650.	5	11b	人譜	總章	14690.	5	13a	人譜	仁聖王后
14651.	5	11b	人譜	陽舘	14691.	5	13a	人譜	明宗恭憲大王

14692.	5	13a	人譜	仁順王后	14732.	5	14b	人譜	復胙
14693.	5	13a	人譜	宣祖昭敬大王	14733.	5	14b	人譜	胉
14694.	5	13a	人譜	懿仁王后	14734.	5	14b	人譜	繹
14695.	5	13a	人譜	仁穆王后	14735.	5	14b	人譜	類
14696.	5	13b	人譜	元宗恭良大王	14736.	5	14b	人譜	紫
14697.	5	13b	人譜	仁獻王后	14737.	5	14b	人譜	炎
14698.	5	13b	人譜	仁祖純孝大王	14738.	5	14b	人譜	燔柴
14699.	5	13b	人譜	仁烈王后	14739.	5	14b	人譜	旅
14700.	5	13b	人譜	莊烈王后	14740.	5	14b	人譜	禋祀
14701.	5	13b	人譜	孝宗顯仁大王	14741.	5	14b	人譜	五帝
14702.	5	13b	人譜	仁宣王后	14742.	5	14b	人譜	圜丘
14703.	5	13b	人譜	顯宗彰孝大王	14743.	5	14b	人譜	泰壇
14704.	5	13b	人譜	明聖王后	14744.	5	14b	人譜	明堂
14705.	5	13b	人譜	肅宗元孝大王	14745.	5	14b	人譜	泰昭
14706.	5	14a	人譜	仁敬王后	14746.	5	14b	人譜	坎壇
14707.	5	14a	人譜	顯仁王后	14747.	5	14b	人譜	兆
14708.	5	14a	人譜	仁元王后	14748.	5	14b	人譜	類
14709.	5	14a	人譜	景宗宣孝大王	14749.	5	14b	人譜	時
14710.	5	14a	人譜	端懿王后	14750.	5	14b	人譜	五時
14711.	5	14a	人譜	宣懿王后	14751.	5	14b	人譜	垗
14712.	5	14a	人譜	英宗顯孝大王	14752.	5	14b	人譜	好時
14713.	5	14a	人譜	貞聖王后	14753.	5	14b	人譜	王宮
14714.	5	14a	人譜	真宗孝章大王	14754.	5	15a	人譜	夜明
14715.	5	14a	人譜	孝純王后	14755.	5	15a	人譜	實柴
14716.	5	14b	人譜	正宗莊孝大王	14756.	5	15a	人譜	日壇
14717.	5	14b	人譜	祠	14757.	5	15a	人譜	月壇
14718.	5	14b	人譜	鮮祠	14758.	5	15a	人譜	四類
14719.	5	14b	人譜	禘	14759.	5	15a	人譜	橚燎
14720.	5	14b	人譜	禬	14760.	5	15a	人譜	幽宗
14721.	5	14b	人譜	嘗	14761.	5	15a	人譜	雩宗
14722.	5	14b	人譜	烝	14762.	5	15a	人譜	六宗
14723.	5	14b	人譜	肆獻祼	14763.	5	15a	人譜	庪
14724.	5	14b	人譜	饋食	14764.	5	15a	人譜	浮沉
14725.	5	14b	人譜	追享	14765.	5	15a	人譜	布
14726.	5	14b	人譜	朝享	14766.	5	15a	人譜	磔
14727.	5	14b	人譜	開祀	14767.	5	15a	人譜	是禷是禡
14728.	5	14b	人譜	造	14768.	5	15a	人譜	既伯既禱
14729.	5	14b	人譜	禘	14769.	5	15a	人譜	表格
14730.	5	14b	人譜	祫	14770.	5	15a	人譜	偏
14731.	5	14b	人譜	祊	14771.	5	15a	人譜	貍沉

14772.	5	15a	人譜	旅	14812.	5	15b	人譜	清祀
14773.	5	15a	人譜	方丘	14813.	5	15b	人譜	掌珥
14774.	5	15a	人譜	泰折	14814.	5	15b	人譜	縈
14775.	5	15a	人譜	升	14815.	5	15b	人譜	祲
14776.	5	15a	人譜	沈	14816.	5	15b	人譜	望
14777.	5	15a	人譜	瘞	14817.	5	15b	人譜	旅
14778.	5	15a	人譜	地示	14818.	5	15b	人譜	五祀
14779.	5	15a	人譜	壇	14819.	5	15b	人譜	妥
14780.	5	15a	人譜	折	14820.	5	15b	人譜	侑
14781.	5	15a	人譜	墠	14821.	5	15b	人譜	宜
14782.	5	15a	人譜	壝	14822.	5	15b	人譜	量幣
14783.	5	15a	人譜	場	14823.	5	15b	人譜	簠簋
14784.	5	15a	人譜	玉牒	14824.	5	15b	人譜	瑚璉
14785.	5	15a	人譜	銀繩	14825.	5	16a	人譜	龜蓋
14786.	5	15a	人譜	金泥	14826.	5	16a	人譜	敦
14787.	5	15a	人譜	社	14827.	5	16a	人譜	會
14788.	5	15a	人譜	后土	14828.	5	16a	人譜	豊
14789.	5	15a	人譜	句龍氏	14829.	5	16a	人譜	枓
14790.	5	15a	人譜	太社	14830.	5	16a	人譜	饎
14791.	5	15a	人譜	王社	14831.	5	16a	人譜	犧
14792.	5	15a	人譜	國社	14832.	5	16a	人譜	特牲
14793.	5	15a	人譜	侯社	14833.	5	16a	人譜	賢
14794.	5	15a	人譜	置社	14834.	5	16a	人譜	大牢
14795.	5	15a	人譜	家土	14835.	5	16a	人譜	小牢
14796.	5	15a	人譜	血祭	14836.	5	16a	人譜	一元
14797.	5	15a	人譜	厲祀	14837.	5	16a	人譜	大武
14798.	5	15a	人譜	泰厲	14838.	5	16a	人譜	柔毛
14799.	5	15b	人譜	國厲	14839.	5	16a	人譜	剛鬣
14800.	5	15b	人譜	族厲	14840.	5	16a	人譜	羹獻
14801.	5	15b	人譜	蠟	14841.	5	16a	人譜	翰音
14802.	5	15b	人譜	四方	14842.	5	16a	人譜	明眎
14803.	5	15b	人譜	八蜡	14843.	5	16a	人譜	疏趾
14804.	5	15b	人譜	大儺	14844.	5	16a	人譜	尹祭
14805.	5	15b	人譜	裼	14845.	5	16a	人譜	商祭
14806.	5	15b	人譜	袗	14846.	5	16a	人譜	明粢
14807.	5	15b	人譜	方磔	14847.	5	16a	人譜	嘉疏
14808.	5	15b	人譜	甗辜	14848.	5	16a	人譜	薌合
14809.	5	15b	人譜	臘	14849.	5	16a	人譜	薌萁
14810.	5	15b	人譜	貙膢	14850.	5	16a	人譜	脡祭
14811.	5	15b	人譜	嘉平	14851.	5	16a	人譜	腤肥

14852.	5	16a	人譜	薌	14892.	5	16b	人譜	血膋
14853.	5	16a	人譜	臊	14893.	5	16b	人譜	欎鬯
14854.	5	16a	人譜	腥	14894.	5	16b	人譜	黃流
14855.	5	16a	人譜	羶	14895.	5	16b	人譜	彝
14856.	5	16a	人譜	牽	14896.	5	16b	人譜	雞彝
14857.	5	16a	人譜	牲	14897.	5	16b	人譜	斝彝
14858.	5	16a	人譜	腥	14898.	5	16b	人譜	斚彝
14859.	5	16a	人譜	牷	14899.	5	16b	人譜	烏彝
14860.	5	16a	人譜	胖	14900.	5	16b	人譜	黃彝
14861.	5	16a	人譜	克	14901.	5	16b	人譜	蜼彝
14862.	5	16a	人譜	腤	14902.	5	16b	人譜	舟
14863.	5	16a	人譜	胖	14903.	5	16b	人譜	畫布巾
14864.	5	16a	人譜	辜	14904.	5	16b	人譜	㪺
14865.	5	16a	人譜	刉	14905.	5	16b	人譜	卣
14866.	5	16a	人譜	岠	14906.	5	16b	人譜	脩
14867.	5	16a	人譜	䟽辜	14907.	5	16b	人譜	罍
14868.	5	16a	人譜	剝	14908.	5	16b	人譜	壺
14869.	5	16a	人譜	剔	14909.	5	16b	人譜	黃目
14870.	5	16a	人譜	午割	14910.	5	16b	人譜	尊
14871.	5	16a	人譜	刊	14911.	5	16b	人譜	獻尊
14872.	5	16a	人譜	隋	14912.	5	16b	人譜	象樽
14873.	5	16a	人譜	豚解	14913.	5	16b	人譜	著樽
14874.	5	16b	人譜	胥	14914.	5	16b	人譜	壺樽
14875.	5	16b	人譜	鸞刀	14915.	5	16b	人譜	泰樽
14876.	5	16b	人譜	爼	14916.	5	16b	人譜	山尊
14877.	5	16b	人譜	大房	14917.	5	16b	人譜	疏布巾
14878.	5	16b	人譜	椀爼	14918.	5	16b	人譜	泰山
14879.	5	16b	人譜	嶡爼	14919.	5	17a	人譜	山罍
14880.	5	16b	人譜	棋爼	14920.	5	17a	人譜	著
14881.	5	16b	人譜	梡	14921.	5	17a	人譜	犧象
14882.	5	16b	人譜	禁	14922.	5	17a	人譜	瓦甒
14883.	5	16b	人譜	且	14923.	5	17a	人譜	瓢齌
14884.	5	16b	人譜	胏	14924.	5	17a	人譜	虘
14885.	5	16b	人譜	朼	14925.	5	17a	人譜	大罍
14886.	5	16b	人譜	畢	14926.	5	17a	人譜	站
14887.	5	16b	人譜	脈	14927.	5	17a	人譜	宿
14888.	5	16b	人譜	膰	14928.	5	17a	人譜	祼
14889.	5	16b	人譜	胙	14929.	5	17a	人譜	茅
14890.	5	16b	人譜	煇	14930.	5	17a	人譜	隋
14891.	5	16b	人譜	釁	14931.	5	17a	人譜	玉瓚

14932.	5	17a	人譜	大璋瓚	14972.	5	17b	人譜	琰圭
14933.	5	17a	人譜	中璋	14973.	5	17b	人譜	珍圭
14934.	5	17a	人譜	圭瓚	14974.	5	17b	人譜	瑑圭
14935.	5	17a	人譜	邊璋	14975.	5	17b	人譜	瑁
14936.	5	17a	人譜	概	14976.	5	17b	人譜	璧琮
14937.	5	17a	人譜	璋	14977.	5	17b	人譜	瑑琮
14938.	5	17a	人譜	琥	14978.	5	17b	人譜	璧羨
14939.	5	17a	人譜	璜	14979.	5	17b	人譜	駔琮
14940.	5	17a	人譜	璧	14980.	5	17b	人譜	駔琮
14941.	5	17a	人譜	琮	14981.	5	17b	人譜	大琮
14942.	5	17a	人譜	肉	14982.	5	17b	人譜	案
14943.	5	17a	人譜	好	14983.	5	17b	人譜	豆
14944.	5	17a	人譜	瑗	14984.	5	17b	人譜	豐
14945.	5	17a	人譜	繅	14985.	5	17b	人譜	鋪
14946.	5	17a	人譜	籍	14986.	5	17b	人譜	登
14947.	5	17a	人譜	方明	14987.	5	17b	人譜	楬豆
14948.	5	17a	人譜	鎮圭	14988.	5	17b	人譜	玉豆
14949.	5	17a	人譜	桓圭	14989.	5	17b	人譜	獻豆
14950.	5	17a	人譜	信圭	14990.	5	17b	人譜	槃
14951.	5	17a	人譜	躬圭	14991.	5	17b	人譜	甕
14952.	5	17a	人譜	穀璧	14992.	5	18a	人譜	諭祭
14953.	5	17a	人譜	蒲璧	14993.	5	18a	人譜	祭冊
14954.	5	17a	人譜	大圭	14994.	5	18a	人譜	腶享
14955.	5	17b	人譜	珽	14995.	5	18a	人譜	血食
14956.	5	17b	人譜	象笏	14996.	5	18a	人譜	燕禮
14957.	5	17b	人譜	魚須文竹笏	14997.	5	18a	人譜	張飲
14958.	5	17b	人譜	竹笏	14998.	5	18a	人譜	喝盞
14959.	5	17b	人譜	荼	14999.	5	18a	人譜	謁盞
14960.	5	17b	人譜	四圭邸	15000.	5	18a	人譜	幹脫
14961.	5	17b	人譜	兩圭邸	15001.	5	18a	人譜	打彌
14962.	5	17b	人譜	璋邸射	15002.	5	18a	人譜	遨頭
14963.	5	17b	人譜	圭璧	15003.	5	18a	人譜	耽樂
14964.	5	17b	人譜	穀圭	15004.	5	18a	人譜	逸豫
14965.	5	17b	人譜	大璋	15005.	5	18a	人譜	流連
14966.	5	17b	人譜	中璋	15006.	5	18a	人譜	戒賓
14967.	5	17b	人譜	邊璋	15007.	5	18a	人譜	拜至
14968.	5	17b	人譜	牙璋	15008.	5	18a	人譜	拜洗
14969.	5	17b	人譜	祼圭	15009.	5	18a	人譜	揚觶
14970.	5	17b	人譜	土圭	15010.	5	18a	人譜	升歌
14971.	5	17b	人譜	琬圭	15011.	5	18a	人譜	獻酢

15012.	5	18a	人譜	卒爵	15052.	5	18b	人譜	夾鍾
15013.	5	18a	人譜	拜既	15053.	5	18b	人譜	八音
15014.	5	18a	人譜	設位	15054.	5	18b	人譜	金
15015.	5	18a	人譜	張侯	15055.	5	18b	人譜	石
15016.	5	18a	人譜	速賓	15056.	5	18b	人譜	絲
15017.	5	18a	人譜	獻賓	15057.	5	18b	人譜	竹
15018.	5	18a	人譜	誘射	15058.	5	18b	人譜	匏
15019.	5	18a	人譜	比耦	15059.	5	18b	人譜	土
15020.	5	18a	人譜	樂節	15060.	5	18b	人譜	革
15021.	5	18a	人譜	視算	15061.	5	18b	人譜	木
15022.	5	18a	人譜	獻獲	15062.	5	18b	人譜	半聲
15023.	5	18a	人譜	獻工	15063.	5	18b	人譜	變聲
15024.	5	18a	人譜	旅酬	15064.	5	18b	人譜	四清
15025.	5	18a	人譜	徹俎	15065.	5	18b	人譜	成
15026.	5	18a	人譜	拜賜	15066.	5	18b	人譜	闋
15027.	5	18b	人譜	五音	15067.	5	18b	人譜	奏
15028.	5	18b	人譜	宮	15068.	5	18b	人譜	徹章
15029.	5	18b	人譜	商	15069.	5	18b	人譜	采
15030.	5	18b	人譜	角	15070.	5	18b	人譜	弄
15031.	5	18b	人譜	徵	15071.	5	18b	人譜	艷
15032.	5	18b	人譜	羽	15072.	5	19a	人譜	趨
15033.	5	18b	人譜	二變	15073.	5	19a	人譜	亂
15034.	5	18b	人譜	重	15074.	5	19a	人譜	節奏
15035.	5	18b	人譜	敏	15075.	5	19a	人譜	樂府
15036.	5	18b	人譜	經	15076.	5	19a	人譜	侏離
15037.	5	18b	人譜	迭	15077.	5	19a	人譜	兜離
15038.	5	18b	人譜	柳	15078.	5	19a	人譜	任
15039.	5	18b	人譜	六律	15079.	5	19a	人譜	禁
15040.	5	18b	人譜	黃鍾	15080.	5	19a	人譜	眛
15041.	5	18b	人譜	大蔟	15081.	5	19a	人譜	與民樂
15042.	5	18b	人譜	姑洗	15082.	5	19a	人譜	令
15043.	5	18b	人譜	蕤賓	15083.	5	19a	人譜	前引子
15044.	5	18b	人譜	夷則	15084.	5	19a	人譜	後引子
15045.	5	18b	人譜	無射	15085.	5	19a	人譜	步虛詞
15046.	5	18b	人譜	六呂	15086.	5	19a	人譜	慢
15047.	5	18b	人譜	大呂	15087.	5	19a	人譜	雅樂
15048.	5	18b	人譜	應鍾	15088.	5	19a	人譜	中大葉
15049.	5	18b	人譜	南呂	15089.	5	19a	人譜	後庭花
15050.	5	18b	人譜	林鍾	15090.	5	19a	人譜	羽調
15051.	5	18b	人譜	中呂	15091.	5	19a	人譜	界面調

15092.	5	19a	人譜	樂時調		15132.	5	19b	人譜	越
15093.	5	19a	人譜	漫行		15133.	5	19b	人譜	步
15094.	5	19a	人譜	弄		15134.	5	19b	人譜	聲婆
15095.	5	19a	人譜	靈山會上		15135.	5	19b	人譜	胡琴
15096.	5	19a	人譜	太師		15136.	5	19b	人譜	絃靴
15097.	5	19a	人譜	樂工		15137.	5	20a	人譜	秦漢子
15098.	5	19a	人譜	樂生		15138.	5	20a	人譜	繞殿雷
15099.	5	19a	人譜	纏頭		15139.	5	20a	人譜	捩
15100.	5	19a	人譜	嘽緩		15140.	5	20a	人譜	戞圖腹
15101.	5	19a	人譜	㴞懘		15141.	5	20a	人譜	長離
15102.	5	19a	人譜	噍殺		15142.	5	20a	人譜	大箏
15103.	5	19a	人譜	嘌唱		15143.	5	20a	人譜	牙箏
15104.	5	19a	人譜	哇		15144.	5	20a	人譜	風箏
15105.	5	19a	人譜	節		15145.	5	20a	人譜	鐵馬
15106.	5	19a	人譜	淫		15146.	5	20a	人譜	篆
15107.	5	19a	人譜	桐君		15147.	5	20a	人譜	箜篌
15108.	5	19a	人譜	離		15148.	5	20a	人譜	坎篌
15109.	5	19a	人譜	槽		15149.	5	20a	人譜	豎箜篌
15110.	5	19a	人譜	軫		15150.	5	20a	人譜	劈
15111.	5	19b	人譜	断		15151.	5	20a	人譜	筑
15112.	5	19b	人譜	池		15152.	5	20a	人譜	鏞
15113.	5	19b	人譜	濱		15153.	5	20a	人譜	剽
15114.	5	19b	人譜	絃		15154.	5	20a	人譜	劇
15115.	5	19b	人譜	馬子		15155.	5	20a	人譜	棧
15116.	5	19b	人譜	撥		15156.	5	20a	人譜	鎛
15117.	5	19b	人譜	徽		15157.	5	20a	人譜	特
15118.	5	19b	人譜	張		15158.	5	20a	人譜	編鐘
15119.	5	19b	人譜	鼓		15159.	5	20a	人譜	堵
15120.	5	19b	人譜	攏撚		15160.	5	20a	人譜	堵肆
15121.	5	19b	人譜	蟹行		15161.	5	20a	人譜	歌鍾
15122.	5	19b	人譜	鶯鳴		15162.	5	20a	人譜	樂
15123.	5	19b	人譜	琴暢		15163.	5	20a	人譜	銑
15124.	5	19b	人譜	琴操		15164.	5	20a	人譜	于
15125.	5	19b	人譜	玄琴		15165.	5	20a	人譜	鼓
15126.	5	19b	人譜	伽倻琴		15166.	5	20a	人譜	鉦
15127.	5	19b	人譜	阮咸		15167.	5	20a	人譜	舞
15128.	5	19b	人譜	月琴		15168.	5	20a	人譜	旋
15129.	5	19b	人譜	洋琴		15169.	5	20a	人譜	旋蟲
15130.	5	19b	人譜	灑		15170.	5	20a	人譜	幹
15131.	5	19b	人譜	錦瑟		15171.	5	20a	人譜	攠

15172.	5	20a	人譜	蒲牢		15212.	5	21a	人譜	縣鼓
15173.	5	20a	人譜	追		15213.	5	21a	人譜	建鼓
15174.	5	20a	人譜	篆		15214.	5	21a	人譜	雷鼓
15175.	5	20a	人譜	枚		15215.	5	21a	人譜	靈鼓
15176.	5	20a	人譜	景		15216.	5	21a	人譜	露鼓
15177.	5	20a	人譜	鍾孔		15217.	5	21a	人譜	土鼓
15178.	5	20b	人譜	佟		15218.	5	21a	人譜	晉鼓
15179.	5	20b	人譜	弇		15219.	5	21a	人譜	馨
15180.	5	20b	人譜	窊撫		15220.	5	21a	人譜	鼞
15181.	5	20b	人譜	落		15221.	5	21a	人譜	衙鼓
15182.	5	20b	人譜	簴		15222.	5	21a	人譜	楝
15183.	5	20b	人譜	栒		15223.	5	21a	人譜	鼛
15184.	5	20b	人譜	業		15224.	5	21a	人譜	麻
15185.	5	20b	人譜	崇牙		15225.	5	21a	人譜	料
15186.	5	20b	人譜	植羽		15226.	5	21a	人譜	提鼓
15187.	5	20b	人譜	璧翣		15227.	5	21a	人譜	羯鼓
15188.	5	20b	人譜	碣磋		15228.	5	21a	人譜	兩杖鼓
15189.	5	20b	人譜	趰趰		15229.	5	21a	人譜	手鼓
15190.	5	20b	人譜	摐		15230.	5	21a	人譜	魚鼓
15191.	5	20b	人譜	脩		15231.	5	21a	人譜	竹銅鼓
15192.	5	20b	人譜	華鯨		15232.	5	21a	人譜	拊
15193.	5	20b	人譜	華鍾		15233.	5	21a	人譜	相
15194.	5	20b	人譜	笸		15234.	5	21a	人譜	鑅
15195.	5	20b	人譜	欎		15235.	5	21a	人譜	木柩
15196.	5	20b	人譜	喤喤		15236.	5	21a	人譜	皋陶
15197.	5	20b	人譜	鏗鏘		15237.	5	21a	人譜	面
15198.	5	20b	人譜	欽欽		15238.	5	21a	人譜	枹
15199.	5	20b	人譜	舂容		15239.	5	21a	人譜	黃桴
15200.	5	20b	人譜	均		15240.	5	21a	人譜	鼓足
15201.	5	20b	人譜	草子		15241.	5	21a	人譜	鞉
15202.	5	20b	人譜	鋪鈸		15242.	5	21a	人譜	冒鼓
15203.	5	20b	人譜	金錞		15243.	5	21a	人譜	韗人
15204.	5	20b	人譜	錞于		15244.	5	21a	人譜	鞄工
15205.	5	20b	人譜	芒筒		15245.	5	21b	人譜	伐
15206.	5	20b	人譜	薿		15246.	5	21b	人譜	擊
15207.	5	20b	人譜	路鼓		15247.	5	21b	人譜	打
15208.	5	20b	人譜	應鼓		15248.	5	21b	人譜	考
15209.	5	20b	人譜	足鼓		15249.	5	21b	人譜	㥷
15210.	5	21a	人譜	節鼓		15250.	5	21b	人譜	咢
15211.	5	21a	人譜	楹鼓		15251.	5	21b	人譜	搥鼓

15252.	5	21b	人譜	應		15292.	5	22a	人譜	韶簫
15253.	5	21b	人譜	疊		15293.	5	22a	人譜	洞簫
15254.	5	21b	人譜	攦		15294.	5	22a	人譜	參差
15255.	5	21b	人譜	駭		15295.	5	22a	人譜	籟
15256.	5	21b	人譜	鼛		15296.	5	22a	人譜	跳
15257.	5	21b	人譜	鼉		15297.	5	22a	人譜	雅笛
15258.	5	21b	人譜	錂		15298.	5	22a	人譜	羌笛
15259.	5	21b	人譜	閶鞈		15299.	5	22a	人譜	橫吹
15260.	5	21b	人譜	鼜鼜		15300.	5	22a	人譜	後出
15261.	5	21b	人譜	鼞鼞		15301.	5	22a	人譜	鏓硊
15262.	5	21b	人譜	鼘鼘		15302.	5	22a	人譜	實柲
15263.	5	21b	人譜	鼟鼟		15303.	5	22a	人譜	窊圓
15264.	5	21b	人譜	坎坎		15304.	5	22a	人譜	義觜
15265.	5	21b	人譜	鏜		15305.	5	22a	人譜	篧箂
15266.	5	21b	人譜	面		15306.	5	22a	人譜	篅
15267.	5	21b	人譜	岑牟		15307.	5	22a	人譜	尺八
15268.	5	21b	人譜	毛員鼓		15308.	5	22a	人譜	篍
15269.	5	21b	人譜	雞婁鼓		15309.	5	22a	人譜	箠
15270.	5	21b	人譜	泗濱友		15310.	5	22a	人譜	筱
15271.	5	21b	人譜	特磬		15311.	5	22b	人譜	產
15272.	5	21b	人譜	編磬		15312.	5	22b	人譜	仲
15273.	5	21b	人譜	笙磬		15313.	5	22b	人譜	絢
15274.	5	21b	人譜	頌磬		15314.	5	22b	人譜	籟
15275.	5	21b	人譜	浮磬		15315.	5	22b	人譜	沂
15276.	5	21b	人譜	馨		15316.	5	22b	人譜	翹
15277.	5	21b	人譜	天球		15317.	5	22b	人譜	唈
15278.	5	21b	人譜	雷磬		15318.	5	22b	人譜	止
15279.	5	21b	人譜	琥磬		15319.	5	22b	人譜	應
15280.	5	21b	人譜	雲雷磬		15320.	5	22b	人譜	楬
15281.	5	21b	人譜	卷		15321.	5	22b	人譜	甄
15282.	5	21b	人譜	方響		15322.	5	22b	人譜	鈴
15283.	5	21b	人譜	風磬		15323.	5	22b	人譜	鐸
15284.	5	21b	人譜	簧		15324.	5	22b	人譜	金鐃
15285.	5	21b	人譜	巢		15325.	5	23a	人譜	擊甌
15286.	5	21b	人譜	和		15326.	5	23a	人譜	水盞
15287.	5	22a	人譜	月堂		15327.	5	23a	人譜	樂句
15288.	5	22a	人譜	融裔		15328.	5	23a	人譜	檀板
15289.	5	22a	人譜	竽		15329.	5	23a	人譜	肉言
15290.	5	22a	人譜	言		15330.	5	23a	人譜	嗋
15291.	5	22a	人譜	筊		15331.	5	23a	人譜	謳

15332.	5	23a	人譜	欱		15372.	5	23b	人譜	于舞
15333.	5	23a	人譜	豔		15373.	5	23b	人譜	八舞
15334.	5	23a	人譜	俚		15374.	5	23b	人譜	戚
15335.	5	23a	人譜	操		15375.	5	23b	人譜	籥
15336.	5	23a	人譜	腔		15376.	5	23b	人譜	翿
15337.	5	23a	人譜	鹽		15377.	5	23b	人譜	翳
15338.	5	23a	人譜	慢		15378.	5	23b	人譜	旃
15339.	5	23a	人譜	解		15379.	5	23b	人譜	綴兆
15340.	5	23a	人譜	曲		15380.	5	23b	人譜	脩
15341.	5	23a	人譜	行		15381.	5	23b	人譜	選舞
15342.	5	23a	人譜	調		15382.	5	23b	人譜	六么
15343.	5	23a	人譜	曲破		15383.	5	23b	人譜	大垂手
15344.	5	23a	人譜	子夜		15384.	5	23b	人譜	小垂手
15345.	5	23a	人譜	讀曲		15385.	5	23b	人譜	蹲蹲
15346.	5	23a	人譜	丁都護		15386.	5	23b	人譜	翩翩
15347.	5	23a	人譜	白鳩拂舞		15387.	5	23b	人譜	僊僊
15348.	5	23a	人譜	紫騮馬		15388.	5	23b	人譜	傲傲
15349.	5	23a	人譜	君馬黃		15389.	5	23b	人譜	傞傞
15350.	5	23a	人譜	菩薩蠻		15390.	5	23b	人譜	婆娑
15351.	5	23a	人譜	西江月		15391.	5	23b	人譜	奕
15352.	5	23a	人譜	鷓鴣天		15392.	5	23b	人譜	便儇
15353.	5	23a	人譜	浪淘沙		15393.	5	23b	人譜	連娟
15354.	5	23b	人譜	成相		15394.	5	23b	人譜	跐豸
15355.	5	23b	人譜	唱		15395.	5	23b	人譜	颭纚
15356.	5	23b	人譜	躅		15396.	5	23b	人譜	疾
15357.	5	23b	人譜	踏跆		15397.	5	24a	人譜	大刑
15358.	5	23b	人譜	踏歌		15398.	5	24a	人譜	兇器
15359.	5	23b	人譜	烏烏		15399.	5	24a	人譜	帥
15360.	5	23b	人譜	縶縶		15400.	5	24a	人譜	將軍
15361.	5	23b	人譜	羊吾		15401.	5	24a	人譜	大將
15362.	5	23b	人譜	夷伊		15402.	5	24a	人譜	元戎
15363.	5	23b	人譜	那何		15403.	5	24a	人譜	魁帥
15364.	5	23b	人譜	歌板		15404.	5	24a	人譜	麾下
15365.	5	23b	人譜	擊節		15405.	5	24a	人譜	節下
15366.	5	23b	人譜	簡子		15406.	5	24a	人譜	鈴下
15367.	5	23b	人譜	帗舞		15407.	5	24a	人譜	裨將
15368.	5	23b	人譜	羽舞		15408.	5	24a	人譜	偏裨
15369.	5	23b	人譜	皇舞		15409.	5	24a	人譜	下將
15370.	5	23b	人譜	旄舞		15410.	5	24a	人譜	虎臣
15371.	5	23b	人譜	籠		15411.	5	24a	人譜	虎夫

15412.	5	24a	人譜	拓羯	15452.	5	24b	人譜	簽丁
15413.	5	24a	人譜	曳落河	15453.	5	24b	人譜	軍額
15414.	5	24a	人譜	洸洸	15454.	5	24b	人譜	點兵
15415.	5	24a	人譜	蹻蹻	15455.	5	24b	人譜	料出
15416.	5	24a	人譜	麃麃	15456.	5	24b	人譜	訂出
15417.	5	24a	人譜	矯矯	15457.	5	24b	人譜	閱丁
15418.	5	24a	人譜	赳赳	15458.	5	24b	人譜	步兵
15419.	5	24a	人譜	伾伾	15459.	5	24b	人譜	騎兵
15420.	5	24a	人譜	番番	15460.	5	24b	人譜	馬兵
15421.	5	24a	人譜	閎	15461.	5	24b	人譜	馬軍
15422.	5	24a	人譜	軍師	15462.	5	24b	人譜	營壘
15423.	5	24a	人譜	士	15463.	5	24b	人譜	壁寨
15424.	5	24a	人譜	卒	15464.	5	24b	人譜	砦
15425.	5	24a	人譜	弩父	15465.	5	24b	人譜	柵
15426.	5	24a	人譜	赤老	15466.	5	24b	人譜	儲胥
15427.	5	24a	人譜	老革	15467.	5	24b	人譜	哨
15428.	5	24a	人譜	賦	15468.	5	24b	人譜	哨堡
15429.	5	24a	人譜	嘍囉	15469.	5	24b	人譜	屯
15430.	5	24a	人譜	團結	15470.	5	24b	人譜	局
15431.	5	24a	人譜	宮健	15471.	5	24b	人譜	部
15432.	5	24a	人譜	羽林孤兒	15472.	5	24b	人譜	部曲
15433.	5	24b	人譜	伍	15473.	5	24b	人譜	廂
15434.	5	24b	人譜	什	15474.	5	24b	人譜	啓
15435.	5	24b	人譜	兩	15475.	5	24b	人譜	先驅
15436.	5	24b	人譜	卒	15476.	5	24b	人譜	中驅
15437.	5	24b	人譜	旅	15477.	5	24b	人譜	中堅
15438.	5	24b	人譜	師	15478.	5	24b	人譜	胠
15439.	5	24b	人譜	軍	15479.	5	24b	人譜	兩甄
15440.	5	24b	人譜	遂	15480.	5	24b	人譜	拒
15441.	5	24b	人譜	單	15481.	5	24b	人譜	殿
15442.	5	24b	人譜	隊伍	15482.	5	24b	人譜	轅門
15443.	5	24b	人譜	行伍	15483.	5	24b	人譜	戲下
15444.	5	24b	人譜	全夥	15484.	5	25a	人譜	和
15445.	5	24b	人譜	游闕	15485.	5	25a	人譜	幕府
15446.	5	24b	人譜	伍佰	15486.	5	25a	人譜	牙
15447.	5	24b	人譜	戶伯	15487.	5	25a	人譜	牙門
15448.	5	24b	人譜	大伯	15488.	5	25a	人譜	楃
15449.	5	24b	人譜	哨摠	15489.	5	25a	人譜	牙帳
15450.	5	24b	人譜	哨長	15490.	5	25a	人譜	碧油
15451.	5	24b	人譜	伍符	15491.	5	25a	人譜	青油

15492.	5	25a	人譜	玉帳	15532.	5	25b	人譜	屠
15493.	5	25a	人譜	軍令	15533.	5	25b	人譜	拔
15494.	5	25a	人譜	軍禮	15534.	5	25b	人譜	入
15495.	5	25a	人譜	軍書	15535.	5	25b	人譜	取
15496.	5	25a	人譜	軍識	15536.	5	25b	人譜	舉
15497.	5	25a	人譜	六韜	15537.	5	25b	人譜	陷
15498.	5	25a	人譜	三略	15538.	5	25b	人譜	滅
15499.	5	25a	人譜	孫武子	15539.	5	25b	人譜	敗
15500.	5	25a	人譜	吳子	15540.	5	25b	人譜	定
15501.	5	25a	人譜	心書	15541.	5	25b	人譜	鏖戰
15502.	5	25a	人譜	孫子	15542.	5	25b	人譜	短兵接
15503.	5	25a	人譜	尉繚子	15543.	5	25b	人譜	致師
15504.	5	25a	人譜	閱武	15544.	5	25b	人譜	偏戰
15505.	5	25a	人譜	訓鍊	15545.	5	25b	人譜	鼓枲
15506.	5	25a	人譜	治兵	15546.	5	25b	人譜	吶喊
15507.	5	25a	人譜	繕	15547.	5	25b	人譜	禦
15508.	5	25a	人譜	組練	15548.	5	25b	人譜	旅拒
15509.	5	25a	人譜	耀威	15549.	5	25b	人譜	犄角
15510.	5	25a	人譜	耀武	15550.	5	26a	人譜	捷
15511.	5	25a	人譜	頓	15551.	5	26a	人譜	凱歌
15512.	5	25a	人譜	旬設	15552.	5	26a	人譜	鐃歌
15513.	5	25a	人譜	釋	15553.	5	26a	人譜	敗績
15514.	5	25a	人譜	軍餉	15554.	5	26a	人譜	奔
15515.	5	25a	人譜	甬道	15555.	5	26a	人譜	北
15516.	5	25b	人譜	興師	15556.	5	26a	人譜	籠東
15517.	5	25b	人譜	動兵	15557.	5	26a	人譜	跆籍
15518.	5	25b	人譜	類	15558.	5	26a	人譜	崩
15519.	5	25b	人譜	祠兵	15559.	5	26a	人譜	潰
15520.	5	25b	人譜	治兵	15560.	5	26a	人譜	下
15521.	5	25b	人譜	禡	15561.	5	26a	人譜	下城
15522.	5	25b	人譜	表貉	15562.	5	26a	人譜	銜璧
15523.	5	25b	人譜	伐	15563.	5	26a	人譜	輿櫬
15524.	5	25b	人譜	擊	15564.	5	26a	人譜	面縛
15525.	5	25b	人譜	膺	15565.	5	26a	人譜	反接
15526.	5	25b	人譜	侵	15566.	5	26a	人譜	背剪
15527.	5	25b	人譜	攻	15567.	5	26a	人譜	蚍蜉
15528.	5	25b	人譜	圍	15568.	5	26a	人譜	蟻子
15529.	5	25b	人譜	襲	15569.	5	26a	人譜	覆
15530.	5	25b	人譜	墮	15570.	5	26a	人譜	守卡
15531.	5	25b	人譜	破	15571.	5	26a	人譜	旋師

15572.	5	26a	人譜	班師		15612.	5	26b	人譜	蘭錡
15573.	5	26a	人譜	綏		15613.	5	27a	人譜	常
15574.	5	26a	人譜	逗撓		15614.	5	27a	人譜	旂
15575.	5	26a	人譜	間諜		15615.	5	27a	人譜	旟
15576.	5	26a	人譜	游偵		15616.	5	27a	人譜	旐
15577.	5	26a	人譜	細作		15617.	5	27a	人譜	旆
15578.	5	26a	人譜	倪		15618.	5	27a	人譜	物
15579.	5	26a	人譜	邦汋		15619.	5	27a	人譜	旞
15580.	5	26a	人譜	探決		15620.	5	27a	人譜	旌
15581.	5	26a	人譜	斥候		15621.	5	27a	人譜	幟
15582.	5	26a	人譜	塘報		15622.	5	27a	人譜	縿
15583.	5	26a	人譜	踰		15623.	5	27a	人譜	幢
15584.	5	26b	人譜	虜獲		15624.	5	27a	人譜	麾
15585.	5	26b	人譜	擒		15625.	5	27a	人譜	章
15586.	5	26b	人譜	首級		15626.	5	27a	人譜	旄
15587.	5	26b	人譜	馘		15627.	5	27a	人譜	牙
15588.	5	26b	人譜	立懂		15628.	5	27a	人譜	旜
15589.	5	26b	人譜	殉節		15629.	5	27a	人譜	貔貅
15590.	5	26b	人譜	國殤		15630.	5	27a	人譜	勿
15591.	5	26b	人譜	槥車		15631.	5	27a	人譜	旃
15592.	5	26b	人譜	哀丘		15632.	5	27a	人譜	旗
15593.	5	26b	人譜	京觀		15633.	5	27a	人譜	施
15594.	5	26b	人譜	劫略		15634.	5	27a	人譜	斿
15595.	5	26b	人譜	鈔略		15635.	5	27a	人譜	旛
15596.	5	26b	人譜	肆		15636.	5	27a	人譜	旃
15597.	5	26b	人譜	淘虜		15637.	5	27a	人譜	扃
15598.	5	26b	人譜	打草穀		15638.	5	27a	人譜	旗竿
15599.	5	26b	人譜	賊		15639.	5	27a	人譜	颭旗
15600.	5	26b	人譜	暴客		15640.	5	27a	人譜	弊旗
15601.	5	26b	人譜	敵		15641.	5	27a	人譜	招動
15602.	5	26b	人譜	兵火		15642.	5	27a	人譜	旆旆
15603.	5	26b	人譜	劫燒		15643.	5	27a	人譜	筏筏
15604.	5	26b	人譜	兵燹		15644.	5	27a	人譜	旖旎
15605.	5	26b	人譜	克斥		15645.	5	27a	人譜	淠淠
15606.	5	26b	人譜	猖獗		15646.	5	27a	人譜	央央
15607.	5	26b	人譜	搶攘		15647.	5	27a	人譜	㘩翳
15608.	5	26b	人譜	繹騷		15648.	5	27a	人譜	孑孑
15609.	5	26b	人譜	兵		15649.	5	27a	人譜	掛纓
15610.	5	26b	人譜	戒		15650.	5	27a	人譜	掛子
15611.	5	26b	人譜	仗		15651.	5	27a	人譜	纛旗

15652.	5	27b	人譜	戈	15692.	5	27b	人譜	青萍
15653.	5	27b	人譜	戣	15693.	5	27b	人譜	干將
15654.	5	27b	人譜	閻	15694.	5	27b	人譜	莫邪
15655.	5	27b	人譜	孑	15695.	5	27b	人譜	玉具
15656.	5	27b	人譜	胡	15696.	5	27b	人譜	欐具
15657.	5	27b	人譜	勾兵	15697.	5	27b	人譜	吳鉤
15658.	5	27b	人譜	刺兵	15698.	5	27b	人譜	魚腸
15659.	5	27b	人譜	蜎	15699.	5	27b	人譜	秋蓮
15660.	5	27b	人譜	柲	15700.	5	27b	人譜	青釭
15661.	5	27b	人譜	廬	15701.	5	27b	人譜	偃月
15662.	5	27b	人譜	鐏	15702.	5	27b	人譜	芙蓉
15663.	5	27b	人譜	晉	15703.	5	28a	人譜	湛露
15664.	5	27b	人譜	椑	15704.	5	28a	人譜	太阿
15665.	5	27b	人譜	縈	15705.	5	28a	人譜	錕鋙
15666.	5	27b	人譜	棨戟	15706.	5	28a	人譜	龍泉
15667.	5	27b	人譜	油戟	15707.	5	28a	人譜	脫光
15668.	5	27b	人譜	秘	15708.	5	28a	人譜	桃氏
15669.	5	27b	人譜	矛	15709.	5	28a	人譜	刃
15670.	5	27b	人譜	鶴膝	15710.	5	28a	人譜	刀口
15671.	5	27b	人譜	厹矛	15711.	5	28a	人譜	臘
15672.	5	27b	人譜	戳	15712.	5	28a	人譜	鋌
15673.	5	27b	人譜	矟	15713.	5	28a	人譜	鋒
15674.	5	27b	人譜	鑱	15714.	5	28a	人譜	鍔
15675.	5	27b	人譜	鎗	15715.	5	28a	人譜	援
15676.	5	27b	人譜	鉤鐮槍	15716.	5	28a	人譜	鐔
15677.	5	27b	人譜	撓鉤槍	15717.	5	28a	人譜	衛
15678.	5	27b	人譜	筆管槍	15718.	5	28a	人譜	緱
15679.	5	27b	人譜	竹長槍	15719.	5	28a	人譜	鋏
15680.	5	27b	人譜	木長槍	15720.	5	28a	人譜	欐具
15681.	5	27b	人譜	鴨嘴槍	15721.	5	28a	人譜	鹿盧
15682.	5	27b	人譜	狼筅	15722.	5	28a	人譜	睢眥
15683.	5	27b	人譜	標槍	15723.	5	28a	人譜	鞘
15684.	5	27b	人譜	鋼叉	15724.	5	28a	人譜	鞞
15685.	5	27b	人譜	鋌	15725.	5	28a	人譜	銛
15686.	5	27b	人譜	矜	15726.	5	28a	人譜	利
15687.	5	27b	人譜	英	15727.	5	28a	人譜	刀壞
15688.	5	27b	人譜	喬	15728.	5	28a	人譜	鈍
15689.	5	27b	人譜	錞	15729.	5	28a	人譜	頓
15690.	5	27b	人譜	刀	15730.	5	28a	人譜	鋥
15691.	5	27b	人譜	孟勞	15731.	5	28a	人譜	銎

15732.	5	28a	人譜	焠		15772.	5	28b	人譜	弓甃子
15733.	5	28a	人譜	爓		15773.	5	28b	人譜	淵
15734.	5	28a	人譜	淬		15774.	5	28b	人譜	隈
15735.	5	28a	人譜	磨刀		15775.	5	28b	人譜	胎
15736.	5	28a	人譜	礐		15776.	5	28b	人譜	幹
15737.	5	28a	人譜	霍霍		15777.	5	28b	人譜	帎
15738.	5	28a	人譜	礪		15778.	5	28b	人譜	柎
15739.	5	28a	人譜	硎		15779.	5	28b	人譜	豫
15740.	5	28a	人譜	錯		15780.	5	28b	人譜	彌
15741.	5	28a	人譜	割		15781.	5	28b	人譜	貼弓
15742.	5	28a	人譜	切		15782.	5	28b	人譜	弦
15743.	5	28a	人譜	刺		15783.	5	28b	人譜	彄子
15744.	5	28a	人譜	剖		15784.	5	28b	人譜	韔
15745.	5	28a	人譜	劈		15785.	5	28b	人譜	鞬
15746.	5	28a	人譜	刳		15786.	5	28b	人譜	弢
15747.	5	28a	人譜	剜		15787.	5	28b	人譜	囊
15748.	5	28a	人譜	削		15788.	5	28b	人譜	鞠
15749.	5	28b	人譜	巨黍		15789.	5	28b	人譜	弓檠
15750.	5	28b	人譜	繁弱		15790.	5	28b	人譜	必
15751.	5	28b	人譜	越棘		15791.	5	28b	人譜	閉
15752.	5	28b	人譜	烏號		15792.	5	28b	人譜	弓架子
15753.	5	28b	人譜	弧		15793.	5	28b	人譜	弓牀
15754.	5	28b	人譜	敦		15794.	5	28b	人譜	弓拿子
15755.	5	28b	人譜	幹		15795.	5	28b	人譜	液角
15756.	5	28b	人譜	弭		15796.	5	28b	人譜	堂
15757.	5	28b	人譜	曲張		15797.	5	28b	人譜	燀
15758.	5	28b	人譜	弓人		15798.	5	29a	人譜	九和
15759.	5	28b	人譜	槀人		15799.	5	29a	人譜	炕弓
15760.	5	28b	人譜	銑		15800.	5	29a	人譜	鏃
15761.	5	28b	人譜	珧		15801.	5	29a	人譜	鰾罐子
15762.	5	28b	人譜	珪		15802.	5	29a	人譜	鰾貼
15763.	5	28b	人譜	把中		15803.	5	29a	人譜	觧鮮
15764.	5	28b	人譜	弝		15804.	5	29a	人譜	張
15765.	5	28b	人譜	弣		15805.	5	29a	人譜	擘
15766.	5	28b	人譜	㣲		15806.	5	29a	人譜	鷔
15767.	5	28b	人譜	紫		15807.	5	29a	人譜	彀
15768.	5	28b	人譜	簫		15808.	5	29a	人譜	彍
15769.	5	28b	人譜	弭		15809.	5	29a	人譜	彀率
15770.	5	28b	人譜	弰		15810.	5	29a	人譜	弢弢
15771.	5	28b	人譜	彄		15811.	5	29a	人譜	彁

15812.	5	29a	人譜	弸	15852.	5	29b	人譜	繫矢
15813.	5	29a	人譜	撥剌	15853.	5	29b	人譜	殺矢
15814.	5	29a	人譜	弛	15854.	5	29b	人譜	鍭矢
15815.	5	29a	人譜	弨	15855.	5	29b	人譜	矰矢
15816.	5	29a	人譜	彆	15856.	5	29b	人譜	茀矢
15817.	5	29a	人譜	幨	15857.	5	29b	人譜	恒矢
15818.	5	29a	人譜	弓半欹	15858.	5	29b	人譜	庳矢
15819.	5	29a	人譜	句	15859.	5	29b	人譜	鈚子箭
15820.	5	29a	人譜	弊弓	15860.	5	29b	人譜	骨鈚箭
15821.	5	29a	人譜	射	15861.	5	29b	人譜	志
15822.	5	29a	人譜	中	15862.	5	29b	人譜	舥箭
15823.	5	29a	人譜	揚	15863.	5	29b	人譜	樸頭
15824.	5	29a	人譜	失手放	15864.	5	29b	人譜	響樸頭
15825.	5	29a	人譜	平射	15865.	5	29b	人譜	嚆矢
15826.	5	29a	人譜	騎芻	15866.	5	29b	人譜	響箭
15827.	5	29a	人譜	長垛馬射	15867.	5	29b	人譜	鏑
15828.	5	29a	人譜	頤𦚾	15868.	5	29b	人譜	柳葉箭
15829.	5	29a	人譜	大黃	15869.	5	29b	人譜	片箭
15830.	5	29a	人譜	谿子	15870.	5	29b	人譜	鐵箭
15831.	5	29a	人譜	遠望	15871.	5	29b	人譜	細箭
15832.	5	29a	人譜	臂	15872.	5	29b	人譜	弩矢
15833.	5	29a	人譜	牙	15873.	5	29b	人譜	箭幹
15834.	5	29a	人譜	郭	15874.	5	29b	人譜	槀笴
15835.	5	29a	人譜	懸刀	15875.	5	29b	人譜	楷
15836.	5	29a	人譜	機	15876.	5	29b	人譜	拔
15837.	5	29a	人譜	釗	15877.	5	29b	人譜	箭口
15838.	5	29a	人譜	擘張	15878.	5	29b	人譜	乂
15839.	5	29a	人譜	蹶張	15879.	5	29b	人譜	衛
15840.	5	29a	人譜	蹠	15880.	5	29b	人譜	鍭
15841.	5	29a	人譜	夯	15881.	5	29b	人譜	鏑
15842.	5	29b	人譜	箭	15882.	5	29b	人譜	鏃
15843.	5	29b	人譜	由意	15883.	5	29b	人譜	鋌
15844.	5	29b	人譜	忘歸	15884.	5	29b	人譜	箭足
15845.	5	29b	人譜	信往	15885.	5	29b	人譜	拔
15846.	5	29b	人譜	青鍭	15886.	5	29b	人譜	筈
15847.	5	29b	人譜	赤莖	15887.	5	30a	人譜	剛掛
15848.	5	29b	人譜	續長	15888.	5	30a	人譜	菔
15849.	5	29b	人譜	矢人	15889.	5	30a	人譜	箭梯
15850.	5	29b	人譜	冶氏	15890.	5	30a	人譜	囊
15851.	5	29b	人譜	枉矢	15891.	5	30a	人譜	房

15892.	5	30a	人譜	菆		15932.	5	30b	人譜	箭流子
15893.	5	30a	人譜	箭筒		15933.	5	30b	人譜	朱極三
15894.	5	30a	人譜	箭壺		15934.	5	30b	人譜	貫革
15895.	5	30a	人譜	冰		15935.	5	30b	人譜	箭把子
15896.	5	30a	人譜	掤		15936.	5	30b	人譜	把子
15897.	5	30a	人譜	箙		15937.	5	30b	人譜	紅心
15898.	5	30a	人譜	笮		15938.	5	30b	人譜	帿
15899.	5	30a	人譜	闌		15939.	5	30b	人譜	正
15900.	5	30a	人譜	弓韔袋		15940.	5	30b	人譜	鵠
15901.	5	30a	人譜	走獸壺		15941.	5	30b	人譜	布掤把子
15902.	5	30a	人譜	飛魚袋		15942.	5	30b	人譜	質
15903.	5	30a	人譜	垸		15943.	5	30b	人譜	帿躬
15904.	5	30a	人譜	麗		15944.	5	30b	人譜	个
15905.	5	30a	人譜	矯		15945.	5	30b	人譜	上個
15906.	5	30a	人譜	夾搖		15946.	5	30b	人譜	射舌
15907.	5	30a	人譜	儀衛		15947.	5	30b	人譜	維
15908.	5	30a	人譜	搭箭		15948.	5	30b	人譜	舌儀
15909.	5	30a	人譜	築弦		15949.	5	30b	人譜	縝
15910.	5	30a	人譜	參連		15950.	5	30b	人譜	植
15911.	5	30a	人譜	襄尺		15951.	5	30b	人譜	鴻胆
15912.	5	30a	人譜	井儀		15952.	5	30b	人譜	貍步
15913.	5	30a	人譜	白鏃		15953.	5	30b	人譜	防
15914.	5	30a	人譜	剡註		15954.	5	30b	人譜	乏
15915.	5	30a	人譜	羿風		15955.	5	30b	人譜	乏扉
15916.	5	30a	人譜	趕		15956.	5	30b	人譜	彈丸
15917.	5	30a	人譜	撒過		15957.	5	30b	人譜	彈彄
15918.	5	30a	人譜	倒縮		15958.	5	30b	人譜	絹
15919.	5	30a	人譜	繃落		15959.	5	30b	人譜	抨
15920.	5	30a	人譜	謫		15960.	5	30b	人譜	鳥銳
15921.	5	30a	人譜	掾		15961.	5	30b	人譜	銳牀
15922.	5	30a	人譜	饑鴟叫		15962.	5	30b	人譜	照門
15923.	5	30a	人譜	崇臬		15963.	5	30b	人譜	照星
15924.	5	30a	人譜	註		15964.	5	31a	人譜	火門
15925.	5	30a	人譜	韝		15965.	5	31a	人譜	拜鐵
15926.	5	30a	人譜	拾		15966.	5	31a	人譜	掤杖
15927.	5	30a	人譜	射韜		15967.	5	31a	人譜	銅管
15928.	5	30a	人譜	鞈		15968.	5	31a	人譜	鐵丸
15929.	5	30a	人譜	皮指		15969.	5	31a	人譜	火藥
15930.	5	30b	人譜	韈		15970.	5	31a	人譜	火繩
15931.	5	30b	人譜	扮指手		15971.	5	31a	人譜	築藥

15972.	5	31a	人譜	拋車	16012.	5	31b	人譜	甲裙
15973.	5	31a	人譜	大碗口	16013.	5	31b	人譜	軟戰
15974.	5	31a	人譜	西洋砲	16014.	5	31b	人譜	護心鏡
15975.	5	31a	人譜	佛郎機	16015.	5	31b	人譜	鞈
15976.	5	31a	人譜	紅衣砲	16016.	5	31b	人譜	厴
15977.	5	31a	人譜	震天雷	16017.	5	31b	人譜	扞腰
15978.	5	31a	人譜	木筒	16018.	5	31b	人譜	縻
15979.	5	31a	人譜	甄筒	16019.	5	31b	人譜	敉
15980.	5	31a	人譜	鐵羽箭	16020.	5	31b	人譜	擐甲
15981.	5	31a	人譜	子母砲	16021.	5	31b	人譜	衷甲
15982.	5	31a	人譜	地雷砲	16022.	5	31b	人譜	披堅
15983.	5	31a	人譜	子砲	16023.	5	31b	人譜	黑衣
15984.	5	31a	人譜	天墜砲	16024.	5	31b	人譜	褂子
15985.	5	31a	人譜	一窩蜂	16025.	5	31b	人譜	裲襠
15986.	5	31a	人譜	飛天噴筒	16026.	5	31b	人譜	罩甲
15987.	5	31a	人譜	大蜂窠	16027.	5	31b	人譜	齊肩
15988.	5	31a	人譜	火箭	16028.	5	31b	人譜	裲襠
15989.	5	31a	人譜	火燎箭	16029.	5	31b	人譜	箭衣
15990.	5	31a	人譜	神機箭	16030.	5	31b	人譜	襆
15991.	5	31a	人譜	斨	16031.	5	31b	人譜	袴褶
15992.	5	31a	人譜	錣	16032.	5	31b	人譜	偏裻
15993.	5	31a	人譜	戉	16033.	5	31b	人譜	襽
15994.	5	31a	人譜	戚	16034.	5	31b	人譜	兜
15995.	5	31a	人譜	揚	16035.	5	31b	人譜	鍪
15996.	5	31a	人譜	鬼箭	16036.	5	31b	人譜	鎧
15997.	5	31a	人譜	渠荅	16037.	5	31b	人譜	釺鞻
15998.	5	31a	人譜	菱角	16038.	5	31b	人譜	鍪
15999.	5	31a	人譜	地澀	16039.	5	31b	人譜	盍
16000.	5	31a	人譜	鹿角木	16040.	5	31b	人譜	頭魁
16001.	5	31b	人譜	拒馬木	16041.	5	31b	人譜	錏鍜
16002.	5	31b	人譜	函	16042.	5	32a	人譜	錏
16003.	5	31b	人譜	介	16043.	5	32a	人譜	錏鍜
16004.	5	31b	人譜	鐵衣	16044.	5	32a	人譜	耳鏡
16005.	5	31b	人譜	犀渠	16045.	5	32a	人譜	圍脖鐵
16006.	5	31b	人譜	函人	16046.	5	32a	人譜	頓項
16007.	5	31b	人譜	甲葉	16047.	5	32a	人譜	眊
16008.	5	31b	人譜	三屬	16048.	5	32a	人譜	鶡冠
16009.	5	31b	人譜	上旅	16049.	5	32a	人譜	盾
16010.	5	31b	人譜	下旅	16050.	5	32a	人譜	遮箭牌
16011.	5	31b	人譜	甲身	16051.	5	32a	人譜	櫓

16052.	5	32a	人譜	吳魁	16092.	5	32b	人譜	鳴鞭
16053.	5	32a	人譜	須盾	16093.	5	32b	人譜	摩訶兜勒
16054.	5	32a	人譜	陷虜	16094.	5	32b	人譜	出塞
16055.	5	32a	人譜	露見	16095.	5	32b	人譜	入塞
16056.	5	32a	人譜	子盾	16096.	5	32b	人譜	楊柳
16057.	5	32a	人譜	木絡	16097.	5	32b	人譜	笳管
16058.	5	32a	人譜	步盾	16098.	5	32b	人譜	悲篥
16059.	5	32a	人譜	龍盾	16099.	5	32b	人譜	摝鐸
16060.	5	32a	人譜	犀盾	16100.	5	32b	人譜	兌金
16061.	5	32a	人譜	鶴膝	16101.	5	32b	人譜	柝
16062.	5	32a	人譜	伐	16102.	5	32b	人譜	椒
16063.	5	32a	人譜	庭	16103.	5	32b	人譜	梆子
16064.	5	32a	人譜	錫	16104.	5	32b	人譜	鈴
16065.	5	32a	人譜	牌	16105.	5	32b	人譜	鎣鎣
16066.	5	32a	人譜	藤牌	16106.	5	32b	人譜	鉠鉠
16067.	5	32a	人譜	蠻牌	16107.	5	32b	人譜	鐰鐰
16068.	5	32a	人譜	鼛	16108.	5	33a	人譜	浮囊
16069.	5	32a	人譜	大鼕	16109.	5	33a	人譜	木罌
16070.	5	32a	人譜	晨戒	16110.	5	33a	人譜	洞屋
16071.	5	32a	人譜	發昫	16111.	5	33a	人譜	鵝車
16072.	5	32a	人譜	朔鼙	16112.	5	33a	人譜	旱船
16073.	5	32a	人譜	應鼙	16113.	5	33a	人譜	鐵撞木
16074.	5	32a	人譜	搖鼓	16114.	5	33a	人譜	絞車
16075.	5	32a	人譜	嘵嘵	16115.	5	33a	人譜	夜义樞
16076.	5	32a	人譜	闐闐	16116.	5	33a	人譜	繭石
16077.	5	32a	人譜	填然	16117.	5	33a	人譜	碬
16078.	5	32a	人譜	鉦鐃	16118.	5	33a	人譜	鵝卵石
16079.	5	32a	人譜	鐲錚	16119.	5	33a	人譜	灰瓶
16080.	5	32a	人譜	丁寧	16120.	5	33a	人譜	金汁
16081.	5	32a	人譜	鈔鑼	16121.	5	33b	人譜	繩梯
16082.	5	32a	人譜	刀斗	16122.	5	33b	人譜	鉤援
16083.	5	32b	人譜	哱囉	16123.	5	33b	人譜	撞車
16084.	5	32b	人譜	鼓子	16124.	5	33b	人譜	木女
16085.	5	32b	人譜	龍角	16125.	5	33b	人譜	小戎
16086.	5	32b	人譜	鎖那	16126.	5	33b	人譜	左廣
16087.	5	32b	人譜	疊	16127.	5	33b	人譜	右廣
16088.	5	32b	人譜	嗩吶	16128.	5	33b	人譜	偏車
16089.	5	32b	人譜	大角	16129.	5	33b	人譜	扁箱車
16090.	5	32b	人譜	號笛	16130.	5	33b	人譜	羽檄
16091.	5	32b	人譜	筑	16131.	5	33b	人譜	露板

16132.	5	33b	人譜	捷書		16172.	5	34b	人譜	刮
16133.	5	33b	人譜	尺書		16173.	5	34b	人譜	劈面
16134.	5	33b	人譜	舟師		16174.	5	34b	人譜	淫刑
16135.	5	33b	人譜	水軍		16175.	5	34b	人譜	椓
16136.	5	33b	人譜	戰船		16176.	5	34b	人譜	隱宮
16137.	5	33b	人譜	樓船		16177.	5	34b	人譜	胥靡
16138.	5	33b	人譜	海鶻		16178.	5	34b	人譜	蠶室
16139.	5	33b	人譜	鬭艦		16179.	5	34b	人譜	刵
16140.	5	33b	人譜	艄船		16180.	5	34b	人譜	兀者
16141.	5	33b	人譜	金翅		16181.	5	34b	人譜	踊
16142.	5	34a	人譜	皮船		16182.	5	34b	人譜	步春
16143.	5	34a	人譜	辟		16183.	5	34b	人譜	城朝
16144.	5	34a	人譜	罰		16184.	5	34b	人譜	鬼薪
16145.	5	34a	人譜	打		16185.	5	34b	人譜	誅
16146.	5	34a	人譜	搗		16186.	5	34b	人譜	戮
16147.	5	34a	人譜	笏格		16187.	5	34b	人譜	殛
16148.	5	34a	人譜	撻		16188.	5	34b	人譜	大辟
16149.	5	34a	人譜	笞		16189.	5	34b	人譜	斬
16150.	5	34a	人譜	抶		16190.	5	34b	人譜	腰斬
16151.	5	34a	人譜	搒		16191.	5	34b	人譜	轘
16152.	5	34a	人譜	扑		16192.	5	34b	人譜	砥死
16153.	5	34a	人譜	桁楊		16193.	5	34b	人譜	淩遲
16154.	5	34a	人譜	形推		16194.	5	34b	人譜	支解
16155.	5	34a	人譜	亂杖		16195.	5	34b	人譜	肆
16156.	5	34a	人譜	亂梃		16196.	5	34b	人譜	踣
16157.	5	34a	人譜	脊杖		16197.	5	34b	人譜	梟
16158.	5	34a	人譜	夾棍		16198.	5	34b	人譜	梟首
16159.	5	34a	人譜	周牢		16199.	5	34b	人譜	聝
16160.	5	34a	人譜	曇		16200.	5	34b	人譜	法場
16161.	5	34a	人譜	盩		16201.	5	34b	人譜	藁街
16162.	5	34a	人譜	刖		16202.	5	34b	人譜	絞
16163.	5	34a	人譜	疻		16203.	5	34b	人譜	縊
16164.	5	34a	人譜	五百		16204.	5	34b	人譜	磬
16165.	5	34a	人譜	捽胡		16205.	5	34b	人譜	賜死
16166.	5	34a	人譜	捽囮		16206.	5	34b	人譜	賜劍
16167.	5	34a	人譜	髠		16207.	5	35a	人譜	賜藥
16168.	5	34a	人譜	耏		16208.	5	35a	人譜	後命
16169.	5	34a	人譜	天		16209.	5	35a	人譜	族
16170.	5	34b	人譜	耴		16210.	5	35a	人譜	夷
16171.	5	34b	人譜	墨黥面		16211.	5	35a	人譜	夷丹

16212.	5	35a	人譜	赤族	16252.	5	35b	人譜	園土
16213.	5	35a	人譜	籍沒	16253.	5	35b	人譜	牢犴
16214.	5	35a	人譜	抄家	16254.	5	35b	人譜	室
16215.	5	35a	人譜	捕	16255.	5	35b	人譜	岸
16216.	5	35a	人譜	跟捕	16256.	5	35b	人譜	園扉
16217.	5	35a	人譜	拘	16257.	5	35b	人譜	狴
16218.	5	35a	人譜	執	16258.	5	35b	人譜	夏臺
16219.	5	35a	人譜	檻車	16259.	5	35b	人譜	念室
16220.	5	35a	人譜	匪牀	16260.	5	35b	人譜	羑里
16221.	5	35a	人譜	僕區	16261.	5	35b	人譜	動止
16222.	5	35a	人譜	搜索	16262.	5	35b	人譜	囹圄
16223.	5	35a	人譜	膳房子	16263.	5	35b	人譜	稽留
16224.	5	35a	人譜	幽	16264.	5	35b	人譜	若盧
16225.	5	35a	人譜	對理	16265.	5	35b	人譜	南里因諸
16226.	5	35a	人譜	就吏	16266.	5	35b	人譜	都船
16227.	5	35a	人譜	監着	16267.	5	35b	人譜	黃沙
16228.	5	35a	人譜	嫭	16268.	5	35b	人譜	北寺
16229.	5	35a	人譜	囚帳	16269.	5	35b	人譜	嚴棘
16230.	5	35a	人譜	赭衣	16270.	5	35b	人譜	士
16231.	5	35a	人譜	昷	16271.	5	35b	人譜	長流
16232.	5	35a	人譜	瘐	16272.	5	35b	人譜	李官
16233.	5	35a	人譜	折獄	16273.	5	35b	人譜	若盧
16234.	5	35a	人譜	訊	16274.	5	35b	人譜	廷尉
16235.	5	35a	人譜	問	16275.	5	35b	人譜	大理
16236.	5	35a	人譜	討	16276.	5	35b	人譜	東廠錦衣衛
16237.	5	35a	人譜	鞫	16277.	5	35b	人譜	請室
16238.	5	35a	人譜	推	16278.	5	35b	人譜	柱後冠
16239.	5	35a	人譜	詰	16279.	5	35b	人譜	惠文冠
16240.	5	35a	人譜	勘	16280.	5	35b	人譜	遷
16241.	5	35a	人譜	拷訊	16281.	5	35b	人譜	流
16242.	5	35a	人譜	譴何	16282.	5	35b	人譜	竄
16243.	5	35a	人譜	論囚	16283.	5	35b	人譜	配
16244.	5	35a	人譜	報	16284.	5	35b	人譜	從
16245.	5	35a	人譜	讞	16285.	5	35b	人譜	放
16246.	5	35a	人譜	錄囚	16286.	5	35b	人譜	蔡
16247.	5	35a	人譜	慮囚	16287.	5	35b	人譜	行遣
16248.	5	35a	人譜	查查	16288.	5	35b	人譜	安置
16249.	5	35b	人譜	牢	16289.	5	35b	人譜	髡
16250.	5	35b	人譜	楔	16290.	5	36a	人譜	付處
16251.	5	35b	人譜	福堂	16291.	5	36a	人譜	棒棘

16292.	5	36a	人譜	纍人	16332.	5	36b	人譜	枉
16293.	5	36a	人譜	逐臣	16333.	5	36b	人譜	直
16294.	5	36a	人譜	謫容	16334.	5	36b	人譜	平亭
16295.	5	36a	人譜	擺站去	16335.	5	36b	人譜	平反
16296.	5	36a	人譜	何戈	16336.	5	36b	人譜	聽訟
16297.	5	36a	人譜	面示	16337.	5	36b	人譜	兩造
16298.	5	36a	人譜	辜	16338.	5	36b	人譜	束矢
16299.	5	36a	人譜	釁	16339.	5	36b	人譜	鈞距
16300.	5	36a	人譜	累	16340.	5	36b	人譜	面質
16301.	5	36a	人譜	眚	16341.	5	36b	人譜	對面
16302.	5	36a	人譜	坐罪	16342.	5	36b	人譜	客訟
16303.	5	36a	人譜	負犯	16343.	5	36b	人譜	打官司
16304.	5	36a	人譜	故犯	16344.	5	36b	人譜	喫官司
16305.	5	36a	人譜	僇人	16345.	5	36b	人譜	屈官司
16306.	5	36a	人譜	連坐	16346.	5	36b	人譜	元告
16307.	5	36a	人譜	干連	16347.	5	36b	人譜	狀者
16308.	5	36a	人譜	反坐	16348.	5	36b	人譜	元隻
16309.	5	36a	人譜	發覺	16349.	5	36b	人譜	被告人
16310.	5	36a	人譜	媒孼	16350.	5	36b	人譜	牒
16311.	5	36a	人譜	失人	16351.	5	36b	人譜	案
16312.	5	36a	人譜	繩	16352.	5	36b	人譜	斷案
16313.	5	36a	人譜	當	16353.	5	36b	人譜	批判
16314.	5	36a	人譜	抵罪	16354.	5	36b	人譜	跂尾
16315.	5	36a	人譜	末減	16355.	5	36b	人譜	宥
16316.	5	36a	人譜	文法	16356.	5	36b	人譜	休
16317.	5	36a	人譜	舞文	16357.	5	36b	人譜	原
16318.	5	36a	人譜	承服	16358.	5	36b	人譜	恕
16319.	5	36a	人譜	自首	16359.	5	36b	人譜	饒
16320.	5	36a	人譜	首實	16360.	5	36b	人譜	貸
16321.	5	36a	人譜	承疑	16361.	5	36b	人譜	貰
16322.	5	36a	人譜	屈認	16362.	5	36b	人譜	放
16323.	5	36a	人譜	誣服	16363.	5	36b	人譜	釋
16324.	5	36a	人譜	抵賴	16364.	5	36b	人譜	逭
16325.	5	36a	人譜	口招	16365.	5	36b	人譜	脫
16326.	5	36a	人譜	爰書	16366.	5	36b	人譜	免
16327.	5	36a	人譜	供辭	16367.	5	36b	人譜	失出
16328.	5	36b	人譜	招供	16368.	5	36b	人譜	金雞
16329.	5	36b	人譜	招認	16369.	5	37a	人譜	貫索
16330.	5	36b	人譜	招狀	16370.	5	37a	人譜	剒鍰
16331.	5	36b	人譜	原情	16371.	5	37a	人譜	俠錢

16372.	5	37a	人譜	笞		16412.	5	37b	人譜	典
16373.	5	37a	人譜	榜		16413.	5	37b	人譜	章
16374.	5	37a	人譜	鞭		16414.	5	37b	人譜	憲
16375.	5	37a	人譜	梃		16415.	5	37b	人譜	律
16376.	5	37a	人譜	杖		16416.	5	37b	人譜	三尺
16377.	5	37a	人譜	訊杖		16417.	5	37b	人譜	挈令
16378.	5	37a	人譜	棒		16418.	5	37b	人譜	禁令
16379.	5	37a	人譜	棍		16419.	5	37b	人譜	檢
16380.	5	37a	人譜	板子		16420.	6	1a	物譜	品物
16381.	5	37a	人譜	敲		16421.	6	1a	物譜	種種
16382.	5	37a	人譜	筹格		16422.	6	1a	物譜	件
16383.	5	37a	人譜	校		16423.	6	1a	物譜	職職
16384.	5	37a	人譜	桁楊		16424.	6	1a	物譜	芸芸
16385.	5	37a	人譜	長板		16425.	6	1a	物譜	個
16386.	5	37a	人譜	行枷		16426.	6	1a	物譜	巨
16387.	5	37a	人譜	械		16427.	6	1a	物譜	丕
16388.	5	37a	人譜	三木		16428.	6	1a	物譜	夸
16389.	5	37a	人譜	拳		16429.	6	1a	物譜	弘
16390.	5	37a	人譜	釬		16430.	6	1a	物譜	誕
16391.	5	37a	人譜	手杻		16431.	6	1a	物譜	訏
16392.	5	37a	人譜	錠		16432.	6	1a	物譜	膚
16393.	5	37a	人譜	鈙		16433.	6	1a	物譜	京
16394.	5	37a	人譜	鉗		16434.	6	1a	物譜	嘏
16395.	5	37a	人譜	腳鐐		16435.	6	1a	物譜	摩訶
16396.	5	37a	人譜	梣		16436.	6	1a	物譜	幺
16397.	5	37a	人譜	儹指		16437.	6	1a	物譜	褊
16398.	5	37a	人譜	索板		16438.	6	1a	物譜	幺麽
16399.	5	37a	人譜	挾挾棍		16439.	6	1a	物譜	曲
16400.	5	37a	人譜	打尻骨		16440.	6	1a	物譜	區區
16401.	5	37b	人譜	繆緤		16441.	6	1a	物譜	蕞
16402.	5	37b	人譜	鋃鐺		16442.	6	1a	物譜	細
16403.	5	37b	人譜	瑣連子		16443.	6	1a	物譜	纖
16404.	5	37b	人譜	捽面來		16444.	6	1a	物譜	僅
16405.	5	37b	人譜	拉		16445.	6	1a	物譜	碎
16406.	5	37b	人譜	索		16446.	6	1a	物譜	末
16407.	5	37b	人譜	帛		16447.	6	1a	物譜	粉
16408.	5	37b	人譜	制		16448.	6	1a	物譜	屑
16409.	5	37b	人譜	式		16449.	6	1a	物譜	夥
16410.	5	37b	人譜	度		16450.	6	1a	物譜	襄
16411.	5	37b	人譜	辟		16451.	6	1a	物譜	寇

16452.	6	1a	物譜	優	16492.	6	2a	物譜	宏
16453.	6	1a	物譜	饒	16493.	6	2a	物譜	濶
16454.	6	1b	物譜	寡	16494.	6	2a	物譜	寬
16455.	6	1b	物譜	些	16495.	6	2a	物譜	廓
16456.	6	1b	物譜	些子兒	16496.	6	2a	物譜	窄
16457.	6	1b	物譜	些須	16497.	6	2a	物譜	噓噢
16458.	6	1b	物譜	些畧	16498.	6	2a	物譜	輿䛀
16459.	6	1b	物譜	少許	16499.	6	2a	物譜	邪許
16460.	6	1b	物譜	無幾	16500.	6	2a	物譜	區
16461.	6	1b	物譜	劣	16501.	6	2a	物譜	輶
16462.	6	1b	物譜	罕	16502.	6	2a	物譜	尊
16463.	6	1b	物譜	鮮	16503.	6	2a	物譜	崇
16464.	6	1b	物譜	衺	16504.	6	2a	物譜	鐵擺
16465.	6	1b	物譜	矮	16505.	6	2a	物譜	冠
16466.	6	1b	物譜	娾娾	16506.	6	2a	物譜	右
16467.	6	1b	物譜	觸	16507.	6	2a	物譜	堆
16468.	6	1b	物譜	稜	16508.	6	2a	物譜	聳
16469.	6	1b	物譜	廉	16509.	6	2a	物譜	突兀
16470.	6	1b	物譜	觚	16510.	6	2a	物譜	亭亭
16471.	6	1b	物譜	廉利	16511.	6	2a	物譜	低
16472.	6	1b	物譜	從方	16512.	6	2a	物譜	下
16473.	6	1b	物譜	廉隅	16513.	6	2a	物譜	膴
16474.	6	1b	物譜	平方	16514.	6	2a	物譜	腆
16475.	6	1b	物譜	立方	16515.	6	2a	物譜	薄
16476.	6	1b	物譜	昆侖	16516.	6	2a	物譜	區區
16477.	6	1b	物譜	丸	16517.	6	2a	物譜	突
16478.	6	1b	物譜	揹圓	16518.	6	2a	物譜	凹
16479.	6	1b	物譜	平圓	16519.	6	2a	物譜	陷
16480.	6	1b	物譜	立圓	16520.	6	2a	物譜	平
16481.	6	1b	物譜	縮	16521.	6	2a	物譜	偏
16482.	6	1b	物譜	曲	16522.	6	2b	物譜	截
16483.	6	1b	物譜	彎	16523.	6	2b	物譜	差
16484.	6	1b	物譜	拲	16524.	6	2b	物譜	參差
16485.	6	1b	物譜	枉	16525.	6	2b	物譜	差池
16486.	6	1b	物譜	屈	16526.	6	2b	物譜	井井
16487.	6	1b	物譜	摘抐	16527.	6	2b	物譜	瓜
16488.	6	2a	物譜	埤	16528.	6	2b	物譜	歪
16489.	6	2a	物譜	狹	16529.	6	2b	物譜	欹
16490.	6	2a	物譜	撊	16530.	6	2b	物譜	傾
16491.	6	2a	物譜	演	16531.	6	2b	物譜	仄

16532.	6	2b	物譜	頗	16572.	6	3a	物譜	潔
16533.	6	2b	物譜	原委	16573.	6	3a	物譜	腌臢
16534.	6	2b	物譜	尖	16574.	6	3a	物譜	梗
16535.	6	2b	物譜	夯	16575.	6	3a	物譜	勁
16536.	6	2b	物譜	殺	16576.	6	3a	物譜	剛
16537.	6	2b	物譜	剡	16577.	6	3a	物譜	脆
16538.	6	2b	物譜	瓯	16578.	6	3a	物譜	柔
16539.	6	2b	物譜	縮	16579.	6	3b	物譜	固
16540.	6	2b	物譜	午	16580.	6	3b	物譜	韌
16541.	6	2b	物譜	旁午	16581.	6	3b	物譜	鬆
16542.	6	2b	物譜	後	16582.	6	3b	物譜	滿
16543.	6	2b	物譜	內	16583.	6	3b	物譜	盈
16544.	6	2b	物譜	裏	16584.	6	3b	物譜	甥
16545.	6	2b	物譜	外	16585.	6	3b	物譜	憑
16546.	6	2b	物譜	表	16586.	6	3b	物譜	虛
16547.	6	2b	物譜	旁	16587.	6	3b	物譜	空
16548.	6	2b	物譜	側	16588.	6	3b	物譜	假
16549.	6	3a	物譜	完	16589.	6	3b	物譜	偽
16550.	6	3a	物譜	虧	16590.	6	3b	物譜	贗
16551.	6	3a	物譜	斁	16591.	6	3b	物譜	賤
16552.	6	3a	物譜	毀	16592.	6	3b	物譜	安
16553.	6	3a	物譜	壞	16593.	6	3b	物譜	危
16554.	6	3a	物譜	敗	16594.	6	3b	物譜	殆
16555.	6	3a	物譜	弊	16595.	6	3b	物譜	裏
16556.	6	3a	物譜	損	16596.	6	3b	物譜	達
16557.	6	3a	物譜	破	16597.	6	3b	物譜	徹
16558.	6	3a	物譜	圻	16598.	6	3b	物譜	透
16559.	6	3a	物譜	釁	16599.	6	3b	物譜	塞
16560.	6	3a	物譜	嘉	16600.	6	3b	物譜	壅
16561.	6	3a	物譜	佳	16601.	6	3b	物譜	埀
16562.	6	3a	物譜	懿	16602.	6	3b	物譜	窒
16563.	6	3a	物譜	徽	16603.	6	3b	物譜	關
16564.	6	3a	物譜	侯	16604.	6	3b	物譜	阻
16565.	6	3a	物譜	妙	16605.	6	3b	物譜	㪍
16566.	6	3a	物譜	奇	16606.	6	3b	物譜	騷殺
16567.	6	3a	物譜	有名頭	16607.	6	3b	物譜	歧
16568.	6	3a	物譜	恠	16608.	6	3b	物譜	冗丫
16569.	6	3a	物譜	麗	16609.	6	4a	物譜	穴
16570.	6	3a	物譜	鮮	16610.	6	4a	物譜	窓
16571.	6	3a	物譜	粹	16611.	6	4a	物譜	窟窿

16612.	6	4a	物譜	腐	16652.	6	4a	物譜	液
16613.	6	4a	物譜	黴	16653.	6	4a	物譜	滓
16614.	6	4a	物譜	紅黴	16654.	6	4a	物譜	澱
16615.	6	4a	物譜	白黴	16655.	6	4a	物譜	氼
16616.	6	4a	物譜	白殕	16656.	6	4a	物譜	濾
16617.	6	4a	物譜	霉涴	16657.	6	4b	物譜	澀
16618.	6	4a	物譜	潮了	16658.	6	4b	物譜	黏
16619.	6	4a	物譜	蔭開	16659.	6	4b	物譜	貼
16620.	6	4a	物譜	乾	16660.	6	4b	物譜	著
16621.	6	4a	物譜	滰	16661.	6	4b	物譜	存
16622.	6	4a	物譜	暘	16662.	6	4b	物譜	在
16623.	6	4a	物譜	曝	16663.	6	4b	物譜	乏
16624.	6	4a	物譜	晒	16664.	6	4b	物譜	沒
16625.	6	4a	物譜	晞	16665.	6	4b	物譜	蔑
16626.	6	4a	物譜	旰	16666.	6	4b	物譜	罔
16627.	6	4a	物譜	烘	16667.	6	4b	物譜	匱
16628.	6	4a	物譜	焙	16668.	6	4b	物譜	赤
16629.	6	4a	物譜	燎	16669.	6	4b	物譜	竭盡
16630.	6	4a	物譜	熯	16670.	6	4b	物譜	漸
16631.	6	4a	物譜	烠𤈷	16671.	6	4b	物譜	罄
16632.	6	4a	物譜	淨	16672.	6	4b	物譜	獲
16633.	6	4a	物譜	穢	16673.	6	4b	物譜	闕失
16634.	6	4a	物譜	涴	16674.	6	4b	物譜	喪
16635.	6	4a	物譜	垢	16675.	6	4b	物譜	亡
16636.	6	4a	物譜	浽涊	16676.	6	4b	物譜	遺
16637.	6	4a	物譜	溷	16677.	6	4b	物譜	益
16638.	6	4a	物譜	塖	16678.	6	4b	物譜	加
16639.	6	4a	物譜	染糙	16679.	6	4b	物譜	尚
16640.	6	4a	物譜	洗	16680.	6	4b	物譜	添
16641.	6	4a	物譜	雪	16681.	6	4b	物譜	彌
16642.	6	4a	物譜	洒	16682.	6	4b	物譜	增
16643.	6	4a	物譜	濯	16683.	6	4b	物譜	埤
16644.	6	4a	物譜	溉	16684.	6	4b	物譜	滅
16645.	6	4a	物譜	滌	16685.	6	4b	物譜	損
16646.	6	4a	物譜	澣	16686.	6	4b	物譜	縮
16647.	6	4a	物譜	湔	16687.	6	4b	物譜	減
16648.	6	4a	物譜	澡	16688.	6	4b	物譜	省
16649.	6	4a	物譜	淡澈	16689.	6	4b	物譜	殺
16650.	6	4a	物譜	摡濯	16690.	6	4b	物譜	圂
16651.	6	4a	物譜	硪	16691.	6	5a	物譜	析

16692.	6	5a	物譜	散	16732.	6	5a	物譜	纘
16693.	6	5a	物譜	離	16733.	6	5a	物譜	紊
16694.	6	5a	物譜	另	16734.	6	5a	物譜	紛紜
16695.	6	5a	物譜	僉	16735.	6	5a	物譜	狼藉
16696.	6	5a	物譜	集	16736.	6	5a	物譜	狼戾
16697.	6	5a	物譜	交	16737.	6	5b	物譜	宂
16698.	6	5a	物譜	聚	16738.	6	5b	物譜	庞
16699.	6	5a	物譜	裒	16739.	6	5b	物譜	糅
16700.	6	5a	物譜	傅	16740.	6	5b	物譜	雜沓
16701.	6	5a	物譜	樹	16741.	6	5b	物譜	蠡午
16702.	6	5a	物譜	卓	16742.	6	5b	物譜	擁擠貌
16703.	6	5a	物譜	立	16743.	6	5b	物譜	該該衰衰
16704.	6	5a	物譜	植	16744.	6	5b	物譜	摺𦙶
16705.	6	5a	物譜	揭	16745.	6	5b	物譜	一頭翅
16706.	6	5a	物譜	掛	16746.	6	5b	物譜	酥軟
16707.	6	5a	物譜	搭	16747.	6	5b	物譜	伸開
16708.	6	5a	物譜	吊起	16748.	6	5b	物譜	密
16709.	6	5a	物譜	麗穊	16749.	6	5b	物譜	緻
16710.	6	5a	物譜	隕	16750.	6	5b	物譜	縝
16711.	6	5a	物譜	墜	16751.	6	5b	物譜	數
16712.	6	5a	物譜	墮	16752.	6	5b	物譜	叔
16713.	6	5a	物譜	跕	16753.	6	5b	物譜	斂
16714.	6	5a	物譜	崩	16754.	6	5b	物譜	取
16715.	6	5a	物譜	吊下來	16755.	6	5b	物譜	捎
16716.	6	5a	物譜	塔	16756.	6	5b	物譜	掠
16717.	6	5a	物譜	疊	16757.	6	5b	物譜	抄
16718.	6	5a	物譜	累	16758.	6	5b	物譜	捱
16719.	6	5a	物譜	沓	16759.	6	5b	物譜	掩
16720.	6	5a	物譜	複	16760.	6	5b	物譜	擷
16721.	6	5a	物譜	袭	16761.	6	5b	物譜	摘
16722.	6	5a	物譜	匼隔	16762.	6	5b	物譜	奪
16723.	6	5a	物譜	重皮	16763.	6	5b	物譜	攫
16724.	6	5a	物譜	次第	16764.	6	5b	物譜	摭
16725.	6	5a	物譜	聯	16765.	6	5b	物譜	攬
16726.	6	5a	物譜	接	16766.	6	5b	物譜	拈
16727.	6	5a	物譜	絡	16767.	6	5b	物譜	扱
16728.	6	5a	物譜	繹	16768.	6	5b	物譜	拾
16729.	6	5a	物譜	續	16769.	6	5b	物譜	撮
16730.	6	5a	物譜	繼	16770.	6	5b	物譜	弄
16731.	6	5a	物譜	紹	16771.	6	5b	物譜	韞

16772.	6	5b	物譜	懷	16812.	6	6a	物譜	抖抖
16773.	6	5b	物譜	戢	16813.	6	6a	物譜	攖
16774.	6	5b	物譜	封	16814.	6	6a	物譜	抵
16775.	6	5b	物譜	緘	16815.	6	6a	物譜	抉
16776.	6	5b	物譜	捐棄	16816.	6	6a	物譜	摘
16777.	6	5b	物譜	丟	16817.	6	6a	物譜	拭
16778.	6	5b	物譜	釋	16818.	6	6a	物譜	揩
16779.	6	5b	物譜	放	16819.	6	6a	物譜	抆
16780.	6	5b	物譜	置	16820.	6	6a	物譜	幬
16781.	6	5b	物譜	去	16821.	6	6a	物譜	蔽
16782.	6	5b	物譜	撥	16822.	6	6a	物譜	掩
16783.	6	5b	物譜	裹	16823.	6	6a	物譜	遮
16784.	6	5b	物譜	撤	16824.	6	6a	物譜	迴
16785.	6	5b	物譜	弁髦	16825.	6	6a	物譜	翳
16786.	6	5b	物譜	委	16826.	6	6a	物譜	合叩
16787.	6	6a	物譜	扯	16827.	6	6a	物譜	亞
16788.	6	6a	物譜	斷	16828.	6	6a	物譜	墊
16789.	6	6a	物譜	截	16829.	6	6a	物譜	斡
16790.	6	6a	物譜	剪	16830.	6	6a	物譜	旋
16791.	6	6a	物譜	折	16831.	6	6a	物譜	鴻洞
16792.	6	6a	物譜	摧	16832.	6	6a	物譜	擁擠
16793.	6	6a	物譜	挫	16833.	6	6b	物譜	縈
16794.	6	6a	物譜	揓	16834.	6	6b	物譜	絡
16795.	6	6a	物譜	研碎	16835.	6	6b	物譜	繚繞
16796.	6	6a	物譜	搶	16836.	6	6b	物譜	帀
16797.	6	6a	物譜	捶	16837.	6	6b	物譜	周
16798.	6	6a	物譜	撞	16838.	6	6b	物譜	圍
16799.	6	6a	物譜	築	16839.	6	6b	物譜	回
16800.	6	6a	物譜	拉	16840.	6	6b	物譜	周遭
16801.	6	6a	物譜	拗	16841.	6	6b	物譜	結
16802.	6	6a	物譜	揑	16842.	6	6b	物譜	束
16803.	6	6a	物譜	排	16843.	6	6b	物譜	槀
16804.	6	6a	物譜	坏	16844.	6	6b	物譜	團
16805.	6	6a	物譜	撥捌	16845.	6	6b	物譜	絪了
16806.	6	6a	物譜	攤	16846.	6	6b	物譜	綣著
16807.	6	6a	物譜	布	16847.	6	6b	物譜	縈纏
16808.	6	6a	物譜	張開	16848.	6	6b	物譜	迏
16809.	6	6a	物譜	撕開	16849.	6	6b	物譜	緊扣
16810.	6	6a	物譜	幌一幌	16850.	6	6b	物譜	解
16811.	6	6a	物譜	播	16851.	6	6b	物譜	緩

16852.	6	6b	物譜	鬆了	16892.	6	7a	物譜	文章
16853.	6	6b	物譜	擊	16893.	6	7a	物譜	斑
16854.	6	6b	物譜	磕	16894.	6	7a	物譜	斐
16855.	6	6b	物譜	打	16895.	6	7a	物譜	奐
16856.	6	6b	物譜	寫	16896.	6	7a	物譜	翠
16857.	6	6b	物譜	覆	16897.	6	7a	物譜	燦爛
16858.	6	6b	物譜	翻	16898.	6	7a	物譜	煌煌
16859.	6	6b	物譜	反	16899.	6	7a	物譜	炫燿
16860.	6	6b	物譜	措	16900.	6	7a	物譜	焜煌
16861.	6	6b	物譜	于諸	16901.	6	7a	物譜	駁犖
16862.	6	6b	物譜	剩一些	16902.	6	7a	物譜	陸離
16863.	6	6b	物譜	具	16903.	6	7a	物譜	閃閃
16864.	6	6b	物譜	庀	16904.	6	7a	物譜	黯黮
16865.	6	6b	物譜	庤	16905.	6	7a	物譜	黲
16866.	6	6b	物譜	該	16906.	6	7a	物譜	渝色
16867.	6	6b	物譜	辦	16907.	6	7a	物譜	黷
16868.	6	6b	物譜	選	16908.	6	7a	物譜	絅
16869.	6	6b	物譜	遴	16909.	6	7a	物譜	赨
16870.	6	6b	物譜	揀	16910.	6	7a	物譜	金黃
16871.	6	6b	物譜	荷	16911.	6	7a	物譜	貼
16872.	6	6b	物譜	擔	16912.	6	7a	物譜	蜜褐色
16873.	6	6b	物譜	扁擔	16913.	6	7a	物譜	留黃
16874.	6	6b	物譜	綱	16914.	6	7a	物譜	牲
16875.	6	7a	物譜	形容	16915.	6	7a	物譜	黌
16876.	6	7a	物譜	狀	16916.	6	7a	物譜	石雌黃
16877.	6	7a	物譜	響	16917.	6	7a	物譜	水豆黃
16878.	6	7a	物譜	音	16918.	6	7a	物譜	同黃
16879.	6	7a	物譜	韻	16919.	6	7b	物譜	艶
16880.	6	7a	物譜	洋溢	16920.	6	7b	物譜	蒼
16881.	6	7a	物譜	嘹亮	16921.	6	7b	物譜	翠
16882.	6	7a	物譜	泠泠	16922.	6	7b	物譜	蔥
16883.	6	7a	物譜	匀訇	16923.	6	7b	物譜	碧
16884.	6	7a	物譜	泱泱	16924.	6	7b	物譜	綠
16885.	6	7a	物譜	渢渢	16925.	6	7b	物譜	靛
16886.	6	7a	物譜	吰吰	16926.	6	7b	物譜	藍
16887.	6	7a	物譜	颯颯	16927.	6	7b	物譜	月白
16888.	6	7a	物譜	窸窣	16928.	6	7b	物譜	三綠
16889.	6	7a	物譜	光輝	16929.	6	7b	物譜	二青
16890.	6	7a	物譜	采	16930.	6	7b	物譜	回回青
16891.	6	7a	物譜	縟	16931.	6	7b	物譜	磊綠

16932.	6	7b	物譜	朱		16972.	6	8a	物譜	馥郁
16933.	6	7b	物譜	丹		16973.	6	8a	物譜	芬馥
16934.	6	7b	物譜	彤		16974.	6	8a	物譜	馝
16935.	6	7b	物譜	赬		16975.	6	8a	物譜	腐臭
16936.	6	7b	物譜	赭		16976.	6	8a	物譜	欝
16937.	6	7b	物譜	朣		16977.	6	8a	物譜	廇
16938.	6	7b	物譜	騂		16978.	6	8a	物譜	齅
16939.	6	7b	物譜	韎		16979.	6	8a	物譜	爽臭
16940.	6	7b	物譜	絳		16980.	6	8a	物譜	銅臭
16941.	6	7b	物譜	紅		16981.	6	8a	物譜	草氣
16942.	6	7b	物譜	紫		16982.	6	8a	物譜	臊
16943.	6	7b	物譜	朱紅		16983.	6	8a	物譜	羶
16944.	6	7b	物譜	銀朱		16984.	6	8a	物譜	胡潑氣
16945.	6	7b	物譜	相思朱		16985.	6	8a	物譜	漏
16946.	6	7b	物譜	石間朱		16986.	6	8b	物譜	滋味
16947.	6	7b	物譜	素		16987.	6	8b	物譜	旨
16948.	6	7b	物譜	皓		16988.	6	8b	物譜	美味
16949.	6	7b	物譜	縞		16989.	6	8b	物譜	甘毳
16950.	6	7b	物譜	翰		16990.	6	8b	物譜	啗啖
16951.	6	7b	物譜	皎皦		16991.	6	8b	物譜	澈饕
16952.	6	7b	物譜	皚		16992.	6	8b	物譜	淡
16953.	6	7b	物譜	皤		16993.	6	8b	物譜	厲
16954.	6	7b	物譜	雪白		16994.	6	8b	物譜	嘗
16955.	6	7b	物譜	粉		16995.	6	8b	物譜	甘之
16956.	6	7b	物譜	白堊		16996.	6	8b	物譜	甜
16957.	6	7b	物譜	黔		16997.	6	8b	物譜	膩
16958.	6	7b	物譜	烏		16998.	6	8b	物譜	膏
16959.	6	7b	物譜	黎		16999.	6	8b	物譜	酢
16960.	6	7b	物譜	茶褐色		17000.	6	8b	物譜	辣
16961.	6	7b	物譜	臟茶色		17001.	6	8b	物譜	鹵
16962.	6	7b	物譜	黝		17002.	6	8b	物譜	淡
16963.	6	7b	物譜	泹		17003.	6	8b	物譜	澀
16964.	6	7b	物譜	㯈		17004.	6	8b	物譜	㵣
16965.	6	7b	物譜	髮		17005.	6	8b	物譜	律
16966.	6	7b	物譜	骯		17006.	6	8b	物譜	籌
16967.	6	8a	物譜	嗅		17007.	6	8b	物譜	周公九章
16968.	6	8a	物譜	聞		17008.	6	8b	物譜	方田
16969.	6	8a	物譜	㗊		17009.	6	8b	物譜	粟布
16970.	6	8a	物譜	中顙		17010.	6	8b	物譜	少廣
16971.	6	8a	物譜	馨		17011.	6	8b	物譜	衰分

17012.	6	8b	物譜	商功	17052.	6	9a	物譜	十淨
17013.	6	8b	物譜	均輸	17053.	6	9a	物譜	百淨
17014.	6	8b	物譜	盈朒	17054.	6	9a	物譜	千淨
17015.	6	8b	物譜	方程	17055.	6	9a	物譜	萬淨
17016.	6	8b	物譜	句股	17056.	6	9a	物譜	十萬淨
17017.	6	8b	物譜	點	17057.	6	9a	物譜	百萬淨
17018.	6	8b	物譜	線	17058.	6	9a	物譜	千萬淨
17019.	6	8b	物譜	面	17059.	6	9a	物譜	清
17020.	6	8b	物譜	體	17060.	6	9a	物譜	空
17021.	6	9a	物譜	二	17061.	6	9a	物譜	虛
17022.	6	9a	物譜	三	17062.	6	9a	物譜	六德
17023.	6	9a	物譜	四	17063.	6	9a	物譜	刹那
17024.	6	9a	物譜	五	17064.	6	9a	物譜	彈指
17025.	6	9a	物譜	六	17065.	6	9a	物譜	瞬息
17026.	6	9a	物譜	七	17066.	6	9a	物譜	須臾
17027.	6	9a	物譜	八	17067.	6	9a	物譜	逡巡
17028.	6	9a	物譜	九	17068.	6	9a	物譜	模糊
17029.	6	9a	物譜	十	17069.	6	9a	物譜	漠
17030.	6	9a	物譜	百	17070.	6	9a	物譜	渺
17031.	6	9a	物譜	千	17071.	6	9a	物譜	埃
17032.	6	9a	物譜	萬	17072.	6	9a	物譜	塵
17033.	6	9a	物譜	十萬	17073.	6	9b	物譜	沙
17034.	6	9a	物譜	百萬	17074.	6	9b	物譜	纖
17035.	6	9a	物譜	千萬	17075.	6	9b	物譜	微
17036.	6	9a	物譜	億	17076.	6	9b	物譜	忽
17037.	6	9a	物譜	兆	17077.	6	9b	物譜	絲
17038.	6	9a	物譜	京	17078.	6	9b	物譜	毫
17039.	6	9a	物譜	垓	17079.	6	9b	物譜	釐
17040.	6	9a	物譜	秭	17080.	6	9b	物譜	分
17041.	6	9a	物譜	壤	17081.	6	9b	物譜	貳
17042.	6	9a	物譜	溝	17082.	6	9b	物譜	參
17043.	6	9a	物譜	澗	17083.	6	9b	物譜	肆
17044.	6	9a	物譜	正	17084.	6	9b	物譜	伍
17045.	6	9a	物譜	載	17085.	6	9b	物譜	陸
17046.	6	9a	物譜	極	17086.	6	9b	物譜	柒
17047.	6	9a	物譜	恒河沙	17087.	6	9b	物譜	捌
17048.	6	9a	物譜	阿僧祇	17088.	6	9b	物譜	玖
17049.	6	9a	物譜	那由池	17089.	6	9b	物譜	拾
17050.	6	9a	物譜	不可思議	17090.	6	9b	物譜	奇
17051.	6	9a	物譜	無量數	17091.	6	9b	物譜	隻

17092.	6	9b	物譜	單	17132.	6	10a	物譜	多少
17093.	6	9b	物譜	兩	17133.	6	10a	物譜	若干
17094.	6	9b	物譜	再	17134.	6	10a	物譜	如干
17095.	6	9b	物譜	雙	17135.	6	10a	物譜	無慮
17096.	6	9b	物譜	耦	17136.	6	10a	物譜	心計
17097.	6	9b	物譜	重	17137.	6	10a	物譜	般番
17098.	6	9b	物譜	倍	17138.	6	10a	物譜	顆
17099.	6	9b	物譜	兩娑	17139.	6	10a	物譜	箇枚
17100.	6	9b	物譜	乘	17140.	6	10a	物譜	算算
17101.	6	9b	物譜	蓰	17141.	6	11b	物譜	加法
17102.	6	9b	物譜	什	17142.	6	11b	物譜	因法
17103.	6	9b	物譜	卄	17143.	6	11b	物譜	減法
17104.	6	9b	物譜	卅	17144.	6	11b	物譜	除法
17105.	6	9b	物譜	數十	17145.	6	11b	物譜	分母
17106.	6	9b	物譜	太半	17146.	6	11b	物譜	分子
17107.	6	9b	物譜	強半	17147.	6	11b	物譜	實
17108.	6	9b	物譜	弱半	17148.	6	11b	物譜	積
17109.	6	9b	物譜	少半	17149.	6	11b	物譜	文算
17110.	6	9b	物譜	盈	17150.	6	11b	物譜	密率
17111.	6	9b	物譜	贏	17151.	6	12a	物譜	徽率
17112.	6	9b	物譜	餘	17152.	6	12a	物譜	圓內容方
17113.	6	9b	物譜	仂	17153.	6	12a	物譜	方法
17114.	6	9b	物譜	畸	17154.	6	12a	物譜	圓容三角
17115.	6	9b	物譜	零	17155.	6	12a	物譜	圓法
17116.	6	9b	物譜	贕	17156.	6	12a	物譜	三角容圓
17117.	6	9b	物譜	羨	17157.	6	12a	物譜	庇
17118.	6	9b	物譜	幨	17158.	6	12a	物譜	庞
17119.	6	9b	物譜	胹	17159.	6	12a	物譜	冪
17120.	6	9b	物譜	欠	17160.	6	12a	物譜	程
17121.	6	10a	物譜	總	17161.	6	12a	物譜	分
17122.	6	10a	物譜	統	17162.	6	12b	物譜	寸
17123.	6	10a	物譜	都	17163.	6	12b	物譜	尺
17124.	6	10a	物譜	并	17164.	6	12b	物譜	丈
17125.	6	10a	物譜	兼	17165.	6	12b	物譜	引
17126.	6	10a	物譜	合	17166.	6	12b	物譜	圍
17127.	6	10a	物譜	皆	17167.	6	12b	物譜	咫
17128.	6	10a	物譜	該	17168.	6	12b	物譜	墨
17129.	6	10a	物譜	幾許	17169.	6	12b	物譜	施
17130.	6	10a	物譜	幾所	17170.	6	12b	物譜	仞
17131.	6	10a	物譜	幾夥	17171.	6	12b	物譜	尋

17172.	6	12b	物譜	常		17212.	6	13a	物譜	凹量
17173.	6	12b	物譜	蠖		17213.	6	13a	物譜	平量
17174.	6	12b	物譜	尺		17214.	6	13a	物譜	斜
17175.	6	12b	物譜	粟		17215.	6	13a	物譜	黍
17176.	6	12b	物譜	量桿		17216.	6	13a	物譜	絫
17177.	6	12b	物譜	指量		17217.	6	13a	物譜	銖
17178.	6	12b	物譜	一臂		17218.	6	13a	物譜	錙
17179.	6	12b	物譜	臂量		17219.	6	13a	物譜	兩
17180.	6	12b	物譜	一摟		17220.	6	13a	物譜	捷
17181.	6	12b	物譜	一握		17221.	6	13a	物譜	舉
17182.	6	12b	物譜	拱		17222.	6	13a	物譜	鋝
17183.	6	13a	物譜	把		17223.	6	13a	物譜	鍰
17184.	6	13a	物譜	廣輪		17224.	6	13a	物譜	斤
17185.	6	13a	物譜	袤廣		17225.	6	13a	物譜	勻
17186.	6	13a	物譜	圭		17226.	6	13a	物譜	石
17187.	6	13a	物譜	撮		17227.	6	13a	物譜	鎰
17188.	6	13a	物譜	龠		17228.	6	13b	物譜	秤
17189.	6	13a	物譜	勺		17229.	6	13b	物譜	天平
17190.	6	13a	物譜	合		17230.	6	13b	物譜	稱竿
17191.	6	13a	物譜	升		17231.	6	13b	物譜	星
17192.	6	13a	物譜	斗		17232.	6	13b	物譜	秤眼
17193.	6	13a	物譜	斛		17233.	6	13b	物譜	稱毫
17194.	6	13a	物譜	石桶		17234.	6	13b	物譜	錘
17195.	6	13a	物譜	缶		17235.	6	13b	物譜	對法子
17196.	6	13a	物譜	鍾		17236.	6	13b	物譜	法馬
17197.	6	13a	物譜	秉		17237.	6	13b	物譜	馬子
17198.	6	13a	物譜	溢		17238.	6	13b	物譜	杠秤
17199.	6	13a	物譜	豆		17239.	6	13b	物譜	等子
17200.	6	13a	物譜	豆		17240.	6	13b	物譜	工曹秤
17201.	6	13a	物譜	區		17241.	6	13b	物譜	倍秤
17202.	6	13a	物譜	釜		17242.	6	13b	物譜	藥秤
17203.	6	13a	物譜	斞		17243.	6	13b	物譜	稱停
17204.	6	13a	物譜	一掬		17244.	6	13b	物譜	高稱
17205.	6	13a	物譜	量量		17245.	6	13b	物譜	拉拉
17206.	6	13a	物譜	迮		17246.	6	13b	物譜	判
17207.	6	13a	物譜	角		17247.	6	13b	物譜	等分
17208.	6	13a	物譜	斜		17248.	6	13b	物譜	小小的
17209.	6	13a	物譜	抝		17249.	6	13b	物譜	添上
17210.	6	13a	物譜	槩		17250.	6	13b	物譜	室
17211.	6	13a	物譜	尖量		17251.	6	13b	物譜	家

17252.	6	13b	物譜	宅		17292.	6	14a	物譜	官舍
17253.	6	13b	物譜	舍		17293.	6	14a	物譜	官閣
17254.	6	13b	物譜	屋		17294.	6	14a	物譜	公廨
17255.	6	13b	物譜	第		17295.	6	14a	物譜	楹
17256.	6	13b	物譜	甲第		17296.	6	14a	物譜	柱斗
17257.	6	13b	物譜	廈		17297.	6	14a	物譜	椊杌
17258.	6	13b	物譜	院		17298.	6	14a	物譜	笋子
17259.	6	13b	物譜	亭		17299.	6	14a	物譜	楷
17260.	6	13b	物譜	子亭		17300.	6	14a	物譜	礎
17261.	6	13b	物譜	丘亭		17301.	6	14a	物譜	柱砥
17262.	6	13b	物譜	榭		17302.	6	14a	物譜	柱跗
17263.	6	13b	物譜	臺		17303.	6	14a	物譜	磧
17264.	6	13b	物譜	觀		17304.	6	14a	物譜	磉石
17265.	6	13b	物譜	閣		17305.	6	14a	物譜	磉墩
17266.	6	13b	物譜	樓		17306.	6	14a	物譜	柱頂石
17267.	6	13b	物譜	墊		17307.	6	14a	物譜	櫼佹
17268.	6	13b	物譜	連觀		17308.	6	14a	物譜	石承
17269.	6	14a	物譜	簃廚		17309.	6	14a	物譜	栿
17270.	6	14a	物譜	齋		17310.	6	14a	物譜	寀
17271.	6	14a	物譜	窩		17311.	6	14a	物譜	梲
17272.	6	14a	物譜	盧		17312.	6	14a	物譜	侏儒
17273.	6	14a	物譜	廛		17313.	6	14a	物譜	節
17274.	6	14a	物譜	墅		17314.	6	14b	物譜	枅
17275.	6	14a	物譜	庵		17315.	6	14b	物譜	楶
17276.	6	14a	物譜	團焦		17316.	6	14b	物譜	開
17277.	6	14a	物譜	團標		17317.	6	14b	物譜	楷
17278.	6	14a	物譜	庫		17318.	6	14b	物譜	柟
17279.	6	14a	物譜	茅屋		17319.	6	14b	物譜	桼
17280.	6	14a	物譜	茅茨		17320.	6	14b	物譜	栱枓
17281.	6	14a	物譜	苫		17321.	6	14b	物譜	欂櫨
17282.	6	14a	物譜	白盖		17322.	6	14b	物譜	桁條
17283.	6	14a	物譜	櫟角		17323.	6	14b	物譜	屋脊
17284.	6	14a	物譜	廜㢝		17324.	6	14b	物譜	極脊
17285.	6	14a	物譜	广		17325.	6	14b	物譜	檼
17286.	6	14a	物譜	板屋		17326.	6	14b	物譜	桴
17287.	6	14a	物譜	棚子		17327.	6	14b	物譜	衡
17288.	6	14a	物譜	窖		17328.	6	14b	物譜	楣
17289.	6	14a	物譜	窊戶		17329.	6	14b	物譜	架
17290.	6	14a	物譜	老屋		17330.	6	14b	物譜	㮰
17291.	6	14a	物譜	築室		17331.	6	14b	物譜	桶

17332.	6	14b	物譜	婦椽	17372.	6	15a	物譜	杌
17333.	6	14b	物譜	閱	17373.	6	15a	物譜	塗褙
17334.	6	14b	物譜	交	17374.	6	15a	物譜	糊帚
17335.	6	14b	物譜	椽題	17375.	6	15a	物譜	徐儀
17336.	6	14b	物譜	擺椽	17376.	6	15a	物譜	闑
17337.	6	14b	物譜	斜桷	17377.	6	15a	物譜	閩
17338.	6	14b	物譜	飛簷	17378.	6	15a	物譜	閣
17339.	6	14b	物譜	飛榱	17379.	6	15a	物譜	閭
17340.	6	14b	物譜	榮	17380.	6	15a	物譜	扇
17341.	6	14b	物譜	禁楄	17381.	6	15a	物譜	扇
17342.	6	14b	物譜	陽馬	17382.	6	15a	物譜	門楣
17343.	6	14b	物譜	雀栢	17383.	6	15a	物譜	桄
17344.	6	14b	物譜	樀	17384.	6	15a	物譜	山柁
17345.	6	14b	物譜	板檐	17385.	6	15a	物譜	閾
17346.	6	15a	物譜	宇	17386.	6	15b	物譜	圽
17347.	6	15a	物譜	枚	17387.	6	15b	物譜	門坎
17348.	6	15a	物譜	接檐	17388.	6	15b	物譜	畿
17349.	6	15a	物譜	簿	17389.	6	15b	物譜	秩
17350.	6	15a	物譜	風面	17390.	6	15b	物譜	閫
17351.	6	15a	物譜	牆	17391.	6	15b	物譜	闌
17352.	6	15a	物譜	簿風	17392.	6	15b	物譜	橛
17353.	6	15a	物譜	屋雷	17393.	6	15b	物譜	衰頭
17354.	6	15a	物譜	燎楔	17394.	6	15b	物譜	門中
17355.	6	15a	物譜	榥	17395.	6	15b	物譜	橜
17356.	6	15a	物譜	笒	17396.	6	15b	物譜	栱
17357.	6	15a	物譜	筃	17397.	6	15b	物譜	閣
17358.	6	15a	物譜	槑	17398.	6	15b	物譜	楔
17359.	6	15a	物譜	庋	17399.	6	15b	物譜	揮
17360.	6	15a	物譜	望板	17400.	6	15b	物譜	棖
17361.	6	15a	物譜	綺井	17401.	6	15b	物譜	貼方
17362.	6	15a	物譜	闒八	17402.	6	15b	物譜	棖
17363.	6	15a	物譜	藻井	17403.	6	15b	物譜	綽邊框
17364.	6	15a	物譜	天花板	17404.	6	15b	物譜	圁
17365.	6	15a	物譜	承塵	17405.	6	15b	物譜	門縫
17366.	6	15a	物譜	筃	17406.	6	15b	物譜	樞
17367.	6	15a	物譜	照壁	17407.	6	15b	物譜	根
17368.	6	15a	物譜	合柱	17408.	6	15b	物譜	椙
17369.	6	15a	物譜	影壁	17409.	6	15b	物譜	門斗
17370.	6	15a	物譜	樗	17410.	6	15b	物譜	落時
17371.	6	15a	物譜	壁骨	17411.	6	15b	物譜	卮

17412.	6	15b	物譜	門牡	17452.	6	16a	物譜	交觝
17413.	6	15b	物譜	炭廖	17453.	6	16a	物譜	花囪
17414.	6	15b	物譜	關鍵	17454.	6	16a	物譜	月囪
17415.	6	15b	物譜	腰栓子	17455.	6	16a	物譜	斜眼囪
17416.	6	15b	物譜	牝孔	17456.	6	16a	物譜	死囪
17417.	6	15b	物譜	扂	17457.	6	16a	物譜	硬囪
17418.	6	15b	物譜	扃	17458.	6	16a	物譜	亮囪
17419.	6	15b	物譜	釘錦	17459.	6	16a	物譜	弔囪
17420.	6	15b	物譜	梟吊	17460.	6	16a	物譜	天囪
17421.	6	15b	物譜	鶴觜	17461.	6	16a	物譜	閣
17422.	6	15b	物譜	屈戍	17462.	6	16a	物譜	龐慶
17423.	6	15b	物譜	鋪	17463.	6	16a	物譜	囪臺
17424.	6	15b	物譜	椒圖	17464.	6	16a	物譜	楇子
17425.	6	15b	物譜	鑔	17465.	6	16a	物譜	囪骨子
17426.	6	15b	物譜	闔	17466.	6	16a	物譜	囪眼
17427.	6	15b	物譜	閉	17467.	6	16a	物譜	門臼
17428.	6	15b	物譜	闓	17468.	6	16a	物譜	網戶
17429.	6	15b	物譜	開	17469.	6	16a	物譜	亮槅
17430.	6	15b	物譜	啓	17470.	6	16a	物譜	重門
17431.	6	15b	物譜	闢	17471.	6	16a	物譜	板扉
17432.	6	15b	物譜	屛	17472.	6	16a	物譜	里門
17433.	6	15b	物譜	樹	17473.	6	16a	物譜	閭
17434.	6	15b	物譜	閉	17474.	6	16a	物譜	扉
17435.	6	15b	物譜	闔	17475.	6	16a	物譜	柴扉
17436.	6	15b	物譜	關	17476.	6	16a	物譜	柴門
17437.	6	16a	物譜	門	17477.	6	16a	物譜	荊柴
17438.	6	16a	物譜	鐵將軍把門	17478.	6	16a	物譜	蓽門
17439.	6	16a	物譜	款門	17479.	6	16a	物譜	篷門
17440.	6	16a	物譜	剝啄	17480.	6	16a	物譜	衡門
17441.	6	16a	物譜	牖	17481.	6	16b	物譜	席門
17442.	6	16a	物譜	楝	17482.	6	16b	物譜	植
17443.	6	16a	物譜	向	17483.	6	16b	物譜	傳
17444.	6	16a	物譜	宸	17484.	6	16b	物譜	突
17445.	6	16a	物譜	窬	17485.	6	16b	物譜	閌
17446.	6	16a	物譜	圭竇	17486.	6	16b	物譜	闠
17447.	6	16a	物譜	瓮牖	17487.	6	16b	物譜	碣
17448.	6	16a	物譜	桑樞	17488.	6	16b	物譜	門礅
17449.	6	16a	物譜	屋	17489.	6	16b	物譜	門神
17450.	6	16a	物譜	苞	17490.	6	16b	物譜	題額
17451.	6	16a	物譜	寮	17491.	6	16b	物譜	牌額

17492.	6	16b	物譜	匾額		17532.	6	17a	物譜	庑屋
17493.	6	16b	物譜	欞星門		17533.	6	17a	物譜	瓯瓦
17494.	6	16b	物譜	旌門		17534.	6	17a	物譜	花頭瓦
17495.	6	16b	物譜	棹楔		17535.	6	17a	物譜	貓頭瓦
17496.	6	16b	物譜	烏頭		17536.	6	17a	物譜	鴟頭
17497.	6	16b	物譜	欄楯		17537.	6	17a	物譜	寬瓦
17498.	6	16b	物譜	檻櫳		17538.	6	17a	物譜	瓶
17499.	6	16b	物譜	井欄		17539.	6	17a	物譜	瓦縫
17500.	6	16b	物譜	鉤欄		17540.	6	17a	物譜	瓦溝
17501.	6	16b	物譜	栴櫃		17541.	6	17a	物譜	坯瓦
17502.	6	16b	物譜	複道		17542.	6	17a	物譜	𤭢
17503.	6	16b	物譜	闠		17543.	6	17a	物譜	窨
17504.	6	16b	物譜	臥		17544.	6	17a	物譜	甄甎
17505.	6	16b	物譜	正寢		17545.	6	17a	物譜	甓
17506.	6	16b	物譜	堂		17546.	6	17a	物譜	瓴甋
17507.	6	16b	物譜	廂		17547.	6	17a	物譜	瓿甄
17508.	6	16b	物譜	序		17548.	6	17a	物譜	編草
17509.	6	16b	物譜	庠		17549.	6	17a	物譜	龍脊
17510.	6	16b	物譜	廡		17550.	6	17a	物譜	誅茅
17511.	6	16b	物譜	廊		17551.	6	17b	物譜	址
17512.	6	16b	物譜	巖廊		17552.	6	17b	物譜	墟
17513.	6	16b	物譜	上屋		17553.	6	17b	物譜	胥宇
17514.	6	16b	物譜	照房		17554.	6	17b	物譜	築
17515.	6	16b	物譜	廠		17555.	6	17b	物譜	垣堉
17516.	6	17a	物譜	樓		17556.	6	17b	物譜	墙
17517.	6	17a	物譜	閣		17557.	6	17b	物譜	坯
17518.	6	17a	物譜	閤		17558.	6	17b	物譜	隖
17519.	6	17a	物譜	軒		17559.	6	17b	物譜	隱
17520.	6	17a	物譜	廳		17560.	6	17b	物譜	埇墻
17521.	6	17a	物譜	房		17561.	6	17b	物譜	墾
17522.	6	17a	物譜	頰		17562.	6	17b	物譜	堁
17523.	6	17a	物譜	炕		17563.	6	17b	物譜	水眼
17524.	6	17a	物譜	堂		17564.	6	17b	物譜	牏業
17525.	6	17a	物譜	行		17565.	6	17b	物譜	楨
17526.	6	17a	物譜	屋山		17566.	6	17b	物譜	幹
17527.	6	17a	物譜	屋脊		17567.	6	17b	物譜	題
17528.	6	17a	物譜	屋背		17568.	6	17b	物譜	义灰
17529.	6	17a	物譜	危		17569.	6	17b	物譜	削屢
17530.	6	17a	物譜	瓴		17570.	6	17b	物譜	馮馮
17531.	6	17a	物譜	仰瓦		17571.	6	17b	物譜	陾陾

17572.	6	17b	物譜	版墻	17612.	6	18a	物譜	跂
17573.	6	17b	物譜	栿	17613.	6	18a	物譜	覺
17574.	6	17b	物譜	藩	17614.	6	18a	物譜	洒
17575.	6	17b	物譜	笆子	17615.	6	18a	物譜	泚
17576.	6	17b	物譜	風管	17616.	6	18a	物譜	敁敪
17577.	6	17b	物譜	砌	17617.	6	18a	物譜	湫隘
17578.	6	17b	物譜	步墹	17618.	6	18a	物譜	庲
17579.	6	17b	物譜	甃	17619.	6	18a	物譜	扃
17580.	6	17b	物譜	阼階	17620.	6	18a	物譜	宖
17581.	6	17b	物譜	嚮	17621.	6	18a	物譜	窬
17582.	6	17b	物譜	納陛	17622.	6	18b	物譜	船
17583.	6	17b	物譜	步	17623.	6	18b	物譜	舠子
17584.	6	17b	物譜	坫	17624.	6	18b	物譜	翼
17585.	6	17b	物譜	垝	17625.	6	18b	物譜	葦
17586.	6	17b	物譜	級	17626.	6	18b	物譜	艇
17587.	6	17b	物譜	廉	17627.	6	18b	物譜	舠
17588.	6	17b	物譜	院子	17628.	6	18b	物譜	艓
17589.	6	17b	物譜	院落	17629.	6	18b	物譜	划子
17590.	6	17b	物譜	著	17630.	6	18b	物譜	舴艋
17591.	6	17b	物譜	除	17631.	6	18b	物譜	鶻舮
17592.	6	17b	物譜	位	17632.	6	18b	物譜	須盧
17593.	6	17b	物譜	陳	17633.	6	18b	物譜	扁子
17594.	6	18a	物譜	千步峰	17634.	6	18b	物譜	扁舟
17595.	6	18a	物譜	天井	17635.	6	18b	物譜	舫
17596.	6	18a	物譜	背	17636.	6	18b	物譜	舶舸
17597.	6	18a	物譜	奧	17637.	6	18b	物譜	艫艓
17598.	6	18a	物譜	宧	17638.	6	18b	物譜	艅艎
17599.	6	18a	物譜	屋漏	17639.	6	18b	物譜	航
17600.	6	18a	物譜	宲	17640.	6	18b	物譜	艄
17601.	6	18a	物譜	寅	17641.	6	18b	物譜	網
17602.	6	18a	物譜	中霤	17642.	6	18b	物譜	俞
17603.	6	18a	物譜	列	17643.	6	18b	物譜	造舟
17604.	6	18a	物譜	間	17644.	6	18b	物譜	維舟
17605.	6	18a	物譜	區	17645.	6	18b	物譜	方舟
17606.	6	18a	物譜	考	17646.	6	18b	物譜	特舟
17607.	6	18a	物譜	央央	17647.	6	18b	物譜	乘泭
17608.	6	18a	物譜	渠渠	17648.	6	18b	物譜	艫
17609.	6	18a	物譜	噲噲	17649.	6	18b	物譜	鷁首
17610.	6	18a	物譜	戢舂	17650.	6	18b	物譜	舳
17611.	6	18a	物譜	岷屺	17651.	6	18b	物譜	舷

17652.	6	18b	物譜	羊角撐子	17692.	6	19a	物譜	笒牀
17653.	6	18b	物譜	舵	17693.	6	19a	物譜	笒筊
17654.	6	18b	物譜	艄	17694.	6	19a	物譜	庌斗
17655.	6	18b	物譜	箱	17695.	6	19a	物譜	艎船
17656.	6	18b	物譜	舵樓	17696.	6	19a	物譜	蘸
17657.	6	18b	物譜	舩梢	17697.	6	19a	物譜	艤
17658.	6	18b	物譜	槳	17698.	6	19a	物譜	泊
17659.	6	18b	物譜	盪槳	17699.	6	19a	物譜	攏岸
17660.	6	18b	物譜	臍	17700.	6	19a	物譜	匼
17661.	6	18b	物譜	檝	17701.	6	19b	物譜	艘
17662.	6	18b	物譜	篙	17702.	6	19b	物譜	閣淺
17663.	6	18b	物譜	橈	17703.	6	19b	物譜	暗尖
17664.	6	18b	物譜	枻	17704.	6	19b	物譜	暗礁
17665.	6	18b	物譜	梢	17705.	6	19b	物譜	飄洋
17666.	6	19a	物譜	棹歌	17706.	6	19b	物譜	閘
17667.	6	19a	物譜	棹謳	17707.	6	19b	物譜	鴉軋
17668.	6	19a	物譜	桴簹	17708.	6	19b	物譜	啞啞
17669.	6	19a	物譜	席	17709.	6	19b	物譜	挐音
17670.	6	19a	物譜	帆竿	17710.	6	19b	物譜	鳴根
17671.	6	19a	物譜	桅篷	17711.	6	19b	物譜	梢子
17672.	6	19a	物譜	檣	17712.	6	19b	物譜	梢工
17673.	6	19a	物譜	桅	17713.	6	19b	物譜	篙工
17674.	6	19a	物譜	搶風	17714.	6	19b	物譜	篙師
17675.	6	19a	物譜	折搶	17715.	6	19b	物譜	舟人
17676.	6	19a	物譜	五兩	17716.	6	19b	物譜	舟子
17677.	6	19a	物譜	綻	17717.	6	19b	物譜	水手
17678.	6	19a	物譜	縴	17718.	6	19b	物譜	河師
17679.	6	19a	物譜	緋纚	17719.	6	19b	物譜	水師
17680.	6	19a	物譜	百丈	17720.	6	19b	物譜	長年
17681.	6	19a	物譜	矴	17721.	6	19b	物譜	二老
17682.	6	19a	物譜	錨	17722.	6	19b	物譜	浪婆
17683.	6	19a	物譜	鐵貓	17723.	6	19b	物譜	船長
17684.	6	19a	物譜	碇	17724.	6	19b	物譜	榜人
17685.	6	19a	物譜	拋錨	17725.	6	19b	物譜	黃頭郎
17686.	6	19a	物譜	戕牁	17726.	6	19b	物譜	黃帽
17687.	6	19a	物譜	馘	17727.	6	19b	物譜	隻
17688.	6	19a	物譜	櫗	17728.	6	19b	物譜	泲
17689.	6	19a	物譜	篷囪	17729.	6	19b	物譜	漳
17690.	6	19a	物譜	飛盧	17730.	6	19b	物譜	筏
17691.	6	19a	物譜	艦	17731.	6	19b	物譜	方

17732.	6	19b	物譜	輿	17772.	6	20b	物譜	轉
17733.	6	19b	物譜	輪人	17773.	6	20b	物譜	輾
17734.	6	19b	物譜	車人	17774.	6	20b	物譜	輻
17735.	6	20a	物譜	軫	17775.	6	20b	物譜	轢
17736.	6	20a	物譜	收	17776.	6	20b	物譜	輮
17737.	6	20a	物譜	牡服	17777.	6	20b	物譜	轍
17738.	6	20a	物譜	箱	17778.	6	20b	物譜	轒
17739.	6	20a	物譜	伏兔	17779.	6	20b	物譜	籠
17740.	6	20a	物譜	輞	17780.	6	20b	物譜	軌
17741.	6	20a	物譜	蚤	17781.	6	20b	物譜	陰
17742.	6	20a	物譜	牙	17782.	6	20b	物譜	轄
17743.	6	20a	物譜	車渠	17783.	6	20b	物譜	軨
17744.	6	20a	物譜	車輮	17784.	6	20b	物譜	捐
17745.	6	20a	物譜	簟	17785.	6	20b	物譜	鑾
17746.	6	20a	物譜	輻	17786.	6	20b	物譜	和
17747.	6	20a	物譜	股	17787.	6	20b	物譜	轙
17748.	6	20a	物譜	骹	17788.	6	20b	物譜	車脂
17749.	6	20a	物譜	菑	17789.	6	20b	物譜	軸脂
17750.	6	20a	物譜	瓜	17790.	6	20b	物譜	轄脂
17751.	6	20a	物譜	轂	17791.	6	20b	物譜	釭膏
17752.	6	20a	物譜	軹	17792.	6	20b	物譜	輻
17753.	6	20a	物譜	輮	17793.	6	20b	物譜	間關
17754.	6	20a	物譜	賢	17794.	6	20b	物譜	轅
17755.	6	20a	物譜	軹	17795.	6	20b	物譜	軏
17756.	6	20a	物譜	釭	17796.	6	21a	物譜	軛
17757.	6	20a	物譜	輨	17797.	6	21a	物譜	衡
17758.	6	20a	物譜	夏	17798.	6	21a	物譜	軥
17759.	6	20b	物譜	藪	17799.	6	21a	物譜	輗
17760.	6	20b	物譜	篤簍	17800.	6	21a	物譜	纛
17761.	6	20b	物譜	轐	17801.	6	21a	物譜	較
17762.	6	20b	物譜	柯	17802.	6	21a	物譜	平隔
17763.	6	20b	物譜	規	17803.	6	21a	物譜	輢
17764.	6	20b	物譜	宣	17804.	6	21a	物譜	軹
17765.	6	20b	物譜	微至	17805.	6	21a	物譜	軷
17766.	6	20b	物譜	樸屬	17806.	6	21a	物譜	幦
17767.	6	20b	物譜	輔	17807.	6	21a	物譜	幭
17768.	6	20b	物譜	軡	17808.	6	21a	物譜	鞎鞹
17769.	6	20b	物譜	枙	17809.	6	21a	物譜	禦
17770.	6	20b	物譜	軔	17810.	6	21a	物譜	玉瑤
17771.	6	20b	物譜	梯子	17811.	6	21a	物譜	蓋橑

17812.	6	21a	物譜	篛籠		17852.	6	21b	物譜	下澤車
17813.	6	21a	物譜	枸簍		17853.	6	21b	物譜	推車
17814.	6	21a	物譜	軬		17854.	6	21b	物譜	記里鼓車
17815.	6	21a	物譜	轒		17855.	6	21b	物譜	飛車
17816.	6	21a	物譜	車籓		17856.	6	22a	物譜	夏篆
17817.	6	21a	物譜	輻較		17857.	6	22a	物譜	夏縵
17818.	6	21a	物譜	屏泥		17858.	6	22a	物譜	棧車
17819.	6	21a	物譜	蔽		17859.	6	22a	物譜	役車
17820.	6	21a	物譜	屏筐		17860.	6	22a	物譜	命車
17821.	6	21a	物譜	幰		17861.	6	22a	物譜	軺軒
17822.	6	21a	物譜	袟		17862.	6	22a	物譜	亮轎
17823.	6	21a	物譜	幨		17863.	6	22a	物譜	篋輿
17824.	6	21a	物譜	巾車		17864.	6	22a	物譜	兜子
17825.	6	21a	物譜	轓		17865.	6	22a	物譜	肩輿
17826.	6	21a	物譜	茵		17866.	6	22a	物譜	爬山兜
17827.	6	21a	物譜	轉		17867.	6	22a	物譜	輅
17828.	6	21a	物譜	轉		17868.	6	22a	物譜	輦
17829.	6	21a	物譜	車包子		17869.	6	22a	物譜	童車
17830.	6	21b	物譜	車箱		17870.	6	22a	物譜	雪馬
17831.	6	21b	物譜	襄		17871.	6	22a	物譜	草轎
17832.	6	21b	物譜	驂		17872.	6	22a	物譜	八人轎
17833.	6	21b	物譜	軜		17873.	6	22a	物譜	金碧輿
17834.	6	21b	物譜	綏		17874.	6	22a	物譜	六人轎
17835.	6	21b	物譜	靷		17875.	6	22a	物譜	屋轎
17836.	6	21b	物譜	驂乘		17876.	6	22a	物譜	草苫
17837.	6	21b	物譜	乘		17877.	6	22a	物譜	帷裳
17838.	6	21b	物譜	兩		17878.	6	22a	物譜	童容
17839.	6	21b	物譜	起車		17879.	6	22a	物譜	朱簾
17840.	6	21b	物譜	轙軻		17880.	6	22a	物譜	服
17841.	6	21b	物譜	嘌		17881.	6	22a	物譜	甚邃
17842.	6	21b	物譜	岬碣		17882.	6	22a	物譜	襪
17843.	6	21b	物譜	幝幝		17883.	6	22a	物譜	舩
17844.	6	21b	物譜	伾伾		17884.	6	22a	物譜	袧
17845.	6	21b	物譜	輷輷		17885.	6	22a	物譜	袛
17846.	6	21b	物譜	轔轔		17886.	6	22a	物譜	襮
17847.	6	21b	物譜	檻檻		17887.	6	22a	物譜	義領
17848.	6	21b	物譜	哼哼		17888.	6	22b	物譜	領巾
17849.	6	21b	物譜	耕		17889.	6	22b	物譜	裱
17850.	6	21b	物譜	軥		17890.	6	22b	物譜	襴
17851.	6	21b	物譜	鹿車		17891.	6	22b	物譜	護肩

17892.	6	22b	物譜	托肩	17932.	6	23a	物譜	衿
17893.	6	22b	物譜	交領	17933.	6	23a	物譜	衣細
17894.	6	22b	物譜	衽	17934.	6	23a	物譜	衣系
17895.	6	22b	物譜	衿	17935.	6	23a	物譜	小帶
17896.	6	22b	物譜	襟	17936.	6	23a	物譜	襻
17897.	6	22b	物譜	皆	17937.	6	23a	物譜	袴
17898.	6	22b	物譜	裼	17938.	6	23a	物譜	衵
17899.	6	22b	物譜	底襟	17939.	6	23a	物譜	紐子
17900.	6	22b	物譜	衱	17940.	6	23a	物譜	紐子
17901.	6	22b	物譜	褒	17941.	6	23a	物譜	紐口
17902.	6	22b	物譜	厭	17942.	6	23a	物譜	打紐
17903.	6	22b	物譜	裛	17943.	6	23a	物譜	打結子
17904.	6	22b	物譜	袂	17944.	6	23a	物譜	襲
17905.	6	22b	物譜	襷	17945.	6	23a	物譜	領
17906.	6	22b	物譜	裪襘	17946.	6	23b	物譜	顛倒裁
17907.	6	22b	物譜	袪	17947.	6	23b	物譜	裝
17908.	6	22b	物譜	袖緣	17948.	6	23b	物譜	褊
17909.	6	22b	物譜	逢掖	17949.	6	23b	物譜	帵片
17910.	6	22a	物譜	衩兒	17950.	6	23b	物譜	袟
17911.	6	22b	物譜	裙	17951.	6	23b	物譜	紃繟
17912.	6	22b	物譜	襴	17952.	6	23b	物譜	挫鍼
17913.	6	22b	物譜	襆	17953.	6	23b	物譜	衼
17914.	6	22b	物譜	帷裳	17954.	6	23b	物譜	草縫
17915.	6	22b	物譜	義襴	17955.	6	23b	物譜	引了
17916.	6	22b	物譜	襴	17956.	6	23b	物譜	對縫
17917.	6	23a	物譜	齊	17957.	6	23b	物譜	縫連
17918.	6	23a	物譜	衱	17958.	6	23b	物譜	死縫
17919.	6	23a	物譜	緣	17959.	6	23b	物譜	屬幅
17920.	6	23a	物譜	純	17960.	6	23b	物譜	削幅
17921.	6	23a	物譜	鑲邊	17961.	6	23b	物譜	樸針
17922.	6	23a	物譜	貼緣	17962.	6	23b	物譜	句鍼
17923.	6	23a	物譜	襞積	17963.	6	23b	物譜	一例鍼
17924.	6	23a	物譜	褔	17964.	6	23b	物譜	倒扣鍼
17925.	6	23a	物譜	襇	17965.	6	23b	物譜	衲行
17926.	6	23a	物譜	板褶兒	17966.	6	23b	物譜	行的
17927.	6	23a	物譜	袧	17967.	6	23b	物譜	寸行
17928.	6	23a	物譜	㡔子	17968.	6	23b	物譜	分行
17929.	6	23a	物譜	順風褶兒	17969.	6	23b	物譜	鍼腳兒
17930.	6	23a	物譜	吊面	17970.	6	23b	物譜	線蹊
17931.	6	23a	物譜	襟	17971.	6	23b	物譜	朕

17972.	6	23b	物譜	秫縕	18012.	6	24a	物譜	浣女
17973.	6	23b	物譜	梳	18013.	6	24a	物譜	鹼水
17974.	6	23b	物譜	梳	18014.	6	24a	物譜	涗
17975.	6	23b	物譜	水線	18015.	6	24a	物譜	膠子
17976.	6	23b	物譜	絍綿	18016.	6	24a	物譜	粉子生糨
17977.	6	23b	物譜	入綿	18017.	6	24a	物譜	糨子
17978.	6	23b	物譜	繭	18018.	6	24a	物譜	曬繩
17979.	6	23b	物譜	縕	18019.	6	24b	物譜	晒竿
17980.	6	23b	物譜	袍	18020.	6	24b	物譜	桁
17981.	6	23b	物譜	綿	18021.	6	24b	物譜	筅
17982.	6	23b	物譜	絮	18022.	6	24b	物譜	擣衣
17983.	6	23b	物譜	雪綿子	18023.	6	24b	物譜	纈
17984.	6	24a	物譜	胡綿	18024.	6	24b	物譜	砧
17985.	6	24a	物譜	木綿	18025.	6	24b	物譜	砆
17986.	6	24a	物譜	屯	18026.	6	24b	物譜	砧杵
17987.	6	24a	物譜	綌	18027.	6	24b	物譜	擣軸
17988.	6	24a	物譜	鉊	18028.	6	24b	物譜	砧杖
17989.	6	24a	物譜	鈇	18029.	6	24b	物譜	熨斗
17990.	6	24a	物譜	頂鍼子	18030.	6	24b	物譜	鉆鉧
17991.	6	24a	物譜	鍼鈒子	18031.	6	24b	物譜	焙籠
17992.	6	24a	物譜	鍼扎子	18032.	6	24b	物譜	熏籠
17993.	6	24a	物譜	線繢	18033.	6	24b	物譜	篝
17994.	6	24a	物譜	線板	18034.	6	24b	物譜	桁
17995.	6	24a	物譜	線軸	18035.	6	24b	物譜	幣
17996.	6	24a	物譜	紉	18036.	6	24b	物譜	帊
17997.	6	24a	物譜	交刀	18037.	6	24b	物譜	褙褙
17998.	6	24a	物譜	烙鐵	18038.	6	24b	物譜	婆娑
17999.	6	24a	物譜	烙板	18039.	6	24b	物譜	裒褎
18000.	6	24a	物譜	鍼尺	18040.	6	24b	物譜	疏疏
18001.	6	24a	物譜	棍子	18041.	6	24b	物譜	楚楚
18002.	6	24a	物譜	汗	18042.	6	24b	物譜	紙
18003.	6	24a	物譜	漱	18043.	6	24b	物譜	襜
18004.	6	24a	物譜	汫澼	18044.	6	24b	物譜	襜襜
18005.	6	24a	物譜	治繿	18045.	6	24b	物譜	綷縩
18006.	6	24a	物譜	磨	18046.	6	24b	物譜	褋褆
18007.	6	24a	物譜	退垢	18047.	6	24b	物譜	襤褸
18008.	6	24a	物譜	磨硾	18048.	6	24b	物譜	百結
18009.	6	24a	物譜	揉洗	18049.	6	24b	物譜	須捷
18010.	6	24a	物譜	晒曬	18050.	6	24b	物譜	縷裂
18011.	6	24a	物譜	漂母	18051.	6	24b	物譜	裂獬

18052.	6	24b	物譜	襴襵	18092.	6	25b	物譜	曲袷
18053.	6	24b	物譜	綻裂	18093.	6	25b	物譜	缺骻衫
18054.	6	24b	物譜	度梅	18094.	6	25b	物譜	開襟衣
18055.	6	24b	物譜	納	18095.	6	25b	物譜	襥褶
18056.	6	25a	物譜	紩緤	18096.	6	25b	物譜	帖裹
18057.	6	25a	物譜	補綴	18097.	6	25b	物譜	直領
18058.	6	25a	物譜	生衣	18098.	6	25b	物譜	直身
18059.	6	25a	物譜	摩展	18099.	6	25b	物譜	道袍
18060.	6	25a	物譜	穿衣	18100.	6	25b	物譜	寬博
18061.	6	25a	物譜	襨襪	18101.	6	25b	物譜	盤領袍
18062.	6	25a	物譜	反穿	18102.	6	25b	物譜	襴衫
18063.	6	25a	物譜	解衣	18103.	6	25b	物譜	衩
18064.	6	25a	物譜	裸裎	18104.	6	25b	物譜	襌衩
18065.	6	25a	物譜	袒	18105.	6	25b	物譜	襜褕
18066.	6	25a	物譜	裼	18106.	6	25b	物譜	袍褐
18067.	6	25a	物譜	襚	18107.	6	25b	物譜	袘衫
18068.	6	25a	物譜	褰	18108.	6	25b	物譜	汗衣
18069.	6	25a	物譜	撅	18109.	6	25b	物譜	短襦
18070.	6	25a	物譜	揭	18110.	6	25b	物譜	中單
18071.	6	25a	物譜	披	18111.	6	25b	物譜	澤
18072.	6	25a	物譜	婁	18112.	6	25b	物譜	汗塌兒
18073.	6	25a	物譜	揎	18113.	6	25b	物譜	汗衫
18074.	6	25a	物譜	袪	18114.	6	26a	物譜	氁衣
18075.	6	25a	物譜	襩	18115.	6	26a	物譜	甲襦
18076.	6	25a	物譜	裹	18116.	6	26a	物譜	襜襦
18077.	6	25a	物譜	襧	18117.	6	26a	物譜	小襖子
18078.	6	25a	物譜	袺	18118.	6	26a	物譜	襖子
18079.	6	25a	物譜	深衣	18119.	6	26a	物譜	長襖子
18080.	6	25a	物譜	長衣	18120.	6	26a	物譜	袷
18081.	6	25a	物譜	中衣	18121.	6	26a	物譜	頓子
18082.	6	25b	物譜	麻衣	18122.	6	26a	物譜	半除
18083.	6	25b	物譜	純	18123.	6	26a	物譜	斫肩
18084.	6	25b	物譜	袷	18124.	6	26a	物譜	齊肩
18085.	6	25b	物譜	方領	18125.	6	26a	物譜	髀
18086.	6	25b	物譜	負繩	18126.	6	26a	物譜	對襟衣
18087.	6	25b	物譜	續	18127.	6	26a	物譜	背子
18088.	6	25b	物譜	袵	18128.	6	26a	物譜	暖韝
18089.	6	25b	物譜	鉤	18129.	6	26a	物譜	腕衣
18090.	6	25b	物譜	邊	18130.	6	26a	物譜	韝
18091.	6	25b	物譜	衽	18131.	6	26a	物譜	神

18132.	6	26a	物譜	觸衣	18172.	6	26b	物譜	油了
18133.	6	26a	物譜	小衣	18173.	6	26b	物譜	重油
18134.	6	26a	物譜	股衣	18174.	6	26b	物譜	被
18135.	6	26a	物譜	單袴	18175.	6	26b	物譜	秃髳
18136.	6	26a	物譜	暖袴	18176.	6	26b	物譜	被巾
18137.	6	26a	物譜	窮袴	18177.	6	26b	物譜	裱
18138.	6	26a	物譜	開襠袴	18178.	6	26b	物譜	長相思
18139.	6	26a	物譜	褌	18179.	6	26b	物譜	襆
18140.	6	26a	物譜	襱	18180.	6	27a	物譜	被袴子
18141.	6	26a	物譜	䯇	18181.	6	27a	物譜	錢袴子
18142.	6	26a	物譜	袴管	18182.	6	27a	物譜	臥
18143.	6	26a	物譜	袑	18183.	6	27a	物譜	衽
18144.	6	26a	物譜	襠	18184.	6	27a	物譜	六安枕
18145.	6	26a	物譜	褌	18185.	6	27a	物譜	元服
18146.	6	26a	物譜	褸	18186.	6	27a	物譜	冠
18147.	6	26a	物譜	犢鼻	18187.	6	27a	物譜	免
18148.	6	26a	物譜	袲	18188.	6	27a	物譜	緇撮
18149.	6	26a	物譜	倒傾	18189.	6	27a	物譜	太古冠
18150.	6	26a	物譜	挍衽	18190.	6	27a	物譜	皮弁
18151.	6	26b	物譜	褻	18191.	6	27a	物譜	爵弁
18152.	6	26b	物譜	邪幅	18192.	6	27a	物譜	頍項
18153.	6	26b	物譜	偪	18193.	6	27a	物譜	衡
18154.	6	26b	物譜	㦰	18194.	6	27a	物譜	武
18155.	6	26b	物譜	縢	18195.	6	27a	物譜	梁
18156.	6	26b	物譜	角韈	18196.	6	27a	物譜	纓
18157.	6	26b	物譜	袙	18197.	6	27a	物譜	緌
18158.	6	26b	物譜	抹口	18198.	6	27a	物譜	攝纓
18159.	6	26b	物譜	褲帶子	18199.	6	27a	物譜	簪
18160.	6	26b	物譜	腰襻	18200.	6	27a	物譜	髮巾
18161.	6	26b	物譜	腿帶	18201.	6	27a	物譜	承露
18162.	6	26b	物譜	小帶	18202.	6	27a	物譜	屋
18163.	6	26b	物譜	毛衣	18203.	6	27a	物譜	顏
18164.	6	26b	物譜	皮掛	18204.	6	27a	物譜	卷幘
18165.	6	26b	物譜	裼裘	18205.	6	27a	物譜	䩉
18166.	6	26b	物譜	紽	18206.	6	27a	物譜	岸幘
18167.	6	26b	物譜	緎	18207.	6	27a	物譜	帕
18168.	6	26b	物譜	蒙戎	18208.	6	27a	物譜	抹額
18169.	6	26b	物譜	風領	18209.	6	27b	物譜	綃頭
18170.	6	26b	物譜	油衫	18210.	6	27b	物譜	絡頭
18171.	6	26b	物譜	兩衣	18211.	6	27b	物譜	帕頭

18212.	6	27b	物譜	帤帍	18252.	6	28a	物譜	縻
18213.	6	27b	物譜	贊帶	18253.	6	28a	物譜	䋙
18214.	6	27b	物譜	髹帶	18254.	6	28a	物譜	大帶
18215.	6	27b	物譜	幘巾	18255.	6	28a	物譜	紐
18216.	6	27b	物譜	結籠	18256.	6	28a	物譜	辟
18217.	6	27b	物譜	覆髮	18257.	6	28a	物譜	條帶
18218.	6	27b	物譜	角巾	18258.	6	28a	物譜	樂帶
18219.	6	27b	物譜	幅巾	18259.	6	28a	物譜	紳
18220.	6	27b	物譜	烏匼	18260.	6	28a	物譜	鞶
18221.	6	27b	物譜	網巾	18261.	6	28a	物譜	革帶
18222.	6	27b	物譜	虎坐巾	18262.	6	28b	物譜	褑
18223.	6	27b	物譜	邊子	18263.	6	28b	物譜	呂公條
18224.	6	27b	物譜	網	18264.	6	28b	物譜	區條帶
18225.	6	27b	物譜	圈子	18265.	6	28b	物譜	緶
18226.	6	27b	物譜	突何	18266.	6	28b	物譜	率
18227.	6	27b	物譜	白羊帽	18267.	6	28b	物譜	鬧裝帶
18228.	6	27b	物譜	襆頭	18268.	6	28b	物譜	厲
18229.	6	27b	物譜	冒絮	18269.	6	28b	物譜	悷
18230.	6	27b	物譜	鬘帽	18270.	6	28b	物譜	拄拐
18231.	6	27b	物譜	折風帽	18271.	6	28b	物譜	笻
18232.	6	27b	物譜	蘇骨多	18272.	6	28b	物譜	扶老
18233.	6	28a	物譜	竹胎	18273.	6	28b	物譜	刺竭節
18234.	6	28a	物譜	亮籪	18274.	6	28b	物譜	鐷
18235.	6	28a	物譜	帽頂兒	18275.	6	28b	物譜	鷔
18236.	6	28a	物譜	帽珠兒	18276.	6	28b	物譜	拄杖
18237.	6	28a	物譜	隔子	18277.	6	28b	物譜	植杖
18238.	6	28a	物譜	鉤纓子	18278.	6	28b	物譜	曝然
18239.	6	28a	物譜	玉鈕	18279.	6	28b	物譜	履
18240.	6	28a	物譜	玉鷺	18280.	6	28b	物譜	鞋
18241.	6	28a	物譜	兩籠	18281.	6	28b	物譜	靸
18242.	6	28a	物譜	笠帽	18282.	6	28b	物譜	翰鞋
18243.	6	28a	物譜	簦	18283.	6	28b	物譜	幫
18244.	6	28a	物譜	白題	18284.	6	28b	物譜	撐布
18245.	6	28a	物譜	暖帽	18285.	6	28b	物譜	襯布
18246.	6	28a	物譜	苦肩	18286.	6	28b	物譜	屢
18247.	6	28a	物譜	披肩	18287.	6	28b	物譜	踵鞁
18248.	6	28a	物譜	耳衣	18288.	6	29a	物譜	鞁
18249.	6	28a	物譜	煖耳	18289.	6	29a	物譜	緱
18250.	6	28a	物譜	護項	18290.	6	29a	物譜	戀
18251.	6	28a	物譜	風遮	18291.	6	29a	物譜	尣鞋

18292.	6	29a	物譜	花粧		18332.	6	29b	物譜	饗
18293.	6	29a	物譜	絢		18333.	6	29b	物譜	餗
18294.	6	29a	物譜	絢		18334.	6	29b	物譜	餐
18295.	6	29a	物譜	綦		18335.	6	29b	物譜	八珍
18296.	6	29a	物譜	鷹爪		18336.	6	29b	物譜	膏粱
18297.	6	29a	物譜	袎		18337.	6	29b	物譜	餐錢
18298.	6	29a	物譜	烏		18338.	6	29b	物譜	胹
18299.	6	29a	物譜	芒鞋		18339.	6	29b	物譜	脍
18300.	6	29a	物譜	蹻		18340.	6	29b	物譜	湘
18301.	6	29a	物譜	藁鞋		18341.	6	29b	物譜	調
18302.	6	29a	物譜	麻鞋		18342.	6	29b	物譜	食料
18303.	6	29a	物譜	不借		18343.	6	29b	物譜	料物
18304.	6	29a	物譜	葛鞋		18344.	6	29b	物譜	泥
18305.	6	29a	物譜	扉		18345.	6	29b	物譜	淪
18306.	6	29a	物譜	履經		18346.	6	29b	物譜	湯
18307.	6	29a	物譜	縷		18347.	6	29b	物譜	三沸
18308.	6	29a	物譜	鬚		18348.	6	29b	物譜	木砧
18309.	6	29a	物譜	褬		18349.	6	29b	物譜	百味
18310.	6	29a	物譜	履法		18350.	6	29b	物譜	棚几
18311.	6	29a	物譜	履範		18351.	6	29b	物譜	案板
18312.	6	29a	物譜	木胎		18352.	6	29b	物譜	廚刀
18313.	6	29a	物譜	履度		18353.	6	29b	物譜	食刀
18314.	6	29a	物譜	斫屨		18354.	6	29b	物譜	夏屋
18315.	6	29a	物譜	捆屨		18355.	6	29b	物譜	皮
18316.	6	29a	物譜	糺糾		18356.	6	29b	物譜	食閤
18317.	6	29a	物譜	躡		18357.	6	29b	物譜	舉
18318.	6	29a	物譜	納履		18358.	6	29b	物譜	唊
18319.	6	29a	物譜	兩		18359.	6	29b	物譜	噉
18320.	6	29a	物譜	屐齒		18360.	6	29b	物譜	啗
18321.	6	29a	物譜	鞠		18361.	6	29b	物譜	一頓
18322.	6	29a	物譜	露卯		18362.	6	29b	物譜	一飯九食
18323.	6	29a	物譜	陰卯		18363.	6	30a	物譜	療飢
18324.	6	29a	物譜	橇		18364.	6	30a	物譜	點心
18325.	6	29a	物譜	權		18365.	6	30a	物譜	蓐食
18326.	6	29b	物譜	羞		18366.	6	30a	物譜	傳餐
18327.	6	29b	物譜	饌		18367.	6	30a	物譜	覆手
18328.	6	29b	物譜	肴		18368.	6	30a	物譜	餕
18329.	6	29b	物譜	飣餖		18369.	6	30a	物譜	饔
18330.	6	29b	物譜	侊飯		18370.	6	30a	物譜	饞
18331.	6	29b	物譜	饎		18371.	6	30a	物譜	饞涎

18372.	6	30a	物譜	饌		18412.	6	30b	物譜	氣飯
18373.	6	30a	物譜	飽		18413.	6	30b	物譜	饐
18374.	6	30a	物譜	飫		18414.	6	30b	物譜	餲
18375.	6	30a	物譜	饜		18415.	6	30b	物譜	餕
18376.	6	30a	物譜	饖		18416.	6	30b	物譜	饙
18377.	6	30a	物譜	頓頓		18417.	6	30b	物譜	放飯
18378.	6	30a	物譜	果然		18418.	6	30b	物譜	搏飯
18379.	6	30a	物譜	饑		18419.	6	30b	物譜	燹
18380.	6	30a	物譜	餒		18420.	6	30b	物譜	炊
18381.	6	30a	物譜	餓		18421.	6	30b	物譜	爨
18382.	6	30a	物譜	調飢		18422.	6	30b	物譜	餴
18383.	6	30a	物譜	菜色		18423.	6	30b	物譜	悶飯
18384.	6	30a	物譜	顑頷		18424.	6	30b	物譜	餂
18385.	6	30a	物譜	料		18425.	6	30b	物譜	饙餾
18386.	6	30a	物譜	饋		18426.	6	30b	物譜	饜
18387.	6	30a	物譜	餉		18427.	6	30b	物譜	浮浮
18388.	6	30a	物譜	餼		18428.	6	30b	物譜	漚
18389.	6	30a	物譜	饁		18429.	6	30b	物譜	炊湯
18390.	6	30a	物譜	饆		18430.	6	30b	物譜	鍋巴水
18391.	6	30a	物譜	供		18431.	6	30b	物譜	蕭
18392.	6	30a	物譜	供億		18432.	6	30b	物譜	肅
18393.	6	30a	物譜	侑		18433.	6	30b	物譜	鈦
18394.	6	30a	物譜	御		18434.	6	30b	物譜	鬲
18395.	6	30a	物譜	養		18435.	6	30b	物譜	盉
18396.	6	30a	物譜	都養		18436.	6	30b	物譜	鉉
18397.	6	30a	物譜	廚傳		18437.	6	30b	物譜	鼐
18398.	6	30a	物譜	食		18438.	6	30b	物譜	鼎肩
18399.	6	30a	物譜	饗		18439.	6	30b	物譜	饕鬄
18400.	6	30a	物譜	殣		18440.	6	30b	物譜	犛
18401.	6	30a	物譜	胡飯		18441.	6	30b	物譜	釜
18402.	6	30a	物譜	鐺底飯		18442.	6	30b	物譜	鬴
18403.	6	30a	物譜	餕		18443.	6	30b	物譜	鬵
18404.	6	30a	物譜	籹		18444.	6	30b	物譜	鍑
18405.	6	30a	物譜	糒		18445.	6	30b	物譜	鍋
18406.	6	30a	物譜	飯粒		18446.	6	30b	物譜	鑊
18407.	6	30a	物譜	飯葉		18447.	6	30b	物譜	鐺
18408.	6	30b	物譜	槩		18448.	6	30b	物譜	牟
18409.	6	30b	物譜	餟		18449.	6	30b	物譜	銼
18410.	6	30b	物譜	糰		18450.	6	30b	物譜	蠃銼
18411.	6	30b	物譜	餕飯		18451.	6	30b	物譜	釜月

18452.	6	30b	物譜	銅鍋	18492.	6	31a	物譜	承盤
18453.	6	30b	物譜	鑼鍋	18493.	6	31a	物譜	托盤
18454.	6	30b	物譜	鍋撐子	18494.	6	31a	物譜	抹布
18455.	6	30b	物譜	甑	18495.	6	31a	物譜	潑布
18456.	6	30b	物譜	湯罐	18496.	6	31a	物譜	澛巾
18457.	6	31a	物譜	土銼	18497.	6	31a	物譜	器架
18458.	6	31a	物譜	飯帚	18498.	6	31a	物譜	饘
18459.	6	31a	物譜	筀	18499.	6	31a	物譜	餐
18460.	6	31a	物譜	鍋刷	18500.	6	31a	物譜	稀粥
18461.	6	31a	物譜	箵	18501.	6	31a	物譜	稠粥
18462.	6	31a	物譜	粽子	18502.	6	31a	物譜	餬
18463.	6	31a	物譜	勺	18503.	6	31a	物譜	麨麪
18464.	6	31a	物譜	提子	18504.	6	31a	物譜	糜
18465.	6	31a	物譜	漏勺	18505.	6	31a	物譜	酏
18466.	6	31a	物譜	馬勺	18506.	6	31a	物譜	粥糨
18467.	6	31a	物譜	龍勺	18507.	6	31a	物譜	餘
18468.	6	31a	物譜	柳杓	18508.	6	31a	物譜	厚精皮
18469.	6	31a	物譜	樗杓	18509.	6	31a	物譜	飲
18470.	6	31a	物譜	鉢兒	18510.	6	31a	物譜	流歠
18471.	6	31a	物譜	盂	18511.	6	31a	物譜	歆
18472.	6	31a	物譜	棬	18512.	6	31b	物譜	糁
18473.	6	31a	物譜	凵	18513.	6	31b	物譜	麵
18474.	6	31a	物譜	皿	18514.	6	31b	物譜	麨
18475.	6	31a	物譜	盌	18515.	6	31b	物譜	粉頭子
18476.	6	31a	物譜	裺囊	18516.	6	31b	物譜	斗
18477.	6	31a	物譜	食案	18517.	6	31b	物譜	籵
18478.	6	31a	物譜	匙	18518.	6	31b	物譜	篩
18479.	6	31a	物譜	匕	18519.	6	31b	物譜	羅兒
18480.	6	31a	物譜	留犁	18520.	6	31b	物譜	重羅
18481.	6	31a	物譜	楓	18521.	6	31b	物譜	竹篩
18482.	6	31a	物譜	箸	18522.	6	31b	物譜	土篩
18483.	6	31a	物譜	快子	18523.	6	31b	物譜	篩匡
18484.	6	31a	物譜	梜	18524.	6	31b	物譜	麵食
18485.	6	31a	物譜	趙達	18525.	6	31b	物譜	捻
18486.	6	31a	物譜	椅	18526.	6	31b	物譜	飥
18487.	6	31a	物譜	簏	18527.	6	31b	物譜	餤
18488.	6	31a	物譜	楪子	18528.	6	31b	物譜	餛
18489.	6	31a	物譜	大楪	18529.	6	31b	物譜	饅頭
18490.	6	31a	物譜	甌子	18530.	6	31b	物譜	籠餅
18491.	6	31a	物譜	鍾子	18531.	6	31b	物譜	包子

18532.	6	31b	物譜	挑	18572.	6	32a	物譜	餡
18533.	6	31b	物譜	繭	18573.	6	32a	物譜	鄧沙餡
18534.	6	31b	物譜	橐駝臍	18574.	6	32a	物譜	高麵
18535.	6	31b	物譜	餶飿	18575.	6	32a	物譜	芝麻饊
18536.	6	31b	物譜	起膠餅	18576.	6	32a	物譜	鬻鋑
18537.	6	31b	物譜	膠酵	18577.	6	32a	物譜	酢醋
18538.	6	31b	物譜	婆羅門	18578.	6	32a	物譜	窒
18539.	6	31b	物譜	輕高麵	18579.	6	32a	物譜	甑帶
18540.	6	31b	物譜	發酵	18580.	6	32a	物譜	甑簾
18541.	6	31b	物譜	餺飥	18581.	6	32a	物譜	甑箄
18542.	6	31b	物譜	烙餅	18582.	6	32a	物譜	箄
18543.	6	31b	物譜	熬餅	18583.	6	32a	物譜	甑襢
18544.	6	31b	物譜	燒餅	18584.	6	32a	物譜	甑蔽
18545.	6	31b	物譜	蒸餅	18585.	6	32a	物譜	甑垢
18546.	6	31b	物譜	炊餅	18586.	6	32a	物譜	陰膠
18547.	6	31b	物譜	胡餅	18587.	6	32a	物譜	甗
18548.	6	31b	物譜	麻餅	18588.	6	32a	物譜	蒸籠
18549.	6	31b	物譜	薄持	18589.	6	32b	物譜	鏊
18550.	6	31b	物譜	煎夾子	18590.	6	32b	物譜	餅鏊
18551.	6	31b	物譜	村餅	18591.	6	32b	物譜	烙鍋
18552.	6	31b	物譜	薄餅	18592.	6	32b	物譜	饊板
18553.	6	31b	物譜	餅䬧	18593.	6	32b	物譜	餅師
18554.	6	31b	物譜	餤	18594.	6	32b	物譜	湯餅
18555.	6	31b	物譜	餅緣	18595.	6	32b	物譜	冷淘
18556.	6	32a	物譜	饊	18596.	6	32b	物譜	餄餎
18557.	6	32a	物譜	連展	18597.	6	32b	物譜	挂麵
18558.	6	32a	物譜	打饊	18598.	6	32b	物譜	河漏
18559.	6	32a	物譜	權姥	18599.	6	32b	物譜	餺飥
18560.	6	32a	物譜	月餅	18600.	6	32b	物譜	不托
18561.	6	32a	物譜	印子餑餑	18601.	6	32b	物譜	麵杖
18562.	6	32a	物譜	湯饊	18602.	6	32b	物譜	拗棒
18563.	6	32a	物譜	羊頭馣	18603.	6	32b	物譜	趕麵棍
18564.	6	32a	物譜	葉子餑餑	18604.	6	32b	物譜	麵牀
18565.	6	32a	物譜	煢饊	18605.	6	32b	物譜	麵乾鎈
18566.	6	32a	物譜	雪饊	18606.	6	32b	物譜	水引餅
18567.	6	32a	物譜	餃餌	18607.	6	32b	物譜	水麵
18568.	6	32a	物譜	餛飩	18608.	6	32b	物譜	水煮餅
18569.	6	32a	物譜	蒸饊	18609.	6	32b	物譜	區食
18570.	6	32a	物譜	花饊	18610.	6	32b	物譜	粉湯
18571.	6	32a	物譜	花煎	18611.	6	32b	物譜	敝麵

18612.	6	32b	物譜	粉團	18652.	6	33a	物譜	甘鹽
18613.	6	32b	物譜	水團	18653.	6	33a	物譜	鹵花
18614.	6	32b	物譜	籹麵	18654.	6	33b	物譜	石鹻
18615.	6	32b	物譜	飝䴵	18655.	6	33b	物譜	形鹽
18616.	6	32b	物譜	環餅	18656.	6	33b	物譜	鹽虎
18617.	6	32b	物譜	棚子	18657.	6	33b	物譜	鹵
18618.	6	32b	物譜	糖䊚	18658.	6	33b	物譜	瀉
18619.	6	32b	物譜	饊子	18659.	6	33b	物譜	鹽
18620.	6	32b	物譜	粔籹	18660.	6	33b	物譜	鹽茅
18621.	6	32b	物譜	膏環	18661.	6	33b	物譜	牢盆
18622.	6	32b	物譜	藥果	18662.	6	33b	物譜	鹽盤
18623.	6	32b	物譜	蜜餌	18663.	6	33b	物譜	朞
18624.	6	32b	物譜	中粔籹	18664.	6	33b	物譜	滷水
18625.	6	32b	物譜	果列	18665.	6	33b	物譜	配鹽
18626.	6	33a	物譜	饊子	18666.	6	33b	物譜	漬鹽
18627.	6	33a	物譜	蓼花	18667.	6	33b	物譜	腌
18628.	6	33a	物譜	米花	18668.	6	33b	物譜	鹽滷
18629.	6	33a	物譜	元陽繭	18669.	6	33b	物譜	點鹽
18630.	6	33a	物譜	冰砂果	18670.	6	33b	物譜	朱餘
18631.	6	33a	物譜	甘砂果	18671.	6	33b	物譜	青鹽
18632.	6	33a	物譜	茶食	18672.	6	33b	物譜	鹽精
18633.	6	33a	物譜	搓手	18673.	6	33b	物譜	太陰
18634.	6	33a	物譜	山僧	18674.	6	33b	物譜	玄精
18635.	6	33a	物譜	漏杓	18675.	6	33b	物譜	鹻
18636.	6	33a	物譜	醝鹵庤	18676.	6	33b	物譜	醶酢
18637.	6	33a	物譜	滷	18677.	6	33b	物譜	盤醬
18638.	6	33a	物譜	海沙	18678.	6	33b	物譜	醬䤅
18639.	6	33a	物譜	散鹽	18679.	6	33b	物譜	幽菽
18640.	6	33a	物譜	末鹽	18680.	6	33b	物譜	醬黃
18641.	6	33a	物譜	白草粒	18681.	6	33b	物譜	豉
18642.	6	33a	物譜	黃草粒	18682.	6	33b	物譜	䜴
18643.	6	33a	物譜	鹽鹽	18683.	6	33b	物譜	燻造
18644.	6	33a	物譜	顆鹽	18684.	6	33b	物譜	末醬
18645.	6	33a	物譜	印鹽	18685.	6	33b	物譜	香豉
18646.	6	33a	物譜	大鹽	18686.	6	33b	物譜	香油
18647.	6	33a	物譜	𪉼	18687.	6	33b	物譜	真油
18648.	6	33a	物譜	鹻	18688.	6	33b	物譜	水麻油
18649.	6	33a	物譜	鹽井	18689.	6	33b	物譜	法油
18650.	6	33a	物譜	鐵	18690.	6	33b	物譜	桐油
18651.	6	33a	物譜	草鹽	18691.	6	34a	物譜	榨油

18692.	6	34a	物譜	麻枯餅	18732.	6	34b	物譜	人蔘糖
18693.	6	34a	物譜	油楂	18733.	6	34b	物譜	瑣瑣葡萄
18694.	6	34a	物譜	麻桊	18734.	6	34b	物譜	糖枣
18695.	6	34a	物譜	油粁	18735.	6	34b	物譜	八部糖
18696.	6	34a	物譜	油骨	18736.	6	34b	物譜	泥蜜里
18697.	6	34a	物譜	油榨	18737.	6	34b	物譜	五花糖
18698.	6	34a	物譜	煎油	18738.	6	34b	物譜	饛
18699.	6	34a	物譜	灌油	18739.	6	34b	物譜	盬
18700.	6	34a	物譜	桃花酸	18740.	6	34b	物譜	蟹胥
18701.	6	34a	物譜	鹽苦酒	18741.	6	34b	物譜	鮓
18702.	6	34a	物譜	醶	18742.	6	34b	物譜	食鹽
18703.	6	34a	物譜	醯	18743.	6	34b	物譜	飯醰魚
18704.	6	34a	物譜	芥醋	18744.	6	34b	物譜	瓿
18705.	6	34a	物譜	五辣醋	18745.	6	34b	物譜	諸
18706.	6	34a	物譜	薑醋	18746.	6	34b	物譜	茭蘁
18707.	6	34a	物譜	醳醋	18747.	6	34b	物譜	昌歜
18708.	6	34a	物譜	鹽雞	18748.	6	34b	物譜	齑
18709.	6	34a	物譜	鬱	18749.	6	34b	物譜	蔥淰
18710.	6	34a	物譜	千里醋	18750.	6	34b	物譜	鹹菜
18711.	6	34a	物譜	白花醴	18751.	6	34b	物譜	醬苽子
18712.	6	34a	物譜	甞消	18752.	6	34b	物譜	芥醬
18713.	6	34a	物譜	蜂糖	18753.	6	34b	物譜	黎祈
18714.	6	34a	物譜	清	18754.	6	34b	物譜	收
18715.	6	34a	物譜	石蜜	18755.	6	34b	物譜	青泡
18716.	6	34a	物譜	崖蜜	18756.	6	34b	物譜	菉豆腐
18717.	6	34a	物譜	餳	18757.	6	35a	物譜	熱啜
18718.	6	34a	物譜	餦餭	18758.	6	35a	物譜	大羹
18719.	6	34a	物譜	紫砂糖	18759.	6	35a	物譜	湯
18720.	6	34a	物譜	白砂糖	18760.	6	35a	物譜	臐
18721.	6	34a	物譜	糖餅	18761.	6	35a	物譜	湆
18722.	6	34a	物譜	石蜜	18762.	6	35a	物譜	腳
18723.	6	34a	物譜	乳糖	18763.	6	35a	物譜	肭
18724.	6	34a	物譜	毬糖	18764.	6	35a	物譜	膮
18725.	6	34a	物譜	冰糖	18765.	6	35a	物譜	洎
18726.	6	34a	物譜	雪糖	18766.	6	35a	物譜	㕦
18727.	6	34a	物譜	蔗餳	18767.	6	35a	物譜	骨董羹
18728.	6	34b	物譜	糖霜	18768.	6	35a	物譜	鯖
18729.	6	34b	物譜	饊	18769.	6	35a	物譜	糝
18730.	6	34b	物譜	閩薑	18770.	6	35a	物譜	爽
18731.	6	34b	物譜	橘餅	18771.	6	35a	物譜	絮羹

18772.	6	35a	物譜	噘羹	18812.	6	35b	物譜	腶脩
18773.	6	35a	物譜	盂	18813.	6	35b	物譜	片脯
18774.	6	35a	物譜	鐎斗	18814.	6	35b	物譜	腊
18775.	6	35a	物譜	羹斗	18815.	6	35b	物譜	肺
18776.	6	35a	物譜	腥	18816.	6	35b	物譜	䐑
18777.	6	35a	物譜	活臠	18817.	6	35b	物譜	胸脡末
18778.	6	35a	物譜	寒	18818.	6	35b	物譜	捶
18779.	6	35a	物譜	硬肉	18819.	6	35b	物譜	糟室
18780.	6	35a	物譜	臠	18820.	6	35b	物譜	魚生
18781.	6	35a	物譜	戴	18821.	6	35b	物譜	膾縷
18782.	6	35a	物譜	朡	18822.	6	35b	物譜	作
18783.	6	35a	物譜	餌	18823.	6	35b	物譜	歡伯
18784.	6	35a	物譜	殽	18824.	6	35b	物譜	狂藥
18785.	6	35a	物譜	脫之	18825.	6	35b	物譜	陸諝
18786.	6	35a	物譜	膊	18826.	6	35b	物譜	麴生
18787.	6	35a	物譜	胣	18827.	6	35b	物譜	麴秀才
18788.	6	35a	物譜	腏	18828.	6	35b	物譜	埽愁帚
18789.	6	35a	物譜	脫	18829.	6	35b	物譜	般若湯
18790.	6	35a	物譜	燖	18830.	6	35b	物譜	青州從事
18791.	6	35a	物譜	聶	18831.	6	35b	物譜	平原督郵
18792.	6	35a	物譜	軒	18832.	6	35b	物譜	聖人
18793.	6	35a	物譜	薨	18833.	6	35b	物譜	賢人
18794.	6	35a	物譜	脾	18834.	6	35b	物譜	愚
18795.	6	35a	物譜	辟	18835.	6	35b	物譜	燒酒
18796.	6	35a	物譜	雞	18836.	6	35b	物譜	紅露
18797.	6	35a	物譜	冰	18837.	6	36a	物譜	氣酒
18798.	6	35a	物譜	敗	18838.	6	36a	物譜	火酒
18799.	6	35a	物譜	油粹	18839.	6	36a	物譜	阿剌吉酒
18800.	6	35b	物譜	燒肉	18840.	6	36a	物譜	乾燒酒
18801.	6	35b	物譜	弗	18841.	6	36a	物譜	霹靂酊
18802.	6	35b	物譜	簽子	18842.	6	36a	物譜	桑落酒
18803.	6	35b	物譜	炙牀	18843.	6	36a	物譜	桑郎
18804.	6	35b	物譜	鐵撐	18844.	6	36a	物譜	索郎
18805.	6	35b	物譜	喼炙	18845.	6	36a	物譜	少麴酒
18806.	6	35b	物譜	暖爐	18846.	6	36a	物譜	三亥酒
18807.	6	35b	物譜	攤蛋	18847.	6	36a	物譜	杜鵑酒
18808.	6	35b	物譜	白淪雞子	18848.	6	36a	物譜	無灰酒
18809.	6	35b	物譜	朕	18849.	6	36a	物譜	濁酒
18810.	6	35b	物譜	尹祭	18850.	6	36a	物譜	醪
18811.	6	35b	物譜	脩	18851.	6	36a	物譜	煮酒

18852.	6	36a	物譜	春酒		18892.	6	36b	物譜	沛
18853.	6	36a	物譜	糟下酒		18893.	6	36b	物譜	涗齊
18854.	6	36a	物譜	渾混酒		18894.	6	36b	物譜	三酒五齊
18855.	6	36a	物譜	迻巡酒		18895.	6	36b	物譜	清酒
18856.	6	36a	物譜	醴		18896.	6	36b	物譜	白酒
18857.	6	36a	物譜	醫		18897.	6	36b	物譜	醳酒
18858.	6	36a	物譜	沛		18898.	6	36b	物譜	泛齊
18859.	6	36a	物譜	斯		18899.	6	36b	物譜	醴齊
18860.	6	36a	物譜	酎		18900.	6	36b	物譜	盎齊
18861.	6	36a	物譜	醋		18901.	6	36b	物譜	緹齊
18862.	6	36a	物譜	醹		18902.	6	36b	物譜	沉齊
18863.	6	36a	物譜	醆		18903.	6	36b	物譜	爵齊
18864.	6	36a	物譜	上尊		18904.	6	36b	物譜	明酌事酒
18865.	6	36a	物譜	醇		18905.	6	36b	物譜	脩酌
18866.	6	36a	物譜	醲		18906.	6	36b	物譜	獻酌
18867.	6	36a	物譜	百末		18907.	6	36b	物譜	縮酌
18868.	6	36a	物譜	醖		18908.	6	36b	物譜	鋼頭酒
18869.	6	36a	物譜	酵		18909.	6	36b	物譜	母酒
18870.	6	36a	物譜	醶		18910.	6	36b	物譜	糟
18871.	6	36a	物譜	酒母		18911.	6	36b	物譜	粱
18872.	6	36a	物譜	酶		18912.	6	36b	物譜	篘子
18873.	6	36a	物譜	醱醅		18913.	6	36b	物譜	醡
18874.	6	36b	物譜	酘		18914.	6	36b	物譜	酒槽
18875.	6	36b	物譜	投		18915.	6	36b	物譜	酒㑉
18876.	6	36b	物譜	麹		18916.	6	36b	物譜	酒甀
18877.	6	36b	物譜	麨子		18917.	6	37a	物譜	酌
18878.	6	36b	物譜	女麹		18918.	6	37a	物譜	挹
18879.	6	36b	物譜	黃子		18919.	6	37a	物譜	醻
18880.	6	36b	物譜	媒		18920.	6	37a	物譜	酢
18881.	6	36b	物譜	醸		18921.	6	37a	物譜	酺
18882.	6	36b	物譜	黃衣		18922.	6	37a	物譜	釀
18883.	6	36b	物譜	蘗		18923.	6	37a	物譜	醻酢
18884.	6	36b	物譜	連展		18924.	6	37a	物譜	棽尾
18885.	6	36b	物譜	麥芽		18925.	6	37a	物譜	旅酬
18886.	6	36b	物譜	穀蘗		18926.	6	37a	物譜	嗺酒
18887.	6	36b	物譜	粟蘗		18927.	6	37a	物譜	啐
18888.	6	36b	物譜	冽		18928.	6	37a	物譜	澆書
18889.	6	36b	物譜	酷		18929.	6	37a	物譜	卯酒
18890.	6	36b	物譜	酩		18930.	6	37a	物譜	軟飽
18891.	6	36b	物譜	翁翁		18931.	6	37a	物譜	酒令

18932.	6	37a	物譜	浮	18972.	6	37b	物譜	罌
18933.	6	37a	物譜	酒諸	18973.	6	37b	物譜	盉
18934.	6	37a	物譜	飲諸	18974.	6	37b	物譜	洗
18935.	6	37a	物譜	醶	18975.	6	37b	物譜	瓿
18936.	6	37a	物譜	酣	18976.	6	37b	物譜	鋪
18937.	6	37a	物譜	酡	18977.	6	37b	物譜	朋
18938.	6	37a	物譜	紅潮	18978.	6	37b	物譜	舟
18939.	6	37a	物譜	酒花	18979.	6	37b	物譜	楪子
18940.	6	37a	物譜	醒	18980.	6	37b	物譜	托子
18941.	6	37a	物譜	湎	18981.	6	37b	物譜	壺
18942.	6	37a	物譜	亂	18982.	6	37b	物譜	滑稽
18943.	6	37a	物譜	中酒	18983.	6	37b	物譜	瓶
18944.	6	37a	物譜	倒壺	18984.	6	37b	物譜	鴟夷
18945.	6	37a	物譜	惡	18985.	6	37b	物譜	爵鹿
18946.	6	37a	物譜	酗	18986.	6	37b	物譜	酒魁
18947.	6	37a	物譜	酲	18987.	6	37b	物譜	同
18948.	6	37a	物譜	使酒	18988.	6	37b	物譜	伯雅
18949.	6	37a	物譜	酒悲	18989.	6	37b	物譜	中邪
18950.	6	37a	物譜	邁	18990.	6	37b	物譜	季雅
18951.	6	37a	物譜	酪酊	18991.	6	37b	物譜	觓
18952.	6	37a	物譜	醒	18992.	6	37b	物譜	爵
18953.	6	37a	物譜	漊	18993.	6	37b	物譜	斛
18954.	6	37a	物譜	酖	18994.	6	37b	物譜	角
18955.	6	37a	物譜	酒戶	18995.	6	37b	物譜	散
18956.	6	37a	物譜	幸酒	18996.	6	37b	物譜	甌
18957.	6	37a	物譜	尊	18997.	6	37b	物譜	缶
18958.	6	37a	物譜	彝	18998.	6	37b	物譜	鞢韃
18959.	6	37a	物譜	卣	18999.	6	37b	物譜	犀耳
18960.	6	37a	物譜	罍	19000.	6	37b	物譜	欹器
18961.	6	37a	物譜	酒瓘	19001.	6	37b	物譜	侑器
18962.	6	37a	物譜	瓢子	19002.	6	37b	物譜	盛
18963.	6	37b	物譜	罍	19003.	6	37b	物譜	甀
18964.	6	37b	物譜	坎	19004.	6	37b	物譜	經
18965.	6	37b	物譜	椑	19005.	6	37b	物譜	酒鼈兒
18966.	6	37b	物譜	榼	19006.	6	37b	物譜	酒漏子
18967.	6	37b	物譜	豐侯	19007.	6	37b	物譜	茶壺子
18968.	6	37b	物譜	偏提	19008.	6	37b	物譜	銅銚
18969.	6	37b	物譜	執壺	19009.	6	37b	物譜	茶銚
18970.	6	37b	物譜	服匿	19010.	6	37b	物譜	有觜銅椀
18971.	6	37b	物譜	服席	19011.	6	38a	物譜	流椀

19012.	6	38a	物譜	轉註	19052.	6	38a	物譜	茗
19013.	6	38a	物譜	攀	19053.	6	38a	物譜	荈
19014.	6	38a	物譜	流	19054.	6	38a	物譜	酪奴
19015.	6	38a	物譜	勺	19055.	6	38a	物譜	紫玉瑛
19016.	6	38a	物譜	釣升	19056.	6	38a	物譜	綠昌明
19017.	6	38a	物譜	漏斗	19057.	6	38a	物譜	日鑄
19018.	6	38a	物譜	鏇	19058.	6	38a	物譜	玄月
19019.	6	38a	物譜	圍盧	19059.	6	38a	物譜	麥顆
19020.	6	38a	物譜	杯	19060.	6	38a	物譜	蒙頂
19021.	6	38a	物譜	巵	19061.	6	38b	物譜	石花
19022.	6	38a	物譜	杓	19062.	6	38b	物譜	露芽
19023.	6	38a	物譜	盞	19063.	6	38b	物譜	穀芽
19024.	6	38a	物譜	觴	19064.	6	38b	物譜	北苑
19025.	6	38a	物譜	叵羅	19065.	6	38b	物譜	神泉
19026.	6	38a	物譜	屈巵	19066.	6	38b	物譜	碧澗
19027.	6	38a	物譜	大斗	19067.	6	38b	物譜	龍鳳團
19028.	6	38a	物譜	錯落	19068.	6	38b	物譜	獸目
19029.	6	38a	物譜	鑿落	19069.	6	38b	物譜	明月
19030.	6	38a	物譜	不落	19070.	6	38b	物譜	真香
19031.	6	38a	物譜	東西	19071.	6	38b	物譜	火井
19032.	6	38a	物譜	大白	19072.	6	38b	物譜	白露
19033.	6	38a	物譜	船	19073.	6	38b	物譜	仙人掌
19034.	6	38a	物譜	商君	19074.	6	38b	物譜	黃芽
19035.	6	38a	物譜	鍾	19075.	6	38b	物譜	紫筍
19036.	6	38a	物譜	鍾托	19076.	6	38b	物譜	白毛
19037.	6	38a	物譜	燴盞	19077.	6	38b	物譜	生芽
19038.	6	38a	物譜	青帘	19078.	6	38b	物譜	雲霧
19039.	6	38a	物譜	望子	19079.	6	38b	物譜	鴆坑
19040.	6	38a	物譜	幖子	19080.	6	38b	物譜	陽坑
19041.	6	38a	物譜	旆	19081.	6	38b	物譜	桂花
19042.	6	38a	物譜	酒盧	19082.	6	38b	物譜	真珠
19043.	6	38a	物譜	酒家胡	19083.	6	38b	物譜	賓胯
19044.	6	38a	物譜	胡姬	19084.	6	38b	物譜	月團
19045.	6	38a	物譜	甘露經	19085.	6	38b	物譜	小龍團
19046.	6	38a	物譜	酒經	19086.	6	38b	物譜	雀舌
19047.	6	38a	物譜	大酋	19087.	6	38b	物譜	雷鳴茶
19048.	6	38a	物譜	酒史	19088.	6	38b	物譜	雨前茶
19049.	6	38a	物譜	反坫	19089.	6	38b	物譜	日鑄
19050.	6	38a	物譜	檟	19090.	6	38b	物譜	普餌
19051.	6	38a	物譜	蔎	19091.	6	38b	物譜	桂華

19092.	6	38b	物譜	真珠	19132.	6	39a	物譜	紋
19093.	6	38b	物譜	槍旗	19133.	6	39a	物譜	虣費
19094.	6	38b	物譜	沫	19134.	6	39b	物譜	綾
19095.	6	38b	物譜	餑	19135.	6	39b	物譜	柿蒂綾
19096.	6	38b	物譜	花	19136.	6	39b	物譜	狗腳綾
19097.	6	38b	物譜	乳面	19137.	6	39b	物譜	洛綾
19098.	6	38b	物譜	雲腳	19138.	6	39b	物譜	聖綾
19099.	6	38b	物譜	茶鼎	19139.	6	39b	物譜	綺
19100.	6	38b	物譜	茶罐	19140.	6	39b	物譜	絩
19101.	6	38b	物譜	茶鈴	19141.	6	39b	物譜	帛
19102.	6	38b	物譜	茶僧	19142.	6	39b	物譜	繒
19103.	6	38b	物譜	茶羅	19143.	6	39b	物譜	纈
19104.	6	38b	物譜	茶鍾	19144.	6	39b	物譜	絁
19105.	6	38b	物譜	茶銚	19145.	6	39b	物譜	綈
19106.	6	38b	物譜	茶經	19146.	6	39b	物譜	弋綈
19107.	6	38b	物譜	茶譜	19147.	6	39b	物譜	縵
19108.	6	38b	物譜	陸羽	19148.	6	39b	物譜	練
19109.	6	38b	物譜	曾溪鬬	19149.	6	39b	物譜	縞
19110.	6	39a	物譜	茶筅	19150.	6	39b	物譜	綵
19111.	6	39a	物譜	雪乳	19151.	6	39b	物譜	流黃
19112.	6	39a	物譜	松風	19152.	6	39b	物譜	纁
19113.	6	39a	物譜	茶磨	19153.	6	39b	物譜	縑
19114.	6	39a	物譜	烟	19154.	6	39b	物譜	絹
19115.	6	39a	物譜	菸	19155.	6	39b	物譜	鮮文
19116.	6	39a	物譜	淡巴	19156.	6	39b	物譜	顏色絹
19117.	6	39a	物譜	澹泊塊	19157.	6	39b	物譜	兜那波叱
19118.	6	39a	物譜	烟佾	19158.	6	39b	物譜	洞絹
19119.	6	39a	物譜	烟鍾	19159.	6	39b	物譜	縠
19120.	6	39a	物譜	烟嘴	19160.	6	39b	物譜	綃
19121.	6	39a	物譜	烟竿子	19161.	6	39b	物譜	熟綃
19122.	6	39a	物譜	烟包	19162.	6	39b	物譜	翠綃
19123.	6	39a	物譜	挈盒	19163.	6	39b	物譜	宮綃
19124.	6	39a	物譜	酥	19164.	6	39b	物譜	紗
19125.	6	39a	物譜	駝酪	19165.	6	39b	物譜	輕容
19126.	6	39a	物譜	醍醐	19166.	6	39b	物譜	方空
19127.	6	39a	物譜	煤孟	19167.	6	39b	物譜	甲紗
19128.	6	39a	物譜	酮	19168.	6	39b	物譜	羅
19129.	6	39a	物譜	挏馬	19169.	6	39b	物譜	杭羅
19130.	6	39a	物譜	貝	19170.	6	39b	物譜	紈
19131.	6	39a	物譜	綢	19171.	6	39b	物譜	冰紈

19172.	6	39b	物譜	綢紗	19212.	6	40a	物譜	毾子
19173.	6	39b	物譜	湖縐	19213.	6	40a	物譜	猩猩毡
19174.	6	39b	物譜	註兩紗	19214.	6	40a	物譜	織羊皮
19175.	6	39b	物譜	走紗	19215.	6	40a	物譜	毛青布
19176.	6	39b	物譜	帽紗	19216.	6	40a	物譜	都布
19177.	6	39b	物譜	貢緞	19217.	6	40a	物譜	賨布
19178.	6	39b	物譜	冐緞	19218.	6	40a	物譜	斑布
19179.	6	39b	物譜	廣織	19219.	6	40a	物譜	基子布
19180.	6	39b	物譜	羽緞	19220.	6	40a	物譜	印花布
19181.	6	39b	物譜	鵝毦	19221.	6	40a	物譜	織貝
19182.	6	39b	物譜	賞賜緞	19222.	6	40a	物譜	花桃花
19183.	6	39b	物譜	裹光緞	19223.	6	40a	物譜	涼花
19184.	6	39b	物譜	倭緞	19224.	6	40a	物譜	白木
19185.	6	39b	物譜	水花紬	19225.	6	40a	物譜	花絨
19186.	6	39b	物譜	方絲紬	19226.	6	40a	物譜	彈花
19187.	6	39b	物譜	輕光紬	19227.	6	40a	物譜	碾車
19188.	6	39b	物譜	鄉織	19228.	6	40a	物譜	絞車
19189.	6	39b	物譜	紬	19229.	6	40a	物譜	攪車
19190.	6	39b	物譜	素	19230.	6	40a	物譜	壓車
19191.	6	39b	物譜	光素	19231.	6	40a	物譜	鐵鋌
19192.	6	39b	物譜	明紬	19232.	6	40a	物譜	木杻
19193.	6	39b	物譜	骨朵雲	19233.	6	40a	物譜	掉拐
19194.	6	39b	物譜	穿花鳳	19234.	6	40a	物譜	跐腳子
19195.	6	39b	物譜	嵌八寶	19235.	6	40b	物譜	花弓
19196.	6	40a	物譜	膝攔紋	19236.	6	40b	物譜	綿箔
19197.	6	40a	物譜	有花的	19237.	6	40b	物譜	捲筵
19198.	6	40a	物譜	草金	19238.	6	40b	物譜	緯車
19199.	6	40a	物譜	交織	19239.	6	40b	物譜	文萊
19200.	6	40a	物譜	土紬	19240.	6	40b	物譜	釘竿子
19201.	6	40a	物譜	曲土紬	19241.	6	40b	物譜	弦
19202.	6	40a	物譜	斑紬	19242.	6	40b	物譜	梦
19203.	6	40a	物譜	盆紬	19243.	6	40b	物譜	夏布
19204.	6	40a	物譜	表紬	19244.	6	40b	物譜	絺綌
19205.	6	40a	物譜	裹紬	19245.	6	40b	物譜	統
19206.	6	40a	物譜	刺繡	19246.	6	40b	物譜	總
19207.	6	40a	物譜	絓	19247.	6	40b	物譜	總布
19208.	6	40a	物譜	繝	19248.	6	40b	物譜	紝
19209.	6	40a	物譜	三升	19249.	6	40b	物譜	迎春布
19210.	6	40a	物譜	三梭布	19250.	6	40b	物譜	黃紵布
19211.	6	40a	物譜	潤布	19251.	6	40b	物譜	闌干細布

19252.	6	40b	物譜	白紵		19292.	6	41a	物譜	梔子
19253.	6	40b	物譜	越		19293.	6	41a	物譜	軖子
19254.	6	40b	物譜	纑		19294.	6	41a	物譜	榍子
19255.	6	40b	物譜	辟纑		19295.	6	41a	物譜	絡子
19256.	6	40b	物譜	系		19296.	6	41a	物譜	筳
19257.	6	40b	物譜	忽		19297.	6	41a	物譜	砣落
19258.	6	40b	物譜	絇		19298.	6	41a	物譜	撚綿軸
19259.	6	40b	物譜	纚		19299.	6	41a	物譜	籰子
19260.	6	40b	物譜	升		19300.	6	41a	物譜	絍
19261.	6	40b	物譜	縷		19301.	6	41a	物譜	女紅
19262.	6	40b	物譜	綸		19302.	6	41a	物譜	牽經
19263.	6	40b	物譜	雪綿		19303.	6	41a	物譜	刷布
19264.	6	40b	物譜	蛾口		19304.	6	41a	物譜	打經
19265.	6	40b	物譜	上片		19305.	6	41a	物譜	打緯
19266.	6	40b	物譜	繭衣		19306.	6	41a	物譜	梠
19267.	6	40b	物譜	紃絲		19307.	6	41a	物譜	纑刷
19268.	6	40b	物譜	緒		19308.	6	41a	物譜	機
19269.	6	40b	物譜	纇		19309.	6	41b	物譜	機身
19270.	6	40b	物譜	紇縩		19310.	6	41b	物譜	柚
19271.	6	40b	物譜	絲團子		19311.	6	41b	物譜	滕
19272.	6	41a	物譜	線穗兒		19312.	6	41b	物譜	機頭
19273.	6	41a	物譜	線繢		19313.	6	41b	物譜	軸頭
19274.	6	41a	物譜	線軸		19314.	6	41b	物譜	鞦頭
19275.	6	41a	物譜	線上板		19315.	6	41b	物譜	軎
19276.	6	41a	物譜	交檸		19316.	6	41b	物譜	欖棍
19277.	6	41a	物譜	繅		19317.	6	41b	物譜	三腳
19278.	6	41a	物譜	釋繭		19318.	6	41b	物譜	綜線
19279.	6	41a	物譜	盆手		19319.	6	41b	物譜	梭
19280.	6	41a	物譜	紡		19320.	6	41b	物譜	杼
19281.	6	41a	物譜	紡線		19321.	6	41b	物譜	籰
19282.	6	41a	物譜	抽絲		19322.	6	41b	物譜	筬
19283.	6	41a	物譜	捻線		19323.	6	41b	物譜	箆子
19284.	6	41a	物譜	維		19324.	6	41b	物譜	綱子
19285.	6	41a	物譜	纏絲		19325.	6	41b	物譜	筬匡
19286.	6	41a	物譜	帄		19326.	6	41b	物譜	纑
19287.	6	41a	物譜	黟		19327.	6	41b	物譜	襄
19288.	6	41a	物譜	繀車		19328.	6	41b	物譜	唧唧
19289.	6	41a	物譜	索索		19329.	6	41b	物譜	札札
19290.	6	41a	物譜	紡車		19330.	6	41b	物譜	織女
19291.	6	41a	物譜	筝車		19331.	6	41b	物譜	織婦

19332.	6	41b	物譜	絲人	19372.	6	42a	物譜	官綠
19333.	6	41b	物譜	幅	19373.	6	42a	物譜	麥綠
19334.	6	41b	物譜	淳制	19374.	6	42a	物譜	縹
19335.	6	41b	物譜	襦	19375.	6	42a	物譜	玉色
19336.	6	41b	物譜	緞邊子	19376.	6	42a	物譜	魚白
19337.	6	41b	物譜	終幅	19377.	6	42a	物譜	鴉青
19338.	6	41b	物譜	剫	19378.	6	42a	物譜	緅
19339.	6	41b	物譜	幪	19379.	6	42a	物譜	青亞姑
19340.	6	41b	物譜	幠	19380.	6	42a	物譜	天青色
19341.	6	41b	物譜	端	19381.	6	42a	物譜	皂色
19342.	6	41b	物譜	兩	19382.	6	42a	物譜	緇
19343.	6	41b	物譜	疋	19383.	6	42a	物譜	紺
19344.	6	41b	物譜	叚	19384.	6	42a	物譜	黲
19345.	6	41b	物譜	純	19385.	6	42a	物譜	纖
19346.	6	41b	物譜	同	19386.	6	42a	物譜	縞
19347.	6	41b	物譜	染夏	19387.	6	42a	物譜	貲
19348.	6	41b	物譜	染記	19388.	6	42a	物譜	賄
19349.	6	41b	物譜	大紅	19389.	6	42a	物譜	賥
19350.	6	41b	物譜	粉紅	19390.	6	42a	物譜	利
19351.	6	41b	物譜	退紅	19391.	6	42a	物譜	資
19352.	6	41b	物譜	水紅	19392.	6	42a	物譜	寶
19353.	6	41b	物譜	礬紅	19393.	6	42a	物譜	寶貝
19354.	6	41b	物譜	木紅	19394.	6	42b	物譜	青銅
19355.	6	41b	物譜	緋	19395.	6	42b	物譜	孔方
19356.	6	41b	物譜	紫的	19396.	6	42b	物譜	上清童子
19357.	6	42a	物譜	紫紵絲	19397.	6	42b	物譜	王老
19358.	6	42a	物譜	氍毹	19398.	6	42b	物譜	闍提
19359.	6	42a	物譜	慘紫	19399.	6	42b	物譜	員
19360.	6	42a	物譜	檀暈	19400.	6	42b	物譜	布
19361.	6	42a	物譜	䩉	19401.	6	42b	物譜	青蚨
19362.	6	42a	物譜	豆綠	19402.	6	42b	物譜	刀
19363.	6	42a	物譜	松花色	19403.	6	42b	物譜	貨泉
19364.	6	42a	物譜	秋香色	19404.	6	42b	物譜	赤仄
19365.	6	42a	物譜	南松	19405.	6	42b	物譜	貨布
19366.	6	42a	物譜	北松	19406.	6	42b	物譜	泉布
19367.	6	42a	物譜	軟豆色	19407.	6	42b	物譜	金錯
19368.	6	42a	物譜	柳綠	19408.	6	42b	物譜	通寶
19369.	6	42a	物譜	緹	19409.	6	42b	物譜	幕
19370.	6	42a	物譜	藍	19410.	6	42b	物譜	肉
19371.	6	42a	物譜	草綠	19411.	6	42b	物譜	邊

19412.	6	42b	物譜	錢郭	19452.	6	43a	物譜	殷賑
19413.	6	42b	物譜	好	19453.	6	43a	物譜	賱賰
19414.	6	42b	物譜	葉	19454.	6	43a	物譜	贍
19415.	6	42b	物譜	文	19455.	6	43a	物譜	腕賜
19416.	6	42b	物譜	分	19456.	6	43a	物譜	寠
19417.	6	42b	物譜	錢	19457.	6	43a	物譜	乏
19418.	6	42b	物譜	錢	19458.	6	43a	物譜	屢空
19419.	6	42b	物譜	兩	19459.	6	43a	物譜	赤貧
19420.	6	42b	物譜	伯	19460.	6	43a	物譜	貪
19421.	6	42b	物譜	陌	19461.	6	43a	物譜	婪
19422.	6	42b	物譜	仟	19462.	6	43a	物譜	猛猛
19423.	6	42b	物譜	貫	19463.	6	43a	物譜	歙欣
19424.	6	42b	物譜	緡	19464.	6	43a	物譜	凱
19425.	6	42b	物譜	定	19465.	6	43b	物譜	嗇
19426.	6	42b	物譜	繈	19466.	6	43b	物譜	慳
19427.	6	42b	物譜	鉐箇	19467.	6	43b	物譜	惜
19428.	6	42b	物譜	撲滿	19468.	6	43b	物譜	愛
19429.	6	42b	物譜	鍾官	19469.	6	43b	物譜	姻嫪
19430.	6	42b	物譜	鈔	19470.	6	43b	物譜	與
19431.	6	42b	物譜	交子	19471.	6	43b	物譜	予
19432.	6	42b	物譜	大鈔	19472.	6	43b	物譜	錫
19433.	6	43a	物譜	小鈔	19473.	6	43b	物譜	給
19434.	6	43a	物譜	產業	19474.	6	43b	物譜	贈
19435.	6	43a	物譜	分財	19475.	6	43b	物譜	貽
19436.	6	43a	物譜	出舍	19476.	6	43b	物譜	遺
19437.	6	43a	物譜	分家	19477.	6	43b	物譜	貺
19438.	6	43a	物譜	儲胥	19478.	6	43b	物譜	資
19439.	6	43a	物譜	儲峙	19479.	6	43b	物譜	餽
19440.	6	43a	物譜	壙	19480.	6	43b	物譜	施
19441.	6	43a	物譜	貯	19481.	6	43b	物譜	丐
19442.	6	43a	物譜	火帳	19482.	6	43b	物譜	分
19443.	6	43a	物譜	費	19483.	6	43b	物譜	授
19444.	6	43a	物譜	經費	19484.	6	43b	物譜	齎
19445.	6	43a	物譜	虛費	19485.	6	43b	物譜	俵
19446.	6	43a	物譜	冗費	19486.	6	43b	物譜	波及
19447.	6	43a	物譜	麗	19487.	6	43b	物譜	壽
19448.	6	43a	物譜	節用	19488.	6	43b	物譜	稅
19449.	6	43a	物譜	撙節	19489.	6	43b	物譜	奉
19450.	6	43a	物譜	撙支	19490.	6	43b	物譜	效
19451.	6	43a	物譜	饒	19491.	6	43b	物譜	納

19492.	6	43b	物譜	呈	19532.	6	44a	物譜	負
19493.	6	43b	物譜	進	19533.	6	44a	物譜	償
19494.	6	43b	物譜	羞	19534.	6	44a	物譜	報
19495.	6	43b	物譜	享	19535.	6	44a	物譜	還
19496.	6	43b	物譜	納	19536.	6	44a	物譜	雠
19497.	6	43b	物譜	領	19537.	6	44a	物譜	庚
19498.	6	43b	物譜	脫	19538.	6	44a	物譜	贖
19499.	6	43b	物譜	卻	19539.	6	44a	物譜	賠
19500.	6	43b	物譜	謝	19540.	6	44a	物譜	追賠
19501.	6	43b	物譜	吞	19541.	6	44a	物譜	枉賠
19502.	6	43b	物譜	弌	19542.	6	44a	物譜	符
19503.	6	43b	物譜	贊	19543.	6	44a	物譜	別
19504.	6	43b	物譜	乞	19544.	6	44a	物譜	要
19505.	6	43b	物譜	請	19545.	6	44a	物譜	約
19506.	6	43b	物譜	囹	19546.	6	44a	物譜	帳
19507.	6	43b	物譜	賂	19547.	6	44a	物譜	合同
19508.	6	43b	物譜	貨	19548.	6	44a	物譜	文券
19509.	6	43b	物譜	贓	19549.	6	44a	物譜	左券
19510.	6	43b	物譜	購	19550.	6	44a	物譜	右券
19511.	6	44a	物譜	貸	19551.	6	44b	物譜	筊
19512.	6	44a	物譜	子貸	19552.	6	44b	物譜	腰牒
19513.	6	44a	物譜	放債	19553.	6	44b	物譜	流水賬
19514.	6	44a	物譜	便錢	19554.	6	44b	物譜	抽拈
19515.	6	44a	物譜	賒	19555.	6	44b	物譜	籤
19516.	6	44a	物譜	貰	19556.	6	44b	物譜	庫
19517.	6	44a	物譜	債	19557.	6	44b	物譜	九府
19518.	6	44a	物譜	保債	19558.	6	44b	物譜	少府
19519.	6	44a	物譜	典當	19559.	6	44b	物譜	中黃
19520.	6	44a	物譜	質	19560.	6	44b	物譜	黃藏
19521.	6	44a	物譜	貼	19561.	6	44b	物譜	內帑
19522.	6	44a	物譜	還當	19562.	6	44b	物譜	私府
19523.	6	44a	物譜	儅鋪	19563.	6	44b	物譜	什器
19524.	6	44a	物譜	母	19564.	6	44b	物譜	東西
19525.	6	44a	物譜	本	19565.	6	44b	物譜	家事
19526.	6	44a	物譜	子	19566.	6	44b	物譜	家火
19527.	6	44a	物譜	息	19567.	6	44b	物譜	當
19528.	6	44a	物譜	邊利	19568.	6	44b	物譜	鈕
19529.	6	44a	物譜	羊羔利	19569.	6	44b	物譜	手把子
19530.	6	44a	物譜	遞計	19570.	6	44b	物譜	邊口
19531.	6	44a	物譜	子母定式	19571.	6	44b	物譜	唇

19572.	6	44b	物譜	廉	19612.	6	45a	物譜	椒櫻
19573.	6	44b	物譜	閾	19613.	6	45a	物譜	行唐
19574.	6	44b	物譜	拿	19614.	6	45a	物譜	流黃
19575.	6	44b	物譜	摘	19615.	6	45a	物譜	倚伴
19576.	6	44b	物譜	肧	19616.	6	45a	物譜	簷曲
19577.	6	44b	物譜	棲	19617.	6	45a	物譜	筒
19578.	6	44b	物譜	策	19618.	6	45a	物譜	褐
19579.	6	44b	物譜	簀	19619.	6	45a	物譜	玉鎮
19580.	6	44b	物譜	榻	19620.	6	45a	物譜	毯
19581.	6	44b	物譜	獨坐	19621.	6	45a	物譜	氍毹
19582.	6	44b	物譜	椅子	19622.	6	45a	物譜	氍毹
19583.	6	44b	物譜	涼牀	19623.	6	45a	物譜	罽子
19584.	6	44b	物譜	臥房	19624.	6	45a	物譜	帷
19585.	6	44b	物譜	辨	19625.	6	45a	物譜	帳
19586.	6	44b	物譜	杠	19626.	6	45a	物譜	幌
19587.	6	44b	物譜	幠	19627.	6	45a	物譜	幃
19588.	6	44b	物譜	榪	19628.	6	45a	物譜	斗帳
19589.	6	44b	物譜	第	19629.	6	45a	物譜	幨幪
19590.	6	44b	物譜	馬牀	19630.	6	45a	物譜	幔
19591.	6	44b	物譜	繩牀	19631.	6	45a	物譜	幄
19592.	6	45a	物譜	狐蹯鵠膝	19632.	6	45a	物譜	帟
19593.	6	45a	物譜	梧	19633.	6	45a	物譜	穹帳房
19594.	6	45a	物譜	隱几	19634.	6	45b	物譜	幔
19595.	6	45a	物譜	梯几	19635.	6	45b	物譜	遮日
19596.	6	45a	物譜	筵	19636.	6	45b	物譜	笛
19597.	6	45a	物譜	茵	19637.	6	45b	物譜	箔
19598.	6	45a	物譜	莞	19638.	6	45b	物譜	蓬箔
19599.	6	45a	物譜	蒲團	19639.	6	45b	物譜	篋
19600.	6	45a	物譜	越席	19640.	6	45b	物譜	鉤
19601.	6	45a	物譜	薦	19641.	6	45b	物譜	銀荼
19602.	6	45a	物譜	地衣	19642.	6	45b	物譜	簾押
19603.	6	45a	物譜	筵席	19643.	6	45b	物譜	海牛
19604.	6	45a	物譜	偃席	19644.	6	45b	物譜	緯蕭
19605.	6	45a	物譜	靠墩	19645.	6	45b	物譜	軸簾
19606.	6	45a	物譜	行步席	19646.	6	45b	物譜	屏風
19607.	6	45a	物譜	傳席	19647.	6	45b	物譜	連屏
19608.	6	45a	物譜	藁鞦	19648.	6	45b	物譜	清防
19609.	6	45a	物譜	籍	19649.	6	45b	物譜	吊屏
19610.	6	45a	物譜	簋楼	19650.	6	45b	物譜	搨
19611.	6	45a	物譜	笙	19651.	6	45b	物譜	箑

19652.	6	45b	物譜	便面	19692.	6	46a	物譜	裂
19653.	6	45b	物譜	麴團扇	19693.	6	46a	物譜	繡
19654.	6	45b	物譜	尾扇	19694.	6	46a	物譜	大口帒
19655.	6	45b	物譜	摺扇	19695.	6	46b	物譜	裹
19656.	6	45b	物譜	聚頭扇	19696.	6	46b	物譜	包
19657.	6	45b	物譜	扇骨子	19697.	6	46b	物譜	雙掩
19658.	6	45b	物譜	扇關	19698.	6	46b	物譜	蒭狗
19659.	6	45b	物譜	扇墜	19699.	6	46b	物譜	懸版
19660.	6	45b	物譜	毛扇	19700.	6	46b	物譜	棧閣
19661.	6	45b	物譜	暖笙	19701.	6	46b	物譜	棚
19662.	6	45b	物譜	貂扇	19702.	6	46b	物譜	靠壁
19663.	6	45b	物譜	紗扇	19703.	6	46b	物譜	紙窩子
19664.	6	45b	物譜	臉罩	19704.	6	46b	物譜	鹿觡
19665.	6	45b	物譜	面紗	19705.	6	46b	物譜	鉤格
19666.	6	46a	物譜	鑑	19706.	6	46b	物譜	鈗
19667.	6	46a	物譜	照子	19707.	6	46b	物譜	橄
19668.	6	46a	物譜	照鏡	19708.	6	46b	物譜	櫟椿
19669.	6	46a	物譜	菱花	19709.	6	46b	物譜	峭格
19670.	6	46a	物譜	青銅	19710.	6	46b	物譜	榤
19671.	6	46a	物譜	鈕	19711.	6	46b	物譜	柝
19672.	6	46a	物譜	鏽	19712.	6	46b	物譜	榔頭
19673.	6	46a	物譜	石鏡	19713.	6	46b	物譜	榪子
19674.	6	46a	物譜	紫珍	19714.	6	46b	物譜	千斤子
19675.	6	46a	物譜	靉靆	19715.	6	46b	物譜	乂豎
19676.	6	46a	物譜	千里鏡	19716.	6	46b	物譜	兀丫
19677.	6	46a	物譜	耳鏡	19717.	6	46b	物譜	棓
19678.	6	46a	物譜	青奴	19718.	6	46b	物譜	階
19679.	6	46a	物譜	竹夾膝	19719.	6	46b	物譜	板凳
19680.	6	46a	物譜	暖足瓶	19720.	6	47a	物譜	杌子
19681.	6	46a	物譜	湯婆	19721.	6	47a	物譜	義股
19682.	6	46a	物譜	腳婆	19722.	6	47a	物譜	錐芒
19683.	6	46a	物譜	鐵婆	19723.	6	47a	物譜	錐末
19684.	6	46a	物譜	錫奴	19724.	6	47a	物譜	穎
19685.	6	46a	物譜	塵	19725.	6	47a	物譜	喬
19686.	6	46a	物譜	荒鹿	19726.	6	47a	物譜	钃
19687.	6	46a	物譜	鐵如意	19727.	6	47a	物譜	鈹針
19688.	6	46a	物譜	袋	19728.	6	47a	物譜	活鑽
19689.	6	46a	物譜	縢	19729.	6	47a	物譜	鑽弓
19690.	6	46a	物譜	帣	19730.	6	47a	物譜	金剛鑽
19691.	6	46a	物譜	橐	19731.	6	47a	物譜	伏兔

19732.	6	47a	物譜	鏨	19772.	6	47b	物譜	瓢落子
19733.	6	47a	物譜	枘	19773.	6	47b	物譜	竹簍子
19734.	6	47a	物譜	鐕	19774.	6	47b	物譜	匣
19735.	6	47a	物譜	泡釘	19775.	6	47b	物譜	篋
19736.	6	47a	物譜	巴鋦子	19776.	6	47b	物譜	笥
19737.	6	47a	物譜	鋦	19777.	6	47b	物譜	篝籢
19738.	6	47a	物譜	鎈	19778.	6	47b	物譜	篗
19739.	6	47a	物譜	鉆	19779.	6	47b	物譜	柳箱
19740.	6	47a	物譜	鐵索	19780.	6	47b	物譜	筲
19741.	6	47a	物譜	鉤索	19781.	6	47b	物譜	籠
19742.	6	47a	物譜	鐵櫃子	19782.	6	47b	物譜	荊籠
19743.	6	47a	物譜	鐵練	19783.	6	47b	物譜	篓
19744.	6	47a	物譜	馘	19784.	6	47b	物譜	桶櫼
19745.	6	47a	物譜	釜	19785.	6	47b	物譜	籃
19746.	6	47a	物譜	玦	19786.	6	47b	物譜	筐筥
19747.	6	47b	物譜	鑰	19787.	6	47b	物譜	榍
19748.	6	47b	物譜	鎖袴子	19788.	6	47b	物譜	提籃
19749.	6	47b	物譜	鎖殼	19789.	6	48a	物譜	行匣子
19750.	6	47b	物譜	鎖匡	19790.	6	48a	物譜	小開披
19751.	6	47b	物譜	鎖管	19791.	6	48a	物譜	匹製
19752.	6	47b	物譜	鎖牡	19792.	6	48a	物譜	沓栖
19753.	6	47b	物譜	鍵	19793.	6	48a	物譜	套栖
19754.	6	47b	物譜	鎖璜	19794.	6	48a	物譜	紙匣
19755.	6	47b	物譜	鎖鬚	19795.	6	48a	物譜	繩絡子
19756.	6	47b	物譜	鎖限	19796.	6	48a	物譜	網橐
19757.	6	47b	物譜	鑰匙	19797.	6	48a	物譜	頂櫃
19758.	6	47b	物譜	索	19798.	6	48a	物譜	千眼廚
19759.	6	47b	物譜	緄	19799.	6	48a	物譜	粧嵌
19760.	6	47b	物譜	藁索	19800.	6	48a	物譜	堅櫃
19761.	6	47b	物譜	絇	19801.	6	48a	物譜	抽簪
19762.	6	47b	物譜	按繩	19802.	6	48a	物譜	暖皮匣
19763.	6	47b	物譜	絞	19803.	6	48a	物譜	彗
19764.	6	47b	物譜	繟繩	19804.	6	48a	物譜	芀帚
19765.	6	47b	物譜	緊	19805.	6	48a	物譜	條帚
19766.	6	47b	物譜	繩車	19806.	6	48a	物譜	擔帚
19767.	6	47b	物譜	絰車	19807.	6	48a	物譜	鬠
19768.	6	47b	物譜	紉車	19808.	6	48a	物譜	糞
19769.	6	47b	物譜	旋椎	19809.	6	48a	物譜	埽
19770.	6	47b	物譜	栲栳	19810.	6	48a	物譜	拚
19771.	6	47b	物譜	破落	19811.	6	48a	物譜	汛灑

19812.	6	48a	物譜	箕	19852.	6	48b	物譜	贏
19813.	6	48a	物譜	糞子	19853.	6	48b	物譜	轂
19814.	6	48a	物譜	糞斗	19854.	6	48b	物譜	匜
19815.	6	48a	物譜	畚	19855.	6	48b	物譜	流
19816.	6	48a	物譜	虆	19856.	6	48b	物譜	梁
19817.	6	48a	物譜	裡	19857.	6	48b	物譜	鎐鉾
19818.	6	48a	物譜	簣	19858.	6	48b	物譜	洗臉盆
19819.	6	48a	物譜	暴斗	19859.	6	48b	物譜	蔑
19820.	6	48a	物譜	擡把	19860.	6	48b	物譜	箍筲
19821.	6	48a	物譜	油傘	19861.	6	48b	物譜	雜技
19822.	6	48a	物譜	油苫	19862.	6	48b	物譜	雜戲
19823.	6	48a	物譜	鋼子	19863.	6	48b	物譜	勝
19824.	6	48a	物譜	罎	19864.	6	48b	物譜	贏
19825.	6	48a	物譜	缸	19865.	6	48b	物譜	牟
19826.	6	48a	物譜	瓶	19866.	6	48b	物譜	負
19827.	6	48a	物譜	膽瓶	19867.	6	49a	物譜	輸
19828.	6	48a	物譜	背壺	19868.	6	49a	物譜	敗
19829.	6	48a	物譜	長盆	19869.	6	49a	物譜	市
19830.	6	48a	物譜	篋子	19870.	6	49a	物譜	賭
19831.	6	48a	物譜	盆	19871.	6	49a	物譜	博財
19832.	6	48a	物譜	盎	19872.	6	49a	物譜	進
19833.	6	48a	物譜	缶	19873.	6	49a	物譜	厚進
19834.	6	48a	物譜	瓴	19874.	6	49a	物譜	負進
19835.	6	48a	物譜	甌甄	19875.	6	49a	物譜	註
19836.	6	48b	物譜	康瓠	19876.	6	49a	物譜	孤註
19837.	6	48b	物譜	甼	19877.	6	49a	物譜	別犂
19838.	6	48b	物譜	甄	19878.	6	49a	物譜	撩零
19839.	6	48b	物譜	泑	19879.	6	49a	物譜	棋局
19840.	6	48b	物譜	沬	19880.	6	49a	物譜	枰
19841.	6	48b	物譜	磁器	19881.	6	49a	物譜	棋牀
19842.	6	48b	物譜	無名子	19882.	6	49a	物譜	槊
19843.	6	48b	物譜	天藍	19883.	6	49a	物譜	文楸
19844.	6	48b	物譜	秘色	19884.	6	49a	物譜	罫
19845.	6	48b	物譜	窳	19885.	6	49a	物譜	棋眼
19846.	6	48b	物譜	行	19886.	6	49a	物譜	線
19847.	6	48b	物譜	髺	19887.	6	49a	物譜	路
19848.	6	48b	物譜	墾	19888.	6	49a	物譜	子
19849.	6	48b	物譜	薜	19889.	6	49a	物譜	奕
19850.	6	48b	物譜	戾	19890.	6	49a	物譜	手談
19851.	6	48b	物譜	礜	19891.	6	49a	物譜	坐隱

19892.	6	49a	物譜	國手	19932.	6	49b	物譜	瓊
19893.	6	49a	物譜	劫	19933.	6	49b	物譜	采
19894.	6	49a	物譜	綽	19934.	6	49b	物譜	紅豆
19895.	6	49a	物譜	約	19935.	6	49b	物譜	白
19896.	6	49a	物譜	雙立	19936.	6	49b	物譜	幺
19897.	6	49a	物譜	兩眼	19937.	6	49b	物譜	邀
19898.	6	49a	物譜	還擊	19938.	6	49b	物譜	梟
19899.	6	49a	物譜	循牆	19939.	6	49b	物譜	小小
19900.	6	49a	物譜	致中	19940.	6	49b	物譜	兒
19901.	6	49a	物譜	讓子	19941.	6	49b	物譜	三
19902.	6	49a	物譜	饒子	19942.	6	49b	物譜	紅
19903.	6	49a	物譜	劣	19943.	6	49b	物譜	五
19904.	6	49a	物譜	兩活	19944.	6	49b	物譜	盧
19905.	6	49a	物譜	下鼈棋	19945.	6	49b	物譜	重
19906.	6	49a	物譜	將帥	19946.	6	49b	物譜	投瓊
19907.	6	49a	物譜	士	19947.	6	49b	物譜	出玖
19908.	6	49a	物譜	車	19948.	6	49b	物譜	防門
19909.	6	49a	物譜	包	19949.	6	49b	物譜	頓梁
19910.	6	49a	物譜	馬	19950.	6	49b	物譜	踏坑
19911.	6	49b	物譜	象	19951.	6	50a	物譜	食子
19912.	6	49b	物譜	卒	19952.	6	50a	物譜	下子
19913.	6	49b	物譜	河	19953.	6	50a	物譜	格五
19914.	6	49b	物譜	和	19954.	6	50a	物譜	無梁
19915.	6	49b	物譜	握槊	19955.	6	50a	物譜	計一
19916.	6	49b	物譜	棋槊	19956.	6	50a	物譜	簿
19917.	6	49b	物譜	槃	19957.	6	50a	物譜	箭
19918.	6	49b	物譜	門	19958.	6	50a	物譜	蔽
19919.	6	49b	物譜	內家	19959.	6	50a	物譜	摴蒱
19920.	6	49b	物譜	內榮	19960.	6	50a	物譜	呼盧
19921.	6	49b	物譜	外局	19961.	6	50a	物譜	叱
19922.	6	49b	物譜	外華	19962.	6	50a	物譜	六簿
19923.	6	49b	物譜	梁	19963.	6	50a	物譜	簺
19924.	6	49b	物譜	河界	19964.	6	50a	物譜	分曹
19925.	6	49b	物譜	關	19965.	6	50a	物譜	伴
19926.	6	49b	物譜	坑	19966.	6	50b	物譜	美紙牌
19927.	6	49b	物譜	塹	19967.	6	50b	物譜	骰牌
19928.	6	49b	物譜	馬	19968.	6	50b	物譜	牙牌
19929.	6	49b	物譜	骰子	19969.	6	50b	物譜	扇
19930.	6	49b	物譜	投子	19970.	6	50b	物譜	天牌
19931.	6	49b	物譜	博揽六赤	19971.	6	50b	物譜	地牌

19972.	6	50b	物譜	人牌		20012.	6	51b	物譜	緪
19973.	6	50b	物譜	和牌		20013.	6	51b	物譜	架
19974.	6	50b	物譜	牌官		20014.	6	51b	物譜	風箏
19975.	6	50b	物譜	關獒		20015.	6	51b	物譜	風禽
19976.	6	50b	物譜	栗		20016.	6	51b	物譜	紙鴟
19977.	6	50b	物譜	動城子		20017.	6	51b	物譜	放鷂兒
19978.	6	51a	物譜	耍指兒		20018.	6	51b	物譜	鮘
19979.	6	51a	物譜	意錢		20019.	6	51b	物譜	車輪
19980.	6	51a	物譜	猜拳		20020.	6	51b	物譜	風毛
19981.	6	51a	物譜	攤錢		20021.	6	51b	物譜	環旌
19982.	6	51a	物譜	射韻		20022.	6	51b	物譜	摔挍
19983.	6	51a	物譜	猜謎		20023.	6	51b	物譜	迭挍
19984.	6	51a	物譜	啞謎		20024.	6	51b	物譜	還挍
19985.	6	51a	物譜	詩謎		20025.	6	51b	物譜	廝撲
19986.	6	51a	物譜	射覆		20026.	6	51b	物譜	手搏
19987.	6	51a	物譜	哨壺		20027.	6	52a	物譜	緣竿
19988.	6	51a	物譜	中		20028.	6	52a	物譜	緣橦
19989.	6	51a	物譜	扶		20029.	6	52a	物譜	上竿
19990.	6	51a	物譜	驍箭		20030.	6	52a	物譜	橦
19991.	6	51a	物譜	奇		20031.	6	52a	物譜	險竿
19992.	6	51a	物譜	純		20032.	6	52a	物譜	孝柱
19993.	6	51a	物譜	馬		20033.	6	52a	物譜	盡柱
19994.	6	51a	物譜	司射		20034.	6	52a	物譜	高絙
19995.	6	51a	物譜	庭長		20035.	6	52a	物譜	舞絙
19996.	6	51b	物譜	戲毬		20036.	6	52a	物譜	走索
19997.	6	51b	物譜	氣毬		20037.	6	52a	物譜	跳擺索
19998.	6	51b	物譜	蹋踘		20038.	6	52a	物譜	假面
19999.	6	51b	物譜	鞭子		20039.	6	52a	物譜	俅
20000.	6	51b	物譜	白打		20040.	6	52a	物譜	提俅
20001.	6	51b	物譜	行頭		20041.	6	52a	物譜	鬼傀
20002.	6	51b	物譜	蹇戎		20042.	6	52a	物譜	面魁
20003.	6	51b	物譜	圓社		20043.	6	52a	物譜	打蹬腳
20004.	6	51b	物譜	踢毬		20044.	6	52a	物譜	跳擺索
20005.	6	51b	物譜	圓情		20045.	6	52a	物譜	都盧
20006.	6	51b	物譜	毬杖		20046.	6	52a	物譜	山棚
20007.	6	51b	物譜	毬場		20047.	6	52a	物譜	鰲山
20008.	6	51b	物譜	毬門		20048.	6	52a	物譜	鰲棚
20009.	6	51b	物譜	秋千		20049.	6	52a	物譜	綵棚
20010.	6	51b	物譜	半仙戲		20050.	6	52a	物譜	打瓦
20011.	6	51b	物譜	罥索		20051.	6	52a	物譜	撇石

20052.	6	52b	物譜	竹馬	20092.	7	1b	物譜	琵琶
20053.	6	52b	物譜	篠驂	20093.	7	1b	物譜	蘇
20054.	6	52b	物譜	留客珠	20094.	7	1b	物譜	瓩瓩
20055.	6	52b	物譜	拈鬮	20095.	7	1b	物譜	翹
20056.	6	52b	物譜	囊家	20096.	7	1b	物譜	尾把
20057.	6	52b	物譜	錄事	20097.	7	1b	物譜	噣
20058.	7	1a	物譜	禽	20098.	7	1b	物譜	喙
20059.	7	1a	物譜	鳥	20099.	7	1b	物譜	嘴黃
20060.	7	1a	物譜	飛肉	20100.	7	1b	物譜	嗉㕧
20061.	7	1a	物譜	雌	20101.	7	1b	物譜	肶胵
20062.	7	1a	物譜	彀	20102.	7	1b	物譜	肫
20063.	7	1a	物譜	公的	20103.	7	1b	物譜	雋
20064.	7	1a	物譜	母的	20104.	7	1b	物譜	翠
20065.	7	1a	物譜	翰	20105.	7	1b	物譜	尾罌
20066.	7	1a	物譜	翅	20106.	7	1b	物譜	脂鉼
20067.	7	1a	物譜	翮	20107.	7	1b	物譜	跕
20068.	7	1a	物譜	翄	20108.	7	1b	物譜	彀
20069.	7	1a	物譜	翀	20109.	7	1b	物譜	鷇
20070.	7	1a	物譜	翎	20110.	7	1b	物譜	伏卵
20071.	7	1a	物譜	翩	20111.	7	1b	物譜	孚卵
20072.	7	1a	物譜	翅膀	20112.	7	1b	物譜	菢
20073.	7	1a	物譜	翥	20113.	7	1b	物譜	殰
20074.	7	1a	物譜	築	20114.	7	1b	物譜	毈
20075.	7	1a	物譜	刷羽	20115.	7	1b	物譜	蛋
20076.	7	1a	物譜	梳羽	20116.	7	1b	物譜	嘎蛋
20077.	7	1a	物譜	嘂嘂	20117.	7	1b	物譜	下蛋
20078.	7	1a	物譜	臛	20118.	7	1b	物譜	跐榮
20079.	7	1a	物譜	翛翛	20119.	7	1b	物譜	媒
20080.	7	1a	物譜	譙譙	20120.	7	1b	物譜	躍了
20081.	7	1a	物譜	剪	20121.	7	1b	物譜	壽
20082.	7	1a	物譜	鍛	20122.	7	1b	物譜	鴛
20083.	7	1a	物譜	肅肅	20123.	7	1b	物譜	翔
20084.	7	1a	物譜	審	20124.	7	1b	物譜	翰
20085.	7	1a	物譜	搏	20125.	7	1b	物譜	獝
20086.	7	1a	物譜	縛	20126.	7	1b	物譜	夋
20087.	7	1a	物譜	毳	20127.	7	1b	物譜	臭
20088.	7	1a	物譜	絨毛	20128.	7	1b	物譜	犼
20089.	7	1a	物譜	翁	20129.	7	2a	物譜	企
20090.	7	1a	物譜	毬	20130.	7	2a	物譜	縮
20091.	7	1b	物譜	氄毛	20131.	7	2a	物譜	翬

20132.	7	2a	物譜	翔	20172.	7	2b	物譜	置
20133.	7	2a	物譜	翇	20173.	7	2b	物譜	羅
20134.	7	2a	物譜	鳥	20174.	7	2b	物譜	罦
20135.	7	2a	物譜	几	20175.	7	2b	物譜	罬
20136.	7	2a	物譜	鸝鵙	20176.	7	2b	物譜	咳網
20137.	7	2a	物譜	提提	20177.	7	2b	物譜	翼
20138.	7	2a	物譜	弁	20178.	7	2b	物譜	絹
20139.	7	2a	物譜	盼盼	20179.	7	2b	物譜	鳥套子
20140.	7	2a	物譜	翩翩	20180.	7	2b	物譜	活扣子
20141.	7	2a	物譜	交交	20181.	7	2b	物譜	挾子
20142.	7	2a	物譜	振振	20182.	7	2b	物譜	挾子嘴
20143.	7	2a	物譜	潒潒	20183.	7	2b	物譜	挾子口
20144.	7	2a	物譜	翽翽	20184.	7	2b	物譜	鳥籠
20145.	7	2a	物譜	趺趺	20185.	7	2b	物譜	鳥檻
20146.	7	2a	物譜	沙篆	20186.	7	2b	物譜	筮
20147.	7	2a	物譜	巢	20187.	7	2b	物譜	囮
20148.	7	2a	物譜	窠	20188.	7	2b	物譜	鳥媒
20149.	7	2a	物譜	宿	20189.	7	2b	物譜	庵
20150.	7	2a	物譜	止	20190.	7	2b	物譜	金爵
20151.	7	2a	物譜	集	20191.	7	2b	物譜	瑞鷗
20152.	7	2a	物譜	啼	20192.	7	2b	物譜	廣昌
20153.	7	2a	物譜	哢	20193.	7	2b	物譜	鳴鳥
20154.	7	2a	物譜	杲	20194.	7	2b	物譜	琵琶
20155.	7	2a	物譜	咬咬	20195.	7	2b	物譜	六六
20156.	7	2a	物譜	嚶嚶	20196.	7	2b	物譜	喈喈
20157.	7	2a	物譜	喧喧	20197.	7	2b	物譜	啾啾
20158.	7	2a	物譜	恰恰	20198.	7	2b	物譜	歸嬉
20159.	7	2a	物譜	關關	20199.	7	2b	物譜	提扶
20160.	7	2a	物譜	啅	20200.	7	2b	物譜	郎都
20161.	7	2a	物譜	啁噍	20201.	7	2b	物譜	善哉
20162.	7	2a	物譜	曉曉	20202.	7	2b	物譜	賀世
20163.	7	2a	物譜	沙	20203.	7	2b	物譜	鷯雛
20164.	7	2a	物譜	喈喋	20204.	7	2b	物譜	嚲嚲
20165.	7	2a	物譜	鵙	20205.	7	2b	物譜	仙禽
20166.	7	2a	物譜	嗖	20206.	7	2b	物譜	露禽
20167.	7	2a	物譜	佛	20207.	7	2b	物譜	胎禽
20168.	7	2a	物譜	降	20208.	7	2b	物譜	介鳥
20169.	7	2b	物譜	弋	20209.	7	2b	物譜	陰羽
20170.	7	2b	物譜	矰繳	20210.	7	3a	物譜	踵企
20171.	7	2b	物譜	罻	20211.	7	3a	物譜	嘹唳

20212.	7	3a	物譜	淋滲	20252.	7	3b	物譜	舒鳧
20213.	7	3a	物譜	皁君	20253.	7	3b	物譜	家鳧
20214.	7	3a	物譜	負釜	20254.	7	3b	物譜	鸀鳴
20215.	7	3a	物譜	黑尻	20255.	7	3b	物譜	鶩
20216.	7	3a	物譜	鵂鶹	20256.	7	3b	物譜	匹
20217.	7	3a	物譜	麇鶹	20257.	7	3b	物譜	瓢
20218.	7	3a	物譜	麥鷄	20258.	7	3b	物譜	鴄
20219.	7	3a	物譜	鵇鹿	20259.	7	3b	物譜	鴨通
20220.	7	3a	物譜	鵇將	20260.	7	3b	物譜	野鴨
20221.	7	3a	物譜	錯落	20261.	7	3b	物譜	野鶩
20222.	7	3a	物譜	商羊	20262.	7	3b	物譜	沈鳧
20223.	7	3a	物譜	鷺鷥	20263.	7	3b	物譜	寇
20224.	7	3a	物譜	絲禽	20264.	7	3b	物譜	溪鴨
20225.	7	3a	物譜	雪客	20265.	7	3b	物譜	紫？鶩
20226.	7	3a	物譜	春鉏	20266.	7	3b	物譜	家雁
20227.	7	3a	物譜	白鳥	20267.	7	3b	物譜	舒雁
20228.	7	3a	物譜	雪衣兒	20268.	7	3b	物譜	鳴
20229.	7	3a	物譜	風標公子	20269.	7	3b	物譜	右軍
20230.	7	3a	物譜	碧繼翁	20270.	7	3b	物譜	鯢鯢
20231.	7	3a	物譜	白鶴子	20271.	7	3b	物譜	逆月
20232.	7	3a	物譜	朱鷺	20272.	7	4a	物譜	獨豹
20233.	7	3b	物譜	天鷖	20273.	7	4a	物譜	鴻豹
20234.	7	3b	物譜	野鵝	20274.	7	4a	物譜	犁鶘
20235.	7	3b	物譜	兀地孥	20275.	7	4a	物譜	洿澤
20236.	7	3b	物譜	鴻	20276.	7	4a	物譜	淘河
20237.	7	3b	物譜	陽鳥	20277.	7	4a	物譜	淘鵝
20238.	7	3b	物譜	翁雞	20278.	7	4a	物譜	鵜鶘
20239.	7	3b	物譜	沙鶊	20279.	7	4a	物譜	扶老
20240.	7	3b	物譜	鳴鵝	20280.	7	4a	物譜	鶿鷬
20241.	7	3b	物譜	鵝鶄	20281.	7	4a	物譜	水扎鳥
20242.	7	3b	物譜	朱鳥	20282.	7	4a	物譜	鷊鳰
20243.	7	3b	物譜	霜信	20283.	7	4a	物譜	刁鴨
20244.	7	3b	物譜	鷹鷹	20284.	7	4a	物譜	油鴨
20245.	7	3b	物譜	僧婆	20285.	7	4a	物譜	鶻鶄
20246.	7	3b	物譜	天厭	20286.	7	4a	物譜	鶻鷉
20247.	7	3b	物譜	駅跊	20287.	7	4a	物譜	水扎子
20248.	7	3b	物譜	蹼	20288.	7	4a	物譜	鷿鷈
20249.	7	3b	物譜	雛雛	20289.	7	4a	物譜	黃鴨
20250.	7	3b	物譜	唵唊	20290.	7	4a	物譜	匹鳥
20251.	7	3b	物譜	拍拍	20291.	7	4a	物譜	婆羅迦

20292.	7	4a	物譜	隣提	20332.	7	5a	物譜	鑽籬菜
20293.	7	4a	物譜	交瓛	20333.	7	5a	物譜	㙅
20294.	7	4a	物譜	茭鷄	20334.	7	5a	物譜	奮
20295.	7	4a	物譜	鴉	20335.	7	5a	物譜	鵰
20296.	7	4b	物譜	水鴉	20336.	7	5a	物譜	蜀
20297.	7	4b	物譜	信鳧	20337.	7	5a	物譜	僆
20298.	7	4b	物譜	鷖	20338.	7	5a	物譜	母雞
20299.	7	4b	物譜	鵖	20339.	7	5a	物譜	雛
20300.	7	4b	物譜	水老鴉	20340.	7	5a	物譜	芛雞
20301.	7	4b	物譜	蜀水花	20341.	7	5a	物譜	雓
20302.	7	4b	物譜	魚鷹	20342.	7	5a	物譜	豁豁
20303.	7	4b	物譜	王睢	20343.	7	5b	物譜	蓬頭雞
20304.	7	4b	物譜	雕鶏	20344.	7	5b	物譜	鬍雞
20305.	7	4b	物譜	白鷹	20345.	7	5b	物譜	花雞
20306.	7	4b	物譜	下窟鳥	20346.	7	5b	物譜	雞冠
20307.	7	4b	物譜	沸波	20347.	7	5b	物譜	赤幘
20308.	7	4b	物譜	鶚	20348.	7	5b	物譜	雞距
20309.	7	4b	物譜	鴻天狗	20349.	7	5b	物譜	雞抓子
20310.	7	4b	物譜	水狗	20350.	7	5b	物譜	鐵
20311.	7	4b	物譜	魚虎	20351.	7	5b	物譜	雞內金
20312.	7	4b	物譜	魚師	20352.	7	5b	物譜	雞子
20313.	7	4b	物譜	翠碧鳥	20353.	7	5b	物譜	白團
20314.	7	4b	物譜	鷸	20354.	7	5b	物譜	卵黃
20315.	7	5a	物譜	翡翠	20355.	7	5b	物譜	雞子清
20316.	7	5a	物譜	青翰	20356.	7	5b	物譜	鳳凰蛻
20317.	7	5a	物譜	青莊	20357.	7	5b	物譜	混沌池
20318.	7	5a	物譜	鸕鶿	20358.	7	5b	物譜	寡鳴
20319.	7	5a	物譜	鷸渠	20359.	7	5b	物譜	望鳴
20320.	7	5a	物譜	章雞	20360.	7	5b	物譜	翰音
20321.	7	5a	物譜	水雞	20361.	7	5b	物譜	喎喎
20322.	7	5a	物譜	連錢	20362.	7	5b	物譜	喔喔
20323.	7	5a	物譜	錢母	20363.	7	5b	物譜	角角
20324.	7	5a	物譜	雪姑兒	20364.	7	5b	物譜	喈喈
20325.	7	5a	物譜	吐蚊鳥	20365.	7	5b	物譜	膠膠
20326.	7	5a	物譜	鶊	20366.	7	5b	物譜	呷呷
20327.	7	5a	物譜	燭夜	20367.	7	5b	物譜	喁唭
20328.	7	5a	物譜	鸛鴉	20368.	7	5b	物譜	膈膊
20329.	7	5a	物譜	秋侯子	20369.	7	5b	物譜	荒雞
20330.	7	5a	物譜	戴冠郎	20370.	7	5b	物譜	盜啼
20331.	7	5a	物譜	鳩七咤	20371.	7	5b	物譜	舠舠

20372.	7	5b	物譜	朱朱
20373.	7	5b	物譜	啲啲
20374.	7	5b	物譜	塒
20375.	7	5b	物譜	桀
20376.	7	5b	物譜	雞巢
20377.	7	5b	物譜	雞罩
20378.	7	5b	物譜	華蟲
20379.	7	5b	物譜	介鳥
20380.	7	5b	物譜	疏趾
20381.	7	5b	物譜	野雞
20382.	7	5b	物譜	迦頻闍羅
20383.	7	5b	物譜	翬
20384.	7	5b	物譜	鷂
20385.	7	5b	物譜	夏翟
20386.	7	5b	物譜	鶉
20387.	7	5b	物譜	海雉
20388.	7	5b	物譜	雗
20389.	7	6a	物譜	鸐
20390.	7	6a	物譜	鶮
20391.	7	6a	物譜	山雞
20392.	7	6a	物譜	山雉
20393.	7	6a	物譜	鷩
20394.	7	6a	物譜	錦雞
20395.	7	6a	物譜	金雞
20396.	7	6a	物譜	采雞
20397.	7	6a	物譜	鵕鸃
20398.	7	6a	物譜	鳶
20399.	7	6a	物譜	鷗
20400.	7	6a	物譜	鷷
20401.	7	6a	物譜	鵗
20402.	7	6a	物譜	鳪雉
20403.	7	6a	物譜	鵕鵰鳥
20404.	7	6a	物譜	鷚
20405.	7	6a	物譜	鴝
20406.	7	6a	物譜	鷹
20407.	7	6a	物譜	咯咯
20408.	7	6a	物譜	啄啄
20409.	7	6a	物譜	嘒嘒
20410.	7	6a	物譜	粥粥
20411.	7	6a	物譜	呴
20412.	7	6a	物譜	寇雉泆泆
20413.	7	6a	物譜	泄泄
20414.	7	6a	物譜	籭
20415.	7	6a	物譜	射苑
20416.	7	6a	物譜	青帳
20417.	7	6a	物譜	誘子
20418.	7	6a	物譜	避株
20419.	7	6a	物譜	錦囊
20420.	7	6a	物譜	吐錦雞
20421.	7	6a	物譜	真珠雞
20422.	7	6a	物譜	錦帶功曹
20423.	7	6a	物譜	鷊
20424.	7	6a	物譜	毅鳥
20425.	7	6a	物譜	白鶾
20426.	7	6a	物譜	間客
20427.	7	6a	物譜	鷓雉
20428.	7	6b	物譜	越雉
20429.	7	6b	物譜	寒皋
20430.	7	6b	物譜	逐影
20431.	7	6b	物譜	懷南
20432.	7	6b	物譜	八哥
20433.	7	6b	物譜	八八兒
20434.	7	6b	物譜	向日飛
20435.	7	6b	物譜	但南不北
20436.	7	6b	物譜	鉤輈格磔
20437.	7	6b	物譜	行不得也哥哥
20438.	7	6b	物譜	杜薄州
20439.	7	6b	物譜	山菌子
20440.	7	6b	物譜	鷄頭鶻
20441.	7	6b	物譜	泥滑滑
20442.	7	6b	物譜	鷯
20443.	7	6b	物譜	鶻
20444.	7	6b	物譜	痺
20445.	7	6b	物譜	鴑
20446.	7	6b	物譜	鸠
20447.	7	6b	物譜	羅鶉
20448.	7	6b	物譜	早秋
20449.	7	6b	物譜	白唐
20450.	7	6b	物譜	鴐
20451.	7	6b	物譜	鷸

20452.	7	6b	物譜	鵽		20492.	7	7a	物譜	雀蘇
20453.	7	6b	物譜	鳿		20493.	7	7b	物譜	白丁香
20454.	7	6b	物譜	天鵝		20494.	7	7b	物譜	青丹
20455.	7	6b	物譜	鴇母		20495.	7	7b	物譜	鶄鶄
20456.	7	7a	物譜	雞母		20496.	7	7b	物譜	鴬鵎
20457.	7	7a	物譜	鶉		20497.	7	7b	物譜	鶄其
20458.	7	7a	物譜	天鵂		20498.	7	7b	物譜	桃蟲
20459.	7	7a	物譜	造化鳥		20499.	7	7b	物譜	蒙鳩
20460.	7	7a	物譜	銅嘴		20500.	7	7b	物譜	女匹
20461.	7	7a	物譜	蠟嘴		20501.	7	7b	物譜	黃短雀
20462.	7	7a	物譜	鵓鴿		20502.	7	7b	物譜	巧雀
20463.	7	7a	物譜	飛奴		20503.	7	7b	物譜	襪雀
20464.	7	7a	物譜	銀合		20504.	7	7b	物譜	巧女
20465.	7	7a	物譜	海監		20505.	7	7b	物譜	桃雀
20466.	7	7a	物譜	倒插點子		20506.	7	7b	物譜	蒿雀
20467.	7	7a	物譜	毛腳		20507.	7	7b	物譜	茶鳥
20468.	7	7a	物譜	鳳髻		20508.	7	7b	物譜	蘆虎
20469.	7	7a	物譜	黑夜遊		20509.	7	7b	物譜	鴬鶄
20470.	7	7a	物譜	半天嬌		20510.	7	7b	物譜	乙鳥
20471.	7	7a	物譜	插羽佳人		20511.	7	7b	物譜	玄鳥
20472.	7	7a	物譜	迦布德迦		20512.	7	7b	物譜	鷙鳥
20473.	7	7a	物譜	鶄鶻		20513.	7	7b	物譜	鷞鴠
20474.	7	7a	物譜	步姑		20514.	7	7b	物譜	游波
20475.	7	7a	物譜	鳲鳩		20515.	7	7b	物譜	天女
20476.	7	7a	物譜	左盤龍		20516.	7	7b	物譜	越燕
20477.	7	7a	物譜	無屋住		20517.	7	7b	物譜	拙燕
20478.	7	7a	物譜	斑鵵		20518.	7	7b	物譜	喃喃
20479.	7	7a	物譜	錦鳩		20519.	7	7b	物譜	呢喃
20480.	7	7a	物譜	祝鳩		20520.	7	7b	物譜	涎涎
20481.	7	7a	物譜	佳		20521.	7	7b	物譜	蛇燕
20482.	7	7a	物譜	鵖鳩		20522.	7	7b	物譜	巧燕
20483.	7	7a	物譜	鳩鵖		20523.	7	8a	物譜	寒號蟲
20484.	7	7a	物譜	佳其		20524.	7	8a	物譜	獨春
20485.	7	7a	物譜	青鶻		20525.	7	8a	物譜	盍朝
20486.	7	7a	物譜	黃褐侯		20526.	7	8a	物譜	城朝
20487.	7	7a	物譜	瓦雀		20527.	7	8a	物譜	倒縣
20488.	7	7a	物譜	賓雀		20528.	7	8a	物譜	五靈脂
20489.	7	7a	物譜	嘉賓		20529.	7	8a	物譜	布穀
20490.	7	7a	物譜	麻雀		20530.	7	8a	物譜	鵠鶄
20491.	7	7a	物譜	黃雀		20531.	7	8a	物譜	獲穀

20532.	7	8a	物譜	郭公	20572.	7	8b	物譜	烏鵰
20533.	7	8a	物譜	撥穀	20573.	7	8b	物譜	伯勞
20534.	7	8a	物譜	阿公	20574.	7	8b	物譜	伯趙
20535.	7	8a	物譜	阿婆	20575.	7	8b	物譜	伯鷯
20536.	7	8a	物譜	割麥	20576.	7	8b	物譜	鵙鴂
20537.	7	8a	物譜	插禾	20577.	7	8b	物譜	姑惡
20538.	7	8a	物譜	脫卻	20578.	7	8b	物譜	鵙苦
20539.	7	8a	物譜	破袴	20579.	7	8b	物譜	吻鳥
20540.	7	8a	物譜	買鎚	20580.	7	8b	物譜	鴨鵖
20541.	7	8a	物譜	家家撒穀	20581.	7	8b	物譜	博勞
20542.	7	8a	物譜	家家脫袴	20582.	7	8b	物譜	鴝鵒
20543.	7	8a	物譜	家家彌磨	20583.	7	8b	物譜	咧咧鳥
20544.	7	8a	物譜	可鵠	20584.	7	8b	物譜	寒皋
20545.	7	8a	物譜	竊脂	20585.	7	8b	物譜	步鵁
20546.	7	8a	物譜	青雀	20586.	7	8b	物譜	八哥
20547.	7	8a	物譜	蠟嘴雀	20587.	7	8b	物譜	反舌
20548.	7	8a	物譜	鳲鵁	20588.	7	8b	物譜	鶷鶡
20549.	7	8a	物譜	竊玄	20589.	7	8b	物譜	舍羅
20550.	7	8a	物譜	竊藍	20590.	7	9a	物譜	黃鳥
20551.	7	8a	物譜	竊黃	20591.	7	9a	物譜	黃鸝
20552.	7	8a	物譜	竊脂	20592.	7	9a	物譜	黧黃
20553.	7	8a	物譜	竊丹	20593.	7	9a	物譜	倉庚
20554.	7	8a	物譜	喈喈	20594.	7	9a	物譜	黃鳥
20555.	7	8a	物譜	嘖嘖	20595.	7	9a	物譜	黃伯勞
20556.	7	8a	物譜	晏晏	20596.	7	9a	物譜	搏黍
20557.	7	8b	物譜	鶌鳩	20597.	7	9a	物譜	楚雀
20558.	7	8b	物譜	戴鵀	20598.	7	9a	物譜	金衣公子
20559.	7	8b	物譜	鴨鳻	20599.	7	9a	物譜	黃袍
20560.	7	8b	物譜	烏臼	20600.	7	9a	物譜	離黃
20561.	7	8b	物譜	鴉臼	20601.	7	9a	物譜	鶹鶹
20562.	7	8b	物譜	駕犂	20602.	7	9a	物譜	嚩
20563.	7	8b	物譜	鶐鳩	20603.	7	9a	物譜	嚶嚶
20564.	7	8b	物譜	榨油郎	20604.	7	9a	物譜	睍睆
20565.	7	8b	物譜	喚起	20605.	7	9a	物譜	熠熠
20566.	7	8b	物譜	春喚	20606.	7	9a	物譜	綿蠻
20567.	7	8b	物譜	夏雞	20607.	7	9a	物譜	帶鳥
20568.	7	8b	物譜	鳳凰皂隸	20608.	7	9a	物譜	扡白練
20569.	7	8b	物譜	烏白鳥	20609.	7	9a	物譜	弥木
20570.	7	8b	物譜	鶐鳩	20610.	7	9a	物譜	鴬
20571.	7	8b	物譜	鶺鵋	20611.	7	9a	物譜	山弥木

20612.	7	9a	物譜	火老鴉	20652.	7	9b	物譜	周周
20613.	7	9a	物譜	慈鴉	20653.	7	10a	物譜	鸚哥
20614.	7	9a	物譜	孝鳥	20654.	7	10a	物譜	乾皋
20615.	7	9a	物譜	老鴉	20655.	7	10a	物譜	隴客
20616.	7	9a	物譜	鶿	20656.	7	10a	物譜	臊陀
20617.	7	9a	物譜	啞啞	20657.	7	10a	物譜	白鸚鵡
20618.	7	9a	物譜	角角	20658.	7	10a	物譜	雪衣女
20619.	7	9a	物譜	鷽	20659.	7	10a	物譜	了哥
20620.	7	9a	物譜	鴉烏	20660.	7	10a	物譜	結遼鳥
20621.	7	9a	物譜	寒鴉	20661.	7	10a	物譜	情急了
20622.	7	9a	物譜	鶻鵃	20662.	7	10a	物譜	青雞
20623.	7	9a	物譜	楚烏	20663.	7	10a	物譜	料哥
20624.	7	9b	物譜	飛駁鳥	20664.	7	10a	物譜	越鳥
20625.	7	9b	物譜	喜鵲	20665.	7	10a	物譜	南客
20626.	7	9b	物譜	乾鵲	20666.	7	10a	物譜	火離
20627.	7	9b	物譜	神女	20667.	7	10a	物譜	摩由邏
20628.	7	9b	物譜	芻尾	20668.	7	10a	物譜	都護
20629.	7	9b	物譜	喈喈	20669.	7	10a	物譜	珠毛
20630.	7	9b	物譜	楂楂	20670.	7	10a	物譜	爽鳩
20631.	7	9b	物譜	璨璨	20671.	7	10a	物譜	鷙鳥
20632.	7	9b	物譜	跌跌	20672.	7	10a	物譜	決雲兒
20633.	7	9b	物譜	鶯鷦	20673.	7	10a	物譜	凌霄君
20634.	7	9b	物譜	山鵲	20674.	7	10a	物譜	杓窊
20635.	7	9b	物譜	赤觜烏	20675.	7	10a	物譜	嘶那夜
20636.	7	9b	物譜	鸍鳩	20676.	7	10a	物譜	角鷹
20637.	7	9b	物譜	鶻鳩	20677.	7	10b	物譜	秋鷹
20638.	7	9b	物譜	鶻鳩	20678.	7	10b	物譜	窩雛鷹
20639.	7	9b	物譜	鶯鳩	20679.	7	10b	物譜	籠鷹
20640.	7	9b	物譜	阿鵊	20680.	7	10b	物譜	海東青
20641.	7	9b	物譜	鸘鷞	20681.	7	10b	物譜	鷞
20642.	7	9b	物譜	杜宇	20682.	7	10b	物譜	蹲鷹
20643.	7	9b	物譜	子巂	20683.	7	10b	物譜	叫頭
20644.	7	9b	物譜	子規	20684.	7	10b	物譜	韝
20645.	7	9b	物譜	姊歸	20685.	7	10b	物譜	五指兒
20646.	7	9b	物譜	催歸	20686.	7	10b	物譜	鷹條
20647.	7	9b	物譜	怨鳥	20687.	7	10b	物譜	鷹鐺
20648.	7	9b	物譜	周燕	20688.	7	10b	物譜	鷹錕
20649.	7	9b	物譜	陽雀	20689.	7	10b	物譜	鷹墊板
20650.	7	9b	物譜	蜀魂	20690.	7	10b	物譜	標兒
20651.	7	9b	物譜	望帝	20691.	7	10b	物譜	飄翎

20692.	7	10b	物譜	梴	20732.	7	11a	物譜	快扛鳥
20693.	7	10b	物譜	縩	20733.	7	11a	物譜	春哥兒
20694.	7	10b	物譜	撒皮	20734.	7	11a	物譜	鳶
20695.	7	10b	物譜	五皮	20735.	7	11a	物譜	鵂鶹
20696.	7	10b	物譜	鷟	20736.	7	11a	物譜	鴟鵂
20697.	7	10b	物譜	鷇	20737.	7	11a	物譜	鴝鵒
20698.	7	10b	物譜	耆屠崛	20738.	7	11b	物譜	梟鴟
20699.	7	10b	物譜	揭羅閣	20739.	7	11b	物譜	土梟
20700.	7	10b	物譜	負雀	20740.	7	11b	物譜	山鴞
20701.	7	10b	物譜	阿黎耶	20741.	7	11b	物譜	雞鴞
20702.	7	10b	物譜	撩風	20742.	7	11b	物譜	訓狐
20703.	7	10b	物譜	掠草	20743.	7	11b	物譜	幸胡
20704.	7	10b	物譜	雀鷹	20744.	7	11b	物譜	鵬
20705.	7	10b	物譜	題肩	20745.	7	11b	物譜	流離
20706.	7	10b	物譜	擊征	20746.	7	11b	物譜	麵魄
20707.	7	10b	物譜	鴡	20747.	7	11b	物譜	夜貓
20708.	7	10b	物譜	松鳥兒	20748.	7	11b	物譜	禿角
20709.	7	10b	物譜	弄闘兒	20749.	7	11b	物譜	夜遊女
20710.	7	10b	物譜	籠奪	20750.	7	11b	物譜	同力鳥
20711.	7	10b	物譜	黃鸝子	20751.	7	11b	物譜	鴟日
20712.	7	11a	物譜	鵑母鳥	20752.	7	11b	物譜	陰諧
20713.	7	11a	物譜	燕鶻	20753.	7	11b	物譜	鵬鵰
20714.	7	11a	物譜	鴂	20754.	7	11b	物譜	阿濫堆
20715.	7	11a	物譜	茅鴟	20755.	7	11b	物譜	周周
20716.	7	11a	物譜	狂	20756.	7	12a	物譜	獸
20717.	7	11a	物譜	鳶	20757.	7	12a	物譜	覉
20718.	7	11a	物譜	胚鵂	20758.	7	12a	物譜	底栗多
20719.	7	11a	物譜	癡鳥	20759.	7	12a	物譜	底粟車
20720.	7	11a	物譜	鵙老	20760.	7	12a	物譜	怎生
20721.	7	11a	物譜	鴿鶏	20761.	7	12a	物譜	牝
20722.	7	11a	物譜	角鴟	20762.	7	12a	物譜	特
20723.	7	11a	物譜	怪鴟	20763.	7	12a	物譜	畜產
20724.	7	11a	物譜	百鬼車	20764.	7	12a	物譜	狗
20725.	7	11a	物譜	老兔	20765.	7	12a	物譜	鷹
20726.	7	11a	物譜	鉤鴝	20766.	7	12a	物譜	胡
20727.	7	11a	物譜	鵙?	20767.	7	12a	物譜	胰
20728.	7	11a	物譜	轂轆鷹	20768.	7	12a	物譜	洞腸
20729.	7	11a	物譜	呼哼鷹	20769.	7	12a	物譜	石子
20730.	7	11a	物譜	夜食鷹	20770.	7	12a	物譜	豚
20731.	7	11a	物譜	車載板	20771.	7	12a	物譜	脂

20772.	7	12a	物譜	膏		20812.	7	12b	物譜	狩
20773.	7	12a	物譜	肪		20813.	7	12b	物譜	獠
20774.	7	12a	物譜	脊		20814.	7	12b	物譜	打圍
20775.	7	12a	物譜	网脂		20815.	7	12b	物譜	貙膢
20776.	7	12a	物譜	商		20816.	7	12b	物譜	貙劉
20777.	7	12a	物譜	蹢		20817.	7	12b	物譜	㲋
20778.	7	12a	物譜	蹯		20818.	7	12b	物譜	檻穽
20779.	7	12a	物譜	肉		20819.	7	12b	物譜	攫
20780.	7	12a	物譜	毳		20820.	7	12b	物譜	柙
20781.	7	12a	物譜	風毛		20821.	7	12b	物譜	彌
20782.	7	12a	物譜	毪毪		20822.	7	12b	物譜	紘
20783.	7	12a	物譜	骼		20823.	7	12b	物譜	罕車
20784.	7	12a	物譜	㬥		20824.	7	12b	物譜	左盂
20785.	7	12a	物譜	脢		20825.	7	12b	物譜	右盂
20786.	7	12a	物譜	顒		20826.	7	12b	物譜	弊
20787.	7	12a	物譜	寓屬		20827.	7	12b	物譜	圍
20788.	7	12a	物譜	求子		20828.	7	12b	物譜	簸
20789.	7	12a	物譜	孷		20829.	7	12b	物譜	阹
20790.	7	12a	物譜	慭		20830.	7	12b	物譜	柴
20791.	7	12a	物譜	字牝		20831.	7	13a	物譜	股股
20792.	7	12a	物譜	媱		20832.	7	13a	物譜	廬
20793.	7	12a	物譜	跑		20833.	7	13a	物譜	酋耳
20794.	7	12a	物譜	寢		20834.	7	13a	物譜	鼮者
20795.	7	12a	物譜	髦		20835.	7	13a	物譜	阿溼婆
20796.	7	12a	物譜	哇		20836.	7	13a	物譜	聾蟲
20797.	7	12a	物譜	咬		20837.	7	13a	物譜	騙
20798.	7	12a	物譜	噬		20838.	7	13a	物譜	駁
20799.	7	12b	物譜	狂		20839.	7	13a	物譜	駒駼
20800.	7	12b	物譜	儦儦		20840.	7	13a	物譜	騉騟
20801.	7	12b	物譜	俟俟		20841.	7	13a	物譜	兒
20802.	7	12b	物譜	蹌蹌		20842.	7	13a	物譜	騛
20803.	7	12b	物譜	牄牄		20843.	7	13a	物譜	騍
20804.	7	12b	物譜	去勢		20844.	7	13a	物譜	草
20805.	7	12b	物譜	漬		20845.	7	13a	物譜	騲
20806.	7	12b	物譜	衡鹿		20846.	7	13a	物譜	駒
20807.	7	12b	物譜	獸臣		20847.	7	13a	物譜	騑
20808.	7	12b	物譜	田		20848.	7	13a	物譜	駓
20809.	7	12b	物譜	蒐		20849.	7	13a	物譜	馱
20810.	7	12b	物譜	苗		20850.	7	13a	物譜	騏驥
20811.	7	12b	物譜	獮		20851.	7	13a	物譜	飛黃

20852.	7	13a	物譜	雄光		20892.	7	13b	物譜	騆
20853.	7	13a	物譜	蒲梢		20893.	7	13b	物譜	泥驄
20854.	7	13a	物譜	叱撥		20894.	7	13b	物譜	雛
20855.	7	13a	物譜	纖離		20895.	7	13b	物譜	灰馬
20856.	7	13a	物譜	綠耳		20896.	7	13b	物譜	騕
20857.	7	13a	物譜	逸景孫		20897.	7	13b	物譜	驄
20858.	7	13a	物譜	盜驪小領		20898.	7	13b	物譜	茬鐵馬
20859.	7	13a	物譜	果下馬		20899.	7	13b	物譜	駱
20860.	7	13a	物譜	裏驂		20900.	7	13b	物譜	駓
20861.	7	13a	物譜	玄駒		20901.	7	13b	物譜	驐
20862.	7	13a	物譜	駒		20902.	7	13b	物譜	銀褐馬
20863.	7	13a	物譜	騋		20903.	7	13b	物譜	駮
20864.	7	13a	物譜	駥		20904.	7	13b	物譜	皇
20865.	7	13b	物譜	欸叚		20905.	7	13b	物譜	駈
20866.	7	13b	物譜	蟾蜍		20906.	7	13b	物譜	騙
20867.	7	13b	物譜	騮		20907.	7	13b	物譜	白顛
20868.	7	13b	物譜	棗騮		20908.	7	13b	物譜	戴星馬
20869.	7	13b	物譜	紫騮		20909.	7	13b	物譜	的顙馬
20870.	7	13b	物譜	驊騮		20910.	7	13b	物譜	駒
20871.	7	13b	物譜	驪		20911.	7	13b	物譜	騂
20872.	7	13b	物譜	栗色馬		20912.	7	13b	物譜	騾
20873.	7	13b	物譜	紅紗馬		20913.	7	14a	物譜	粉嘴馬
20874.	7	13b	物譜	駁		20914.	7	14a	物譜	駣
20875.	7	13b	物譜	驅		20915.	7	14a	物譜	白達素騾
20876.	7	13b	物譜	驃		20916.	7	14a	物譜	線臉馬
20877.	7	13b	物譜	駓		20917.	7	14a	物譜	騂
20878.	7	13b	物譜	雒		20918.	7	14a	物譜	銀蹄馬
20879.	7	13b	物譜	騽		20919.	7	14a	物譜	騟
20880.	7	13b	物譜	騷		20920.	7	14a	物譜	踏雪馬
20881.	7	13b	物譜	驖		20921.	7	14a	物譜	五明馬
20882.	7	13b	物譜	騿		20922.	7	14a	物譜	骟
20883.	7	13b	物譜	連錢		20923.	7	14a	物譜	騂
20884.	7	13b	物譜	驊		20924.	7	14a	物譜	驤
20885.	7	13b	物譜	騍		20925.	7	14a	物譜	孤蹄
20886.	7	13b	物譜	駽		20926.	7	14a	物譜	騾
20887.	7	13b	物譜	騆		20927.	7	14a	物譜	啓
20888.	7	13b	物譜	騏		20928.	7	14a	物譜	踦
20889.	7	13b	物譜	盜驪		20929.	7	14a	物譜	白州
20890.	7	13b	物譜	馼		20930.	7	14a	物譜	騾
20891.	7	13b	物譜	陰		20931.	7	14a	物譜	豹臀馬

20932.	7	14a	物譜	花馬	20972.	7	14b	物譜	熟瘸
20933.	7	14a	物譜	環眼馬	20973.	7	14b	物譜	契需
20934.	7	14a	物譜	魚	20974.	7	14b	物譜	撒瘸
20935.	7	14a	物譜	駉	20975.	7	14b	物譜	略蹶
20936.	7	14a	物譜	驥	20976.	7	14b	物譜	前失
20937.	7	14a	物譜	龍頭馬	20977.	7	14b	物譜	撒蹄
20938.	7	14a	物譜	駆	20978.	7	14b	物譜	馬撒了
20939.	7	14a	物譜	繁鬣	20979.	7	14b	物譜	馬蓋
20940.	7	14a	物譜	頒髮	20980.	7	14b	物譜	馬醫
20941.	7	14a	物譜	鬣	20981.	7	14b	物譜	馬質
20942.	7	14a	物譜	五花馬	20982.	7	14b	物譜	伯
20943.	7	14a	物譜	闌廣	20983.	7	14b	物譜	馬社
20944.	7	14a	物譜	弗方	20984.	7	14b	物譜	行神
20945.	7	14a	物譜	旋毛	20985.	7	14b	物譜	馬步
20946.	7	14a	物譜	宜乘	20986.	7	14b	物譜	裯
20947.	7	14a	物譜	減陽	20987.	7	15a	物譜	佶
20948.	7	14a	物譜	毛旋窝	20988.	7	15a	物譜	驛驛
20949.	7	14a	物譜	駞	20989.	7	15a	物譜	蹻蹻
20950.	7	14a	物譜	迎鞍頭	20990.	7	15a	物譜	彭彭
20951.	7	14a	物譜	八髎	20991.	7	15a	物譜	嘽嘽
20952.	7	14a	物譜	蹾	20992.	7	15a	物譜	騑騑
20953.	7	14a	物譜	汗溝	20993.	7	15a	物譜	駩
20954.	7	14a	物譜	蘭筋	20994.	7	15a	物譜	旁旁
20955.	7	14a	物譜	赭汗	20995.	7	15a	物譜	駊婆
20956.	7	14b	物譜	寸子毛	20996.	7	15a	物譜	啾啾
20957.	7	14b	物譜	夜眼	20997.	7	15a	物譜	蕭蕭
20958.	7	14b	物譜	蹄	20998.	7	15a	物譜	特特
20959.	7	14b	物譜	駒	20999.	7	15a	物譜	駁駴
20960.	7	14b	物譜	馬通	21000.	7	15a	物譜	馴
20961.	7	14b	物譜	玄黃	21001.	7	15a	物譜	驚
20962.	7	14b	物譜	尥隤	21002.	7	15a	物譜	驕
20963.	7	14b	物譜	蹊	21003.	7	15a	物譜	耎駕
20964.	7	14b	物譜	阻蹄	21004.	7	15a	物譜	嘴生
20965.	7	14b	物譜	瘸	21005.	7	15a	物譜	踶
20966.	7	14b	物譜	骨眼	21006.	7	15a	物譜	單蹄揮
20967.	7	14b	物譜	臥起	21007.	7	15a	物譜	撂人馬
20968.	7	14b	物譜	瘢耆	21008.	7	15a	物譜	光當馬
20969.	7	14b	物譜	癩馬	21009.	7	15a	物譜	點馬
20970.	7	14b	物譜	疥馬	21010.	7	15a	物譜	驟
20971.	7	14b	物譜	瞎馬	21011.	7	15a	物譜	騎

21012.	7	15a	物譜	驪		21052.	7	15b	物譜	上料
21013.	7	15a	物譜	驊馬		21053.	7	15b	物譜	齦青
21014.	7	15a	物譜	劣馬		21054.	7	15b	物譜	飢討
21015.	7	15a	物譜	老實馬		21055.	7	15b	物譜	騣
21016.	7	15a	物譜	騎		21056.	7	15b	物譜	槽
21017.	7	15a	物譜	跨		21057.	7	15b	物譜	阜櫪
21018.	7	15a	物譜	累騎		21058.	7	15b	物譜	芻
21019.	7	15a	物譜	騙		21059.	7	15b	物譜	斬芻
21020.	7	15a	物譜	駢		21060.	7	15b	物譜	筑囊
21021.	7	15a	物譜	馭		21061.	7	15b	物譜	鍘刀
21022.	7	15a	物譜	騁		21062.	7	15b	物譜	鍘牀
21023.	7	15a	物譜	細馬		21063.	7	15b	物譜	鍘釘
21024.	7	15a	物譜	馳		21064.	7	15b	物譜	侲
21025.	7	15a	物譜	馳突		21065.	7	15b	物譜	後槽
21026.	7	15a	物譜	驁騁		21066.	7	15b	物譜	直馬
21027.	7	15a	物譜	驅		21067.	7	15b	物譜	馬夫
21028.	7	15b	物譜	磬		21068.	7	15b	物譜	昆蹄
21029.	7	15b	物譜	郴勿		21069.	7	15b	物譜	庌廠
21030.	7	15b	物譜	扣馬		21070.	7	15b	物譜	馬埒
21031.	7	15b	物譜	駐馬		21071.	7	16a	物譜	棧
21032.	7	15b	物譜	息馬		21072.	7	16a	物譜	馬牀
21033.	7	15b	物譜	控		21073.	7	16a	物譜	柳
21034.	7	15b	物譜	維		21074.	7	16a	物譜	鞍
21035.	7	15b	物譜	繫		21075.	7	16a	物譜	錽銀事件
21036.	7	15b	物譜	馱		21076.	7	16a	物譜	起花
21037.	7	15b	物譜	負他		21077.	7	16a	物譜	錽
21038.	7	15b	物譜	朵子		21078.	7	16a	物譜	鑲嵌
21039.	7	15b	物譜	梢頭		21079.	7	16a	物譜	鏤衢
21040.	7	15b	物譜	卸		21080.	7	16a	物譜	鞍橋
21041.	7	15b	物譜	騷		21081.	7	16a	物譜	鞍屉
21042.	7	15b	物譜	瀉		21082.	7	16a	物譜	鞍替
21043.	7	15b	物譜	秣馬		21083.	7	16a	物譜	汗屉
21044.	7	15b	物譜	馬糊塗		21084.	7	16a	物譜	皮屉
21045.	7	15b	物譜	筧子		21085.	7	16a	物譜	韉
21046.	7	15b	物譜	啃青		21086.	7	16a	物譜	鞍甲
21047.	7	15b	物譜	堊豆		21087.	7	16a	物譜	鞍被
21048.	7	15b	物譜	贊		21088.	7	16a	物譜	鞍籠
21049.	7	15b	物譜	餵		21089.	7	16a	物譜	鞍座兒
21050.	7	15b	物譜	餵馬		21090.	7	16a	物譜	護屁股
21051.	7	15b	物譜	加草		21091.	7	16a	物譜	障泥

21092.	7	16a	物譜	馬韂	21132.	7	16b	物譜	退水環
21093.	7	16a	物譜	韂	21133.	7	16b	物譜	鑣
21094.	7	16a	物譜	連乾	21134.	7	16b	物譜	鑶
21095.	7	16a	物譜	鞅	21135.	7	16b	物譜	扇汗
21096.	7	16a	物譜	攀胸	21136.	7	16b	物譜	排沫幘
21097.	7	16a	物譜	纓	21137.	7	16b	物譜	圓環
21098.	7	16a	物譜	紂	21138.	7	16b	物譜	了事環
21099.	7	16a	物譜	包糞	21139.	7	16b	物譜	䩞
21100.	7	16a	物譜	鞦	21140.	7	16b	物譜	鞗革
21101.	7	16a	物譜	鞦皮	21141.	7	16b	物譜	韁
21102.	7	16a	物譜	鐙	21142.	7	16b	物譜	沖沖
21103.	7	16a	物譜	金葉	21143.	7	16b	物譜	耳耳
21104.	7	16a	物譜	鐙鋶皮	21144.	7	16b	物譜	鞍架
21105.	7	16a	物譜	肚帶	21145.	7	16b	物譜	負鞍
21106.	7	16a	物譜	繁	21146.	7	16b	物譜	馱鞍
21107.	7	16a	物譜	膺	21147.	7	16b	物譜	雁翅板
21108.	7	16a	物譜	絆	21148.	7	16b	物譜	鞭
21109.	7	16a	物譜	緹胸	21149.	7	16b	物譜	箠
21110.	7	16a	物譜	前纓	21150.	7	16b	物譜	策
21111.	7	16a	物譜	鼻花	21151.	7	16b	物譜	枚
21112.	7	16a	物譜	坐纓	21152.	7	16b	物譜	策篲
21113.	7	16a	物譜	羈	21153.	7	16b	物譜	鞭梢
21114.	7	16a	物譜	轡頭	21154.	7	16b	物譜	鞭穗
21115.	7	16a	物譜	絡頭	21155.	7	16b	物譜	挽手
21116.	7	16a	物譜	匼匝	21156.	7	16b	物譜	馬褐
21117.	7	16a	物譜	籠頭	21157.	7	16b	物譜	馬席
21118.	7	16a	物譜	勒	21158.	7	16b	物譜	馬釘
21119.	7	16a	物譜	扯手	21159.	7	16b	物譜	馬腳翅
21120.	7	16a	物譜	輇	21160.	7	16b	物譜	馬刷
21121.	7	16a	物譜	靮	21161.	7	16b	物譜	筁
21122.	7	16a	物譜	韁繩	21162.	7	16b	物譜	鉋子
21123.	7	16a	物譜	珂	21163.	7	16b	物譜	路馬
21124.	7	16a	物譜	眊	21164.	7	16b	物譜	擬用槽
21125.	7	16a	物譜	飾件	21165.	7	16b	物譜	天閒
21126.	7	16a	物譜	兜頰	21166.	7	16b	物譜	圉人
21127.	7	16a	物譜	銜	21167.	7	16b	物譜	駔
21128.	7	16a	物譜	蘄	21168.	7	16b	物譜	置
21129.	7	16a	物譜	嚼子	21169.	7	16b	物譜	鋪馬
21130.	7	16a	物譜	折舌	21170.	7	16b	物譜	驛遞
21131.	7	16a	物譜	水環	21171.	7	16b	物譜	使裹

21172.	7	16b	物譜	傳	21212.	7	17b	物譜	狠
21173.	7	16b	物譜	郵	21213.	7	17b	物譜	㺚
21174.	7	17a	物譜	跑報	21214.	7	17b	物譜	牺
21175.	7	17a	物譜	塘報	21215.	7	17b	物譜	㸰
21176.	7	17a	物譜	撥馬	21216.	7	17b	物譜	犕
21177.	7	17a	物譜	背持	21217.	7	17b	物譜	州䍃
21178.	7	17a	物譜	引馬	21218.	7	17b	物譜	犙牛
21179.	7	17a	物譜	但馬	21219.	7	17b	物譜	郭椒
21180.	7	17a	物譜	誕馬	21220.	7	17b	物譜	丁櫟
21181.	7	17a	物譜	散馬	21221.	7	17b	物譜	犉
21182.	7	17a	物譜	雞項	21222.	7	17b	物譜	物
21183.	7	17a	物譜	盪胸	21223.	7	17b	物譜	頭
21184.	7	17a	物譜	面簾	21224.	7	17b	物譜	舐
21185.	7	17a	物譜	搭後	21225.	7	17b	物譜	䚡
21186.	7	17a	物譜	半面簾	21226.	7	17b	物譜	角胎
21187.	7	17a	物譜	銅鈴	21227.	7	17b	物譜	䏄
21188.	7	17a	物譜	雉尾	21228.	7	17b	物譜	䑜
21189.	7	17a	物譜	瞿摩帝	21229.	7	17b	物譜	胥
21190.	7	17a	物譜	四蹄	21230.	7	17b	物譜	犄
21191.	7	17a	物譜	古旃	21231.	7	17b	物譜	犯
21192.	7	17a	物譜	不花	21232.	7	17b	物譜	牊
21193.	7	17a	物譜	一元大武	21233.	7	17b	物譜	舥
21194.	7	17a	物譜	大物	21234.	7	17b	物譜	犱
21195.	7	17a	物譜	角者	21235.	7	17b	物譜	繭栗
21196.	7	17a	物譜	黑牡丹	21236.	7	17b	物譜	觫
21197.	7	17a	物譜	斑特先生	21237.	7	17b	物譜	㹮
21198.	7	17a	物譜	婆特	21238.	7	17b	物譜	牛戴牛
21199.	7	17a	物譜	犌牛	21239.	7	17b	物譜	斛
21200.	7	17a	物譜	乳牛	21240.	7	17b	物譜	捄
21201.	7	17a	物譜	犉	21241.	7	17b	物譜	觺觺
21202.	7	17a	物譜	軸	21242.	7	17b	物譜	㦬
21203.	7	17a	物譜	犖	21243.	7	17b	物譜	觸
21204.	7	17a	物譜	牧	21244.	7	17b	物譜	臚
21205.	7	17a	物譜	棬	21245.	7	17b	物譜	胡
21206.	7	17a	物譜	不孝頭	21246.	7	17b	物譜	皺
21207.	7	17a	物譜	牪	21247.	7	17b	物譜	薦皮
21208.	7	17a	物譜	欣椵	21248.	7	17b	物譜	千葉
21209.	7	17a	物譜	犙牛	21249.	7	17b	物譜	百葉
21210.	7	17b	物譜	犢	21250.	7	17b	物譜	脾析
21211.	7	17b	物譜	童牛	21251.	7	18a	物譜	脆

21252.	7	18a	物譜	蜂巢	21292.	7	18b	物譜	牛轉草
21253.	7	18a	物譜	沙肝	21293.	7	18b	物譜	回噍
21254.	7	18a	物譜	膔子	21294.	7	18b	物譜	聖虀
21255.	7	18a	物譜	腎脂	21295.	7	18b	物譜	犙
21256.	7	18a	物譜	牛黃	21296.	7	18b	物譜	㹇
21257.	7	18a	物譜	丑寶	21297.	7	18b	物譜	牰
21258.	7	18a	物譜	瞿盧折娜	21298.	7	18b	物譜	㸸
21259.	7	18a	物譜	生黃	21299.	7	18b	物譜	㓹
21260.	7	18a	物譜	角中黃	21300.	7	18b	物譜	閹牛
21261.	7	18a	物譜	心黃	21301.	7	18b	物譜	宦牛
21262.	7	18a	物譜	犪	21302.	7	18b	物譜	㜝
21263.	7	18a	物譜	㝅	21303.	7	18b	物譜	楅
21264.	7	18a	物譜	乳腐	21304.	7	18b	物譜	衡
21265.	7	18a	物譜	乳餅	21305.	7	18b	物譜	互
21266.	7	18a	物譜	乳綫	21306.	7	18b	物譜	桊
21267.	7	18a	物譜	牼	21307.	7	18b	物譜	鼻鉤
21268.	7	18a	物譜	犚	21308.	7	18b	物譜	牫
21269.	7	18a	物譜	懸蹄	21309.	7	18b	物譜	絅
21270.	7	18a	物譜	洞	21310.	7	18b	物譜	牛衣
21271.	7	18a	物譜	阿膠	21311.	7	18b	物譜	龍具
21272.	7	18a	物譜	昔昔	21312.	7	18b	物譜	牛租
21273.	7	18a	物譜	犧	21313.	7	18b	物譜	牛米
21274.	7	18a	物譜	牛走	21314.	7	18b	物譜	長耳
21275.	7	18a	物譜	牢	21315.	7	18b	物譜	漢驪
21276.	7	18a	物譜	牛低頭	21316.	7	18b	物譜	衛
21277.	7	18a	物譜	牰	21317.	7	18b	物譜	驤
21278.	7	18a	物譜	牲	21318.	7	18b	物譜	籠
21279.	7	18a	物譜	砥砥	21319.	7	18b	物譜	欼欼
21280.	7	18a	物譜	穀觫	21320.	7	18b	物譜	趑步
21281.	7	18a	物譜	吽	21321.	7	18b	物譜	尾軸
21282.	7	18a	物譜	呴	21322.	7	18b	物譜	馱騠
21283.	7	18a	物譜	㖒	21323.	7	18b	物譜	駝駣
21284.	7	18a	物譜	吼	21324.	7	18b	物譜	驈驥
21285.	7	18a	物譜	牟	21325.	7	19a	物譜	駈驢
21286.	7	18a	物譜	牻	21326.	7	19a	物譜	槖駝
21287.	7	18a	物譜	犦	21327.	7	19a	物譜	駱駝
21288.	7	18b	物譜	牧	21328.	7	19a	物譜	犦牛
21289.	7	18b	物譜	齝	21329.	7	19a	物譜	犎牛
21290.	7	18b	物譜	倒嚼	21330.	7	19a	物譜	駝峰
21291.	7	18b	物譜	回食	21331.	7	19a	物譜	峰子油

21332.	7	19a	物譜	駝酥	21372.	7	19b	物譜	夏羊
21333.	7	19a	物譜	馬思哥油	21373.	7	19b	物譜	麢羊
21334.	7	19a	物譜	圂	21374.	7	19b	物譜	羱
21335.	7	19a	物譜	胡髯郎	21375.	7	19b	物譜	麠羊
21336.	7	19a	物譜	髯鬚主簿	21376.	7	19b	物譜	九尾羊
21337.	7	19a	物譜	氈根	21377.	7	19b	物譜	羚羊
21338.	7	19a	物譜	柔毛	21378.	7	19b	物譜	犬
21339.	7	19a	物譜	細肋	21379.	7	19b	物譜	地羊
21340.	7	19a	物譜	漢羊	21380.	7	19b	物譜	守門使
21341.	7	19a	物譜	殺羝	21381.	7	19b	物譜	龍
21342.	7	19a	物譜	羭䵃	21382.	7	19b	物譜	公狗
21343.	7	19a	物譜	牂	21383.	7	19b	物譜	牙狗
21344.	7	19a	物譜	羚牂	21384.	7	19b	物譜	母狗
21345.	7	19a	物譜	羔	21385.	7	19b	物譜	草狗
21346.	7	19a	物譜	羜	21386.	7	19b	物譜	猉
21347.	7	19a	物譜	摯	21387.	7	19b	物譜	猶
21348.	7	19a	物譜	㸹	21388.	7	19b	物譜	狗滓子
21349.	7	19a	物譜	挑	21389.	7	19b	物譜	厐
21350.	7	19a	物譜	㲄	21390.	7	19b	物譜	絡絲狗
21351.	7	19a	物譜	羊驪	21391.	7	19b	物譜	獹
21352.	7	19a	物譜	羠	21392.	7	19b	物譜	獅子狗
21353.	7	19a	物譜	羱羬	21393.	7	19b	物譜	獫
21354.	7	19a	物譜	矮羘	21394.	7	19b	物譜	猲
21355.	7	19a	物譜	羸角	21395.	7	19b	物譜	厥
21356.	7	19a	物譜	乂	21396.	7	19b	物譜	獐子狗
21357.	7	19a	物譜	羯	21397.	7	19b	物譜	鹿尾狗
21358.	7	19a	物譜	羷	21398.	7	19b	物譜	花狗
21359.	7	19a	物譜	羊胲子	21399.	7	19b	物譜	猈
21360.	7	19a	物譜	嚾	21400.	7	19b	物譜	金師狗
21361.	7	19a	物譜	芉	21401.	7	19b	物譜	香狗
21362.	7	19a	物譜	羌	21402.	7	19b	物譜	獒
21363.	7	19a	物譜	羢	21403.	7	20a	物譜	韓盧
21364.	7	19b	物譜	封羊	21404.	7	20a	物譜	狟
21365.	7	19b	物譜	魹	21405.	7	20a	物譜	狣
21366.	7	19b	物譜	羷	21406.	7	20a	物譜	豻
21367.	7	19b	物譜	羳	21407.	7	20a	物譜	狣
21368.	7	19b	物譜	奮	21408.	7	20a	物譜	厐狗
21369.	7	19b	物譜	羬	21409.	7	20a	物譜	猗
21370.	7	19b	物譜	殺羅	21410.	7	20a	物譜	猘犬
21371.	7	19b	物譜	蒙古羊	21411.	7	20a	物譜	瘈

21412.	7	20a	物譜	獮	21452.	7	20b	物譜	勃賀
21413.	7	20a	物譜	師精	21453.	7	20b	物譜	豭
21414.	7	20a	物譜	白龍沙	21454.	7	20b	物譜	牙
21415.	7	20a	物譜	狗運	21455.	7	20b	物譜	艾
21416.	7	20a	物譜	倏忽	21456.	7	20b	物譜	豛
21417.	7	20a	物譜	獾獀	21457.	7	20b	物譜	豝
21418.	7	20a	物譜	獰	21458.	7	20b	物譜	獿豬
21419.	7	20a	物譜	狀	21459.	7	20b	物譜	豱
21420.	7	20a	物譜	㺍吽牙	21460.	7	20b	物譜	豬
21421.	7	20a	物譜	喠喠	21461.	7	20b	物譜	豚豰
21422.	7	20a	物譜	猒	21462.	7	20b	物譜	蘭子
21423.	7	20a	物譜	冷猎	21463.	7	20b	物譜	豥
21424.	7	20a	物譜	猪	21464.	7	20b	物譜	豵
21425.	7	20a	物譜	犮	21465.	7	20b	物譜	幺豚
21426.	7	20a	物譜	猼	21466.	7	20b	物譜	豜
21427.	7	20a	物譜	獵	21467.	7	20b	物譜	豥
21428.	7	20a	物譜	㺉	21468.	7	20b	物譜	豝
21429.	7	20a	物譜	吠	21469.	7	20b	物譜	豵
21430.	7	20a	物譜	猎猎	21470.	7	20b	物譜	闍豬
21431.	7	20a	物譜	狟狟	21471.	7	20b	物譜	山豬
21432.	7	20a	物譜	猎猎	21472.	7	20b	物譜	豪
21433.	7	20a	物譜	臭	21473.	7	20b	物譜	鶯豬
21434.	7	20a	物譜	猋	21474.	7	20b	物譜	貆豬
21435.	7	20a	物譜	歛歛	21475.	7	20b	物譜	獺貐
21436.	7	20a	物譜	哨	21476.	7	20b	物譜	壁水貐
21437.	7	20a	物譜	喋	21477.	7	20b	物譜	囷胹
21438.	7	20a	物譜	獎	21478.	7	20b	物譜	膊
21439.	7	20a	物譜	炊炊	21479.	7	20b	物譜	槽頭肉
21440.	7	20a	物譜	銔	21480.	7	20b	物譜	負革肪
21441.	7	20a	物譜	狗鋃	21481.	7	20b	物譜	肥腯
21442.	7	20a	物譜	停棍	21482.	7	20b	物譜	腰子
21443.	7	20a	物譜	假	21483.	7	20b	物譜	豚卵
21444.	7	20a	物譜	魚津伯	21484.	7	20b	物譜	豚顛
21445.	7	20a	物譜	大蘭王	21485.	7	20b	物譜	豬石子
21446.	7	20a	物譜	烏將軍	21486.	7	20b	物譜	豬膶子
21447.	7	20a	物譜	黑面郎	21487.	7	20b	物譜	豬黃
21448.	7	20a	物譜	長喙將軍	21488.	7	20b	物譜	豬退
21449.	7	20a	物譜	猪	21489.	7	20b	物譜	零
21450.	7	20a	物譜	豨	21490.	7	20b	物譜	羄
21451.	7	20b	物譜	剛鬣	21491.	7	20b	物譜	豬拱地

21492.	7	20b	物譜	刨地	21532.	7	21a	物譜	虎威
21493.	7	20b	物譜	甂	21533.	7	21a	物譜	臯比
21494.	7	20b	物譜	潲	21534.	7	21a	物譜	虎魄
21495.	7	20b	物譜	吃	21535.	7	21a	物譜	虎卜
21496.	7	20b	物譜	吃	21536.	7	21a	物譜	伥鬼
21497.	7	20b	物譜	𤝱	21537.	7	21b	物譜	咆哮
21498.	7	20b	物譜	㗆	21538.	7	21b	物譜	吼
21499.	7	20b	物譜	獟	21539.	7	21b	物譜	猺
21500.	7	20b	物譜	豺	21540.	7	21b	物譜	虓
21501.	7	20b	物譜	獌	21541.	7	21b	物譜	嗥
21502.	7	20b	物譜	獖	21542.	7	21b	物譜	矙
21503.	7	20b	物譜	獮子	21543.	7	21b	物譜	耽耽
21504.	7	21a	物譜	餞	21544.	7	21b	物譜	暴虎
21505.	7	21a	物譜	嚘嚘	21545.	7	21b	物譜	程
21506.	7	21a	物譜	嚧嚧	21546.	7	21b	物譜	金錢豹
21507.	7	21a	物譜	狶	21547.	7	21b	物譜	艾葉豹
21508.	7	21a	物譜	囵	21548.	7	21b	物譜	土豹
21509.	7	21a	物譜	苙	21549.	7	21b	物譜	失刺孫
21510.	7	21a	物譜	欄	21550.	7	21b	物譜	猞猁孫
21511.	7	21a	物譜	牙	21551.	7	21b	物譜	貘
21512.	7	21a	物譜	槊	21552.	7	21b	物譜	伽耶
21513.	7	21a	物譜	櫓	21553.	7	21b	物譜	鈍公子
21514.	7	21a	物譜	羉	21554.	7	21b	物譜	那先
21515.	7	21a	物譜	濡需	21555.	7	21b	物譜	象牙
21516.	7	21a	物譜	狻猊	21556.	7	21b	物譜	齒
21517.	7	21a	物譜	虩	21557.	7	21b	物譜	白暗
21518.	7	21a	物譜	僧伽彼	21558.	7	21b	物譜	牙花
21519.	7	21a	物譜	烏?	21559.	7	21b	物譜	齰
21520.	7	21a	物譜	大蟲	21560.	7	21b	物譜	轔輵
21521.	7	21a	物譜	李耳	21561.	7	21b	物譜	揭伽
21522.	7	21a	物譜	黃猛	21562.	7	21b	物譜	兕
21523.	7	21a	物譜	山君	21563.	7	21b	物譜	沙犀
21524.	7	21a	物譜	老麻子	21564.	7	21b	物譜	山犀
21525.	7	21a	物譜	羅羅	21565.	7	21b	物譜	水犀
21526.	7	21a	物譜	波羅	21566.	7	21b	物譜	犀角
21527.	7	21a	物譜	金波羅	21567.	7	22a	物譜	低密
21528.	7	21a	物譜	戲貓	21568.	7	22a	物譜	黑暗
21529.	7	21a	物譜	魋	21569.	7	22a	物譜	通天犀
21530.	7	21a	物譜	䶌	21570.	7	22a	物譜	夜明犀
21531.	7	21a	物譜	貀	21571.	7	22a	物譜	駭雞犀

21572.	7	22a	物譜	粟紋犀	21612.	7	22b	物譜	茄子茸
21573.	7	22a	物譜	班犀	21613.	7	22b	物譜	鹿角霜
21574.	7	22a	物譜	正透	21614.	7	22b	物譜	鹿角膠
21575.	7	22a	物譜	倒透	21615.	7	22b	物譜	黃明膠
21576.	7	22a	物譜	重透	21616.	7	22b	物譜	白膠
21577.	7	22a	物譜	黑犀	21617.	7	22b	物譜	麙
21578.	7	22a	物譜	毛犀	21618.	7	22b	物譜	鹿場
21579.	7	22a	物譜	貓牛	21619.	7	22b	物譜	速
21580.	7	22a	物譜	犘牛	21620.	7	22b	物譜	麆
21581.	7	22a	物譜	竹牛	21621.	7	22b	物譜	塌
21582.	7	22a	物譜	犪牛	21622.	7	22b	物譜	躖
21583.	7	22a	物譜	牸牛	21623.	7	22b	物譜	呦呦
21584.	7	22a	物譜	犤牛	21624.	7	22b	物譜	牲牲
21585.	7	22a	物譜	犎牛	21625.	7	22b	物譜	伎伎
21586.	7	22a	物譜	犉牛	21626.	7	22b	物譜	噳噳
21587.	7	22a	物譜	犆牛	21627.	7	22b	物譜	濯濯
21588.	7	22a	物譜	犣牛	21628.	7	22b	物譜	麎麎
21589.	7	22a	物譜	子路	21629.	7	22b	物譜	芰芰
21590.	7	22a	物譜	魋	21630.	7	22b	物譜	促促
21591.	7	22a	物譜	羆	21631.	7	22b	物譜	斑龍晏
21592.	7	22a	物譜	熊掌	21632.	7	22b	物譜	麋
21593.	7	22a	物譜	熊蹯	21633.	7	22b	物譜	麈
21594.	7	22a	物譜	熊白	21634.	7	22b	物譜	麆
21595.	7	22a	物譜	熊經	21635.	7	22b	物譜	麌
21596.	7	22b	物譜	跌腪	21636.	7	22b	物譜	麚
21597.	7	22b	物譜	熊舘	21637.	7	23a	物譜	官脂
21598.	7	22b	物譜	黃熊	21638.	7	23a	物譜	狄
21599.	7	22b	物譜	人熊	21639.	7	23a	物譜	麋畯
21600.	7	22b	物譜	貔羆	21640.	7	23a	物譜	麠
21601.	7	22b	物譜	能	21641.	7	23a	物譜	罞
21602.	7	22b	物譜	斑龍	21642.	7	23a	物譜	罠
21603.	7	22b	物譜	密利迦羅	21643.	7	23a	物譜	麋茸
21604.	7	22b	物譜	伊尼	21644.	7	23a	物譜	麚
21605.	7	22b	物譜	麢	21645.	7	23a	物譜	豜
21606.	7	22b	物譜	麠	21646.	7	23a	物譜	麇
21607.	7	22b	物譜	麀	21647.	7	23a	物譜	麕
21608.	7	22b	物譜	麛	21648.	7	23a	物譜	麏
21609.	7	22b	物譜	麑	21649.	7	23a	物譜	牙麞
21610.	7	22b	物譜	麝	21650.	7	23a	物譜	麇
21611.	7	22b	物譜	鹿茸	21651.	7	23a	物譜	麆

21652.	7	23a	物譜	白肉	21692.	7	23b	物譜	貊
21653.	7	23a	物譜	白脯	21693.	7	23b	物譜	猰㺄
21654.	7	23a	物譜	鮮	21694.	7	23b	物譜	貆
21655.	7	23a	物譜	麆	21695.	7	23b	物譜	貊
21656.	7	23a	物譜	几几	21696.	7	23b	物譜	貍
21657.	7	23a	物譜	射父	21697.	7	23b	物譜	狢
21658.	7	23a	物譜	香麞	21698.	7	24a	物譜	猪獾
21659.	7	23a	物譜	土麝	21699.	7	24a	物譜	獾独
21660.	7	23a	物譜	麝香	21700.	7	24a	物譜	土豬
21661.	7	23a	物譜	莫訶婆伽	21701.	7	24a	物譜	獲
21662.	7	23a	物譜	遺香	21702.	7	24a	物譜	蹯
21663.	7	23a	物譜	臍香	21703.	7	24a	物譜	狗獾
21664.	7	23a	物譜	心結	21704.	7	24a	物譜	天狗
21665.	7	23a	物譜	水麝	21705.	7	24a	物譜	山獺
21666.	7	23a	物譜	貔貅	21706.	7	24a	物譜	犳狗
21667.	7	23a	物譜	執夷	21707.	7	24a	物譜	佺佺
21668.	7	23a	物譜	白狐	21708.	7	24a	物譜	貛
21669.	7	23a	物譜	穀	21709.	7	24a	物譜	狼
21670.	7	23a	物譜	黃腰	21710.	7	24a	物譜	迅
21671.	7	23b	物譜	貙	21711.	7	24a	物譜	毛狗
21672.	7	23b	物譜	獌	21712.	7	24a	物譜	知狀
21673.	7	23b	物譜	貙犴	21713.	7	24a	物譜	獥
21674.	7	23b	物譜	貘貐	21714.	7	24a	物譜	狼筋
21675.	7	23b	物譜	㹶狸	21715.	7	24a	物譜	狼巾
21676.	7	23b	物譜	猿	21716.	7	24a	物譜	狼狽
21677.	7	23b	物譜	破鏡	21717.	7	24a	物譜	狼藉
21678.	7	23b	物譜	野貓	21718.	7	24b	物譜	明际
21679.	7	23b	物譜	貓貍	21719.	7	24b	物譜	朴握
21680.	7	23b	物譜	虎貍	21720.	7	24b	物譜	舍迦
21681.	7	23b	物譜	九節貍	21721.	7	24b	物譜	欣
21682.	7	23b	物譜	花貍	21722.	7	24b	物譜	天馬
21683.	7	23b	物譜	玉面貍	21723.	7	24b	物譜	猭
21684.	7	23b	物譜	牛尾貍	21724.	7	24b	物譜	麂
21685.	7	23b	物譜	㹶狸	21725.	7	24b	物譜	𤠔
21686.	7	23b	物譜	貄	21726.	7	24b	物譜	貔
21687.	7	23b	物譜	沙狐狸	21727.	7	24b	物譜	火
21688.	7	23b	物譜	紫	21728.	7	24b	物譜	迊
21689.	7	23b	物譜	媚珠	21729.	7	24b	物譜	逥
21690.	7	23b	物譜	徽徽	21730.	7	24b	物譜	窩
21691.	7	23b	物譜	綏綏	21731.	7	24b	物譜	玩月砂

21732.	7	24b	物譜	撲朔	21772.	7	25a	物譜	伏翼
21733.	7	24b	物譜	迷離	21773.	7	25a	物譜	天鼠
21734.	7	24b	物譜	兔彄	21774.	7	25a	物譜	仙鼠
21735.	7	24b	物譜	蹄	21775.	7	25a	物譜	飛鼠
21736.	7	24b	物譜	畢	21776.	7	25a	物譜	服翼
21737.	7	24b	物譜	罝	21777.	7	25a	物譜	夜燕
21738.	7	24b	物譜	肅肅	21778.	7	25a	物譜	簾鼠
21739.	7	24b	物譜	潛牛	21779.	7	25a	物譜	蟻?
21740.	7	24b	物譜	牤牛	21780.	7	25a	物譜	肉芝
21741.	7	24b	物譜	海獺	21781.	7	25a	物譜	夜明砂
21742.	7	24b	物譜	水狗	21782.	7	25a	物譜	鼠法
21743.	7	24b	物譜	獱獺	21783.	7	25a	物譜	石肝
21744.	7	24b	物譜	膃肭獸	21784.	7	25a	物譜	黑砂星
21745.	7	24b	物譜	骨貀	21785.	7	25a	物譜	蚊蜗眼
21746.	7	24b	物譜	海狗	21786.	7	25a	物譜	鼴鼠
21747.	7	24b	物譜	阿慈勃他你	21787.	7	25a	物譜	鼶鼠
21748.	7	24b	物譜	膃肭臍	21788.	7	25a	物譜	耳鼠
21749.	7	24b	物譜	雛	21789.	7	25a	物譜	夷田
21750.	7	24b	物譜	家鹿	21790.	7	25a	物譜	飛生鳥
21751.	7	24b	物譜	老鼠	21791.	7	25a	物譜	鵂
21752.	7	24b	物譜	老蟲	21792.	7	25a	物譜	五枝
21753.	7	25a	物譜	耗子	21793.	7	25a	物譜	甘口鼠
21754.	7	25a	物譜	首鼠	21794.	7	25a	物譜	鼱鼩
21755.	7	25a	物譜	耗蟲	21795.	7	25b	物譜	田鼠
21756.	7	25a	物譜	社君	21796.	7	25b	物譜	鼢鼠
21757.	7	25a	物譜	鼳鼠	21797.	7	25b	物譜	隱鼠
21758.	7	25a	物譜	蔚鼠	21798.	7	25b	物譜	犁鼠
21759.	7	25a	物譜	犬鼠	21799.	7	25b	物譜	碩鼠
21760.	7	25a	物譜	鼢鼠	21800.	7	25b	物譜	鼤鼠
21761.	7	25a	物譜	豁鼠	21801.	7	25b	物譜	雀鼠
21762.	7	25a	物譜	鼠印	21802.	7	25b	物譜	䶈鼠
21763.	7	25a	物譜	鼲鼠糞	21803.	7	25b	物譜	相鼠
21764.	7	25a	物譜	兩頭炎	21804.	7	25b	物譜	鼫鼠
21765.	7	25a	物譜	蟻	21805.	7	25b	物譜	顱鼠
21766.	7	25a	物譜	㗱	21806.	7	25b	物譜	鼸鼠
21767.	7	25a	物譜	窠	21807.	7	25b	物譜	栗鼠
21768.	7	25a	物譜	反車子	21808.	7	25b	物譜	松狗
21769.	7	25a	物譜	土貓	21809.	7	25b	物譜	黃貂
21770.	7	25a	物譜	地弩	21810.	7	25b	物譜	銀貂
21771.	7	25a	物譜	梱子	21811.	7	25b	物譜	真珠毛

21812.	7	25b	物譜	風毛	21852.	7	26a	物譜	獨
21813.	7	25b	物譜	青鼠	21853.	7	26a	物譜	猶
21814.	7	25b	物譜	火鼠	21854.	7	26b	物譜	猩猩
21815.	7	25b	物譜	禮鼠	21855.	7	26b	物譜	閭閻
21816.	7	25b	物譜	拱鼠	21856.	7	26b	物譜	梟羊
21817.	7	25b	物譜	松鼠	21857.	7	26b	物譜	野人
21818.	7	25b	物譜	花鼠	21858.	7	26b	物譜	人熊
21819.	7	26a	物譜	黃鼠狼	21859.	7	26b	物譜	水族
21820.	7	26a	物譜	鼪鼠	21860.	7	26b	物譜	魚
21821.	7	26a	物譜	鼢鼠	21861.	7	26b	物譜	水花草
21822.	7	26a	物譜	地猴	21862.	7	26b	物譜	水梭花
21823.	7	26a	物譜	臊鼠	21863.	7	26b	物譜	娵隅
21824.	7	26a	物譜	掃雪	21864.	7	26b	物譜	鮮
21825.	7	26a	物譜	彙	21865.	7	26b	物譜	須
21826.	7	26a	物譜	毛刺	21866.	7	26b	物譜	徹
21827.	7	26a	物譜	蝟鼠	21867.	7	26b	物譜	鬐鬣
21828.	7	26a	物譜	沐猴	21868.	7	26b	物譜	釽
21829.	7	26a	物譜	爲猴	21869.	7	26b	物譜	奔水
21830.	7	26a	物譜	胡孫	21870.	7	26b	物譜	枕
21831.	7	26a	物譜	王孫	21871.	7	26b	物譜	丁
21832.	7	26a	物譜	馬畱	21872.	7	26b	物譜	乙
21833.	7	26a	物譜	寓	21873.	7	26b	物譜	乙
21834.	7	26a	物譜	狙	21874.	7	26b	物譜	鯛
21835.	7	26a	物譜	摩斯咤	21875.	7	26b	物譜	丙
21836.	7	26a	物譜	㺑	21876.	7	26b	物譜	筮筮
21837.	7	26a	物譜	巴兒	21877.	7	26b	物譜	鯸鮧
21838.	7	26a	物譜	野賓	21878.	7	26b	物譜	脬
21839.	7	26a	物譜	猱	21879.	7	26b	物譜	鰾
21840.	7	26a	物譜	㹠	21880.	7	26b	物譜	縱膠
21841.	7	26a	物譜	玃	21881.	7	26b	物譜	魚白
21842.	7	26a	物譜	禺	21882.	7	26b	物譜	鯽
21843.	7	26a	物譜	狖	21883.	7	26b	物譜	鰭
21844.	7	26a	物譜	果然	21884.	7	26b	物譜	鮴
21845.	7	26a	物譜	仙猴	21885.	7	26b	物譜	鯉
21846.	7	26a	物譜	蜼	21886.	7	26b	物譜	魧
21847.	7	26a	物譜	蒙頌	21887.	7	26b	物譜	魚苗
21848.	7	26a	物譜	蒙貴	21888.	7	26b	物譜	魚秧
21849.	7	26a	物譜	猶	21889.	7	26b	物譜	鮁子
21850.	7	26a	物譜	時	21890.	7	26b	物譜	鯤鮞
21851.	7	26a	物譜	狋	21891.	7	26b	物譜	細鱗白

21892.	7	26b	物譜	密魚	21932.	7	27b	物譜	網瓢兒
21893.	7	27a	物譜	鰲鰊	21933.	7	27b	物譜	網腳兒
21894.	7	27a	物譜	唸喁	21934.	7	27b	物譜	罟
21895.	7	27a	物譜	哈	21935.	7	27b	物譜	九罭
21896.	7	27a	物譜	撥泡	21936.	7	27b	物譜	罟罾
21897.	7	27a	物譜	裔裔	21937.	7	27b	物譜	罻
21898.	7	27a	物譜	汕汕	21938.	7	27b	物譜	緵罟
21899.	7	27a	物譜	發發	21939.	7	27b	物譜	圍網
21900.	7	27a	物譜	洋洋	21940.	7	27b	物譜	袖網
21901.	7	27a	物譜	圉圉	21941.	7	27b	物譜	撈網
21902.	7	27a	物譜	淰淰	21942.	7	27b	物譜	擡網
21903.	7	27a	物譜	掐	21943.	7	27b	物譜	綽網
21904.	7	27a	物譜	淡浥魚	21944.	7	27b	物譜	攩網
21905.	7	27a	物譜	瘥魚	21945.	7	27b	物譜	楚王
21906.	7	27a	物譜	饁魚	21946.	7	27b	物譜	濊濊
21907.	7	27a	物譜	蕭折魚	21947.	7	27b	物譜	笱
21908.	7	27a	物譜	薨	21948.	7	27b	物譜	罶
21909.	7	27a	物譜	鱐	21949.	7	27b	物譜	倒鬚
21910.	7	27a	物譜	鯸鮧魚	21950.	7	27b	物譜	筟
21911.	7	27a	物譜	鮿	21951.	7	27b	物譜	筌
21912.	7	27a	物譜	魿	21952.	7	27b	物譜	笊籠
21913.	7	27a	物譜	法魚	21953.	7	27b	物譜	笭箵
21914.	7	27a	物譜	鮨	21954.	7	27b	物譜	篧
21915.	7	27a	物譜	醃魚	21955.	7	27b	物譜	罩
21916.	7	27a	物譜	鹹魚	21956.	7	27b	物譜	篿
21917.	7	27a	物譜	鮾魚	21957.	7	27b	物譜	笨
21918.	7	27a	物譜	鮓	21958.	7	27b	物譜	魚乂
21919.	7	27a	物譜	藏魚	21959.	7	27b	物譜	搉
21920.	7	27a	物譜	鮊	21960.	7	27b	物譜	網乂
21921.	7	27a	物譜	苞蘆	21961.	7	27b	物譜	梁
21922.	7	27a	物譜	鮭菜	21962.	7	27b	物譜	罾步
21923.	7	27a	物譜	鱻餐	21963.	7	27b	物譜	篊
21924.	7	27a	物譜	餕	21964.	7	27b	物譜	櫟
21925.	7	27a	物譜	斗	21965.	7	27b	物譜	潦罟
21926.	7	27a	物譜	楅	21966.	7	27b	物譜	汕
21927.	7	27b	物譜	乂魚	21967.	7	27b	物譜	罧
21928.	7	27b	物譜	網	21968.	7	27b	物譜	槮
21929.	7	27b	物譜	網	21969.	7	27b	物譜	涔
21930.	7	27b	物譜	滉繩	21970.	7	27b	物譜	潜
21931.	7	27b	物譜	繣	21971.	7	27b	物譜	魰

21972.	7	27b	物譜	釣		22012.	7	28b	物譜	龍鯉
21973.	7	27b	物譜	鉤		22013.	7	28b	物譜	穿山甲
21974.	7	27b	物譜	逆鈚		22014.	7	28b	物譜	石鮫
21975.	7	27b	物譜	鏾		22015.	7	28b	物譜	鮀龍
21976.	7	27b	物譜	釣倒鬚		22016.	7	28b	物譜	土龍
21977.	7	28a	物譜	釣竿		22017.	7	28b	物譜	帶
21978.	7	28a	物譜	籊籊		22018.	7	28b	物譜	長蟲
21979.	7	28a	物譜	釣絲		22019.	7	28b	物譜	蠼屈
21980.	7	28a	物譜	緡		22020.	7	28b	物譜	蚺蛇
21981.	7	28a	物譜	釣瓢子		22021.	7	28b	物譜	臘蛇
21982.	7	28a	物譜	餌		22022.	7	28b	物譜	巴蛇
21983.	7	28a	物譜	甜食誘子		22023.	7	28b	物譜	委蛇
21984.	7	28a	物譜	釣磯		22024.	7	28b	物譜	白花蛇
21985.	7	28a	物譜	釣臺		22025.	7	28b	物譜	褰鼻蛇
21986.	7	28a	物譜	漁夫		22026.	7	28b	物譜	烏蛇
21987.	7	28a	物譜	漁子		22027.	7	28b	物譜	烏梢蛇
21988.	7	28a	物譜	漁翁		22028.	7	28b	物譜	黑花蛇
21989.	7	28a	物譜	魚虎		22029.	7	28b	物譜	黃頷蛇
21990.	7	28a	物譜	絞衪		22030.	7	28b	物譜	桑根蛇
21991.	7	28a	物譜	腰舟		22031.	7	28b	物譜	黃喉蛇
21992.	7	28a	物譜	那伽		22032.	7	28b	物譜	赤楝
21993.	7	28a	物譜	虯		22033.	7	28b	物譜	蠷跟
21994.	7	28a	物譜	螭		22034.	7	28b	物譜	蝮蛇
21995.	7	28a	物譜	應龍		22035.	7	28b	物譜	反鼻蛇
21996.	7	28a	物譜	蠼跟		22036.	7	28b	物譜	蚖
21997.	7	28a	物譜	蚴蚪		22037.	7	28b	物譜	殺母蛇
21998.	7	28a	物譜	蜿蟺		22038.	7	28b	物譜	土桃蛇
21999.	7	28a	物譜	夭矯		22039.	7	28b	物譜	水蛇
22000.	7	28a	物譜	尺木		22040.	7	28b	物譜	蛇婆
22001.	7	28a	物譜	如意珠		22041.	7	28b	物譜	公蠣蛇
22002.	7	28a	物譜	三停九似		22042.	7	28b	物譜	斑蛇
22003.	7	28a	物譜	宮毗羅		22043.	7	28b	物譜	綠蛇
22004.	7	28a	物譜	蜃		22044.	7	28b	物譜	兩頭蛇
22005.	7	28a	物譜	吉弔		22045.	7	29a	物譜	枳首蛇
22006.	7	28a	物譜	紫梢花		22046.	7	29a	物譜	越王蛇
22007.	7	28a	物譜	三千足		22047.	7	29a	物譜	蟒
22008.	7	28b	物譜	鮫女		22048.	7	29a	物譜	虺
22009.	7	28b	物譜	淵容		22049.	7	29a	物譜	蚙
22010.	7	28b	物譜	龍紗		22050.	7	29a	物譜	蜑子
22011.	7	28b	物譜	鮫綃		22051.	7	29a	物譜	蛇蛻

22052.	7	29a	物譜	蛇殼	22092.	7	30a	物譜	鱢魚
22053.	7	29a	物譜	龍退	22093.	7	30a	物譜	石頭魚
22054.	7	29a	物譜	龍子衣	22094.	7	30a	物譜	江魚
22055.	7	29a	物譜	龍皮	22095.	7	30a	物譜	黃花魚
22056.	7	29a	物譜	弓皮	22096.	7	30a	物譜	踏首
22057.	7	29a	物譜	蛇符	22097.	7	30a	物譜	春來
22058.	7	29a	物譜	蛇筋	22098.	7	30a	物譜	鯗
22059.	7	29a	物譜	蜥蜴	22099.	7	30a	物譜	石魷
22060.	7	29a	物譜	山龍子	22100.	7	30a	物譜	黃靈
22061.	7	29a	物譜	泉龍	22101.	7	30a	物譜	黃花魚
22062.	7	29a	物譜	石蝎	22102.	7	30a	物譜	鮴
22063.	7	29a	物譜	豬婆蛇	22103.	7	30a	物譜	鮸鯼
22064.	7	29a	物譜	蛇師	22104.	7	30a	物譜	當鮸
22065.	7	29a	物譜	蛇舅母	22105.	7	30a	物譜	助魚
22066.	7	29a	物譜	水蜥蜴	22106.	7	30b	物譜	鮆魚
22067.	7	29a	物譜	蠑螈	22107.	7	30b	物譜	鴷魚
22068.	7	29a	物譜	壁官	22108.	7	30b	物譜	鱴魚
22069.	7	29a	物譜	壁虎	22109.	7	30b	物譜	魛刀
22070.	7	29a	物譜	蝎虎	22110.	7	30b	物譜	鱭魚
22071.	7	29a	物譜	蝘蜓	22111.	7	30b	物譜	望魚
22072.	7	29a	物譜	馬蛇子	22112.	7	30b	物譜	鮢魚
22073.	7	29a	物譜	赤鱧公	22113.	7	30b	物譜	拙魚
22074.	7	29a	物譜	玄駒	22114.	7	30b	物譜	丙穴魚
22075.	7	29b	物譜	白驥	22115.	7	30b	物譜	鮒魚
22076.	7	29b	物譜	黃雛	22116.	7	30b	物譜	荷包鯽
22077.	7	29b	物譜	琴高	22117.	7	30b	物譜	鯿魚
22078.	7	29b	物譜	鱣魚	22118.	7	30b	物譜	魾魚
22079.	7	29b	物譜	狗嘴魚	22119.	7	30b	物譜	四腮魚
22080.	7	29b	物譜	鮋魚	22120.	7	31a	物譜	鱖魚
22081.	7	29b	物譜	赤眼魚	22121.	7	31a	物譜	水豚
22082.	7	29b	物譜	鰀魚	22122.	7	31a	物譜	鱥豚
22083.	7	29b	物譜	草魚	22123.	7	31a	物譜	石桂魚
22084.	7	29b	物譜	鯶	22124.	7	31a	物譜	鮀魚
22085.	7	29b	物譜	鱧魚	22125.	7	31a	物譜	吹沙魚
22086.	7	29b	物譜	子魚	22126.	7	31a	物譜	沙溝魚
22087.	7	29b	物譜	梭魚	22127.	7	31a	物譜	沙鯤
22088.	7	29b	物譜	鮊	22128.	7	31a	物譜	阿浪魚
22089.	7	29b	物譜	鱎魚	22129.	7	31a	物譜	渡父魚
22090.	7	30a	物譜	鮔魚	22130.	7	31a	物譜	黃鰍魚
22091.	7	30a	物譜	黃頰魚	22131.	7	31a	物譜	船矴魚

22132.	7	31a	物譜	伏念魚	22172.	7	32a	物譜	鮥魚
22133.	7	31a	物譜	石礬魚	22173.	7	32a	物譜	鮇鮪
22134.	7	31a	物譜	高魚	22174.	7	32a	物譜	鯸魚
22135.	7	31a	物譜	石魿	22175.	7	32a	物譜	鯤魚
22136.	7	31a	物譜	黃骨魚	22176.	7	32a	物譜	鯠魚
22137.	7	31a	物譜	銀條魚	22177.	7	32a	物譜	鱫魚
22138.	7	31b	物譜	白鰷	22178.	7	32a	物譜	鮑魚
22139.	7	31b	物譜	鰲魚	22179.	7	32a	物譜	鮇
22140.	7	31b	物譜	鮔魚	22180.	7	32a	物譜	鯢魚
22141.	7	31b	物譜	黑鰦	22181.	7	32a	物譜	黃鱨
22142.	7	31b	物譜	白小	22182.	7	32a	物譜	黃頰魚
22143.	7	31b	物譜	白萍	22183.	7	32a	物譜	黃鯽
22144.	7	31b	物譜	膾殘魚	22184.	7	32a	物譜	黃虬
22145.	7	31b	物譜	王餘魚	22185.	7	32a	物譜	鯽虬
22146.	7	31b	物譜	麵桑魚	22186.	7	32a	物譜	黃鮎魚
22147.	7	31b	物譜	鮸	22187.	7	32a	物譜	鱔
22148.	7	31b	物譜	蠡魚	22188.	7	32a	物譜	黃揚
22149.	7	31b	物譜	黑鱧	22189.	7	32a	物譜	燕頭魚
22150.	7	31b	物譜	玄鱧	22190.	7	32a	物譜	鯸鯠
22151.	7	31b	物譜	烏鱧	22191.	7	32a	物譜	鯛鯠
22152.	7	31b	物譜	銅魚	22192.	7	32a	物譜	鯤魚
22153.	7	31b	物譜	文魚	22193.	7	32a	物譜	嗔魚
22154.	7	31b	物譜	火柴頭魚	22194.	7	32b	物譜	吹肚魚
22155.	7	31b	物譜	水厭	22195.	7	32b	物譜	氣包魚
22156.	7	31b	物譜	鯢	22196.	7	32b	物譜	西施乳
22157.	7	31b	物譜	白鱓蛇魚	22197.	7	32b	物譜	海豨
22158.	7	31b	物譜	風鰻	22198.	7	32b	物譜	鱀魚
22159.	7	31b	物譜	黃鱔	22199.	7	32b	物譜	江豚
22160.	7	31b	物譜	黃鯉	22200.	7	32b	物譜	江豬
22161.	7	31b	物譜	鰭魚	22201.	7	32b	物譜	水豬
22162.	7	31b	物譜	泥鰍	22202.	7	32b	物譜	暨魚
22163.	7	31b	物譜	鰭魚	22203.	7	32b	物譜	饞魚
22164.	7	31b	物譜	黃魚	22204.	7	32b	物譜	鰐鯆
22165.	7	31b	物譜	蠟魚	22205.	7	32b	物譜	拜風
22166.	7	31b	物譜	玉版魚	22206.	7	32b	物譜	鰈鞋底魚
22167.	7	31b	物譜	含光	22207.	7	32b	物譜	拖沙魚
22168.	7	32a	物譜	鱘魚	22208.	7	32b	物譜	箬葉魚
22169.	7	32a	物譜	鱏魚	22209.	7	32b	物譜	鰜
22170.	7	32a	物譜	玉鮪	22210.	7	32b	物譜	魪
22171.	7	32a	物譜	碧魚	22211.	7	32b	物譜	婢屣魚

22212.	7	32b	物譜	奴屬魚	22252.	7	33b	物譜	老魚
22213.	7	32b	物譜	版魚	22253.	7	33b	物譜	鯢
22214.	7	32b	物譜	廣魚	22254.	7	33b	物譜	鯨潮
22215.	7	32b	物譜	舌魚	22255.	7	33b	物譜	魚虎
22216.	7	32b	物譜	假潛	22256.	7	33b	物譜	怪魚
22217.	7	32b	物譜	沙魚	22257.	7	33b	物譜	忽雷
22218.	7	32b	物譜	鯌魚	22258.	7	33b	物譜	骨雷
22219.	7	32b	物譜	腹魚	22259.	7	33b	物譜	海蔘
22220.	7	32b	物譜	溜魚	22260.	7	33b	物譜	水母
22221.	7	32b	物譜	河伯健兒	22261.	7	33b	物譜	扜蒲魚
22222.	7	32b	物譜	挺額魚	22262.	7	33b	物譜	石鏡
22223.	7	32b	物譜	鹿沙	22263.	7	33b	物譜	米鰕
22224.	7	32b	物譜	虎沙	22264.	7	33b	物譜	糠鰕
22225.	7	32b	物譜	鋸沙	22265.	7	33b	物譜	梅鰕
22226.	7	33a	物譜	烏鰂	22266.	7	33b	物譜	鰕米
22227.	7	33a	物譜	黑魚	22267.	7	33b	物譜	海鰕
22228.	7	33a	物譜	纜魚	22268.	7	33b	物譜	紅蝦
22229.	7	33a	物譜	明鯗	22269.	7	33b	物譜	鱐
22230.	7	33a	物譜	脯鯗	22270.	7	33b	物譜	對鰕
22231.	7	33a	物譜	海鰾蛸	22271.	7	33b	物譜	鹵鰕
22232.	7	33a	物譜	柔魚	22272.	7	33b	物譜	紫鰕
22233.	7	33a	物譜	文魚	22273.	7	33b	物譜	鈚
22234.	7	33a	物譜	八帶	22274.	7	33b	物譜	繙紺
22235.	7	33a	物譜	章舉	22275.	7	34a	物譜	互物
22236.	7	33a	物譜	小八梢魚	22276.	7	34a	物譜	外骨
22237.	7	33a	物譜	儵魚	22277.	7	34a	物譜	玄衣督郵
22238.	7	33a	物譜	絡蹄	22278.	7	34a	物譜	元緒
22239.	7	33a	物譜	北魚	22279.	7	34a	物譜	清江使者
22240.	7	33a	物譜	古道魚	22280.	7	34a	物譜	洞玄先生
22241.	7	33a	物譜	拔魚	22281.	7	34a	物譜	綠衣女子
22242.	7	33a	物譜	芒魚	22282.	7	34a	物譜	玉靈夫子
22243.	7	33a	物譜	裙帶魚	22283.	7	34a	物譜	玄夫
22244.	7	33a	物譜	松魚	22284.	7	34a	物譜	蔡
22245.	7	33a	物譜	蘇魚	22285.	7	34a	物譜	貢
22246.	7	33a	物譜	無祖魚	22286.	7	34a	物譜	靈
22247.	7	33a	物譜	橡木魚	22287.	7	34a	物譜	諸果
22248.	7	33a	物譜	餘項魚	22288.	7	34a	物譜	諸獵
22249.	7	33a	物譜	湘洋魚	22289.	7	34a	物譜	不顟
22250.	7	33a	物譜	湘魚	22290.	7	34a	物譜	不若
22251.	7	33b	物譜	鰡乾	22291.	7	34a	物譜	十龜

22292.	7	34a	物譜	蔡龜	22332.	7	34b	物譜	蟛螖
22293.	7	34a	物譜	蟢蟦	22333.	7	34b	物譜	蟛蜞
22294.	7	34a	物譜	蟲鳳	22334.	7	34b	物譜	沙狗
22295.	7	34a	物譜	瑇玥	22335.	7	34b	物譜	望潮
22296.	7	34a	物譜	綠毛龜	22336.	7	34b	物譜	招潮子
22297.	7	34a	物譜	神屋	22337.	7	34b	物譜	蠣奴
22298.	7	34a	物譜	敗龜板	22338.	7	34b	物譜	寄居
22299.	7	34a	物譜	敗將	22339.	7	34b	物譜	螯
22300.	7	34a	物譜	漏天機	22340.	7	34b	物譜	蟹鉗
22301.	7	34a	物譜	冉	22341.	7	35a	物譜	匡
22302.	7	34a	物譜	福龜	22342.	7	35a	物譜	盃
22303.	7	34b	物譜	青純	22343.	7	35a	物譜	蛢
22304.	7	34b	物譜	句僂	22344.	7	35a	物譜	蟹胥
22305.	7	34b	物譜	蔡	22345.	7	35a	物譜	蟹斷
22306.	7	34b	物譜	團魚	22346.	7	35a	物譜	蟹椴
22307.	7	34b	物譜	神守	22347.	7	35a	物譜	石蟹
22308.	7	34b	物譜	河伯使者	22348.	7	35a	物譜	石次蛙
22309.	7	34b	物譜	王八	22349.	7	35a	物譜	牡蠣
22310.	7	34b	物譜	鼈君	22350.	7	35a	物譜	牡蛤
22311.	7	34b	物譜	鼈津	22351.	7	35a	物譜	蠣蛤
22312.	7	34b	物譜	醜	22352.	7	35a	物譜	古賁
22313.	7	34b	物譜	護卵	22353.	7	35a	物譜	蠔
22314.	7	34b	物譜	擉鼈	22354.	7	35a	物譜	蠣黃
22315.	7	34b	物譜	納鼈	22355.	7	35a	物譜	石花
22316.	7	34b	物譜	能	22356.	7	35a	物譜	土花
22317.	7	34b	物譜	黿	22357.	7	35a	物譜	蠣房
22318.	7	34b	物譜	跪	22358.	7	35a	物譜	蠔山
22319.	7	34b	物譜	螃蟹	22359.	7	35a	物譜	蜃
22320.	7	34b	物譜	橫行介士	22360.	7	35a	物譜	合漿
22321.	7	34b	物譜	無腸公子	22361.	7	35a	物譜	玭
22322.	7	34b	物譜	郭索	22362.	7	35a	物譜	真珠
22323.	7	34b	物譜	尖團	22363.	7	35a	物譜	珍珠
22324.	7	34b	物譜	蜋螖	22364.	7	35a	物譜	蚌珠
22325.	7	34b	物譜	博帶	22365.	7	35a	物譜	蠙珠
22326.	7	34b	物譜	蛫	22366.	7	35a	物譜	珠胎
22327.	7	34b	物譜	比	22367.	7	35a	物譜	珠母
22328.	7	34b	物譜	蟛	22368.	7	35a	物譜	東珠
22329.	7	34b	物譜	蜻蛑	22369.	7	35a	物譜	貓睛
22330.	7	34b	物譜	擁釰	22370.	7	35a	物譜	移角
22331.	7	34b	物譜	執火	22371.	7	35a	物譜	姑勞

22372.	7	35a	物譜	羊蹄	22412.	7	36a	物譜	紅蛤
22373.	7	35b	物譜	蟶蚶	22413.	7	36a	物譜	五萬同
22374.	7	35b	物譜	齊蛤	22414.	7	36a	物譜	石決名
22375.	7	35b	物譜	單母	22415.	7	36a	物譜	九孔螺
22376.	7	35b	物譜	㸁岸	22416.	7	36a	物譜	千里光
22377.	7	35b	物譜	蚝馬蛤	22417.	7	36a	物譜	螺鈿
22378.	7	35b	物譜	廲	22418.	7	36a	物譜	流螺
22379.	7	35b	物譜	單姥	22419.	7	36a	物譜	假豬螺
22380.	7	35b	物譜	竹蟶	22420.	7	36a	物譜	甲香
22381.	7	35b	物譜	扁螺	22421.	7	36a	物譜	厴
22382.	7	35b	物譜	生雎	22422.	7	36a	物譜	骨蟀
22383.	7	35b	物譜	鹹蛤	22423.	7	36a	物譜	鸚鵡螺
22384.	7	35b	物譜	蛤蜊	22424.	7	36a	物譜	梭尾螺
22385.	7	35b	物譜	文蛤	22425.	7	36a	物譜	珠螺
22386.	7	35b	物譜	海蛤	22426.	7	36b	物譜	蝸
22387.	7	35b	物譜	海石	22427.	7	36b	物譜	螺螄
22388.	7	35b	物譜	蛤粉	22428.	7	36b	物譜	鬼眼睛
22389.	7	35b	物譜	海粉	22429.	7	36b	物譜	海扇
22390.	7	35b	物譜	竹蛤	22430.	7	36b	物譜	牟婆
22391.	7	35b	物譜	擔羅	22431.	7	36b	物譜	貝齒
22392.	7	35b	物譜	蟶腸	22432.	7	36b	物譜	白貝
22393.	7	35b	物譜	蟶田	22433.	7	36b	物譜	海肥
22394.	7	35b	物譜	海月	22434.	7	36b	物譜	貾
22395.	7	35b	物譜	玉蛈	22435.	7	36b	物譜	蜬
22396.	7	35b	物譜	玉蛈	22436.	7	36b	物譜	魷
22397.	7	35b	物譜	馬煩	22437.	7	36b	物譜	鯖
22398.	7	36a	物譜	馬甲	22438.	7	36b	物譜	玄
22399.	7	36a	物譜	江瑤柱	22439.	7	36b	物譜	貽
22400.	7	36a	物譜	魁陸	22440.	7	36b	物譜	餘貾
22401.	7	36a	物譜	瓦屋子	22441.	7	36b	物譜	餘泉
22402.	7	36a	物譜	瓦壟子	22442.	7	36b	物譜	蚆
22403.	7	36a	物譜	伏老	22443.	7	36b	物譜	蜠
22404.	7	36a	物譜	蚶	22444.	7	36b	物譜	紫貝
22405.	7	36a	物譜	天臠	22445.	7	36b	物譜	珠貝
22406.	7	36a	物譜	蜜丁	22446.	7	36b	物譜	綬貝
22407.	7	36a	物譜	空慈子	22447.	7	36b	物譜	霞貝
22408.	7	36a	物譜	殼菜	22448.	7	36b	物譜	浮貝
22409.	7	36a	物譜	海牝	22449.	7	36b	物譜	濯貝
22410.	7	36a	物譜	海蛘	22450.	7	36b	物譜	雛貝
22411.	7	36a	物譜	東海夫人	22451.	7	36b	物譜	㸙貝

22452.	7	36b	物譜	惠貝	22492.	7	37a	物譜	夏蠶
22453.	7	36b	物譜	薈貝	22493.	7	37a	物譜	熱蠶
22454.	7	36b	物譜	碧貝	22494.	7	37a	物譜	魏蠶
22455.	7	36b	物譜	委貝	22495.	7	37a	物譜	白殭蠶
22456.	7	36b	物譜	紫貝	22496.	7	37a	物譜	蟻子
22457.	7	36b	物譜	文貝	22497.	7	37a	物譜	蚝
22458.	7	36b	物譜	砑螺	22498.	7	37b	物譜	妙
22459.	7	36b	物譜	庒	22499.	7	37b	物譜	紅蠶
22460.	7	36b	物譜	朋	22500.	7	37b	物譜	蛹
22461.	7	36b	物譜	手	22501.	7	37b	物譜	魄
22462.	7	36b	物譜	苗	22502.	7	37b	物譜	小蜂兒
22463.	7	36b	物譜	索	22503.	7	37b	物譜	蛾
22464.	7	36b	物譜	卅	22504.	7	37b	物譜	羅
22465.	7	37a	物譜	馬珂螺	22505.	7	37b	物譜	馬鳴退
22466.	7	37a	物譜	玞	22506.	7	37b	物譜	佛退
22467.	7	37a	物譜	豸	22507.	7	37b	物譜	蛻
22468.	7	37a	物譜	程	22508.	7	37b	物譜	繭
22469.	7	37a	物譜	塵	22509.	7	37b	物譜	甕
22470.	7	37a	物譜	螫	22510.	7	37b	物譜	蠶砂
22471.	7	37a	物譜	喓喓	22511.	7	37b	物譜	妙
22472.	7	37a	物譜	欪欪	22512.	7	37b	物譜	三眠
22473.	7	37a	物譜	嘖嘖	22513.	7	37b	物譜	三幼
22474.	7	37a	物譜	嚱嚱	22514.	7	37b	物譜	蠶理
22475.	7	37a	物譜	薨薨	22515.	7	37b	物譜	蠶老
22476.	7	37a	物譜	蜎蜎	22516.	7	37b	物譜	䖳
22477.	7	37a	物譜	連蜷	22517.	7	37b	物譜	簇
22478.	7	37a	物譜	蟄	22518.	7	37b	物譜	上草
22479.	7	37a	物譜	俯	22519.	7	37b	物譜	蠶連
22480.	7	37a	物譜	雔由	22520.	7	37b	物譜	蠶薄
22481.	7	37a	物譜	野繭	22521.	7	37b	物譜	蠶箔
22482.	7	37a	物譜	棘蠶	22522.	7	37b	物譜	栠
22483.	7	37a	物譜	樂蠶	22523.	7	37b	物譜	曲植
22484.	7	37a	物譜	柘蠶	22524.	7	37b	物譜	槌
22485.	7	37a	物譜	金蠶	22525.	7	37b	物譜	蠶室
22486.	7	37a	物譜	冰蠶	22526.	7	37b	物譜	繭房
22487.	7	37a	物譜	野蠶	22527.	7	37b	物譜	蠶房
22488.	7	37a	物譜	蚖	22528.	7	37b	物譜	蠶妾
22489.	7	37a	物譜	蠉	22529.	7	37b	物譜	宛窳氏
22490.	7	37a	物譜	原蠶	22530.	7	37b	物譜	西陵氏
22491.	7	37a	物譜	踵	22531.	7	37b	物譜	先帝

22532.	7	37b	物譜	寓氏公主	22572.	7	38b	物譜	露蜂房
22533.	7	37b	物譜	馬頭娘	22573.	7	38b	物譜	蜂腸
22534.	7	37b	物譜	視鹽	22574.	7	38b	物譜	蜂勦
22535.	7	37b	物譜	土鹽	22575.	7	38b	物譜	百穿
22536.	7	37b	物譜	烏鹽	22576.	7	38b	物譜	紫金沙
22537.	7	37b	物譜	藿燭	22577.	7	38b	物譜	螟蛉
22538.	7	37b	物譜	麻燭	22578.	7	38b	物譜	蜾蠃
22539.	7	37b	物譜	金鳳燭	22579.	7	38b	物譜	蒲盧
22540.	7	37b	物譜	椒燭	22580.	7	38b	物譜	土蜂
22541.	7	37b	物譜	石鹽	22581.	7	38b	物譜	細腰蜂
22542.	7	38a	物譜	金翼使	22582.	7	38b	物譜	蠮螉
22543.	7	38a	物譜	范	22583.	7	38b	物譜	蚊蛤
22544.	7	38a	物譜	萬	22584.	7	38b	物譜	百蟲倉
22545.	7	38a	物譜	冠	22585.	7	38b	物譜	百藥煎
22546.	7	38a	物譜	蚕	22586.	7	38b	物譜	蟷蜋
22547.	7	38a	物譜	慾	22587.	7	38b	物譜	刀蜋
22548.	7	38a	物譜	蠟蜂	22588.	7	38b	物譜	拒斧
22549.	7	38a	物譜	蜂王	22589.	7	38b	物譜	蝕胧
22550.	7	38a	物譜	將蜂	22590.	7	38b	物譜	石蜋
22551.	7	38a	物譜	相蜂	22591.	7	38b	物譜	齕肬
22552.	7	38a	物譜	蜂衙	22592.	7	38b	物譜	織絹娘
22553.	7	38a	物譜	蜂竇	22593.	7	38b	物譜	蟷蠰
22554.	7	38a	物譜	蜂臺	22594.	7	38b	物譜	螵蛸
22555.	7	38a	物譜	蜂樓	22595.	7	38b	物譜	蜱蛸
22556.	7	38a	物譜	蜂房	22596.	7	38b	物譜	蟑蟭
22557.	7	38a	物譜	蜜脾	22597.	7	38b	物譜	桑螵蛸
22558.	7	38a	物譜	蠟	22598.	7	38b	物譜	絲蛇
22559.	7	38a	物譜	蜜砒	22599.	7	39a	物譜	螺
22560.	7	38a	物譜	白蠟	22600.	7	39a	物譜	揚剌子
22561.	7	38a	物譜	紫膠	22601.	7	39a	物譜	天漿子
22562.	7	38a	物譜	紫鉚	22602.	7	39a	物譜	棘剛子
22563.	7	38a	物譜	赤膠	22603.	7	39a	物譜	蚝蟲
22564.	7	38a	物譜	紫梗	22604.	7	39a	物譜	紅姑娘
22565.	7	38a	物譜	馬蜂	22605.	7	39a	物譜	載
22566.	7	38a	物譜	蚾零	22606.	7	39a	物譜	癢瘌子
22567.	7	38a	物譜	蟺蜂	22607.	7	39a	物譜	蛤
22568.	7	38a	物譜	木蜂	22608.	7	39a	物譜	毛蠹
22569.	7	38a	物譜	壺蜂	22609.	7	39a	物譜	雀甕
22570.	7	38a	物譜	佩瓠蜂	22610.	7	39a	物譜	蛄蟖房
22571.	7	38a	物譜	玄瓠蜂	22611.	7	39a	物譜	雀兒飯甕

22612.	7	39a	物譜	蚝蟲窠
22613.	7	39a	物譜	蛣蜣
22614.	7	39a	物譜	推丸
22615.	7	39a	物譜	推車客
22616.	7	39a	物譜	黑牛兒
22617.	7	39a	物譜	鐵甲將軍
22618.	7	39a	物譜	弄丸
22619.	7	39a	物譜	天社
22620.	7	39a	物譜	夜遊將軍
22621.	7	39a	物譜	土消
22622.	7	39a	物譜	蜚
22623.	7	39a	物譜	渠畧
22624.	7	39a	物譜	掘閱
22625.	7	39a	物譜	齊女
22626.	7	39a	物譜	蚱蟬
22627.	7	39a	物譜	蛹馬蜩
22628.	7	39a	物譜	螗蜩
22629.	7	39a	物譜	冠蟬
22630.	7	39a	物譜	蟬花
22631.	7	39a	物譜	蝘
22632.	7	39a	物譜	胡蟬
22633.	7	39a	物譜	蜋蜩
22634.	7	39a	物譜	蠂
22635.	7	39a	物譜	麥蚻
22636.	7	39b	物譜	茅蜩
22637.	7	39b	物譜	茅蠽
22638.	7	39b	物譜	蟪蛄
22639.	7	39b	物譜	寒蟬
22640.	7	39b	物譜	寒蜩
22641.	7	39b	物譜	寒螿
22642.	7	39b	物譜	亞蟬
22643.	7	39b	物譜	絡緯
22644.	7	39b	物譜	復育
22645.	7	39b	物譜	蛗
22646.	7	39b	物譜	王蝎
22647.	7	39b	物譜	金牛兒
22648.	7	39b	物譜	蟬蛻
22649.	7	39b	物譜	蛭
22650.	7	39b	物譜	蟬退
22651.	7	39b	物譜	枯蟬
22652.	7	39b	物譜	嘶
22653.	7	39b	物譜	嘒嘒
22654.	7	39b	物譜	天水牛
22655.	7	39b	物譜	蠰
22656.	7	39b	物譜	齧頞
22657.	7	39b	物譜	八角兒
22658.	7	39b	物譜	獨角仙
22659.	7	39b	物譜	齧桑
22660.	7	39b	物譜	螻蛄
22661.	7	39b	物譜	天螻
22662.	7	39b	物譜	螜
22663.	7	39b	物譜	螻蟈
22664.	7	39b	物譜	仙姑
22665.	7	39b	物譜	石鼠
22666.	7	39b	物譜	土狗
22667.	7	39b	物譜	梧鼠
22668.	7	39b	物譜	偷火蟲
22669.	7	39b	物譜	螔螻
22670.	7	39b	物譜	夜光
22671.	7	39b	物譜	熠耀
22672.	7	39b	物譜	即炤
22673.	7	39b	物譜	夜照
22674.	7	39b	物譜	挾火
22675.	7	39b	物譜	宵燭
22676.	7	39b	物譜	丹鳥
22677.	7	40a	物譜	腐蠸
22678.	7	40a	物譜	宵行
22679.	7	40a	物譜	蠋
22680.	7	40a	物譜	螢蛆
22681.	7	40a	物譜	草蟲
22682.	7	40a	物譜	負蠜
22683.	7	40a	物譜	蚱蜢
22684.	7	40a	物譜	趯趯
22685.	7	40a	物譜	斯螽
22686.	7	40a	物譜	蚣蝑
22687.	7	40a	物譜	莎雞
22688.	7	40a	物譜	草螽
22689.	7	40a	物譜	土螽
22690.	7	40a	物譜	蠰蟔
22691.	7	40a	物譜	蟿螽

22692.	7	40a	物譜	舂箕	22732.	7	41a	物譜	鳳車
22693.	7	40a	物譜	蟋蟀	22733.	7	41a	物譜	鬼車
22694.	7	40a	物譜	蜻蜊	22734.	7	41a	物譜	材裏來
22695.	7	40a	物譜	蚕	22735.	7	41a	物譜	白露蟲
22696.	7	40a	物譜	虰蟓	22736.	7	41a	物譜	魚糧
22697.	7	40a	物譜	促織	22737.	7	41a	物譜	慕火
22698.	7	40a	物譜	竈雞	22738.	7	41a	物譜	文蛾
22699.	7	40b	物譜	橫蟲	22739.	7	41a	物譜	龍腦蛾
22700.	7	40b	物譜	蟓	22740.	7	41a	物譜	蜻虹
22701.	7	40b	物譜	蝮蛕	22741.	7	41a	物譜	蜻蜓
22702.	7	40b	物譜	紅娘子	22742.	7	41a	物譜	虹蛵
22703.	7	40b	物譜	天雞	22743.	7	41a	物譜	負勞
22704.	7	40b	物譜	韜	22744.	7	41a	物譜	蟌
22705.	7	40b	物譜	灰花	22745.	7	41a	物譜	諸乘
22706.	7	40b	物譜	螟蠰	22746.	7	41a	物譜	紗羊
22707.	7	40b	物譜	黃蚒	22747.	7	41a	物譜	赤卒
22708.	7	40b	物譜	發皇	22748.	7	41a	物譜	赤弁丈人
22709.	7	40b	物譜	蜚蠊	22749.	7	41a	物譜	赤衣使者
22710.	7	40b	物譜	鼠負	22750.	7	41a	物譜	絳繾
22711.	7	40b	物譜	鼠姑	22751.	7	41a	物譜	狐黎
22712.	7	40b	物譜	蟋蟀	22752.	7	41a	物譜	胡離
22713.	7	40b	物譜	蚈蠟	22753.	7	41a	物譜	蠊蚜
22714.	7	40b	物譜	濕生蟲	22754.	7	41a	物譜	江雞
22715.	7	40b	物譜	地雞	22755.	7	41a	物譜	紺蟇
22716.	7	40b	物譜	地蝨	22756.	7	41a	物譜	天雞
22717.	7	40b	物譜	蟠	22757.	7	41a	物譜	胡黎
22718.	7	40b	物譜	地鼈	22758.	7	41a	物譜	蜻蛉
22719.	7	40b	物譜	土鼈	22759.	7	41a	物譜	水蠆
22720.	7	40b	物譜	地蜱蟲	22760.	7	41a	物譜	款款
22721.	7	40b	物譜	簸箕蟲	22761.	7	41a	物譜	蚰蟱
22722.	7	40b	物譜	蚵蚾蟲	22762.	7	41a	物譜	竈螫
22723.	7	40b	物譜	過街	22763.	7	41a	物譜	蠮螉
22724.	7	40b	物譜	蛺蝶	22764.	7	41a	物譜	蠣蝓
22725.	7	40b	物譜	蜫蝴	22765.	7	41a	物譜	毒餘
22726.	7	40b	物譜	撻末	22766.	7	41a	物譜	次蠶
22727.	7	40b	物譜	胥	22767.	7	41a	物譜	杜公
22728.	7	40b	物譜	玉腰奴	22768.	7	41a	物譜	壁錢
22729.	7	40b	物譜	玉飛錢	22769.	7	41a	物譜	壁鏡
22730.	7	41a	物譜	風蝶	22770.	7	41a	物譜	壁繭
22731.	7	41a	物譜	鳳子	22771.	7	41a	物譜	扁蟢

22772.	7	41a	物譜	草蜘蛛	22812.	7	41b	物譜	蚕
22773.	7	41a	物譜	天蛇	22813.	7	41b	物譜	蝎
22774.	7	41a	物譜	螳蟷	22814.	7	41b	物譜	蛞蝰
22775.	7	41b	物譜	蛛蝎	22815.	7	41b	物譜	蟒蟒
22776.	7	41b	物譜	土蜘蛛	22816.	7	41b	物譜	桑蠹
22777.	7	41b	物譜	顛當蟲	22817.	7	42a	物譜	蜖
22778.	7	41b	物譜	蛛母	22818.	7	42a	物譜	蠹
22779.	7	41b	物譜	蠅虎	22819.	7	42a	物譜	橘
22780.	7	41b	物譜	蠅蝗	22820.	7	42a	物譜	桂蠹
22781.	7	41b	物譜	蠅豹	22821.	7	42a	物譜	蚯蚓
22782.	7	41b	物譜	絡新婦	22822.	7	42a	物譜	胸膁
22783.	7	41b	物譜	蟢子	22823.	7	42a	物譜	蟪蟪
22784.	7	41b	物譜	蟢母	22824.	7	42a	物譜	蜸蠾
22785.	7	41b	物譜	蠨蛸	22825.	7	42a	物譜	螼蟺
22786.	7	41b	物譜	親客	22826.	7	42a	物譜	曲蟺
22787.	7	41b	物譜	長踦	22827.	7	42a	物譜	曲蟮
22788.	7	41b	物譜	長腳	22828.	7	42a	物譜	土壇
22789.	7	41b	物譜	金橐駝	22829.	7	42a	物譜	土龍
22790.	7	41b	物譜	蛛網	22830.	7	42a	物譜	寒蟪
22791.	7	41b	物譜	忽	22831.	7	42a	物譜	附蚓
22792.	7	41b	物譜	蚼	22832.	7	42a	物譜	歜女
22793.	7	41b	物譜	玄駒	22833.	7	42a	物譜	寒蚓
22794.	7	41b	物譜	蟻蚌	22834.	7	42a	物譜	鳴砌
22795.	7	41b	物譜	馬蟻	22835.	7	42a	物譜	引無
22796.	7	41b	物譜	蛾子	22836.	7	42a	物譜	千人踏
22797.	7	41b	物譜	蚍蜉	22837.	7	42a	物譜	六一泥
22798.	7	41b	物譜	蠺	22838.	7	42a	物譜	蚓螻
22799.	7	41b	物譜	朾螘	22839.	7	42a	物譜	蠚牛
22800.	7	41b	物譜	蚳	22840.	7	42a	物譜	蚹蠃
22801.	7	41b	物譜	蝍	22841.	7	42a	物譜	蝓
22802.	7	41b	物譜	白蟻	22842.	7	42a	物譜	山蝸
22803.	7	41b	物譜	蟻磨	22843.	7	42a	物譜	土牛兒
22804.	7	41b	物譜	蟻春	22844.	7	42a	物譜	蛞蝓
22805.	7	41b	物譜	蟻堼	22845.	7	42a	物譜	陵蠡
22806.	7	41b	物譜	蟻封	22846.	7	42a	物譜	蚹蝸
22807.	7	41b	物譜	白蟻泥	22847.	7	42a	物譜	土蝸
22808.	7	41b	物譜	坻	22848.	7	42a	物譜	托胎蟲
22809.	7	41b	物譜	地𧎷	22849.	7	42a	物譜	鼻涕蟲
22810.	7	41b	物譜	蟦蠐	22850.	7	42a	物譜	緣桑蠃
22811.	7	41b	物譜	蛋蠐	22851.	7	42a	物譜	桑牛

22852.	7	42a	物譜	天螺		22892.	7	43a	物譜	虼蚤
22853.	7	42a	物譜	百足		22893.	7	43a	物譜	蟣
22854.	7	42a	物譜	千足		22894.	7	43a	物譜	八腳子
22855.	7	42a	物譜	百節		22895.	7	43a	物譜	陰蝨
22856.	7	42a	物譜	馬蚿		22896.	7	43a	物譜	牛蝿
22857.	7	42b	物譜	馬蠸		22897.	7	43a	物譜	狗蟞
22858.	7	42b	物譜	馬軸		22898.	7	43a	物譜	草蚾
22859.	7	42b	物譜	馬蠋		22899.	7	43a	物譜	白鳥
22860.	7	42b	物譜	馬踐		22900.	7	43a	物譜	黍民
22861.	7	42b	物譜	飛蚿蟲		22901.	7	43a	物譜	暑蝨
22862.	7	42b	物譜	刀環蟲		22902.	7	43a	物譜	豹腳
22863.	7	42b	物譜	蛩馮		22903.	7	43a	物譜	蚋子
22864.	7	42b	物譜	功曹		22904.	7	43a	物譜	諸趣
22865.	7	42b	物譜	馬蝬		22905.	7	43a	物譜	夏蚃
22866.	7	42b	物譜	蜠蚼		22906.	7	43a	物譜	猛蚃
22867.	7	42b	物譜	步屈		22907.	7	43a	物譜	牛蚃
22868.	7	42b	物譜	螂蠍		22908.	7	43a	物譜	蠠
22869.	7	42b	物譜	螟蛉		22909.	7	43a	物譜	木蚃
22870.	7	42b	物譜	戎女		22910.	7	43a	物譜	蚉蝱
22871.	7	42b	物譜	桑蠶		22911.	7	43b	物譜	蛞蚰
22872.	7	42b	物譜	蛺蠑		22912.	7	43b	物譜	薑
22873.	7	42b	物譜	螂蛆		22913.	7	43b	物譜	杜白
22874.	7	42b	物譜	天龍		22914.	7	43b	物譜	蜥蜴
22875.	7	42b	物譜	入耳		22915.	7	43b	物譜	蠹尾蟲
22876.	7	42b	物譜	吟窮		22916.	7	43b	物譜	主簿蟲
22877.	7	42b	物譜	蚨蚦		22917.	7	43b	物譜	蝎梢
22878.	7	42b	物譜	蚭蛇		22918.	7	43b	物譜	擅
22879.	7	42b	物譜	蛸蚔		22919.	7	43b	物譜	景迹
22880.	7	42b	物譜	蟦衒		22920.	7	43b	物譜	蒼蝿
22881.	7	42b	物譜	金包蟲		22921.	7	43b	物譜	營營
22882.	7	43a	物譜	壁蝨		22922.	7	43b	物譜	蝿拂
22883.	7	43a	物譜	臭蝨		22923.	7	43b	物譜	蠮子
22884.	7	43a	物譜	扁蝨		22924.	7	43b	物譜	蚱子
22885.	7	43a	物譜	交蝨		22925.	7	43b	物譜	胯蠮
22886.	7	43a	物譜	壁陀		22926.	7	43b	物譜	國貉
22887.	7	43a	物譜	蜇		22927.	7	43b	物譜	蟲蠮
22888.	7	43a	物譜	蠦蜰		22928.	7	43b	物譜	蟬
22889.	7	43a	物譜	負盤		22929.	7	43b	物譜	白魚
22890.	7	43a	物譜	負蠜		22930.	7	43b	物譜	蛃魚
22891.	7	43a	物譜	壁鹿		22931.	7	43b	物譜	壁魚

22932.	7	43b	物譜	蠹魚	22972.	7	44a	物譜	閣閣
22933.	7	43b	物譜	胍望	22973.	7	44b	物譜	活師
22934.	7	43b	物譜	螐	22974.	7	44b	物譜	活東
22935.	7	43b	物譜	脊芮	22975.	7	44b	物譜	玄魚
22936.	7	44a	物譜	蠓烟	22976.	7	44b	物譜	懸針
22937.	7	44a	物譜	飛鴻	22977.	7	44b	物譜	水仙子
22938.	7	44a	物譜	脊芮	22978.	7	44b	物譜	蝦蟆臺
22939.	7	44a	物譜	陰生蟲	22979.	7	44b	物譜	活即師
22940.	7	44a	物譜	黿鼉	22980.	7	44b	物譜	蚑
22941.	7	44a	物譜	鼉黿	22981.	7	44b	物譜	至掌
22942.	7	44a	物譜	蚵蚾	22982.	7	44b	物譜	馬蜞
22943.	7	44a	物譜	癩蝦蟆	22983.	7	44b	物譜	馬蛭
22944.	7	44a	物譜	詹諸	22984.	7	44b	物譜	馬蟥
22945.	7	44a	物譜	云蚊	22985.	7	44b	物譜	馬鼈
22946.	7	44a	物譜	去甫	22986.	7	44b	物譜	蚨蟬
22947.	7	44a	物譜	戚施	22987.	7	44b	物譜	蟱蝸
22948.	7	44a	物譜	肉芝	22988.	7	44b	物譜	蟓蝸
22949.	7	44a	物譜	土檳榔	22989.	7	44b	物譜	蒲蚕
22950.	7	44a	物譜	爬沙	22990.	7	44b	物譜	魚父
22951.	7	44a	物譜	石撞	22991.	7	44b	物譜	魚伯
22952.	7	44a	物譜	蛤蚧	22992.	7	44b	物譜	射工
22953.	7	44a	物譜	樹蟆	22993.	7	44b	物譜	射影
22954.	7	44a	物譜	長股	22994.	7	44b	物譜	水弩
22955.	7	44a	物譜	田雞	22995.	7	44b	物譜	抱槍
22956.	7	44a	物譜	青雞	22996.	7	44b	物譜	含沙
22957.	7	44a	物譜	坐魚	22997.	7	44b	物譜	短狐
22958.	7	44a	物譜	蛤魚	22998.	7	44b	物譜	水狐
22959.	7	44a	物譜	田父	22999.	7	44b	物譜	鬼彈
22960.	7	44a	物譜	長肱	23000.	7	44b	物譜	水虎
22961.	7	44a	物譜	石榜	23001.	7	44b	物譜	水鏡
22962.	7	44a	物譜	蠷子	23002.	7	44b	物譜	溪毒
22963.	7	44a	物譜	蠷	23003.	7	44b	物譜	溪鬼蟲
22964.	7	44a	物譜	土鴨	23004.	7	44b	物譜	沙蝨
22965.	7	44a	物譜	耿黽	23005.	7	44b	物譜	斑蝥
22966.	7	44a	物譜	金線蛙	23006.	7	44b	物譜	盤蝥
22967.	7	44a	物譜	黽	23007.	7	44b	物譜	龍蚝
22968.	7	44a	物譜	水雞	23008.	7	44b	物譜	斑蚝
22969.	7	44a	物譜	石鴨	23009.	7	44b	物譜	斑菌
22970.	7	44a	物譜	玷子	23010.	7	44b	物譜	膌髮
22971.	7	44a	物譜	聲抱	23011.	7	44b	物譜	晏青

23012.	7	44b	物譜	芫青
23013.	7	44b	物譜	青娘子
23014.	7	44b	物譜	王不留行
23015.	7	45a	物譜	葛上亭長
23016.	7	45a	物譜	地膽
23017.	7	45a	物譜	赤頭
23018.	7	45a	物譜	蝨
23019.	7	45a	物譜	螣
23020.	7	45a	物譜	蟞
23021.	7	45a	物譜	旁不肯
23022.	7	45a	物譜	強
23023.	7	45a	物譜	姑?
23024.	7	45a	物譜	好蚄
23025.	7	45a	物譜	穀狗
23026.	7	45a	物譜	蚌
23027.	7	45a	物譜	蠸
23028.	7	45a	物譜	輿父
23029.	7	45a	物譜	海馬
23030.	7	45a	物譜	蛣蟩
23031.	7	45a	物譜	沙蟲
23032.	7	45a	物譜	蜎蠉
23033.	7	45a	物譜	倒跂蟲
23034.	7	45a	物譜	蜾蠊
23035.	7	45a	物譜	沙蝨
23036.	7	45a	物譜	蓬活
23037.	7	45a	物譜	地脾
23038.	7	45b	物譜	水蛇
23039.	7	45b	物譜	豉母蟲
23040.	7	45b	物譜	縊女
23041.	8	1a	物譜	九穀
23042.	8	1a	物譜	五穀
23043.	8	1a	物譜	黄茂
23044.	8	1a	物譜	達
23045.	8	1a	物譜	方
23046.	8	1a	物譜	庭碩
23047.	8	1a	物譜	驛驛
23048.	8	1a	物譜	渟然
23049.	8	1a	物譜	穗
23050.	8	1a	物譜	荚
23051.	8	1a	物譜	芒
23052.	8	1a	物譜	穬
23053.	8	1a	物譜	藁
23054.	8	1a	物譜	藷
23055.	8	1a	物譜	宿田翁
23056.	8	1a	物譜	穀奴
23057.	8	1a	物譜	蓺
23058.	8	1a	物譜	播
23059.	8	1a	物譜	稙
23060.	8	1a	物譜	穉
23061.	8	1a	物譜	穋
23062.	8	1a	物譜	稼
23063.	8	1a	物譜	穗合漿
23064.	8	1a	物譜	結角兒
23065.	8	1a	物譜	穀楂子
23066.	8	1a	物譜	耘
23067.	8	1a	物譜	藨
23068.	8	1a	物譜	蓘
23069.	8	1a	物譜	耔
23070.	8	1b	物譜	三族
23071.	8	1b	物譜	䆉
23072.	8	1b	物譜	穖
23073.	8	1b	物譜	蒡
23074.	8	1b	物譜	稂
23075.	8	1b	物譜	驕驕
23076.	8	1b	物譜	桀桀
23077.	8	1b	物譜	獲
23078.	8	1b	物譜	穛
23079.	8	1b	物譜	稍
23080.	8	1b	物譜	銍
23081.	8	1b	物譜	摠
23082.	8	1b	物譜	秸服
23083.	8	1b	物譜	農
23084.	8	1b	物譜	先嗇
23085.	8	1b	物譜	有年
23086.	8	1b	物譜	康年
23087.	8	1b	物譜	大有
23088.	8	1b	物譜	稔
23089.	8	1b	物譜	穰
23090.	8	1b	物譜	樂歲
23091.	8	1b	物譜	登

23092.	8	1b	物譜	太平		23132.	8	2a	物譜	壁蝨
23093.	8	1b	物譜	惡歲		23133.	8	2a	物譜	雞蘇
23094.	8	1b	物譜	荒		23134.	8	2a	物譜	香蘇
23095.	8	1b	物譜	歛		23135.	8	2a	物譜	龍腦薄荷
23096.	8	1b	物譜	大無		23136.	8	2a	物譜	芥葅
23097.	8	1b	物譜	人侵		23137.	8	2a	物譜	芥葅
23098.	8	1b	物譜	廩		23138.	8	2a	物譜	荏菩菩
23099.	8	1b	物譜	箱		23139.	8	2b	物譜	公賁
23100.	8	1b	物譜	囷		23140.	8	2b	物譜	來
23101.	8	1b	物譜	鹿		23141.	8	2b	物譜	迦師錯
23102.	8	1b	物譜	廐		23142.	8	2b	物譜	麥麩
23103.	8	1b	物譜	露積		23143.	8	2b	物譜	麵
23104.	8	1b	物譜	朶頂子		23144.	8	2b	物譜	麥粉
23105.	8	1b	物譜	囤倉		23145.	8	2b	物譜	麥筋
23106.	8	1b	物譜	寶窖		23146.	8	2b	物譜	麥麨
23107.	8	1b	物譜	囤		23147.	8	2b	物譜	麥奴
23108.	8	1b	物譜	篷篰		23148.	8	2b	物譜	浮麥
23109.	8	2a	物譜	口帒		23149.	8	2b	物譜	牟麥
23110.	8	2a	物譜	幡		23150.	8	2b	物譜	宿麥
23111.	8	2a	物譜	乂帒		23151.	8	2b	物譜	糵
23112.	8	2a	物譜	漕		23152.	8	2b	物譜	糵麥
23113.	8	2a	物譜	糴		23153.	8	2b	物譜	粿
23114.	8	2a	物譜	糶		23154.	8	2b	物譜	麴
23115.	8	2a	物譜	儲畤		23155.	8	2b	物譜	麯
23116.	8	2a	物譜	還穀		23156.	8	2b	物譜	麩
23117.	8	2a	物譜	耗穀		23157.	8	2b	物譜	麨
23118.	8	2a	物譜	斗子錢		23158.	8	2b	物譜	麥芽
23119.	8	2a	物譜	腳錢		23159.	8	2b	物譜	糖芽子
23120.	8	2a	物譜	巨勝		23160.	8	2b	物譜	下麥
23121.	8	2a	物譜	方莖		23161.	8	2b	物譜	稰
23122.	8	2a	物譜	狗蝨		23162.	8	2b	物譜	坌
23123.	8	2a	物譜	油麻		23163.	8	2b	物譜	麥浪
23124.	8	2a	物譜	脂麻		23164.	8	2b	物譜	蘄蘄
23125.	8	2a	物譜	芝麻		23165.	8	2b	物譜	麥笐
23126.	8	2a	物譜	鴻藏		23166.	8	2b	物譜	穮麥
23127.	8	2a	物譜	藤弘		23167.	8	2b	物譜	燕麥
23128.	8	2a	物譜	交麻		23168.	8	2b	物譜	蕎
23129.	8	2a	物譜	青囊		23169.	8	2b	物譜	杜姥草
23130.	8	2a	物譜	夢神		23170.	8	3a	物譜	生星草
23131.	8	2a	物譜	鴉麻		23171.	8	3a	物譜	荍麥

23172.	8	3a	物譜	烏麥	23212.	8	3b	物譜	三穗
23173.	8	3a	物譜	花蕎	23213.	8	3b	物譜	金釵糯
23174.	8	3a	物譜	蕎穰	23214.	8	3b	物譜	羊脂糯
23175.	8	3a	物譜	稌	23215.	8	3b	物譜	胭脂糯
23176.	8	3a	物譜	嘉蔬	23216.	8	3b	物譜	虎皮糯
23177.	8	3a	物譜	重	23217.	8	3b	物譜	秈糯
23178.	8	3a	物譜	禾	23218.	8	3b	物譜	矮兒糯
23179.	8	3a	物譜	青幽	23219.	8	3b	物譜	青稈糯
23180.	8	3a	物譜	白夏	23220.	8	3b	物譜	盧黃糯
23181.	8	3a	物譜	赤稷	23221.	8	3b	物譜	秋風糯
23182.	8	3a	物譜	粳稻	23222.	8	3b	物譜	小娘糯
23183.	8	3a	物譜	秔	23223.	8	3b	物譜	烏香糯
23184.	8	3a	物譜	糯稻	23224.	8	3b	物譜	鐵梗糯
23185.	8	3a	物譜	黏稻	23225.	8	3b	物譜	馬鬃糯
23186.	8	3a	物譜	秈稻	23226.	8	3b	物譜	秜
23187.	8	3a	物譜	占稻	23227.	8	3b	物譜	穭
23188.	8	3a	物譜	蟬鳴稻	23228.	8	3b	物譜	稻孫
23189.	8	3a	物譜	累子稻	23229.	8	3b	物譜	穮
23190.	8	3a	物譜	白漢稻	23230.	8	3b	物譜	虋
23191.	8	3a	物譜	青竿稻	23231.	8	3b	物譜	陸稻
23192.	8	3a	物譜	稬	23232.	8	3b	物譜	山稻
23193.	8	3a	物譜	秫	23233.	8	3b	物譜	秧
23194.	8	3a	物譜	莿子	23234.	8	3b	物譜	穖
23195.	8	3a	物譜	六十日稻	23235.	8	3b	物譜	稈
23196.	8	3a	物譜	占城稻	23236.	8	3b	物譜	稠
23197.	8	3a	物譜	拖犁歸	23237.	8	3b	物譜	稭
23198.	8	3a	物譜	金城稻	23238.	8	3b	物譜	䇻
23199.	8	3a	物譜	赤米	23239.	8	3b	物譜	穎
23200.	8	3a	物譜	勝紅蓮	23240.	8	3b	物譜	銍
23201.	8	3a	物譜	擺稏稻	23241.	8	4a	物譜	秒
23202.	8	3a	物譜	雪裡棟	23242.	8	4a	物譜	稻仄
23203.	8	3a	物譜	師姑秔	23243.	8	4a	物譜	穮稏
23204.	8	3a	物譜	旱白稻	23244.	8	4a	物譜	穄穄
23205.	8	3a	物譜	晚白	23245.	8	4a	物譜	穰
23206.	8	3b	物譜	麥爭場	23246.	8	4a	物譜	酷
23207.	8	3b	物譜	烏口稻	23247.	8	4a	物譜	穤
23208.	8	3b	物譜	早中秋	23248.	8	4a	物譜	秋
23209.	8	3b	物譜	紫芒稻	23249.	8	4a	物譜	穗稰
23210.	8	3b	物譜	下馬看	23250.	8	4a	物譜	挃挃
23211.	8	3b	物譜	香楒	23251.	8	4a	物譜	穧

23252.	8	4a	物譜	秉	23292.	8	4b	物譜	寒露粟
23253.	8	4a	物譜	筥	23293.	8	4b	物譜	小米
23254.	8	4a	物譜	穄	23294.	8	4b	物譜	黃米
23255.	8	4a	物譜	纍	23295.	8	4b	物譜	小黃米
23256.	8	4a	物譜	明粢	23296.	8	4b	物譜	田米
23257.	8	4a	物譜	首種	23297.	8	4b	物譜	水稗
23258.	8	4a	物譜	烏禾	23298.	8	4b	物譜	旱稗
23259.	8	4a	物譜	虋	23299.	8	4b	物譜	蔱
23260.	8	4a	物譜	蓏合	23300.	8	4b	物譜	龍爪粟
23261.	8	4a	物譜	縻	23301.	8	4b	物譜	鴨爪稗
23262.	8	4a	物譜	苣	23302.	8	4b	物譜	稂
23263.	8	4a	物譜	秬	23303.	8	4b	物譜	董節
23264.	8	4a	物譜	秠	23304.	8	4b	物譜	狼茅
23265.	8	4a	物譜	牛黍	23305.	8	4b	物譜	盂
23266.	8	4a	物譜	燕頷	23306.	8	4b	物譜	宿田翁
23267.	8	4a	物譜	馬革	23307.	8	4b	物譜	守田
23268.	8	4a	物譜	驢皮	23308.	8	4b	物譜	狗尾
23269.	8	4a	物譜	稻尾	23309.	8	4b	物譜	莠
23270.	8	4a	物譜	大黃米	23310.	8	4b	物譜	光明草
23271.	8	4a	物譜	蜀秫	23311.	8	4b	物譜	阿羅漢草
23272.	8	4a	物譜	蘆穄粟	23312.	8	5a	物譜	菱米
23273.	8	4a	物譜	木稷	23313.	8	5a	物譜	雕胡
23274.	8	4a	物譜	荻粱	23314.	8	5a	物譜	雕苽
23275.	8	4a	物譜	高粱	23315.	8	5a	物譜	菱白
23276.	8	4a	物譜	玉高粱	23316.	8	5a	物譜	皇
23277.	8	4a	物譜	蕂萁	23317.	8	5a	物譜	守田
23278.	8	4a	物譜	黃粱	23318.	8	5a	物譜	守氣
23279.	8	4a	物譜	青粱	23319.	8	5a	物譜	自然穀
23280.	8	4a	物譜	秅	23320.	8	5a	物譜	禹餘糧
23281.	8	4a	物譜	秋	23321.	8	5a	物譜	解蠱
23282.	8	4b	物譜	眔	23322.	8	5a	物譜	苡實
23283.	8	4b	物譜	糯秋	23323.	8	5a	物譜	贛米
23284.	8	4b	物譜	糯粟	23324.	8	5a	物譜	回回米
23285.	8	4b	物譜	黃糯	23325.	8	5a	物譜	薏珠子
23286.	8	4b	物譜	秈粟	23326.	8	5a	物譜	蘳珠
23287.	8	4b	物譜	趕麥黃	23327.	8	5a	物譜	糙米
23288.	8	4b	物譜	百日糧	23328.	8	5a	物譜	草珠兒
23289.	8	4b	物譜	八月黃	23329.	8	5a	物譜	西番蜀秫
23290.	8	4b	物譜	老軍頭	23330.	8	5a	物譜	屋菼
23291.	8	4b	物譜	鴈頭青	23331.	8	5a	物譜	菩提子

23332.	8	5a	物譜	米囊子	23372.	8	6a	物譜	沿籬豆
23333.	8	5a	物譜	御米	23373.	8	6a	物譜	蛾眉豆
23334.	8	5a	物譜	象穀	23374.	8	6a	物譜	羗豆
23335.	8	5a	物譜	賽牧丹	23375.	8	6a	物譜	豍豆
23336.	8	5a	物譜	錦被花	23376.	8	6a	物譜	鵲豆
23337.	8	5a	物譜	阿芙蓉	23377.	8	6a	物譜	龍爪豆
23338.	8	5a	物譜	阿片	23378.	8	6b	物譜	貍豆
23339.	8	5b	物譜	鴉片	23379.	8	6b	物譜	虎豆
23340.	8	5b	物譜	麗春花	23380.	8	6b	物譜	鹿豆
23341.	8	5b	物譜	荅	23381.	8	6b	物譜	𧯦豆
23342.	8	5b	物譜	赤豆	23382.	8	6b	物譜	䝁豆
23343.	8	5b	物譜	紅豆	23383.	8	6b	物譜	䕡
23344.	8	5b	物譜	飯豆	23384.	8	6b	物譜	鹿藿
23345.	8	5b	物譜	豆逼	23385.	8	6b	物譜	菽
23346.	8	5b	物譜	藿	23386.	8	6b	物譜	粒
23347.	8	5b	物譜	腐婢	23387.	8	6b	物譜	逼
23348.	8	5b	物譜	樂靈殖	23388.	8	6b	物譜	顆
23349.	8	5b	物譜	山豆	23389.	8	6b	物譜	粳
23350.	8	5b	物譜	菽	23390.	8	6b	物譜	糯
23351.	8	5b	物譜	萁	23391.	8	6b	物譜	粲
23352.	8	5b	物譜	黃卷	23392.	8	6b	物譜	穀
23353.	8	5b	物譜	豆蘗	23393.	8	6b	物譜	白粲
23354.	8	5b	物譜	豆黃	23394.	8	6b	物譜	精鑿
23355.	8	5b	物譜	穭豆	23395.	8	6b	物譜	粮
23356.	8	5b	物譜	官綠	23396.	8	6b	物譜	糲
23357.	8	5b	物譜	油綠	23397.	8	6b	物譜	脫粟
23358.	8	5b	物譜	摘綠	23398.	8	6b	物譜	粟
23359.	8	5b	物譜	拔綠	23399.	8	6b	物譜	䉛竿
23360.	8	6a	物譜	胡豆	23400.	8	6b	物譜	粿
23361.	8	6a	物譜	戎菽	23401.	8	6b	物譜	粺
23362.	8	6a	物譜	荏菽	23402.	8	6b	物譜	糙
23363.	8	6a	物譜	回鶻豆	23403.	8	6b	物譜	粞
23364.	8	6a	物譜	淮豆	23404.	8	6b	物譜	摘棘
23365.	8	6a	物譜	畢豆	23405.	8	6b	物譜	碎粒
23366.	8	6a	物譜	青斑豆	23406.	8	6b	物譜	陳倉米
23367.	8	6a	物譜	麻累	23407.	8	6b	物譜	老米
23368.	8	6a	物譜	胡頭	23408.	8	6b	物譜	火米
23369.	8	6a	物譜	豍䘏	23409.	8	6b	物譜	紅粟
23370.	8	6a	物譜	裙帶豆	23410.	8	6b	物譜	紅腐
23371.	8	6a	物譜	挾釰豆	23411.	8	6b	物譜	紅陳

23412.	8	6b	物譜	粔	23452.	8	7a	物譜	抒臼
23413.	8	6b	物譜	黬	23453.	8	7a	物譜	臽
23414.	8	6b	物譜	長腰鎗	23454.	8	7a	物譜	䃺
23415.	8	6b	物譜	穅	23455.	8	7a	物譜	磨
23416.	8	6b	物譜	蠹	23456.	8	7a	物譜	石鍋
23417.	8	6b	物譜	覈	23457.	8	7a	物譜	礜
23418.	8	6b	物譜	皮麰	23458.	8	7a	物譜	䈴
23419.	8	6b	物譜	麰頭	23459.	8	7a	物譜	信子
23420.	8	6b	物譜	繪	23460.	8	7a	物譜	磨臍
23421.	8	6b	物譜	舂	23461.	8	7a	物譜	箕
23422.	8	7a	物譜	帥	23462.	8	7a	物譜	箕舌
23423.	8	7a	物譜	臬	23463.	8	7a	物譜	箕踵
23424.	8	7a	物譜	籔	23464.	8	7a	物譜	簸揚
23425.	8	7a	物譜	播精	23465.	8	7a	物譜	浙米
23426.	8	7a	物譜	抄	23466.	8	7a	物譜	淘
23427.	8	7a	物譜	䉾	23467.	8	7a	物譜	溞溞
23428.	8	7a	物譜	碓	23468.	8	7a	物譜	溲溲
23429.	8	7a	物譜	碓身	23469.	8	7a	物譜	釋
23430.	8	7a	物譜	碓衡	23470.	8	7a	物譜	卷
23431.	8	7a	物譜	碓桯	23471.	8	7a	物譜	潃
23432.	8	7a	物譜	柢	23472.	8	7a	物譜	泔
23433.	8	7a	物譜	碓柱	23473.	8	7a	物譜	潘
23434.	8	7a	物譜	夾柱	23474.	8	7a	物譜	潘漿
23435.	8	7a	物譜	碓腰幹	23475.	8	7b	物譜	淅二泔
23436.	8	7a	物譜	腰栓	23476.	8	7b	物譜	澱
23437.	8	7a	物譜	碓觜	23477.	8	7b	物譜	垩
23438.	8	7a	物譜	杵	23478.	8	7b	物譜	浥爛
23439.	8	7a	物譜	藪	23479.	8	7b	物譜	笊籬
23440.	8	7a	物譜	碓牀	23480.	8	7b	物譜	淅籤
23441.	8	7a	物譜	碓窩	23481.	8	7b	物譜	炊䉛
23442.	8	7a	物譜	碓牡	23482.	8	7b	物譜	縮區
23443.	8	7a	物譜	磔	23483.	8	7b	物譜	匡
23444.	8	7a	物譜	踏碓	23484.	8	7b	物譜	筊丁
23445.	8	7a	物譜	水碓	23485.	8	7b	物譜	楷
23446.	8	7a	物譜	轓車	23486.	8	7b	物譜	蔬
23447.	8	7a	物譜	勺碓	23487.	8	7b	物譜	蕨
23448.	8	7a	物譜	槽碓	23488.	8	7b	物譜	茹
23449.	8	7a	物譜	臼	23489.	8	7b	物譜	葷
23450.	8	7a	物譜	㯑	23490.	8	7b	物譜	鬱養
23451.	8	7a	物譜	相杵	23491.	8	7b	物譜	饉

23492.	8	7b	物譜	畦	23532.	8	8a	物譜	菜芝
23493.	8	7b	物譜	町畦	23533.	8	8a	物譜	火蔥
23494.	8	7b	物譜	草鍾乳	23534.	8	8a	物譜	鴻薈
23495.	8	7b	物譜	菜鍾乳	23535.	8	8a	物譜	百歲虀
23496.	8	7b	物譜	起陽草	23536.	8	8a	物譜	蓳
23497.	8	7b	物譜	豐本	23537.	8	8b	物譜	葫葷菜
23498.	8	7b	物譜	韭白	23538.	8	8b	物譜	麝香草
23499.	8	7b	物譜	韭黃	23539.	8	8b	物譜	蒿
23500.	8	7b	物譜	韭青	23540.	8	8b	物譜	澤荋
23501.	8	7b	物譜	長生韭	23541.	8	8b	物譜	石荋
23502.	8	7b	物譜	孝文韭	23542.	8	8b	物譜	小荅
23503.	8	7b	物譜	諸葛韭	23543.	8	8b	物譜	蔨子
23504.	8	7b	物譜	藿	23544.	8	8b	物譜	寒菜
23505.	8	8a	物譜	菜伯	23545.	8	8b	物譜	胡菜
23506.	8	8a	物譜	和事草	23546.	8	8b	物譜	臺菜
23507.	8	8a	物譜	鹿胎	23547.	8	8b	物譜	油芥
23508.	8	8a	物譜	蔥青	23548.	8	8b	物譜	臺芥
23509.	8	8a	物譜	蔥白	23549.	8	8b	物譜	蔨蒿
23510.	8	8a	物譜	蔥袍	23550.	8	8b	物譜	白菜
23511.	8	8a	物譜	蔥苒	23551.	8	8b	物譜	熊膰菘
23512.	8	8a	物譜	蔥鬚	23552.	8	8b	物譜	牛肚菘
23513.	8	8a	物譜	蔥針	23553.	8	8b	物譜	箭竿白
23514.	8	8a	物譜	蔥葦管	23554.	8	8b	物譜	梵菜
23515.	8	8a	物譜	芤	23555.	8	8b	物譜	黃芽菜
23516.	8	8a	物譜	慈蔥	23556.	8	8b	物譜	芥藍
23517.	8	8a	物譜	冬蔥	23557.	8	8b	物譜	青芥
23518.	8	8a	物譜	太官蔥	23558.	8	8b	物譜	刺芥
23519.	8	8a	物譜	漢蔥	23559.	8	8b	物譜	大芥
23520.	8	8a	物譜	木蔥	23560.	8	8b	物譜	皺葉芥
23521.	8	8a	物譜	胡蔥	23561.	8	8b	物譜	馬芥
23522.	8	8a	物譜	蒜蔥	23562.	8	8b	物譜	花芥
23523.	8	8a	物譜	回回蔥	23563.	8	8b	物譜	紫芥
23524.	8	8a	物譜	紫蔥	23564.	8	8b	物譜	石芥
23525.	8	8a	物譜	鹿蔥	23565.	8	8b	物譜	胡芥
23526.	8	8a	物譜	龍爪蔥	23566.	8	8b	物譜	蜀芥
23527.	8	8a	物譜	山蔥	23567.	8	9a	物譜	蔓菁
23528.	8	8a	物譜	野蒜	23568.	8	9a	物譜	九英菘
23529.	8	8a	物譜	薤子	23569.	8	9a	物譜	諸葛菜
23530.	8	8a	物譜	小根菜	23570.	8	9a	物譜	蒴
23531.	8	8a	物譜	薑子	23571.	8	9a	物譜	蕛蕪

23572.	8	9a	物譜	蒴薐	23612.	8	9b	物譜	荻芹
23573.	8	9a	物譜	蒗	23613.	8	9b	物譜	苦菫
23574.	8	9a	物譜	薑	23614.	8	9b	物譜	近葵
23575.	8	9a	物譜	大芥	23615.	8	9b	物譜	旱芹
23576.	8	9a	物譜	蕘	23616.	8	9b	物譜	蒈
23577.	8	9a	物譜	馬王菜	23617.	8	9b	物譜	赤芹
23578.	8	9a	物譜	沙吉木兒	23618.	8	9b	物譜	蜀芹
23579.	8	9a	物譜	菲	23619.	8	9b	物譜	楚葵
23580.	8	9a	物譜	臺子	23620.	8	9b	物譜	苔菜
23581.	8	9a	物譜	甕菜	23621.	8	9b	物譜	水萄菜
23582.	8	9a	物譜	蘆茄	23622.	8	9b	物譜	蘮挐
23583.	8	9a	物譜	蘿藦	23623.	8	9b	物譜	牛蕲
23584.	8	9a	物譜	蔰葵	23624.	8	9b	物譜	胡芹
23585.	8	9a	物譜	紫花菘	23625.	8	9b	物譜	野茴香
23586.	8	9a	物譜	溫菘	23626.	8	10a	物譜	茴香
23587.	8	9a	物譜	土酥	23627.	8	10a	物譜	八月珠
23588.	8	9a	物譜	菣蓫	23628.	8	10a	物譜	八角香
23589.	8	9a	物譜	破地錐	23629.	8	10a	物譜	慈謀勒
23590.	8	9a	物譜	蘿颩	23630.	8	10a	物譜	小茴香
23591.	8	9a	物譜	薑	23631.	8	10a	物譜	羊角菜
23592.	8	9a	物譜	夏生	23632.	8	10a	物譜	蘭香
23593.	8	9a	物譜	仙人骨	23633.	8	10a	物譜	香菜
23594.	8	9a	物譜	再生草	23634.	8	10a	物譜	醫子草
23595.	8	9a	物譜	紫薑	23635.	8	10a	物譜	蓽菜
23596.	8	9a	物譜	子薑	23636.	8	10a	物譜	辣米菜
23597.	8	9a	物譜	母薑	23637.	8	10a	物譜	露葵
23598.	8	9a	物譜	乾薑	23638.	8	10a	物譜	滑菜
23599.	8	9a	物譜	閩薑	23639.	8	10a	物譜	陽草
23600.	8	9a	物譜	白薑	23640.	8	10a	物譜	鴨腳葵
23601.	8	9a	物譜	均薑	23641.	8	10a	物譜	莞葵
23602.	8	9a	物譜	紫芽薑	23642.	8	10a	物譜	葵子
23603.	8	9a	物譜	邪蒿	23643.	8	10a	物譜	葵子
23604.	8	9b	物譜	香菱	23644.	8	10a	物譜	蔠葵
23605.	8	9b	物譜	胡菜	23645.	8	10b	物譜	北蜀葵
23606.	8	9b	物譜	蓡菱	23646.	8	10b	物譜	菠菜
23607.	8	9b	物譜	胡盧也	23647.	8	10b	物譜	波斯草
23608.	8	9b	物譜	苦蕲	23648.	8	10b	物譜	赤根菜
23609.	8	9b	物譜	水英	23649.	8	10b	物譜	葵菜
23610.	8	9b	物譜	楚葵	23650.	8	10b	物譜	冬風
23611.	8	9b	物譜	赤芹	23651.	8	10b	物譜	護生草

23652.	8	10b	物譜	蓳實	23692.	8	11b	物譜	荏子
23653.	8	10b	物譜	大薺	23693.	8	11b	物譜	蒿筍
23654.	8	10b	物譜	大蕺	23694.	8	11b	物譜	蒟蒻草
23655.	8	10b	物譜	老薺	23695.	8	11b	物譜	金簪草
23656.	8	10b	物譜	大辛	23696.	8	11b	物譜	黃花地丁
23657.	8	11a	物譜	蘑縷	23697.	8	11b	物譜	黃花菜
23658.	8	11a	物譜	蒇	23698.	8	11b	物譜	山芹
23659.	8	11a	物譜	蒌縷	23699.	8	11b	物譜	筆管菜
23660.	8	11a	物譜	滋草	23700.	8	11b	物譜	曲曲菜
23661.	8	11a	物譜	鵝腸菜	23701.	8	11b	物譜	苢
23662.	8	11a	物譜	木粟	23702.	8	12a	物譜	雞腿根
23663.	8	11a	物譜	光風草	23703.	8	12a	物譜	天藕
23664.	8	11a	物譜	紫莧	23704.	8	12a	物譜	蒸葵
23665.	8	11a	物譜	五色莧	23705.	8	12a	物譜	藤葵
23666.	8	11a	物譜	十樣錦	23706.	8	12a	物譜	天葵
23667.	8	11a	物譜	老來少	23707.	8	12a	物譜	燕脂菜
23668.	8	11a	物譜	赤莧	23708.	8	12a	物譜	紫
23669.	8	11a	物譜	人莧	23709.	8	12a	物譜	果
23670.	8	11a	物譜	白莧	23710.	8	12a	物譜	紫草
23671.	8	11a	物譜	大莧	23711.	8	12a	物譜	胡燕脂
23672.	8	11a	物譜	野莧	23712.	8	12a	物譜	染絳子
23673.	8	11a	物譜	雁來紅	23713.	8	12a	物譜	葿菜
23674.	8	11a	物譜	馬齒莧	23714.	8	12a	物譜	魚腥草
23675.	8	11a	物譜	馬莧	23715.	8	12a	物譜	蘁
23676.	8	11a	物譜	五行草	23716.	8	12a	物譜	蕨萁
23677.	8	11a	物譜	五方草	23717.	8	12a	物譜	拳
23678.	8	11a	物譜	長命菜	23718.	8	12a	物譜	拳頭菜
23679.	8	11a	物譜	九頭獅子草	23719.	8	12a	物譜	金毛
23680.	8	11a	物譜	蕢	23720.	8	12a	物譜	狗脊
23681.	8	11b	物譜	荼	23721.	8	12a	物譜	紫萁
23682.	8	11b	物譜	苦苣	23722.	8	12a	物譜	迷蕨
23683.	8	11b	物譜	苦蕒	23723.	8	12a	物譜	月爾
23684.	8	11b	物譜	游冬	23724.	8	12a	物譜	水蕨
23685.	8	11b	物譜	褊苣	23725.	8	12a	物譜	薑
23686.	8	11b	物譜	老鶴菜	23726.	8	12b	物譜	垂水
23687.	8	11b	物譜	天香菜	23727.	8	12b	物譜	野豌豆
23688.	8	11b	物譜	苣	23728.	8	12b	物譜	大巢菜
23689.	8	11b	物譜	石苣	23729.	8	12b	物譜	搖車
23690.	8	11b	物譜	生菜	23730.	8	12b	物譜	野蠶豆
23691.	8	11b	物譜	千金菜	23731.	8	12b	物譜	小巢菜

23732.	8	12b	物譜	元脩菜	23772.	8	13a	物譜	中逢花
23733.	8	12b	物譜	漂搖草	23773.	8	13a	物譜	紅百合
23734.	8	12b	物譜	柱夫	23774.	8	13a	物譜	渥丹連珠
23735.	8	12b	物譜	灰滌菜	23775.	8	13a	物譜	川強瞿
23736.	8	12b	物譜	金鎖夭	23776.	8	13a	物譜	紅花菜
23737.	8	12b	物譜	灰菜	23777.	8	13a	物譜	番山丹
23738.	8	12b	物譜	商蓲	23778.	8	13a	物譜	虎皮百合
23739.	8	12b	物譜	拜	23779.	8	13a	物譜	落蘇
23740.	8	12b	物譜	菜	23780.	8	13a	物譜	酪酥
23741.	8	12b	物譜	紅心灰藿	23781.	8	13a	物譜	崑崙瓜
23742.	8	12b	物譜	鶴頂草	23782.	8	13a	物譜	草鱉甲
23743.	8	12b	物譜	臙脂菜	23783.	8	13a	物譜	穀子茄
23744.	8	12b	物譜	土芝	23784.	8	13b	物譜	水茄
23745.	8	12b	物譜	芋魁	23785.	8	13b	物譜	旱茄子
23746.	8	12b	物譜	芋頭	23786.	8	13b	物譜	嫁茄
23747.	8	12b	物譜	芋子	23787.	8	13b	物譜	安樂菜
23748.	8	12b	物譜	蹲鴟	23788.	8	13b	物譜	匏瓜
23749.	8	12b	物譜	芋區	23789.	8	13b	物譜	瓠瓜
23750.	8	12b	物譜	水芋	23790.	8	13b	物譜	瓢
23751.	8	12b	物譜	旱芋	23791.	8	13b	物譜	犀
23752.	8	13a	物譜	土卵	23792.	8	13b	物譜	瓠㨎
23753.	8	13a	物譜	黃獨	23793.	8	13b	物譜	瓠
23754.	8	13a	物譜	土豆	23794.	8	13b	物譜	懸瓠
23755.	8	13a	物譜	烏芋	23795.	8	13b	物譜	壺
23756.	8	13a	物譜	鳧茨	23796.	8	13b	物譜	匏
23757.	8	13a	物譜	葧臍	23797.	8	13b	物譜	蒲盧
23758.	8	13a	物譜	野芋	23798.	8	13b	物譜	約腹壺
23759.	8	13a	物譜	馬齼	23799.	8	13b	物譜	藥壺盧
23760.	8	13a	物譜	荔挺	23800.	8	13b	物譜	苦瓠
23761.	8	13a	物譜	野茨菰	23801.	8	13b	物譜	苦壺盧
23762.	8	13a	物譜	野茨菰	23802.	8	13b	物譜	葫盧絲
23763.	8	13a	物譜	花葉不相見	23803.	8	13b	物譜	壺盧條
23764.	8	13a	物譜	百合	23804.	8	13b	物譜	壺盧旋
23765.	8	13a	物譜	韰	23805.	8	13b	物譜	蕒
23766.	8	13a	物譜	花	23806.	8	13b	物譜	冬瓜
23767.	8	13a	物譜	強瞿	23807.	8	13b	物譜	白瓜
23768.	8	13a	物譜	蒜腦藷	23808.	8	13b	物譜	水芝
23769.	8	13a	物譜	摩羅	23809.	8	13b	物譜	地芝
23770.	8	13a	物譜	重箱	23810.	8	13b	物譜	瓜練
23771.	8	13a	物譜	中庭	23811.	8	13b	物譜	黃瓜

23812.	8	13b	物譜	王瓜	23852.	8	14b	物譜	水葵
23813.	8	13b	物譜	生瓜	23853.	8	14b	物譜	水鏡草
23814.	8	14a	物譜	稍瓜	23854.	8	14b	物譜	鼉子菜
23815.	8	14a	物譜	菜瓜	23855.	8	14b	物譜	金蓮子
23816.	8	14a	物譜	羊角瓜	23856.	8	14b	物譜	接余
23817.	8	14a	物譜	尺瓜	23857.	8	14b	物譜	荇
23818.	8	14a	物譜	天絲瓜	23858.	8	14b	物譜	荅公鬚
23819.	8	14a	物譜	天羅布瓜	23859.	8	14b	物譜	茆
23820.	8	14a	物譜	蠻瓜	23860.	8	14b	物譜	水葵
23821.	8	14a	物譜	洗鍋羅瓜	23861.	8	14b	物譜	露葵
23822.	8	14a	物譜	錦荔支	23862.	8	14b	物譜	馬蹄草
23823.	8	14a	物譜	癩葡萄	23863.	8	14b	物譜	淳菜
23824.	8	14a	物譜	紫蒴	23864.	8	14b	物譜	錦帶
23825.	8	14a	物譜	綸	23865.	8	15a	物譜	稚蕈
23826.	8	14a	物譜	海衣	23866.	8	15a	物譜	絲蕈
23827.	8	14a	物譜	毛海衣	23867.	8	15a	物譜	葵蕈
23828.	8	14a	物譜	苔餅	23868.	8	15a	物譜	豬蕈
23829.	8	14a	物譜	苔脯	23869.	8	15a	物譜	塊蕈
23830.	8	14a	物譜	甘苔	23870.	8	15a	物譜	石蕈
23831.	8	14a	物譜	猴葵	23871.	8	15a	物譜	大椒
23832.	8	14a	物譜	海凍	23872.	8	15a	物譜	花椒
23833.	8	14a	物譜	牛尾菜	23873.	8	15a	物譜	椴
23834.	8	14a	物譜	海蘊	23874.	8	15a	物譜	椒紅
23835.	8	14b	物譜	綸布	23875.	8	15a	物譜	椒目
23836.	8	14b	物譜	甘藿	23876.	8	15a	物譜	崖椒
23837.	8	14b	物譜	海藻	23877.	8	15a	物譜	野椒
23838.	8	14b	物譜	蕁	23878.	8	15a	物譜	巴椒
23839.	8	14b	物譜	大葉藻	23879.	8	15a	物譜	蜀椒
23840.	8	14b	物譜	洛首	23880.	8	15a	物譜	漢椒
23841.	8	14b	物譜	海羅	23881.	8	15a	物譜	南椒
23842.	8	14b	物譜	石衣	23882.	8	15a	物譜	點椒
23843.	8	14b	物譜	葷	23883.	8	15a	物譜	蓎藙
23844.	8	14b	物譜	馬藻	23884.	8	15a	物譜	花椒樹
23845.	8	14b	物譜	聚藻	23885.	8	15a	物譜	眛履支
23846.	8	14b	物譜	水蘊	23886.	8	15a	物譜	番椒
23847.	8	14b	物譜	鰓草	23887.	8	15a	物譜	夷椒
23848.	8	14b	物譜	牛尾蘊	23888.	8	15a	物譜	毗陵茄子
23849.	8	14b	物譜	牛藻	23889.	8	15b	物譜	越椒
23850.	8	14b	物譜	莙	23890.	8	15b	物譜	椴
23851.	8	14b	物譜	鳧葵	23891.	8	15b	物譜	藙

23892.	8	15b	物譜	欓子		23932.	8	16a	物譜	黃蕈
23893.	8	15b	物譜	辣子		23933.	8	16a	物譜	紫蕈
23894.	8	15b	物譜	菜		23934.	8	16a	物譜	四季蕈
23895.	8	15b	物譜	千歲芝		23935.	8	16a	物譜	鵝膏蕈
23896.	8	15b	物譜	龍仙芝		23936.	8	16a	物譜	天花菜
23897.	8	15b	物譜	紫珠芝		23937.	8	16a	物譜	猢猻眼
23898.	8	15b	物譜	九光芝		23938.	8	16a	物譜	肉蕈
23899.	8	15b	物譜	石腦芝		23939.	8	16a	物譜	雞腿蘑菰
23900.	8	15b	物譜	丹芝		23940.	8	16a	物譜	羊肚菜
23901.	8	15b	物譜	金芝		23941.	8	16a	物譜	杜蕈
23902.	8	15b	物譜	玉芝		23942.	8	16a	物譜	地蕈
23903.	8	15b	物譜	玄芝		23943.	8	16a	物譜	菰子
23904.	8	15b	物譜	紫芝		23944.	8	16a	物譜	地雞
23905.	8	15b	物譜	青雲芝		23945.	8	16a	物譜	獐頭
23906.	8	15b	物譜	太一芝		23946.	8	16a	物譜	中馗
23907.	8	15b	物譜	苢		23947.	8	16a	物譜	馗廚
23908.	8	15b	物譜	木檽		23948.	8	16a	物譜	仙人帽
23909.	8	15b	物譜	木樅		23949.	8	16a	物譜	鬼蓋
23910.	8	15b	物譜	木菌		23950.	8	16a	物譜	地苓
23911.	8	15b	物譜	樹雞		23951.	8	16a	物譜	胡菌
23912.	8	15b	物譜	木蛾		23952.	8	16a	物譜	大芝
23913.	8	15b	物譜	桑耳		23953.	8	16a	物譜	歙生芝
23914.	8	15b	物譜	桑檽		23954.	8	16a	物譜	鬼筆
23915.	8	15b	物譜	桑雞		23955.	8	16a	物譜	朝生暮落花
23916.	8	15b	物譜	桑雞		23956.	8	16a	物譜	狗溺臺
23917.	8	15b	物譜	桑黃		23957.	8	16a	物譜	馬勃
23918.	8	15b	物譜	桑臣		23958.	8	16a	物譜	屎菰
23919.	8	15b	物譜	槐耳		23959.	8	16a	物譜	舵菜
23920.	8	15b	物譜	槐檽		23960.	8	16b	物譜	竹蓐
23921.	8	15b	物譜	槐菌		23961.	8	16b	物譜	竹肉
23922.	8	15b	物譜	槐雞		23962.	8	16b	物譜	竹菰
23923.	8	15b	物譜	赤雞		23963.	8	16b	物譜	竹蕈
23924.	8	15b	物譜	槐蛾		23964.	8	16b	物譜	萑蘆
23925.	8	15b	物譜	松耳		23965.	8	16b	物譜	石耳
23926.	8	15b	物譜	松蕈		23966.	8	16b	物譜	石芝
23927.	8	15b	物譜	松蘑菰		23967.	8	16b	物譜	靈芝
23928.	8	16a	物譜	合蕈		23968.	8	16b	物譜	地耳
23929.	8	16a	物譜	稠膏蕈		23969.	8	16b	物譜	地踏菰
23930.	8	16a	物譜	麥蕈		23970.	8	16b	物譜	實
23931.	8	16a	物譜	玉蕈		23971.	8	16b	物譜	核

23972.	8	16b	物譜	仁	24012.	8	17a	物譜	單瓣
23973.	8	16b	物譜	人	24013.	8	17a	物譜	紅梅
23974.	8	16b	物譜	殼	24014.	8	17a	物譜	甜梅
23975.	8	16b	物譜	扇	24015.	8	17a	物譜	杏殤
23976.	8	16b	物譜	蒂	24016.	8	17a	物譜	丹杏
23977.	8	16b	物譜	商	24017.	8	17a	物譜	膽
23978.	8	16b	物譜	鼻	24018.	8	17a	物譜	僧桃
23979.	8	16b	物譜	殼里皮	24019.	8	17a	物譜	水桃
23980.	8	16b	物譜	磕開	24020.	8	17a	物譜	急性桃
23981.	8	16b	物譜	荒	24021.	8	17a	物譜	甘仁桃
23982.	8	16b	物譜	㾏	24022.	8	17a	物譜	冬桃
23983.	8	16b	物譜	埀	24023.	8	17a	物譜	楸桃
23984.	8	16b	物譜	嘉慶子	24024.	8	17a	物譜	桃梟
23985.	8	16b	物譜	居陵迦	24025.	8	17a	物譜	桃奴
23986.	8	16b	物譜	虎刺賓	24026.	8	17a	物譜	桃景
23987.	8	16b	物譜	休	24027.	8	17a	物譜	桃神
23988.	8	16b	物譜	麥李	24028.	8	17a	物譜	桃心
23989.	8	16b	物譜	赤李	24029.	8	17a	物譜	桃膠
23990.	8	16b	物譜	紫李	24030.	8	17a	物譜	篤伽
23991.	8	16b	物譜	玉黃李	24031.	8	17a	物譜	毬
23992.	8	16b	物譜	廌	24032.	8	17a	物譜	苞
23993.	8	16b	物譜	嫁李	24033.	8	17a	物譜	毛殼
23994.	8	16b	物譜	曹公	24034.	8	17a	物譜	栗房
23995.	8	16b	物譜	白梅	24035.	8	17a	物譜	栗蓬
23996.	8	16b	物譜	監梅	24036.	8	17a	物譜	栗縫
23997.	8	16b	物譜	霜梅	24037.	8	17b	物譜	皺
23998.	8	16b	物譜	梅霜	24038.	8	17b	物譜	楔
23999.	8	17a	物譜	梅醬	24039.	8	17b	物譜	莩
24000.	8	17a	物譜	梅酥	24040.	8	17b	物譜	板栗
24001.	8	17a	物譜	烏梅	24041.	8	17b	物譜	天師栗
24002.	8	17a	物譜	杌	24042.	8	17b	物譜	娑羅子
24003.	8	17a	物譜	消梅	24043.	8	17b	物譜	旋栗
24004.	8	17a	物譜	脆梅	24044.	8	17b	物譜	山栗
24005.	8	17a	物譜	鶴頂梅	24045.	8	17b	物譜	錐栗
24006.	8	17a	物譜	時梅	24046.	8	17b	物譜	茅栗
24007.	8	17a	物譜	茶梅	24047.	8	17b	物譜	栭栗
24008.	8	17a	物譜	鴛鴦梅	24048.	8	17b	物譜	百益紅
24009.	8	17a	物譜	綠萼	24049.	8	17b	物譜	密雲棗
24010.	8	17a	物譜	照水	24050.	8	17b	物譜	白蒲棗
24011.	8	17a	物譜	玉蝶	24051.	8	17b	物譜	壺棗

24052.	8	17b	物譜	要棗	24092.	8	18a	物譜	杜梨
24053.	8	17b	物譜	白棗	24093.	8	18a	物譜	野梨
24054.	8	17b	物譜	樲棗	24094.	8	18a	物譜	杜樟
24055.	8	17b	物譜	齊棗	24095.	8	18a	物譜	楸
24056.	8	17b	物譜	遵棗	24096.	8	18a	物譜	櫨子
24057.	8	17b	物譜	大棗	24097.	8	18a	物譜	木桃
24058.	8	17b	物譜	填棗	24098.	8	18a	物譜	和圓子
24059.	8	17b	物譜	苦棗	24099.	8	18a	物譜	楧櫨
24060.	8	17b	物譜	皙	24100.	8	18a	物譜	蠻櫨
24061.	8	17b	物譜	樾棗	24101.	8	18a	物譜	瘤櫨
24062.	8	17b	物譜	紅皺	24102.	8	18a	物譜	木李
24063.	8	17b	物譜	乾棗	24103.	8	18a	物譜	木梨
24064.	8	17b	物譜	美棗	24104.	8	18a	物譜	甘棠
24065.	8	17b	物譜	良棗	24105.	8	18a	物譜	赤瓜子
24066.	8	17b	物譜	棗脯	24106.	8	18a	物譜	鼠櫨
24067.	8	17b	物譜	棗膏	24107.	8	18a	物譜	猴櫨
24068.	8	17b	物譜	棗瓢	24108.	8	18a	物譜	茅櫨
24069.	8	17b	物譜	棗油	24109.	8	18a	物譜	棣棠
24070.	8	17b	物譜	壴	24110.	8	18a	物譜	棠棣
24071.	8	17b	物譜	蹷泄	24111.	8	18a	物譜	杌子
24072.	8	17b	物譜	棘	24112.	8	18a	物譜	繫梅
24073.	8	18a	物譜	快果	24113.	8	18a	物譜	羊棣
24074.	8	18a	物譜	果宗	24114.	8	18a	物譜	棠棣子
24075.	8	18a	物譜	玉乳	24115.	8	18a	物譜	山裏果
24076.	8	18a	物譜	密父	24116.	8	18b	物譜	山裏紅
24077.	8	18a	物譜	百損黃	24117.	8	18b	物譜	酸棗
24078.	8	18a	物譜	洓	24118.	8	18b	物譜	海棠
24079.	8	18a	物譜	玉兩	24119.	8	18b	物譜	香海棠
24080.	8	18a	物譜	赤梨	24120.	8	18b	物譜	貼梗海棠
24081.	8	18a	物譜	酸梨	24121.	8	18b	物譜	垂絲海棠
24082.	8	18a	物譜	消梨	24122.	8	18b	物譜	秋海棠
24083.	8	18a	物譜	霜梨	24123.	8	18b	物譜	斷腸花
24084.	8	18a	物譜	山樆	24124.	8	18b	物譜	海棠梨
24085.	8	18a	物譜	金鑽	24125.	8	18b	物譜	御留
24086.	8	18a	物譜	劉杙	24126.	8	18b	物譜	菴摩羅迦果
24087.	8	18a	物譜	鼠梨	24127.	8	18b	物譜	香蓋
24088.	8	18a	物譜	山梨	24128.	8	18b	物譜	沙果
24089.	8	18a	物譜	陽檖	24129.	8	18b	物譜	頻婆
24090.	8	18a	物譜	赤羅	24130.	8	18b	物譜	日給
24091.	8	18a	物譜	棠梨	24131.	8	18b	物譜	棪

24132.	8	18b	物譜	來禽	24172.	8	19a	物譜	扁橘
24133.	8	18b	物譜	花紅	24173.	8	19a	物譜	密橘
24134.	8	18b	物譜	檳子	24174.	8	19a	物譜	襄橘
24135.	8	18b	物譜	文林郎果	24175.	8	19a	物譜	金橘
24136.	8	18b	物譜	小紅	24176.	8	19a	物譜	蛻花甜
24137.	8	18b	物譜	鎮頭迦	24177.	8	19a	物譜	福橘
24138.	8	18b	物譜	柹盤	24178.	8	19a	物譜	紅皮
24139.	8	18b	物譜	乾柹	24179.	8	19a	物譜	陳皮
24140.	8	18b	物譜	柹花花	24180.	8	19a	物譜	青橘皮
24141.	8	18b	物譜	白柹	24181.	8	19b	物譜	金柑
24142.	8	18b	物譜	黃柹	24182.	8	19b	物譜	蘆橘
24143.	8	18b	物譜	烏柹	24183.	8	19b	物譜	夏橘
24144.	8	18b	物譜	柹霜	24184.	8	19b	物譜	山橘
24145.	8	18b	物譜	柹雪	24185.	8	19b	物譜	給客橙
24146.	8	18b	物譜	蹲柹	24186.	8	19b	物譜	洞庭橘
24147.	8	19a	物譜	柹餅	24187.	8	19b	物譜	金輪藏
24148.	8	19a	物譜	烘柹	24188.	8	19b	物譜	大奴
24149.	8	19a	物譜	醂柹	24189.	8	19b	物譜	乳柑
24150.	8	19a	物譜	椑柹	24190.	8	19b	物譜	海紅柑
24151.	8	19a	物譜	黍柹	24191.	8	19b	物譜	獅頭柑
24152.	8	19a	物譜	綠柹	24192.	8	19b	物譜	洞庭柑
24153.	8	19a	物譜	青椑	24193.	8	19b	物譜	朱柑
24154.	8	19a	物譜	烏椑	24194.	8	19b	物譜	饅頭柑
24155.	8	19a	物譜	花椑	24195.	8	19b	物譜	香櫞
24156.	8	19a	物譜	赤棠椑	24196.	8	19b	物譜	佛手柑
24157.	8	19a	物譜	君遷子	24197.	8	19b	物譜	香圓
24158.	8	19a	物譜	㮕枣	24198.	8	19b	物譜	朱欒
24159.	8	19a	物譜	樗棗	24199.	8	19b	物譜	香欒
24160.	8	19a	物譜	牛奶柹	24200.	8	19b	物譜	飛柚
24161.	8	19a	物譜	丁香柹	24201.	8	19b	物譜	櫞
24162.	8	19a	物譜	紅藍柹	24202.	8	19b	物譜	條壺柑
24163.	8	19a	物譜	七絕樹	24203.	8	19b	物譜	臭橙
24164.	8	19a	物譜	若榴	24204.	8	19b	物譜	朱欒
24165.	8	19a	物譜	丹若	24205.	8	19b	物譜	蜜筩
24166.	8	19a	物譜	金罌	24206.	8	19b	物譜	香欒
24167.	8	19a	物譜	三戶酒	24207.	8	19b	物譜	臭柚
24168.	8	19a	物譜	塗林	24208.	8	19b	物譜	橙椵
24169.	8	19a	物譜	三十八	24209.	8	19b	物譜	金毬
24170.	8	19a	物譜	天漿	24210.	8	19b	物譜	鵠殼
24171.	8	19a	物譜	石醋	24211.	8	19b	物譜	焦子

24212.	8	20a	物譜	杭子
24213.	8	20a	物譜	聖僧
24214.	8	20a	物譜	鸎桃
24215.	8	20a	物譜	含桃
24216.	8	20a	物譜	荊桃
24217.	8	20a	物譜	楔
24218.	8	20a	物譜	朱桃
24219.	8	20a	物譜	朱茱
24220.	8	20a	物譜	麥英
24221.	8	20a	物譜	蠟櫻
24222.	8	20a	物譜	櫻珠
24223.	8	20a	物譜	崖蜜
24224.	8	20a	物譜	山桃
24225.	8	20a	物譜	朱桃
24226.	8	20a	物譜	麥櫻
24227.	8	20a	物譜	英豆
24228.	8	20a	物譜	李桃
24229.	8	20a	物譜	白果
24230.	8	20a	物譜	鴨腳子
24231.	8	20a	物譜	靈眼
24232.	8	20a	物譜	平仲木
24233.	8	20a	物譜	榛
24234.	8	20a	物譜	羌桃
24235.	8	20a	物譜	核桃
24236.	8	20a	物譜	播羅師
24237.	8	20a	物譜	柞子
24238.	8	20a	物譜	櫟
24239.	8	20a	物譜	梂
24240.	8	20a	物譜	皂
24241.	8	20a	物譜	杼
24242.	8	20a	物譜	栩
24243.	8	20a	物譜	橡斗
24244.	8	20a	物譜	皂斗
24245.	8	20a	物譜	橡椀
24246.	8	20a	物譜	棫
24247.	8	20a	物譜	白桵
24248.	8	20a	物譜	槲樕
24249.	8	20a	物譜	樸樕
24250.	8	20a	物譜	大葉櫟
24251.	8	20a	物譜	櫟橿子
24252.	8	20a	物譜	金雞樹
24253.	8	20b	物譜	樸心
24254.	8	20b	物譜	赤龍皮
24255.	8	20b	物譜	斛若
24256.	8	20b	物譜	新羅松子
24257.	8	20b	物譜	房柏
24258.	8	20b	物譜	柏塔子
24259.	8	20b	物譜	松子松
24260.	8	20b	物譜	果松
24261.	8	20b	物譜	龍牙子
24262.	8	20b	物譜	五粒松
24263.	8	20b	物譜	五鼠松
24264.	8	20b	物譜	栝子松
24265.	8	20b	物譜	孔雀松
24266.	8	20b	物譜	白幹松
24267.	8	20b	物譜	離枝
24268.	8	20b	物譜	丹荔
24269.	8	20b	物譜	荔錦
24270.	8	20b	物譜	側生蚶殼
24271.	8	20b	物譜	龍牙
24272.	8	20b	物譜	龍目
24273.	8	20b	物譜	益智
24274.	8	20b	物譜	驪珠
24275.	8	20b	物譜	燕卵
24276.	8	20b	物譜	蜜脾
24277.	8	20b	物譜	鮫淚
24278.	8	20b	物譜	川彈子
24279.	8	20b	物譜	荔支奴
24280.	8	20b	物譜	龍眼錦
24281.	8	20b	物譜	青果
24282.	8	20b	物譜	忠果
24283.	8	20b	物譜	諫果
24284.	8	20b	物譜	欖糖
24285.	8	21a	物譜	椑子
24286.	8	21a	物譜	赤果
24287.	8	21a	物譜	玉榧
24288.	8	21a	物譜	玉山果
24289.	8	21a	物譜	野杉
24290.	8	21a	物譜	賓門
24291.	8	21a	物譜	仁頻

24292.	8	21a	物譜	洗瘴丹	24332.	8	21b	物譜	鼠瓜
24293.	8	21a	物譜	雞心檳榔	24333.	8	21b	物譜	馬剝兒
24294.	8	21a	物譜	焦檳榔	24334.	8	21b	物譜	環
24295.	8	21a	物譜	山檳榔	24335.	8	21b	物譜	𤬸
24296.	8	21a	物譜	蒳子	24336.	8	21b	物譜	苦丁香
24297.	8	21a	物譜	檳榔孫	24337.	8	21b	物譜	寒瓜
24298.	8	21a	物譜	大腹子	24338.	8	21b	物譜	薦福瓜
24299.	8	21a	物譜	豬檳榔	24339.	8	21b	物譜	楊莊瓜
24300.	8	21a	物譜	大腹皮	24340.	8	21b	物譜	圓明村瓜
24301.	8	21a	物譜	越王頭	24341.	8	21b	物譜	雙鳳井瓜
24302.	8	21a	物譜	胥餘	24342.	8	21b	物譜	青橙瓜
24303.	8	21a	物譜	姑榔木	24343.	8	22a	物譜	蒲桃
24304.	8	21a	物譜	麵	24344.	8	22a	物譜	荎桃
24305.	8	21a	物譜	椶	24345.	8	22a	物譜	草龍珠
24306.	8	21a	物譜	鐵木	24346.	8	22a	物譜	馬乳
24307.	8	21b	物譜	曩伽結	24347.	8	22a	物譜	黑水晶
24308.	8	21b	物譜	婆那娑	24348.	8	22a	物譜	多羅
24309.	8	21b	物譜	阿薩嚲	24349.	8	22a	物譜	瑣瑣葡萄
24310.	8	21b	物譜	暎日果	24350.	8	22a	物譜	燕薁
24311.	8	21b	物譜	優曇鉢	24351.	8	22a	物譜	山葡萄
24312.	8	21b	物譜	甘瓜	24352.	8	22a	物譜	野葡萄
24313.	8	21b	物譜	龍肝	24353.	8	22a	物譜	嬰舌茵
24314.	8	21b	物譜	虎掌	24354.	8	22a	物譜	木龍
24315.	8	21b	物譜	兔頭	24355.	8	22a	物譜	車鞅藤
24316.	8	21b	物譜	狸首	24356.	8	22a	物譜	臭李子
24317.	8	21b	物譜	羊髓	24357.	8	22a	物譜	獼猴梨
24318.	8	21b	物譜	烏瓜	24358.	8	22a	物譜	藤梨
24319.	8	21b	物譜	白團	24359.	8	22a	物譜	陽桃
24320.	8	21b	物譜	黃瓝	24360.	8	22a	物譜	木子
24321.	8	21b	物譜	白瓝	24361.	8	22a	物譜	楔棗
24322.	8	21b	物譜	小青	24362.	8	22a	物譜	圓棗
24323.	8	21b	物譜	大斑	24363.	8	22a	物譜	軟棗
24324.	8	21b	物譜	蒲鴿	24364.	8	22a	物譜	竿蔗
24325.	8	21b	物譜	甌	24365.	8	22a	物譜	藷
24326.	8	21b	物譜	華	24366.	8	22a	物譜	竹蔗
24327.	8	21b	物譜	倮	24367.	8	22a	物譜	荻蔗
24328.	8	21b	物譜	㝔	24368.	8	22a	物譜	紅蔗
24329.	8	21b	物譜	䫉	24369.	8	22a	物譜	草蜜
24330.	8	21b	物譜	五色子母瓜	24370.	8	22a	物譜	給勃羅
24331.	8	21b	物譜	㿩	24371.	8	22a	物譜	薯蕷

24372.	8	22a	物譜	蘠蕻	24412.	8	22b	物譜	藕荷
24373.	8	22a	物譜	土藷	24413.	8	22b	物譜	荷錢
24374.	8	22a	物譜	山芋	24414.	8	22b	物譜	田田
24375.	8	22a	物譜	玉延	24415.	8	22b	物譜	菡萏
24376.	8	22a	物譜	藷薯	24416.	8	22b	物譜	芙蓉
24377.	8	22a	物譜	兒草	24417.	8	22b	物譜	拒霜
24378.	8	22b	物譜	修貓	24418.	8	22b	物譜	芙蕖
24379.	8	22b	物譜	山藷	24419.	8	22b	物譜	水花
24380.	8	22b	物譜	零餘子	24420.	8	22b	物譜	玉環
24381.	8	22b	物譜	香藾	24421.	8	22b	物譜	佛座鬚
24382.	8	22b	物譜	落花生	24422.	8	23a	物譜	菱
24383.	8	22b	物譜	蓮子	24423.	8	23a	物譜	水栗
24384.	8	22b	物譜	藕實	24424.	8	23a	物譜	沙角
24385.	8	22b	物譜	石蓮子	24425.	8	23a	物譜	蕨攗
24386.	8	22b	物譜	水芝	24426.	8	23a	物譜	雞頭
24387.	8	22b	物譜	澤芝	24427.	8	23a	物譜	雁喙
24388.	8	22b	物譜	茵蔽	24428.	8	23a	物譜	雁頭
24389.	8	22b	物譜	荷蜂	24429.	8	23a	物譜	鴻頭
24390.	8	22b	物譜	分枝蓮	24430.	8	23a	物譜	雞雍
24391.	8	22b	物譜	睡蓮	24431.	8	23a	物譜	卵菱
24392.	8	22b	物譜	金蓮	24432.	8	23a	物譜	蔿子
24393.	8	22b	物譜	夜舒蓮	24433.	8	23a	物譜	水流黃
24394.	8	22b	物譜	碧蓮	24434.	8	23a	物譜	荶菜
24395.	8	22b	物譜	十丈蓮	24435.	8	23a	物譜	鳧茨
24396.	8	22b	物譜	黃蓮	24436.	8	23a	物譜	鳧茈
24397.	8	22b	物譜	藕合蓮	24437.	8	23a	物譜	烏昧草
24398.	8	22b	物譜	四季蓮	24438.	8	23a	物譜	地栗芶
24399.	8	22b	物譜	分香蓮	24439.	8	23b	物譜	藉姑
24400.	8	22b	物譜	薏	24440.	8	23b	物譜	水萍
24401.	8	22b	物譜	蓮房	24441.	8	23b	物譜	河鳧茈
24402.	8	22b	物譜	藕	24442.	8	23b	物譜	白地栗
24403.	8	22b	物譜	蕨	24443.	8	23b	物譜	剪刀草
24404.	8	22b	物譜	葙	24444.	8	23b	物譜	箭搭草
24405.	8	22b	物譜	茵荿	24445.	8	23b	物譜	搓丫草
24406.	8	22b	物譜	密	24446.	8	23b	物譜	燕尾草
24407.	8	22b	物譜	荷	24447.	8	23b	物譜	卉
24408.	8	22b	物譜	茄	24448.	8	23b	物譜	毛
24409.	8	22b	物譜	荷臭	24449.	8	23b	物譜	莖
24410.	8	22b	物譜	蓮	24450.	8	23b	物譜	蔓
24411.	8	22b	物譜	菱荷	24451.	8	23b	物譜	니

24452.	8	23b	物譜	葉		24492.	8	24a	物譜	胇
24453.	8	23b	物譜	芽		24493.	8	24a	物譜	薩
24454.	8	23b	物譜	萠		24494.	8	24a	物譜	督芮
24455.	8	23b	物譜	萁		24495.	8	24a	物譜	解花叢
24456.	8	23b	物譜	屯		24496.	8	24a	物譜	蜜甘
24457.	8	23b	物譜	句		24497.	8	24a	物譜	蜜草
24458.	8	23b	物譜	甲坼		24498.	8	24a	物譜	大苦
24459.	8	23b	物譜	苞		24499.	8	24a	物譜	美草
24460.	8	23b	物譜	蕤		24500.	8	24a	物譜	蕗草
24461.	8	23b	物譜	體		24501.	8	24a	物譜	粉草
24462.	8	23b	物譜	芴		24502.	8	24a	物譜	靈通
24463.	8	23b	物譜	苗		24503.	8	24a	物譜	國老
24464.	8	23b	物譜	瞿		24504.	8	24a	物譜	薑
24465.	8	23b	物譜	花		24505.	8	24a	物譜	苓
24466.	8	23b	物譜	荂		24506.	8	24a	物譜	黃耆
24467.	8	23b	物譜	芳		24507.	8	24a	物譜	戴糝
24468.	8	23b	物譜	蔪		24508.	8	24a	物譜	戴椹
24469.	8	23b	物譜	葟		24509.	8	24a	物譜	芰草
24470.	8	23b	物譜	榮		24510.	8	24a	物譜	蜀脂
24471.	8	23b	物譜	秀		24511.	8	24a	物譜	大黃芪
24472.	8	23b	物譜	英		24512.	8	24a	物譜	草黃芪
24473.	8	23b	物譜	實		24513.	8	24a	物譜	人葠
24474.	8	23b	物譜	繩		24514.	8	24a	物譜	黃參
24475.	8	23b	物譜	蕤		24515.	8	24a	物譜	血參
24476.	8	23b	物譜	薦		24516.	8	24a	物譜	人銜
24477.	8	23b	物譜	莽		24517.	8	24a	物譜	鬼蓋
24478.	8	23b	物譜	葳蕤		24518.	8	24a	物譜	神草
24479.	8	23b	物譜	蘎		24519.	8	24a	物譜	土精
24480.	8	23b	物譜	蔚		24520.	8	24a	物譜	地精
24481.	8	23b	物譜	茂		24521.	8	24a	物譜	海腴
24482.	8	23b	物譜	蘇		24522.	8	24a	物譜	皺面還丹
24483.	8	23b	物譜	半茸		24523.	8	24a	物譜	金井玉闌
24484.	8	23b	物譜	禾		24524.	8	24a	物譜	白條參
24485.	8	23b	物譜	荏苒		24525.	8	24a	物譜	羊角參
24486.	8	23b	物譜	芊芊		24526.	8	24a	物譜	孩兒參
24487.	8	23b	物譜	菀		24527.	8	24a	物譜	紫團參
24488.	8	24a	物譜	芊眠		24528.	8	24a	物譜	紅參
24489.	8	24a	物譜	泥泥		24529.	8	24a	物譜	紫參
24490.	8	24a	物譜	潰葉		24530.	8	24a	物譜	熟參
24491.	8	24a	物譜	萎		24531.	8	24a	物譜	生參

24532.	8	24a	物譜	稼參	24572.	8	25a	物譜	水參
24533.	8	24b	物譜	江參	24573.	8	25a	物譜	野蓼
24534.	8	24b	物譜	北參	24574.	8	25a	物譜	菖支
24535.	8	24b	物譜	胡參	24575.	8	25a	物譜	兒草
24536.	8	24b	物譜	緬參	24576.	8	25a	物譜	兒腫草
24537.	8	24b	物譜	蘆	24577.	8	25a	物譜	蝭母
24538.	8	24b	物譜	白參	24578.	8	25a	物譜	肉松容
24539.	8	24b	物譜	羊乳	24579.	8	25a	物譜	黑司命
24540.	8	24b	物譜	羊婆奶	24580.	8	25a	物譜	瑣陽
24541.	8	24b	物譜	鈴兒草	24581.	8	25a	物譜	列當
24542.	8	24b	物譜	虎鬚	24582.	8	25a	物譜	赤箭芝
24543.	8	24b	物譜	杏參	24583.	8	25a	物譜	獨搖芝
24544.	8	24b	物譜	芪苨	24584.	8	25a	物譜	鬼都督
24545.	8	24b	物譜	甜桔梗	24585.	8	25a	物譜	天麻
24546.	8	24b	物譜	白夠根	24586.	8	25a	物譜	龍皮
24547.	8	24b	物譜	蔓參	24587.	8	25a	物譜	還筒子
24548.	8	24b	物譜	白藥	24588.	8	25a	物譜	定風草
24549.	8	24b	物譜	梗草	24589.	8	25a	物譜	山薑
24550.	8	24b	物譜	利如	24590.	8	25a	物譜	天薊
24551.	8	24b	物譜	房圖	24591.	8	25a	物譜	馬薊
24552.	8	24b	物譜	紫花菜	24592.	8	25a	物譜	吃力伽
24553.	8	24b	物譜	僧帽花	24593.	8	25a	物譜	山薊
24554.	8	24b	物譜	白桔梗	24594.	8	25a	物譜	枹薊
24555.	8	24b	物譜	委蕤	24595.	8	25a	物譜	貫節
24556.	8	24b	物譜	黃芝	24596.	8	25a	物譜	貫渠
24557.	8	24b	物譜	戊巳芝	24597.	8	25a	物譜	草鴟頭
24558.	8	24b	物譜	重樓	24598.	8	25a	物譜	鳳尾草
24559.	8	24b	物譜	菟竹	24599.	8	25a	物譜	澡
24560.	8	24b	物譜	鹿竹	24600.	8	25a	物譜	百頭
24561.	8	24b	物譜	救窮草	24601.	8	25a	物譜	虎卷
24562.	8	24b	物譜	野生薑	24602.	8	25b	物譜	黑狗脊
24563.	8	24b	物譜	龍銜	24603.	8	25b	物譜	不凋草
24564.	8	24b	物譜	垂珠	24604.	8	25b	物譜	三蔓草
24565.	8	24b	物譜	葷菜	24605.	8	25b	物譜	穀菜
24566.	8	24b	物譜	偏精	24606.	8	25b	物譜	白草
24567.	8	24b	物譜	薐	24607.	8	25b	物譜	小草
24568.	8	24b	物譜	荒潘	24608.	8	25b	物譜	蔆繞
24569.	8	24b	物譜	蚳母	24609.	8	25b	物譜	棘菀
24570.	8	24b	物譜	水母	24610.	8	25b	物譜	紐草
24571.	8	24b	物譜	地參	24611.	8	25b	物譜	仙靈脾

24612.	8	25b	物譜	放杖草		24652.	8	26b	物譜	枯苓
24613.	8	25b	物譜	千兩金		24653.	8	26b	物譜	秦斜
24614.	8	25b	物譜	乾雞筋		24654.	8	26b	物譜	秦瓜
24615.	8	25b	物譜	三枝九葉草		24655.	8	26b	物譜	地薰
24616.	8	25b	物譜	黑參		24656.	8	26b	物譜	竹葉柴胡
24617.	8	25b	物譜	玄臺		24657.	8	26b	物譜	韭葉柴胡
24618.	8	25b	物譜	野脂麻		24658.	8	26b	物譜	銀柴胡
24619.	8	25b	物譜	麻腸		24659.	8	26b	物譜	芸蒿
24620.	8	25b	物譜	玉豉		24660.	8	26b	物譜	銅芸
24621.	8	25b	物譜	酸赭		24661.	8	26b	物譜	回草
24622.	8	26a	物譜	赤參		24662.	8	26b	物譜	屏風
24623.	8	26a	物譜	山參		24663.	8	26b	物譜	簡根
24624.	8	26a	物譜	卻蟬草		24664.	8	26b	物譜	石防風
24625.	8	26a	物譜	奔馬草		24665.	8	26b	物譜	珊瑚菜
24626.	8	26a	物譜	紫丹		24666.	8	26b	物譜	海防風
24627.	8	26a	物譜	紫芙蓉		24667.	8	27a	物譜	羌活
24628.	8	26a	物譜	地血		24668.	8	27a	物譜	羌青
24629.	8	26a	物譜	危		24669.	8	27a	物譜	獨搖草
24630.	8	26a	物譜	藐		24670.	8	27a	物譜	護羌使者
24631.	8	26a	物譜	鴉銜草		24671.	8	27a	物譜	胡王使者
24632.	8	26a	物譜	茈莀		24672.	8	27a	物譜	長生草
24633.	8	26a	物譜	紫芙		24673.	8	27a	物譜	土當歸
24634.	8	26a	物譜	野丈人		24674.	8	27a	物譜	周麻
24635.	8	26a	物譜	胡王使者		24675.	8	27a	物譜	苦蘵
24636.	8	26a	物譜	奈何草		24676.	8	27a	物譜	地槐
24637.	8	26a	物譜	白給		24677.	8	27a	物譜	水槐
24638.	8	26a	物譜	甘根		24678.	8	27a	物譜	野槐
24639.	8	26a	物譜	王連		24679.	8	27a	物譜	菟槐
24640.	8	26a	物譜	皮蓮		24680.	8	27a	物譜	延胡索
24641.	8	26a	物譜	割孤露澤		24681.	8	27a	物譜	茼
24642.	8	26b	物譜	腐腸		24682.	8	27a	物譜	勤母
24643.	8	26b	物譜	內虛		24683.	8	27a	物譜	苦花
24644.	8	26b	物譜	苦督郵		24684.	8	27a	物譜	空茸
24645.	8	26b	物譜	妬婦		24685.	8	27a	物譜	蓝
24646.	8	26b	物譜	子苓		24686.	8	27b	物譜	金燈紅色
24647.	8	26b	物譜	條苓		24687.	8	27b	物譜	銀燈蜜色
24648.	8	26b	物譜	独尾苓		24688.	8	27b	物譜	忽地笑
24649.	8	26b	物譜	鼠尾苓		24689.	8	27b	物譜	朱姑
24650.	8	26b	物譜	宿苓		24690.	8	27b	物譜	鬼燈檠
24651.	8	26b	物譜	片苓		24691.	8	27b	物譜	鹿蹄草

24692.	8	27b	物譜	掛金燈	24732.	8	28b	物譜	白蘄
24693.	8	27b	物譜	凌波	24733.	8	28b	物譜	文無
24694.	8	27b	物譜	金盞	24734.	8	28b	物譜	薛
24695.	8	27b	物譜	銀臺	24735.	8	28b	物譜	馬尾
24696.	8	27b	物譜	絲茅	24736.	8	28b	物譜	虌頭
24697.	8	27b	物譜	茹根	24737.	8	28b	物譜	蛇栗
24698.	8	27b	物譜	蘭根	24738.	8	28b	物譜	蛇米
24699.	8	27b	物譜	地筋	24739.	8	28b	物譜	虺牀
24700.	8	27b	物譜	茅針	24740.	8	28b	物譜	墻蘼
24701.	8	27b	物譜	茅鐵	24741.	8	28b	物譜	馬牀
24702.	8	27b	物譜	荍	24742.	8	28b	物譜	盱
24703.	8	27b	物譜	茶	24743.	8	28b	物譜	胡蘮
24704.	8	27b	物譜	牡茅	24744.	8	28b	物譜	川芎
24705.	8	27b	物譜	薁	24745.	8	28b	物譜	撫芎
24706.	8	27b	物譜	青茅	24746.	8	28b	物譜	香果
24707.	8	27b	物譜	璚茅	24747.	8	28b	物譜	山鞠蘮
24708.	8	27b	物譜	仙茅	24748.	8	28b	物譜	闍莫迦
24709.	8	27b	物譜	黃菅	24749.	8	28b	物譜	馬銜芎
24710.	8	28a	物譜	白華	24750.	8	28b	物譜	雀腦芎
24711.	8	28a	物譜	芭茅	24751.	8	28b	物譜	蘪蕪
24712.	8	28a	物譜	苤	24752.	8	28b	物譜	蘄茝
24713.	8	28a	物譜	杜榮	24753.	8	28b	物譜	江籬
24714.	8	28a	物譜	罷王根草	24754.	8	28b	物譜	揭車
24715.	8	28a	物譜	狗尾根草	24755.	8	29a	物譜	藁茇
24716.	8	28a	物譜	蒯	24756.	8	29a	物譜	徐黃
24717.	8	28a	物譜	薕	24757.	8	29a	物譜	白芷
24718.	8	28a	物譜	陵游	24758.	8	29a	物譜	澤芬
24719.	8	28a	物譜	觀音草	24759.	8	29a	物譜	符離
24720.	8	28a	物譜	杜葵	24760.	8	29a	物譜	薑
24721.	8	28a	物譜	馬蹄香	24761.	8	29a	物譜	蒿麻
24722.	8	28a	物譜	土鹵	24762.	8	29a	物譜	葯
24723.	8	28a	物譜	馬蹄菜	24763.	8	29a	物譜	將離
24724.	8	28b	物譜	微草	24764.	8	29a	物譜	婪尾春
24725.	8	28b	物譜	白幕	24765.	8	29a	物譜	金芍藥
24726.	8	28b	物譜	春草	24766.	8	29a	物譜	木芍藥
24727.	8	28b	物譜	萴	24767.	8	29a	物譜	小牡丹
24728.	8	28b	物譜	芒草	24768.	8	29a	物譜	菩薩面
24729.	8	28b	物譜	石藍	24769.	8	29a	物譜	紅藥
24730.	8	28b	物譜	乾歸	24770.	8	29a	物譜	花相
24731.	8	28b	物譜	山蘄	24771.	8	29a	物譜	御衣黃

24772.	8	29a	物譜	御愛黃	24812.	8	29b	物譜	狀元紅
24773.	8	29a	物譜	青面黃	24813.	8	29b	物譜	朱砂紅
24774.	8	29a	物譜	尹家黃	24814.	8	29b	物譜	大紅剪絨
24775.	8	29a	物譜	鮑家黃	24815.	8	29b	物譜	紅繡毬
24776.	8	29a	物譜	硤石黃	24816.	8	29b	物譜	西瓜穰
24777.	8	29a	物譜	道士黃	24817.	8	29b	物譜	暎日紅
24778.	8	29a	物譜	黃樓子	24818.	8	29b	物譜	錦袍紅
24779.	8	29a	物譜	二色紅	24819.	8	29b	物譜	石家紅
24780.	8	29a	物譜	髻子紅	24820.	8	29b	物譜	醉胭脂
24781.	8	29a	物譜	緋頭緋	24821.	8	29b	物譜	壽春紅
24782.	8	29a	物譜	冠群芳	24822.	8	29b	物譜	醉仙桃
24783.	8	29a	物譜	簇紅絲	24823.	8	29b	物譜	美人紅
24784.	8	29a	物譜	畫天工	24824.	8	29b	物譜	海天紅
24785.	8	29a	物譜	碎嬌紅	24825.	8	29b	物譜	赤玉盤
24786.	8	29a	物譜	怨春粧	24826.	8	29b	物譜	鶴頂紅
24787.	8	29a	物譜	寶粧成	24827.	8	29b	物譜	胭脂樓
24788.	8	29a	物譜	紫都勝	24828.	8	29b	物譜	雙頭紅
24789.	8	29a	物譜	包金紫	24829.	8	29b	物譜	玉樓春
24790.	8	29a	物譜	玉盤盂	24830.	8	29b	物譜	醉楊妃
24791.	8	29a	物譜	玉逍遙	24831.	8	29b	物譜	醉西施
24792.	8	29b	物譜	玉版纈	24832.	8	29b	物譜	粉霞
24793.	8	29b	物譜	玉冠子	24833.	8	29b	物譜	輕羅紅
24794.	8	29b	物譜	玉樓子	24834.	8	29b	物譜	粉繡毬
24795.	8	29b	物譜	取次粧	24835.	8	29b	物譜	嬌紅
24796.	8	29b	物譜	金繫腰	24836.	8	29b	物譜	觀音面
24797.	8	29b	物譜	金帶圍	24837.	8	29b	物譜	政和春
24798.	8	29b	物譜	合歡芳	24838.	8	29b	物譜	魏紫
24799.	8	29b	物譜	鼠姑	24839.	8	29b	物譜	紫繡毬
24800.	8	29b	物譜	鹿韭	24840.	8	29b	物譜	朝天紫
24801.	8	29b	物譜	百兩金	24841.	8	30a	物譜	乾道紫
24802.	8	29b	物譜	木芍藥	24842.	8	30a	物譜	葛巾紫
24803.	8	29b	物譜	花玉	24843.	8	30a	物譜	腰金紫
24804.	8	29b	物譜	錦繡堆	24844.	8	30a	物譜	紫仙姑
24805.	8	29b	物譜	桃黃	24845.	8	30a	物譜	煙籠紫
24806.	8	29b	物譜	金帶腰	24846.	8	30a	物譜	潋墨
24807.	8	29b	物譜	愛雲黃	24847.	8	30a	物譜	無瑕玉
24808.	8	29b	物譜	黃氣毬	24848.	8	30a	物譜	玉繡毬
24809.	8	29b	物譜	甘華黃	24849.	8	30a	物譜	羊脂玉
24810.	8	29b	物譜	禁院黃	24850.	8	30a	物譜	白剪絨
24811.	8	29b	物譜	御衣黃	24851.	8	30a	物譜	玉天仙

24852.	8	30a	物譜	水晶毬	24892.	8	31a	物譜	婆固脂
24853.	8	30a	物譜	玉版白	24893.	8	31a	物譜	胡韭子
24854.	8	30a	物譜	一捻紅	24894.	8	31a	物譜	菜
24855.	8	30a	物譜	玉帶腰	24895.	8	31a	物譜	寶鼎香
24856.	8	30a	物譜	青心白	24896.	8	31a	物譜	馬迷
24857.	8	30a	物譜	佛頭青	24897.	8	31a	物譜	迷藥
24858.	8	30a	物譜	綠邊白	24898.	8	31a	物譜	蓬术
24859.	8	30a	物譜	白舞青猊	24899.	8	31a	物譜	京三稜
24860.	8	30a	物譜	風牡丹	24900.	8	31a	物譜	草三稜
24861.	8	30a	物譜	荷包牡丹	24901.	8	31a	物譜	雞爪稜
24862.	8	30a	物譜	魚兒牡丹	24902.	8	31a	物譜	黑三稜
24863.	8	30a	物譜	秋牡丹	24903.	8	31a	物譜	石三稜
24864.	8	30a	物譜	蜜香	24904.	8	31b	物譜	蓁
24865.	8	30a	物譜	青木香	24905.	8	31b	物譜	水莎
24866.	8	30a	物譜	五木香	24906.	8	31b	物譜	地藾
24867.	8	30a	物譜	南木香	24907.	8	31b	物譜	續根草
24868.	8	30a	物譜	矩琵佗香	24908.	8	31b	物譜	水巴戟
24869.	8	30a	物譜	天仙藤	24909.	8	31b	物譜	夫湏
24870.	8	30a	物譜	苦彌哆	24910.	8	31b	物譜	雷公頭
24871.	8	30a	物譜	三乃子	24911.	8	31b	物譜	抱靈居士
24872.	8	30a	物譜	杜衡	24912.	8	31b	物譜	候莎
24873.	8	30a	物譜	杜蓮	24913.	8	31b	物譜	藼莎
24874.	8	30a	物譜	楚衡	24914.	8	31b	物譜	蒢
24875.	8	30a	物譜	白苓	24915.	8	31b	物譜	月啐哆
24876.	8	30a	物譜	獵子薑	24916.	8	31b	物譜	雀頭香
24877.	8	30b	物譜	美草	24917.	8	31b	物譜	香附子
24878.	8	30b	物譜	蠻薑	24918.	8	31b	物譜	草附子
24879.	8	30b	物譜	紫羅蘭	24919.	8	31b	物譜	香稜
24880.	8	30b	物譜	牆頭草	24920.	8	31b	物譜	臺
24881.	8	30b	物譜	紅豆蔻	24921.	8	31b	物譜	媞
24882.	8	30b	物譜	蓽撥	24922.	8	31b	物譜	紫丁香
24883.	8	30b	物譜	阿梨	24923.	8	31b	物譜	殘友
24884.	8	30b	物譜	訶陀	24924.	8	31b	物譜	金邊
24885.	8	30b	物譜	蒟子	24925.	8	31b	物譜	奈花
24886.	8	30b	物譜	土蓽撥	24926.	8	31b	物譜	六月雪
24887.	8	30b	物譜	扶留藤	24927.	8	31b	物譜	素馨
24888.	8	30b	物譜	蔓子	24928.	8	31b	物譜	狎客
24889.	8	31a	物譜	肉果	24929.	8	31b	物譜	遠客
24890.	8	31a	物譜	迦拘勒	24930.	8	31b	物譜	黃茉莉
24891.	8	31a	物譜	補骨脂	24931.	8	31b	物譜	紫茉莉

24932.	8	32a	物譜	紫莁	24972.	8	33a	物譜	龍腦薄荷
24933.	8	32a	物譜	香草	24973.	8	33a	物譜	紫蘇
24934.	8	32a	物譜	麝香	24974.	8	33a	物譜	赤蘇
24935.	8	32a	物譜	鬱香	24975.	8	33a	物譜	桂荏
24936.	8	32a	物譜	香麻	24976.	8	33a	物譜	紫菜
24937.	8	32a	物譜	噁尸羅	24977.	8	33a	物譜	野蘇
24938.	8	32a	物譜	白茅香	24978.	8	33a	物譜	白蘇
24939.	8	32a	物譜	兜納香	24979.	8	33a	物譜	隱忍
24940.	8	32a	物譜	龍掛香	24980.	8	33a	物譜	臭蘇
24941.	8	32a	物譜	兜婁婆香	24981.	8	33a	物譜	青白蘇
24942.	8	32a	物譜	多摩羅跋香	24982.	8	33a	物譜	女華
24943.	8	32a	物譜	鉢怛羅香	24983.	8	33a	物譜	日精
24944.	8	32a	物譜	零陵香	24984.	8	33a	物譜	傳延年
24945.	8	32a	物譜	蕙草	24985.	8	33a	物譜	金蕊
24946.	8	32a	物譜	燕草	24986.	8	33a	物譜	回峰
24947.	8	32a	物譜	黃零草	24987.	8	33a	物譜	菊蕪
24948.	8	32b	物譜	芸	24988.	8	33a	物譜	治蘠
24949.	8	32b	物譜	蕳	24989.	8	33a	物譜	羊歡草
24950.	8	32b	物譜	水香	24990.	8	33b	物譜	七色鶴翎
24951.	8	32b	物譜	女蘭	24991.	8	33b	物譜	狀元紅
24952.	8	32b	物譜	香草	24992.	8	33b	物譜	狀元紫
24953.	8	32b	物譜	燕尾香	24993.	8	33b	物譜	福州紫
24954.	8	32b	物譜	千金草	24994.	8	33b	物譜	價
24955.	8	32b	物譜	水香	24995.	8	33b	物譜	金香
24956.	8	32b	物譜	都梁香	24996.	8	33b	物譜	倚欄嬌
24957.	8	32b	物譜	虎蘭	24997.	8	33b	物譜	羅傘
24958.	8	32b	物譜	孩兒菊	24998.	8	33b	物譜	紫袍
24959.	8	32b	物譜	紫菊	24999.	8	33b	物譜	芙蓉
24960.	8	33a	物譜	香柔	25000.	8	33b	物譜	絞絲鎖口
24961.	8	33a	物譜	香葺	25001.	8	33b	物譜	佛頭
24962.	8	33a	物譜	香菜	25002.	8	33b	物譜	二喬
24963.	8	33a	物譜	蜜蜂草	25003.	8	33b	物譜	金菊
24964.	8	33a	物譜	香茹	25004.	8	33b	物譜	飛金剪茸
24965.	8	33a	物譜	香蘇	25005.	8	33b	物譜	剪絹
24966.	8	33a	物譜	爵麻	25006.	8	33b	物譜	銀薇
24967.	8	33a	物譜	假蘇	25007.	8	33b	物譜	牡丹
24968.	8	33a	物譜	薑芥	25008.	8	33b	物譜	蘇桃
24969.	8	33a	物譜	鼠蓂	25009.	8	33b	物譜	繡毬
24970.	8	33a	物譜	菝葀	25010.	8	33b	物譜	婥娥
24971.	8	33a	物譜	蕃荷葉	25011.	8	33b	物譜	獅蠻

25012.	8	33b	物譜	撮頭	25052.	8	34a	物譜	小甘菊
25013.	8	33b	物譜	月下	25053.	8	34a	物譜	周秦黃
25014.	8	33b	物譜	蠟瓣	25054.	8	34a	物譜	御衣黃
25015.	8	33b	物譜	葡萄	25055.	8	34a	物譜	玉英
25016.	8	33b	物譜	西施	25056.	8	34a	物譜	容成
25017.	8	33b	物譜	三色鶴翎	25057.	8	34a	物譜	金精
25018.	8	33b	物譜	禁苑	25058.	8	34a	物譜	長生
25019.	8	33b	物譜	黃	25059.	8	34a	物譜	苦薏
25020.	8	33b	物譜	勝金黃	25060.	8	34a	物譜	僧鞋菊
25021.	8	33b	物譜	醉楊妃	25061.	8	34a	物譜	萬壽菊
25022.	8	33b	物譜	有角無角	25062.	8	34a	物譜	五九菊
25023.	8	33b	物譜	狀元紅	25063.	8	34a	物譜	波斯菊
25024.	8	33b	物譜	越女	25064.	8	34a	物譜	金鈴菊
25025.	8	33b	物譜	暨	25065.	8	34a	物譜	菴䕽
25026.	8	33b	物譜	御圈子	25066.	8	34a	物譜	芁
25027.	8	33b	物譜	春羅白	25067.	8	34a	物譜	馬尋
25028.	8	33b	物譜	帶雪白	25068.	8	34b	物譜	冰臺
25029.	8	33b	物譜	及黃	25069.	8	34b	物譜	醫草
25030.	8	33b	物譜	笑雪白	25070.	8	34b	物譜	黃草
25031.	8	33b	物譜	烏紅	25071.	8	34b	物譜	艾蒿
25032.	8	33b	物譜	金絲烏紅	25072.	8	34b	物譜	病草
25033.	8	33b	物譜	馬蹄紅	25073.	8	34b	物譜	九折草
25034.	8	33b	物譜	燕京白	25074.	8	34b	物譜	山茵蔯
25035.	8	33b	物譜	燕京紅	25075.	8	34b	物譜	草蒿
25036.	8	33b	物譜	老人白	25076.	8	34b	物譜	菣
25037.	8	33b	物譜	西施剪圓	25077.	8	34b	物譜	犲蒿
25038.	8	33b	物譜	錦剪紅	25078.	8	34b	物譜	香蒿
25039.	8	33b	物譜	惱西施	25079.	8	34b	物譜	臭蒿
25040.	8	33b	物譜	甘香黃	25080.	8	34b	物譜	蘩
25041.	8	33b	物譜	殺蜂香	25081.	8	34b	物譜	由胡
25042.	8	33b	物譜	盜黃	25082.	8	34b	物譜	蔓蒿
25043.	8	33b	物譜	蘇州紅	25083.	8	34b	物譜	蔏購
25044.	8	33b	物譜	蘇州黃	25084.	8	34b	物譜	蓬
25045.	8	33b	物譜	通州紅	25085.	8	34b	物譜	流草
25046.	8	33b	物譜	通州黃白	25086.	8	35a	物譜	䪥㵢蓬
25047.	8	33b	物譜	玉臺金盞	25087.	8	35a	物譜	薦黍蓬
25048.	8	34a	物譜	剪綵黃	25088.	8	35a	物譜	莪羅蒿
25049.	8	34a	物譜	早開黃	25089.	8	35a	物譜	蘪蒿
25050.	8	34a	物譜	臙脂紅	25090.	8	35a	物譜	牡蒿
25051.	8	34a	物譜	大甘菊	25091.	8	35a	物譜	益母

25092.	8	35a	物譜	蒮	25132.	8	35b	物譜	刺薊
25093.	8	35a	物譜	牡蒿	25133.	8	35b	物譜	山牛蒡
25094.	8	35a	物譜	蒮雛	25134.	8	35b	物譜	千針草
25095.	8	35a	物譜	鏨菜	25135.	8	36a	物譜	野紅花
25096.	8	35a	物譜	蕑	25136.	8	36a	物譜	龍豆
25097.	8	35a	物譜	牛蘈	25137.	8	36a	物譜	南草
25098.	8	35a	物譜	豬麻	25138.	8	36a	物譜	接骨
25099.	8	35a	物譜	負擔	25139.	8	36a	物譜	野蘭
25100.	8	35a	物譜	野天麻	25140.	8	36a	物譜	飛廉
25101.	8	35a	物譜	薇銜	25141.	8	36a	物譜	鬼油麻
25102.	8	35a	物譜	乃東	25142.	8	36a	物譜	鹿驪根
25103.	8	35a	物譜	鐵色	25143.	8	36a	物譜	火麻
25104.	8	35a	物譜	草燕面	25144.	8	36a	物譜	黃麻
25105.	8	35a	物譜	金寄奴	25145.	8	36a	物譜	漢麻
25106.	8	35a	物譜	烏藤菜	25146.	8	36a	物譜	牡麻
25107.	8	35b	物譜	金沸草	25147.	8	36a	物譜	苴麻
25108.	8	35b	物譜	金錢花	25148.	8	36a	物譜	麻母
25109.	8	35b	物譜	滴滴金	25149.	8	36a	物譜	荸麻
25110.	8	35b	物譜	盜庚	25150.	8	36a	物譜	荸
25111.	8	35b	物譜	夏菊	25151.	8	36a	物譜	麻蕡
25112.	8	35b	物譜	戴椹	25152.	8	36a	物譜	麻勃
25113.	8	35b	物譜	昆侖草	25153.	8	36a	物譜	苴
25114.	8	35b	物譜	野雞冠	25154.	8	36a	物譜	葩
25115.	8	35b	物譜	草決明	25155.	8	36a	物譜	麻骨
25116.	8	35b	物譜	雞冠	25156.	8	36a	物譜	麻刀
25117.	8	35b	物譜	波羅奢花	25157.	8	36a	物譜	宋
25118.	8	35b	物譜	紅花	25158.	8	36a	物譜	䕠
25119.	8	35b	物譜	黃藍	25159.	8	36a	物譜	漚麻
25120.	8	35b	物譜	茜	25160.	8	36a	物譜	縋
25121.	8	35b	物譜	燕脂	25161.	8	36a	物譜	練
25122.	8	35b	物譜	䋺赦	25162.	8	36a	物譜	濩
25123.	8	35b	物譜	紫梗	25163.	8	36a	物譜	綀
25124.	8	35b	物譜	胡燕脂	25164.	8	36b	物譜	白麻
25125.	8	35b	物譜	番紅花	25165.	8	36b	物譜	毛藜
25126.	8	35b	物譜	洎夫藍	25166.	8	36b	物譜	薛
25127.	8	35b	物譜	撒法郎	25167.	8	36b	物譜	荔實
25128.	8	35b	物譜	小薊	25168.	8	36b	物譜	馬藺
25129.	8	35b	物譜	虎薊	25169.	8	36b	物譜	馬薤
25130.	8	35b	物譜	馬薊	25170.	8	36b	物譜	馬帚
25131.	8	35b	物譜	貓薊	25171.	8	36b	物譜	赤菖蒲

25172.	8	36b	物譜	鼠黏子	25212.	8	37a	物譜	蘁
25173.	8	36b	物譜	牛蒡子	25213.	8	37a	物譜	芳
25174.	8	36b	物譜	大力子	25214.	8	37a	物譜	蓬莪
25175.	8	36b	物譜	蝙蝠刺	25215.	8	37a	物譜	蘁
25176.	8	36b	物譜	夜义頭	25216.	8	37a	物譜	甘蕉
25177.	8	36b	物譜	牛菜	25217.	8	37b	物譜	天苴
25178.	8	36b	物譜	蒼耳	25218.	8	37b	物譜	芭苴
25179.	8	36b	物譜	卷耳	25219.	8	37b	物譜	羊角蕉
25180.	8	36b	物譜	耳鐺	25220.	8	37b	物譜	牛乳蕉
25181.	8	36b	物譜	地葵	25221.	8	37b	物譜	美人蕉
25182.	8	36b	物譜	胡枲	25222.	8	37b	物譜	膽瓶蕉
25183.	8	36b	物譜	苓耳	25223.	8	37b	物譜	板蕉
25184.	8	36b	物譜	常枲	25224.	8	37b	物譜	佛手蕉
25185.	8	36b	物譜	喝起草	25225.	8	37b	物譜	紅蕉
25186.	8	36b	物譜	羊負菜	25226.	8	37b	物譜	水蕉
25187.	8	36b	物譜	道人頭	25227.	8	37b	物譜	牙蕉
25188.	8	36b	物譜	進賢菜	25228.	8	37b	物譜	卵蕉
25189.	8	37a	物譜	天蔓菁	25229.	8	37b	物譜	麻蕉
25190.	8	37a	物譜	天門精	25230.	8	37b	物譜	矮蕉
25191.	8	37a	物譜	地菘	25231.	8	37b	物譜	酒蕉
25192.	8	37a	物譜	天門精	25232.	8	37b	物譜	監蕉
25193.	8	37a	物譜	茢薽	25233.	8	37b	物譜	粉蕉
25194.	8	37a	物譜	螝顱	25234.	8	37b	物譜	覆葅
25195.	8	37a	物譜	豨首	25235.	8	37b	物譜	蒚苴
25196.	8	37a	物譜	蟾蜍蘭	25236.	8	37b	物譜	嘉草
25197.	8	37a	物譜	劉憒草	25237.	8	37b	物譜	龍沙
25198.	8	37a	物譜	鶴蝨	25238.	8	37b	物譜	狗骨
25199.	8	37a	物譜	杜牛膝	25239.	8	37b	物譜	銼草
25200.	8	37a	物譜	麥句姜	25240.	8	37b	物譜	龍華
25201.	8	37a	物譜	蚵蚾草	25241.	8	37b	物譜	龍珠
25202.	8	37a	物譜	豕首	25242.	8	37b	物譜	龍鬚
25203.	8	37a	物譜	狐尿	25243.	8	37b	物譜	龍鬚草
25204.	8	37a	物譜	希仙	25244.	8	37b	物譜	碧玉草
25205.	8	37a	物譜	火枕草	25245.	8	38a	物譜	苧
25206.	8	37a	物譜	虎膏	25246.	8	38a	物譜	苞
25207.	8	37a	物譜	黏糊菜	25247.	8	38a	物譜	地髓
25208.	8	37a	物譜	皺面草	25248.	8	38a	物譜	牛奶子
25209.	8	37a	物譜	蔡葉	25249.	8	38a	物譜	天黃
25210.	8	37a	物譜	芳	25250.	8	38a	物譜	人黃
25211.	8	37a	物譜	蓬莪	25251.	8	38a	物譜	地黃

25252.	8	38a	物譜	婆婆奶	25292.	8	38b	物譜	竹雞
25253.	8	38a	物譜	牛莖	25293.	8	38b	物譜	草雞葉
25254.	8	38a	物譜	山莧菜	25294.	8	38b	物譜	菜耳
25255.	8	38a	物譜	對節草	25295.	8	38b	物譜	環草
25256.	8	38a	物譜	百倍	25296.	8	38b	物譜	碧蟬花
25257.	8	38a	物譜	青菀	25297.	8	38b	物譜	藍姑草
25258.	8	38a	物譜	紫蒨	25298.	8	38b	物譜	綠梅花
25259.	8	38a	物譜	返魂草	25299.	8	38b	物譜	戎葵
25260.	8	38a	物譜	夜牽牛	25300.	8	38b	物譜	少肩
25261.	8	38a	物譜	仙菜	25301.	8	38b	物譜	錢葵
25262.	8	38a	物譜	白菀	25302.	8	38b	物譜	吳葵
25263.	8	38a	物譜	茆	25303.	8	38b	物譜	一丈紅
25264.	8	38a	物譜	白羊鬚	25304.	8	38b	物譜	御賜花
25265.	8	38a	物譜	虋冬	25305.	8	38b	物譜	錦葵
25266.	8	38a	物譜	繡墩	25306.	8	38b	物譜	黃蜀葵
25267.	8	38a	物譜	蘠蘼	25307.	8	39a	物譜	衛足
25268.	8	38a	物譜	滿冬	25308.	8	39a	物譜	荊葵
25269.	8	38a	物譜	階前草	25309.	8	39a	物譜	天茄子
25270.	8	38a	物譜	羊韭	25310.	8	39a	物譜	苦葵
25271.	8	38a	物譜	不死草	25311.	8	39a	物譜	龍珠
25272.	8	38a	物譜	烏韭	25312.	8	39a	物譜	赤珠
25273.	8	38a	物譜	禹餘糧	25313.	8	39a	物譜	苦蘵
25274.	8	38a	物譜	諼草	25314.	8	39a	物譜	燈籠草
25275.	8	38a	物譜	宜男	25315.	8	39a	物譜	皮弁草
25276.	8	38a	物譜	丹棘	25316.	8	39a	物譜	王母珠
25277.	8	38a	物譜	鹿蔥	25317.	8	39a	物譜	洛神珠
25278.	8	38a	物譜	鹿劍	25318.	8	39a	物譜	紅姑娘
25279.	8	38a	物譜	妓女	25319.	8	39a	物譜	寒漿
25280.	8	38a	物譜	忘憂	25320.	8	39a	物譜	苦蘵
25281.	8	38a	物譜	萬年	25321.	8	39a	物譜	黃蔯
25282.	8	38a	物譜	韭黃	25322.	8	39a	物譜	鹿腸
25283.	8	38b	物譜	鵊嘴	25323.	8	39a	物譜	金雀花
25284.	8	38b	物譜	黃花菜	25324.	8	39b	物譜	菟葵
25285.	8	38b	物譜	紅花菜	25325.	8	39b	物譜	顆冬
25286.	8	38b	物譜	石榴紅	25326.	8	39b	物譜	款凍
25287.	8	38b	物譜	金萱	25327.	8	39b	物譜	鼠耳
25288.	8	38b	物譜	麝香萱	25328.	8	39b	物譜	茸母
25289.	8	38b	物譜	碎骨子	25329.	8	39b	物譜	佛耳草
25290.	8	38b	物譜	雞舌草	25330.	8	39b	物譜	無心草
25291.	8	38b	物譜	碧竹子	25331.	8	39b	物譜	香茅

25332.	8	39b	物譜	花蒂菜	25372.	8	40b	物譜	地衣
25333.	8	39b	物譜	芺明	25373.	8	40b	物譜	車輪菜
25334.	8	39b	物譜	芺光	25374.	8	40b	物譜	蝦蟆衣
25335.	8	39b	物譜	蘚苔	25375.	8	40b	物譜	麋舌草
25336.	8	39b	物譜	蔆荌	25376.	8	40b	物譜	龍牙草
25337.	8	39b	物譜	羊躑躅	25377.	8	40b	物譜	鳳頸草
25338.	8	39b	物譜	望江南	25378.	8	40b	物譜	小龍牙
25339.	8	39b	物譜	茳芒決明	25379.	8	40b	物譜	紫背龍牙
25340.	8	39b	物譜	葥	25380.	8	40b	物譜	烏草
25341.	8	39b	物譜	玉豉	25381.	8	40b	物譜	水青
25342.	8	39b	物譜	地葵	25382.	8	40b	物譜	勤陵翹
25343.	8	39b	物譜	地麥	25383.	8	40b	物譜	郎耶草
25344.	8	39b	物譜	獨帚	25384.	8	41a	物譜	莠
25345.	8	39b	物譜	落帚	25385.	8	41a	物譜	光明草
25346.	8	39b	物譜	鴨舌草	25386.	8	41a	物譜	阿羅漢草
25347.	8	39b	物譜	千頭子	25387.	8	41a	物譜	盂
25348.	8	40a	物譜	蘧麥	25388.	8	41a	物譜	蓮子草
25349.	8	40a	物譜	巨句麥	25389.	8	41a	物譜	旱蓮草
25350.	8	40a	物譜	天菊	25390.	8	41a	物譜	小連翹
25351.	8	40a	物譜	大菊	25391.	8	41a	物譜	金陵草
25352.	8	40a	物譜	大蘭	25392.	8	41a	物譜	連
25353.	8	40a	物譜	石竹	25393.	8	41a	物譜	蘭華
25354.	8	40a	物譜	洛陽紅	25394.	8	41a	物譜	三廉
25355.	8	40a	物譜	南天竺草	25395.	8	41a	物譜	連軺
25356.	8	40a	物譜	禁宮花	25396.	8	41a	物譜	倭連翹
25357.	8	40a	物譜	剪金花	25397.	8	41a	物譜	大連翹
25358.	8	40a	物譜	金盞	25398.	8	41a	物譜	蒴藋
25359.	8	40a	物譜	銀臺子	25399.	8	41a	物譜	接骨木
25360.	8	40a	物譜	剪紅羅	25400.	8	41b	物譜	蓼藍
25361.	8	40a	物譜	碎剪羅	25401.	8	41b	物譜	菘藍
25362.	8	40a	物譜	剪秋紗	25402.	8	41b	物譜	馬藍
25363.	8	40a	物譜	漢宮秋	25403.	8	41b	物譜	冬藍
25364.	8	40a	物譜	杏葉草	25404.	8	41b	物譜	葳
25365.	8	40a	物譜	長春花	25405.	8	41b	物譜	板藍
25366.	8	40a	物譜	狗薺	25406.	8	41b	物譜	吳藍
25367.	8	40b	物譜	菫	25407.	8	41b	物譜	木藍
25368.	8	40b	物譜	當道	25408.	8	41b	物譜	藍澱
25369.	8	40b	物譜	苤苢	25409.	8	41b	物譜	靛花
25370.	8	40b	物譜	馬舃	25410.	8	41b	物譜	青黛
25371.	8	40b	物譜	牛舌	25411.	8	41b	物譜	青蛤粉

25412.	8	41b	物譜	藍菜	25452.	8	42a	物譜	流星草
25413.	8	41b	物譜	紫蓼	25453.	8	42a	物譜	戴星草
25414.	8	41b	物譜	赤蓼	25454.	8	42a	物譜	茨
25415.	8	41b	物譜	青蓼	25455.	8	42a	物譜	旁通
25416.	8	41b	物譜	香蓼	25456.	8	42a	物譜	屈人
25417.	8	41b	物譜	水蓼	25457.	8	42b	物譜	止行
25418.	8	41b	物譜	虞蓼	25458.	8	42b	物譜	箭頭草
25419.	8	41b	物譜	澤蓼	25459.	8	42b	物譜	獨行虎
25420.	8	41b	物譜	薔	25460.	8	42b	物譜	鬼針草
25421.	8	41b	物譜	水紅花	25461.	8	42b	物譜	鬼釵
25422.	8	41b	物譜	馬蓼	25462.	8	42b	物譜	鬼虱子
25423.	8	41b	物譜	大蓼	25463.	8	42b	物譜	莱刺
25424.	8	41b	物譜	墨記草	25464.	8	42b	物譜	過路蜈蚣
25425.	8	41b	物譜	石龍	25465.	8	42b	物譜	飛天蜈蚣
25426.	8	41b	物譜	天蓼	25466.	8	43a	物譜	黃良
25427.	8	41b	物譜	大蓼	25467.	8	43a	物譜	將軍
25428.	8	41b	物譜	鴻䔉	25468.	8	43a	物譜	錦衣大黃
25429.	8	41b	物譜	蘢鼓	25469.	8	43a	物譜	牛舌大黃
25430.	8	41b	物譜	游龍	25470.	8	43a	物譜	蓫薚
25431.	8	41b	物譜	蕼	25471.	8	43a	物譜	當陸
25432.	8	41b	物譜	苦杖	25472.	8	43a	物譜	章柳
25433.	8	41b	物譜	滎斑杖	25473.	8	43a	物譜	白昌
25434.	8	42a	物譜	酸杖	25474.	8	43a	物譜	馬尾
25435.	8	42a	物譜	馬唐	25475.	8	43a	物譜	蕩
25436.	8	42a	物譜	馬飯	25476.	8	43b	物譜	離婁
25437.	8	42a	物譜	羊麻	25477.	8	43b	物譜	掘據
25438.	8	42a	物譜	羊粟	25478.	8	43b	物譜	草蕳茹
25439.	8	42a	物譜	蔓于	25479.	8	43b	物譜	下馬仙
25440.	8	42a	物譜	軒于	25480.	8	43b	物譜	蕎邛距
25441.	8	42a	物譜	扁竹	25481.	8	43b	物譜	紅芽
25442.	8	42a	物譜	扁蔓	25482.	8	43b	物譜	黍莖
25443.	8	42a	物譜	粉節草	25483.	8	43b	物譜	五鳳草
25444.	8	42a	物譜	道生草	25484.	8	43b	物譜	甘藁
25445.	8	42a	物譜	黃草	25485.	8	43b	物譜	陵澤
25446.	8	42a	物譜	菉竹	25486.	8	43b	物譜	甘澤
25447.	8	42a	物譜	蒏草	25487.	8	43b	物譜	白澤
25448.	8	42a	物譜	王芻	25488.	8	44a	物譜	菩薩豆
25449.	8	42a	物譜	鴟腳莎	25489.	8	44a	物譜	千金子
25450.	8	42a	物譜	鹿蓐	25490.	8	44a	物譜	天仙子
25451.	8	42a	物譜	文星草	25491.	8	44a	物譜	橫唐

25492.	8	44a	物譜	行唐	25532.	8	45a	物譜	和姑
25493.	8	44a	物譜	員實	25533.	8	45a	物譜	羊眼
25494.	8	44a	物譜	雲英	25534.	8	45a	物譜	烏扇
25495.	8	44a	物譜	天豆	25535.	8	45a	物譜	烏蒲
25496.	8	44a	物譜	馬豆	25536.	8	45a	物譜	鳳翼
25497.	8	44a	物譜	羊石子	25537.	8	45a	物譜	紫金牛
25498.	8	44a	物譜	楮糊	25538.	8	45a	物譜	仙人掌
25499.	8	44a	物譜	博落迴	25539.	8	45a	物譜	野萱花
25500.	8	44a	物譜	山蔥	25540.	8	45a	物譜	草薑
25501.	8	44a	物譜	鹿蔥	25541.	8	45a	物譜	鳶尾
25502.	8	44a	物譜	憨蔥	25542.	8	45a	物譜	鳶頭
25503.	8	44b	物譜	烏頭	25543.	8	45a	物譜	蛺蝶花
25504.	8	44b	物譜	菵子	25544.	8	45a	物譜	白鶴仙
25505.	8	44b	物譜	天雄	25545.	8	45a	物譜	白萼
25506.	8	44b	物譜	白幕	25546.	8	45a	物譜	紅萼
25507.	8	44b	物譜	天錐	25547.	8	45a	物譜	急性子
25508.	8	44b	物譜	側子	25548.	8	45a	物譜	旱珍珠
25509.	8	44b	物譜	蒴子	25549.	8	45a	物譜	金鳳花
25510.	8	44b	物譜	漏藍子	25550.	8	45a	物譜	小桃紅
25511.	8	44b	物譜	木鱉子	25551.	8	45a	物譜	海蘍
25512.	8	44b	物譜	虎掌	25552.	8	45a	物譜	菊婢
25513.	8	44b	物譜	烏喙	25553.	8	45a	物譜	羽客
25514.	8	44b	物譜	草烏頭	25554.	8	45b	物譜	杜芫
25515.	8	44b	物譜	土附子	25555.	8	45b	物譜	赤芫
25516.	8	44b	物譜	耿子	25556.	8	45b	物譜	蜀桑
25517.	8	44b	物譜	金鴉	25557.	8	45b	物譜	鬧魚花
25518.	8	44b	物譜	莨	25558.	8	45b	物譜	魚尾草
25519.	8	44b	物譜	蕫	25559.	8	45b	物譜	地葚
25520.	8	44b	物譜	獨白草	25560.	8	45b	物譜	天豆
25521.	8	44b	物譜	鴛鴦菊	25561.	8	45b	物譜	水菫
25522.	8	44b	物譜	射罔	25562.	8	45b	物譜	彭根
25523.	8	44b	物譜		25563.	8	45b	物譜	毛芹
25524.	8	44b	物譜	虎掌	25564.	8	45b	物譜	毛建草
25525.	8	44b	物譜	鬼蒟蒻	25565.	8	45b	物譜	水茛
25526.	8	44b	物譜	由跋	25566.	8	45b	物譜	毛堇
25527.	8	44b	物譜	鬼白	25567.	8	45b	物譜	扁特
25528.	8	45a	物譜	鬼芋	25568.	8	45b	物譜	扁毒
25529.	8	45a	物譜	守田	25569.	8	46a	物譜	觀音蓮
25530.	8	45a	物譜	水玉	25570.	8	46a	物譜	天荷
25531.	8	45a	物譜	地文	25571.	8	46a	物譜	隔河仙

25572.	8	46a	物譜	旱金蓮	25612.	8	46b	物譜	凌霄
25573.	8	46a	物譜	一瓣蓮	25613.	8	47a	物譜	凌苕
25574.	8	46a	物譜	莵縷	25614.	8	47a	物譜	女葳
25575.	8	46a	物譜	唐蒙	25615.	8	47a	物譜	果蠃
25576.	8	46a	物譜	玉女	25616.	8	47a	物譜	瓜蔞
25577.	8	46a	物譜	女羅	25617.	8	47a	物譜	天瓜
25578.	8	46a	物譜	火焰草	25618.	8	47a	物譜	黃瓜
25579.	8	46a	物譜	金線草	25619.	8	47a	物譜	澤姑
25580.	8	46a	物譜	莖蓩	25620.	8	47a	物譜	白藥
25581.	8	46a	物譜	玄及	25621.	8	47a	物譜	天花
25582.	8	46a	物譜	會及	25622.	8	47a	物譜	粉瑞雪
25583.	8	46a	物譜	莯	25623.	8	47a	物譜	黃團
25584.	8	46a	物譜	覆盆子	25624.	8	47a	物譜	土瓜
25585.	8	46a	物譜	陵藟	25625.	8	47a	物譜	蓽挈
25586.	8	46a	物譜	寒莓	25626.	8	47a	物譜	鉤藪
25587.	8	46a	物譜	割田藨	25627.	8	47a	物譜	馬觑瓜
25588.	8	46a	物譜	地葚	25628.	8	47a	物譜	馬剝兒
25589.	8	46a	物譜	莖	25629.	8	47a	物譜	赤雹
25590.	8	46a	物譜	缺盆	25630.	8	47a	物譜	野甜瓜
25591.	8	46a	物譜	畢楞伽	25631.	8	47a	物譜	菲芳
25592.	8	46a	物譜	大麥莓	25632.	8	47a	物譜	鉤藤姑
25593.	8	46a	物譜	西國草	25633.	8	47a	物譜	師姑草
25594.	8	46a	物譜	烏麗子	25634.	8	47a	物譜	公公鬚
25595.	8	46a	物譜	蛇藨	25635.	8	47a	物譜	雞齊
25596.	8	46a	物譜	地莓	25636.	8	47a	物譜	鹿藿
25597.	8	46a	物譜	蠶莓	25637.	8	47a	物譜	黃芹
25598.	8	46b	物譜	留求子	25638.	8	47a	物譜	葛穀
25599.	8	46b	物譜	土青木香	25639.	8	47a	物譜	虋冬
25600.	8	46b	物譜	獨行根	25640.	8	47a	物譜	顛勒
25601.	8	46b	物譜	三百兩銀藥	25641.	8	47a	物譜	顛棘
25602.	8	46b	物譜	仙沼子	25642.	8	47a	物譜	天棘
25603.	8	46b	物譜	黑丑	25643.	8	47a	物譜	萬歲藤
25604.	8	46b	物譜	天茄	25644.	8	47a	物譜	婆婦草
25605.	8	46b	物譜	白丑	25645.	8	47a	物譜	野天門冬
25606.	8	46b	物譜	黑白江南花	25646.	8	47a	物譜	地精
25607.	8	46b	物譜	鼓子花	25647.	8	47b	物譜	桃柳藤
25608.	8	46b	物譜	纏枝	25648.	8	47b	物譜	九真藤
25609.	8	46b	物譜	牡丹	25649.	8	47b	物譜	赤葛
25610.	8	46b	物譜	旋蕾	25650.	8	47b	物譜	交藤
25611.	8	46b	物譜	續筋根	25651.	8	47b	物譜	夜合

25652.	8	47b	物譜	赤節	25692.	8	48b	物譜	千歲虆
25653.	8	47b	物譜	白菝葜	25693.	8	48b	物譜	虆蕪
25654.	8	47b	物譜	仙遺糧	25694.	8	48b	物譜	苢瓜
25655.	8	47b	物譜	冷飯團	25695.	8	48b	物譜	八散胡
25656.	8	47b	物譜	貓兒卵	25696.	8	48b	物譜	爬山虎
25657.	8	47b	物譜	兔核	25697.	8	48b	物譜	薜荔
25658.	8	48a	物譜	蒚	25698.	8	48b	物譜	木饅頭
25659.	8	48a	物譜	茅蒐	25699.	8	48b	物譜	鬼饅頭
25660.	8	48a	物譜	茹藘	25700.	8	49a	物譜	土鼓藤
25661.	8	48a	物譜	地血	25701.	8	49a	物譜	龍鱗藤
25662.	8	48a	物譜	過山龍	25702.	8	49a	物譜	金銀藤
25663.	8	48a	物譜	牛蔓	25703.	8	49a	物譜	鴛鴦藤
25664.	8	48a	物譜	風車草	25704.	8	49a	物譜	鷺鷥藤
25665.	8	48a	物譜	漢防己	25705.	8	49a	物譜	左纏藤
25666.	8	48a	物譜	木防己	25706.	8	49a	物譜	金銀花
25667.	8	48a	物譜	木通	25707.	8	49a	物譜	南藤
25668.	8	48a	物譜	萬年藤	25708.	8	49a	物譜	丁父
25669.	8	48a	物譜	燕覆子	25709.	8	49a	物譜	風藤
25670.	8	48a	物譜	猴薑	25710.	8	49a	物譜	石南藤
25671.	8	48a	物譜	腐婢	25711.	8	49a	物譜	水瀉
25672.	8	48a	物譜	芁	25712.	8	49a	物譜	蒲
25673.	8	48a	物譜	蘭蒦	25713.	8	49a	物譜	芒芋
25674.	8	48a	物譜	白環藤	25714.	8	49a	物譜	牛唇菜
25675.	8	48a	物譜	雀瓢	25715.	8	49b	物譜	牛舌菜
25676.	8	48a	物譜	羊婆奶	25716.	8	49b	物譜	蓄
25677.	8	48a	物譜	五葉莓	25717.	8	49b	物譜	禿菜
25678.	8	48a	物譜	龍草	25718.	8	49b	物譜	水黃芹
25679.	8	48a	物譜	龍葛	25719.	8	49b	物譜	蓫
25680.	8	48a	物譜	赤葛	25720.	8	49b	物譜	金蕎麥
25681.	8	48a	物譜	五爪龍	25721.	8	49b	物譜	金光草
25682.	8	48a	物譜	赤潑藤	25722.	8	49b	物譜	山羊蹄
25683.	8	48a	物譜	龍尾	25723.	8	49b	物譜	山大黃
25684.	8	48a	物譜	虎葛	25724.	8	49b	物譜	酸母
25685.	8	48b	物譜	拔籠	25725.	8	49b	物譜	蓚
25686.	8	48b	物譜	蔓麻	25726.	8	49b	物譜	殗蕪
25687.	8	48b	物譜	葛勒	25727.	8	49b	物譜	酸漿菜
25688.	8	48b	物譜	鬼桃	25728.	8	49b	物譜	蒔蘿
25689.	8	48b	物譜	羊腸	25729.	8	49b	物譜	秋海棠
25690.	8	48b	物譜	莨楚	25730.	8	49b	物譜	繡毬
25691.	8	48b	物譜	銚芅	25731.	8	49b	物譜	八仙花

25732.	8	49b	物譜	千年薑	25772.	8	50a	物譜	水蔥草
25733.	8	49b	物譜	吉祥草	25773.	8	50a	物譜	蘱蕭薑
25734.	8	49b	物譜	長松	25774.	8	50a	物譜	芏夫王
25735.	8	49b	物譜	翠雲草	25775.	8	50a	物譜	甘蒲
25736.	8	49b	物譜	金線草	25776.	8	50a	物譜	醮石
25737.	8	49b	物譜	金錢	25777.	8	50a	物譜	蒲槌
25738.	8	49b	物譜	花柳分春	25778.	8	50a	物譜	蒲蕚
25739.	8	49b	物譜	金莖草	25779.	8	50a	物譜	蒲黃
25740.	8	49b	物譜	鐵線蓮	25780.	8	50a	物譜	蒲蒻
25741.	8	49b	物譜	珠簾	25781.	8	50b	物譜	菰菜
25742.	8	49b	物譜	青鸞	25782.	8	50b	物譜	菰筍
25743.	8	49b	物譜	金鐘	25783.	8	50b	物譜	茭筍
25744.	8	50a	物譜	九龍	25784.	8	50b	物譜	茭白
25745.	8	50a	物譜	虎耳	25785.	8	50b	物譜	菰手
25746.	8	50a	物譜	含笑	25786.	8	50b	物譜	茭粑
25747.	8	50a	物譜	佛頭青	25787.	8	50b	物譜	蓬蔬
25748.	8	50a	物譜	玉簪	25788.	8	50b	物譜	菰薪
25749.	8	50a	物譜	昌陽	25789.	8	50b	物譜	池星
25750.	8	50a	物譜	堯韭	25790.	8	50b	物譜	薻
25751.	8	50a	物譜	水劒草	25791.	8	50b	物譜	大藻
25752.	8	50a	物譜	臭蒲	25792.	8	50b	物譜	大萍
25753.	8	50a	物譜	白菖	25793.	8	50b	物譜	苹菜
25754.	8	50a	物譜	昌本	25794.	8	50b	物譜	回葉菜
25755.	8	50a	物譜	水宿	25795.	8	50b	物譜	田字草
25756.	8	50a	物譜	莖蒲	25796.	8	50b	物譜	水粟
25757.	8	50a	物譜	泥菖蒲	25797.	8	50b	物譜	水栗
25758.	8	50a	物譜	溪蓀	25798.	8	50b	物譜	水笠
25759.	8	50a	物譜	蘭孫	25799.	8	51a	物譜	石蓯
25760.	8	50a	物譜	水昌蒲	25800.	8	51a	物譜	林蘭
25761.	8	50a	物譜	石菖蒲	25801.	8	51a	物譜	杜蘭
25762.	8	50a	物譜	錢蒲	25802.	8	51a	物譜	金釵
25763.	8	50a	物譜	金錢	25803.	8	51a	物譜	麥斛
25764.	8	50a	物譜	牛頂	25804.	8	51a	物譜	雀髀斛
25765.	8	50a	物譜	臺蒲	25805.	8	51a	物譜	木斛
25766.	8	50a	物譜	釰脊	25806.	8	51a	物譜	石皮
25767.	8	50a	物譜	虎鬚	25807.	8	51a	物譜	石蘭
25768.	8	50a	物譜	香苗	25808.	8	51a	物譜	瓦韋
25769.	8	50a	物譜	符蘺	25809.	8	51a	物譜	猴薑
25770.	8	50a	物譜	蒿	25810.	8	51a	物譜	石毛
25771.	8	50a	物譜	莨子草	25811.	8	51a	物譜	薑石

25812.	8	51a	物譜	萫蘭	25852.	8	52a	物譜	箕瓦
25813.	8	51a	物譜	金訓草	25853.	8	52a	物譜	屋遊
25814.	8	51a	物譜	鳳尾草	25854.	8	52a	物譜	瓦衣
25815.	8	51a	物譜	七星草	25855.	8	52a	物譜	瓦苔
25816.	8	51a	物譜	銀星草	25856.	8	52a	物譜	瓦蘚
25817.	8	51a	物譜	慎火	25857.	8	52a	物譜	博邪
25818.	8	51b	物譜	戒火	25858.	8	52a	物譜	瓦松
25819.	8	51b	物譜	護火	25859.	8	52a	物譜	烏韭
25820.	8	51b	物譜	火母	25860.	8	52a	物譜	石？？
25821.	8	51b	物譜	佛指甲	25861.	8	52a	物譜	石衣
25822.	8	51b	物譜	指甲花	25862.	8	52a	物譜	石花
25823.	8	51b	物譜	酸漿	25863.	8	52a	物譜	石馬駿
25824.	8	51b	物譜	三葉酸	25864.	8	52a	物譜	紫衣
25825.	8	51b	物譜	酸母	25865.	8	52a	物譜	百蕊草
25826.	8	51b	物譜	雀林草	25866.	8	52a	物譜	土馬駿
25827.	8	51b	物譜	雀兒酸	25867.	8	52a	物譜	長生不死草
25828.	8	51b	物譜	小酸茅	25868.	8	52a	物譜	豹足
25829.	8	51b	物譜	酸車草	25869.	8	52a	物譜	地栢
25830.	8	51b	物譜	馬蟻草	25870.	8	52a	物譜	玉遂
25831.	8	51b	物譜	毛草	25871.	8	52a	物譜	石松
25832.	8	51b	物譜	宿莽	25872.	8	52a	物譜	千年栢
25833.	8	51b	物譜	卷施草	25873.	8	52a	物譜	萬年松
25834.	8	51b	物譜	側梨	25874.	8	52a	物譜	樹
25835.	8	51b	物譜	石髮	25875.	8	52b	物譜	彭侯
25836.	8	51b	物譜	石衣	25876.	8	52b	物譜	賈胐
25837.	8	51b	物譜	石須	25877.	8	52b	物譜	藻兼
25838.	8	51b	物譜	水衣薄	25878.	8	52b	物譜	株本
25839.	8	51b	物譜	水綿	25879.	8	52b	物譜	柢商
25840.	8	51b	物譜	石濡	25880.	8	52b	物譜	土
25841.	8	51b	物譜	石芥	25881.	8	52b	物譜	毛
25842.	8	51b	物譜	雲茶	25882.	8	52b	物譜	鬚
25843.	8	51b	物譜	布帛	25883.	8	52b	物譜	幹
25844.	8	52a	物譜	仰天皮	25884.	8	52b	物譜	木心
25845.	8	52a	物譜	掬天皮	25885.	8	52b	物譜	理
25846.	8	52a	物譜	連錢草	25886.	8	52b	物譜	條
25847.	8	52a	物譜	垣衣	25887.	8	52b	物譜	柯
25848.	8	52a	物譜	垣蠃	25888.	8	52b	物譜	肆
25849.	8	52a	物譜	天韭	25889.	8	52b	物譜	遠揚
25850.	8	52a	物譜	鼠韭	25890.	8	52b	物譜	蔓
25851.	8	52a	物譜	昔邪	25891.	8	52b	物譜	杪

25892.	8	52b	物譜	椏		25932.	8	53a	物譜	晥
25893.	8	52b	物譜	梯		25933.	8	53a	物譜	子
25894.	8	52b	物譜	甹		25934.	8	53a	物譜	叢薄
25895.	8	52b	物譜	蘗		25935.	8	53a	物譜	林薄
25896.	8	52b	物譜	不		25936.	8	53a	物譜	樾
25897.	8	52b	物譜	楸		25937.	8	53a	物譜	灌木
25898.	8	52b	物譜	梢櫂		25938.	8	53a	物譜	包
25899.	8	52b	物譜	潤黷		25939.	8	53a	物譜	樛
25900.	8	52b	物譜	沃若		25940.	8	53a	物譜	枓
25901.	8	52b	物譜	肺肺		25941.	8	53a	物譜	喬
25902.	8	52b	物譜	梟		25942.	8	53a	物譜	苞
25903.	8	52b	物譜	暴落		25943.	8	53a	物譜	茂
25904.	8	52b	物譜	凋		25944.	8	53a	物譜	條
25905.	8	52b	物譜	撺		25945.	8	53a	物譜	枺
25906.	8	52b	物譜	厭		25946.	8	53a	物譜	核
25907.	8	52b	物譜	摵摵		25947.	8	53a	物譜	童
25908.	8	52b	物譜	策策		25948.	8	53a	物譜	拔
25909.	8	52b	物譜	蕭蕭		25949.	8	53a	物譜	兌
25910.	8	52b	物譜	葩		25950.	8	53a	物譜	寄屑
25911.	8	52b	物譜	林		25951.	8	53a	物譜	寓木
25912.	8	52b	物譜	敷		25952.	8	53a	物譜	宛童蔦
25913.	8	52b	物譜	狂花		25953.	8	53a	物譜	樗
25914.	8	52b	物譜	朶		25954.	8	53a	物譜	芒刺
25915.	8	52b	物譜	花乳頭		25955.	8	53a	物譜	梗
25916.	8	52b	物譜	萼		25956.	8	53a	物譜	柛
25917.	8	52b	物譜	柎蒂		25957.	8	53a	物譜	榴
25918.	8	52b	物譜	蓓蕾		25958.	8	53a	物譜	槎
25919.	8	52b	物譜	蕊		25959.	8	53a	物譜	駚蔓
25920.	8	52b	物譜	籥歛		25960.	8	53a	物譜	難
25921.	8	53a	物譜	韡韡		25961.	8	53a	物譜	孛
25922.	8	53a	物譜	灼灼		25962.	8	53a	物譜	離離
25923.	8	53a	物譜	軵鞣		25963.	8	53a	物譜	蔽茀
25924.	8	53a	物譜	乾		25964.	8	53a	物譜	夭蹻
25925.	8	53a	物譜	妥		25965.	8	53b	物譜	壅腫
25926.	8	53a	物譜	褪		25966.	8	53b	物譜	纍靡
25927.	8	53a	物譜	謝		25967.	8	53b	物譜	畏佳
25928.	8	53a	物譜	女夷		25968.	8	53b	物譜	翳
25929.	8	53a	物譜	羙羙		25969.	8	53b	物譜	樕
25930.	8	53a	物譜	賷		25970.	8	53b	物譜	楷皷
25931.	8	53a	物譜	藆		25971.	8	53b	物譜	瘣木

25972.	8	53b	物譜	符夔	26012.	8	54a	物譜	茯苓
25973.	8	53b	物譜	痩魁	26013.	8	54a	物譜	伏靈
25974.	8	53b	物譜	逌	26014.	8	54a	物譜	伏菟
25975.	8	53b	物譜	栽	26015.	8	54a	物譜	松腴
25976.	8	53b	物譜	植	26016.	8	54a	物譜	威喜
25977.	8	53b	物譜	樹	26017.	8	54a	物譜	不死麳
25978.	8	53b	物譜	棱	26018.	8	54a	物譜	木威
25979.	8	53b	物譜	騙	26019.	8	54a	物譜	伏神
25980.	8	53b	物譜	砟	26020.	8	54a	物譜	神木
25981.	8	53b	物譜	扦	26021.	8	54a	物譜	黃松節
25982.	8	53b	物譜	山伐	26022.	8	54a	物譜	琥珀
25983.	8	53b	物譜	丁丁	26023.	8	54a	物譜	松蘿
25984.	8	53b	物譜	坎坎	26024.	8	54a	物譜	女蘿
25985.	8	53b	物譜	析	26025.	8	54a	物譜	艾納
25986.	8	53b	物譜	斯	26026.	8	54a	物譜	松衣
25987.	8	53b	物譜	岼	26027.	8	54a	物譜	檆
25988.	8	53b	物譜	枞	26028.	8	54a	物譜	側柏
25989.	8	53b	物譜	髡	26029.	8	54a	物譜	汁柏
25990.	8	53b	物譜	拜	26030.	8	54a	物譜	區松
25991.	8	53b	物譜	劄	26031.	8	54a	物譜	矮栝
25992.	8	53b	物譜	干	26032.	8	54a	物譜	垂絲檜
25993.	8	53b	物譜	千章	26033.	8	54a	物譜	圓柏
25994.	8	53b	物譜	千籠	26034.	8	54a	物譜	杉松
25995.	8	53b	物譜	季材	26035.	8	54a	物譜	杉
25996.	8	53b	物譜	枫	26036.	8	54a	物譜	油杉
25997.	8	53b	物譜	棱	26037.	8	54a	物譜	土杉
25998.	8	53b	物譜	櫼楔	26038.	8	54a	物譜	豫章
25999.	8	53b	物譜	片	26039.	8	54a	物譜	赤木
26000.	8	53b	物譜	梾	26040.	8	54a	物譜	香樟
26001.	8	53b	物譜	楱	26041.	8	54a	物譜	香楠木
26002.	8	53b	物譜	松黃	26042.	8	54a	物譜	栝
26003.	8	53b	物譜	松房	26043.	8	54a	物譜	檜
26004.	8	53b	物譜	松脂	26044.	8	54a	物譜	樅
26005.	8	53b	物譜	松膏	26045.	8	54a	物譜	刺松
26006.	8	53b	物譜	松肪	26046.	8	54b	物譜	黏
26007.	8	53b	物譜	松膠	26047.	8	54b	物譜	沙木
26008.	8	54a	物譜	松香	26048.	8	54b	物譜	橄木
26009.	8	54a	物譜	瀝青	26049.	8	54b	物譜	倭木
26010.	8	54a	物譜	松淄	26050.	8	54b	物譜	野雞斑
26011.	8	54a	物譜	松毛	26051.	8	54b	物譜	丹桎

26052.	8	54b	物譜	梫		26092.	8	55b	物譜	錦帶
26053.	8	54b	物譜	牡桂		26093.	8	55b	物譜	珊瑚
26054.	8	54b	物譜	大桂		26094.	8	55b	物譜	二至花
26055.	8	54b	物譜	木桂		26095.	8	55b	物譜	沉水香
26056.	8	54b	物譜	柳桂		26096.	8	55b	物譜	蜜香
26057.	8	54b	物譜	官桂		26097.	8	55b	物譜	阿迦嚧香
26058.	8	54b	物譜	薄桂		26098.	8	56a	物譜	棧香
26059.	8	54b	物譜	肉桂		26099.	8	56a	物譜	黃熟香
26060.	8	54b	物譜	板桂		26100.	8	56a	物譜	熟結
26061.	8	54b	物譜	桂枝		26101.	8	56a	物譜	生結
26062.	8	54b	物譜	桂心		26102.	8	56a	物譜	脫落
26063.	8	54b	物譜	箘桂		26103.	8	56a	物譜	蟲漏
26064.	8	54b	物譜	筒桂		26104.	8	56a	物譜	角沉
26065.	8	54b	物譜	小桂		26105.	8	56a	物譜	黃沉
26066.	8	54b	物譜	巖桂		26106.	8	56a	物譜	黃蠟沉
26067.	8	54b	物譜	木犀		26107.	8	56a	物譜	青桂
26068.	8	54b	物譜	銀桂		26108.	8	56a	物譜	龍鱗
26069.	8	54b	物譜	金桂		26109.	8	56a	物譜	革沉
26070.	8	54b	物譜	丹桂		26110.	8	56a	物譜	馬蹄
26071.	8	54b	物譜	天竺桂		26111.	8	56a	物譜	牛頭
26072.	8	55a	物譜	柏葉桂		26112.	8	56a	物譜	燕口
26073.	8	55a	物譜	桂鼠		26113.	8	56a	物譜	繭栗
26074.	8	55a	物譜	杜蘭		26114.	8	56a	物譜	竹葉
26075.	8	55a	物譜	林蘭		26115.	8	56a	物譜	芝菌
26076.	8	55a	物譜	木蓮		26116.	8	56a	物譜	梭子
26077.	8	55a	物譜	黃心		26117.	8	56a	物譜	附子
26078.	8	55a	物譜	辛雉		26118.	8	56a	物譜	犀角
26079.	8	55a	物譜	侯桃		26119.	8	56a	物譜	橫陽
26080.	8	55a	物譜	木筆		26120.	8	56a	物譜	婆木香
26081.	8	55a	物譜	迎春		26121.	8	56a	物譜	美水香
26082.	8	55a	物譜	玉蘭		26122.	8	56a	物譜	蝟刺香
26083.	8	55a	物譜	白菱		26123.	8	56a	物譜	雞骨香
26084.	8	55a	物譜	紫藤		26124.	8	56a	物譜	葉子香
26085.	8	55a	物譜	紫丁香		26125.	8	56a	物譜	蓬萊香
26086.	8	55b	物譜	結香		26126.	8	56a	物譜	光香
26087.	8	55b	物譜	厔刺		26127.	8	56a	物譜	水盤頭
26088.	8	55b	物譜	金絲桃		26128.	8	56a	物譜	番沉
26089.	8	55b	物譜	夾竹桃		26129.	8	56a	物譜	舶沉
26090.	8	55b	物譜	柳穿魚		26130.	8	56a	物譜	藥沉
26091.	8	55b	物譜	天竹		26131.	8	56a	物譜	海南沉

26132.	8	56a	物譜	土沉	26172.	8	57a	物譜	瓶香
26133.	8	56a	物譜	欽香	26173.	8	57a	物譜	乳塌
26134.	8	56a	物譜	速	26174.	8	57a	物譜	黑塌
26135.	8	56a	物譜	木蜜	26175.	8	57a	物譜	水淫塌
26136.	8	56a	物譜	沒香	26176.	8	57a	物譜	斫削
26137.	8	56b	物譜	丁子香	26177.	8	57a	物譜	纏末
26138.	8	56b	物譜	雞舌香	26178.	8	57b	物譜	末藥
26139.	8	56b	物譜	母丁香	26179.	8	57b	物譜	血竭
26140.	8	56b	物譜	旃檀	26180.	8	57b	物譜	渴留
26141.	8	56b	物譜	真檀	26181.	8	57b	物譜	拙貝
26142.	8	56b	物譜	紫藤香	26182.	8	57b	物譜	咄魯瑟釟
26143.	8	56b	物譜	雞骨香	26183.	8	57b	物譜	蘇和油
26144.	8	56b	物譜	骰柏楠	26184.	8	57b	物譜	篤耨香
26145.	8	56b	物譜	占斯	26185.	8	57b	物譜	片腦
26146.	8	56b	物譜	豫	26186.	8	57b	物譜	羯婆羅香
26147.	8	56b	物譜	枕	26187.	8	57b	物譜	冰片腦
26148.	8	56b	物譜	楡	26188.	8	57b	物譜	梅花腦
26149.	8	56b	物譜	烏樟	26189.	8	57b	物譜	米腦
26150.	8	56b	物譜	梗	26190.	8	57b	物譜	速腦
26151.	8	57a	物譜	旁其	26191.	8	57b	物譜	金腳腦
26152.	8	57a	物譜	鰟魮	26192.	8	57b	物譜	蒼龍腦
26153.	8	57a	物譜	矮樟	26193.	8	57b	物譜	腦油
26154.	8	57a	物譜	兜婁婆香	26194.	8	57b	物譜	婆律郎
26155.	8	57a	物譜	花木香	26195.	8	57b	物譜	父婆律
26156.	8	57a	物譜	詹香	26196.	8	58a	物譜	相思子
26157.	8	57a	物譜	青楓	26197.	8	58a	物譜	韶腦
26158.	8	57a	物譜	香楓	26198.	8	58a	物譜	阿虞
26159.	8	57a	物譜	萬年枝	26199.	8	58a	物譜	央匱
26160.	8	57a	物譜	欋樠	26200.	8	58a	物譜	呢達
26161.	8	57a	物譜	丹楓	26201.	8	58a	物譜	奴會
26162.	8	57a	物譜	茶條樹	26202.	8	58a	物譜	訥會
26163.	8	57a	物譜	白膠香	26203.	8	58a	物譜	象膽
26164.	8	57a	物譜	楓人	26204.	8	58a	物譜	胡桐淚
26165.	8	57a	物譜	猪苓	26205.	8	58a	物譜	胡桐鹹
26166.	8	57a	物譜	馬尾香	26206.	8	58a	物譜	胡桐律
26167.	8	57a	物譜	天澤香	26207.	8	58a	物譜	暖木
26168.	8	57a	物譜	熏陸香	26208.	8	58a	物譜	黃栢
26169.	8	57a	物譜	揀香	26209.	8	58a	物譜	檀桓
26170.	8	57a	物譜	滴乳	26210.	8	58a	物譜	小檗
26171.	8	57a	物譜	明乳	26211.	8	58a	物譜	烈朴

26212.	8	58a	物譜	赤朴	26252.	8	59a	物譜	紫花桐
26213.	8	58a	物譜	厚皮	26253.	8	59a	物譜	油桐
26214.	8	58a	物譜	榛	26254.	8	59a	物譜	苦練
26215.	8	58a	物譜	逐折	26255.	8	59a	物譜	金鈴子
26216.	8	58b	物譜	杜仲	26256.	8	59a	物譜	欀
26217.	8	58b	物譜	思仲	26257.	8	59a	物譜	兔目
26218.	8	58b	物譜	思仙	26258.	8	59a	物譜	鼠耳
26219.	8	58b	物譜	木綿	26259.	8	59a	物譜	槐鵝
26220.	8	58b	物譜	櫺	26260.	8	59b	物譜	守宮槐
26221.	8	58b	物譜	逐折	26261.	8	59b	物譜	畫聶宵炕
26222.	8	58b	物譜	鳳眼草	26262.	8	59b	物譜	牛筋木
26223.	8	58b	物譜	臭樗	26263.	8	59b	物譜	曲理木
26224.	8	58b	物譜	山樗	26264.	8	59b	物譜	繫迷
26225.	8	58b	物譜	栲	26265.	8	59b	物譜	挈檻
26226.	8	58b	物譜	虎目樹	26266.	8	59b	物譜	樧檻魄
26227.	8	58b	物譜	大眼桐	26267.	8	59b	物譜	杬柌
26228.	8	58b	物譜	千金樹	26268.	8	59b	物譜	恒山
26229.	8	58b	物譜	金漆	26269.	8	59b	物譜	雞尿草
26230.	8	58b	物譜	黃黍	26270.	8	59b	物譜	鴨尿草
26231.	8	58b	物譜	木王	26271.	8	60a	物譜	蜀黍
26232.	8	58b	物譜	鼠梓	26272.	8	60a	物譜	笑靨
26233.	8	58b	物譜	虎梓	26273.	8	60a	物譜	珎珠
26234.	8	58b	物譜	梗苦楸	26274.	8	60a	物譜	綾木
26235.	8	58b	物譜	榎	26275.	8	60a	物譜	楝
26236.	8	59a	物譜	檾	26276.	8	60a	物譜	赤楝
26237.	8	59a	物譜	刺楸	26277.	8	60a	物譜	白楝
26238.	8	59a	物譜	海桐	26278.	8	60a	物譜	石檀
26239.	8	59a	物譜	沙木	26279.	8	60a	物譜	盆桂
26240.	8	59a	物譜	白桐	26280.	8	60a	物譜	苦樹
26241.	8	59a	物譜	黃桐	26281.	8	60a	物譜	苦櫪
26242.	8	59a	物譜	泡桐	26282.	8	60a	物譜	樊槻
26243.	8	59a	物譜	椅桐	26283.	8	60a	物譜	梣
26244.	8	59a	物譜	榮桐	26284.	8	60a	物譜	水青木
26245.	8	59a	物譜	岡桐	26285.	8	60a	物譜	苦理木
26246.	8	59a	物譜	桐乳	26286.	8	60a	物譜	合昏
26247.	8	59a	物譜	刺桐	26287.	8	60a	物譜	夜合
26248.	8	59a	物譜	纚絲	26288.	8	60a	物譜	青裳
26249.	8	59a	物譜	榮木	26289.	8	60a	物譜	萌葛
26250.	8	59a	物譜	欛	26290.	8	60a	物譜	烏頼樹
26251.	8	59a	物譜	欒鄂	26291.	8	60a	物譜	尸利灑樹

26292.	8	60a	物譜	黃昏皮	26332.	8	61a	物譜	垂絲
26293.	8	60a	物譜	榮花樹皮	26333.	8	61a	物譜	觀音柳
26294.	8	60b	物譜	皂角	26334.	8	61a	物譜	三眠柳
26295.	8	60b	物譜	鬼皂	26335.	8	61a	物譜	人柳
26296.	8	60b	物譜	牙皂	26336.	8	61a	物譜	檉乳
26297.	8	60b	物譜	雞棲子	26337.	8	61a	物譜	獨搖
26298.	8	60b	物譜	烏犀	26338.	8	61b	物譜	零榆
26299.	8	60b	物譜	懸刀	26339.	8	61b	物譜	枌
26300.	8	60b	物譜	豬牙皂莢	26340.	8	61b	物譜	榔榆
26301.	8	60b	物譜	天子	26341.	8	61b	物譜	櫨
26302.	8	60b	物譜	肥皂莢	26342.	8	61b	物譜	莖
26303.	8	60b	物譜	槵	26343.	8	61b	物譜	黃榆
26304.	8	60b	物譜	鉢塞莫	26344.	8	61b	物譜	椰榆
26305.	8	60b	物譜	沒石子	26345.	8	61b	物譜	白榆
26306.	8	60b	物譜	墨石子	26346.	8	61b	物譜	大榆
26307.	8	60b	物譜	麻荼澤	26347.	8	61b	物譜	蕪荑
26308.	8	60b	物譜	訶黎勒	26348.	8	61b	物譜	蕨薕
26309.	8	60b	物譜	榔精勒	26349.	8	61b	物譜	蕀蘠
26310.	8	60b	物譜	六路訶子	26350.	8	61b	物譜	白蕡
26311.	8	60b	物譜	櫸柳	26351.	8	61b	物譜	無姑
26312.	8	61a	物譜	鬼柳	26352.	8	61b	物譜	姑榆
26313.	8	61a	物譜	楥	26353.	8	61b	物譜	楄
26314.	8	61a	物譜	榆理木	26354.	8	61b	物譜	刺榆
26315.	8	61a	物譜	小楊	26355.	8	61b	物譜	樞
26316.	8	61a	物譜	楊柳	26356.	8	61b	物譜	蘇木
26317.	8	61a	物譜	柳絮	26357.	8	61b	物譜	紫納
26318.	8	61a	物譜	九烈君	26358.	8	61b	物譜	烏楠木
26319.	8	61a	物譜	箕柳	26359.	8	61b	物譜	烏文木
26320.	8	61a	物譜	山柳	26360.	8	61b	物譜	檀
26321.	8	61a	物譜	青楊	26361.	8	61b	物譜	暖皮
26322.	8	61a	物譜	蒲楊	26362.	8	62a	物譜	椶
26323.	8	61a	物譜	柊柳	26363.	8	62a	物譜	魚毒
26324.	8	61a	物譜	水楊	26364.	8	62a	物譜	榕
26325.	8	61a	物譜	蓳符	26365.	8	62a	物譜	花欄
26326.	8	61a	物譜	旄	26366.	8	62a	物譜	栟欄
26327.	8	61a	物譜	赤檉	26367.	8	62a	物譜	椶魚
26328.	8	61a	物譜	赤楊	26368.	8	62a	物譜	椶笋
26329.	8	61a	物譜	河柳	26369.	8	62a	物譜	夜义頭
26330.	8	61a	物譜	西河柳	26370.	8	62a	物譜	烏白木
26331.	8	61a	物譜	雨師	26371.	8	62a	物譜	鴉白

26372.	8	62b	物譜	柏		26412.	8	63a	物譜	白棘
26373.	8	62b	物譜	巴椒		26413.	8	63a	物譜	蜀酸棗
26374.	8	62b	物譜	剛子		26414.	8	63a	物譜	肉棗
26375.	8	62b	物譜	老陽子		26415.	8	63a	物譜	雞足
26376.	8	62b	物譜	江子		26416.	8	63a	物譜	鼠矢
26377.	8	62b	物譜	白桑		26417.	8	63a	物譜	蒲穨子
26378.	8	62b	物譜	雞桑		26418.	8	63a	物譜	盧都子
26379.	8	62b	物譜	子桑		26419.	8	63a	物譜	雀兒酥
26380.	8	62b	物譜	梔		26420.	8	63a	物譜	半含春
26381.	8	62b	物譜	山桑		26421.	8	63a	物譜	黃婆奶
26382.	8	62b	物譜	女桑		26422.	8	63b	物譜	四月子
26383.	8	62b	物譜	楝桑		26423.	8	63b	物譜	野櫻桃
26384.	8	62b	物譜	檿桑		26424.	8	63b	物譜	刺梨子
26385.	8	62b	物譜	金桑		26425.	8	63b	物譜	薁李
26386.	8	62b	物譜	葚		26426.	8	63b	物譜	車下李
26387.	8	62b	物譜	桑花		26427.	8	63b	物譜	鬱李
26388.	8	62b	物譜	桑蘚		26428.	8	63b	物譜	爵李
26389.	8	62b	物譜	桑錢		26429.	8	63b	物譜	雀梅
26390.	8	62b	物譜	佳子		26430.	8	63b	物譜	唐棣
26391.	8	62b	物譜	奴柘		26431.	8	63b	物譜	栘
26392.	8	62b	物譜	穀		26432.	8	63b	物譜	喜梅
26393.	8	62b	物譜	穀桑		26433.	8	63b	物譜	夫栘
26394.	8	62b	物譜	楮桃		26434.	8	63b	物譜	楮李
26395.	8	62b	物譜	構膠		26435.	8	63b	物譜	鼠梓
26396.	8	62b	物譜	五金膠		26436.	8	63b	物譜	山李
26397.	8	62b	物譜	枳實		26437.	8	63b	物譜	鬱李
26398.	8	62b	物譜	枳縠		26438.	8	63b	物譜	皂李
26399.	8	62b	物譜	枳茹		26439.	8	63b	物譜	趙李
26400.	8	62b	物譜	臭橘		26440.	8	63b	物譜	烏巢子
26401.	8	63a	物譜	黃支		26441.	8	63b	物譜	貞木
26402.	8	63a	物譜	楉桃		26442.	8	63b	物譜	冬青
26403.	8	63a	物譜	木丹		26443.	8	63b	物譜	蠟樹
26404.	8	63a	物譜	越桃		26444.	8	63b	物譜	凍青
26405.	8	63a	物譜	鮮支		26445.	8	64a	物譜	貓兒刺
26406.	8	63a	物譜	支子		26446.	8	64a	物譜	鬼箭
26407.	8	63a	物譜	禪友		26447.	8	64a	物譜	神箭
26408.	8	63a	物譜	蒼葍		26448.	8	64a	物譜	芸香
26409.	8	63a	物譜	樲		26449.	8	64a	物譜	椗花
26410.	8	63a	物譜	山棗		26450.	8	64a	物譜	柘花
26411.	8	63a	物譜	棘		26451.	8	64a	物譜	瑒花

26452.	8	64a	物譜	春桂	26492.	8	64b	物譜	朱槿
26453.	8	64a	物譜	七里香	26493.	8	64b	物譜	赤槿
26454.	8	64a	物譜	南天燭	26494.	8	64b	物譜	木蓮
26455.	8	64a	物譜	烏飯草	26495.	8	64b	物譜	地芙蓉
26456.	8	64a	物譜	天竹	26496.	8	64b	物譜	拒霜
26457.	8	64a	物譜	青精飯	26497.	8	64b	物譜	醉芙蓉
26458.	8	64a	物譜	飦	26498.	8	65a	物譜	寶珠
26459.	8	64a	物譜	烏飯	26499.	8	65a	物譜	海榴茶
26460.	8	64a	物譜	五佳	26500.	8	65a	物譜	石榴茶
26461.	8	64a	物譜	五花	26501.	8	65a	物譜	躑躅茶
26462.	8	64a	物譜	文章草	26502.	8	65a	物譜	官粉茶
26463.	8	64a	物譜	犲漆	26503.	8	65a	物譜	串珠茶
26464.	8	64a	物譜	枸継	26504.	8	65a	物譜	一捻紅
26465.	8	64a	物譜	枸棘	26505.	8	65a	物譜	千葉紅
26466.	8	64a	物譜	天精	26506.	8	65a	物譜	千葉白
26467.	8	64a	物譜	甜菜	26507.	8	65a	物譜	冬栢
26468.	8	64a	物譜	地骨	26508.	8	65a	物譜	春栢
26469.	8	64a	物譜	地節	26509.	8	65a	物譜	四節栢
26470.	8	64a	物譜	地仙	26510.	8	65a	物譜	山茶花
26471.	8	64a	物譜	卻老	26511.	8	65a	物譜	山躑躅
26472.	8	64a	物譜	羊乳	26512.	8	65a	物譜	暎山紅
26473.	8	64a	物譜	仙人杖	26513.	8	65a	物譜	倭紅
26474.	8	64a	物譜	西王母杖	26514.	8	65a	物譜	枇杷
26475.	8	64a	物譜	普盤果	26515.	8	65a	物譜	紅躑躅
26476.	8	64b	物譜	苦杞	26516.	8	65a	物譜	山石榴
26477.	8	64b	物譜	黃荊	26517.	8	65a	物譜	川鵑
26478.	8	64b	物譜	小荊	26518.	8	65a	物譜	黃躑躅
26479.	8	64b	物譜	楚	26519.	8	65a	物譜	黃杜鵑
26480.	8	64b	物譜	紫珠	26520.	8	65a	物譜	老虎花
26481.	8	64b	物譜	肉紅	26521.	8	65a	物譜	薔薇
26482.	8	64b	物譜	椴槻	26522.	8	65a	物譜	山棘
26483.	8	64b	物譜	蕣	26523.	8	65a	物譜	牛棘
26484.	8	64b	物譜	日及	26524.	8	65a	物譜	牛勒
26485.	8	64b	物譜	朝開暮落花	26525.	8	65a	物譜	馬棘
26486.	8	64b	物譜	花奴	26526.	8	65a	物譜	棘花
26487.	8	64b	物譜	玉蒸	26527.	8	65b	物譜	營實
26488.	8	64b	物譜	愛老	26528.	8	65b	物譜	黃薔薇
26489.	8	64b	物譜	花上花	26529.	8	65b	物譜	金沙
26490.	8	64b	物譜	扶桑	26530.	8	65b	物譜	寶相
26491.	8	64b	物譜	佛桑	26531.	8	65b	物譜	紅薔薇

26532.	8	65b	物譜	佛見笑	26572.	8	66a	物譜	龍鞭草
26533.	8	65b	物譜	酥䤖	26573.	8	66b	物譜	瑕豬屎
26534.	8	65b	物譜	黜墻花	26574.	8	66b	物譜	豖橐地
26535.	8	65b	物譜	玫瑰	26575.	8	66b	物譜	烏桃
26536.	8	65b	物譜	月月紅	26576.	8	66b	物譜	朱令
26537.	8	65b	物譜	勝春	26577.	8	66b	物譜	此君
26538.	8	65b	物譜	瘆容	26578.	8	66b	物譜	竹胎
26539.	8	65b	物譜	鬭雪紅	26579.	8	66b	物譜	竹子
26540.	8	65b	物譜	四季花	26580.	8	66b	物譜	竹萌
26541.	8	65b	物譜	月桂	26581.	8	66b	物譜	初篁
26542.	8	65b	物譜	蠟梅	26582.	8	66b	物譜	稚子
26543.	8	65b	物譜	黃梅花	26583.	8	66b	物譜	龍孫
26544.	8	65b	物譜	狗蠅梅	26584.	8	66b	物譜	竹孫
26545.	8	65b	物譜	磐石梅	26585.	8	66b	物譜	竹牙
26546.	8	65b	物譜	檀香梅	26586.	8	66b	物譜	慫
26547.	8	65b	物譜	水錦花	26587.	8	66b	物譜	妬母草
26548.	8	65b	物譜	古貝	26588.	8	66b	物譜	玉版
26549.	8	66a	物譜	吉貝	26589.	8	66b	物譜	貓頭
26550.	8	66a	物譜	斑枝花	26590.	8	66b	物譜	篸
26551.	8	66a	物譜	娑羅木	26591.	8	66b	物譜	仙人杖
26552.	8	66a	物譜	草綿	26592.	8	66b	物譜	筤
26553.	8	66a	物譜	古終	26593.	8	66b	物譜	竹斤
26554.	8	66a	物譜	睒婆迦	26594.	8	66b	物譜	草華
26555.	8	66a	物譜	羅婆劫	26595.	8	66b	物譜	覆
26556.	8	66a	物譜	白疊	26596.	8	66b	物譜	箬
26557.	8	66a	物譜	無名	26597.	8	66b	物譜	筠
26558.	8	66a	物譜	鑿子木	26598.	8	66b	物譜	竹青
26559.	8	66a	物譜	櫸	26599.	8	66b	物譜	竹茹
26560.	8	66a	物譜	炮火木	26600.	8	66b	物譜	箏
26561.	8	66a	物譜	雀梅	26601.	8	66b	物譜	筤
26562.	8	66a	物譜	扶老杖	26602.	8	66b	物譜	簏
26563.	8	66a	物譜	椐樻	26603.	8	66b	物譜	箒
26564.	8	66a	物譜	吻頭	26604.	8	66b	物譜	竹瀝
26565.	8	66a	物譜	鵲不踏	26605.	8	66b	物譜	鬼齒
26566.	8	66a	物譜	搖頭菜	26606.	8	66b	物譜	竹黃
26567.	8	66a	物譜	木頭菜	26607.	8	66b	物譜	竹膏
26568.	8	66a	物譜	豬腰子	26608.	8	66b	物譜	竹挺
26569.	8	66a	物譜	蕤核	26609.	8	66b	物譜	猗猗
26570.	8	66a	物譜	紫金木	26610.	8	67a	物譜	虉
26571.	8	66a	物譜	無灰木	26611.	8	67a	物譜	檀欒

26612.	8	67a	物譜	蓾蓾	26644.	8	67a	物譜	篝竹
26613.	8	67a	物譜	簍簍	26645.	8	67a	物譜	龍絲竹
26614.	8	67a	物譜	竹迷日	26646.	8	67a	物譜	鳳尾竹
26615.	8	67a	物譜	竹醉日	26647.	8	67a	物譜	龍公竹
26616.	8	67a	物譜	毛竹	26648.	8	67a	物譜	百葉竹
26617.	8	67a	物譜	護基竹	26649.	8	67a	物譜	桃枝
26618.	8	67a	物譜	燕竹	26650.	8	67b	物譜	莽
26619.	8	67a	物譜	貴竹	26651.	8	67b	物譜	棘竹
26620.	8	67a	物譜	紫竹	26652.	8	67b	物譜	楤竹
26621.	8	67a	物譜	斑竹	26653.	8	67b	物譜	慈竹
26622.	8	67a	物譜	金竹	26654.	8	67b	物譜	義竹
26623.	8	67a	物譜	蔥竹	26655.	8	67b	物譜	山比竹
26624.	8	67a	物譜	水竹	26656.	8	67b	物譜	木竹
26625.	8	67a	物譜	苦竹	26657.	8	67b	物譜	鄰堅中
26626.	8	67a	物譜	淡竹	26658.	8	67b	物譜	區竹
26627.	8	67a	物譜	甘竹	26659.	8	67b	物譜	觀音竹
26628.	8	67a	物譜	篁	26660.	8	67b	物譜	雷實
26629.	8	67a	物譜	篠	26661.	8	67b	物譜	雷矢
26630.	8	67a	物譜	簜	26662.	8	67b	物譜	竹苓
26631.	8	67a	物譜	箘簬	26663.	8	67b	物譜	蘆荻
26632.	8	67a	物譜	竹聆風	26664.	8	67b	物譜	葭稃
26633.	8	67a	物譜	篺	26665.	8	67b	物譜	蘆實
26634.	8	67a	物譜	方竹	26666.	8	67b	物譜	箄
26635.	8	67a	物譜	笻竹	26667.	8	67b	物譜	蒹簾
26636.	8	67a	物譜	暴節竹	26668.	8	67b	物譜	菼
26637.	8	67a	物譜	無節竹	26669.	8	67b	物譜	薍荻
26638.	8	67a	物譜	通竹	26670.	8	67b	物譜	烏藍
26639.	8	67a	物譜	箹	26671.	8	67b	物譜	萑
26640.	8	67a	物譜	䈽中	26672.	8	67b	物譜	薕
26641.	8	67a	物譜	篔簹	26673.	8	67b	物譜	蘆筍
26642.	8	67a	物譜	由吾竹	26674.	8	67b	物譜	蓬蕽
26643.	8	67a	物譜	漢竹	26675.	8	67b	物譜	芍華

參考文獻

一、典籍

［1］池錫永. 字典釋要，首爾：亞細亞文化社，1975年.

［2］陳　榴. 東去的語脈——韓國漢字詞語研究，大連：遼寧師範大學出版社，2007年.

［3］郭璞註，邢昺疏. 爾雅註疏，上海：上海古籍出版社，2010年.

［4］胡奇光，方環海編選. 爾雅譯註，上海：上海古籍出版社，2009年.

［5］金榮華. 韓國俗字譜，首爾：亞細亞文化社，1986年.

［6］李晚永. 才物譜，國立中央圖書館藏本.

［7］李庸周. 關於韓國漢字語的研究，首爾：三英社，1974年.

［8］陸錫興. 漢字傳播史，北京：語文出版社，2002年.

［9］李得春. 漢朝語言關係史，哈爾濱：朝鮮民族出版社，2004年.

［10］檀國大學校東洋研究所. 漢字語辭典，首爾：檀國大學校出版社，1997年.

［11］王　珍. 釋名語源疏證，上海：上海辭書出版社，2009年.

［12］汪維輝. 朝鮮時代漢語教科書叢刊續編：上下冊，北京：商務印書館，2011年.

［13］王　平，河永三主編. 域外漢字傳播書系（韓國卷），上海：上海人民出版社，2012年.

［14］許　慎. 說文解字，北京：中華書局，2003年.

［15］張三植. 大漢韓辭典，首爾：博文出版社，1975年.

［16］張華撰，範寧校證. 博物志校證，北京：中華書局，1980年.

［17］張湧泉. 敦煌俗字研究，上海：上海教育出版社，1996年.

［18］張伯偉. 朝鮮時代書目叢刊，北京：中華書局，2004年.

［19］域外漢籍研究入門，上海：復旦大學出版社，2012年.

二、論文

學位論文

［1］崔萬基．現代漢語和韓國漢字語詞彙對比分析，遼寧師範大學，2000年碩士論文．

［2］陳炳哲．《毛傳》、《鄭箋》訓詁術語比較研究，首都師範大學，2005年碩士學位論文．

［3］段甜．韓國固有漢字分析，中國人民解放軍外國語學院，2007年碩士論文．

［4］高銀妹．韓國漢字使用情況的考察分析，天津師範大學，2003年碩士論文．

［5］甘瑞理．韓漢字詞和中漢字詞在意義與形式之間的對比研究，忠南大學大學院，2002年碩士論文．

［6］郭氏娥．越南北屬時期漢字文獻用字研究，華東師範大學，2013年博士論文．

［7］郭鉉淑．韓國朝鮮時代字類註釋之異字同釋字整理與研究，華東師範大學，2013年博士論文．

［8］黃貞姬．韓國語漢字形容詞研究，延邊大學，2009年博士論文．

［9］韓江玲．韓國漢字和漢字詞研究，吉林大學，2009年博士論文．

［10］姜泰希．韓漢兩種語言中漢字詞的比較，北京語言文化大學，2000年碩士論文．

［11］井米蘭．敦煌俗字與宋本《玉篇》文字比較研究，華東師範大學，2009年碩士論文．

［12］金美英．中韓跨文化同形異義的比較研究，上海師範大學，2009年碩士論文．

［13］李忠輝．韓國語漢字詞的演變與特點及翻譯，中央民族大學，2004年碩士論文．

［14］李德熙．近代國語物名詞彙集研究，釜慶大學，2007年博士論文．

［15］李海燕．漢韓動名詞對比研究，上海外國語大學，2012年博士論文．

［16］朴點玉．韓語和中國現行漢字比較，中國社會科學院研究生院碩士

論文，1999年．

［17］朴眠喜．韓語裡漢字借詞同漢語詞語若干情況比較研究，中國社會科學院研究生院，1999年碩士論文．

［18］朴敏英．韓語漢字語研究，天津師範大學，2005年碩士論文．

［19］朴愛華．漢字在漢語漢字詞中的發展變化研究，南開大學，2012年博士論文．

［20］宋　蛟．初級韓國語的漢字詞與漢語詞彙對比研究，延邊大學，2005年碩士論文．

［21］申蘭秀．漢語雙音節兼類詞中的漢韓同形詞比較研究，青島大學，2013年碩士論文．

［22］徐新偉．中韓漢字比較研究，華中科技大學，2005年碩士論文．

期刊論文

［1］曹秀玲．孟柱億先生的漢語教學與研究，漢語學習，2004年第1期．

［2］최경봉．"物名考"中文字和詞彙的意義，韓國語義學，2005年．

［3］戴世雙．韓漢同形漢字詞的句法功能與語義色彩分析，解放軍外國語學院學報，2000年第3期．

［4］杜豔青．韓國學生漢語詞語偏誤分析，安陽師範學院學報，2006年2月．

［5］甘瑞媛．中韓同形異義漢字合成詞的對比分析，廣東社會科學，2002年第4期．

［6］洪允杓．實學時代的語彙資料集刊行歷史，國語生活，1990年．

［7］柳僖《物名攷》，語文研究，2000年4月．

［8］河永三．朝鮮後期民間俗字研究，中國語文學，1996年第27輯．

［9］河永三．朝鮮時代字書《第五遊》所反映的釋字特徵——兼談《異體字字典》之《韓國特用漢字》，中國文字研究（第16輯），上海人民出版社．

［10］河永三．韓國固有漢字國字之結構與文化特點，中國文字研究（第6輯），上海人民出版社．

［11］河永三．韓國朝鮮後期坊刻本俗字研究，殷都學刊，2010年2月．

［12］賀國偉．韓國語中的漢源詞及對韓漢語的詞語教學，華東師範大學

學報，1998年第2期．

［13］黃貞姬．韓國語漢字詞研究綜述，東疆學刊，2007年1月．

［14］何華珍．俗字在韓國的傳播研究，寧波大學學報（人文科學版），2013年9月．

［15］金家源．"物譜"與實學思想，人文科學，1960年第5輯．

［16］金香蘭．漢韓同形詞偏誤分析，漢語學習，2004年第3期．

［17］金貞子．韓國學生學習漢語詞彙中的若干幹擾因素，延邊教育學院學報，2005年第6期．

［18］井米蘭．韓國俗字譜——人部俗字之類型特徵——基於與敦煌俗字的比較，濰坊教育學院學報，2010年11月．

［19］井米蘭．韓國漢字及俗字研究綜述，延邊大學學報（社會科學版）2011年第1期．

［20］井米蘭．俗字之名義及相關問題，岱宗學刊，2010年3月．

［21］李秉歧．朝鮮語文學名著題解，文章，1940年8月．

［22］劉世俊．論訓詁學術語及其規範，寧夏大學學報（社會科學版），1996年第1期．

［23］羅衛東．漢字在韓國、日本的傳播歷史及教育概況，中央民族大學學報（人文社會科學版），2001年第3期．

［24］林寒生．《爾雅》訓詁術語淺探，廈門大學學報（哲社版），1997年第4期．

［25］李得春．金基石漢字文化與朝鮮漢字，東疆學刊，1997年7月．

［26］李得春．試析韓國語漢源漢字詞和韓國獨有漢字詞，延邊大學學報（社會科學版），2005年3月．

［27］李得春．世紀之交韓國語新詞中的漢字詞，民族語文，2004年第5期．

［28］李昌炅．試論朝鮮朝類書的出版和編輯，西南民族大學學報（人文社科版），2004年第3期．

［29］李康民．近世日本的韓國語學習書：以言語史研究資料的系譜和性格，日本學報，2004年．

［30］李珠和．論漢語和韓語同形詞的特點，中文自學指導，2005年5月．

［31］梁學薇．韓國語漢字詞的雙音化現象，解放軍外國語學院學報，

2002年第1期.

　　[32] 劉紅英. 韓國學生漢語詞彙使用偏誤分析,瀋陽師範大學學報,2004年第3期.

　　[33] 林龍飛. 東亞漢字文化圈及其形成論析,東南亞縱橫,2006年8月.

　　[34] 呂　浩. 韓國漢文古文獻異形字研究,華西語文學刊,2010年5月.

　　[35] 孟柱億. 中國北方口語語法研究在語法學上的意義,漢語學習,2004年第6期.

　　[36] 潘暢和. 韓國實學及其哲學思想意義,實學研究第一輯,2011年7月,國際會議.

　　[37] 奇化龍. 韓語中的漢字詞,山東教育學院學報,1999年第6期.

　　[38] 奇化龍. 中韓同形詞正負遷移初探,漢語學習,2000年第1期.

　　[39] 全如瑊. 什麼是術語,術語標準化與信息技術,2004年第3期.

　　[40] 全香蘭. 韓語漢字詞對學生習得漢語詞語的影響,世界漢語教學,2006年第1期.

　　[41] 宋尚美. 漢韓同義詞對比研究—以名詞爲例,漢語學習,2001年第4期.

　　[42] 申　龍. 從《字類註釋》釋義特徵看韓國文化,湖北民族學院學報(哲學社會科學版),2013年第6期.

　　[43] 심경호. 關於朝鮮後期漢字語彙分類集的研究,朝鮮後期漢字語彙檢索辭典韓國精神文化研究院,1997年.

　　[44] 施文志. 日韓留學生漢語詞語偏誤淺析,雲南師範大學學報,2003年第5期.

　　[45] 신중진. 以詞典學的觀點看《物名攷》和《才物譜》的影響關係,震檀學報,第120號,2014年.

　　[46] 王　傑. 論明清之際的經世實學思潮,文史哲,2001年第4期.

　　[47] 王慶雲. 韓國語中的漢源詞彙與對韓漢語教學,語言教學與研究,2002年第5期.

　　[48] 王建勤. 外國學生漢字構形意識發展摸擬研究,世界漢語教學,2005年第4期.

　　[49] 王　平. 韓國俗字譜俗字類型研究,第一屆"數位化時代漢字的傳

播與應用研究"國際研討會論文集.

［50］王　平．基於資料庫的中日韓傳世漢字字典的整理與研究，中國文字研究（第19輯），上海人民出版社.

［51］王　平．基於數據庫的中日韓傳世漢字字典的整理與研究，中國文字研究，2014年第1期.

［52］肖奚強．韓國學生漢語語法偏誤分析，世界漢語教學，2000年第2期.

［53］尹漳浚．韓國固有漢字簡說，重慶三峽學院學報，2008年第5期.

［54］楊瑞芳．《字類註釋》釋義特徵探析———以魚鱉類字爲例，中國文字研究（第18輯），上海人民出版社.

［55］楊瑞芳．《字類註釋》釋義特徵探析——以魚鱉類字爲例，中國文字研究，2013年8月.

［56］周四川．漢字在朝鮮半島，漢字文化，1989年4月.

［57］朱英月．漢語水準詞彙等級大綱中的中韓同形詞比較分析，漢語學習，1996年第5期.

［58］張光軍．韓國的漢字，解放軍外國語學院學報，1999年9月.

［59］張　妍．韓國語雙音節漢字詞與漢語雙音節詞的比較，解放軍外國語學院學報，2001年第第6期.

［60］鄭成宏．朝鮮北學派的新華夷觀解析，東北亞論壇，2008年第6期.

［61］張伯偉．域外漢籍與中國文學研究，中國遺產，2003年5月.

［62］張伯偉．域外漢籍研究———一個嶄新的學術領域，學習與探索，2006年3月.

［63］정은주．對於實學派知識人關註的物名和《物名類解》，韓國實學研究，2009年.

三、電子資料

［1］韓國期刊網http：//www.riss.kr/

［2］國立中央圖書館http：//www.nl.go.kr/

［3］國會圖書館http：//www.nanet.go.kr/

［4］古典綜合數據庫http：//db.itkc.or.kr/

［5］奎章閣http：//e-kyujanggak.snu.ac.kr/LANG/ch/main/main.jsp

［6］文淵閣四庫全書電子版，上海人民出版社和香港迪志文化出版有限公司聯合出版，1999年.

［7］中國知網：http：//www.cnki.net/

图书在版编目（CIP）数据

中韩汉字词汇文化发展史对比研究：基于《才物谱》的汉字词数据库建设 / 肖潇著. —北京：中国书籍出版社，2016.12
ISBN 978-7-5068-5977-6

Ⅰ.①中… Ⅱ.①肖… Ⅲ.①汉语史—对比研究—朝鲜语—语言史 Ⅳ.①H1-09②H55-09

中国版本图书馆CIP数据核字（2016）284155号

中韩汉字词汇文化发展史对比研究：基于《才物谱》的汉字词数据库建设

肖　潇　著

策划编辑	安玉霞
责任编辑	安玉霞
责任印制	孙马飞　马　芝
封面设计	中尚图
出版发行	中国书籍出版社
地　　址	北京市丰台区三路居路97号（邮编：100073）
电　　话	（010）52257143（总编室）（010）52257140（发行部）
电子邮箱	chinabp@vip.sina.com
经　　销	全国新华书店
印　　刷	北京天宇万达印刷有限公司
开　　本	710毫米×1000毫米　1/16
字　　数	507千字
印　　张	31
版　　次	2016年12月第1版　2016年12月第1次印刷
书　　号	ISBN 978-7-5068-5977-6
定　　价	68.00元

版权所有　翻印必究